Les cours de justice africaines et l'intégration

Moustapha Fall

Les cours de justice africaines et l'intégration

Avant-propos du Pr Ismaila Madior Fall

Préfaces des Professeurs Jean-Christophe BARBATO et Alioune SALL

L'Harmattan
Sénégal

10 VDN, Sicap Amitié 3, Lotissement Cité Police, DAKAR

senharmattan@gmail.com
senlibrairie@gmail.com

ISBN : 978-2-343-24685-7
EAN : 9782343246857

À la mémoire de mes parents.

REMERCIEMENTS

Je tiens à remercier Monsieur le Professeur Jean Christophe Barbato, pour sa disponibilité, sa générosité, ses conseils précieux, ses encouragements, ainsi que pour la confiance tout au long de la thèse. Depuis sa présence dans le jury de mon mémoire de master en droit de l'Union européenne, il n'a cessé de m'accompagner dans mes recherches. Je lui exprime toute ma gratitude.

Mes remerciements s'adressent à Monsieur le Professeur Alioune Sall qui a accepté de codiriger les travaux avec beaucoup d'intérêt. Ses suggestions et remarques ont permis d'améliorer la thèse. Qu'il trouve ici toute ma reconnaissance.

Ma reconnaissance va également à Monsieur le Professeur Ismaïla Madior Fall, pour sa disponibilité et sa bienveillance constante. Malgré un agenda chargé, il a toujours trouvé du temps pour me parler de l'avancement de la thèse, de discuter de son contenu et de me prodiguer des conseils pour son amélioration.

Je remercie ma chère épouse, Marame, pour tout le soutien.

Je souhaite exprimer ma gratitude aux juges Hamèye Founé Mahalmadane, Mansour Tall, Seynabou Ndiaye Diakhaté, Assane Seck, aux professeurs Anne Sophie Gourdin-Lamblin, Meissa Diakhaté, Abdou Aziz Daba Kébé et Issoufou Adamou, à Maryline Graux, Aboul Hamid Ndiaye, à Ousseynou Ka, à Paul Baumann et à Zoumana Camara, pour leurs conseils et encouragements, ainsi que pour la relecture de la thèse.

Enfin, mes remerciements vont à l'endroit de mes parents qui m'ont donné une éducation, à ma chère cousine Awa Sylla, pour ses encouragements permanents, à Ibrahima Lopes pour son attention particulière, au professeur Elhadji Songdé Diouf ainsi qu'à tous mes amis avec qui je partage l'amour de la recherche.

AVANT-PROPOS

Un sujet aussi vaste que compris celui objet de cet ouvrage fruit d'une thèse de doctorat pourrait-il être traité en profondeur dans le délai imposé par la réglementation universitaire. L'interrogation est d'abord motivée par l'originalité, mais surtout l'étendue du sujet qui induit sa complexité. Assurément, embrasser et brasser toutes les cours de justice africaines, dans le cadre d'une étude, n'est pas, au regard de la diversité des systèmes juridiques, des traditions linguistiques et de l'irrationalité qui caractérise parfois les dynamiques d'intégration africaine, chose aisée. Surtout si l'on y ajoute, malgré les progrès remarquables de la disponibilité des données en ligne, les difficultés d'accès à l'information. Autrement dit, un étudiant à peine sorti du master, bien qu'auréolé par un diplôme et un excellent mémoire sur « les manquements de la France au droit de l'Union européenne » publié aux Éditions universitaires européennes en 2016, a-t-il la maturité intellectuelle et les armes scientifiques pour analyser et mesurer le progrès de l'intégration à l'aune du travail jurisprudentiel de Cours dont les destins ne sont pas toujours heureux dans le jeu de pouvoir interne des organisations régionales africaines de l'Afrique de l'Ouest (UEMOA et CEDEAO), du centre (CEMAC), de l'Est (COMESA) et de l'Afrique australe (SADC). N'aurait-il pas pu, voire dû circonscrire son entreprise audacieuse aux Cours de sa région d'habitation, l'Afrique de l'Ouest (Cour de justice de l'UEMOA et Cour de justice de la CEDEAO), en évitant le risque de se perdre dans les sentiers qui mènent vers de lointaines autres juridictions d'intégration situées sur le même continent, mais à une distance culturelle qu'il n'est pas aisé de parcourir ?

En lisant ce travail, notre espoir était de découvrir les résultats de l'exploration d'un aventurier intellectuel intrépide qui, contre vents et marées, va décloisonner géographiquement et juridiquement la perspective d'étude des juridictions de l'intégration en Afrique. En effet, nous avons très souvent l'habitude de raisonner, sauf quand il est question de l'échelle de l'Union africaine, en termes de région s'il est question de CER, voire de sous-région s'il sied de se recroqueviller dans les sous-ensembles qui nous rassurent.

En outre, un travail qui transcende ces clivages, parfois artificiels il est vrai, que l'histoire nous a imposés contre notre gré, est salutaire. Dans le prolongement de cette histoire, la différence de tradition juridique apparaît comme un mur que la flamme panafricaniste n'a pas permis de toujours franchir. Les traditions juridiques dont ces cours se réclament, même lorsqu'elles se marient parfois à l'intérieur de celles-ci, bridaient, voire brisaient l'élan comparatiste des chercheurs curieux. De surcroît, la maîtrise des langues de travail en usage dans ces cours est aussi un obstacle non négligeable à qui veut les pénétrer sans s'armer de plurilinguisme.

Nous devons, en attendant d'y revenir plus bas, confesser tout de suite que cet espoir, de voir l'étude scientifique de ces cours de justice sous un jour nouveau avec une hauteur de vue moins sectaire, n'a pas été déçu.

Cet ouvrage est d'abord une thèse respectueuse des normes de la forme du travail doctoral. Les règles sacrées qui gouvernent ce genre universitaire sont observées de façon rigoureuse dans cette thèse qui articule très bien description et démonstration.

Une autre qualité remarquable dans cet écrit est la clarté de son propos qui, bien que procédant de l'écriture scientifique, rend la lecture agréable et les explications intelligibles. Même s'il a travaillé sur un sujet réputé aride, à savoir la jurisprudence, l'auteur se montre simple dans son style rédactionnel et éclectique dans l'illustration.

Sur le plus substantiel, M. Moustpaha Fall a essayé d'être pragmatique dans son approche du sujet en formulant une problématique limpide : quelle est l'appréciation de la contribution des cours de justice africaines à partir de la jurisprudence ? La jurisprudence des Cours favorise-t-elle une mise en œuvre des objectifs et principes des traités de base des organisations d'intégration ? Avec une problématique qui postule, comme instrument de mesure, la jurisprudence, le cap est fixé, le champ circonscrit. Il n'y a point de risque que ça aille dans tous les sens. Le traitement du sujet permet avant tout d'évoquer, sous un nouveau jour jurisprudentiel, l'actualité de l'intégration qui apparaît de plus en plus comme la panacée à tout ce qui apparaît complexe à l'échelle étatique et l'indispensable systématisation d'une jurisprudence communautaire africaine abondante.

En toute logique, cette perspective commande sa méthodologie de traitement du sujet. L'auteur a pris le parti de prendre appui sur les arrêts étudiés et de les éclairer par la théorie générale du droit communautaire. Il a, contrairement à beaucoup de doctorants, respecté dans le corps de la thèse sa promesse d'introduction. La démonstration est systématiquement appuyée d'illustrations jurisprudentielles tirées de l'activité des différentes Cours qui peuplent le texte principal et les notes de bas de page. À cet égard, le point statistique rigoureusement établi des arrêts est impressionnant. Le travail des juges fait l'objet d'une analyse réaliste tenant compte des spécificités politiques et culturelles de leur environnement.

L'auteur refuse le cloisonnement intellectuel par un recours approprié au droit comparé, notamment celui de l'Union européenne dont l'influence sur le droit communautaire africain est une réalité. À cet égard, il passe au peigne fin la part du droit comparé dans le travail du juge communautaire.

Le travail mêle de façon admirable description et démonstration. Ce qui en fait une vraie thèse qui s'emploie à répondre, avec rigueur, à la question centrale relative à la contribution des Cours de justice à l'intégration avec comme instrument de mesure l'outil jurisprudentiel. Dans une démarche empreinte d'engagement et de passion intellectuels, l'auteur qualifie sans ambiguïté cette contribution d'une part, d'ambivalente (1ère partie), d'autre part, de déterminante (2e partie). L'ambivalence est expliquée par le contraste entre d'une part, la constatation d'un renforcement de l'intégration par le droit attesté par le droit primaire et le droit dérivé et la jurisprudence et, d'autre part, le caractère inabouti de l'intégration au regard des libertés de circulation. Ce qui était empiriquement connu est scientifiquement explicité. C'est ce qu'on attend d'un travail scientifique.

Au demeurant, là où la contribution est assurément déterminante, c'est la promotion des droits de l'homme par des juges accessibles, du fait des textes mais aussi d'une interprétation libérale de ceux-ci relativement à l'absence d'exigence de l'épuisement des voies de recours internes et la reconnaissance d'un droit de saisine directe. Des juges qui s'illustrent aussi par leurs méthodes de travail (notamment d'interprétation) et par l'étendue et la diversité des droits garantis. Ce travail jurisprudentiel, malgré quelques turpitudes liées au contexte, fait l'objet d'une légitimation bien analysée dans le dernier mouvement intellectuel de la thèse.

Ceux qui veulent lire une vraie thèse qui mérite d'être publiée ne seront point déçus car le travail est bien mené. Le produit est une analyse fine d'un sujet original, large et difficile. Analyse soutenue par une documentation doctrinale et jurisprudentielle luxuriante qui imprime au travail une dimension d'érudition. En cela, il s'agit d'une contribution majeure.

En effet, cette réflexion de Moustapha Fall est une contribution majeure à la théorie générale du droit communautaire africain, en particulier pour une raison très simple : si les questions de droit communautaire sont relativement bien traitées dans le cadre de thèses, de manuels ou d'essais, une systématisation, à partir de l'angle d'attaque de la jurisprudence des différentes expériences communautaires qui ne semblent pas aller de concert, s'avérait nécessaire. Le travail a relevé ce défi doctrinal d'envergure continentale.

Ismaila Madior Fall
Agrégé de Droit public et de Science politique
Professeur titulaire des Universités
Université Cheikh Anta Diop/Sénégal
Ministre d'État auprès du Président de la République
Ancien ministre de la Justice/Garde des Sceaux

PRÉFACE

L'intégration communautaire africaine se conjugue au pluriel : CEDEAO, UEMOA, CEEAC, CEMAC, SADC, COMESA, CEN-SAD, OHADA et UMA ; chaque région d'Afrique abrite son organisation, l'Afrique de l'Ouest en cumulant même deux. C'est à cette matière aussi complexe que foisonnante que s'attaque Monsieur Moustapha Fall dans cet ouvrage issu de sa thèse. Et l'auteur ne s'est pas cantonné aux libellés des textes fondateurs, il a choisi de traiter de la jurisprudence et de sa mise en œuvre afin de proposer une analyse concrète de l'intégration en Afrique. Pour ce faire, il a étudié les arrêts de six juridictions. La démarche est indéniablement ambitieuse. Elle était aussi nécessaire sur un plan scientifique puisque jusqu'ici aucune recherche, proposant une vue d'ensemble et une systématisation du travail des Cours communautaires africaines francophones et anglophones, n'avait été entreprise. L'auteur a procédé à un dépouillement systématique des décisions et conduit de nombreux entretiens avec des juges afin de relever au mieux le pari de son sujet.

Les enseignements tirés de ce travail sont nombreux. Le premier est celui de l'existence d'un dialogue des juges africains particulièrement approfondi. Par-delà la diversité des cas soumis et des jugements rendus, les Cours africaines optent pour des solutions largement comparables à la fois sur le plan des concepts juridiques et des formulations employées. Sans que les divergences ne soient totalement exclues, l'auteur démontre l'existence d'une forme d'unité de la jurisprudence ou a minima d'une volonté d'éviter les contradictions. À la fragmentation des organisations répond une cohérence globale des décisions.

Le deuxième apport de l'ouvrage consiste à montrer que la jurisprudence européenne apparaît comme un modèle pour les juridictions africaines. Les traités à l'origine des organisations reprennent massivement ceux ayant fondé la construction européenne. Surtout, les Cours affirment de grands principes identiques : primauté et effet direct notamment. Les méthodes d'interprétation sont également comparables. À cela s'ajoute fréquemment une reproduction expressis verbis des formulations et des raisonnements utilisés dans les grands arrêts de leur homologue du vieux continent.

Toutefois, Monsieur Fall montre que si l'unité est réelle entre les ordres juridiques africains, elle reste en revanche de façade de part et d'autre de la Méditerranée. Le droit apparaît certes, très largement identique sur le plan formel mais c'est dans un environnement radicalement différent qu'il se déploie. Les liens économiques entre les pays africains sont nettement plus faibles que sur le vieux continent, les États, plus récents, y ont une conception davantage sourcilleuse de leur souveraineté et les problématiques de respect des droits fondamentaux et de stabilité politique possèdent une acuité particulière. Et encore, ne s'agit-il là que de quelques points saillants car, à vrai dire, les différences sont partout : économiques, historiques, sociologiques, climatiques, sociétales, etc. Dès lors, la mise en œuvre des textes va impliquer une adaptation à un contexte distinct et de la sorte produire des écarts et ce sont ces écarts que l'auteur met en exergue.

Ainsi, l'origine des affaires et le type de contentieux diffèrent. Si en Europe, les libertés économiques ont servi de fondement à une montée en puissance du droit de l'Union, la jurisprudence les concernant est restée embryonnaire en Afrique, faute d'échanges économiques suffisants. Cette place centrale a été occupée par le contentieux des droits de l'homme et, dans une moindre mesure, de l'environnement qui ont fait figure de moteurs de l'intégration en Afrique.

L'emploi des voies de droit emprunte également un autre chemin. Le renvoi préjudiciel n'a pas servi d'accélérateur dans la diffusion des droits communautaires car son utilisation est restée rarissime, pour reprendre les termes de l'auteur. De la même manière le recours en manquement a lui aussi été largement inemployé. Finalement, c'est essentiellement grâce à la saisine directe sur le fondement d'une lecture favorable à ce mécanisme par certaines Cours communautaires – et de ce point de vue, il y a des approches diverses entre elles – que des contentieux ont pu se nouer. Cette préférence pour la saisine directe constitue une des spécificités de la jurisprudence communautaire africaine.

Enfin les relations entre les juges et les États s'avèrent nettement plus difficiles que sur le vieux continent. Il n'est pas question de minorer les réticences qui existent ou ont pu exister en Europe mais le rapport à la souveraineté s'avère beaucoup plus sensible en Afrique. L'auteur montre l'existence d'une réserve des États dans l'application des décisions des cours de justice mais aussi d'une pratique de contestation systématique de la compétence du juge. Les résistances nationales peuvent même aller jusqu'à s'attaquer directement aux juridictions en proposant et en réussissant à les réformer. Malgré la qualité du travail des juges, une telle situation est évidemment défavorable à une logique d'intégration. L'auteur formule d'ailleurs des pistes d'amélioration possible.

Le travail de Monsieur Fall vient opportunément rappeler qu'une analyse du droit qui se fonderait uniquement sur une exégèse textuelle et jurisprudentielle se fourvoierait en laissant des aspects essentiels de côté. Le droit est une matière vivante qui se modèle en fonction d'un environnement donné et des évolutions de celui-ci. Sa mise en œuvre concrète, sa réalité, est le résultat d'une interaction entre des énonciations normatives et un contexte. La reprise formelle du modèle européen, avec des règles équivalentes, des concepts et des formulations d'arrêts identiques ou au moins comparables, aboutit en effet en Afrique à des réalisations qui diffèrent fortement de l'original. Ces constructions communautaires créent ainsi des voies qui leur sont propres. Comme le montre cet ouvrage, ces autres formes de sui generis constituent autant d'opportunités propices à un approfondissement des réflexions sur les phénomènes d'intégration.

Jean-Christophe BARBATO
Professeur de Droit public à l'École de Droit de la Sorbonne (Paris 1)
Chaire Jean Monnet en droit de l'Union européenne
Directeur du Master 2 Droit et gouvernance des affaires internationales et européennes
Institut de Recherche en Droit international et européen de la Sorbonne (IREDIES)

PRÉFACE

La thèse de M. Moustapha Fall vient enrichir les études relatives aux processus d'intégration des États sur le continent africain, études qui font florès depuis quelque temps, au grand bonheur des juristes et politistes qu'intéresse ce mouvement qui a retrouvé un second souffle depuis le début des années 90.

« Enrichir », avons- nous dit, et le mot doit être pris au sens fort. La thèse de doctorat de M. Fall n'est pas qu'une étude de plus, elle vient offrir un point de vue particulier sur la fonction judiciaire dans le processus d'intégration. Le choix de ce sujet est judicieux pour au moins deux raisons. La première est que le levier juridique semble être perçu, à travers le monde entier, comme étant susceptible de renforcer les institutions supra nationales. Il suffit de songer à l'exemple de la CEE/UE sur le continent européen et à la fonction presque démiurgique que la justice y a revêtue, des arrêts mémorables ayant été rendus à cet égard par la Cour du Luxembourg. La seconde raison est que le pari sur le droit ayant été tout aussi clairement fait par les États africains – à travers précisément la création d'organes judiciaires fonctionnels autour des années 90 –, il était temps de faire le bilan d'une telle option, près de vingt-cinq ans plus tard.

On se félicitera de la clarté des choix de M. Fall. D'emblée, il a entendu s'intéresser à la fonction juridictionnelle sous le prisme de son apport à l'intégration, cette perspective « contributive » ressortant de l'intitulé même des deux parties de la thèse. De la même manière, il a entendu choisir la liberté de circulation et les droits de l'homme comme jauges, comme instruments de mesure de l'intégration. De telles options peuvent ne pas être partagées – nous y reviendrons – mais non seulement cette sélection se défend à l'aune des principes de l'intégration comme du vécu de celle-ci sur le continent africain, mais il convient de garder à l'esprit que tout choix est nécessairement exclusif, que toute détermination est une exclusion, et que M. Fall ne pouvait pas ne pas faire l'impasse sur certaines questions touchant son sujet.

Au demeurant, l'analyse qui est faite s'appuie sur un matériau documentaire riche, l'auteur ayant pu, grâce à sa connaissance de la langue anglaise notamment, accéder aux sources non francophones de la littérature juridique. D'où la présence, dans le travail, d'analyses concernant des organisations comme le COMESA ou la SADC. Les études sur l'intégration des États en Afrique, quand elles sont menées par des francophones, rencontrent souvent cette limite de l'inaccessibilité aux écrits relatifs à des organisations non francophones précisément. Le travail de M. Fall évite cette carence et doit, rien que pour l'étendue de son champ géographique, être salué.

Un regret, pour finir, même s'il tient à l'arbitraire de tout choix : que l'auteur n'ait pas pu consacrer plus de développements à l'intégration elle-même, qui est de nature économique. Les juridictions en question étaient en effet, ab initio, pensées comme des instances d'application de normes d'intégration économique. Or, le contentieux relatif à ces normes-là est plutôt pauvre, et il aurait été intéressant – puisque l'auteur constate le caractère « inabouti » du processus – de s'attarder sur les raisons profondes, structurelles, de la faiblesse du droit jurisprudentiel de l'intégration économique.

Une telle réserve – évidemment toujours discutable – ne remet en cause ni l'ampleur du travail de M. Fall, ni son utilité pour quiconque s'intéresse aux processus d'intégration sur le continent africain. De façon certaine, cet ouvrage devient indispensable pour tout chercheur qui investit ce champ-là.

Alioune SALL
Professeur à l'Université Cheikh Anta Diop de Dakar
Ancien juge à la Cour de justice de la CEDEAO
Avocat

SOMMAIRE

LISTE DES ABRÉVIATIONS

AFDI :	Annuaire français de droit international
AIJC :	Annuaire international de Justice constitutionnelle
AJDA :	Actualité juridique de droit administratif
AJICL/RADIC :	African Journal of International and Comparative Law/ Revue africaine de droit international comparé
ANAW:	African Network for Animal Welfare
BCEAO :	Banque centrale des États de l'Afrique de l'Ouest
BOAD :	Banque ouest-africaine de développement
CAMES/SJP :	Conseil africain et malgache pour l'Enseignement supérieur/Sciences juridiques et politiques
CDE :	Cahiers de droit européen
CAE :	Communauté africaine de l'Est
CEA :	Communauté économique africaine
CECA :	Communauté européenne du charbon et de l'acier
CEDEAO :	Communauté économique des États de l'Afrique de l'Ouest
CEDH :	Cour européenne des droits de l'homme
CEEAC :	Communauté économique des États de l'Afrique centrale
CEE :	Communauté économique européenne
CEMAC :	Communauté économique et monétaire des États de l'Afrique centrale
CEN-SAD :	Communauté des États sahélo-sahariens

CFA : Communauté financière africaine

CIJ : Cour internationale de justice

CIDH : Cour interaméricaine des droits de l'homme

CJCE : Cour de justice des communautés européennes

COMESA : Common Market for Eastern and Southern Africa / Marché commun de l'Afrique orientale et australe

CREDILA : Centre de Recherche, d'Étude et de Documentation sur les Institutions et les Législations africaines

EAC : East African Community / Communauté africaine de l'Est

EDJA : Éditions juridiques africaines

FIDE : Fédération internationale de droit européen

JCP : Juris-Classeur période

JCl : **Europe Traité** : Jurisclasseur Europe

JO : Journal officiel

LGDJ : Librairie générale du droit et de la jurisprudence

RBDI : Revue belge de droit international

RCADI : Recueil de Cours de l'Académie de droit international

RFDA : Revue française de droit administratif

RFSP : Revue française de science politique

RQDI : Revue québécoise de droit international

RGDIP : Revue générale de droit international public

RIDC : Revue internationale de droit comparé

RIEJ : Revue interdisciplinaire d'études juridiques

RTDE : Revue trimestrielle de droit européen

RTDH : Revue trimestrielle de droits de l'homme

RRJ : Revue de la Recherche juridique

SADC : Southern African Development Community / Communauté de développement d'Afrique australe

SERAP: Socio Economic Right and Accountability Project

SERAC: Social and Economic Rights Action Center

SFDI : Société française de droit international

SSRN : Social Science Research Network/ Réseau de Recherche en Sciences sociales

SYBL : Spanish Yearbook of International Law

TFUE : Traité sur le fonctionnement de l'Union européenne

TSA : Tydskrif vir die Suid-Afrikaanse Reg/ Journal of South African Law

TUE : Traité sur l'Union européenne

UA : Union africaine

UEMOA : Union économique et monétaire Ouest-africaine

UMA : Union du Maghreb arabe

UDAO : Union douanière de l'Afrique occidentale

UDEAO : Union douanière des États de l'Afrique de l'Ouest

INTRODUCTION

1 Le continent africain a connu le phénomène de regroupements régionaux des États à des fins commerciales[1]. Avec l'accession de la majorité des États africains à l'indépendance, les accords régionaux[2] ont commencé à proliférer à côté de l'organisation panafricaniste (l'Organisation de l'Unité africaine (OUA)[3] créée en 1963, devenue

---

[1] La première expérience en matière d'intégration sur le continent est l'Union douanière d'Afrique australe, créée en 1901, qui regroupait l'Afrique du Sud, le Botswana, le Lesotho, la Namibie et le Swaziland (devenu Eswatini). D'autres exemples peuvent être cités : L'Union de la Rhodésie du Sud (1949) réunissant l'Afrique du Sud et le Zimbabwe ; l'Union douanière équatoriale (UDEAC) regroupant le Cameroun, le Congo, le Gabon, la République centrafricaine et le Tchad ; la Communauté de l'Afrique de l'Est, composée de l'Ouganda, du Kenya et de la Tanzanie est fondée en 1967.

[2] MBENGUE (M.M.), ILLY (O.), « Les interactions institutionnelles dans le régionalisme africain », *in La régionalisation du droit international*. Bruylant 2012, p. 303.

[3] Il n'est pas sans intérêt de rappeler le débat entre fédéralistes et anti-fédéralistes qui existait au moment de la création de l'OUA. Les premiers défendaient la thèse fédéraliste dirigée par Kwamé Nkrumah, selon laquelle l'Afrique devrait se doter d'un Parlement, d'une défense, d'un Gouvernement, d'une banque, d'une citoyenneté et d'une monnaie (voir son ouvrage, *l'Afrique doit s'unir*, Genève, 1964). Les seconds rejettent catégoriquement cette thèse en estimant qu'il faille procéder de manière évolutive. Un autre débat aura lieu autour de la question des rapports entre l'organisation continentale et les organisations régionales. Pour les uns, les organisations régionales ne font que refléter les divisions de l'Afrique. Les autres considèrent que les organisations régionales constituent « le point de départ du processus puis d'intégration et il convient d'encourager leur multiplication et leur consolidation, en privilégiant les aspects économiques ou techniques et en tenant compte des solidarités et spécificités de chaque peuple ». Cf. MAHIOU (A.), « Le cadre juridique de la coopération Sud-Sud : quelques expériences d'intégration », *RCADI*, volume (241), 1993, p. 141. Ce débat va se traduire en une division du continent en deux groupes opposés le groupe : de Brazzaville, puis de Monrovia représentant l'Afrique dite réformiste, le groupe de Casablanca appelé l'Afrique révolutionnaire. La controverse fut tranchée par une résolution du Conseil des ministres de l'OUA du 10 août 1963 précisant que les Communautés économiques régionales contribuent à la réalisation de l'unité continentale à condition qu'elles se conforment aux buts et principes de l'organisation continentale. Cf. BOUTROS-

l'Union africaine (UA) en 2000). Les relations entre les États nouvellement indépendants prenaient la forme d'une coopération[4] pour la défense de la souveraineté et de l'intégrité de leur territoire plutôt que celle d'une intégration[5]. L'État africain avait pour « mission de construire l'unité nationale, de sauvegarder l'intégrité territoriale et de promouvoir le développement économique »[6]. La plupart des organisations d'intégration économique n'avaient pas les moyens de leurs politiques[7]. Les États restaient attachés à l'expression de leurs souverainetés qui étaient incompatibles avec la poursuite des objectifs de l'intégration notamment la construction d'un marché commun ou la création d'une union économique et monétaire. L'accent était mis sur

---

GHALI (B), « Le système régional africain » : 64, in *Régionalisme et universalisme dans le droit international contemporain*. Paris, Pedone, 1977. Voir aussi SALL (A.), *Les mutations de l'intégration des États en Afrique de l'Ouest*. L'Harmattan 2008, p. 42. Plusieurs ouvrages ont porté sur le régionalisme africain : BIPOUN-WOUM, *le droit international africain : Problèmes généraux-règlement des conflits*. Paris, LGDJ, 1970, 327 p. ; WODIE (F.), *Les institutions internationales régionales de l'Afrique occidentale et centrale*. Paris, LGDJ, 1970 ; DIOUF (M.), *Intégration économique : Perspectives africaines*. Dakar, NEA, 1984 ; KOUASSI (E. K.), *Les organisations internationales africaines*. Berger-Levraut, 1987, 485 p. ; GLE-AHANHANZO (M.), *Introduction à l'Organisation de l'Unité africaine et aux organisations régionales africaines*. LGDJ, 1986, 574 p ; GONIDEC (P.-F.), *Les organisations internationales africaines, étude comparative* ». L'Harmattan, 1987, 303 p. ; OPPONG (R. F.), *Legal aspects of Economic Integration in Africa*. Cambridge University Press, 2011, 320 p. ; GATHII (J. T.), *African Regional Trade Agreements as legal regimes*. Cambridge international Trade and Economic Law, 2013, 471 p. ; TALL (S. N.), *Droit des organisations internationales africaines*, L'Harmattan, 547 p.

[4] Les États nouvellement indépendants étaient préoccupés par la défense de la souveraineté. Cf. KENFACK (J.), *Les actes juridiques des Communautés et organisations d'intégration en Afrique centrale et occidentale*, Thèse, Université de Yaoundé II, 2003, p. 6.

[5] Le cadre de l'intégration en Afrique était incertain. Samuel-Jaques Prisso Essawe évoque à ce propos qu'« aucune doctrine unanime de l'intégration n'était sur le continent ». Cf. *Intégration économique et droit en Afrique Centrale : Étude de la « Zone UDEAC »*. Thèse, Université Montpellier 1, 1997, p. 18. Pour une vue d'ensemble sur les débuts de l'intégration en Afrique, on pourra consulter l'article de François Constantin, « L'intégration régionale en Afrique : États des lieux », *RFSP*, n°5, 1972, pp. 1074-1110.

[6] FALL (A. B.), « Le juge, le justiciable et les pouvoirs publics : pour une appréciation concrète du juge dans les systèmes politiques en Afrique ». http://afrilex.u-bordeaux4.fr/le-juge-le-justiciable-et-les.html, consulté le 13 janvier 2019 ; L'article est paru dans *les défis des droits fondamentaux*, Bruylant Bruxelles, 2000, p. 329.

[7] SALL (A), *Les mutations de l'intégration des États en Afrique de l'Ouest*, *op. cit.* p. 49.

la souveraineté et l'indépendance[8]. Toutes les régions de l'Afrique vont abriter des organisations qui auront, entre autres, pour mission l'intégration économique[9]. En Afrique de l'Ouest, deux organisations d'intégration vont coexister, la Communauté économique des États de l'Afrique de l'Ouest (CEDEAO)[10] et l'Union économique et monétaire ouest-africaine (UEMOA)[11]. En Afrique centrale, la Communauté

[8] GONIDEC (P.-F.), *Les organisations internationales africaines, étude comparative*, L'Harmattan, 1987, p 55.

[9] GLELE-AHANHANZO (M.), *Introduction à l'Organisation de l'Unité africaine et aux organisations régionales africaines*. LGDJ, 1986, p. 60 ; OPPONG (R. F), *Legal aspects of Economic Integration in Africa, op. cit.* p. 14. Rappelons aussi qu'une Communauté économique africaine (CEA) a été créée en 1991 regroupant l'ensemble des États africains pour atteindre les objectifs d'intégration tels que la création d'un marché commun. Elle remplace le Plan d'Action de Lagos initié par l'OUA et la Commission économique des Nations unies pour l'Afrique. Ce plan avait divisé le continent en 5 Communautés économiques régionales : la CEDEAO, la CEEAC (1993), la Zone d'Échanges Préférentiels des États de l'Afrique australe et orientale devenue la COMESA en 1994 et l'Union du Maghreb arabe (1989). Pour une étude détaillée de la CEA, voir MAHIOU (M.), « Le cadre juridique de la coopération Sud-Sud : quelques expériences d'intégration », *op. cit.* p. 141.Voir également du même auteur, « La Communauté économique africaine », *AFDI*, 1993, pp. 798-819.

[10] Cette organisation fut créée par le traité du 28 mai 1975. Elle regroupe 15 États membres : Benin, Burkina Faso, Cap-Vert, Côte d'Ivoire, Gambie, Ghana, Guinée, Guinée Bissau, Libéria, Mali, Niger, Nigéria, Sénégal, Sierra Léone, Togo. Le Traité de la CEDEAO est entré en vigueur en juin 1975. Selon, l'article 3 du Traité, l'un des objectifs de la Communauté est de promouvoir la coopération et l'intégration en vue de la création d'une union économique en Afrique de l'Ouest. Ce traité sera révisé le 24 juillet 1993. Les principales institutions de la CEDEAO sont : la Conférence des chefs d'État et de Gouvernement, le Conseil des ministres, le Parlement de la Communauté, la Cour de justice de la Communauté, la Commission… Le siège de la CEDEAO se trouve à Abuja (Nigéria).

[11] En juin 1959 est née une Union douanière de l'Afrique occidentale (UDAO). L'organisation va évoluer en Union douanière des États de l'Afrique de l'Ouest (UEDAO). Ensuite, les États vont reconstituer l'approche de coopération et créer la Communauté économique des États de l'Afrique (CEAO) en 1973. Sur l'étude de cette organisation voir : IBRIGA (L. M.), *L'évolution des systèmes d'intégration économique en Afrique occidentale francophone* : Le cas de la CEAO. Thèse de Doctorat, Université Nancy II, 1991, p. 62. L'UEMOA est née sur les cendres de la CEAO. Elle a été créée par le traité du 10 janvier 1994 au lendemain de la dévaluation de la monnaie FCFA. Elle comprend huit (8) États membres : Benin, Burkina Faso, Côte d'Ivoire, Mali, Niger, Guinée-Bissau (adhésion en 1997), Sénégal, Togo. L'organisation a les mêmes institutions que la CEDEAO (Conférence des chefs d'État et de Gouvernement, Conseil des ministres, Commission, Cour de justice, Parlement) … Le Traité fut révisé le 23 janvier 2003.

économique des États de l'Afrique centrale (CEEAC)[12] et la Communauté économique et monétaire de l'Afrique centrale (CEMAC)[13] seront créées. En Afrique du Sud et de l'Est, trois organisations naîtront : the Southern african development of Community (SADC)[14] et la Communauté économique de l'Afrique de l'Est (CEA)[15] et the Common Market of Eastern and Southern Africa (COMESA)[16]. En

---

[12] La CEEAC est créée par le traité du 18 octobre 1983. Elle compte dix (10) États membres : Burundi, Cameroun, Centrafrique, Congo, Gabon, Guinée équatoriale, République démocratique du Congo, Sao Tomé-et-Principé, Tchad.

[13] Le Traité, instituant la CEMAC, a été adopté le 16 mars 1994 et entré en vigueur le 5 février 1998. Il sera révisé le 25 juin 2008. La CEMAC remplace l'UDEAC. Elle comprend six États membres : Cameroun, Centrafrique, Congo, Gabon, Guinée équatoriale, Tchad. Les institutions de la CEMAC sont : l'Union monétaire de l'Afrique centrale, l'Union économique de l'Afrique centrale, le Parlement, la Cour de justice et la Cour des comptes au sens de l'article 10 du traité révisé. Voir KAMTOH (P.), *Introduction au système institutionnel de la CEMAC*. Afrédit, 2014, p. 33 ; KOBILA (J. M.), SOKENG (L. D.), « La CEMAC : À la recherche d'une nouvelle dynamique de l'intégration en Afrique centrale », *African Yearbook of International Law*, pp. 65-105.

[14] La SADC (en français, Communauté de développement de l'Afrique australe) dénommée en 1980 the Southern African Development Coordination Conference (SADCC) est établie par le traité de 1992. L'organisation réunit quinze (15) membres : Angola, Botswana, RDC, Lesotho, Madagascar, Malawi, Île Maurice, Mozambique, Namibie, Seychelles, Afrique du Sud, Swaziland, Tanzanie, Zambie, Zimbabwe. La SADC devient une zone de libre-échange en 2008 et une union douanière en 2010. Selon l'article 9 du Traité, les principales institutions de la Communauté sont : le Sommet des Chefs d'État et de Gouvernement, le Conseil des ministres, le Tribunal… Cf. NG'ONG'OLA (C.), « SADC law: Bulding towards regional integration », *SADC Law Journal*, (2) 2012, pp. 123-128.

[15] L'organisation a été mise en place par le traité du 30 novembre 1999 et est entré en vigueur en 2000. La CAE est la continuité de la défunte Communauté africaine établie par le traité du 6 juin 1967. La CAE regroupait le Kenya, l'Ouganda, la Tanzanie avant d'accueillir en 2008 le Burundi et le Rwanda. L'article 5 du traité fixe les objectifs de l'organisation : union douanière, marché commun, union monétaire et union politique. En 2010, le marché commun fut lancé. Les principales institutions sont : le Sommet des Chefs d'État et de Gouvernement, le Conseil des ministres, la Cour de justice, l'Assemblée législative, le Secrétariat, etc.

[16] Le traité sur la COMESA (en français, Marché commun de l'Afrique orientale et australe) fut signé le 5 novembre 1993 et est entré en vigueur en 1994. L'organisation a vu le jour en 1982 par un accord de zone d'échange préférentielle conclu le 21 décembre 1981. Elle réunit 19 États membres : Burundi, Comores, RDC, Djibouti, Égypte, Érythrée, Éthiopie, Kenya, Libye, Madagascar, Malawi, Île Maurice, Rwanda, Seychelles, Soudan, Swaziland, Uganda, Zambie, Zimbabwe. L'article 3 du traité COMESA cite parmi les objectifs de l'intégration l'établissement d'une union douanière et l'adoption d'un tarif extérieur commun. L'Union douanière est lancée en 2009. Après cette étape, suivront le marché commun et l'Union douanière. Les

Afrique du Nord, l'Union du Maghreb arabe sera créée (UMA)[17]. Ces organisations[18] disposent d'une architecture institutionnelle comparable à celle des communautés européennes devenues l'Union européenne avec une Commission, un Conseil des ministres, un Parlement et une Cour de justice chargés de réaliser les objectifs d'intégration.

2 Mais, pendant longtemps, l'ineffectivité de la mise en place d'instances juridictionnelles constituait la marque de fabrique des organisations d'intégration en Afrique. L'une des premières expériences de création d'organe juridictionnel remonte à la défunte Communauté d'Afrique orientale (CAO) qui regroupait le Kenya et la Tanzanie[19]. L'ancienne Communauté africaine de l'Est disposait d'une Cour d'Appel créée en 1909. L'article 7 du Traité de la CEDEAO avait institué

---

principales institutions de l'organisation sont : la Conférence des chefs d'État et de Gouvernement, le Conseil des ministres, la Cour de justice, la Commission des banques centrales…

[17] Le Traité de l'UMA est conclu le 17 février entre la Mauritanie, le Maroc, l'Algérie, la Tunisie et la Libye. Pour une étude de l'accord, EL KADIRI (A.), « Réflexions sur le traité de Marrakech constituant l'Union du Maghreb arabe », *RGDIP*, 1991, pp. 72-90.

[18] Il est utile de rappeler que de nombreuses organisations régionales ont été d'une manière ou d'une autre influencées par la politique juridique extérieure de l'Union européenne. Voir à ce sujet : BURGORGUE LARSEN (L), « La régionalisation du développement », *in Droit international et développement*, SFDI, Colloque de Lyon, 2015, p. 431. On peut citer l'exemple de la CEDEAO, au moment de sa création pour montrer l'influence du modèle européen. Le Ministre nigérian de l'Économie de l'époque avait déclaré : « Nous sommes aujourd'hui, ici, pour détruire le mythe qui veut que les différences linguistiques, culturelles et le niveau de développement économique rendent nécessairement impossible l'achèvement de la significative coopération en Afrique de l'Ouest. Des précédents peuvent nous guider. C'est un fait historique qu'après la Seconde Guerre mondiale, les ennemis comme l'Allemagne et la France sont en train de travailler ensemble sous le couvert de la Communauté économique européenne (CEE). Un pays relativement petit comme le Luxembourg est en train de coopérer également avec des géants comme la France et l'Allemagne. Dans la CEE, il y a neuf (9) langues, et ces pays ne présentent pas moins d'hétérogénéité culturelle. Aujourd'hui, la CEE constitue le regroupement économique le plus prospère de par le monde entier parce que ces membres ont à partager leurs connaissances technologiques et scientifiques qui ont accéléré leur croissance économique », Discours prononcé à la Conférence ministérielle de la CEDEAO tenue le 16 décembre 1973 à Lomé. Cf. ADEDEJI (A.), *The Evolution of a West African Economic Community*, 1973, cité par TALL (S. N.), *Droit des organisations internationales africaines*, *op. cit.*, p. 43.

[19] KAMTO (M.), « Les cours de justice des communautés et des organisations économiques africaines », *African Yearbook of International Law*, 1998, p. 107. Selon l'auteur, « il s'agissait à l'époque d'une innovation dans le processus d'intégration sous régionale en Afrique ».

un Tribunal mais celui-ci n'a pas pu fonctionner. En effet, le fait juridictionnel ne se reflétait pas réellement dans la marche des organisations d'intégration. Ce qui faisait que la réussite de l'intégration demeurait un vœu pieux. Or, il semble admis que tout projet d'intégration, pouvant aboutir à des résultats concrets, doit reposer sur le droit[20]. Car, cela inaugure l'idée de « Communauté de droit »[21] dans le processus d'intégration, comme cela, a été le cas dans le cadre de la construction européenne.

3 L'intégration économique et politique en Afrique a traversé des moments de léthargie[22] avant de connaître une période de renouveau

---

[20] Voir JACQUE (J-P.), « Le rôle du droit dans l'intégration européenne », *Revue de Philosophie Politique*, n°1, 1991, pp. 119-132. L'auteur souligne que « l'un des aspects fondamentaux des Communautés réside, en effet, dans l'existence d'un juge, la Cour de justice, organe auquel est soumis l'ensemble des acteurs du droit communautaire » ; DEHOUSSE (R.), « L'Europe par le droit », *Critique internationale*, n°2 Hiver 1999, pp.134-150 ; PRISSO ESSAWE (J. S.), *Intégration économique et droit en Afrique Centrale : Étude de la « Zone UDEAC », op. cit.*, p. 2.

[21] Expression utilisée par la Cour de justice de l'Union européenne pour qualifier la Communauté européenne, dans son célèbre arrêt, du 23 avril 1986, *Parti écologiste Les Verts c/Parlement européen*, 294/83 : « La Communauté économique européenne est une communauté de droit en ce sens que ni ses États membres, ni ses institutions n'échappent au contrôle de conformité de leurs actes à la charte constitutionnelle de base qu'est le traité », point 23. La notion « *Communauté de droit a été utilisée pour la première fois par Walter Hallstein, Premier Président de la Commission européenne. La Cour de justice en fera une consécration jurisprudentielle avant que le concept ne soit saisi par la doctrine* ». Cf. On pourra lire l'article de Joël Rideau, « Communauté de droit et États de droit », *in Mélanges René Jean Dupuy Humanité et droit international.* Paris, Pedone, 1991, pp. 249-269. Il s'agit de l'appropriation de la notion d'État de droit par le juge communautaire en ce sens que, comme le souligne Denys Simon, « *La communauté de droit renvoie à la conception de l'État de droit fondée sur la prééminence du droit* ». Cf. « La Communauté de droit », *in Réalités et perspectives du droit communautaire des droits fondamentaux*. Bruylant Bruxelles, 2000, p. 98 ; du même auteur, *Le système juridique communautaire*. PUF, 2001, p. 96-98. Antoine Vauchez estima que « *avant d'être une œuvre économique, les Communautés européennes forment ainsi d'abord une Communauté de droit, version communautaire de l'État de droit* ». Cf. *L'Union par le droit, l'invention d'un programme institutionnel pour l'Europe*, Sciences Po. Les Presses, 2013, p. 213.

[22] Il faut rappeler que le régionalisme africain se caractérisait par la réunion d'États qui partageait une géographie, une identité, une histoire des intérêts communs se traduisant par la création d'organisations. Cf. SY (D.), « Les mutations du régionalisme », *in Mélanges en l'honneur de Francis Wodié*, 2016, p. 476. Abdallah Benhamou souligne que la plupart des organisations d'intégration avaient « *opté pour des structures complexes et très centralisées comportant des Secrétariats étoffés. Ces structures pléthoriques au sommet, alliées à la réticence que manifestent les autorités nationales*

estampillée par la mise en place de juridictions communautaires à partir des années 1990. Ces dernières vont donner une dimension novatrice au processus d'intégration africaine à la suite de la difficulté des premières organisations africaines à réaliser les objectifs d'intégration. Ainsi, l'intégration économique fut revitalisée avec l'insertion de cours de justice dans les traités constitutifs des organisations pour assurer le respect du droit et de la légalité communautaire. Tout ceci manifeste la survenance de la justice communautaire en Afrique dans le processus d'intégration, objet de la présente thèse. En effet, il convient d'évoquer brièvement l'apparition de la justice communautaire en Afrique (**I**) avant de se pencher sur la présentation de la problématique de la recherche (**II**), ainsi que sur la justification et l'annonce du plan (**III**).

I) L'apparition de la justice communautaire en Afrique

4 À l'origine, les organisations d'intégration africaine ne disposaient pas d'organe juridictionnel comme les Communautés européennes[23]. Cette spécificité africaine s'explique par la réticence qu'ont les États africains vis-à-vis de la justice en générale. Les États préféraient recourir à la voie conciliatrice ou « aux vieux procédés africains de la palabre »[24], plutôt que d'emprunter la voie contentieuse. Il y aurait « une réticence traditionnelle »[25] à saisir le juge. C'est ce que Ahmed Mahiou a relevé en estimant que « lorsque les difficultés sont sérieuses, les États préfèrent aller vers la rupture du marché commun plutôt que faire confiance à la Cour de justice pour trouver une solution. Ce qui n'encourage pas beaucoup le fonctionnement et la promotion des mécanismes juridiques d'intégration »[26]. L'idée d'une justice supranationale n'était pas entrée dans les mœurs politiques des États au sein des organisations d'intégration africaine, car le pouvoir de juger reste « attaché à la souveraineté et selon les schémas hérités de la modernité,

---

lorsqu'il s'agit de céder une partie de leur pouvoir à des organes supranationaux... ». Cf. BENHAMOU (A.), « Les mutations du régionalisme dans les pays en développement », *RADIC*, 1996, p. 881.

[23] ALTER (K.J.), « The Global Spread of European Style International Courts », *in West European Politics*, Vol. 35, n° 1, 2012, p. 150.

[24] Voir THIAM (D.), « Le fédéralisme africain », *RCADI*, 1969, p. 386.

[25] TINO (E.), « The role of regional judiciaries in eastern and southern Africa », *op. cit.*, p. 163.

[26] Cf. « Le cadre juridique de la coopération Sud-Sud : quelques expériences d'intégration », *RCADI*, Volume (241), 1993, p. 81.

elle relève donc de l'État »[27]. Mais, les mutations du régionalisme[28] en Afrique s'accompagnent d'une juridictionnalisation que Dramane Sanou, dans sa thèse, considère comme l'une des « *manifestations du renouveau de l'intégration* »[29]. Pour Alioune Sall, cette insertion des organes juridictionnels dans les nouvelles organisations africaines constitue une « mutation »[30] et un « des nouveaux axes de l'intégration »[31]. De même, Demba Sy parle de « mutation structurelle du régionalisme »[32] en relevant que « la création des juridictions s'explique par la volonté de lutter contre l'insécurité judiciaire, de réaliser l'État de droit et de mettre en œuvre les dispositions du Traité afin d'atteindre les objectifs d'intégration fixés dans le traité de base »[33]. D'autres auteurs comme Richard Fripong Oppong[34] et Jorg Kleis[35], analysant ce phénomène de prise en compte du juge dans le champ de l'intégration africaine, relèvent aussi cette mutation fonctionnelle et structurelle du processus communautaire. Il s'agit d'une véritable rupture quant à la marche des organisations d'intégration africaine. La forte « juridictionnalisation »[36] du régionalisme international n'a pas épargné le continent africain qui subira plus ce phénomène de « régionalisation juridictionnelle »[37] caractérisée par la création de nombreuses juridictions communautaires.

---

[27] BARBATO (J.-C.), « L'affirmation de la justice étatique comme appareil judiciaire européen est-elle compatible avec la souveraineté nationale », *Politeia*, n°25, 2014, p. 190.
[28] BENHAMOU (A.), « Les mutations du régionalisme dans les pays en développement », *RADIC*, 1996, p. 871.
[29] SANOU (D.), *La juridictionnalisation des organisations régionales d'intégration économique en Afrique*. Thèse Université Paris 1, 2012, p. 18.
[30] Cf. *Les mutations de l'intégration des États en Afrique de l'Ouest. Une approche institutionnelle*. L'Harmattan, 2007 ; Voir du même auteur, *La justice de l'intégration, réflexions sur les institutions judiciaires de la CEDEAO et de l'UEMOA*. CREDILA, 2011, p. 15.
[31] Cf. « Aspects institutionnels de l'intégration en Afrique de l'Ouest », in *Regards croisés sur les intégrations régionales : Europe, Amériques, Afrique*. Bruylant, 2010, pp. 159-183.
[32] SY (D.), « Les mutations du régionalisme », in *Mélanges en l'honneur de Francis Wodié*. Presse de l'Université 1 Capitole, 2016, p. 473.
[33] *Ibid.*, p. 487.
[34] Cf. *Legal Aspects of Economic integration in Africa*. Cambridge University Press, 2011, p. 117.
[35] Cf. *African Regional Communities Courts and their Contribution to Continental Integration*. Nomos, 2016, p. 35.
[36] Pour l'analyse du concept, voir la thèse de SANOU (D.), *La juridictionnalisation des organisations régionales d'intégration économique en Afrique*, *op. cit.*, p. 10.
[37] BURGORGUE-LARSEN (L.), « Le fait régional dans la juridictionnalisation du droit international » *in La juridictionnalisation du droit international, Colloque*. Lille, SFDI, 2003, p. 206.

La création de ces dernières intervient dans un contexte de démocratisation des régimes politiques africains et de renouveau du constitutionnalisme, marqué par l'encadrement des pouvoirs constitutionnels et la protection des droits et libertés fondamentaux dans les États. La « juridictionnalisation », se traduit par une « judiciarisation »[38] des questions politiques et sociales au niveau communautaire. Désormais, les institutions judiciaires supranationales figurent dans le schéma institutionnel pour accompagner le projet économique, politique et social d'intégration.

5 Ainsi instituées, les juridictions communautaires entendent contribuer à la réalisation des objectifs assignés aux communautés économiques régionales tels que l'établissement d'un marché commun à l'intérieur duquel les libertés économiques vont être effectives, l'union économique, l'union monétaire et l'union politique. Ces nouvelles juridictions, conçues sous le modèle[39] de la Cour de justice des communautés européennes (CJCE)[40], ont introduit un changement « significatif d'attitude des États africains vis-à-vis de la justice internationale »[41] et, en particulier, vis-à-vis de la justice communautaire. À cet effet, les États membres des organisations d'intégration économique ont pris conscience de l'importance du droit dans le processus communautaire. Le « succès » du modèle de l'Union européenne[42], « symbole d'une expérience aboutie »[43], même s'il a été quelque peu

[38] La judiciarisation se manifeste par la prééminence du mode judiciaire sur tous les autres modes de règlement des différends et la soumission progressive de l'action des pouvoirs publics au contrôle des juges. Cf. COMMAILLE (J.), DUMOULIN (L.) et ROBERT (C.), ss. dir., *La juridicisation du politique*. Paris, LGDJ, Lextenso, éditions, 2010 ; OST (F.), *À quoi sert le droit ? usages, fonctions, finalités*, coll. « Penser le droit ». Brulyant, 2016, p. 547.

[39] YUSUF (A. A.), « The Emergency of judicial institutions for inter-state dispute settlement in Africa: A brief survey », *African Yearbook International Law*, 2014, p. 280.

[40] La CJCE est devenue Cour de justice de l'Union européenne (CJUE) depuis l'entrée en vigueur du Traité de Lisbonne.

[41] MAHIOU (A.), « Le cadre juridique de la coopération Sud-Sud : quelques expériences d'intégration », *op. cit.*, p. 161.

[42] Sur la synthèse du processus de l'UE, on pourra lire BAILLEUX (A.), DUMONT (H.), *Le pacte constitutionnel européen, Tome 1. Fondements du droit institutionnel de l'Union*. Bruylant, 2015, 562 p.

[43] MEHDI (R.), « L'imitation du modèle de l'Union européenne dans d'autres contextes régionaux » : 459-483, *in* Vellano (M.) ss.dir., *L'avenir des organisations internationales*, Perspectives juridiques, édit. Scientica, 2015. https://halshs.archives-ouvertes.fr/halshs-01313636/document, consulté le 29 septembre 2019.

relativisé par la survenance du Brexit[44], y a beaucoup joué un rôle important. Bien que certains auteurs décrivent un « mimétisme »[45] ou une « prétendue miroir du modèle européen »[46], l'imitation du modèle européen de justice communautaire devrait être vue comme une source d'inspiration qui n'empêcherait pas sa nécessaire adaptation au contexte

---

[44] Le Brexit est une "abréviation" de British Exit désignant la sortie du Royaume-Uni de l'UE à la suite du Référendum du 26 juin 2016.

[45] PRISSO-ESSAWE (J.-S.), « L'Union européenne et l'intégration : structuration, déstructuration, restructuration », *Revue de l'Union européenne, 60 ans des traités*, n°621, Septembre 2018, p. 468. Selon l'auteur « Ce n'est pas dans les ressorts socio-historiques qu'on peut identifier le mimétisme des processus africains d'intégration vis-à-vis de l'intégration européenne. Il y a en effet sur ce plan une démarcation téléologique forte, la recherche d'une unité politique étant plus marquée dans l'intégration africaine que dans le processus européen. Le mimétisme est toutefois beaucoup plus fonctionnel et matériel qu'idéologique ».

[46] SERMET (L.), « Modes et méthode de l'intégration régionale en Afrique », *Revue de l'Union européenne, 60 ans des traités*, n°621, Septembre 2018, p. 475. L'auteur synthétise le point de vue de la doctrine sur le *mimétisme en se demandant si le discours sur le droit de l'intégration africaine relevait d'un* « mimétisme subi, contesté ou secrètement désiré ? ». Il rappelle la position d'Alioune Sall qui considère que « la fascination qu'exerce sur les juristes africains le modèle de l'Union européenne : Que l'Europe, modèle d'intégration assez achevé, ait exercé une espèce de fascination dans cette conversion…au droit est difficilement niable. Le vieux continent a entendu, ab initio, se constituer une communauté de droit et le travail fait par ses juges a été à l'avenant. La stratégie interprétative a été à l'origine de deux principes qui ont longtemps conféré à l'ordre juridique européen toute sa singularité dans l'ordre international : l'applicabilité directe et la primauté ». p. 478. Ce même point de vue critique d'Alioune Sall est réitéré en ces termes : « Que le modèle européen soit attractif au point d'inspirer d'autres entreprises d'intégration est normal, que la fascination soit poussée jusqu'au mimétisme terminologique s'explique moins. Somme toute, il existe d'autres façons de dire la même chose, si tant est qu'il n'est inévitable de dire la même chose ». Laurent Sermet évoque également le point de vue de Demba Sy, plus radical sur le mimétisme, qui estime que « les décisions sont discutables : le juge ne fait que du mimétisme : il reprend le juge européen y compris la doctrine française ». Toutefois, la nuance peut être apportée à ces critiques du mimétisme. D'une part, le mimétisme juridique va de soi car le juge évolue dans un environnement influencé fondamentalement par le droit européen. La plupart des juges francophones ont reçu une formation de tradition juridique française. La reprise du raisonnement juridique dans les solutions ne serait pas tout à fait négative. D'autre part, avec le contexte de circulation des décisions et de convergence des solutions judiciaires, l'interprétation du droit obéit à des standards minimums universellement acceptés et le droit se pense en « réseau » pour emprunter la formule de François Ost et Van de Kerchove dans leur ouvrage intitulé : *De la pyramide au réseau ? pour une théorie dialectique du droit*. Bruxelles, 2002, p. 23.

africain par la « réappropriation »[47]. En effet, chaque juridiction communautaire africaine est considérée, au sein de l'organisation d'intégration économique d'appartenance, comme l'organe judiciaire chargé d'assurer le respect du droit dans l'interprétation et l'application des traités, protocoles et conventions. En Europe, l'érection d'une Cour de justice en 1952 a permis d'asseoir une « Communauté de droit » et un système juridictionnel complet. La contribution du juge communautaire européen[48], au développement de l'œuvre intégrative, n'est plus à démontrer[49]. La juridiction de Luxembourg occupe une position cruciale

---

[47] BENLOLO CARABOT (M.), « L'influence extérieure de l'Union européenne » : 71, *in Union européenne et droit international*. Pedone, 2012. L'auteur mentionne que les juges régionaux se « réapproprient des principes communautaires européens. La jurisprudence des organes régionaux démontre à l'envi l'autonomie et la singularité des processus d'intégration. Dans leur démarche visant à construire un marché commun, les juges utilisent en effet la référence européenne comme une source parmi d'autres dans des raisonnements souvent empreints de pragmatisme. Surtout, c'est en fonction des contraintes, mais aussi d'atouts inhérents à chaque contexte géopolitique, que le juge de l'intégration régionale interprète les traités constitutifs qu'il doit appliquer ».

[48] Voir LECOURT (R.), *L'Europe des juges*, Bruylant, 1976, 321 p ; LENAERTS (K.), *Le juge et la Constitution aux États-Unis d'Amérique et dans l'ordre juridique européen*. Bruylant Bruxelles, 1988, 817 p. ; KOVAR (R), « La contribution de la Cour de justice à l'édification de l'ordre juridique communautaire », *Collected Courses of the Academy of European Law, Volume IV, Book 1*, Kluwer Law international, 1995, pp. 15-122 ;

[49] Voir les nombreux articles consacrés à la Cour de justice : CAPPELLETTI (M.), GOLAY (D.), « The Judicial Branch in the Federal and Transnational Union : its impact on Integration », *in Integration Through Law*, Book 2, Berlin-New York, 1986, pp. 261-351; LECOURT (R.), « Rôle de la Cour de justice dans le développement de l'Europe », *Revue du marché commun*, Juillet-août 1963, pp. 273-275 ; du même auteur, « Le rôle unificateur du juge dans la Communauté », *in Mélanges offertes à Pierre-Henri Teitgen*, Pedone, 1984, pp. 223-237 ; PESCATORE (P.), « Rôle et chance du droit et des juges dans la construction de l'Europe », *Revue internationale de droit comparé*, Janvier-mars 1974, pp.5-19 ; CARTOU (L.), « La Cour de justice des Communautés européennes et le droit communautaire » : 163-171, *in Mélanges Waline*, LGDJ, 1974, MERTENS de WILMARS (J.), « La jurisprudence de la Cour de justice comme instrument de l'intégration communautaire », *Cahiers de droit européen*, 1976, n° 2-3, pp. 135-148 ; WAELBROECK (M.), « Le rôle de la Cour de justice dans la mise en œuvre du traité CEE », *Cahiers de droit européen*, n°4 1984, pp. 343-379 ; BETTATI (M.), « Le « Law-Making power » de la Cour », *Pouvoirs* n°48, pp. 57-70 ; WEILER (J. H.), « Une révolution tranquille. La Cour de justice et ses interlocuteurs », *Politix*, vol. 8 n°32, 1995, pp. 119-138 ; SAURUGGER (S.) et TERPIAN (F.), « La Cour de justice au cœur de la gouvernance européenne », *Pouvoirs* N°149, 2014/2, pp. 59-75 ; SWEET (A.), CAPORASO (J. A.), « La Cour de justice et l'intégration européenne », *Revue française de science politique*, n°2,

dans la construction européenne. Son rôle d'avant-gardiste a été magnifié par la doctrine. La Cour de justice a été qualifiée de « pivot de la construction européenne »[50], de « catalyseur de l'intégration »[51], de « moteur et de régulateur »[52] de l'intégration, voire de promotrice d'une « révolution juridique »[53]. En Afrique, l'avènement de la fonction juridictionnelle dans les organisations d'intégration va favoriser « l'émergence du droit de l'intégration »[54]. Dès lors, l'activité des organisations africaines se déroule conformément aux exigences fondamentales des traités d'intégration sous le contrôle vigilant des cours de justice, objet de notre recherche. Ainsi, toute analyse sur les cours de justice africaines et l'intégration passe d'abord par une définition des termes en présence (**A**), et ensuite par une délimitation de la recherche (**B**).

A) Définition des termes de la recherche

6 La réflexion sur les cours de justice et l'intégration africaine suppose, au préalable que l'on en circonscrive les concepts clés. Dans la présente thèse, deux notions fondamentales appellent des clarifications. Il s'agit d'une part, de la notion « d'intégration » et d'autre part, de celle de « cours de justice ».

7 Selon le *Dictionnaire de droit international public*, la notion d'intégration signifie une « opération tendant à faire entrer un élément extérieur dans une entité dont il devient une partie indissociable »[55]. Elle peut renvoyer à la « fonction d'une organisation internationale qui

---

1992, pp. 195-244 ; OLIVIER (C.), « La Cour de justice et le contrôle démocratique de l'Union européenne », *Revue française de science politique*, n° 6, 2001, pp. 881-902 ; LENAERTS (K.), « L'apport de la Cour de justice à la construction européenne », *Journal du droit européen*, 2017, pp. 134-137.

[50] SERVAN-SCHREIBER (P.), « La Cour de justice : pivot de la construction européenne », *Politique étrangère*, n° 1, 1996, pp. 87-97.

[51] DEHOUSSE (R.), *La Cour de justice des Communautés européennes*. Montchrestien, 1994, p. 70.

[52] MOUTON (J. D.), SOULARD (C.), *La Cour de justice des Communautés européennes*, « Que sais-je ? », PUF, 2004, p. 78.

[53] PESCATORE (P.), CALVET (H.), « Une révolution juridique, le rôle de la Cour de justice européenne », *Commentaire* n°59 1992/3, pp. 569-574.

[54] Formule chère au juge Pierre Pescatore. Cf. *Le droit de l'intégration : émergence d'un phénomène nouveau dans les relations internationales selon l'expérience des communautés européennes*, Bruylant 2005, 100 p.

[55] SALMON (J.), ss. dir., *Dictionnaire de droit international public,* Bruylant, 2001, p. 591.

vise à unifier progressivement par des mécanismes appropriés, l'économie voire le système politique »[56]. L'intégration peut, aussi, traduire « une certaine adéquation à un ensemble »[57]. Plusieurs auteurs se sont penchés sur la notion d'intégration. Parmi ces auteurs, nous citerons l'économiste américain Bela Balassa qui a retenu cinq (5) étapes dans le processus de l'intégration[58] :

- la zone de libre-échange, où les droits de douane et les restrictions quantitatives sont abolies entre pays participants mais où chaque pays conserve ses propres tarifs contre les pays non membres ;

- l'union douanière, caractérisée par la suppression des discriminations en ce qui concerne les mouvements de marchandises à l'intérieur de l'union et l'égalisation des tarifs dans le commerce et avec les pays tiers ;

- le marché commun constitue un degré plus élevé d'intégration puisque l'abolition des restrictions ne concerne pas seulement les échanges commerciaux, mais aussi les mouvements de facteur de production ;

- l'union économique combine la suppression des restrictions concernant les mouvements de produits et des facteurs de production avec un certain degré d'harmonisation des politiques économiques afin d'éliminer la discrimination ;

- l'intégration économique totale présuppose l'unification des politiques, monétaire, fiscale, sociale et anticyclique et requiert l'établissement d'une autorité supranationale dont les décisions lient les États membres.

8 D'autres auteurs ont montré qu'il existe deux conceptions de l'intégration[59]. La première conception, qui est celle statique de l'intégration économique, « correspond à une doctrine économique libérale, transposant dans la société internationale le libre échangisme national (suppression des obstacles nationaux…, puis en éliminant les

---

[56] *Ibid.*, p. 592.

[57] BREMOND (J.) & GELEDAN (A.), *Dictionnaire économique et social*. Paris, Hatier, 1990, p. 217. Pour cette définition, voir Christine Guillard, *L'intégration différenciée dans l'Union européenne*. Bruylant 2006, p. 2.

[58] BALASSA (B.), *Theory of economic integration*. Richard Irwing Homewood, Illenois, 1961. Voir aussi SUAREZ (A.), *Intégration régionale, évolution d'un concept*. Hachette Supérieur, 159 p.

[59] *Revue économique* de 1958, citée par RIDEAU (J.), *Les aspects juridiques de l'intégration économique*, Colloque de l'Académie de droit de La Haye, 1971, p. 23.

droits de douane, pour laisser s'épanouir entre plusieurs États les mécanismes de l'économie de marché) ». La deuxième conception renvoie à l'approche dynamique et recourt à l'idée d'étapes ou de degrés. Par ailleurs, le concept d'intégration peut revêtir deux formes : une intégration négative visant à l'élimination des obstacles de frontières entre États membres et une intégration positive axée sur la mise en œuvre des politiques économiques communes et un rapprochement des politiques économiques[60]. En outre, dans le cadre de la typologie des organisations internationales et dans sa forme juridique, l'intégration s'oppose à la coopération qui sauvegarde la souveraineté des États et « n'aboutit jamais à transférer aux institutions de coopération un pouvoir de décision autonome »[61]. Pour Kwam Kouassi, les organisations d'intégration ont « pour mission de rapprocher les États en prenant à leur compte, certaines de leurs fonctions, jusqu'à les fondre en une unité globale dans le domaine où se développe leur activité… Cette fusion ira jusqu'à substituer la personnalité de l'organisation à celle de ses membres vis-à-vis des tiers, pour les négociations commerciales, certaines fonctions étatiques essentielles sont exercées par les organes de l'organisation aux lieux et place des organes étatiques »[62]. L'intégration appliquée aux organisations internationales peut correspondre à la supranationalité[63] que Pierre Pescatore résume en ces termes : « La

---

[60] SIMON (D.), *Le système juridique communautaire*, 2e édition, PUF, 1998, p. 45.

[61] GONIDEC (P.-F.), *Les organisations internationales africaines, étude comparative* », *op. cit.*, p. 54. Selon l'auteur « L'intégration est la fois un processus et une situation qui, à partir d'une société internationale morcelée en unités indépendantes les unes des autres, tendent à leur substituer de nouvelles unités plus ou moins vastes, dotées au minus du pouvoir de décision soit dans l'ensemble des domaines relevant de la compétence des unités intégrées, à susciter, au niveau des consciences individuelles, une adhésion ou une allégeance à réaliser, au niveau des structures, une participation de tous au maintien et au développement de la nouvelle unité ».

[62] KOUASSI (E. K.), *Les organisations internationales africaines*, *op. cit.*, p. 25.

[63] Les critères de la supranationalité sont : « - l'existence d'organes ayant le pouvoir d'adopter des actes obligatoires pour les États membres sans que ceux-ci doivent nécessairement y consentir ; - le fait que ces actes peuvent consister en des règlements directement applicables dans l'ordre juridique interne des États membres et bénéficiant de la primauté sur toute disposition nationale, antérieure ou postérieure, quel que soit son rang ; - la présence parmi ces organes d'une juridiction directement accessible aux ressortissants des États membres et jouissant d'une compétence exclusive pour se prononcer sur tout différend relatif à l'interprétation ou à l'application du traité de base ou du droit dérivé de celui-ci ;- le transfert de compétences précédemment exercés par les États membres ». Cf. SALMON (J.), ss. dir., *Dictionnaire de droit international public*, *op. cit.*, p. 1064.

reconnaissance, par un groupe d'États, d'un ensemble d'intérêts communs ou, d'une manière plus large, d'un ensemble de valeurs communes ; la création d'un pouvoir effectif placé au service de ces intérêts ou valeurs ; enfin l'autonomie de ce pouvoir »[64].

9 Au niveau africain, les organisations créées, à la suite des débats sur l'unité du continent et sur le caractère incertain du cadre institutionnel à retenir, se fixaient comme objectif principal l'intégration et le développement économique, même si les États « préféraient un système de coopération qui laissait intacte les souverainetés ».[65] En revanche, à partir des années 1990, l'option qui a été retenue par les nouvelles organisations africaines, demeurait l'intégration par le droit.

10 La notion d'intégration ne fait pas l'objet d'une définition expresse dans les traités des organisations régionales ou sous-régionales africaines. Ceux-ci soulignent les objectifs d'intégration tels que la mise en place d'une zone libre-échange, un marché commun, une union économique et monétaire, une union politique. Ce sont les cas de la CEDEAO[66], de la CAE[67], de la CEMAC[68] de la COMESA[69], de la SADC[70] et de l'UEMOA[71]. Aussi, les traités communautaires mettent l'accent sur les objectifs économiques, sociaux et politiques de l'intégration et sur les principes fondamentaux. En effet, l'article 3§1 du traité de la CEDEAO prévoit que la Communauté « vise à promouvoir la coopération et l'intégration dans la perspective d'une Union économique de l'Afrique de l'Ouest en vue d'élever le niveau de vie des peuples, de maintenir et d'accroître la stabilité économique, de renforcer les relations entre les États membres et de contribuer au développement du continent africain ». Les objectifs de l'intégration

---

[64] PESCATORE (P.), *Le droit de l'intégration : émergence d'un phénomène nouveau dans les relations internationales selon l'expérience des communautés européennes*, Bruylant, 2005, p. 50. La CECA constitue la première organisation d'intégration qualifiée de supranationale. L'article 9 du traité de la CECA faisait référence au concept pour désigner l'indépendance des membres de la Haute Autorité de la CECA. Sur l'origine de cette organisation, voir BAILLEUX (J.), *Penser l'Europe par le droit : l'invention du droit communautaire en France,* Dalloz, 2014, p. 91.
[65] GONIDEC (P.-F.), *op.cit.*, p. 55.
[66] Article 3§ 2 (d) du traité de la CEDEAO.
[67] Articles 5 (2) et 76 du traité CAE.
[68] Article 2 du traité révisé.
[69] Article 3 du traité COMESA.
[70] Article 5§ 2 (d) du traité SADC.
[71] Article 4 (c) du traité de l'UEMOA.

couvrent tous les domaines essentiels de la vie nationale. Pour s'en convaincre, il suffit de voir les objectifs ambitieux des traités d'intégration. L'article 3§2 du traité de la CEDEAO souligne que l'action de la Communauté portera sur « l'harmonisation et la coordination des politiques nationales et la promotion de programmes, de projets, et d'activités, notamment dans les domaines de l'agriculture, et des ressources naturelles, de l'industrie, des transports et communications, de l'énergie, du commerce, de la monnaie et des finances, de la fiscalité, des réformes économiques, des ressources humaines, de l'éducation, de l'information, de la culture, de la science, de la technologie, des services, de la santé, du tourisme, de la justice »[72]. De même, l'article 5 du traité de la CAE prévoit que les objectifs de la Communauté sont de « développer des politiques et des programmes visant à élargir et à approfondir, pour leur bénéfice mutuel, la coopération entre les États membres dans les domaines de la politique, de l'économie, des affaires sociales et culturelles, de la recherche, de la technologie, de la défense, de la sécurité, des affaires juridiques et judiciaires ».

11 En outre, pour la réalisation des objectifs inscrits dans le droit primaire, les institutions et les États membres doivent respecter un certain nombre de principes fondamentaux de l'intégration. Ces principes sont variables d'une communauté à une autre. Les traités communautaires[73] énumèrent des principes essentiels que l'on peut qualifier de « constitutionnels » structurant la construction de l'intégration africaine. Au titre de ces principes fondamentaux de l'intégration, on peut citer : la bonne gouvernance, la démocratie, la primauté du droit, l'État de droit, la transparence, la justice sociale, l'égalité des hommes et des femmes, la reconnaissance, la promotion et la protection des droits de l'homme[74] et des peuples conformément à la Charte africaine, le respect des règles et principes juridiques, etc.

12 Ainsi, le concept d'intégration, en tant que tel, n'est pas précisé dans les traités. Seuls les principes et objectifs de l'intégration y sont déclinés. On retrouve également dans les traités, les étapes classiques de l'intégration économique. À titre d'illustration, le traité de la CAE rappelle que « les États membres s'engagent à établir entre eux et conformément aux dispositions du traité, une Union douanière, un Marché

[72] Sur les domaines de l'intégration, voir aussi l'article 4 du traité de l'UEMOA.
[73] Art. 6 et 7 du traité de la CAE ; Art. 4 du traité de la CEDEAO.
[74] Par exemple, l'article 3 du traité de l'UEMOA dispose que « l'Union respecte dans son action les droits fondamentaux ».

commun, plus tard une union monétaire et à la fin, une fédération politique afin de renforcer et de règlementer les relations industrielles, commerciales, culturelles, sociales et politiques des États membres de même que leurs rapports dans le secteur de l'infrastructure et dans d'autres domaines afin de promouvoir un développement accéléré, harmonieux et équilibré et une expansion durable des activités économiques dont les bénéfices seront partagés équitablement entre eux »[75]. La jurisprudence africaine a donné une signification particulière à ses principes par rapport au processus communautaire mais sans définir le concept d'intégration. C'est ainsi que la Cour africaine de l'Est a rappelé les principes fondamentaux de l'intégration en mentionnant dans ses arrêts[76], ce qu'elle appelle « le package de la gouvernance », soutenant l'agenda de l'intégration négocié par les auteurs du traité. Selon la Cour, « le package » comprend la bonne gouvernance, la transparence, la justice sociale, l'État de droit et la protection des droits de l'homme.

13 Ni les traités, ni la jurisprudence communautaire africaine ne précisent le concept de l'intégration. En réalité, la définition de l'intégration africaine s'avère difficile, à bien des égards. D'abord, la prolifération des organisations d'intégration, avec la constellation d'organes qui en est le corollaire, pose le problème de la coexistence ou de la concurrence des organisations appartenant à une même région, voire leur lisibilité. Le traité de la CEDEAO prévoit, dans son article 2§1, que la Communauté « sera à terme la seule organisation économique de la Région aux fins de l'intégration économique et de la réalisation des objectifs de la Communauté économique africaine ». Alors que l'UEMOA, dans le préambule du traité proclame qu'elle reste « fidèle aux objectifs de la Communauté Économique Africaine et de la Communauté économique des États de l'Afrique de l'Ouest (CEDEAO) ». Ensuite, les États peuvent appartenir aux mêmes organisations d'intégration dans un même espace communautaire ; ce qui rend difficile la réalisation des objectifs assignés aux organisations.

---

[75] Art. 5§2.

[76] CJCAE, *Samuel Mukira Mohochi vs. The Attorney General of Uganda*, N°5/2011 du 17 may of 2013, p. 17. *The Attorney General of the Republic of Uganda v Tom Kyahurwenda*, N°1/2014, Appellate Division, 31st of July 2015, *Reference for preliminary ruling under article 34 of the treaty made by high court of the Republic of Uganda in the proceedings*, point. 64.

14 Néanmoins, compte tenu de l'évolution des organisations africaines de la deuxième génération, avec une nouvelle physionomie institutionnelle et de nouveaux domaines de compétences[77] notamment la bonne gouvernance, la démocratie, l'État de droit, la promotion et la protection des droits de l'homme conformément aux dispositions de la Charte africaine des Droits de l'homme et des Peuples (CADHP), nous pensons qu'on ne peut plus définir l'intégration en Afrique, sous le prisme exclusivement économique, caractérisée par la réalisation des objectifs d'un marché commun. Aujourd'hui, l'intégration et les droits de l'homme sont largement imbriqués. Selon Joël Andriantsimbazovina, l'intégration constitue un « vecteur d'expansion des droits de l'homme »[78], et ceux-ci « un vecteur de régulation de l'intégration »[79]. Dans le même registre, Rafaa Ben Achour considère qu'« au niveau régional et sous régional, les droits de l'homme ont servi et servent comme l'un des facteurs de l'intégration dans la mesure où ils constituent l'une des bases du phénomène intégrationniste »[80]. Pour Dandi Gnamou, les droits de l'homme sont un « *élément d'approfondissement de l'intégration* »[81]. Celle-ci épouse les droits de l'homme, qui ne figurait pas parmi « *les fondements de l'unité africaine..., dominée par la problématique de la lutte contre le sous-développement économique et social* »[82]. Dès lors, le nouveau visage de l'intégration africaine se particularise par la « *prolifération des mécanismes africains de protection des droits de l'homme* »[83]. Ainsi, la protection des droits de l'homme est engagée au service de la réalisation des objectifs d'intégration. La plupart des traités des organisations d'intégration mentionne l'obligation de respecter et de

---

[77] Voir art. 4 (g) du Traité de la CEDEAO ; art. 6 (d) et 7 (2) du Traité de la CAE ; art. 3 du Traité de l'UEMOA.

[78] « Intégration et droits de l'homme. Quelques éléments introductifs » *in Intégration et droits de l'homme*, mare & martin, 2018, p. 20.

[79] *Ibid.*, p. 30.

[80] « L'intégration et les droits de l'homme en Afrique, le point de vue d'un juge » : 341, *in* Andriantsimbazovina (J.) ss. dir., *Intégration et droits de l'homme*, mare & martin, 2018.

[81] « Les droits de l'homme servent-ils à l'intégration dans les organisations sous régionales africaines ? » : 325, Andriantsimbazovina (J.), ss. dir., *Intégration et droits de l'homme*, mare & martin, 2018.

[82] BEN ACHOUR (R.), « L'intégration et les droits de l'homme en Afrique, le point de vue d'un juge », *op. cit.*, p. 342.

[83] MANIRAKIZA (P.), « Vers un renforcement d'un véritable système juridictionnel de protection des droits de l'homme en Afrique », *in* BURGORGUE LARSEN (L.), ss. dir., *Les défis de l'interprétation et l'application des droits de l'homme. De l'ouverture au dialogue.* Éditions, Pedone, 2017.

protéger les droits de l'homme. Ceux-ci deviennent invocables par les particuliers et opposables aux États membres et aux institutions communautaires. La prise en compte des droits de l'homme, dans le chantier communautaire, marque la nouvelle forme d'intégration, longtemps appréhendée sous l'angle des libertés de circulation.

15 En outre, l'intégration apparaît comme un « principe constitutionnel de base »[84] ou un « objectif constitutionnel »[85], auquel doit se conformer toute action communautaire des institutions et États membres. Et le juge, en tant que gardien de l'ordre juridique communautaire, veille au respect du droit et de la légalité au sein de la Communauté instituée. En effet, le nouveau cadre de l'intégration exige une définition adaptée au contexte régional et sous-régional, marqué par une demande croissante de protection des droits des ressortissants communautaires, de renforcement de l'État de droit et de la démocratie. Au-delà de la défense des objectifs économiques de l'intégration, le respect de la protection des droits de l'homme fait partie intégrante, désormais, des « principes de convergence constitutionnelle »[86] des États membres et des principes fondamentaux des communautés économiques régionales dont les cours de justice assurent le respect. Avec l'intervention du juge dans la construction communautaire africaine, l'intégration devient un ordre juridique structuré et fondé sur la primauté du droit et le respect des droits et libertés. Cela dénote un changement de paradigme dans les processus communautaires, appelant à un renouvellement de la conception de l'intégration, centrée essentiellement sur la protection des droits de l'individu et de son bien-être. D'ailleurs, la vision 2020 de la CEDEAO semble indiquer une perspective intéressante en évoquant, entre autres, « la CEDEAO des peuples »[87] « avec une société

[84] SIMON (D.), *Le système juridique communautaire*, *op. cit.*, p. 84.

[85] PRISO-ESSAWE (S. J.), « L'intégration régionale dans le droit constitutionnel des pays d'Afrique sub-saharienne », *in* Maurice Kamto, Stéphane Doumbe-Bille, Brusil Miranda Metou, ss. dir., *Regards sur le droit public en Afrique, Mélanges en l'honneur du Doyen Joseph-Marie Bipoun Woum*. L'Harmattan, 2016, p. 357.

[86] Art. 1 (h) du Protocole A/SP1/12/01 de la CEDEAO sur la démocratie et la bonne gouvernance additionnel au Protocole relatif au mécanisme de prévention, de gestion, de règlement des conflits, de maintien de la paix et de la sécurité du 21 décembre 2001.

[87] *Vision 2020 de la CEDEAO, Vers une Communauté démocratique et prospère*, CEDEAO, juin 2010, p. 31. La vision est décrite de la façon suivante : « une région sans frontière où la population a accès aux abondantes ressources et est capable de les exploiter par la création d'opportunités dans un environnement viable; une région intégrée dans laquelle la population jouit de la liberté de circulation, a accès à une éducation de qualité et à la santé, s'engage dans des activités économiques et vit dans

intégrée, région unifiée où les droits fondamentaux sont respectés et protégés »[88].

16 Tout compte fait, l'intégration exige un système juridique autonome, des institutions[89], des règles uniformes, une primauté du droit pour assurer la réalisation des objectifs et principes institués dans le droit primaire et un juge chargé de sauvegarder le respect du droit. Les auteurs des traités des communautés africaines placent le droit au centre de la construction communautaire, en consacrant des objectifs essentiels à la réalisation de l'intégration, tels que la protection des libertés économiques et des droits de l'homme, le respect de l'État de droit, de la justice sociale, de la bonne gouvernance et de la démocratie. Le rôle du droit, dans la construction de l'intégration, a été suffisamment étudié[90] dans le cadre de l'UE. Le droit y apparaît comme un « véritable instrument de mise en place d'un marché commun, mais aussi, de la construction politique d'une constitution communautaire »[91]. Ainsi, le droit constitue un puissant levier pour accompagner les processus d'intégration et créer la légitimité des acteurs.

17 Eu égard à ces considérations, dans le cadre de cette thèse, pour nous, l'intégration correspond à l'ensemble des objectifs et principes consacrés dans les traités par les États membres dont les cours de justice ont la charge d'assurer le respect et la pleine effectivité. Il s'agit d'une construction communautaire par le droit, assumée par le juge dans sa mission de dire le droit. Autrement dit, c'est une intégration engagée

---

la dignité dans un environnement de paix et de sécurité; une région gouvernée conformément aux principes de démocratie, d'État de droit et de bonne gouvernance. » p. 28.

[88] *Ibid.*, p. 32-33.

[89] OPPONG (R. F.), « A relational theory of regional economic integration: Implications for Africa », *Society of international economic law*, july 2008, p. 1.

[90] Sur cette question, voir PESCATORE (P.), « Rôle et chance du droit et des juges dans la construction de l'Europe », *RIDC*, janvier-mars 1974 ; CAPPELLETTI (M.), SECOMBE (M.), WEILLER (J.), *Integration Through Law, Methods, Tools and Institutions*, Volume 1, Bruxelles, New York, 1986; DEHOUSSE (R.), « L'Europe par le droit : plaidoyer pour une approche contextuelle », *Politique européenne*, 2000, n°1, pp. 115-180 ; VAUCHEZ, (A.), *L'Union par le droit, l'invention d'un programme institutionnel pour l'Europe*, *op. cit.*, p. 115 ; AZOULAI (L.), « Integration through law » and us », *International Journal of Constitutional Law*, Vol. 14, issue 2, April 2016, pp. 449-463 ; Andreas Voßkuhle, « L'intégration par le droit » : la contribution de la Cour constitutionnelle fédérale », *Trivium* [En ligne], 30 | 2019, mis en ligne le 18 décembre 2019, consulté le 03 janvier 2020.

[91] JACQUE (J.-P.), « Le rôle du droit dans l'intégration européenne », *op. cit.*, p. 132.

par le juge dans sa fonction d'édification d'un ordre juridique et de protection des droits des citoyens. Donc, ce n'est pas la conception économique de l'intégration, ni celle politique, qui attirera notre attention au fil de l'analyse, mais la conception de l'intégration par le droit conduite par le juge communautaire au moyen de sa jurisprudence. En d'autres termes, l'intégration renvoie à l'œuvre normative du juge, contribuant à la construction communautaire par la définition des principes de l'intégration et par la protection des droits et libertés. Une telle conception de l'intégration a l'avantage de révéler la contribution du juge africain aux processus communautaires par la définition d'un ordre juridique autonome et par la protection des droits des particuliers à partir de sa pratique jurisprudentielle.

18 Le terme « cours de justice » renvoie aux juridictions communautaires instituées par les traités et protocoles des organisations d'intégration africaine à l'échelon régional ou sous-régional. Il s'agit des organes juridictionnels mis en place dans les communautés économiques régionales de façon permanente, afin d'assurer le respect du droit et de la légalité communautaire. Dans cette thèse, l'emploi du qualificatif « cours de justice » pourra varier et emprunter d'autres appellations comme « cours régionales », « cours sous régionales africaines », « cours de justice communautaires », « cours de justice africaines » ou « cours africaines » tout court. Toutes ces dénominations seront utilisées pour désigner les juridictions communautaires africaines. Ces dernières garantissent la justice communautaire ou la « justice de l'intégration »[92]. Il convient de préciser le contenu de cette notion. Si on peut rapidement saisir ce qu'est la justice constitutionnelle ou la justice administrative dans les ordres juridiques nationaux, car il s'agit de la justice d'un État, la définition de la justice communautaire ne relève pas d'une entreprise facile. La notion de justice[93], elle-même, peut revêtir plusieurs formes. D'abord, il y a la justice commutative destinée à garantir les relations entre les particuliers et est basée sur l'égalité et l'équivalence entre prestations. Ensuite, la justice distributive vise à rendre chacun son dû en tenant compte des différences existant entre les individus. Enfin, la justice légale ou générale régit les relations

[92] Expression utilisée par Alioune Sall pour le titre de son ouvrage sur, *La justice de l'intégration, Réflexions sur les institutions judiciaires de la CEDEAO et de l'UEMOA*, Deuxième édition corrigée et augmentée, L'Harmattan, 2018.
[93] Pour John Rawls la justice est « la première vertu des institutions sociales comme la vérité est celle des systèmes de pensée ». Cf. *Théorie de la Justice,* Éditions du Seuil, 1997, p. 29.

de sujets à autorité[94]. Ainsi, le terme de justice trouve une consécration dans certains traités d'intégration africaine. L'article 4 (h & k) du traité de la CEDEAO cite la justice économique et sociale, la répartition juste et équitable des coûts et avantages de la coopération et de l'intégration économique, au titre des principes fondamentaux de l'organisation. Dans le même sillage, le traité de la CAE, en ses articles 6 (d & e) et 7 (2), mentionne la distribution équitable des bénéfices et la justice sociale au rang des principes fondateurs de l'intégration.

19 Dans la construction européenne, les traités originaires ne comportaient aucune référence au concept « justice », comme cela a été signalé par Vlad Constantinesco[95]. Mais cette absence n'a pas empêché d'y déceler une « manifestation de la conception de la justice »[96] de forme commutative assurant « l'égalité et la non-discrimination entre les acteurs de la vie communautaire »[97] et une justice distributive visant « un objectif de justice sociale…, en vue de définir les principes d'une répartition adéquate des charges et bénéfice du processus d'intégration »[98]. Dans le contexte africain, le concept de justice communautaire ou de justice de l'intégration peut signifier l'ensemble des organes juridictionnels créés par les traités originaires dans le but de veiller au respect des objectifs communautaires à l'aide des voies de droit institués au profit des États membres, des institutions, des juridictions nationales et des particuliers. Cela permet de construire un ordre juridique avec l'émergence d'un véritable « pouvoir judiciaire communautaire africain ». Celui-ci est exercé par les juges développant une jurisprudence favorable à l'affermissement de l'intégration grâce à leurs missions d'interprétation des traités. Ainsi, la justice communautaire africaine se caractérise par l'avènement du juge dans les organisations régionales et sous régionales pour contribuer à la mise en œuvre des objectifs des traités d'intégration.

---

[94] PESCATORE (P.), *Introduction à la science du droit*, Bruylant. Bruxelles 2009, p. 439. Selon l'auteur, ces formes de justice sont particulières représentant un idéal personnel : la justice commutative représente l'idéal du concitoyen ; la justice distributive (l'idéal du gouvernant) ; la justice légale, idéal du citoyen-sujet), p. 440.

[95] Cf. « La justice dans l'Union européenne », *Philosophie Politique*, n°9, 1998, p. 99.

[96] *Ibid.*

[97] MEHDI (R.), « Justice communautaire », *in Dictionnaire de la justice*. PUF, 2004, p. 737. Voir aussi du même auteur : « La justice communautaire : entre espoirs fondés et promesses déçues », *in L'avenir de la justice communautaire, enjeux et perspectives*, Monde européen et international, 1999, p. 4.

[98] *Ibid.*

B) Délimitation de la recherche

20 Une étude sur les cours de justice africaines, sans aucune délimitation, serait une gageure, car l'Afrique a la singularité de regrouper plusieurs organisations d'intégration économique disposant chacune d'une juridiction[99]. Donc, il est nécessaire de circonscrire l'aire géographique. On compte au moins une douzaine de juridictions régionales ou sous-régionales[100] en Afrique. Certains auteurs relèvent même le risque de compétition[101], de concurrence[102], voire d'insécurité juridique[103]. À l'échelon régional, seule la Cour africaine des Droits de l'homme et des Peuples (Cour ADHP)[104] opère sur tout le continent. Elle confère une garantie juridictionnelle à la Charte africaine des Droits de l'homme et des Peuples et renforce les fonctions de la Commission africaine[105]. Mais l'ambition continentale de la Cour fait nourrir des espoirs et des craintes. Un des membres de la Cour, le juge Fatasah Ouguergouz, a présenté les sept défis auxquels la Cour africaine fait face :

---

[99] PRE ROMANO (C.), « The shadow zones of international judicialization », *in The Oxford Handbook of international adjudication*. Oxford University Press, 2014, p. 92.

[100] BURGORGUE-LARSEN (L.), « Le fait régional dans la juridictionnalisation du droit international », *op. cit.*, p. 206.

[101] *Ibid.*, p. 248.

[102] FAU-NOUGARET (M.), ss. dir., *La concurrence des organisations régionales en Afrique*. L'Harmattan, 2008.

[103] ATANGANA AMOGOU (J. L.), « La multiplication des juridictions internationales en Afrique et sécurité juridique en Afrique », *in* Fau-Nougaret Mathieu, ss. dir., *La concurrence des organisations régionales en Afrique*, L'Harmattan, 2008, p. 137.

[104] La Cour ADHP est instituée par l'article 1 Protocole du 10 juin 1998, entré en vigueur le 25 janvier 2004. Trente (30) États membres de l'Union africaine ont ratifié le Protocole. En vertu de l'article 5 dudit Protocole, la Commission africaine peut saisir la Cour. Le Protocole sur la Cour africaine prévoit qu'un État membre ratifiant ledit Protocole doit faire une déclaration spéciale acceptant la compétence de la Cour pour permettre aux particuliers de saisir directement la Cour (Art. 34§6 du Protocole). Pour l'heure, seuls huit (8) États ont fait une telle déclaration : Benin, Burkina Faso, Côte d'Ivoire, Gambie, Ghana, Malawi, Mali, Tanzanie et Tunisie. La Cour est devenue opérationnelle en 2006. Elle a rendu du 1er janvier au 31 décembre 2018, 28 arrêts sur le fond. Cf. Rapport d'activité de la CADHP, 34e Session, 7&8 février 2019. http://fr.african-court.org/images/Activity%20Reports/EX-2%20Activity%20report%20jan%20dece%20french%202018.pdf, consulté le 25 octobre 2019.

[105] Cette Commission africaine, prévue par la Charte en ses articles 45-59, peut prendre des décisions à la suite des requêtes relatives à la violation des droits de l'homme.

- faible de taux de participation au Protocole et de dépôt de la déclaration facultative obligatoire de la Cour concernant les requêtes introduites par les individus et les ONG ;

- visibilité de la Cour et meilleure connaissance de son fonctionnement par ses principaux justiciables ;

- arrimage institutionnel de la Cour à la Commission africaine ;

- ressources financières de la Cour ;

- insuffisances des ressources humaines du Greffe ;

- mise en œuvre des arrêts de la Cour ;

- Avenir institutionnel de la Cour (Protocole de Sharm El-Sheikh du 1er juillet 2008 portant création d'une Cour africaine de justice des droits de l'homme et Protocole de Malabo du 27 juin 2014 élargissant la compétence matérielle de la Cour)[106].

21 Cette Cour continentale, aux défis poignants, ne fera pas partie de notre champ d'étude, mais sa jurisprudence pertinente sera citée au besoin. Au niveau sous-régional, le choix des cours de justice africaines à étudier dépend de deux facteurs essentiels : la nature juridique de l'organisation et le degré d'opérationnalisation de la juridiction instituée. Une organisation comme l'Organisation pour l'Harmonisation en Afrique du Droit des Affaires (OHADA), dont la nature communautaire lui est réfutée[107], n'entre pas dans la catégorie des organisations d'intégration économique. Le Traité de Port-Louis du 17 octobre 1993, instituant l'OHADA[108], prévoit une Cour commune de justice et d'arbitrage (CCJA) qui assume des fonctions de cassation et

[106] Cf. « La Cour africaine des droits de l'homme et des peuples : Un futur sans avenir ? », *in La protection des droits de l'homme par les cours supranationales, Actes de colloques des 8 et 9 octobre 2015*. Publication de l'Institut international des droits de l'homme, n°31, 2016, pp. 239-244.

[107] DOUMBE-BILLE (S.) « À propos de la nature de l'OHADA », *Droit, Liberté, Paix, Développement, Mélanges en l'honneur de Madjid Benchikh*. Pedone, 2011, p. 423 ; VIGNON (E.), « Peut-on qualifier le droit de l'OHADA de droit communautaire », https://cabinetvignon.net/2011/08/15/peut-on-qualifier-le-droit-de-lohada-de-droit-communautaire/, consulté le 25 octobre 2019.

[108] Le Traité de l'OHADA, entré en vigueur le 18 septembre 1995, a pour objet « l'harmonisation du droit des affaires dans les États parties par l'élaboration et l'adoption des règles communes simples, modernes et adaptées à la situation de leurs économies, par la mise en œuvre des procédures judiciaires appropriées, et par l'encouragement au recours à l'arbitrage ».

d'évocation[109]. La CCJA ressemble plus à une Cour fédérale qu'à une juridiction communautaire au sens classique. Il y a aussi l'Union du Maghreb arabe possédant une Cour de justice[110] qui n'est pas fonctionnelle. Ces cours de justice ne feront pas partie de notre champ d'étude sur les juridictions communautaires africaines et l'intégration. Les cours de justice, retenues dans cette thèse, permettent de saisir la part contributive du juge dans la construction communautaire et dans le progrès du droit communautaire. De ce fait, un rappel des points saillants de chaque cour de justice s'impose :

22 – La Cour de justice de la CEDEAO (CJCEDEAO)[111] est instituée par le Protocole d'Abuja A/P1/7/91 du 6 juillet 1991. L'article 6 du traité sera révisé le 24 juillet 1993 élevant ainsi la Cour au rang d'institution de la Communauté. Le Protocole sur la Cour de justice entre en vigueur le 5 novembre 1996 et a été révisé en 2005. Les premiers juges ont été nommés le 30 janvier 2001. La Cour a débuté ses activités le 22 août 2002. Son siège se trouve à Abuja, au Nigéria. Elle a connu deux réformes majeures. Premièrement, le Protocole de 1991 a été amendé en ses articles 1er, 2, 9, 22 et 30 par le Protocole Additionnel A/SP.1/01/05 du 19 janvier 2005. Cette réforme substantielle a conféré à la CJCEDEAO une compétence expresse en matière de droits de

---

[109] Selon l'article 14 du Traité de l'OHADA, « La CCJA assure l'interprétation et l'application communes du Traité ainsi que des règlements pris pour son application des actes uniformes et des décisions… Saisie par la voie du recours en cassation, la Cour se prononce sur les décisions rendues par les juridictions d'appel dans toutes les affaires soulevant des questions relatives à l'application des actes uniformes et des règlements prévus au présent Traité à l'exception des décisions des sanctions pénales. Elle se prononce dans les mêmes conditions sur les décisions non susceptibles d'appel rendues par toute juridiction des États parties dans les mêmes contentieux. En cas de cassation, elle évoque et statue sur le fond ».

[110] BENHAMOU (A.), « L'apport de la Cour de justice maghrébine à la construction d'un ordre juridique », *RADIC*, pp. 349-359.

[111] La Communauté économique des États de l'Afrique de l'Ouest s'est dotée de cour de justice par le Protocole d'Abuja du 6 juillet 1991. L'article 6 du traité, révisé le 24 juillet 1993, élève la Cour au rang d'institution de la Communauté. Le Protocole entre en vigueur le 5 novembre 1996 et a été révisé en 2005. Les juges sont nommés le 30 janvier 2001. La Cour débute ses activités en 2001. Voir KAMTO (M.), « Les cours de justice des communautés et des organisations économiques africaines », *African Yearbook of International Law*, pp. 107-150; ALTER (K.), HELFER (L. R.), McALLISTER (J.), « A new international human rights Court for West Africa: The ECOWAS Community Court of justice », *American Journal of International Law*, 2013, pp. 737-779.

l'homme[112], et a ouvert le prétoire du juge aux particuliers[113] qui, jusqu'ici, n'étaient pas autorisés à saisir la Cour[114] et introduit des dispositions relatives aux voies d'exécution des arrêts[115]. Ensuite, la Cour a été réformée par le Protocole Additionnel A/SP.2/6/06 du 14 juin 2006. Cette réforme a concerné les conditions que doivent remplir les candidats aux postes de juges à la Cour, les modalités de recrutement et de démission des juges, la durée de leurs mandats, la composition du Conseil judiciaire de la Communauté[116].

23 – La Cour de justice de la CAE (CJCAE), instituée par l'article 9 du traité[117], au titre des institutions de la Communauté, a remplacé la Cour d'Appel de l'Afrique de l'Est disparue en 1977. Elle est devenue opérationnelle le 30 novembre 2001. Le siège de la Cour se trouve à Arusha (Tanzanie). En vertu de l'article 23 du Traité, la Cour est un « organe judiciaire. Elle doit garantir le respect du droit dans l'application et dans l'interprétation du traité ». Contrairement à la CJCEDEAO, la CJCAE ne dispose de compétence expresse en matière de droits de l'homme. Selon les dispositions du Traité, « les États membres doivent conclure un Protocole pour donner effet aux autres compétences »[118]. En l'absence d'adoption du Protocole, la Cour accepte les recours en violation des principes fondamentaux du Traité notamment les droits de l'homme[119]. Mais la juridiction communautaire de l'Afrique de l'Est a connu une refonte découlant de sa jurisprudence audacieuse dans l'affaire *Ayang' Nyong'O & Others vs. Attorney General* [120] dans laquelle, elle considère que le Kenya a violé l'article

---

[112] Art. 9. 4 du Protocole.
[113] Art. 10 (d).
[114] Cf. *Afolabi Olajide v République fédérale du Nigeria*, n°01/04/04 du 27 avril 2004.
[115] Art. 24 du Protocole.
[116] Décision A/DEC. 2/6/06 portant création d'un Conseil Judiciaire de la Communauté du 14 juin 2006.
[117] Le Traité de 1999 a été révisé en 2006 et en 2007.
[118] Art. 27 du traité.
[119] CJCAE, *James Katabazi & others v. Secretary General & The Attorney General of Uganda*, n° 1/2007 du 1 novembre 2007. Dans ce célèbre arrêt, la Cour de Justice de la Communauté africaine de l'Est a interprété de manière dynamique les principes fondamentaux de la Communauté en estimant que « *l'intervention des forces de sécurité ougandaises, pour empêcher l'exécution de la décision de la Cour suprême, violait le principe de l'État de droit. L'indépendance de la justice est l'un des principes du respect de l'État de droit* ». Rappelons que cette Cour ne dispose pas de compétence expresse en matière de droits de l'homme ; elle a procédé à une lecture finaliste du traité pour poser une base jurisprudentielle.
[120] N°1/2006 du 30 Mars 2007.

50 du traité exigeant l'organisation d'une élection dans le choix des représentants au Parlement communautaire. À la suite de cette affaire, le traité a été amendé le 14 décembre 2006 pour éclater la Cour en deux Chambres[121] (première instance et appel), introduire une procédure de révocation des juges impliqués dans des faits de corruption dans leurs pays[122] et instituer un délai de deux mois dans la recevabilité des requêtes[123].

24 – La Cour de justice de la CEMAC (CJCEMAC)[124] est instituée par le traité du 16 mars 1994 qui prévoyait une Chambre Judiciaire et une Chambre des Comptes[125]. Le traité est complété par l'acte Additif au Traité de la CEMAC[126], érigeant la Cour de justice communautaire comme étant l'organe de contrôle juridictionnel des activités de la Communauté[127]. Le traité révisé du 25 juin 2008 retient que, la Cour de justice « assure le respect du droit dans l'interprétation et dans l'application du présent Traité et des conventions subséquentes »[128]. L'article 22 de la Convention régissant la CJCEMAC du 30 janvier 2009 précise que la Cour « a une triple fonction : juridictionnelle, consultative et d'administration des arbitrages dans les matières relevant du droit communautaire de la CEMAC ». Le siège de la Cour est fixé à N'Djamena, au Tchad.

25 – La Cour de justice de la COMESA (CJCOMESA)[129] est instituée par le traité du 8 décembre 1993, pour assurer le respect du droit dans l'interprétation et l'application du Traité. Mise en place en 1998, la Cour a compétence sur toutes affaires qui lui sont soumises conformément au présent Traité[130]. Au Septième Sommet de la Conférence des Chefs d'État[131], une décision portant création d'une

[121] Art. 23§32 du traité.
[122] Art. 26§1 (d).
[123] Art. 30§2.
[124] La Communauté économique et monétaire de l'Afrique centrale s'est dotée d'une cour de justice par le Traité de 1994 qui devient opérationnelle en 2001.
[125] Art. 5 du Traité.
[126] Additif au Traité de la CEMAC relatif au système institutionnel et juridique de la Communauté du 6 juillet 1996.
[127] Art. 25 de l'Additif au Traité.
[128] Art. 48 du traité révisé.
[129] Le Marché commun de l'Afrique orientale et australe a mis en place une cour de justice en 1998.
[130] Art. 23§1 du Traité de COMESA.
[131] Du 23 au 24 mai 2002 à Addis-Abéba (Éthiopie).

Cour d'Appel a été adoptée. Cette décision change la physionomie de la Cour en introduisant un Tribunal de première instance et une Chambre d'Appel. Le siège originel de la Cour était à Lusaka, en Zambie. En mars 2003, la Conférence des Chefs d'État a décidé de domicilier la Cour à Khartoum, au Soudan[132].

26 – Le Tribunal de la SADC (TSADC), créé par l'article 9 du Traité de la SADC, est devenu opérationnel en 2005, après l'adoption de son Protocole le 7 août 2000. Le siège du Tribunal se trouve à Windhoek, en Namibie. Le Tribunal est suspendu depuis 2012[133], à la suite de la fameuse affaire « Campbell »[134] dans laquelle, le gouvernement zimbabwéen a été, entre autres, condamné pour discrimination raciale. Mais ce dernier a vigoureusement refusé d'exécuter la décision de condamnation du Tribunal. Cela entraîna une neutralisation de son action. Après plusieurs tentatives de résistance de l'État incriminé, un nouveau Protocole[135] sur le TSADC a été adopté le 18 août 2014. Ce Protocole supprime le droit d'accès des particuliers. Pour l'heure, neuf (9) États membres[136] ont ratifié le Protocole. Mais un coup de tonnerre jurisprudentiel semble se dessiner en faveur de la restauration du Tribunal pour assumer ses fonctions de juge communautaire dans certains ordres juridiques des États membres de la SADC. La Cour constitutionnelle sud-africaine a, en effet, ordonné au Président de retirer sa signature dans le nouveau Protocole[137]. La Cour suprême tanzanienne, estimant que la suspension du Tribunal porte atteinte à la légitimité de la construction communautaire de la SADC, a demandé au gouvernement de reconsidérer sa position[138]. En dépit de la suspension des travaux du TSADC, sa jurisprudence nous semble digne d'intérêt à étudier dans le cadre de cette thèse pour identifier l'œuvre normative

---

[132] Le Soudan a signé l'accord de siège en janvier 2004. Le bâtiment de la Cour a été livré en 2014 à Khartoum.

[133] https://www.afdb.org/fileadmin/uploads/afdb/Documents/Generic-Documents/Communique_32nd_Summit_of_Heads_of_States.pdf, consulté le 04 novembre 2019.

[134] TSADC, *Campbell and others v. The Republic of Zimbabwe*, Case N°2/2007 of 8 November 2008.

[135] https://ijrcenter.org/wp-content/uploads/2016/11/New-SADC-Tribunal-Protocol-Signed.pdf, consulté le 04 novembre 2019.

[136] Il s'agit des États suivants : Angola, Île Maurice, Namibie, Afrique du Sud, Tanzanie, Zimbabwe, Botswana, Lesotho, Malawi et Zambie.

[137] Constitutional Court of South Africa, *Law Society of South Africa and others v. President of South Africa and others*, N°CCT/67/18 of 11 December 2018.

[138] High Court, T*anganyika Law Society vs Ministry of Foreign Affairs and International cooperation & Attorney General of Tanzania*, N°23 of 2014 of June 2019.

du juge. C'est pour cela que les décisions rendues par le défunt Tribunal feront partie de l'analyse.

27 – Instituée par l'article 38§1 du Traité, la Cour de justice de l'UEMOA (CJUEMOA)[139] « veille au respect du droit quant à l'interprétation et à l'application du Traité de l'Union ». La Cour a son siège à Ouagadougou, au Burkina Faso. La Cour est régie par le Protocole n°1 du 10 janvier 1994. Elle devient opérationnelle en 1995.

28 Toutes ces cours de justice africaines opèrent dans des aires géographiques différentes. Le choix classique a été souvent d'étudier des juridictions communautaires d'un même espace[140] ou de les comparer avec la Cour de Luxembourg[141]. Dans cette thèse, le champ d'étude porte sur les cours de justice de traditions juridiques différentes, assumant des fonctions similaires de juge communautaire. Le choix de l'échantillonnage des juridictions est influencé, d'une part, par la nécessité de rapprocher les cours de justice africaines dans leur fonction de juge d'intégration et, d'autre part, par le développement de l'activité contentieuse des juridictions communautaires africaines touchant la construction de l'intégration. En outre, le choix de traiter les six (6) cours de justice africaines (CJCAE, CJCEDEAO, CJCEMAC, COMESA, CJUEMOA, TSADC) se justifie par trois raisons fondamentales : la première raison renvoie à l'absence de travaux analysant la contribution de toutes les cours de justice africaines opérationnelles à l'intégration. Des travaux ont essayé d'investir le champ, mais avec une délimitation géographique essentiellement homogène, et parfois axée sur une seule cour de justice avec une seule tradition juridique[142]. D'autres recherches ont engagé des études sur les juridictions communautaires africaines en initiant la réflexion sur le rapprochement des cours francophones et

---

[139] Cf. MBACKE (M. M.), *La Cour de justice de l'Union économique et monétaire ouest-africaine (UEMOA)*, EDJA, 1999, 118 p.

[140] SOW (I.), *La protection de l'ordre juridique sous régional par les Cours de justice : Contribution à l'étude de la fonction judiciaire dans les organisations ouest-africaines d'intégration*. Thèse, Université Montesquieu-Bordeaux IV, 2013.

[141] TSANGA NDOMO (C. L.), *Les effets des décisions de la Cour de justice de la CEMAC. Contribution à l'étude d'une justice intégrative inspirée du modèle communautaire européen*. Thèse, Université de Nantes, 2017.

[142] Voir, ZONGO (R. L. M.), *L'Union de droit au sein de l'Union économique monétaire ouest-africaine (UEMOA). Étude à la lumière du droit de l'Union européenne*. Thèse de doctorat, Université de Genève, 6 juillet 2018.

anglophones[143]. À ce propos, les travaux de Jorg Kleis sur *African Regional Communities Courts and their Contribution to Continental Integration*[144], de Piabié Jean-Baptiste Bako sur *Les méthodes d'interprétation des cours de justice des organisations d'intégration africaine*[145], semblent poser les jalons d'une étude globale de la jurisprudence communautaire africaine. Mais ces travaux restent insuffisants quant à l'articulation du rôle des cours de justice africaines par rapport à l'intégration afin de saisir la nature de leur influence sur la réalisation des objectifs communautaires. La deuxième raison renvoie à l'impératif pédagogique de soulever les barrières linguistiques pour favoriser la convergence des systèmes juridiques devenue une « quête »[146] pour les juges. La troisième raison correspond à la dynamique jurisprudentielle communautaire observée sur le continent africain avec une suprématie du droit dans la réalisation des objectifs d'intégration. À ces trois raisons justifiant le choix des six (6) cours de justice africaines, il faudra ajouter l'influence du droit de l'Union européenne ou du droit de l'Union dans la formation reçue au cours du séjour intellectuel en Europe. La manière dont la CJUE a façonné le droit communautaire ne nous a pas laissé indifférent dans le choix de traiter le sujet sur les cours de justice africaines et l'intégration.

29 En revanche, traiter une seule cour de justice aurait l'avantage de simplifier l'entreprise et de raccourcir la durée de la thèse. Mais un tel choix aurait l'inconvénient de réduire le champ du droit communautaire en Afrique et de négliger la dimension innovatrice et évolutive de la construction communautaire engagée par les juges. Donc, l'étude des cours de justice se justifie, compte tenu des dynamiques convergentes dans les espaces d'intégration africaine. Cela va de soi que l'ambition

---

143 SANOU (D.), *La juridictionnalisation des organisations régionales d'intégration économique en Afrique*, Thèse, 2012, *op. cit.*, ; KEMFOUET KENGNY (E.-D.), *Les juridictions des organisations d'intégration économique en Afrique*, LGDJ, 2018 ; AGBODJAN (S. A.), *La juridictionnalisation des droits de l'homme à la faveur d'une intégration économique, l'expérience de la CEDEAO*. Thèse, Université Paris 2 Panthéon Assas, 4 juin 2018 ; DIALLO (M.), *La contribution du juge communautaire à la construction du droit des organisations d'intégration en Afrique*. Thèse de doctorat, Université de Dakar, 6 février 2019, 401 p.

144 Travaux publiés dans les éditions Nomos en 2016.

145 Thèse de doctorat soutenue à l'Université de Rennes le 11 décembre 2019.

146 SIMON (D.), « Repenser le raisonnement interprétatif : autonomie ou circulation des principes, des méthodes et des techniques, dans les rapports de systèmes », *in Traité de Rapports entre ordres juridiques*. LGDJ 2016, p. 607.

de réfléchir sur plusieurs cours africaines peut sembler difficile, en raison d'un accès limité aux données jurisprudentielles.

30 Quoi qu'il en soit, l'intégration par le droit demeure un phénomène partagé au niveau des espaces communautaires et le juge se trouve au cœur de la problématique de la construction communautaire. De ce fait, une réflexion sur les cours de justice africaines et l'intégration paraît nécessaire.

II) Présentation de la problématique de la recherche

31 La fonction de juridictionnelle « connaît aujourd'hui de très profondes mutations qui répercutent aussi bien sur le statut du juge, que sur la méthode qu'il met en œuvre ou sur la procédure qu'il suit »[147]. Cette mutation de la fonction de juger s'est manifestée à travers l'action jurisprudentielle du juge communautaire, placé au cœur des processus d'intégration. Les cours de justice africaines remplissent des fonctions contentieuses, consultatives et arbitrales conformément aux traités de base. Sur le plan de la fonction contentieuse, les cours de justice connaissent des recours directs en annulation, en indemnité et en manquement. Il y a aussi le renvoi préjudiciel qui s'apparente à une procédure de coopération judiciaire plutôt qu'à un recours contentieux. Au plan de la fonction consultative, les cours de justice peuvent connaître des demandes d'avis émanant des institutions ou des États membres sur toute question juridique liée à l'application du droit communautaire. Aussi, les cours de justice peuvent exercer des fonctions d'arbitre[148] en vertu d'une clause compromissoire ou d'un compromis. Ainsi, les cours africaines, à l'instar de la CJUE, assument la pluralité[149] ou la quintuple[150] des fonctions dévolues au juge communautaire. En premier lieu, les cours africaines assument une fonction de justice administrative[151] en

---

[147] OST (F.), « Quelle jurisprudence, pour quelle société », *Archives de philosophie du droit*, Tome 30, 1985, p. 10.

[148] Art. 9 du Protocole Additionnel A/SP.1/01/05 de la CEDEAO portant amendement au Protocole sur la Cour de justice ; art. 35 de la Convention régissant la Cour de justice de la CEMAC.

[149] SIMON (D.), *Le système juridique communautaire*. PUF, 1998, p. 338.

[150] Formule utilisée par Guy Isaac et Marc Blanquet, *Droit général de l'Union européenne*, 10e édition Sirey, 2012, p. 487. Les auteurs une cinquième fonction de « Haute Cour de justice » pour le cas de la CJUE lorsqu'elle est amenée à déclarer la démission d'un membre de la Commission (article 247 FUE).

[151] Article 9 (c) et (g) du Protocole additionnel A/SP.1/01/05 portant amendement du Protocole (A/P.1/7/91) relatif à la Cour de justice de la CEDEAO ; articles 30 et 31 du traité de la Communauté africaine de l'Est ; articles 26 et 27 du traité COMESA ;

ce sens qu'elles peuvent apprécier la légalité des actes communautaires (règlements, directives, décisions) et connaître les litiges relatifs à la réparation des dommages causés par les institutions et agents communautaires. En second lieu, elles jouent le rôle de juge constitutionnel[152] lorsqu'elles sont amenées à arbitrer les conflits de compétences et à garantir « *les équilibres constitutionnels* »[153] entre la Communauté et les États membres, en plus de la procédure de demande d'avis pour vérifier la compatibilité des traités avec les actes adoptés. En troisième lieu, les cours de justice africaines exercent une fonction de justice internationale[154] dans la mesure où elles peuvent statuer sur les différends entre États membres portant sur l'application du droit communautaire. En quatrième lieu, les cours assurent l'unité d'interprétation et d'application du droit communautaire[155] dans les ordres juridiques des États membres avec une absence de subordination des juridictions nationales. En cinquième lieu, elles peuvent assumer une fonction arbitrale.

32 Ainsi, la mise en place d'un système juridictionnel ordonné favorise le développement d'un ordre juridique cohérent dont la protection est assurée par le juge. Ce dernier, par son « rôle d'interprétation et d'application des règles de droit, il contribue à son adaptation et à son évolution »[156]. Autrement dit, le juge participe à la définition du système juridique auquel il appartient, voire à la « cuisine du droit »[157] grâce à la conception qu'il se fait de sa mission et aux instruments mobilisés à des fins d'interprétation. La figure du juge dans un système juridique donné est résumée par Denys Simon en ces termes : « La définition de l'office du juge dans tout système juridique dépend largement de la conception qu'il se fait lui-même de sa fonction. Toute juridiction contribue nécessairement à la définition de son propre statut,

article 23 de la Convention régissant la Cour de Justice CEMAC du 30 janvier 2009 ; articles 18 et 19 du Protocole sur le Tribunal de la SADC de 2001 ; article 15 (2) du Règlement n°1/96/CM portant règlement de procédures de la Cour de justice de l'UEMOA.

[152] Articles 28 et 29 du Traité CAE ; articles 24 et 25 du Traité COMESA…

[153] SIMON (D.), *Le système juridique communautaire*, *op. cit*., p. 339.

[154] Article 1 (2), (6) du Protocole de la CEDEAO sur la Cour de justice ; Article 23 de la Convention régissant la Cour CEMAC…

[155] Les cours de justice africaines peuvent connaître du renvoi préjudiciel des juridictions nationales. Par exemple, article 9 (f) du Protocole de la Cour de justice de la CEDEAO ; Article 25 de la Convention régissant la CEMAC…

[156] BERGEL (J. L.), « La relativité du droit ». *RRJ*, 1986-3, p. 17.

[157] Expression utilisée par Christophe Jamin pour le titre de son ouvrage : *La Cuisine du droit,* LGDJ, 2012, 277 p.

ne serait-ce qu'en interprétant elle-même les textes délimitant sa propre compétence ; selon qu'un tribunal fera preuve d'autolimitation prudente ou au contraire d'audace constructive dans l'exercice de son activité interprétative, il façonnera lui-même une certaine image de sa mission judiciaire, qui réagira indirectement sur l'accueil réservé à sa jurisprudence »[158]. En effet, l'office du juge reste tributaire de plusieurs facteurs, notamment de la manière de concevoir sa fonction. Dans les communautés économiques régionales, le juge occupe une position lui permettant de préserver la viabilité du droit communautaire et de contribuer à son élaboration. De même, le juge intègre dans son office les impératifs d'élimination des obstacles à la libre circulation, ainsi que les exigences d'harmonisation des législations nationales dans les domaines de l'agriculture, de la fiscalité, de la santé, de la justice, etc. Étudier les cours de justice africaines et l'intégration revient à s'intéresser à l'intervention du juge communautaire dans le processus d'intégration, d'où l'importance d'identifier l'intérêt de la recherche (**A**) et d'exposer la méthodologie choisie (**B**) avant de dégager la problématique retenue (**C**).

A) Intérêt de la recherche

33 L'analyse sur les cours de justice africaines et l'intégration revêt un double intérêt. Premièrement, le droit communautaire évolue dans le contexte africain, avec une place de plus en plus prééminente de la justice de l'intégration, et semble acquérir ses lettres de noblesse dans les ordres juridiques des États membres. Cela fait naître un intérêt d'actualité (**1**). Deuxièmement, les arrêts rendus par les cours africaines couvrent des domaines spécifiques du contentieux de la fonction publique, des libertés économiques, des droits de l'homme et de l'environnement suscitant un intérêt de systématisation (**2**) de la jurisprudence pour en ressortir la part contributive des cours à l'intégration.

1) Actualité de l'intégration

34 L'intégration africaine connaît un dynamisme politico-institutionnel avec l'entrée en vigueur de la Zone de libre-échange continentale, le retrait de la signature de l'Afrique du Sud du Protocole du TSADC de 2014 conformément à la jurisprudence de sa Cour constitutionnelle[159], la question de la ratification de l'Accord de Libre-Échange Tripartite

---

[158] SIMON (D.), *L'interprétation judiciaire des traités d'organisations internationales. Morphologie des Conventions et fonction juridictionnelle*. Pedone, 1981, pp. 715-716.

[159] Communiqué du 39e Sommet des Chefs d'État et de Gouvernement de la SADC, 17&18 août 2019 à Dar-Es- Salaam (Tanzanie).

COMESA-CAE-SADC, et l'annonce de la création d'une monnaie unique « ECO » dans l'espace de la CEDEAO[160]. À cela s'ajoutent la situation politique mouvementée dans les États et la fermeture des frontières entre le Nigéria et les autres pays membres (Bénin et Niger)[161]. De surcroît, l'étude sur les cours africaines de justice et l'intégration permet de saisir les récents développements jurisprudentiels traitant des aspects matériels et structurels de l'intégration. La Cour africaine de l'Est, dans un arrêt *British American Tobacco (U) LTD v. The attorney General of Uganda*, N°7/2017 du 26 mars 2019, considère que la loi ougandaise relative aux droits d'accise dans les produits de manufactures du tabac violait la libre circulation des marchandises. De même, la CJCEDEAO, dans un arrêt *Claude Akotegnon c. Commission*, N°ECW/CCJ/JUD/19/18 du 29 juin 2018, affirme « la clause générale de justiciabilité des actes communautaires ». Cette décision reprend la doctrine de la CJUEMOA depuis l'arrêt *Eugène Yay c. Conférence des chefs d'État, de Gouvernement et Commission*[162] en vertu de laquelle la compétence du juge communautaire en matière de contrôle de la légalité ne saurait se limiter aux seuls actes prévus par le Protocole et le Règlement de procédures. En plus, l'affirmation du principe de primauté et d'effet direct du droit communautaire par les cours de justice africaines semblent favorablement être accueillies par les juridictions

[160] Communiqué final de la 55e Session ordinaire de la Conférence des Chefs d'État et de Gouvernement de la CEDEAO, 29 juin 2019 à Abuja (Nigéria), point, 12. On pourra évoquer le statut d'observateur accordé à la Tunisie, et la candidature du Maroc à la CEDEAO. Cf. Communiqué final de la 51e session ordinaire de la Conférence des Chefs d'État et de Gouvernement de la CEDEAO, 17 juin 2017 à Monrovia (Liberia), points 59 et 61. De même, le Président en exercice de l'UEMOA, Monsieur Alassane Ouattara et le Président français ont annoncé les changements dans la politique monétaire avec la France le 21 décembre 2019 : le remplacement du nom de FCFA par future monnaie « ECO » ; La fin de la centralisation de 50% des réserves des pays concernés au Trésor public français ; Le retrait des représentants de la France dans les instances de gouvernance de l'UEMAO. Cf. https://www.nouvelobs.com/monde/20191222.OBS22670/fin-du-franc-cfa-en-afrique-de-l-ouest-remplace-par-l-eco-des-2020.html, consulté le 22 décembre 2019.

[161] Communiqué final de la session extraordinaire de la Conférence des Chefs d'État et de Gouvernement de la CEDEAO, 8 novembre 2019, à Niamey (Niger), points 12 et 26.

[162] N°03/2005 du 27 avril 2005.

nationales[163] même si certaines réticences sont observables[164]. Ainsi, de nouvelles tendances du droit communautaire africain se dessinent avec l'affermissement des cours de justice et la convergence jurisprudentielle dans les processus communautaires. Cela souligne l'intérêt d'engager une étude approfondie de la jurisprudence des cours africaines et l'intégration.

2) Essai d'une systématisation de la jurisprudence communautaire africaine

35 Au début, la construction communautaire africaine a été analysée sous l'angle institutionnel. Le rôle normatif du juge communautaire a modestement attiré l'attention de la doctrine. Les virtualités de la jurisprudence des cours de justice africaines demeurent suffisamment inexplorées. La saisine des cours par l'intermédiaire des voies de droit prévues au profit des États membres, des institutions, des particuliers et des juridictions nationales a entraîné le développement du contentieux. La nature du celui-ci varie d'une cour de justice à une autre. Le prétoire des cours de justice de la CEDEAO, de CAE et du Tribunal de la SADC reste fortement imprégné par le contentieux de la protection de la personne humaine ou la défense des principes de l'État de droit. Les cours de la CEMAC, de la COMESA et de l'UEMOA portent les marques du contentieux de la fonction publique ou du contentieux bancaire. Cette spécialisation du contentieux n'empêche pas l'existence d'une jurisprudence communautaire embryonnaire sur les libertés économiques et les principes fondamentaux structurant l'intégration. Des ressemblances et des reprises jurisprudentielles entre cours de justice peuvent être notées. Mais, eu égard au contexte sous-régional de chaque organisation et de la nature du contentieux produit, l'approche du juge communautaire peut revêtir des singularités. Comme rappelé, toutes les cours de justice communautaires assurent la même mission générale de sauvegarde du droit dans l'interprétation et dans l'application

---

[163] High Court, T*anganyika Law Society vs Ministry of Foreign Affairs and International cooperation & Attorney General of Tanzania*; Constitutional Court of South Africa, *Law Society of South Africa and others v. President of South Africa and others*; Cour d'Appel de Dakar, *Khalifa Sall c/ État du Sénégal*, N°454 du 30 août 2018.

[164] La Cour constitutionnelle du Bénin dans une décision DCC-19-287 du 22 août 2019 introduit la logique de la primauté du droit communautaire sous réserve en estimant que « la loi sur le barreau qui accorde aux avocats aspirants aux fonctions d'enseignants du supérieur et aux enseignants agrégés des facultés de droit des droits plus avantageux que ceux accordés par le règlement de l'UEMOA visé n'est pas contraire à la Constitution et ne rompt nullement les engagements internationaux de l'État ».

des traités et protocoles. Le Préambule du Protocole A/SP.1/01/05 relatif à la CJCEDEAO met l'accent sur le rôle du juge communautaire « dans l'élimination des obstacles à la réalisation des objectifs de la Communauté et l'accélération du processus d'intégration ». Ainsi, l'intervention des cours de justice africaines a permis de déceler une production jurisprudentielle intégrant un volet institutionnel[165] et matériel, appréciable de manière qualitative. En effet, les cours africaines ont interprété les dispositions des traités et protocoles communautaires en identifiant les principes constitutionnels de l'intégration : la primauté[166], l'effet direct[167], la géométrie variable[168] et l'équilibre institutionnel[169], la compétence exclusive des institutions[170], la sécurité juridique[171], le

---

[165] De manière générale, le droit institutionnel « détermine le statut, les compétences et les pouvoirs des institutions et des organes de la Communauté, ainsi que les rapports entre l'ordre juridique communautaire et les ordres juridiques des États membres (applicabilité directe et primauté du droit communautaire). En d'autres termes, il s'agit du « système institutionnel, système juridique, système contentieux ». Cf. DRUESNE (G.), *Droit de l'Union européenne et politiques communautaires,* Paris, PUF, 2006, p. 27. À cet égard, la dimension institutionnelle de la jurisprudence des cours africaines s'entend, ici, comme l'apport jurisprudentiel des juges dans la construction communautaire et dans la définition des traités d'intégration. La contribution des Cours de justice à l'intégration revêt une dimension normative. Les juges communautaires africains, de par leur jurisprudence, ont contribué au niveau institutionnel à poser les principes fondamentaux des ordres juridiques communautaires. La contribution institutionnelle concerne l'exercice des fonctions des cours africaines dans le but de prévenir les chevauchements de compétences entre les institutions, de contrôler la légalité communautaire, de préciser les relations entre le droit communautaire et celui des États membres, ainsi que d'indiquer la fonction exacte du juge communautaire dans l'échiquier institutionnel.

[166] CJUEMOA, *Demande d'avis relative à la création de la cour des comptes au Mali*, n°001/2003 du 18 mars 2003 ; CJCAE, *Peter Ayang' Nyong'O & Others vs. Attorney General*, N°1/2006 du 30 mars 2007.

[167] CJUEMOA, *Demande d'avis sur le projet de loi organique relative aux lois de finances et le projet de décret portant règlement général sur la compatibilité publique*, n°001/97 du 20 mai 1997 ; CJCOMESA, *Polytol Paints & Adhesives Manufactures Co. Ltd v. The Republic of Mauritius*, n°12 du 31 octobre 2013.

[168] CJCAE, *Demande d'avis du Conseil des Ministres de la CAE*, n° 1/2008 du 24 avril 2009.

[169] CJCAE, *Calist Andrew Mwatela and orthers v/East African Community*, Ref. N° 1/2005, 6 décembre 2006.

[170] CJUEMOA, *Demande d'avis complémentaire du Président de la Commission de l'UEMOA relative à l'interprétation de l'article 84 du traité de l'UEMOA*, Avis n°002/2000 du 2 février 2000.

[171] CJCAE, *Attorney General fo Uganda v. Omar Awada & others*, Appeal N°2/2012, 15th of April 2013.

respect des principes fondamentaux des traités[172], la protection de la dignité humaine[173], le respect du droit à un environnement sain[174], la non-discrimination[175], la liberté de circulation[176]… En outre, l'étude de la jurisprudence des cours de justice africaines montre une expansion du contentieux de la protection des droits de l'homme et une faiblesse du contentieux des libertés économiques[177]. Tout compte fait, la jurisprudence relative à la construction communautaire mérite une systématisation afin de saisir la production doctrinale du juge par rapport à l'intégration. Mais pour parvenir à une analyse sur les cours de justice africaines et l'intégration, une explication de la méthodologie choisie sera nécessaire.

B) La méthodologie de la recherche

36 Tout travail scientifique repose sur une approche méthodologique justifiée. La méthode permet d'éclairer les hypothèses et de déterminer

---

172 CJCAE, CJCAE, *Katabzi v. Secretary General African Community*, Ref. N° 1/2007, 1er novembre 2007.

173 CJCEDEAO, *Dame Hadijatou Mani Koraou v. République du Niger*, N° ECW/CCJ/JUD/06/08, 27 octobre, 2008 ; CJCEDEAO, *Dorothy Njemanze & trois autres c. Nigeria*, ECW/CCJ/08/17 du 12 octobre 2017.

174 Dans l'arrêt *SERAP v Federal Republic of Nigeria,* ECW/CCJ/JUD/08/12 du 14 décembre 2012, la CJCEDEAO affirme, de manière rigoureuse, la protection du droit à un environnement satisfaisant et global de tous les peuples, prévue par l'article 24 de CADHP. De la même manière, la Cour de justice de la CAE, dans une affaire opposant l'association Africa Network For Animal Welfare à la République de la Tanzanie, a rappelé que la proposition de la Tanzanie de construire une route sur le Park National de Serengeti (Arrêt, *ANAW vs The attorney General of the United of Republic of Tanzania*, N° 9/2010, 20 juin 2014), était contraire au traité notamment en son article 5 (3) prévoyant la promotion, la préservation, et la conservation de l'utilisation durable des ressources naturelles.

175 CJCAE, *British American Tobacco (U) LTD v. The attorney General of Uganda*, N°7/2017 du 26 mars 2019; TSADC, *Campbell and others v. The Republic of Zimbabwe*, Case N°2/2007 du 8 novembre 2008.

176 CJCAE, *Samuel Mukira Mohochi vs. The Attorney General of Uganda*, N°5/2011 du 17 mai 2013.

177 Cette faiblesse pourrait s'expliquer, entre autres, par la rareté dans l'usage de certaines voies de droit. Par exemple, le renvoi préjudiciel, qui est l'instrument par excellence pour pénétrer le droit communautaire dans les systèmes juridiques des États membres, n'a été activité que sept (7) fois dans la totalité des décisions rendues par les cours de justice africaines ; le recours en manquement n'a été utilisé qu'une seule fois dans une affaire opposant l'Érythrée et l'Éthiopie sur des marchandises importées.

des conclusions[178]. Elle renvoie au chemin à suivre. Lorsque la méthode épouse la dimension scientifique, elle se caractérise par trois aspirations fondamentales : la rationalité, la critique et la systématisation[179]. Donc, toute réflexion sur un objet ou une catégorie juridique donnée doit emprunter une démarche méthodologique propre, permettant de valider ou d'invalider les hypothèses de recherche. L'objectif de la thèse est d'analyser les cours de justice africaines et l'intégration à l'aune de la jurisprudence produite par ces cours elles-mêmes. La méthode retenue dans le cadre de cette thèse est conditionnée par l'œuvre du juge communautaire en Afrique. Afin de bien cerner la recherche sur les cours africaines, trois approches seront privilégiées : une approche normativiste, une approche réaliste et celle comparatiste.

37 D'une part, la construction communautaire africaine se fonde sur le droit. Les actes communautaires comportent le droit primaire, le droit dérivé, les principes généraux du droit, les conventions internationales et la jurisprudence. L'étude sur les cours de justice et l'intégration nécessite une analyse des sources du droit communautaire pour ressortir la position institutionnelle du juge vis-à-vis du système juridique communautaire. Les cours de justice africaines jouent le rôle de « legal guardians of an economic integration process »[180] et apparaissent comme des piliers de l'intégration africaine. Elles disposent d'une variété de compétences, comme souligné plus haut : elles connaissent des différends entre les États membres portant sur l'interprétation et l'application des traités et protocoles ; elles tranchent les litiges entre les fonctionnaires et la Communauté ; elles peuvent connaître des recours en annulation des actes des organes de la Communauté ; elles peuvent émettre des avis consultatifs et peuvent statuer par voie d'arbitrage ; elles peuvent aussi être saisies sur renvoi préjudiciel. Ces compétences trouvent leur fondement dans les traités de base. Le recours aux sources primaires et secondaires du droit communautaire permettra d'enrichir la réflexion sur les cours de justice africaines afin de saisir la contribution de ces dernières à l'intégration. Mais l'instrument

---

[178] KAMTO (M.), *Pouvoir et droit en Afrique noire : essai sur les fondements du constitutionnalisme dans les États d'Afrique noire francophone*. LGDJ, 1987, p. 47.

[179] PESCATORE (P.), *Initiation à la méthode scientifique à l'intention des étudiants en sciences humaines*. Bruylant, 2008, p. 11.

[180] Nous traduisons : « Les gardiens légaux d'un processus d'intégration économique ». Cf. OPPONG (R. F.), *Legal Aspects of Economic integration in Africa.* Cambridge University Press, 2011, p. 117; GATHII (J.), *African Regional Trade Agreements as legal regimes.* Cambridge (2013), p. 264.

principal dans le cadre de cette thèse demeure l'examen des jurisprudences des cours africaines pour appréhender l'influence sur le processus d'intégration. Pour ce faire, les décisions rendues par les cours de justice de la CEDEAO, de la CEMAC, du COMESA, de la CAE et du Tribunal de la SADC, feront l'objet d'un recensement basé sur des données statistiques obtenues des sites officiels. En effet, les données statistiques des cours africaines montrent l'expansion du contentieux des droits de l'homme. Cette floraison de ce type de contentieux met fin à l'idée de la faiblesse jurisprudentielle longtemps soutenue. Le recours à la statistique n'est pas récurrent dans la méthodologie juridique[181]. L'étude des données brutes jurisprudentielles d'une juridiction appelle un recensement, une analyse et un commentaire des arrêts pour dégager des tendances et des évolutions. Henri Capitant soulignait, à juste titre, que « les recherches statistiques peuvent fort être utiles pour le juriste en vue de déterminer le nombre annuel de divers actes juridiques. C'est un excellent moyen de vérifier l'importance pratique souvent insoupçonnée, de telle ou telle institution »[182]. Denys Simon souligne, à propos de la statistique judiciaire, que les « données quantitatives intéressent les observateurs extérieurs, en tant qu'elles mesurent l'efficacité des mécanismes juridictionnels »[183]. La statistique permet de « recueillir, de traiter et d'analyser des données issues de l'observation des phénomènes aléatoires »[184]. Pour scruter les arrêts rendus par les cours communautaires africaines, notre démarche va reposer sur la collecte, l'analyse et l'interprétation des données jurisprudentielles. La collecte des arrêts rendus sur une période de plus de quinze années a donné l'occasion de constater l'évolution de l'activité contentieuse des cours de justice communautaires. La CJCEDEAO, de 2004 à 2019, a rendu plus de cent soixante-douze (172) arrêts[185]. De 2005 à 2019, la CJCAE a rendu plus de cent quatre-vingt-seize (196) arrêts[186]. De 2001 à 2015 la CJCEMAC a rendu cent cinq

---

[181] RENAUDIE (O.), « La thèse en droit administratif : éléments statistiques », *RFDA*, 2016, p. 1074.

[182] *Comment il faut faire sa thèse de doctorant en droit*, Paris, Dalloz, 1926, p. 64.

[183] SIMON (D.), « Statistiques judiciaires 2017 : bilan positivement consolidé », *Revue Europe*, n°3, p. 1.

[184] RENAUDIE (O.), *op. cit.*, p. 1074.

[185] Statistiques recensées sur le site officiel de la Cour. Actuellement, cent six (106) arrêts sont mis en ligne sur le site de la Cour (http://prod.courtecowas.org/decisions-3/). (Dernière consultation le 10 novembre 2019). Les autres décisions nous ont été transmises par courriel.

[186] Statistiques disponibles sur le site officiel de la Cour :

(105) arrêts[187]. En ce qui concerne la CJUEMOA, soixante-neuf (69) arrêts[188] ont été rendus depuis 1996. La CJCOMESA a délivré vingt-sept (27) arrêts[189] depuis 2000 et le TSADC vingt-cinq (25) décisions[190] avant sa suspension par les États membres, en 2011. Ces données jurisprudentielles feront l'objet d'une analyse minutieuse afin d'identifier les orientations fondamentales du juge communautaire africain vis-à-vis de la construction de l'intégration.

38 D'autre part, l'approche réaliste guidera notre analyse sur les cours de justice africaines et l'intégration. Le juge communautaire africain évolue dans un environnement sociologique et institutionnel où le droit rencontre des résistances et des réticences pour son application concrète. La prise en compte du comportement des justiciables dans la justice communautaire facilite la compréhension de l'œuvre des cours de justice par rapport au processus communautaire, ainsi qu'à leur légitimation. À ce niveau, le recours à la sociologie judiciaire permet de mieux cerner la légitimité de l'intervention du juge communautaire africain. Pour confronter nos analyses aux points de vue des professionnels de la justice communautaire, nous avons effectué des entretiens[191] et une visite sur site[192]. Ceci a permis de mieux apprécier le travail prétorien du juge communautaire.

39 Enfin, le recours au droit comparé sera déterminant dans l'étude sur les cours de justice africaines et l'intégration. Le droit communautaire

---

http://eacj.eac.int/?page_id=2414 (dernière consultation le 22 mai 2019).

[187] Données statistiques reçues du Greffier Maître Ramadane Gounouth par courriel le 20 octobre 2015. La CJCEMAC n'a pas encore de site officiel fonctionnel.

[188] Décisions accessibles sur le site officiel de l'UEMOA : http://www.uemoa.int/fr/type/actes-de-la-cour-de-justice-de-l-uemoa (dernière consultation 23 mai 2019).

[189] Arrêts accessibles sur le site officiel de la Cour: https://comesacourt.org/court-decisions/. (Consulté le 23 mai 2019).

[190] Décisions consultables en ligne : https://africanlii.org/sadc/judgment/southern-african-development-community-tribunal.

[191] Nous avons rencontré trois éminents juges communautaires et discuté avec un autre magistrat à distance, en plus de notre séjour à la CJCEDEAO : - entretien Georges TATY, ancien juge à la Cour de justice de la CEMAC, le 7 décembre 2016 ; - entretien avec Seynabou Ndiaye DIAKHATE, ancien Avocat général à la CJUEMOA, le 20 février 2019 ; Mansour TALL, Ancien juge à la CJCEDEAO, le 5 mars 2019 ; entretien par email avec Founé Hamèye Mahalmadane, ancien juge de la CJCEDEAO le 10 juin 2019.

[192] Nous avons fait une visite à la Cour de justice de la CEDEAO du 4 au 5 décembre 2019.

africain subit l'influence du droit de l'UE qui lui sert de source d'inspiration. Il reste essentiellement marqué par l'approche comparative permettant de rapprocher les traditions juridiques des États. De même, le travail du juge communautaire demeure lié au droit comparé « qui vise à interroger les droits nationaux ou à confronter l'ordre juridique communautaire à un ou plusieurs autres ordres juridiques en vue de faire progresser la règle de droit dans la Communauté »[193]. La méthode comparative est « adaptée à un univers juridique perméable aux influences les plus diverses »[194] et « en dehors des services qu'elle rend, (elle) a le don de favoriser la compréhension mutuelle des humains et l'esprit de tolérance »[195]. La comparaison renforce la connaissance des systèmes juridiques étrangers et permet d'assurer une évolution du droit. La jurisprudence des cours africaines s'inspire largement de celle du juge de l'Union. Ce dernier a contribué à l'intégration européenne à travers la constitutionnalisation[196] d'un ordre juridique fondée sur la primauté[197] et sur l'effet direct[198] en exerçant une fonction de régulation dans le processus d'intégration européenne[199], à l'instar des autres expériences communautaires en Amérique latine[200]. Les progrès jurisprudentiels au

---

[193] LEANAERTS (K.), « Le droit comparé dans le travail du juge communautaire », *RTDE*, 2001, p. 487.

[194] MEHDI (R.), « Le recours par la Cour de justice de l'Union européenne au droit comparé. Exigence méthodologique et variations des usages », *in Future of comparative study Law: The 60th anniversary of the Institute of comparative Law in Japan*, Tokyo, Chuo University Press, 2011, p. 398.

[195] PESCATORE (P.), *Initiation à la méthode scientifique à l'intention des étudiants en sciences humaines*, *op. cit.*, p. 33.

[196] DEHOUSSE (R.), *La Cour de justice des Communautés européennes*, *op. cit.*, p. 41.

[197] CJCE, 15 juillet 1964, *Costa c/ ENEL*, 6/64.

[198] CJCE, 5 février 1963, *van Gend & Loos c/ Administration fiscale néerlandaise*, 26/62.

[199] SIMON (D.), *L'interprétation judiciaire des traités d'organisations internationales. Morphologie des Conventions et fonction juridictionnelle*, *op.cit.*, p. 719.

[200] En Amérique latine et aux caraïbes, la fonction juridiction juridictionnelle devient un outil de l'intégration. Cf. PENA PINON (M.), *La fonction juridictionnelle au service de l'intégration Sud-américaine*. Luxembourg Legal Studies, Nomos, 2017, 721 p. Des progrès jurisprudentiels sont observables sur le plan de l'intégration. Voir BENLOLO-CARABOT (M.), SUSANI (N.), VAURS-CHAUMETTE (A.-L.), DAILLER (P.), ss. dir., « La jurisprudence des tribunaux des organisations d'intégration latino-américaines », Chronique 1, *AFDI*, 2005, pp, 633-673 ; Chronique 2, 2006, pp. 532-598 ; Chronique 3, 2007, pp. 718-777 ; NYMAN-METCALF (K.), PAPAGEORGIOU (I. F.), (K.), *Regional Integration and Courts of justice*, intersentia, 2005, 126 p. CASERTA (S.), "The contribution of the Caribbean Court of justice to the Development of human and Fundamental Rights", *Human Rights Law Review*, pp.

niveau européen permettront de voir les particularités jurisprudentielles de la construction communautaire africaine.

40 La conduite de la recherche sur les cours de justice africaines et l'intégration s'est heurtée à deux difficultés majeures. La première difficulté a concerné l'accès à la jurisprudence des cours africaines. Cela n'a pas été chose aisée en raison de l'inexistence de sites internet officiels de certaines juridictions communautaires. La deuxième difficulté est que la jurisprudencce scrutée présente une relative homogénéité. Nous avons eu conscience qu'une étude sur les cours de justice africaines et l'intégration serait incertaine si aucune précaution méthodologique n'est prise par rapport à la nécessaire articulation de l'activité contentieuse des cours africaines avec les spécificités contextuelles. Tout de même, il fallait s'engager dans cette voie pour relever le défi et apprécier la justice communautaire à l'aune du processus d'intégration.

C) La problématique retenue

41 Le développement du contentieux des juridictions communautaires africaines amène à s'interroger sur leur contribution à l'intégration. Les cours de justice CEDEAO, CEMAC, COMESA, CAE, UEMOA et le TSADC, en dépit de leur caractère « jeune », ont rendu des arrêts concernant les bases essentielles d'une construction de l'intégration par le droit telles que la primauté et l'effet direct du droit communautaire. Un regard sur la jurisprudence des cours de justice africaines permet de saisir la démarche dynamique des juges en faveur d'une protection des objectifs et des principes fondateurs de l'intégration, bien que le fond du contentieux se différencie d'une juridiction à une autre. L'essentiel de la jurisprudence des cours africaines concerne les droits de l'homme, le droit de la fonction publique et relativement les libertés économiques.

1-15. On peut aussi voir l'exemple Tribunal andin de justice qui fait partie des juridictions communautaires les plus actives au monde. Sa jurisprudence touche une variété de domaines (commerce, investissement et propriété intellectuelle). Cf. ALTER (J. K.), HELFER (L. R.), « Legal Integration in the Andes: Law-Making by the Andean Tribunal of Justice », *in European Law Journal*, Vol. 17, No. 5, September 2011, pp.701-715; « Nature or Nurture? Judicial Lawking in the European Court of Justice and the Andean Tribunal of Justice », *International Organization* 64, Fall, 2010, pp. 563-92 ; « The Andean Tribunal of Justice and its interlocutors : Understanding Preliminary Reference Patterns in the Andean Community », *International Law and Politics*, Vol. 41, pp. 871-930; THORNTON (J.), "Courts and Tribunals Established by Regional Economic Integration Agreements", *in The Rules, Practice and Jurisprudence of International Courts and Tribunals*, Martinus Nijhoff Publishers, 2012, pp. 491.

L'examen des décisions fait ressortir des aspects de droit institutionnel et de droit matériel avec une affirmation de la fonction du juge communautaire dans son rôle de protection des droits individuels. Mais, la doctrine jurisprudentielle des cours africaines s'oriente vers la protection des droits de l'homme, au détriment de la garantie des libertés fondamentales du marché commun, objectif essentiel des organisations d'intégration. Ainsi, la problématique fondamentale soulevée dans cette thèse est la suivante : Quelle est l'appréciation de la contribution des cours de justice africaines à l'intégration à partir de la jurisprudence ? Autrement dit, la jurisprudence des cours de justice africaines favorise-t-elle une mise en œuvre des objectifs et principes des traités de base des organisations d'intégration ? Peut-on qualifier la nature de la contribution des juridictions communautaires africaines à l'intégration, à la lumière de la jurisprudence scrutée ?

42 La réponse à ces interrogations permettra d'identifier et de saisir la contribution du juge communautaire africain à l'intégration. En effet, la doctrine a pu signaler la juridictionnalisation des processus d'intégration africaine[201] en essayant de pointer du doigt le rôle capital des cours de justice africaines[202]. Mais, elle n'a pas suffisamment analysé la singularité de l'œuvre prétorienne du juge communautaire africain. Des pans entiers de la jurisprudence des cours africaines restent inexplorés. Il s'agit de l'affirmation de la mission du juge, de la détermination de ses relations avec les juridictions nationales, de l'identification de la place du droit communautaire dans les ordres juridiques nationaux, ainsi que de la définition du régime juridique des voies de droit. Il en est de même pour l'affirmation du pouvoir de sanction du juge communautaire dans la protection des droits de l'homme et la protection balbutiante des libertés économiques, etc. L'analyse de la

---

[201] Cf. SANOU (D.), *La juridictionnalisation des organisations régionales d'intégration économique en Afrique*. Thèse, *op.cit.*, p. 43. L'auteur a calqué sa réflexion autour du processus de juridictionnalisation sans pour autant privilégier la dimension contributive du juge communautaire à l'intégration.

[202] KLEIS (J.), *African Regional Communities Courts and their Contribution to Continental Integration*, *op. cit.*, p. 322. L'auteur relève la contribution des cours CEDEAO, CAE et SADC à la protection des droits de l'homme en estimant que celle-ci est nécessaire à la réussite de tout projet d'intégration. Cette conclusion a le mérite d'amorcer cette idée d'une intégration par les droits de l'homme ; BAKO (P. J. B.), *Les méthodes d'interprétation des cours de justice des organisation d'intégration africaine*, *op. cit.*, pp. 167-258. L'auteur met en évidence la contribution des méthodes d'interprétation des cours africaines à la structuration des ordres juridiques communautaires et à la garantie des droits et libertés fondamentaux.

question fondamentale de cette thèse exige une démonstration de l'exercice des fonctions des cours de justice africaines dans le processus d'intégration face aux réalités politiques et sociologiques des États.

III) Justification et annonce du plan

43 La problématique, ainsi posée, nous conduit à vérifier l'effectivité de la contribution des cours de justice à l'intégration à travers l'activité contentieuse. La plupart des décisions analysées mettent en exergue deux aspects. D'une part, les décisions reflètent une dimension institutionnelle favorisant une définition de l'ordre juridique communautaire, son autonomie et sa spécificité. D'autre part, les décisions dénotent une prise en compte par le juge de la dimension matérielle de la construction communautaire à travers la protection des droits des particuliers et la défense des principes fondamentaux tels que la promotion et la protection des droits de l'homme, la justice sociale, la transparence, l'État de droit et la gouvernance, même s'il faut relever une certaine inconsistance du contentieux des libertés fondamentales du marché commun. Pour atteindre l'objectif général de la thèse, deux idées-forces vont gouverner notre démonstration.

44 La première idée renvoie à la fonction essentielle des cours de justice africaines, à savoir de gardien de la légalité communautaire et de protectrice des droits. Cette fonction du juge communautaire, garantie par les traités et protocoles, souligne l'évolution de la construction des systèmes juridiques communautaires, grâce à l'utilisation de certaines voies de droit et à la volonté du juge de s'engager dans le renforcement de sa fonction juridictionnelle et des acquis de l'intégration. Conscient que le phénomène juridictionnel « apporte une contribution décisive au développement du droit »[203], et que « l'existence d'un marché commun exige l'application uniforme du droit de la Communauté sur l'ensemble du territoire communautaire »[204], le juge confère une nouvelle facette au processus communautaire à travers un contrôle juridictionnel des actes. De ce fait, les cours de justice africaines contribuent à définir le contrôle de la légalité en garantissant la soumission de tous les actes communautaires à la vérification de sa conformité aux traités de base et en affirmant le principe de l'autonomie du recours en indemnité visant

---

[203] VERHOVEN (J), « À propos de la fonction de juger en droit international public », *in Fonction de juger et pouvoir judiciaire*. Bruxelles, Presses de l'Université de Saint-Louis, 1983, p. 459.

[204] JACQUE (J. P.), « Le rôle du droit dans l'intégration européenne », *op. cit.*, p. 123.

à assurer la protection des justiciables, ainsi que le recours en annulation des actes.

45 En outre, la contribution des cours africaines se manifeste par la précision de la place du droit communautaire dans les ordres juridiques nationaux. Les principes existentiels du droit communautaire sont identifiés avec la collaboration des juridictions nationales, quand bien même, des hésitations sont patentes de la part de ces dernières. L'intervention des cours de justice africaines contribue, également, à la régulation de la répartition des compétences entres les institutions communautaires et les États membres. Néanmoins, la contribution des cours de justice africaines à l'intégration est frappée d'un paradoxe, découlant du caractère indéterminé du régime juridique des libertés économiques et du développement de l'intégration par la protection des droits de l'homme. La singularité de la contribution du juge communautaire africain semble se situer à ce niveau. La finalité primitive de la construction communautaire était de garantir la protection des libertés de circulation. Par évolution, la fonction juridictionnelle des cours de justice s'est redéployée sur le terrain de la protection des droits de l'homme[205]. Mais, l'affirmation de la fonction du juge communautaire n'est pas allée avec la protection effective des libertés fondamentales du marché commun. Elle a favorisé le renforcement du système du contentieux communautaire avec le régime des voies de droit, la définition de l'ordre juridique communautaire, la régulation des relations entre les institutions communautaires, ainsi que la précision du rôle des juridictions nationales. Cela rend, en conséquence, la contribution des cours africaines à l'intégration ambivalente, en raison de la faiblesse du contentieux des libertés économiques dont le traitement était sa vocation initiale. L'examen de la jurisprudence révèle que la protection des libertés économiques demeure le parent pauvre de la construction communautaire africaine, malgré la floraison du contentieux devant les cours de justice africaines.

46 La deuxième idée, en quête, dans cette thèse correspond à la contribution des cours communautaires africaines au renforcement de l'intégration par la promotion des droits de l'homme. La jurisprudence des cours africaines reste dominée par les requêtes en constatation des violations des droits de l'homme introduites par des particuliers. Cela est favorisé par l'existence du recours individuel en violation des droits

---

[205] Cf. GHATHII (J.), « Mission creep or a search for relevance: The East African Court of justice's human strategy », *Duke Journal of Comparative and International Law*, Volume 24, p. 254.

de l'homme. Ce recours est la voie de droit la plus utilisée dans le contentieux communautaire africain. Il a permis aux cours de justice de la CEDEAO, de la CJCAE et du Tribunal de la SADC de préciser les modalités de saisine. Les cours ont précisé, d'une part, que les individus bénéficient d'un accès direct sans épuisement des voies de recours internes et, d'autre part, qu'ils n'ont pas besoin de justifier leur intérêt à agir. Les cours africaines semblent reconnaître une sorte d'« actio popularis », procédé inhabituel en droit communautaire. Cette ouverture libérale du prétoire du juge favorise le développement de l'intégration par l'utilisation du contentieux des droits de l'homme.

47 En outre, la saisine du juge communautaire a produit un contentieux dédié à l'intégration par la protection des droits de l'homme. Cela est rendu facile par les méthodes d'interprétation dynamiques utilisées et par la liberté du juge dans la mobilisation des sources d'inspiration pour assurer le respect du droit. En effet, la contribution des cours de justice africaines à l'intégration, par la protection des droits et des objectifs d'intégration, est une évolution essentielle dans les processus communautaires. Elle a fini par poser la question de la légitimation de leur fonction de juge dans l'œuvre de l'intégration. En effet, la légitimité conditionne l'action du juge, renforce sa position et son autorité. Mais, la légitimité de la contribution des cours de justice africaine à l'intégration est remise en cause par la résistance de certains États membres. Ces derniers vont jusqu'à proposer des réformes pour contrecarrer les pouvoirs du juge communautaire ou refuser d'exécuter les décisions rendues. Cela nécessite de consolider les acquis jurisprudentiels et de renforcer l'autorité des cours africaines en veillant à l'exécution des arrêts rendus et à l'activation de la procédure du recours en manquement en cas d'inertie de l'État défaillant.

48 Tout compte fait, l'examen de la jurisprudence communautaire renseigne l'existence d'une contribution des cours africaines à l'intégration. Cette contribution oscille entre renforcement de l'intégration par le droit et intégration embryonnaire par les libertés économiques. Mais, la contribution est consolidée par l'intégration au moyen de la protection des droits de l'homme, à côté de la quête de légitimation. Cela conduit, par conséquent, à adopter le plan suivant :

Première partie : Une contribution ambivalente des cours de justice africaines à l'intégration.

Deuxième partie : Une contribution déterminante des cours de justice africaines à l'intégration.

PARTIE I
UNE CONTRIBUTION AMBIVALENTE

49 Pour apprécier l'ambivalence de la contribution jurisprudentielle des cours de justice africaines, il y a lieu de préciser le concept de l'ambivalence. En effet, le terme « ambivalent » peut signifier la « concurrence insoluble de deux tendances »[206] ou deux sentiments opposés ou deux interprétations à l'égard d'un même objet. Appliqué à l'examen de la jurisprudence des cours africaines, le concept peut signifier le mouvement de contribution du juge communautaire au processus d'intégration à travers l'exercice de sa fonction judiciaire et celui de la contribution inachevée dans la protection des libertés économiques. La mise en place d'organes juridictionnels a trouvé un écho favorable dans le dispositif institutionnel des organisations communautaires d'intégration. En tant qu'organes chargés d'assurer le respect du droit dans l'interprétation et l'application des traités, les cours de justice ont défini leur office de juge communautaire en clarifiant les règles qui gouvernent certaines voies de droit. En appliquant les traités communautaires, les juges africains participent à la précision de la nature de la structure institutionnelle communautaire, à la détermination du régime des voies de droit et à l'érection des principes fondateurs du droit communautaire africain. Cela montre que la contribution des cours de justice africaines est favorable au renforcement de l'intégration par le droit (**Titre I**) dans les processus communautaires au service de l'intégration. En revanche, les CJCEDEAO, CJCAE, CJCOMESA, CJUEMOA, CJCEMAC et le TSADC ont été instituées pour contribuer à l'élimination des obstacles à l'intégration. Mais la pratique jurisprudentielle a entraîné une orientation singulière de la nature du contentieux. Bien que la jurisprudence des cours communautaires africaines comporte une dimension balbutiante de la protection des libertés économiques[207]. La consécration des libertés

---

[206] EMMANUELLI (M.), « L'ambivalence », *in Ambivalence*, 2006, p. 7.

[207] SALL (A.), « Les débuts des Cours de justice de la CEDEAO et de l'UEMOA : propos sur la faiblesse du droit jurisprudentiel de l'intégration en Afrique de l'Ouest », *Nouvelles Annales Africaines*, N°1/2010, p. 11 ; SANOU (D.), *La juridictionnalisation des organisations régionales d'intégration économique en Afrique*. Thèse, Université Paris 1, 2012, p. 370 ; SY (D.), « Les mutations du régionalisme en Afrique », *in Mélanges dédiés à Francis V. Wodié*. Presse de l'Université 1 capitole, 2016, p. 488 ; OPPONG (R. F.), *Legal aspects of Economic Integration in Africa,* Cambridge University Press, 2011, p. 133 ; TINO (E.), « The rôle of regional judiciaries in eastern and southern Africa », *in Monitoring Regional Integration in Southern Africa Yearbook* 2012, p. 157 ; GATHII (J. T.), « The variation in the use of sub-regional integration Courts between business and human rights actors : The case of the East African Court of justice », *Law and Contemprary Problems*, Vol. 79, n°1, 2016, p. 41 ;

fondamentales dans les marchés communs africains ne bénéficie pas d'une protection jurisprudentielle suffisante. Les cours africaines n'ont pas encore bâti un cadre jurisprudentiel propice au développement de la protection des libertés de circulation. La doctrine[208] a pu décrire un tel scénario comme « more human rights and less economic integration »[209] pour évoquer le cas de la CJCEDEAO. De fait, la contribution des cours de justice, à l'intégration par la protection des libertés de circulation, s'avère inaboutie (**Titre II**).

SAUROMBE (A.), « African regional judiciaries and their jurisprudence in trade law matters », *in Joanna Jemieliniak, Establishing Judicial Authority in International Economic Law*. Cambridge University, 2016, p. 98 ; KLEIS (J.), « Legal Transplants for African Economic Integration », *in Recht in Afrika*, 2013, pp. 13-19.

[208] EBOBRAH (S. T.), « The role of the Ecowas Community Court of justice in the integration of West Africa: Small strides in the wrong direction? », *iCourts Working Paper Series*, No. 27, 2015, p. 20.

[209] Nous traduisons : « Plus de droits de l'homme et moins d'intégration économique ».

Titre I

Le renforcement de l'intégration par le droit

50 La réalisation des objectifs de l'intégration telle que la création d'une union douanière et la mise en place d'une union économique et monétaire est affirmée dans les traités de base des organisations africaines. Le droit permet la mise en œuvre des objectifs d'intégration. Cela suppose que le même droit puisse être appliqué uniformément à l'intérieur de l'ordre juridique national de chaque État membre et qu'il puisse produire des effets à l'égard des citoyens communautaires. De surcroît, de tels objectifs nécessitent au préalable que « les activités économiques couvertes par les traités fassent l'objet d'une réglementation commune »[210]. L'intervention du juge contribue à rendre viable l'existence d'un ordre juridique autonome et structuré. Le système de voies de droit, mis en place, facilite l'action du juge jouant un rôle de régulateur du processus de l'intégration en contribution à la consolidation d'un ordre juridique et en protégeant les droits que les individus tirent du droit communautaire. À ce propos, la CJCEDEAO a rappelé que « les actes des institutions de la Communauté et de leurs agents sont soumis au principe de la légalité…, agissant au nom de la Communauté, les institutions et leurs agents doivent se conformer aux textes qui régissent le fonctionnement de la CEDEAO »[211]. La CJUEMOA a affirmé qu'elle a « pour mission de veiller à la conformité avec le Traité des actes communautaires qui lui sont déférés »[212]. Dans la même veine, la Cour africaine de l'Est estime que la lecture combinée des articles 27 et 30 du traité, lui confère la compétence de contrôler la légalité des actes,

---

[210] SIMON (D.), « Les fondements de l'autonomie du droit communautaire », in *Droit international et droit communautaire, perspectives actuelles*. Colloque Bordeaux, Pedone, 2000, p. 220.

[211] *Mme Oluwatsin Rina Adewade c. Conseil des Ministres et autres*, ECW/CCJ/JUG/07 12 du 16 mai 2012, point 36.

[212] *Eugène Yai c. Conférence des Chefs d'État et de Gouvernement & Commission UEMOA*, n°03/2005 du 27 avril 2005.

règlements, directives, décisions, une action d'un État membre ou d'une institution[213]. La CJCOMESA[214] et la CJCEMAC[215] retiennent le même principe du contrôle de la légalité communautaire. De ce fait, le renforcement de l'intégration par le droit se manifeste par l'action des cours africaines, au fil du contentieux secrété par la saisine. Le juge a précisé les contours du régime juridique des voies de droit (**Chapitre I**) offertes par le droit des communautés africaines. Il s'agit du recours en annulation ouvert aux institutions, aux États membres et aux particuliers, du recours en indemnité et du recours en manquement. Par la même occasion, les cours africaines assurent le respect de la répartition des compétences entre les institutions et les États membres. Elles clarifient, en même temps, les rapports entre droit communautaire et droit national. Tout cela contribue à l'affirmation des ordres juridictions communautaires (**Chapitre II**).

---

[213] *Prof. Anyang' Nyong'o & 10 others c. Attorney General of Kenya*, n°1 of 27 November 2006.

[214] *Government of the Republic of Malawi v. Malawi Mobile Limited*, Appeal n°1/2016 du 23 Avril 2017, point 44.

[215] *Tasha Loweh Laurence c/COBAC*, n°3/CJ/CEMAC du 3 juillet 2003.

CHAPITRE I

LA PRÉCISION DU RÉGIME DES VOIES DE DROIT

51 Les traités communautaires africains consacrent un système de voies de droit au profit des institutions, des États membres et de leurs ressortissants devant les cours de justice africaines pour garantir la réalisation de l'intégration. Le système de recours, mis en place, vise à répondre à la « double finalité consubstantielle à l'existence d'une communauté de droit, le respect du droit et la protection effective des justiciables »[216]. Les recours, prévus dans les traités, font l'objet d'une classification tenant compte des fonctions du juge communautaire[217]. Ce dernier exerce une fonction contentieuse et une fonction consultative matérialisée par les différents types de recours. Ainsi les voies de droit, susceptibles d'être introduites devant les cours de justice africaines, peuvent être classées en deux catégories de recours : la première catégorie regroupe les recours directs dirigés contre l'action des institutions et celle des États membres (le recours en annulation, le recours en indemnité, recours en manquement). La deuxième catégorie renferme les recours indirects que sont le renvoi préjudiciel et la demande d'avis. La pratique jurisprudentielle montre que certains recours tels que le recours en manquement et le renvoi préjudiciel demeurent quasi-inopérants[218] ; ce qui rend complexe l'identification de leur mode d'emploi par les requérants. En outre, les cours de justice, en affirmant

---

[216] BLUMANN (C.), DUBOUIS (L.), *Droit institutionnel de l'Union européenne*, 6e édition. LexisNexis, 2016, p. 713.

[217] C'est ce que propose Denys Simon. Pour lui, il est possible de classer les voies de droit selon la typologie fonctionnelle. « On peut regrouper les actions visant au contrôle de l'activité des institutions (contentieux de la légalité, de l'indemnité et de la fonction publique) et les actions visant au contrôle de l'activité des États membres (contentieux en manquement), par rapport à la fonction régulatrice (renvois préjudiciels) et à la fonction consultative ». Voir, *Le système juridique communautaire*, *op. cit.* p. 344.

[218] Voir *infra*, titre 2, chapitre 2.

leurs compétences de contrôle de légalité, ont contribué à configurer les règles qui gouvernent les recours directs (**Section 1**) contre les institutions et les États membres. L'activation des recours a permis de saisir l'exercice d'un pouvoir normatif du juge communautaire africain, gardien d'un ordre juridique au sein duquel tous les actes bénéficient d'une « clause générale de justiciabilité »[219]. Tous les actes de droit dérivé[220] sont soumis au contrôle juridictionnel afin de préserver l'ordre juridique communautaire, ainsi que de protéger les intérêts des justiciables des ressortissants des États membres. Aussi, les cours africaines, dans le cadre du renvoi préjudiciel et de la procédure consultative ont affiné leurs fonctions de régulation des ordres juridiques communautaires. Cela amène à voir l'action des cours communautaires dans la délimitation des recours indirects (**Section 2**).

SECTION 1 : LA CONFIGURATION DES RECOURS DIRECTS

52 La mission de garantie de contrôle de l'ordre juridique communautaire est dévolue au juge communautaire devant veiller à ce que l'activité des institutions et celle des États membres soient conformes aux traités et aux actes dérivés. Les mécanismes de fonctionnement des recours directs ont fait l'objet d'un début de définition dans la jurisprudence des juridictions communautaires africaines. Le droit primaire de la plupart des organisations d'intégration reste vague sur la nature des actes attaquables dans le cadre du recours en annulation, sur les délais de recours, ou sur les modalités du recours en manquement. C'est pour cela que la jurisprudence contribue à la configuration de ces voies de droit. Dès lors, la CJUEMOA, par une conception extensive du contrôle, a reconnu qu'en appliquant le principe de l'immunité de juridiction d'une quelconque institution de façon absolue, elle laisserait la persistance des « dénis de justice »[221] après avoir retenu le principe du contrôle systématique des actes de l'Union[222]. Dans le même

---

[219] Selon la formule de la Cour de justice de la CEDEAO dans l'affaire *Claude Akotegnon c. Commission*, N°ECW/CCJ/JUD/19/18 du 29 juin 2018, point 26.

[220] CJUEMOA, *Eugène Yai c. Conférence des Chefs d'État et de Gouvernement & Commission UEMOA*, N°03/2005 du 27 avril 2005.

[221] CJUEMOA, *Sidonie Sodabi c. BCEAO*, N°2/2012 du 19 décembre 2012, p. 11 ; CJUEMOA, *Fonds de Solidarité Africain (FSA) c. BCEAO & Commission UEMOA*, n°03/2019 du 10 avril 2019. La Cour a estimé que « la BCEAO, étant une institution spécialisée de l'Union au même titre que la BOAD dont la justiciabilité a été reconnue par la Cour de céans, ne peut échapper à la compétence de la même juridiction ».

[222] CJUEMOA, *Eugène Yai c. Commission*, N°1/2006 du 5 avril 2006 ; *Eugène Yai c. Commission*, N°1/2008 du 30 avril 2008.

registre, la CJCEMAC a indiqué que l'immunité d'exécution des organes ne vaut que devant les juridictions nationales[223] et que « le droit au recours ou droit au juge faisant partie des droits fondamentaux qui se trouvent au cœur de l'État de droit, le législateur CEMAC n'est pas resté en marge de la problématique communautaire de la protection des justiciables »[224]. La CJCEDEAO a également précisé que « Les actes des institutions de la Communauté et de leurs agents sont soumis au principe de la légalité, c'est-à-dire agissant au nom de la Communauté, les institutions et leurs agents doivent se conformer aux textes qui régissent le fonctionnement de la CEDEAO »[225]. Ces prises de position jurisprudentielles montrent que les juridictions communautaires ont contribué à la définition du contentieux de la légalité (**§ 1**) tant du point de vue de son objet que de ses conditions de recevabilité. En même temps, les cours de justice, dans le contrôle du respect des obligations communautaires par les États membres, ont circonscrit le cadre d'exercice du recours en manquement ouvert contre les États membres. C'est dans ce sens que la CJCEDEAO et la CJCEMAC ont été amenées à déclarer que le recours en manquement ne peut pas être activé par les particuliers[226]. Cette position est nuancée par celles de la CJCOMESA et de la CJAE. Ces dernières ont une approche particulière dérivant de la nature du recours direct institué contre les États membres méconnaissant leurs obligations[227]. La pauvreté de la jurisprudence relative au contentieux en manquement devant les cours africaines ne permet pas d'établir de façon complète les linéaments de ce type de recours. Mais, les cours africaines ont eu l'occasion de fixer le mode

---

[223] CJCEMAC, *Assiga Ahanda c. BEAC*, N°07/CJ/CEMAC/07 du 31 mai 2007. La CJCOMESA a aussi rejeté le principe d'immunité de juridiction des institutions devant la justice communautaire. Elle considère que les privilèges et immunités accordés aux institutions du COMESA ne s'étendaient pas aux transactions commerciales entre les individus et les organes ou les institutions. Ces immunités et privilèges ne pouvaient pas être étendus pour couvrir des opérations en dehors des objectifs du Traité. CJCOMESA, *Advisory opinion*, N°1/2013 of 15 February 2015.

[224] CJCEMAC, *Banque Atlantique du Cameroun c. Sielenou*, N°12/2011 du 31 mars 2011, p. 24.

[225] CJCEDEAO, *Mme Oluwatsin Rina Adewade c. Conseil des Ministres et autres*, ECW/CCJ/JUG/ 07 12 du 16 mai 2012, point 36.

[226] CJCEDEAO, *Pinheiro c/Ghana*, N°ECW/CCJ/JUD/11/12 du 6 juillet 2012, point 48 ; CJCEMAC, *Société First Trust Saving and Loan c. Siakam*, N°07/2015-16 du 3 mars 2016 ; CJCEMAC, *Société civile immobilière Nzakou c. Liquidation BMC*, N°05/2015 du 3 mars 2016 ;

[227] Article 30 du traité de la Communauté africaine de l'Est ; Article 26 du traité de COMESA.

d'emploi du contrôle du respect des obligations communautaires des États membres (**§2**).

§1 : La définition du contrôle de la légalité communautaire

53 Les traités communautaires confient aux cours de justice africaines la fonction essentielle de contrôler la légalité communautaire de tous les actes des institutions et de l'action des États membres ; ce qui est un instrument efficace pour renforcer une intégration par le droit. Les cours de justice, dans la pratique jurisprudentielle, ont redéfini la fonction du contrôle de la légalité, en garantissant le droit d'accès au juge[228] dans les ordres juridiques et en complétant les modalités de saisine. C'est ce que l'ancien avocat général de la CJUEMOA Seynabou Ndiaye, rappelle, dans ses conclusions dans l'affaire *Sidonie Sodabi c.* BCEAO, que : « À défaut de dispositions explicites fixant les conditions de saisine de la juridiction communautaire…, le juge doit recourir à certains principes généraux du droit comme le droit au juge, le droit pour tout individu de faire entendre sa cause »[229]. De même, la CJCEDEAO souligne que « l'exercice du droit de recours est un exercice de bonne administration de la justice. »[230] La fonction de contrôle de légalité, affirmée par les cours de justice africaines, connaît une évolution intéressante sur la base des recours directs. Certains de ces recours, dérivés du contentieux de la légalité tels que le recours en carence et l'exception d'illégalité, ne sont prévus que par les articles 23 et 24 de la Convention régissant la CJCEMAC[231] et l'article 11 du

---

[228] Article 7 de la Charte Africaine des droits de l'homme et des peuples ; Article 10 de la DUDH ; Article 6 de la CEDH. Le droit au recours juridictionnel effectif est reconnu comme principe général du droit de l'Union par la Cour de justice (CJCE, 15 mai 1986, *Marguerite Johnston*) et consacré par l'article 47 de la Charte des droits fondamentaux. Voir aussi, ZONGO (R. L. M.), *L'Union de droit au sein de l'Union économique monétaire ouest-africain (UEMOA). Étude à la lumière du droit de l'Union européenne*. Thèse de doctorat, Université de Genève, *op. cit.*, p. 239.

[229] N°2/2012 du 19 décembre 2012. L'avocat général a été suivi par la CJUEMOA dans son arrêt (p. 12).

[230] *Mme Tokymbo Lijadu Omeyade c. Secrétariat Exécutif*, N°ECW/CCJ/APP/01/04 du 4 avril 2006, point 55.

[231] L'article 23 prévoit que « Dans son rôle juridictionnel, la Cour connaît notamment… des recours en carence des institutions, des organes et institutions spécialisées des obligations qui leur incombent en vertu des traités » et l'article 24 souligne que « Toute partie peut, à l'occasion d'un litige, soulever l'exception d'illégalité d'un acte juridique d'un État membre, d'une institution, d'un organe ou d'une institution spécialisée ».

Protocole additionnel n°1 relatif aux organes de la CJUEMOA[232]. Ces deux recours sont qualifiés de « substituts du recours en annulation »[233]. Le recours en carence permet de sanctionner l'inertie des autorités communautaires dans l'hypothèse où elles doivent agir. Ce type de recours n'a pas encore été enclenché devant la CJCEMAC, étant la juridiction communautaire africaine pouvant en connaître[234]. Le recours en carence est une invention du droit de l'Union européenne qui en définit les modalités[235] dont « la mise en œuvre est rarement couronné de succès »[236]. Il s'agit d'une « dimension du contrôle de légalité très complémentaire par rapport au recours en annulation »[237]. De même, l'exception d'illégalité est une voie de droit incidente permettant au requérant d'exciper de l'illégalité d'un acte juridique d'un État membre, d'une institution, d'un organe ou d'une institution spécialisée dans l'hypothèse où le recours en annulation n'est pas ouvert. La CJCEMAC indique que l'exception d'illégalité « tend à paralyser les effets de l'acte attaqué…est recevable à tout moment de la procédure »[238] et « n'est pas

[232] Selon l'article 11 du Protocole « *Tout partie peut, à l'occasion d'un litige, soulever l'exception d'illégalité à l'encontre d'un acte du Conseil ou de la Commission…* ».

[233] BLUMANN (C.), DUBOUIS (L.), *Droit institutionnel de l'Union européenne*, *op. cit.*, p. 734.

[234] TALL (S. N.), *Droit du contentieux international africain*. L'harmattan, 2018, p. 234.

[235] Article 35 du traité CECA ; Article 232 traité CEE ; Article 265 TFUE : « Dans le cas où, en violation des traités, le Parlement européen, le Conseil européen, le Conseil, la Commission ou la Banque centrale européenne s'abstiennent de statuer, les États membres et les autres institutions de l'Union peuvent saisir la Cour de justice de l'Union européenne en vue de faire constater cette violation. Le présent article s'applique, dans les mêmes conditions, aux organes et organismes de l'Union qui s'abstiennent de statuer. Ce recours n'est recevable que si l'institution, l'organe ou l'organisme en cause a été préalablement invité à agir. Si, à l'expiration d'un délai de deux mois à compter de cette invitation, l'institution, l'organe ou l'organisme n'a pas pris position, le recours peut être formé dans un nouveau délai de deux mois. Toute personne physique ou morale peut saisir la Cour dans les conditions fixées aux alinéas précédents pour faire grief à l'une des institutions, ou à l'un des organes ou organismes de l'Union d'avoir manqué de lui adresser un acte autre qu'une recommandation ou un avis. »

[236] BLUMANN (C.), DUBOUIS (L.), op. cit., p. 737.

[237] BLANQUET (M.), ISAAC (G.), *Droit général de l'Union européenne*. Dalloz, 2012, p. 572. Selon le juge de l'Union, le recours en annulation et le recours en carence « ne forment que l'expression d'une seule et même voie de droit » (CJCE, 18 novembre 1970, *Chevalley*, Aff. 15/70).

[238] CJCEMAC, *Banque Atlantique du Cameroun c. Sielenou*, n°12/2011 du 31 mars 2011, p. 39.

fermée dans les délais »[239]. Mais, le recours en carence demeure inexploité. Le juge communautaire africain ne s'est pas encore prononcé sur les règles applicables à ce type de recours relevant du contentieux de la légalité. Dès lors, l'accent sera mis sur l'aménagement du recours en annulation (**A**) et les modalités d'exercice du recours en indemnité (**B**) à partir de la jurisprudence communautaire africaine. Il convient de rappeler que l'essentiel du contentieux de la légalité communautaire porte sur la fonction publique communautaire[240]. Les requérants activent le recours en annulation ou le recours en indemnité pour obtenir une protective juridictionnelle effective considérée comme « l'un des principes généraux du droit commun à tous les systèmes judiciaires »[241]. Des actes de révocation ou de licenciement d'agents des communautés sont souvent déférés devant les juridictions communautaires.

A) Un aménagement du recours en annulation

54 Le recours en annulation est une reprise du recours pour excès de pouvoir prévu en droit administratif français. Il s'agit d'un recours qui permet au requérant de demander au juge communautaire l'annulation d'un acte d'une institution pour illégalité. C'est par le biais du recours en annulation que les cours de justice vérifient la légalité des actes adoptés dans le cadre communautaire par rapport aux dispositions des traités et protocoles affectant la situation juridique des justiciables. Le recours en annulation tend à assurer la légalité communautaire[242] et ne renferme pas de caractère suspensif[243] comme les autres recours, même si le juge communautaire peut octroyer un sursis à exécution. Tous les traités communautaires[244] prévoient le recours en annulation.

---

[239] CJCEMAC, *Afriland First Bank SA c. Décision COBAC*, n°017/2011 du 23 juin 2011, p. 9.

[240] Le contentieux de la CJCEMAC comporte une bonne partie des litiges bancaires.

[241] CJCEDEAO, *Tokumba Lijadu Oyemade c. Secrétariat Exécutif*, N°ECW/CCJ/JUD/04/05/ du 10 octobre 2005, point 49.

[242] CJUEMOA, *Eugène Yai c. Conférence des Chefs d'État et de Gouvernement & Commission UEMOA*, N°03/2005 du 27 avril 2005.

[243] Article 23 de la convention régissant la CEMAC du 5 juillet 1996 ; Article 18 protocole n°1 relatif aux organes de l'UEMOA ; CJCEMAC, *Assiga Ahanda c. BEAC*, N°07/CJ/CEMAC/07 du 31 mai 2007.

[244] Article 10 (c) du Protocole additionnel (A/SP.1/01/05) portant amendement du Protocole (A/P.1/7/91) relatif à la Cour de justice de la CEDEAO ; Article 14 de la Convention régissant la Cour CEMAC de 1996 et article 24 de la Convention de 2009 ; Article 8 du Protocole N°1 relatif aux organes de l'UEMOA et article 15 (2) du Règlement n°1/96/CM portant Règlement de procédures de la Cour de justice de

Il est ouvert, d'une part, aux États membres et aux institutions communautaires et, d'autre part, à toute personne physique ou morale contre tout acte lui faisant grief. Le délai du recours est de deux mois[245] à compter de la publication de l'acte ou de sa notification au requérant. Les motifs de violation, pouvant entraîner l'annulation de l'acte, sont l'incompétence, la violation des formes, la violation du droit et le détournement de pouvoir. L'étude de la jurisprudence embryonnaire permet de voir un début de systématisation des règles de procédure du recours en annulation ayant presque la même structuration en droit de l'Union. En élargissant les catégories d'actes attaquables et en précisant les conditions relatives au requérant, les cours de justice contribuent à un aménagement des conditions de recevabilité par l'extension des auteurs de l'acte (**1**) et à l'identification des actes susceptibles d'être déférés (**2**). Il convient de préciser que la Cour africaine de l'Est et la CJCOMESA peuvent connaître un recours en annulation dirigé contre les actes des États membres (**3**).

1) L'extension des auteurs de l'acte

55 La jurisprudence des cours africaines a identifié l'auteur de l'acte, la nature de l'acte et la situation des requérants. À l'origine, les traités et protocoles communautaires étaient silencieux sur certains auteurs des actes attaquables devant le juge communautaire. Cela limitait la liste des actes pouvant enclencher le recours en annulation aux seuls actes produits par la Commission et le Conseil à l'exclusion des organes et institutions. Par exemple, l'article 8 du Protocole n°1 relatif aux organes de contrôle de l'UEMOA et l'article 15 (2) du règlement de procédure de la Cour limitaient la liste des auteurs des actes aux seuls organes que sont la Commission et le Conseil des ministres de l'UEMOA. Il est mentionné que le recours en appréciation de la légalité « est dirigé contre les actes communautaires obligatoires ; les règlements, les directives ainsi que les décisions individuelles prises par le Conseil et la Commission »[246]. La CJUEMOA, dans l'affaire *Eugène Yay c. Conférence des chefs d'État et Gouvernement et Commission*[247], relative à la révocation du requérant par un acte

l'UEMOA ; Articles 28 (2) et 30 du traité de la CAE ; Articles 25 (2) et 26 du traité COMESA ; Les anciens articles 17 et 18 du Protocole sur le TSADC.

[245] Le respect du délai de deux mois est d'ordre public. Voir CJUEMOA, *Akakpo Tobi Edoé c/ Commission*, N°2/2001 du 20 juin 2001.

[246] Article 15 (2) du Règlement de procédure de la Cour UEMOA.

[247] N°03/2005 du 27 avril 2005.

additionnel de la Conférence des Chefs d'État et de Gouvernement, le remplaçant en tant que Commissaire originaire de la Côte d'Ivoire, va déclarer recevable le recours en précisant que : « Le recours en annulation tend à assurer le respect du droit dans l'interprétation et l'application du traité. Il serait contraire à cet objectif d'interpréter strictement les conditions de recevabilité du recours aux seules catégories d'actes visés par l'article 15 (2) du Règlement de Procédures de la Cour… La Conférence des Chefs d'État est l'organe de l'Union. Les Actes additionnels à portée individuelle de la Conférence qui font grief sont attaquables devant la Cour. »[248] Dans cette célèbre affaire, la CJUEMOA affirme sa fonction de contrôle de la légalité des actes de l'organe intergouvernemental, notamment les actes additionnels étant exclus des catégories d'actes prévues par l'article 8 du Protocole relatif aux organes de la Cour[249]. À travers cette décision audacieuse[250], la Cour règle la question du régime des actes additionnels[251] pris par la Conférence des Chefs d'État et de Gouvernement complétant le traité sans le modifier. Elle crée une catégorie d'acte additionnel à portée individuelle. Cela est une réelle avancée quant à l'extension du champ de contrôle des actes des organes.

56 S'inscrivant dans la droite ligne de sa jurisprudence, la CJUEMOA va étendre la liste des institutions pouvant être attraites

---

[248] Page 18 de l'arrêt. Cette position de la Cour a été confirmée ultérieurement dans la même affaire (N°3/2005 du 25 avril 2005, N°1/2006 du 5 avril 2006 et N°1/2008 du 30 avril 2008), et dans un autre arrêt plus récent (Affaire, *El Hadji Abdou Sakho c/ La Conférence des Chefs d'État et de Gouvernement, Commission UEMOA*, N°4/2017 du 18 avril 2017).

[249] Voir aussi l'article 27 de l'Acte additionnel n°10/96 du 10 mai 1996 portant Statuts de la CJUEMOA.

[250] Cette décision fait partie des grands arrêts rendus par la CJUEMOA et qui a été le plus commenté par la doctrine francophone en raison de ses enseignements sur la conception du contrôle et sur le régime juridique des actes additionnels. Cf. SALL (A.), *La justice de l'intégration, Réflexions sur les institutions judiciaires de la CEDEAO et de l'UEMOA*, Deuxième édition corrigée et augmentée. L'Harmattan, 2018, pp. 262-267 ; KEMFOUET KENGNY (E.-D.), *Les juridictions des organisations d'intégration économique en Afrique*, *op. cit.*, pp. 196-198 ; ZOGBELEMOU (T.), « Chronique UEMOA », *Revue Penant*, n°859, avril-juin 2007, pp. 240-272 ; YOUGBARE (R.), « La nature juridique de l'acte additionnel dans le système juridique de l'UEMOA, à la lumière de l'affaire Yai », *Revue Penant*, n°864, juillet-sept, 2008, pp. 340-341.

[251] D'après l'article 19 du traité de l'UEMOA, « les actes additionnels sont annexés au traité. Ils complètent celui-ci sans toutefois le modifier. Leur respect s'impose aux organes de l'Union ainsi qu'aux autorités des États membres ».

devant elle, par le biais du recours en annulation. Dans l'affaire *Sidonie Sodabi c. BCEAO*[252], concernant le licenciement des employés de la BCEAO, la Cour confirme l'inclusion de la défenderesse parmi les institutions spécialisées dont les actes peuvent être attaqués sur la base du recours en annulation écartant toute immunité juridictionnelle. Selon la Cour, la BCEAO, « étant une institution spécialisée de l'Union au même titre que la BOAD ne peut échapper à la compétence de la même juridiction »[253]. Cette décision illustre la volonté de la CJUEMOA de retenir une conception extensive du contrôle offrant la possibilité d'introduire un recours en annulation contre les actes des organes et institutions prévues par le traité. Cette même démarche est reprise par la CJCEDEAO, dans l'affaire *Claude Akotegnon c. Commission*[254], à propos de la rupture anticipée du contrat du requérant par décision de la Conférence des Chefs d'État et de Gouvernement. La Cour reconduit le même argument que celui de la CJUEMOA en soulignant que la « décision, fut-elle une émanation de la plus haute instance de la CEDEAO, ne saurait être rapprochée de la notion d'acte de Gouvernement au sens du droit français dont la caractéristique majeure est qu'il échappe à tout contrôle contentieux, et la compétence de la Cour s'étend aux règlements, directives, décisions, et à tous les autres instruments juridiques subsidiaires adoptés dans le cadre de la CEDEAO »[255]. Par ces décisions, les cours de justice de la CEDEAO et de l'UEMOA comblent les dispositions du droit primaire. Celui-ci n'envisageait pas la possibilité d'attaquer les actes des exécutifs communautaires et ceux des institutions spécialisées. La CJCEMAC paraît régler la question des auteurs des actes lorsqu'elle rappelle que « les actes contestés doivent s'entendre de manière restrictive en ce sens qu'elles ne concernent que les actes unilatéraux pris par les institutions et organes de la Communauté et qui sont susceptibles d'être attaqués devant la Cour »[256].

---

[252] N°2/2012 du 19 décembre 2012.

[253] La Cour cite avis n°1/2011 du 30 octobre 2011 de la BOAD dans lequel, elle reconnaît cette dernière comme une institution justiciable devant la Cour, p. 14 de l'arrêt ; Dans le passé, la Cour a reconnu le caractère justiciable des actes des institutions de la BCEAO qui est « elle-même une institution spécialisée autonome de l'Union ». Cf. Arrêt, CJUEMOA, *Mamadou G. Lallou c. le Centre Africain d'Études Supérieures en Gestion (CESAG)* du 23 novembre 2005.

[254] N°ECW/CCJ/JUD/19/18 du 29 juin 2018.

[255] Points 24 et 26 de l'arrêt.

[256] CJCEMAC, *Société civile immobilière Nzakou c. Liquidation BMC*, N°05/2015 du 3 mars 2016. En vertu de l'article 23 de la Convention de 2009 sur la Cour de justice de la CEMAC, « dans son rôle juridictionnel, la Cour connaît notamment : des recours

Avec ces quelques illustrations, l'on remarque que les cours africaines affirment une compétence générale de contrôle de légalité de tous les actes communautaires. Cela matérialise l'existence des communautés de droit en Afrique, à l'instar de la construction communautaire européenne où très tôt, le juge communautaire a fait l'option de soumettre au contrôle de conformité tous les actes de la Communauté à la « Charte constitutionnelle de base »[257].

57 En posant le principe général de justiciabilité de tous les actes communautaires, les cours africaines s'inscrivent dans une tendance de systématisation du contrôle de la légalité en obligeant les organes et institutions à agir conformément au droit primaire. Donc, la jurisprudence des juridictions communautaires africaines contribue à la redéfinition de la fonction de contrôle de légalité des actes, ce qui renforce l'intégration par le droit.

2) L'identification de la qualité pour agir et la nature des actes attaquables

58 Rappelons que les traités communautaires établissent deux types de requérants pouvant introduire un recours en annulation, en l'occurrence les requérants privilégiés et les requérants ordinaires[258]. Selon l'article 10 (b & c) du Protocole additionnel A/SP.1/01/05, relatif à la CJCEDEAO, « tout État membre, le Conseil des Ministres, la Commission[259] peuvent saisir la Cour « pour les recours en appréciation de la légalité d'une action par rapport aux textes de la Communauté ». Pour les personnes physiques et morales, le recours peut être introduit contre tout acte leur « faisant grief »[260]. Comme dans les autres ordres juridiques communautaires, les requérants privilégiés que sont les États membres et les organes et institutions n'ont pas besoin de montrer leur

---

en annulation des règlements, directives *et décisions des Institutions, Organes et Institutions spécialisées de la CEMAC* ».

[257] C'est à l'occasion d'un recours formé contre un acte du Parlement que la CJCE a rappelé que « La Communauté européenne est une communauté de droit en ce que ni ses États membres ni ses institutions n'échappent au contrôle de la conformité de leurs actes à la Charte constitutionnelle de base qu'est le traité ». Pour la Cour, l'exclusion des actes du Parlement aboutirait à un résultat contraire tant à l'esprit du traité qu'à son système. (CJCE, 23 avril 1986, *Les Verts c/Parlement*, Aff. 294/83, Rec. 1339).

[258] Dans l'ancienne rédaction, le Secrétariat Exécutif était l'équivalent de l'actuelle Commission.

[259] Voir aussi article 8 (1) du Protocole n°1 relatif aux organes de l'UEMOA.

[260] Article 8 (2) du Protocole n°1 relatif aux organes de l'UEMOA.

qualité pour agir[261]. Cela n'est pas le cas pour les requérants ordinaires, notamment les personnes physiques et morales restant soumises à l'obligation individuelle de justifier un intérêt à agir. C'est ce qui est indiqué dans la jurisprudence de la CJCEDEAO, de la CJCEMAC et de la CJUEMOA. En effet, l'acte attaqué par une personne physique doit « affecter juridiquement la situation du requérant », c'est-à-dire le requérant doit « être directement et individuellement concerné par l'acte »[262]. La CJCEMAC retient qu'elle peut être saisie par toute personne physique ou morale justifiant « un intérêt certain et légitime »[263]. Mais la CJUEMOA et la CJCEDEAO adoptent une approche plus claire tirée de la jurisprudence européenne[264]. Elles ont donné une définition de la notion d'acte « faisant grief » comme étant « une mesure produisant des effets juridiques obligatoires de nature à affecter les intérêts du requérant modifiant de façon caractérisée sa situation juridique »[265] ou un « acte qui modifie la situation juridique d'une personne »[266].

59 Les conditions relatives au requérant individuel demeurent restrictives, dans la mesure où l'acte attaqué doit concerner directement et individuellement la personne physique ou morale. Cela est de nature à restreindre l'accès des particuliers au prétoire du juge communautaire. Cette jurisprudence des cours africaines est appelée à évoluer pour mieux assouplir les conditions d'accès des particuliers. La position jurisprudentielle évolutive de la CJUEMOA paraît ouvrir une voie salutaire, lorsqu'elle considère que « l'article 15§2 ne peut être interprétée comme faisant de la preuve d'un grief, par le requérant, une condition de la compétence de la Cour ; il s'agit de la situation du requérant au moment de sa requête par rapport à sa situation antérieure, est telle qu'il

---

261 CJUEMOA, *État Côte d'Ivoire et M. Laurent Gbagbo c/Conseil des Ministres et Commission UEMOA*, N°1/2013 du 13 décembre 2013, selon la Cour « Le recours est introduit par un État membre induit la compétence sans même justification d'un quelconque grief », p. 11.

262 *OSERADA c. Conseil des Ministres, Parlement et Commission*, ECW/CCJ/JUD/01/08 du 16 mai 2008, point 27 et 34.

263 CJCEMAC, *Afriland First Bank SA c/Décision COBAC*, n°017/2011 du 23 juin 2011, p. 8.

264 Articles 230 TCE, 148 CEEA et 263 TFUE.

265 CJUEMOA, *Toidou Moutairou c/Conseil des Ministres et Commission Bancaire BCEAO,* N°04/2013 du 18 décembre 2013. Cette définition est reprise de la jurisprudence de la CJCE : 10 janvier 2006, *Alvarez Moreno c Commission*, C-373/04 ; Rec. 1. 1 pt 42.

266 *OSERADA c. Conseil des Ministres, Parlement et Commission*, déjà cité, point 33. La CJCEDEAO cite la jurisprudence de la CJCE : 17 juillet 1959 ; 17 mars 1967, *Cimenteries CBR* ; TPICE, 27 février 1992, *Vichy c/Commission*.

peut légitimement prétendre avoir subi un grief du fait de l'acte en cause »[267]. Ainsi, la Cour assouplit sa jurisprudence relative à l'intérêt à agir pour renforcer la protection jurisprudentielle des particuliers.

60 En tout état de cause, l'étude de la jurisprudence montre que les cours africaines retiennent une conception restrictive dans le cadre de recours en annulation introduite par des particuliers. Cette conception diffère de celle retenue dans le cadre du contentieux de protection des droits de l'homme[268] où le juge souligne de façon constante que les personnes physiques n'ont pas besoin de justifier un intérêt à agir. Cela manifeste la singularité de ce type de contentieux basé sur la simple invocation d'une violation d'un droit subjectif. Pour le recours en annulation, il faut invoquer un intérêt légitime[269]. En revanche, le recours en annulation semble spécifique lorsqu'elle ouvre la possibilité de contester la légalité des actes d'un État membre.

3) La possibilité de déférer les actes d'un État membre

61 La jurisprudence de la CJUE, à laquelle les cours africaines se réfèrent, a toujours affirmé que le juge communautaire ne peut pas se prononcer sur la légalité d'un acte de droit national[270]. Cette position est réitérée par les cours de justice de la CEMAC[271] et de l'UEMOA[272] lorsque des actes de droit interne sont déférés devant elles. Ici, les cours de justice africaines ne souhaitent pas s'ériger en cours constitutionnelles fédérales. Toutefois, la jurisprudence de la CJCOMESA et celle de la CJCAE valident les recours en annulation des personnes physiques et

---

[267] Arrêt *El Hadji Abdou Sakho c/ La Conférence des Chefs d'État et de Gouvernement, Commission UEMOA,* N°4/2017 du 18 avril 2017, déjà cité.

[268] Voir infra, deuxième partie, titre 1.

[269] Cf. SIMON (D), *Le système juridique communautaire*, *op. cit*., p. 372.

[270] CJCE, 5 octobre 1983, *Nevas c/Caisse des juristes,* Aff. C-142/83, Rec. 2969 ; CJCE, 3 décembre 1992, *Oleificio c/ Commission*, Aff. C-97/91, Rec. I. 6313, points 9 et 10.

[271] *Société Anonyme des Brasseries c/ République du Tchad,* N°008/CJ/CEMAC/CJ/10 du 27 mai 2010 (recours introduit contre un arrêté du Ministre des Finances). Selon la Cour, « en vertu du principe de la séparation des fonctions entre les juridictions nationales et la Cour Communautaire, la contestation d'acte administratif interne relève du juge national » ; *Société Wardi c/ État tchadien, n°002/2012-13 du 29 novembre 2012 (recours introduit contre une décision du Directeur Général des Douanes) ; Société civile immobilière Nzakou c. Liquidation BMC*, n°05/2015 du 3 mars 2016 (recours introduit contre un arrêt de la Cour d'appel de Douala.

[272] *Sonitel SA c/ État du Niger*, n°1/2010 du 16 juin 2010. Recours introduit contre un arrêté du Ministre de la Communication du Niger.

morales contestant la légalité des actes des États membres[273]. Les cours de justice confirment le choix opéré par les auteurs des traités d'inclure dans le champ des actes attaquables, ceux des États membres. Selon les articles 30 (1) du traité de la CAE et 26 du traité de la COMESA, « toute personne résidant dans un État membre peut demander à la Cour de se prononcer sur la légalité de tout acte, règlementation, directive, décision ou action d'un État membre ou d'une institution de la Communauté, si elle estime que cet acte, règlementation, directive, décision ou action est illégal ou constitue une violation des dispositions du présent traité ». Cette disposition confère aux particuliers un droit de recours direct dans le domaine du recours en annulation. D'ailleurs, la CJCAE a précisé que l'article 30 du traité consacre une action particulière n'exigeant pas pour le requérant de prouver un intérêt à agir ou de subir un dommage. La disposition offre la possibilité aux particuliers d'accéder directement à la Cour sans épuisement des voies de recours internes[274]. Par contre, la CJCOMESA, en admettant le recours en annulation des particuliers contre les actes des États membres, pose la condition d'épuiser les recours internes et clarifie les dispositions du traité relatives au recours des particuliers. Selon la Cour de Khartoum, les personnes physiques et morales peuvent seulement contester des mesures contraires au traité, mais ne sont pas en mesure d'introduire un recours contre les États membres pour violation du traité[275]. La position de la Cour souffre d'une ambiguïté, car il est difficile de faire la distinction entre « unlawful, infrigement » et « non-fulfillment of the provisions », c'est-à-dire entre illégalité, violation et non-respect des dispositions du traité. La Cour affirme qu'elle n'a pas vocation à contrôler la légalité des actes de droit

---

[273] CJCAE, *Prof. Peter Anyang' Nyong 'O vs AG of the Republic of Kenya*, N°1/2006 du 30 mars 2007. Cette affaire portait sur la légalité des élections nationales des membres de l'Assemblée Législatives par les États membres, au titre de l'article 50 du traité de la CAE. Les requérants contestaient la légalité de la procédure de désignation des représentants du Kenya à l'Assemblée législative de la Communauté ; CJCOMESA, *Polytol v/Mauritius* n°1/2012 du 31 août 2013. En l'espèce, le recours a été introduit par l'entreprise Polytol pour dénoncer l'introduction des droits de douane sur les produits importés en Égypte par l'Île Maurice.

[274] CJCAE, *Prof. Peter Anyang' Nyong 'O vs AG of the Republic of Kenya.*

[275] « ... a legal or natural person is only permitted to bring to court matters relating to conduct or measures that are unlawful or an infrigement of the Treaty but not the non-fullfillment of a Treaty by a member State ». Notre traduction : « une personne morale ou physique n'est autorisée à porter devant les tribunaux que des affaires relatives à un comportement ou à des mesures illégales ou portant atteinte au traité, mais pas à la non-exécution d'une obligation du traité par un État membre ». Cf. CJCOMESA, *Polytol v/Mauritius* n°1/2012 du 31 août 2013.

national[276], mais elle peut connaître d'un recours individuel contre l'acte d'un État violant le traité. Tout acte d'un État membre illégal, contraire au traité, doit être qualifié de violation du droit de la Communauté. La position de la Cour de connaître les recours des particuliers, dénonçant les actes des États membres non conformes au traité et celle de les exclure dans le champ des titulaires du recours en manquement, mérite d'être clarifiée afin d'éviter toute confusion. La différence n'est pas perceptible à ce niveau.

62 Quoi qu'il en soit, le recours en annulation connaît des développements jurisprudentiels intéressants, en termes de conditions de recevabilité quant aux actes et aux requérants. Les cours de justice ont aménagé le recours en annulation pour assurer davantage le règne de la légalité, fondamentale dans un processus d'intégration, en plus de la garantie de la protection des intérêts des fonctionnaires communautaires par le biais du recours en indemnité.

B) La garantie du recours en indemnité

63 Dans ce type de recours, le requérant demande l'indemnisation du dommage qu'il aurait subi, du fait des actes ou des agissements de l'organisation ou de ses agents. À l'instar des systèmes juridiques nationaux, les traités communautaires prévoient le régime de responsabilité extracontractuelle[277], confiant la compétence au juge communautaire. La responsabilité extracontractuelle constitue un « élément essentiel du système de protection des droits des sujets de l'ordre juridique communautaire au premier rang desquels les personnes privées »[278]. Contrairement au recours en annulation, les conditions de recevabilité du recours en indemnité sont plus souples. Aucune limite n'est retenue pour la qualité du requérant. L'essentiel est

---

[276] *Government of Malawi vs. Malawi Mobile Limited*, Appel n°1/2016 du 23 Avril 2017, point 47: « The CCJ cannot be considered as a general supranational court with a task to control the legality of every national legal act unrelated to the treaty ». Nous traduisons : « La Cour ne peut être considérée comme une cour supranationale ayant pour mission de contrôler la légalité de tout acte juridique national sans rapport avec le traité ».

[277] Il existe aussi la responsabilité contractuelle qui permet de réparer les dommages nés de l'exécution d'un contrat de l'organisation sous réserve de l'existence d'une clause attributive de compétence. Aucun cas jurisprudentiel n'a été identifié pour le contentieux de la responsabilité contractuelle. La responsabilité contractuelle est régie par la loi applicable au contrat en cause. En général, le juge compétent est le juge national.

[278] BLUMANN (C.), DUBOUIS (L.), *Droit institutionnel de l'Union européenne*, *op. cit.*, p. 740.

que le dommage soit imputable à l'organisation communautaire ou à ses agents. La pratique jurisprudentielle des cours africaines montre la confirmation du principe de la responsabilité extracontractuelle (**1**) et celle de l'autonomie du recours en indemnité (**2**).

1) La confirmation du principe de la responsabilité extra-contractuelle

64 Qu'il s'agisse du droit primaire de la CEDEAO ou de l'UEMOA, ou de la CEMAC, le juge communautaire a la compétence exclusive pour « engager la responsabilité non contractuelle et condamner la Communauté à la réparation du préjudice causé, soit par des agissements matériels, soit par des actes normatifs des institutions de la Communauté ou de ses agents dans l'exercice ou à l'occasion de l'exercice de leurs fonctions ».[279] En effet, le juge communautaire « statue en tenant compte du droit positif communautaire et des principes généraux de droits communs aux États membres », selon la formule de l'article 28 de la Convention de 2009 régissant la CJCEMAC. Autrement dit, les « actions en réparation des dommages causés par une institution de la Communauté ou un agent de celle-ci pour tout acte commis ou toute omission dans l'exercice de ses fonctions »[280] relèvent de la compétence du juge communautaire s'inspirant de la tradition juridique des États membres. Ainsi, la CJUEMOA, dans plusieurs arrêts, a confirmé sa compétence à connaître du recours en indemnité en précisant les conditions d'engagement de la responsabilité notamment l'existence d'un comportement irrégulier de l'organe en cause du dommage et du lien de causalité[281].

---

[279] L'article 9 (2) du Protocole 2005 de la CEDEAO ; Article 15 (5) du Règlement de procédures de la CJUEMOA ; Article 28 de la Convention régissant la CEMAC.

[280] L'article 9 (g) du Protocole de 2005 sur la CJCEDEAO.

[281] *Serge Laubhouet c/ Commission*, n°1/98 du 29 mai 1998 : Dans cette affaire, le requérant demandait à la Cour d'engager la responsabilité de l'UEMOA et la condamner à réparer le préjudice qui lui a été causé par l'intervention de la décision entachée d'irrégularité mettant fin à ses fonctions. La Cour, en allouant une indemnité au requérant, s'est fondée sur « les dysfonctionnements administratifs » ; Dans l'affaire *Haoua Touré c/ Commission du 25 juin 2003* : la requérante demande à la Cour de déclarer le licenciement abusif et de condamner la Commission. La Cour se fonde sur l'illégalité du comportement de la Commission. Cf. Pour une étude détaillée de ces deux affaires voir : SALL (A.), *La justice de l'intégration, Réflexions sur les institutions judiciaires de la CEDEAO et de l'UEMOA*, Deuxième édition corrigée et augmentée, *op. cit.*, p. 88 et 200 ; ZONGO (R. L. M.), *L'Union de droit au sein de l'union économique monétaire ouest-africain (UEMOA). Étude à la lumière du droit de l'Union européenne*, *op. cit.*, pp. 256-257.

La Cour insiste sur l'existence d'une faute ou d'un dommage dans l'octroi d'une indemnisation[282].

65 La CJCEDEAO, dans l'affaire *Groupe RACEAO c. Commission*[283], a affirmé sa compétence en retenant l'existence d'un lien direct entre les agissements[284] de la Commission et les dommages causés. Pour la Cour, « le non- paiement de la créance du requérant non seulement crée une fragilité financière évidente, mais encore entache la crédibilité financière du requérant auprès des tiers »[285] et, par conséquent, justifie une réparation. En effet, la CJCEDEAO, dans le cadre du recours en indemnité, adopte une compétence générale absolue. Elle note que « sur le terrain même de la responsabilité et non plus du contrôle de légalité, aucune exception à la compétence de la Cour n'est prévue. L'article 9 (2) du Protocole de la Cour pose un principe général de la responsabilité de la CEDEAO soit pour les agissements matériels, soit par des actes normatifs de la Communauté »[286].

66 La contribution du juge communautaire, à la détermination du régime de responsabilité extracontractuelle, semble intéressante. Les conditions de recevabilité du recours sont définies, ainsi que son autonomie par rapport au recours en annulation.

2) La protection de l'autonomie du recours en indemnité

67 Le principe de l'autonomie du recours en indemnité, vis-à-vis du recours en annulation, signifie qu'il n'est pas nécessaire d'obtenir l'annulation préalable d'un acte pour se prévaloir du dommage en résultant. Mais, affirmer l'autonomie du recours en indemnité ne doit pas être un moyen pour contourner les conditions restrictives du recours

---

[282] *Farry Ismaila Kader c/CREMPF*, n°1/2014 du 30 avril 2014. Cette position a été défendue également par la CJCEDEAO dans l'affaire *Mme Oluwatsin Rina Adewade c. Conseil des Ministres et autres*, ECW/CCJ/JUG/ 07 12 du 16 mai 2012. Pour la Cour, « conformément à sa décision précédente…, le statut de citoyen de la Communauté ne donne pas en lui-même la capacité d'attaquer un acte d'une institution qui n'a pas causé de dommage direct à la personne concernée (arrêt N°ECW/CCJ/JUD/01/08) », point 48.

[283] ECW/CCJ/JUG/08/12 du 7 juin 2012.

[284] Le requérant fonde sa demande de dommage et intérêts sur divers préjudices liés à la pression fiscale, au non-paiement des salaires de ses employés… à une perte de crédibilité financière.

[285] Point 31 de l'arrêt.

[286] *Zan Bienvenu c/Commission*, n°02/2013 du 18 décembre 2013 ; *El Hadji Abdou Sakho c/ La Conférence des Chefs d'État et de Gouvernement*, Commission UEMOA, arrêt déjà cité.

en annulation[287]. Seule la jurisprudence de la CJUEMOA est assez fournie sur la garantie du principe de l'autonomie du recours en indemnité. La Cour de Ouagadougou défend, constamment, ce principe à des fins de préservation des intérêts des justiciables de l'Union. Dans plusieurs arrêts, elle a souligné que « la négation de l'autonomie de l'action en responsabilité aboutirait à réduire le délai de prescription de trois (3) ans du recours en indemnité au délai de forclusion de deux (2) mois du recours en annulation. En effet, lorsque le justiciable n'a pas agi dans les délais de deux (2) mois à compter de la publication ou, selon le cas, la notification de l'acte, impartis par l'article 8 du Protocole additionnel pour attaquer en annulation un acte communautaire, il se trouve dans l'impossibilité d'agir en responsabilité malgré le délai plus long de trois (3) ans que lui accorde l'article 15 paragraphe 5 du Règlement de Procédures ». Ainsi, « seule l'adoption du principe de l'autonomie du recours en responsabilité extra contractuelle est de nature à préserver les droits des justiciables tels qu'accordés par les textes communautaires tout en préservant l'indépendance fonctionnelle de ce recours par rapport au recours en excès de pouvoir »[288]. La Cour,

---

[287] Cf. SIMON (D.), *Le système juridique communautaire*, *op. cit.*, p. 434. Il faut rappeler que le principe de l'autonomie du recours en indemnité par rapport au recours en annulation, a connu des hésitations jurisprudentielles avant que le juge de l'Union ne décide de stabiliser sa position. D'abord, dans l'arrêt *Plaumann c/ Commission* du 15 juillet 1963, Aff. 25/62, la Cour avait déclaré irrecevable en annulation formé par l'entreprise Plaumann à l'encontre de la décision de la Commission refusant à l'Allemagne la suspension de certains droits de douane. En même temps, elle rejette le recours en indemnité aux motifs que « Il a formé, « simultanément un recours en annulation… dans ses conditions, il y a lieu de constater que le préjudice allégué par le requérant est basé sur cette décision et que le recours en indemnité vise en réalité le retrait des effets juridiques que la décision a comportés pour le requérant… en l'espèce la décision attaquée n'a pas été annulée ; un acte administratif non annulée ne saurait être en lui-même constitutif d'une faute lésant les administrés ». Ensuite, la Cour, après cette hésitation, a reconnu le principe de l'autonomie du recours en indemnité en une voie de droit autonome. Ainsi, la Cour précise que le recours en indemnité se « différencie du recours en annulation en ce qu'elle tend non à la suppression d'une mesure déterminée, mais à la réparation du préjudice causé par une institution dans l'exercice de ses fonctions » (*Zuckerfabrik*, aff. 5/71 du 2 décembre 1971). Enfin, la Cour a aussi affirmé l'autonomie du recours par rapport au recours en carence (*Lutticke*, Aff. 4/69 du 28 avril 1971). Cf. SIMON (D.), *Le système juridique communautaire*, *op. cit.*, p. 434 ; BLANQUET (M.), ISAAC (G.), *Droit général de l'Union européenne*, Sirey, 10e éd. 2012, p. 603.

[288] CJUEMOA, *Serge Logbouet c/Commission UEMOA*, n°1/98 du 29 mai 1998. Dans cette affaire, le requérant demandait une réparation résultant de la décision de licenciement. Selon la Cour, « si le principe d'autonomie du recours en indemnisation

dans son raisonnement, privilégie les droits des requérants en insistant sur l'indépendance fonctionnelle du recours en indemnité vis-à-vis du recours en annulation. Elle relève, à cet égard, que « rien n'interdit à la requérante de saisir la Cour d'une requête à la fois en appréciation de légalité et en indemnisation et il lui était même loisible, en raison de l'autonomie des différentes voies de droit, de choisir, soit le recours en annulation, soit le recours en indemnisation »[289]. Par ailleurs, la CJCEMAC[290] pose le principe de l'autonomie du recours en indemnité, de même que la CJCEDEAO[291], afin de protéger les droits des requérants. La position de la CJUEMOA, sur l'autonomie du recours en indemnité par rapport au recours en annulation, exclut toute possibilité d'interdépendance entre les deux recours[292]. Cependant, l'affirmation de l'autonomie absolue mérite d'être nuancée, sinon les requérants risquent de profiter des conditions de recevabilité plus favorable que celles du recours en annulation. En droit de l'Union européenne, un assouplissement a été apporté par la jurisprudence[293]. Le recours en indemnité ne peut être déclaré recevable s'il existe un recours parallèle permettant d'obtenir le même résultat que le requérant aurait omis d'utiliser. Il s'agit de l'exception de recours parallèle.

---

ne permet pas d'attaquer l'acte juridique d'éviction de Laubhouet aux fins d'annulation, il reste que le requérant est fondé à se prévaloir des irrégularités qui affectent ledit acte, lesquelles peuvent être de nature à lui causer un dommage réparable ».

[289] CJUEMOA, *Haroua Touré c/Commission*, 25 juin 2003 ; CJUEMOA, *Sidonie Sodabi c. BCEAO*, n°2/2012 du 19 décembre 2012, p. 16.

[290] CJCEMAC, *Thomas Dakayi Kamga c/CEMAC*, n°004/CJ/03 du 17 juillet 2003 (révocation du Secrétaire exécutif par la nomination d'un nouveau. La Cour considère que le recours en indemnité n'est pas soumis aux prescriptions de deux mois qui ne concernent que le recours en annulation) ; *Galbert Abesslo Etoua* c/CEMAC (Préjudice subi par le requérant pour défaut d'omission de souscription à la police d'assurance. Selon la Cour, le recours en indemnité n'est pas soumis aux délais de l'article 113 (fixé à 3 mois)).

[291] *Claude Akotegnon c. Commission*, N°ECW/CCJ/JUD/19/18 du 29 juin 2018.

[292] La CJCEMAC a tenté de relativiser le principe de l'autonomie du recours en soulignant qu'il existe un lien de « connexité entre le recours en annulation et le recours en indemnité ». (Arrêt Ndanda Paul-Gilles c/BDEAC, n°001/2012 du 8 novembre 2012.

[293] La CJUE pose le principe de l'autonomie tout en sanctionnant les excès. C'est la « réserve du détournement de procédure ». La Cour déclare irrecevable le recours en indemnité intenté alors que le requérant pouvait introduire un recours en annulation de l'acte dommageable dans les délais. CJCE, 15 décembre 1966, aff. 59/65, Schreckenberg ; Krohn, 26 février 1986, 175/86.

68 Il convient de préciser que le délai du recours en responsabilité extracontractuelle des agents ou tiers se prescrit par trois ans à compter de la réalisation du dommage[294]. L'essentiel du contentieux de la responsabilité porte sur la fonction publique communautaire[295]. La définition du régime du recours en indemnité, en termes de conditions de recevabilité, de conditions d'engagement de la responsabilité, de délais et d'autonomie du recours, constitue une avancée du droit jurisprudentiel. Néanmoins, celui-ci n'est pas encore assez structurée sur le plan de la répartition du régime de responsabilité entre juge communautaire et juridictions nationales dans le cadre du recours en responsabilité extracontractuelle [296]. Par exemple, la Cour africaine de l'Est et la CJCOMESA peuvent octroyer une réparation pour les préjudices causés par un acte de droit national ou par une action d'un

[294] L'article 9 (3) du Protocole de la CJCEDEAO de 2005 ; Article 15 (5) du Règlement de procédures de la CJUMOA. L'article 38 de la Convention régissant la CJCEMAC reprend l'article 46 du statut de la CJUE : Selon l'article 38 de la Convention, « les actions contre la Communauté en matière de responsabilité non contractuelle se prescrivent par cinq (ans) à compter de la survenance du fait qui y donne lieu. La prescription est interrompue soit par la requête formée devant la Cour, soit par la demande préalable que la victime peut adresser à l'institution, l'Organe ou l'institution spécialisée compétent. Dans ce dernier cas, la requête doit être formée dans un délai de deux (02) mois, à peine d'irrecevabilité ».

[295] Il faut préciser que les cours africaines peuvent connaître des litiges entre les organes des organisations et leurs agents (article 15 du règlement de procédure de la CJUEMOA ; article 23 de la Convention CEMAC ; article 31 du traité de la Communauté africaine de l'Est ; article 27 (1) du traité COMESA) sous réserve dans certains cas d'épuiser « les recours prévus par le statut du personnel » (article 10 (e) du Protocole de 2005 de la CJCEDEAO. La plupart des recours introduits par les fonctionnaires ou agents communautaires demandant une réparation nécessitent l'exercice d'un recours administratif préalable : CJCEMAC, *Willy Ontsia c/CONSUMAF*, N°010/CJ/CEMAC du 17 mars 2011 ; *Mme Assako Joelle Christiano c/BEAC*, n°006/2012 du 7 mai 2013 ; CJUEMOA, *Zan Bienvenu c/Commission*, n°02/2013 du 18 décembre 2013.

[296] Seul le Règlement de procédure de la CJUEMOA paraît poser le principe de répartition des responsabilités. Il est prévu à l'article 15 (5) que : « en cas de pluralité de fautes ou de mise en jeu de la responsabilité d'un tiers, les juridictions nationales peuvent être saisies. Dans ce cas, la Cour ne peut être saisie qu'après épuisement des voies de recours devant les juridictions nationales ». La Cour ne s'est pas encore prononcée sur ce cas de figure. Dans l'affaire, *El Hadji Abdou Sakho c/ La Conférence des Chefs d'État et de Gouvernement, Commission UEMOA,* N°4/2017 du 18 avril 2017, la Cour se déclare incompétente du recours dirigé contre l'État du Niger à propos de la question de remise de billets démonétisés, sans pour autant préciser la juridiction nationale compétente.

État membre[297]. Cela rend floue le système de voies de droits disponibles et les interactions pouvant en découler.

69 La contribution des cours africaines est satisfaisante au regard de la jurisprudence relative au recours en annulation et au recours en indemnité. Les conditions de recevabilité et de fond de ces deux recours sont mieux précisées. La consécration du principe général de justiciabilité de tous les actes communautaires et la garantie de l'autonomie du recours en indemnité est un progrès majeur. Cela confirme l'existence d'une Communauté de droit à l'intérieur de laquelle aucun acte n'échappe au contrôle du juge et le droit des justiciables bénéficie d'une garantie juridictionnelle. Ainsi, les cours de justice africaines affirment leur pouvoir de contrôle de la légalité des actes communautaires, et définissent les conditions d'engagement de la responsabilité extracontractuelle et la réparation des préjudices causés par des agissements matériels ou des actes normatifs des organes ou des agents des communautés dans l'exercice de leurs fonctions. De la même façon, elles assurent le contrôle des obligations communautaires par l'intermédiaire du recours en manquement.

§ 2 : La fixation des modalités du contrôle des actes des États membres

70 En droit international public, la violation d'une obligation par un État partie peut constituer un motif de suspension du traité[298]. La situation est diférente en droit communautaire[299] où un mécanisme original destiné à sanctionner les manquements des États membres aux règles communes a été inventé[300]. De façon générale, le recours en manquement présente trois traits caractéristiques : Premièrement, la Commission[301], dans sa mission de « gardienne de l'application des

---

[297] CJCAE, *Hon. Dr. Margaret Zziwa vs. The Secretary General of the East African Community*, Appeal N°2/2017 of 25 may 2018, point 85; *Grands Lacs Supplier SARL & others v. The Attorney of Burundi*, (First Instance) N°6/2016 of 19 June 2018, point 78; *British American Tobacco (U) LTD v. The attorney General of Uganda*, N°7/2017 of 26 march 2019; CJCOMESA, *Polytol v/Mauritius* n°1/2012 du 31 août 2013.

[298] Article 60 de la Convention de Vienne sur le droit des traités du 23 mai 1969. Le manquement au droit international imputable à un État engage sa responsabilité internationale et légitime le recours à des contre-mesures.

[299] Le droit de l'UE prévoit l'action en manquement aux articles 258 à 260 du TFUE.

[300] SIMON (Denys), *Recours en constatation de manquement*, J.Cl. Europe Traité, Fasc. 380-1, 2011, p. 2.

[301] Dans certaines organisations comme la CEMAC ou la COMESA, la Commission est l'équivalent du Secrétaire général. Sur la base du recours en manquement voir :

traités », demeure le titulaire actif de ce recours. Les États membres peuvent introduire un recours en manquement[302], mais, en pratique, ils préfèrent laisser la Commission déclencher les poursuites[303]. Deuxièmement, le recours en manquement exige une procédure précontentieuse avant la saisine de la Cour. Troisièmement, les effets de l'arrêt constatant le manquement sont purement déclaratoires. Dans le contexte africain, les traités originaires donnent la possibilité aux cours africaines de contrôler l'application du droit communautaire par les États membres et de sanctionner toute violation imputable à ces derniers. L'analyse de la jurisprudence montre une absence d'utilisation de la procédure de manquement par les titulaires de droit. Toutefois, les

articles 9 (1) (b) et 10 (a) du Protocole A/SP.1/01/05 du Protocole additionnel sur la CJCEDEAO ; articles 5, 6 et 7 du Protocole n°1 relatifs aux organes de contrôle de l'UEMOA ; article 15 (1) du Règlement de procédure de la CJUEMOA ; article 4 du traité de la CEMAC et article 23 de la Convention régissant la Cour CEMAC ; articles 24 et 25 du traité COMESA ; article 28 et 29 du traité CAE.

302 Par exemple, en droit de l'Union européenne, l'État membre est tenu de saisir la Commission qui va diriger la procédure et c'est seulement si elle n'émet pas d'avis motivé que l'État pourra saisir la Cour. Cette hypothèse est rare, l'État préfère éviter l'affrontement judiciaire compte tenu des enjeux diplomatiques. Guy Isaac et Marc Blanquet ont résumé la pratique jurisprudentielle devant la CJCE en relevant : « il est manifeste que les États répugnent à prendre formellement l'initiative de déclencher les poursuites ; ils préfèrent le procédé, plus discret, des plaintes à la Commission. Rares sont les affaires qui sont allées jusqu'à la Cour et on ne compte que trois arrêts : 4 octobre 1979, France c/Royaume-Uni. 141/78, Rec. 2923 (recours fondé) ; 16 mai 2000, Belgique c/Espagne, Aff. 388/95, Rec. I-3123 (recours rejeté) ; 12 septembre 2006, Espagne c/Royaume-Uni, Aff. C-145/04, Rec. I-7917 (recours rejeté). » (Cf. *Droit général de l'Union européenne*, *op. cit.*, p. 591). Différents types de recours en manquement sont prévus par le traité de Lisbonne (les recours en manquement appartenant à la Banque européenne d'investissement (article 271, a) TFUE), à la Banque centrale européenne (271 d), le recours en manquement en matière d'aide d'État (article 108§2 TFUE, le recours en manquement en matière de sécurité nationale (article 348 alinéa 2 TFUE). Mais la majorité des recours est introduite sur la base de l'article 258 TFUE.

En droit communautaire africain, aucune commission n'a encore saisie la Cour pour constater les manquements aux obligations communautaires mais un cas de saisine étatique a été signalé devant la CJCOMESA qui a fini par être radié.

303 L'État membre est tenu de saisir la Commission qui va diriger la procédure et c'est seulement si elle n'émet pas d'avis motivé que l'État pourra saisir la Cour. Cette hypothèse est rare, l'État préfère éviter l'affrontement judiciaire compte tenu des enjeux diplomatiques. Il n'existe que trois arrêts : 4 octobre 1979, *France c/ Royaume-Uni*, Aff. 141/78, Rec., 2923 (recours fondé) ; 16 mai 2000, *Belgique c/ Espagne*, Aff. C-388/95, Rec. 3123 (recours rejeté) ; 12 septembre 2006, *Espagne c/Royaume*, Aff. C- 145/04, Rec. I-7917 (recours rejeté). ISSAC (G.), BLANQUET (M.), *op.cit.*, p. 591.

cours de justice, à l'occasion de saisine émanant des particuliers, dénonçant la violation du droit communautaire, ont apporté des clarifications sur le recours en manquement. Sur ce point, la CJCEDEAO, la CJCEMAC et la CJCOMESA ont précisé les modalités du recours en caractérisant la notion de manquement (**A**) et en insistant sur l'impossibilité pour les personnes physiques d'introduire en recours un manquement (**B**).

A) L'essai de caractérisation de la notion de manquement

71 L'objet du recours en manquement est de faire constater par le juge communautaire que l'État membre a manqué aux obligations qui lui incombent en vertu des traités et protocoles. La procédure du recours en manquement comporte une phase précontentieuse et celle contentieuse. Si la Commission « estime qu'un État membre ne s'est pas conformé aux obligations communautaires, elle adresse à cet État membre un avis motivé à ce sujet après avoir mis cet État en mesure de présenter ses observations. Si l'État ne se conforme pas à l'avis dans le délai imparti par la Commission, celle-ci peut saisir la Cour »[304]. Au niveau de la phase précontentieuse, l'État défaillant dispose d'un délai[305] pour se conformer avant la saisine de la Cour. Les traités de la CAE et du COMESA ont prévu un mécanisme à deux « étages » avant l'intervention du juge communautaire. En plus du rôle du Secrétaire général, c'est le Conseil qui décide, à l'issue de la phase administrative, de la saisine de la Cour[306]. Cette incursion du Conseil dans le recours en manquement relève d'une « politisation de la procédure » ; ce qui est de nature à alourdir la procédure et réduire son efficacité[307].

72 La procédure du recours en manquement est décrite dans les traités, mais la notion de manquement a fait l'objet d'un éclairage jurisprudentiel. En effet, les traités communautaires ne définissent pas réellement la notion de manquement. Ils rappellent seulement les manquements aux obligations découlant du droit communautaire. La

---

[304] Voir article 15 (1) du règlement de procédure de la CJUEMOA.

[305] Le délai varie. Au niveau de l'UEMOA, le délai est de trois mois ; Dans la CAE, le délai est de 4 mois (article 25 du traité) ; La COMESA, le délai est de 2 mois ;

[306] Article 25 (2) du traité COMESA : « Si l'État membre concerné ne présente pas ses observations au Secrétaire général dans les deux mois, ou si les observations présentées ne sont pas satisfaisantes, le Secrétaire général porte l'affaire devant le Bureau du Conseil qui décide si le Secrétaire général saisit la Cour de ce cas immédiatement ou s'il doit le soumettre au Conseil. »

[307] Voir TATY (G.), « Le recours en manquement d'État de l'article 4 du Traité révisé de la CEMAC : Analyse critique », *Revue de droit uniforme africaine*, n°1, p. 24.

notion de manquement est une notion protéiforme. Il peut résulter d'une action ou d'une abstention notamment dans la mise en œuvre du droit communautaire. En droit de l'UE, la notion de manquement a fait l'objet de définition jurisprudentielle très élaborée[308]. Par exemple, il peut s'agir d'une omission de transposition d'une directive dans le délai imparti ou d'une mauvaise application du droit de l'Union[309]. Cela peut également résulter de l'application inexacte du droit communautaire par une juridiction nationale[310].

73 La CJCEDEAO considère le manquement comme une violation des obligations émanant des textes communautaires. Elle souligne que « le refus par un État membre de mettre en œuvre, dans l'ordre interne, un protocole par lequel il est volontairement tenu ou dans l'obligation de reconnaître le droit d'un citoyen de la Communauté...constitue »[311] un manquement. De même, la non-exécution des décisions de la Cour est un manquement[312]. En outre, la CJCOMESA et la CJCEMAC retiennent la violation des traités comme constitutive de manquement[313]. L'évolution de la jurisprudence des cours africaines permettra de mieux

---

[308] La Cour a, très tôt, estimé que le recours en manquement est une procédure « *dépassant de loin les règles jusqu'à présent admises pour assurer l'exécution des obligations des États* » (CJCE, 15 juillet 1960, *Italie c/haute Autorité*, 20/59, Rec. 663.) et elle est « *l'ultima ratio permettant de faire prévaloir les intérêts communautaires consacrés par les traités contre l'inertie et contre la résistance des États membres* » (15 juillet 1960, *Pays-Bas c/Haute Autorité*, 25/59, Rec., 1021). La Cour retient une conception large du manquement qui résulte de la « constatation objective du non-respect par un État membre des obligations » (CJCE, 10 décembre 1969, *Commission c/France*, Aff. Jointes 6 et 11/69). Tout acte contraire au droit de l'Union quelle qu'elle soit est constitutif de manquement. Selon elle, « un manquement d'un État membre peut être constaté, en principe, constaté...quel que soit l'organe de cet État dont l'action ou l'inaction est à l'origine du manquement même s'il s'agit d'une institution constitutionnellement indépendante » (9 décembre 2003, *Commission c/Italie*, C-129/00, point 29 ; 12 décembre 2009, *Commission c/Espagne*, C-154/08, point 125 ; 4 octobre 2018, *Commission c/France*, Aff. C-416/17, point 107).

[309] Voir notre modeste contribution sur *Les manquements de la France au droit de l'Union européenne*, Éditions universitaires européennes, 2016, p. 43.

[310] La CJCE a consacré le principe de la responsabilité des États pour violation manifeste du droit communautaire imputable à une juridiction nationale suprême : Arrêt du 30 septembre 2003, *Kobler*, Aff. C-824/01 ; arrêt du 9 décembre 2003, *Commission c/Italie*, Aff. C-129/00 ; arrêt plus récent du 4 octobre 2018, *Commission c/France*, Aff. C-416/17.

[311] *Kemi Pinheiro c/Ghana*, N°ECW/CCJ/JUD/11/12 du 6 juillet 2012, point 45.

[312] *Karim Wade c/Sénégal*, N°ECW/CCJ/JUD/19/13 du 19 juillet 2013.

[313] CJCOMESA, *Polytol v/Mauritius*, N°1/2012 du 31 aout 2013 ; *Société First Trust Saving and Loan c. Siakam*, N°07/2015-16 du 3 mars 2016.

circonscrire la notion de manquement aux obligations communautaires. Déjà, l'article 2 de l'Acte additionnel N°A/SP.13/02/12 du 17 février 2012, portant *régime des sanctions à l'encontre des États membres qui n'honorent pas leurs obligations vis-à-vis de la CEDEAO,* identifie une série d'obligations essentielles dont la violation serait un manquement pouvant justifier des sanctions judiciaires et politiques. Il s'agit de la ratification des protocoles et conventions, l'application diligente des textes, la protection et le respect des droits de l'homme, l'État de droit, la démocratie et l'ordre constitutionnel, l'interdiction d'adoption de mesures et attitudes contraires à la gouvernance démocratique, l'acquittement des obligations financières, le démantèlement des barrières tarifaires et non tarifaires, etc. Le non-respect de ces obligations entraîne une violation du droit communautaire. Le droit de la CEDEAO énumère les actes susceptibles de constituer un manquement. La CJCEDEAO « peut prononcer des décisions sanctionnant les États membres pour les manquements à leurs obligations qui découlent du Traité, des Conventions, et Protocoles, des Règlements, des Décisions et Directives »[314]. Néanmoins, la Cour affirme se trouver dans l'impossibilité de contraindre les États à éliminer le manquement. En effet, elle considère qu'elle ne peut pas « procéder ou faire procéder à l'exécution forcée des arrêts qu'elle rend »[315]. Cette prise de position de la Cour limite la mise en œuvre correcte du droit communautaire dans les ordres juridiques des États membres. La contrainte de l'exécution des arrêts en manquement devrait être laissée à l'organe judiciaire supranational[316], garant de l'unité de l'ordre juridique communautaire.

74 Les cours africaines de la CEDEAO, de la COMESA et de la CJCAE peuvent connaître des recours introduits par les particuliers pour constater les violations des principes et objectifs des communautés notamment le respect des droits de l'homme[317] . Elles rejettent, cependant, les recours des particuliers dirigés contre les États membres méconnaissant leurs obligations communautaires. Cette pratique est inédite, car l'unité du contentieux communautaire risque d'être fragilisée.

---

[314] Article 5 de l'Acte additionnel N°A/SP.13/02/12 du 17 février 2012. L'article 4 du traité révisé de la CEMAC dispose que : « en cas de manquement par un État aux obligations qui lui incombent en vertu du droit communautaire, la Cour de justice peut être saisie en vue de prononcer les sanctions dont le régime sera défini par des textes spécifiques. »

[315] *Aziagbede c/ Togo*, N°ECW/CCJ/JUD/29/16 du 6 décembre 2016, point 18.

[316] Par exemple, on peut citer l'article 260§2 TFUE.

[317] Voir *infra*, Partie 2, Titre I.

B) L'irrecevabilité du recours en manquement des particuliers

75 Dans tous les traités et protocoles communautaires africains, la procédure de recours en manquement relève de l'initiative de la Commission et des États membres. Seul le droit de la CEMAC prévoit un mécanisme permettant à un particulier de faire constater un manquement. En effet, en vertu de l'article 27 de la Convention régissant la CJCEMAC de 2009, « Si, à la requête du Président de la Commission, du premier responsable de toute Institution, Organe ou Institution Spécialisée de la CEMAC ou de toute autre personne physique ou morale, la Cour constate que dans un État membre l'inobservation des règles de procédures du recours préjudiciel donne lieu à des interprétations erronées du traité de la CEMAC…, elle rend un arrêt donnant les interprétations exactes… »[318]. Cette disposition reconnaît aux particuliers le droit de faire constater un fonctionnement défectueux du renvoi préjudiciel qualifiable de manquement. Mais la CJCEMAC, dans un arrêt *Société First Trust Saving and Loan c. Siakam*[319], donne une interprétation curieuse de cette hypothèse de recours en manquement pouvant être enclenché par une personne physique ou morale. En l'espèce, le requérant reproche à la Cour d'Appel de Douala d'avoir refusé de soumettre à la CJCEMAC une question préjudicielle en violation de l'article 17 de la Convention régissant la Cour. De façon surprenante, la Cour exclut les particuliers du champ d'application de la procédure de manquement. Pour elle, « cette présumée violation du droit communautaire ne peut être sanctionnée que sur le fondement de l'art 4 du traité révisé qui institue une procédure autonome appelée recours en constatation de manquement qui peut être engagée par tout État membre ou par la Commission, à l'exclusion des particuliers »[320]. Ces derniers, cités dans l'article 17 de la Convention régissant la Cour, méritent d'être identifiés pour éviter

---

[318] Article 17 de l'ancienne Convention régissant la CJCEMAC. En droit de l'UEMOA, la même disposition existe, mais elle exclue les personnes physiques et morales parmi les titulaires du recours. Selon, l'article 14 du Protocole relatif aux organes de contrôle « Si, à la requête de la Commission, la Cour de Justice constate que dans un État membre, le fonctionnement insuffisant de la procédure de recours préjudiciel permet la mise en œuvre d'interprétations erronées du Traité de l'Union, des actes pris par les organes de l'Union ou des statuts des organismes créés par un acte du Conseil, elle notifie à la juridiction supérieure de l'État membre un arrêt établissant les interprétations exactes… ».

[319] N°07/2015-16 du 3 mars 2016.

[320] Page 8 de l'arrêt.

les problèmes de compréhension[321] préjudiciable à la cohérence et à l'unité du droit communautaire. La position de la Cour reste discutable quant à la portée de cette disposition à l'égard des particuliers. La CJCOMESA paraît laisser une marge aux personnes privées, en ce qui concerne la procédure du recours en manquement. Dans son arrêt *Polytol Paints v/Mauritius*[322], en matière de liberté de circulation des marchandises, elle constate la violation du traité par l'Île Maurice au moyen du recours en annulation prévu à l'article 26 du traité. Par contre, elle souligne que « les personnes physiques peuvent contester des mesures contraires au Traité[323] mais ne sont pas en mesure d'introduire un recours en manquement contre les États membres »[324]. En réalité, la CJCOMESA estime que la responsabilité d'introduire un recours en manquement revient exclusivement aux États membres et au Secrétaire Général conformément au traité[325]. Dans la même perspective que la CJCEMAC, en réservant le recours en manquement aux États et à la Commission, la CJCOMESA exclut les particuliers parmi les requérants. L'approche de la Cour semble relever d'un clair-obscur quant à la détermination du recours en manquement.

76 De façon beaucoup plus directe, la CJCEDEAO, dans un arrêt *Pinheiro c/Ghana*[326], a affirmé sa compétence à connaître du recours en manquement, en considérant qu'il « ne fait aucun doute que tout État membre qui ne parvient pas à mettre en œuvre ses obligations découlant des textes communautaires auxquels il est lié, peut être assigné devant

---

[321] CJCEMAC, *SCI Kent (Ekita Group) c/Liquidation BMBC*, N°06/2015 du 3 mars 2016 ; pour un commentaire de cette décision, cf. KOUAME MOUAFFO (M. C), « À propos des recours préjudiciels et en interprétation », *L'essentiel des Droits africaines*, n°7, juillet 2017, p. 4.

[322] CJCOMESA, *Polytol v/Mauritius*, N°1/2012 du 31 août 2013.

[323] L'article 26 du traité prévoit le recours en annulation au profit des ressortissants des États membres.

[324] L'article 24 du traité prévoit que « A member State which considers that another Member State or the Council has failed to fulfill an obligation under this Treaty or has infringed a provision of this Treaty may refer the matter to the Court ». Notre traduction de l'anglais : « Un État membre qui estime qu'un autre État membre ou le Conseil a manqué à une obligation découlant du présent traité ou a violé une disposition de celui-ci peut saisir la Cour ». La Cour a précisé que les articles 24, 25, 26 du traité réservent le recours en manquement aux seuls États membres et Secrétaire Général.

[325] *Polytol v/Mauritius*, N°1/2012 du 31 aout 2013; *Government of the Republic of Malawi v. Malawi Mobile Limited*, Appeal n°1/2016, 23 of April 2017, point 75.

[326] N°ECW/CCJ/JUD/11/12 du 6 juillet 2012. En l'espèce, le requérant contestait la violation de son droit d'établissement en tant que citoyen communautaire.

la Cour »[327]. En revanche, elle rejette toute possibilité pour les particuliers d'introduire un recours en manquement en indiquant que « contrairement à d'autres situations dans lesquels les individus sont autorisés à saisir directement la Cour, en particulier, pour les actions contre la Communauté, ses institutions ou ses employés (art 10 (c)) ou contre les États membres pour les violations des droits de l'homme (article 10 (d)), le Protocole relatif à la Cour ne donne pas aux individus la qualité pour poursuivre un État membre pour violation de ses obligations contenues dans les textes communautaires. Conformément à l'article 10 seul un État membre ou la Commission de la CEDEAO peut saisir la Cour pour obliger un État membre à remplir une obligation »[328]. La Cour poursuit son argumentaire, en rappelant, vigoureusement, que « le citoyen de la Communauté qui a été victime d'une violation alléguée par un État membre d'un droit inscrit dans le Protocole communautaire ne dispose que deux alternatives : a) demander à son propre État d'assumer la défense de ses intérêts et de déposer un recours devant la Cour de justice de la Communauté contre l'État membre défaillant conformément à l'article 10 (a) ; ou b) décider d'intenter contre l'État membre défaillant, une action à propos de la juridiction de l'État où la violation alléguée de ses droits a eu lieu »[329]. À travers ce considérant, la Cour n'entend pas autoriser les personnes physiques et morales à attraire les États défaillants devant son prétoire pour manquement à leurs obligations communautaires. Pourtant, elle demeure activiste pour les requêtes individuelles dirigées contre les États pour violation des droits de l'homme[330]. Cette approche de la Cour visant à scinder les obligations des États membres, en obligation communautaire et celle de droits de l'homme, pose problème, d'autant plus que, le traité de la CEDEAO[331] ne distingue pas les obligations des États membres. La

[327] Point 47 de l'arrêt.
[328] Point 47 de l'arrêt.
[329] Point 48 de l'arrêt.
[330] Voir *infra*, deuxième partie, Titre I.
[331] Par exemple, l'article 5 (3) du traité révisé prévoit que « *chaque État membre s'engage à honorer ses obligations aux termes du présent traité et à respecter les décisions et règlements de la Communauté* » et l'article 2 de l'Acte Additionnel N°A/SP.13/02/12 du 17 février 2012 portant *régime des sanctions à l'encontre des États membres* regroupe au titre des obligations des États : la protection et le respect des droits de l'homme, de l'État de droit (iv), le démantèlement des barrières tarifaires et non tarifaires qui constituent les obstacles à la libre circulation des personnes et des biens, au droit de résidence et d'établissement (vii). En plus le Préambule du Protocole Additionnel A.SP.1/01/05 sur la Cour de justice de la Communauté que celle-ci

Cour gagnerait à unifier son approche puisqu'il s'agit de veiller au respect des obligations contenues dans les traités et Protocoles.

77 Les arrêts en constatation de manquement imposent aux États membres des obligations de prendre toutes les mesures nécessaires pour se conformer au droit communautaire. L'exécution de l'arrêt en manquement revient à l'État membre. L'article 15 du Règlement de procédure de la CJCUMOA précise que si la Cour constate le manquement, « tous les organes de l'État membre concerné ont l'obligation d'assurer, dans les domaines de leurs pouvoirs respectifs l'exécution de l'arrêt ». De même, l'article 24§4 du Protocole de 2005 sur la CJCEDEAO prévoit qu'il appartient aux États membres de désigner « l'autorité nationale compétente pour recevoir ou exécuter la décision de la Cour et notifieront cette désignation à la Cour ». Selon la Cour, elle-même, « le bénéficiaire d'une décision de la Cour qui entend faire procéder à son exécution doit se référer au droit positif de l'État membre de cet État membre, et particulièrement aux règles de procédure civile qui y ont cours »[332]. En cas de non-exécution d'un arrêt en manquement, le droit communautaire africain ne prévoit pas la procédure du « double manquement », comme en droit de l'Union européenne. Le juge de l'Union peut infliger des sanctions pécuniaires telles que la somme forfaitaire ou l'astreinte contre les États membres défaillants dans l'exécution des arrêts[333]. Quant aux traités communautaires africains, ils se limitent à confier le pouvoir de sanction à l'exécutif communautaire, en l'occurrence la Conférence des Chefs d'État et de Gouvernement[334] ; ce qui reste une sanction politique et non judiciaire,

---

contribue « dans l'élimination des obstacles à la réalisation des objectifs de la Communauté et l'accélération du processus d'intégration ».

[332] *Aziagbede c/ Togo*, N°ECW/CCJ/JUD/29/16, arrêté déjà cité, point 20. En l'espèce, les requérants demandaient de constater l'inexécution de l'arrêt N°ECW/CCJ/JUD/07/13 par le Togo.

[333] 12 décembre 2012, *Commission c/Irlande*, Aff. C-279/11 ; 16 juillet 2015, *Commission c/ Italie*, Aff. C-653/13.

[334] Par exemple, l'article 15§1 du Règlement de procédure de la CJUEMOA souligne que : « en cas d'abstention de l'État membre dont le manquement a été constaté, la Commission a la faculté de saisir la Conférence des Chefs d'État et de Gouvernement afin qu'elle invite l'État membre défaillant à s'exécuter sans préjudice des sanctions prévues à l'article 74 du Traité de l'Union relatif à l'exercice de la surveillance multilatérale ». L'Article 77. 1 du traité de la CEDEAO prévoit que : « lorsqu'un État membre n'honore pas ses obligations vis-à-vis de la Communauté, la Conférence peut adopter des sanctions à l'encontre de cet État membre ». Aussi, en vertu de l'article 16 (1, 2, 3) de l'Acte Additionnel N°A/SP.13/02/12 du 17 février 2012 portant régime

bien que le droit de la CEDEAO donne une prérogative à la Cour d'Abuja de sanctionner judiciairement « les États membres pour les manquements à leurs obligations »[335]. Mais la Cour refuse la saisine individuelle[336] visant à demander des sanctions contraignant les États membres à s'exécuter[337]. Dès lors, le manquement résultant du non-respect d'un arrêt en manquement ne peut être constaté judiciairement.

---

des sanctions à l'encontre des États membres que dans la mise en œuvre des sanctions, le Président de la Commission fait un rapport au Conseil qui à son tour formule une recommandation à la Conférence des Chefs d'État et de Gouvernement sur les sanctions à appliquer à l'État membre en cause.

335 Article 5 de l'Acte additionnel N°A/SP.13/02/12 du 17 février 2012.

336 L'article 15§1 de l'acte additionnel N°A/SP.13/02/12 du 17 février 2012 semble introduire un faux semblant recours en manquement sur saisine des particuliers. Selon cette disposition, « les cas de non-respect ou de non application par les États membres, de leurs obligations vis-à-vis de la Communauté peuvent être dénoncés par toute personne physique ou morale d'un État membre, par toute Institution de la Communauté, par tout État membre et peuvent être constatés par le Conseil des Ministres ou la Conférence des Chefs d'État et de Gouvernement ».

337 *Aziagbede c/ Togo*, N°ECW/CCJ/JUD/29/16, point 18 ; *Karim Wade c/Sénégal*, N°ECW/CCJ/JUD/19/13 du 19 juillet 2013. Dans cette affaire, le requérant demandait entre autres la suspension du Sénégal aux instances de la CEDEAO pour non-respect d'une décision de la Cour. Cette dernière va rappeler les obligations de l'État membre en matière d'exécution des arrêts. Selon la Cour, « L'Exécution des décisions de la Cour est une obligation pour les États membres et les institutions et ceux-ci doivent manifester à travers les mesures prises par eux leur volonté d'assurer l'exécution desdites décisions », point 80. « Le différend qui peut surgir de la non-exécution d'une décision de la Cour relève de l'examen des manquements des États membres à leurs obligations car, un tel différend porte essentiellement sur le point de savoir si l'État mis en cause s'est conformé aux obligations primaires, au regard du droit communautaire, de respecter la force obligatoire des arrêts de la Cour » et « *de prendre sans délai toutes les mesures nécessaires de nature à assurer l'exécution de la décision de la Cour* », point 81. Elle est compétente pour examiner tout différend relatif à l'examen des manquements d'un État membre du fait de la non-exécution d'une décision de la Cour ; Toutefois, la Cour relève qu'aux termes de l'article 10 (a) le recours en manquement ne peut être introduit que par un EM ou le Président de la Commission de la CEDEAO », point 83 ; Dans un arrêt récent *Mr. Chude Mba c/Ghana & 16 autres*, N°ECW/CCJ/JUD/30/18 du 11 décembre 2018, la Cour confirme cette position de principe. En l'espèce, le requérant, à la suite du refus de la Cour suprême du Ghana de tenir compte de l'arrêt ECW/CCJ/APP/01/13 du 6 novembre 2013 de la CJCEDEAO, demande, d'une part, à la Cour de constater la non-exécution de l'arrêt par le Ghana en l'enjoignant de prendre toutes les mesures nécessaires, et d'autre part, d'ordonner les 14 États membres et le Président de la Commission et celui de la Conférence des Chefs d'État et de Gouvernement d'adopter des sanctions contre le Ghana. Mais, la Cour, sans surprise, va rejeter le recours en estimant que seule la Conférence peut prendre des sanctions et elle ne peut pas faire appliquer ses propres décisions (pages. 17-18).

L'attitude diplomatique des États membres, dans les hautes instances politiques[338], pose une réelle contrainte dans l'adoption d'une quelconque sanction.

78 En fin de compte, l'activation de la procédure du manquement d'État demeure un réel défi de la part des Commissions. Les cours africaines, bien que saisies par d'autres types de recours, ont pris la précaution d'écarter les personnes physiques et morales du contentieux en manquement. L'affirmation de la compétence des cours de justice à connaître du recours en manquement est en soi rassurant. Cela contribue, au même titre que le recours en annulation ou en indemnité, à affermir la cohérence des règles du contentieux direct de la légalité communautaire dans les organisations économiques africaines. Les voies de recours indirects permettent, aussi, de rendre compte de la contribution des cours de justice au renforcement de l'intégration par le droit.

SECTION 2 : LA DÉLIMITATION DU RENVOI PRÉJUDICIEL ET DE LA FONCTION CONSULTATIVE

79 Au-delà de la contribution à la précision du régime des recours directs, les cours de justice africaines ont jeté les bases de l'exercice du renvoi préjudiciel et de la fonction consultative. L'état de la jurisprudence embryonnaire permet de mettre en évidence les modalités d'emploi du renvoi préjudiciel (**§1**) dans les ordres juridiques communautaires africains avec une certaine variété dans ses déclinaisons. Les cinq arrêts recensés[339] augurent « un bon usage » du mécanisme de collaboration jurisprudentielle destinée à « garantir l'identité de la signification et de la portée des normes communautaires dans les ordres juridiques nationaux »[340], même si son intensité normative n'est pas suffisamment

---

[338] Pour une analyse détaillée des sanctions communautaires, voir *infra*, Partie 2, titre 2, chap. 2, section 2.

[339] Cinq (5) arrêts de la CJUEMOA (*Compagnie Air France c. Syndicat des Agents de Voyage et de Tourisme du Sénégal*, N°02/2005 du 12 janvier 2005 ; *Traoré Thiery Michel c/Salifou Mouhamed*, N°11 RP 001.12 du 30 avril 2014 ; *Traoré Thierry Michel c/Syb Lewa Sansan Dieudonné*, N°11 RP003.20 du 30 avril 2014 ; *BOAD c/Soumahoro Youssouf*, N°13 RP 001. 36 du 30 avril 2014 ; *Lassina Traoré c/BOAD* du 30 avril 2014, N°13 RP 001.36) ; un (1) arrêt de la CJCAE (CJCAE, *The Attorney General of the Republic of Uganda v Tom Kyahurwenda*, N°1/2014, Appellate Division, 31 juillet 2015) ; un (1) arrêt de la CJCEMAC (*Inter-États des Douanes c/Djeukam Michel*, N°001/CJ/CEMAC/10-11 du 25 novembre 2010).

[340] SIMON (D.), *Le système juridique communautaire*, *op. cit.*, p. 487.

connue des juges nationaux[341], voire du grand public[342]. Alors que son apport a été inestimable dans l'unification du droit de l'UE et dans la protection des droits des citoyens communautaires devant les juridictions nationales. Toutefois, les arrêts rendus par les juridictions communautaires africaines ont permis de préciser les linéaments du renvoi préjudiciel. En outre, le recours aux avis consultatifs, par les institutions et organes communautaires, complète la fonction de garantie de la légalité communautaire. Lorsque les institutions ou organes rencontrent des difficultés dans l'interprétation ou l'application des normes communautaires[343], ils recourent à la procédure consultative. La jurisprudence relative à la fonction consultative a servi d'instrument de clarification de la structure des ordres juridiques communautaires et de régulation des compétences communautaires. Ainsi, dans la pratique, l'expression de la fonction consultative par les cours de justice (**§2**) contribue, également, à l'affirmation du contrôle de la légalité communautaire.

§ 1 : Les modalités d'emploi du renvoi préjudiciel

80 Le renvoi préjudiciel est un mécanisme par lequel « une juridiction nationale pose à la Cour de justice une question portant sur l'interprétation ou l'application de validité d'une norme communautaire applicable au litige dont elle est saisie »[344]. Il remplit deux fonctions essentielles : d'une part, le renvoi préjudiciel remplit une fonction d'unité d'application du droit communautaire favorisant la collaboration de juge à juge. D'autre part, c'est un « instrument de protection des justiciables, tout particulièrement des personnes privées »[345]. Le renvoi

---

[341] Au niveau national, certaines juridictions semblent exprimer une sorte de chauvinisme juridique pour ne pas déférer les questions préjudicielles. On peut citer le cas de la juridiction administrative sénégalaise : CS, *Fortesa International c/ État du Sénégal*, n°20 du 11 avril 2013.

[342] SERMET (L.), « Le contentieux préjudiciel, les cours communautaires et le juge administratif africain. Regard sur une justice dialogique », *in* Demba Sy et Alioune Badara Fall ss. dir. *Les nouvelles tendances du droit administratif en Afrique*. Presse de l'Université de Toulouse 1 capitole, 2018, p. 149.

[343] Avis n°002/2012-13 du 5 juillet 2013, *Demande d'avis du Secrétaire Général de la COBAC* ; Avis n°1/2007 du 19 Octobre 2007, *Demande d'avis du Président de la Commission de l'UEMOA relative à la possibilité pour les États membres de conclure individuellement des accords d'investissement avec les pays tiers*.

[344] BLUMANN (C.), DUBOUIS (L.), *Droit institutionnel de l'Union européenne*, *op. cit.*, p. 761.

[345] *Ibid.* La CJUE fait du renvoi préjudiciel un mécanisme original avec des fonctions à retenir : elle considère qu'il « appartient aux juridictions nationales et à la Cour de garantir la pleine application du droit de l'Union dans l'ensemble des États membres

préjudiciel en interprétation et celui en validité sont deux leviers sur lesquels les juridictions communautaires et les juges nationaux s'appuient pour assurer l'unité et la cohérence dans l'application du droit communautaire. Il est même qualifié de « l'archétype d'une justice dialogique »[346]. Son usage a donné l'occasion au juge communautaire africain de cerner la compétence du juge national de renvoi (**A**). La juridiction nationale jouit d'une faculté ou d'une obligation selon sa position dans l'ordre juridique national. L'article 10 (f) du Protocole de la CEDEAO fait de l'usage du mécanisme, une faculté pour les toutes juridictions nationales[347], alors que, l'article 34 du traité de la Communauté africaine de l'Est consacre une faculté du juge national pour l'introduction du renvoi sans distinction hiérarchique[348]. La CJCAE a reconsidéré la conception du traité de la Communauté africaine de l'Est pour ériger la question préjudicielle en obligation pour toutes les juridictions nationales, dès lors que l'interprétation de la Cour est nécessaire[349]. Les cours africaines insistent sur la pertinence de la

---

ainsi que la protection juridictionnelle des droits que les justiciables tirent dudit droit ». Cf. Avis 2/13 du 18 décembre 2014 relatif à l'adhésion à la Convention européenne des droits de l'homme ; Avis, n°1/09 du 8 mars 2011 relatif au projet d'accord portant création d'une juridiction du brevet européen et du brevet communautaire.

[346] CJCEMAC, *École Inter-états des douanes c/Djeukam Michel* N°001/CC/CEMAC/CJ/10 du 25 novembre 2010.

[347] Selon cette disposition : « Lorsque la Cour doit statuer à titre préjudiciel sur l'interprétation du Traité, des Protocoles et Règlements, les juridictions nationales peuvent décider elles-mêmes, ou à la demande d'une des parties au différend, de porter la question devant la Cour de justice de la Communauté pour interprétation. »

[348] D'après l'article 34 du traité, « Lorsqu'une affaire est soumise à une cour ou à un tribunal d'un État membre sur l'interprétation ou l'application des dispositions du présent traité ou sur la validité d'une réglementation, d'une directive, d'une décision ou d'une action de la Communauté, cette cour ou ce tribunal s'il estime qu'une décision est nécessaire sur cette affaire pour lui permettre de prononcer son arrêt peut demander à la Cour de prendre une décision préliminaire sur cette affaire ».

[349] *The Attorney General of the Republic of Uganda v Tom Kyahurwenda*, n°1/2014, Appellate Division, 31st of July 2015. Selon la Cour africaine de l'Est, la conditionnalité pour le juge national d'exercer son pouvoir discrétionnaire demeure la nécessité d'une interprétation de la juridiction communautaire. Les propos de la Cour paraissent indiquer un sens contraire au traité si on se réfère au point 56 de l'arrêt : « the discretion offerred to national courts by Article 34 is the discretion to refer or not to refer a question of interpretation to this Court. However, the Condition precedent to exercice of this discretion is this: « if the national court or tribunal considers that a ruling on the question is necessary to enable it to make judgement… » Once a national court or tribunal considers an interpretation to be necessary, then it has no option but to refer the question to this Court. Hence it has no option but to refer the question to this Court ». Notre traduisons : « Le pouvoir discrétionnaire offert aux juridictions

question (**B**) posée par une juridiction nationale en exigeant un lien direct avec le litige au principal et portant sur un acte communautaire.

A) La compétence du juge national de renvoi

81 Les traités et protocoles communautaires[350], instituant la compétence préjudicielle des cours de justice, consacrent la juridiction nationale de l'État membre comme étant la seule autorité habilitée à introduire un renvoi préjudiciel. Seuls les articles 12 du Protocole additionnel n°1 relatif aux organes de contrôle de l'UEMOA et 26 de la Convention régissant la CJCEMAC élargissent la saisine aux autorités à fonction juridictionnelle. Mais, l'examen de la jurisprudence ne renseigne pas encore sur la question du renvoi préjudiciel introduit par une autorité à fonction juridictionnelle. Cette notion mérite d'être clarifiée, car la plupart des États membres disposent de commissions administratives indépendantes chargées de missions juridictionnelles, au-delà des instances juridictions juridictionnelles de droit commun. La jurisprudence européenne a, très tôt, défini les autorités nationales habilités à saisir la Cour de Luxembourg d'une question préjudicielle[351]. Sur le

---

nationales par l'article 34 est la faculté de renvoyer ou non une question d'interprétation à cette Cour. Toutefois, la condition préalable à l'exercice de ce pouvoir discrétionnaire est la suivante : « si la juridiction nationale ou le tribunal estime qu'une décision sur la question est nécessaire pour lui permettre de rendre un jugement. Une fois qu'une juridiction nationale estime qu'une interprétation est nécessaire, elle n'a d'autre choix que de renvoyer la question à cette Cour. Elle n'a donc d'autre choix que de renvoyer la question à cette Cour. »

[350] L'article 10 (f) du Protocole de 2005 de la CJCEDEAO dispose : « *peuvent saisir la cour : les juridictions nationales ou les parties concernées, lorsque la Cour doit statuer à titre préjudiciel sur l'interprétation du traité, des protocoles et règlements ; les juridictions nationales peuvent décider elles-mêmes, où à la demande des parties au différend de porter la question devant la Cour de justice de la Communauté pour interprétation* » ; L'article 30 du traité COMESA ; L'article 34 du traité de la CAE ; L'article 26 de la Convention régissant la Cour CEMAC (Ex. article 17 de la Convention de 1996) ; L'article 12 du Protocole additionnel n°1 relatif aux organes de contrôle de l'UEMOA ; Article 16 du Protocole sur le TSADC du 7 août 2000.

[351] Les auteurs du renvoi préjudiciel sont prévus aux alinéas 2 et 3 de l'article 267 TFUE : « Lorsqu'une telle question est soulevée devant une juridiction d'un des États membres, cette juridiction peut, si elle estime qu'une décision sur ce point est nécessaire… demander à la Cour de statuer sur cette question. Lorsqu'une telle question est soulevée dans une affaire pendante devant une juridiction nationale dont les décisions ne sont pas susceptibles d'un recours juridictionnel de droit interne, cette juridiction est tenue de saisir la Cour ». La Cour de Luxembourg a posé le principe de l'autonomie de la qualification de la notion de juridiction (CJCE, 30 juillet 1966, *Veuve Vaasen Gobbels*, 61/65). Elle utilisa la technique des faisceaux d'indice en tenant compte de l'origine légale de l'organe, sa permanence, le caractère obligatoire

principe, les cours africaines considèrent que la saisine doit émaner d'une juridiction nationale d'un État membre. C'est ce que la CJUEMOA a relevé, dans un premier arrêt rendu sur renvoi préjudiciel, dans l'affaire *Compagnie Air France c. Syndicat des Agents de Voyage et de Tourisme du Sénégal*[352] introduit par le Conseil d'État sénégalais[353]. Il en est de même pour la CJCEMAC, dans l'affaire *École Inter-états des douanes c. Djeukam Michel*[354].

82 En outre la CJCEDEAO, dans un arrêt *Pinheiro c/Ghana*[355], défend la compétence du juge du renvoi en soulignant que « pour clarifier l'interprétation du contenu des normes requises pour l'application des textes communautaires, les juridictions nationales peuvent porter l'affaire devant la Cour »,[356] et que « c'est dans cette relation entre la Cour de justice de la Communauté et les juridictions nationales que le droit communautaire prospérera et la Communauté s'en appropriera »[357]. La Cour africaine de l'Est s'inscrit dans le même état d'esprit de protection de la compétence du juge, auteur du renvoi préjudiciel. Dans le célèbre arrêt de principe *The Attorney General of the Republic of Uganda v Tom Kyahurwenda*[358], la CJCAE a précisé, d'abord, la compétence du juge du renvoi en relevant qu'il « serait absurde que le juge national soit dépossédé de cette compétence d'application »[359]. Ensuite, elle rejette toute distinction entre la faculté de saisine pour les juridictions ordinaires et l'obligation pour les juridictions nationales statuant en dernier ressort. Selon la Cour d'Arusha, le renvoi préjudiciel s'impose à toutes les juridictions nationales des États membres de la Communauté[360]. Cette

---

sa juridiction, la nature contradictoire de la procédure, l'application des règles de droit ainsi que son indépendance » (CJCE, 17 septembre 1997, Aff. C- 54/96).

[352] N°02/2005 du 12 janvier 2005.

[353] La juridiction a été transformée en Cour suprême dans l'ordre juridique sénégalais depuis 2008.

[354] N°001/CC/CEMAC/CJ/10 du 25 novembre 2010.

[355] N°ECW/CCJ/JUD/11/12 du 6 juillet 2012.

[356] Point 51 de l'arrêt.

[357] Point 52.

[358] N°1/2014, Appellate Division, 31 juillet 2015.

[359] Point 54 de l'arrêt.

[360] La CJCAE revient sur la raison d'être du contentieux préjudiciel. L'attribution de la compétence exclusive d'interprétation et d'application des actes communautaires à la Cour communautaire permet d'assurer la raison fonctionnelle de l'unité du droit communautaire (point 50). Selon la Cour, la répartition de compétences entre le juge communautaire et le juge national est claire : le premier assure l'interprétation, et le second l'application. « Une fois que le juge considère que l'interprétation est nécessaire, il n'a pas d'autre option que de saisir la Cour Communautaire ; sa marge

position singulière de la Cour se justifie par une volonté de préserver le monopole d'interprétation du droit communautaire.

83 Tout compte fait, à l'exception de la Communauté africaine de l'Est, le renvoi est une obligation pour les juridictions nationales suprêmes des États membres et une faculté pour les autres juridictions[361]. La jurisprudence africaine demeure muette sur la portée de la liberté de renvoi du juge national et son obligation pour les juridictions statuant en dernier ressort. Le droit primaire prévoit que les juges nationaux bénéficient d'une liberté de saisir la juridiction communautaire pour toute question préjudicielle, qu'ils jugent nécessaires afin d'assurer la protection juridictionnelle des droits conférés aux particuliers par le droit communautaire. Actuellement, quatre (4) cours suprêmes et une (1) cour d'Appel ont eu à introduire des renvois préjudiciels devant la

---

de manœuvre est étroite » (point 56) ; Pour la Cour, l'article 34 ne fait pas de distinction hiérarchisée entre les juridictions nationales (point 47). Elle fait une distinction entre « shall » et « may » en s'interrogeant sur la structure du traité. Pour la Cour, le sens donné à l'article avec l'emploi du compulsif « shall » et non du permissif « may » constitue la « raison d'être » du renvoi préjudiciel. La Cour citera la jurisprudence de la CJCE *Foto-Frost v. Hauptzollamt Ost*, C-314/85, 1987) (point 49). La Cour est revenue sur le caractère facultatif ou non du renvoi. La Cour évoque la théorie de l'acte claire. Elle précise de manière synthétique qu'en se référant aux articles 27, 33 et 34 combinés, la Cour dispose d'un pouvoir d'interprétation exclusif sur le traité et sur l'invalidation des actes de la Communauté, règlements, directives et actions (point. 61) ; sur ce point on remarque que le juge communautaire, en faisant l'économie du traité, précise son sens en indiquant le caractère obligatoire du renvoi. Peut-être une singularité par rapport au renvoi préjudiciel en droit de l'UE qui pose une faculté pour les juridictions de premier degré et une obligation pour les juridictions suprêmes statuant en dernier ressort et dont les décisions ne sont pas susceptibles de recours. Le juge communautaire de la CAE semble se démarquer de l'interprétation du juge de l'Union, car le traité pose le principe de la faculté pour toutes les juridictions nationales. D'après l'article 34 du Traité de la CAE, « Lorsqu'une affaire est soumise à une cour ou un tribunal d'un État membre sur l'interprétation ou l'application des dispositions du présent traité ou sur la validité d'une réglementation, d'une directive, d'une décision ou d'une action de la communauté, cette cour ou ce tribunal, s'il estime qu'une décision est nécessaire sur cette affaire pour lui permettre de prononcer son arrêt, peut demander à la cour de prendre une décision préliminaire ». Voici les termes utilisés par la CJCAE : « The preliminary rulings of this Court are binding on all national courts and tribunals of all Partner States of the Community » (point 61). La Cour précise la finalité du renvoi préjudiciel qui permet aux juridictions nationales d'appliquer l'interprétation donnée par la Cour.

[361] Article 12 (2) du Protocole relatif aux organes de contrôle de l'UEMOA ; Article 26 (2) de la Convention régissant la Cour CEMAC 2009 ; Article 30 (2) du traité COMESA.

CJUEMOA, une (1) cour d'Appel au niveau de la CJCEMAC et une (1) cour suprême au niveau de la CJCAE. Le droit au renvoi reconnu aux juridictions de première instance et l'obligation de renvoi pesant sur les cours suprêmes restent à préciser davantage par la jurisprudence africaine. La CJCAE a tenté de circonscrire « the discretion afforded to national courts by article 34 »[362] dans un cadre d'exercice du renvoi conditionné par la nécessité de la question[363] à la solution du litige. En outre, la CJCEMAC a précisé que « chaque fois qu'une juridiction nationale saisie des questions de droit communautaire doit statuer en dernier ressort, elle est tenue de saisir préalablement la chambre judiciaire »[364]. En rappelant le principe de l'obligation de saisine pour les juridictions de dernier ressort, la CJCEMAC cite la jurisprudence de la CJCE pour apporter trois atténuations au principe de l'obligation. D'abord, selon la Cour de Ndjamena, les juridictions suprêmes peuvent se dispenser de procéder à un renvoi en interprétation, si la question n'est pas pertinente, c'est-à-dire si la réponse est sans incidence sur la solution du litige[365]. Ensuite, elle considère que les juridictions nationales, statuant en dernier ressort, peuvent neutraliser l'obligation de saisine, si la question soulevée est « matériellement identique à une question ayant déjà fait l'objet d'une décision à titre préjudiciel dans une espèce analogue »[366]. Enfin, la Cour considère que la juridiction nationale peut décider de ne pas déférer la question préjudicielle si l'application correcte du droit communautaire s'impose avec une telle évidence qu'elle ne laisse place à aucun doute raisonnable sur la manière de résoudre la question posée[367]. Cette reprise de la jurisprudence européenne par la CJCEMAC illustre la consécration du principe de l'obligation de renvoi en interprétation pour les juridictions statuant en dernier ressort, ainsi que ces limites non prévues par le traité. La Cour semble réécrire le droit primaire de la CEMAC en se fondant sur la jurisprudence

---

[362] *The Attorney General of the Republic of Uganda v Tom Kyahurwenda*, arrêt cité, point 56. Notre traduction : « le pouvoir discrétionnaire conféré aux juridictions nationales par l'article 34. »

[363] Point 57 de l'arrêt.

[364] CJCEMAC, *Société First Trust Saving and Loan c. Siakam*, n°07/2015-16 du 3 mars 2016.

[365] La CJCEMAC rappelle le célèbre arrêt de *CILFIT*, CJCE, 6 octobre 1982, 283/81. Seul le juge national peut apprécier la pertinence de la question (CJCE, 29 novembre 1978, *PIGS Marketing Board*, Aff. 83/78).

[366] La Cour de Ndjamena cite l'arrêt CJCE, 27 mars 1963, Da Costa, Aff. Jointes 28 et 30/62.

[367] La Cour cite à nouveau l'arrêt *CILFIT*, CJCE, 6 octobre 1982, 283/81, point 16.

européenne. Néanmoins, celle-ci étend l'obligation de renvoi en appréciation de validité, en tenant compte de l'unité d'application du droit de l'Union. Pour la CJCE, le juge national dispose de la liberté pour contrôler la validité d'un acte communautaire et de retenir que celui-ci est pleinement valide, mais il ne peut invalider un acte communautaire. Dans cette hypothèse, le juge national est tenu de procéder au renvoi[368].

84 Les juridictions nationales disposent d'une grande marge d'appréciation de l'opportunité de la saisine du juge communautaire par renvoi préjudiciel. En outre, il convient de souligner que le droit communautaire de la CEMAC[369] et celui de l'UEMOA[370] sanctionnent l'inobservation des interprétations en renvoi préjudiciel par le biais du recours en manquement. Les interprétations données par les cours « s'imposent à toutes les autorités administratives et juridictionnelles dans l'ensemble des États membres »[371]. Il serait intéressant pour les cours de justice d'encadrer davantage la liberté du juge national en matière de renvoi préjudiciel, en sanctionnant le refus de saisine[372], comme en droit de l'UE[373]. Par ailleurs, la procédure de manquement, prévue en cas d'inobservation des règles de procédure du recours préjudiciel donnant lieu à des interprétations erronées[374], semble originale. Cependant, dans l'examen du renvoi en interprétation ou appréciation, le juge communautaire procède à un contrôle de la question.

B) Le contrôle de la question préjudicielle

85 La jurisprudence communautaire africaine consacre, déjà, le principe de la liberté d'appréciation de la pertinence de la question par

---

[368] CJCE, *Foto Frost* du 22 octobre 1987, Aff. 314/85.

[369] Article 26§3 de la Convention régissant la CJCEMAC.

[370] Article 13§2 du Protocole relatif aux organes de contrôle de l'UEMOA.

[371] Article 26§3 de la Convention régissant la CJCEMAC ; Article 13§2 du Protocole relatif aux organes de contrôle de l'UEMOA.

[372] Au niveau des États membres, les juges nationaux ne procèdent pas systématiquement au renvoi et parfois pour des raisons de chauvinisme juridique, ils peuvent refuser de poser une question préjudicielle. C'est une sorte de résistance des juges à l'égard du droit communautaire.

[373] Le non-respect de l'obligation de saisine entraîne un recours en manquement contre l'État. Cf. Arrêt *Kobler* du 30 septembre 2003, Aff. 224/01.

[374] Article 14 du Protocole relatif aux organes de contrôle de l'UEMOA et Article 27 de la Convention régissant la CJCEMAC ; *Société First Trust Saving and Loan c. Siakam*, n°07/2015-16 du 3 mars 2016. Refus de saisine d'une question préjudicielle en interprétation en violation de l'article 17 de la Convention.

le juge national[375] avant tout renvoi devant le juge communautaire. Mais cette liberté est encadrée pour garantir une unité d'interprétation et d'application du droit communautaire dans les ordres juridiques nationaux[376]. Les arrêts préjudiciels, rendus, ont précisé les conditions de recevabilité de la question préjudicielle en s'inspirant du droit de l'UE. La CJCEMAC, en effectuant un contrôle procédural et matériel du renvoi introduit par la Cour d'appel de Bangui, rappelle avec vigueur, que les normes communautaires soumises à interprétation ou à validité. Ces normes sont limitées aux « actes de droit dérivé, c'est-à-dire des actes unilatéraux… à l'exception des normes de droit primaire ou originaire (traité, actes additionnels, conventions…) »[377]. Cela signifie que l'objet du renvoi doit concerner l'interprétation ou la validité d'un acte de droit dérivé et non un acte de droit national. C'est ce que la CJUEMOA a relevé, dans la question préjudicielle posée par la juridiction administrative sénégalaise, en affirmant qu'il « ne lui appartient pas de désigner une quelconque juridiction pour statuer sur le recours tendant à faire annuler la décision de la Commission nationale de concurrence du Sénégal »[378]. Aussi, en examinant le renvoi préjudiciel de la Cour de cassation du Burkina, elle souligne qu'elle « ne saurait se prononcer sur la validité ou non des barèmes sur les frais de justice et les honoraires d'avocat en ce sens qu'ils ont été établis sur le fondement d'une norme nationale du Burkina Faso »[379].

86 Outre le contrôle des normes relatives à la question préjudicielle, les cours de justice vérifient le cadre factuel du litige pour s'assurer de la pertinence et de la nécessité de la question. En droit de l'UE, la pratique jurisprudentielle de la Cour de Luxembourg fournit une indication des caractéristiques de la question préjudicielle. Celle-ci doit intervenir dans le cadre d'un litige réel[380] et avoir un lien avec le litige pendant devant la juridiction nationale[381]. En plus, la question doit être

---

[375] *The Attorney General of the Republic of Uganda v Tom Kyahurwenda*, arrêt déjà cité.
[376] CJCEMAC, *Société First Trust Saving and Loan c. Siakam*, arrêt déjà cité.
[377] CJCEMAC, *École Inter-états des douanes c/Djeukam Michel* N°001/CC/CEMAC/CJ/10 du 25 novembre 2010.
[378] *Compagnie Air France c. Syndicat des Agents de Voyage et de Tourisme du Sénégal*, N°02/2005 du 12 janvier 2005. En l'espèce, la Cour s'est déclarée compétente, alors qu'il s'agissait d'une question d'irrecevabilité.
[379] *Traoré Thiery Michel v Salifou Mouhamed*, n°11 RP 001.12 du 30 avril 2014.
[380] CJCE, *Foglio c. Novello* du 11 mars 1980.
[381] CJCE,17 mai 1994, Aff. C-18/93, *Corsica Ferries*.

formulée de façon à donner une réponse utile à la solution du litige[382]. On retrouve ces éléments inhérents au renvoi préjudiciel dans l'article 26 du Règlement n°01/2012 du 21 décembre 2012 relatif au réglement administratif de la CJUEMOA en ces termes : « Lorsque le recours a pour objet un renvoi préjudiciel devant la Cour par le juge national aux fins d'interprétation ou d'appréciation de légalité, celui-ci doit éclairer la Cour pour lui permettre de statuer en toute connaissance de cause en lui envoyant un exemplaire du dossier authentifié et en spécifiant les circonstances de l'affaire, son cadre juridique et la pertinence des questions posées et leur caractère déterminant dans la solution du litige. » Ces différents aspects, renvoyant à la formulation de la question, ont été relevés par la CJUEMOA[383]. La même logique est observable au niveau de la CJCEMAC. Saisie par renvoi en appréciation de validité d'une décision prise par une institution de la Communauté[384], la Cour considère que « la Cour d'Appel de Bangui qui ne dit pas en quoi la légalité de la décision concernée est contestée, ne met pas la Cour en l'état d'apprécier la validité de cette décision » et il « incombait aux juridictions centrafricaines, à partir des indications factuelles du litige, de constater leur incompétence rationae materiae pour connaître d'un recours entrepris par un fonctionnaire de la CEMAC contre une de ses institutions… et portant sur le paiement d'une indemnité de fonction ». La Cour insiste sur la nécessaire formulation de la question à partir des données du litige pour essayer de délimiter la compétence du juge du renvoi.

87 Le contrôle de la pertinence de la question préjudicielle par le juge communautaire favorise la compréhension de la technique du renvoi par le juge national. Ce dernier, au fil des questions préjudicielles, donnera l'occasion au juge communautaire de peaufiner sa jurisprudence relative au mécanisme préjudiciel. Les débuts jurisprudentiels des cours CAE, CEMAC et UEMOA déterminent des modalités du renvoi préjudiciel en interprétation ou en appréciation de validité. Le partage de la fonction d'application et celle d'interprétation du droit communautaire

[382] CJCE, 21 septembre 1999, Aff. 67/96, *Albany* ; CJCE, 19 septembre 2006, Aff. C-506/04, *Wilson.*

[383] *BOAD c/Soumahoro Youssouf*, N°13 RP 001. 36 du 30 avril 2014.

[384] *École Inter-états des douanes c. Djeukam Michel.* La décision constitue une mesure prise par le Directeur dans le cadre de l'organisation ou le fonctionnement interne de l'École. La question était de savoir si une telle mesure peut, au sens de l'article 17, faire l'objet d'un contrôle de légalité au moyen d'un recours préjudiciel, encore faut-il préciser en quoi elle est entachée d'illégalité ou d'irrégularité.

avec les juridictions nationales encourage l'unité des ordres juridiques des États membres et renforce la collaboration judiciaire pour une intégration par le droit. La CJCEDEAO appelle de ses vœux l'importance d'assurer la pénétration du droit communautaire dans les ordres juridiques des États membres par le mécanisme du renvoi préjudiciel[385]. Il n'est pas inutile de convoquer la fameuse formule de la CJCE, selon laquelle le juge national est « juge communautaire de droit commun »[386]. L'intervention du juge communautaire « ne constitue qu'un incident du litige principal qu'elle ne tranche pas elle-même, mais à la solution duquel elle contribue »[387]. Le renvoi préjudiciel, en plus d'assurer l'application uniforme du droit communautaire dans tous les États membres, garantit sa viabilité. L'appropriation du droit communautaire africain par les juges nationaux repose sur le renvoi préjudiciel. Les juridictions nationales n'ont pas encore réellement découvert la force normative du mécanisme préjudiciel. Son usage systématique par le juge national pour toute question d'interprétation du droit communautaire faciliterait une certaine habitude procédurale et obligerait les cours africaines à déployer les potentialités normatives du renvoi préjudiciel. Aussi, la pratique jurisprudentielle enseigne une exploitation de la fonction consultative pour garantir la légalité communautaire.

§ 2 : L'expression de la fonction consultative

88 Les traités et protocoles communautaires donnent aux cours de justice, des compétences consultatives dans l'exercice de leurs fonctions juridictionnelles au sein des ordres juridiques communautaires. Les cours africaines peuvent émettre des avis sur « toute question juridique »[388] concernant les traités et les protocoles ou sur toute « difficulté rencontrée dans l'application ou l'interprétation des actes relevant du

---

[385] Pour la CJCEDEAO, « *ce n'est que dans cette relation entre la Cour de justice... et les juridictions nationales que le droit communautaire prospéra et la Communauté s'en appropriera* ». Cf. Arrêt, *Pinheiro c/Ghana*, N°ECW/CCJ/JUD/11/12 du 6 juillet 2012, point 52.

[386] L'expression utilisée pour la première fois dans l'arrêt du TPICE du 10 juillet 1990 *Tetra Pak*, T-51/89, Rec II-309, point. 42.

[387] BLANQUET (M.), ISAAC (G.), *Droit général de l'Union européenne*, *op. cit.*, p. 645.

[388] Article 11 nouveau du Protocole additionnel A/SP/01/05 du 19 janvier 2005 relatif à la Cour de justice (article 10 Protocole (A/P1/7/91 relatif à la Cour de justice) ; Article 34§1 de la Convention de 2009 régissant la Cour de justice la CEMAC ; Article 36§1 du traité CAE ; Article 32§1du traité COMESA ; Article 20 de l'ancien Protocole du Tribunal du 7 août 2000 (article 34 nouveau).

droit communautaire »[389]. En plus, les cours de justice de l'UEMOA et de la CEMAC peuvent formuler un avis sur « la compatibilité d'un accord international existant ou en voie de négociation, avec les dispositions »[390] des traités. Si cette fonction de contrôle de compatibilité des accords internationaux avec le droit communautaire « est au cœur de la problématique de la compétence consultative du juge communautaire »[391] européen, elle fait l'objet d'un seul emploi dans le cadre de l'UEMOA. Dans la pratique jurisprudentielle, l'objet de la saisine des juges communautaires concerne, pour la plupart, des questions juridiques liées à l'interprétation des textes communautaires. L'État membre ou l'organe communautaire, auteur de la saisine, demande au juge de vérifier la conformité aux normes communautaires des actes ou projet d'actes entrepris. Dans cette perspective, le juge fait office de « conseiller juridique ». Dans d'autres situations, la demande d'avis porte sur la répartition des compétences ou sur l'interprétation des traités ou termes employés. Le flux des procédures de demande d'avis devant les cours africaines semble modeste. Sur les six (6) cours de justice, cinquante six (56) avis rendus ont été recensés. La CJCEMAC et la CJUEMOA disposent d'une activité consultative dense comparée aux autres cours. Il ressort de l'analyse des avis consultatifs, deux finalités essentielles : une finalité d'éclairage juridique (**A**) et celle visant à prévenir les incompatibilités avec les normes communautaires (**B**).

89 Cours de justice	**90** CEDEAO	**91** CEMAC	**92** CAE	**93** UEMOA	**94** COMESA	**95** SADC
96 Demande d'avis	**97** 4	**98** 29	**99** 2	**100** 20	**101** 1	**102** 0

A) Une finalité d'éclairage juridique développée

103 La mission d'interprétation du droit communautaire dépasse la fonction contentieuse, elle épouse également, celle consultative faisant

[389] Article 15§7 du Règlement N°1/96/CM Portant Règlement de procédures de la CJUEMOA et article 27 portant Acte Additionnel N°10/96 portant statuts de la CJUEMOA ; Article 34§4 de la Convention de 2009 régissant la Cour de justice de la CEMAC.

[390] Article 34§3 de la Convention régissant la Cour CEMAC ; Article 15§7 du Règlement de procédures de la CJUEMOA. Cette possibilité n'est pas encore reconnue aux autres cours de justice mais rien ne s'y oppose en tant que gardienne de la légalité communautaire.

[391] SIMON (D.), « la compétence consultative de la Cour de justice des communautés européennes », *in* A. Ondua et D. Szymczak ss.dir., *La fonction consultative des juridictions internationales*. Paris, Pedone, 2009, p. 49.

du juge communautaire un éclaireur juridique sur les questions de compréhension du droit primaire et du droit dérivé. La fonction d'éclairage juridique développée par les cours africaines répond à la préoccupation permanente que les États membres et institutions expriment à l'égard des dispositions communautaires, qui parfois, restent imprécises, incomplètes, voire ambiguës. D'ailleurs, cette fonction semble emporter la conviction manifeste de la Cour africaine de l'Est soulignant, dans un avis consultatif[392] portant sur la signification exacte des termes relatifs à la « déchéance » et au « retrait », que « l'instrument de l'avis consultatif est sans conteste l'outil le plus puissant dont dispose la Cour pour s'acquitter de son obligation solennelle aux termes du traité. Grâce aux avis donnés… au moyen d'un avis consultatif, tous sont guidés et informés du statut du droit communautaire : passé, présent et éventuellement prospectif, sur un sujet du traité. Il élimine l'ambiguïté de la loi. Il fait briller le flambeau de la clarté dans les zones d'ombres de l'édifice juridique. C'est la révélation sobre de la loi donnée en l'absence de litige »[393]. Ce raisonnement nous semble plaider en faveur d'un militantisme de l'usage de la procédure d'avis consultatif par les États et les organes communautaires. Cette prise de position du juge peut être nuancée. La Cour n'a pas à exprimer une préférence pour la fonction consultative sur la fonction contentieuse[394]. Ensuite, pour répondre à l'une

---

[392] CJCAE, N°1/2015 of 24 November 2015, *A request by Council of Ministers of the EAC for advisory opinion* made to articles 14 (4) and 36 of the Treaty for EAC and Rule 75 (4) of the East African Court of Justice Rules of Procedure, 2013. La question posée à la Cour était la suivante : La « déchéance » du poste de Secrétaire Général adjoint au titre de l'article 67§2 du traité aux fins de laisser la place à un nouveau Secrétaire originaire du même État membre constitue-t-elle en réalité un « retrait » de ce Secrétaire Général adjoint. En vertu de l'article 67§2 « L'État membre qui procède à la nomination du Secrétaire général renonce par ce fait à la nomination au poste de Secrétaire général adjoint ».

[393] Point 99 de l'avis, nous traduisons de l'anglais: « In this role, the instrument of the Advisory Opinion is easily the most potent tool available in the armoury of the Court to fulfil its solemn duty under the Treaty. With the considered advice tendered by the Temple of Justice, by way of an Advisory Opinion, all are guided and instructed as to the status of Community law: past, present, and possibly prospective, on any given subject in the Treaty. It removes the fog from the face of the law. It shines the torch of clarity into the dark chambers of the legal edifice. It is the sober revelation of the law given in the absence of the passion of litigation ».

[394] En même temps, la Cour a saisi l'occasion pour rappeler sa mission principale : « la signification de l'avis consultatif réside dans le rôle primordial que le traité a attribué à la Cour de justice de l'Afrique de l'Est dans l'ensemble du processus d'intégration de la Communauté », point 98 de l'avis n°1/2015.

des questions posées par le Conseil des ministres, la Cour estime que « déchéance et retrait » constituent deux termes différents dans leur application. Selon elle, la déchéance est une obligation de la loi alors que le retrait est un acte, un choix délibéré d'un État membre[395]. Dans un autre avis[396] portant sur la signification du principe de géométrie variable[397] dans le processus décisionnel[398], la Cour a retenu que le « Principe de géométrie variable » défini par le traité[399], désigne « la souplesse qui permet de faire progresser la coopération parmi les membres d'un sous-groupe participant à une intégration plus vaste dans plusieurs domaines et à des rythmes différents » et que le terme consensus n'est pas défini par le traité mais ne signifie pas consensus. La Cour d'Arusha précise que le principe a été conçu pour orienter l'intégration et est conforme avec l'exigence de consensus[400]. Les deux avis rendus par la Cour ont permis d'assurer une compréhension mutuelle des États membres de certaines notions du traité.

104 De la même perspective, la CJCEMAC, dans une demande introduite par le Secrétaire Général de la COBAC[401], à propos de la place des accords de Bale[402] dans l'ordre juridique de la CEMAC, considère que : « les Principes fondamentaux de Bale rentrent dans la catégorie de soft Law qui propose des instruments dynamiques, adaptables selon les circonstances et dont l'une des caractéristiques est la procédure légère. Il n'est pas soumis nécessairement à la procédure d'un accord international ou d'un traité… Les actes de la COBAC ne se réfèrent que vaguement aux principes fondamentaux de Bale sans pouvoir les incorporer dans l'ordre juridique communautaire. Faute de leur adoption formelle par les États membres où la CEMAC elle-même, ces Principes Fondamentaux ne font pas partie intégrante des normes communautaires dont le juge assure le respect… Les principes fondamentaux de Bale ne sauraient valablement fonder un contrôle direct

---

[395] Points 65 et 68 de l'avis.

[396] CJCAE, N°1/2008, *Demande d'avis du Conseil des Ministres*, 2009.

[397] Pour une étude détaillée, voir infra chapitre 2 du titre 1.

[398] La règle de prise de décisions prévues par le traité de la Communauté africaine de l'Est pour les réunions du Sommet et du Conseil est l'unanimité (articles 12§3 et 15§4).

[399] Article 1 du traité.

[400] Page 33 de l'avis n°1/2008.

[401] Avis n°002/2012-13 du 5 juin 2013.

[402] Les accords de Bale constituent le standard international le plus important dans le domaine de la réglementation bancaire.

ou un contrôle incident de légalité des actes juridiques communautaires. » La Cour insiste sur les normes juridiques applicables dans la communauté en retenant qu'elle « n'a pour normes de référence que les dispositions pertinentes du droit primaire et du droit dérivé de la Communauté, c'est-à-dire des Traités, Conventions et des Actes Additionnels d'une part, des principes généraux du droit, des accords externes, des règlements et autres normes obligatoires, d'autre part »[403]. Elle souligne aussi que « les actes juridiques communautaires bénéficient, en principe, d'une présomption de légalité et produisent des effets juridiques aussi longtemps qu'ils n'ont pas été annulés ou retirés »[404]. Cette position de la Cour éclaire l'organe demandeur de l'avis sur une question essentielle relative à l'applicabilité des normes non contraignantes dans l'ordre juridique de la CEMAC. La Cour s'est montrée en gardienne du temple des normes communautaires justiciables ; ce qui renforce l'autonomie de l'ordre juridique au sein duquel elle exerce son office. En outre, la Cour, dans d'autres avis rendus[405], a précisé les conditions d'admissibilité de la demande d'avis, en indiquant que « rien ne lui interdit en tant que garante de l'existence de la Communauté de droit, de connaître d'une demande d'avis sur les difficultés que rencontrent les institutions, Organes et Institutions Spécialisés dans l'application des normes communautaires »[406] et que « la fonction consultative de la Cour ne peut être qu'abstraite, informative, et pédagogique… ; elle dit le droit dans son rôle consultatif sans procéder au règlement d'un litige ou un réexamen d'une décision critiquée »[407]. Enfin, la Cour de Ndjamena pose le principe de la

---

403 Avis n°002/2012-13 du 5 juin 2013.

404 *Ibid.*

405 Avis n°003/2011-12 du 20 juin 2012, *Demande d'avis du Directeur Général de l'École Inter-États des Douanes (EIED) de la CEMAC relative à l'interprétation des articles 20 et 90 de l'Acte additionnel n°04/00/CEMAC/CC-CJ-02 portant Règles de procédure de la Chambre Judiciaire sur la notion des dépens.* Selon la Cour, « Il en résulte que seul un État membre ou un Organe de la Communauté peut saisir la Cour d'une demande d'avis de conformité aux normes juridiques de la CEMAC des actes juridiques ou des projets d'actes juridiques qu'il a initiés » ; Avis N°002/2011-12 du 23 novembre 2011. Demande d'avis du Président de la Commission de la CEMAC. La Cour était saisie pour faire un éclairage sur l'interprétation des dispositions de l'article 103 du Statut du personnel de l'OCEAC relative à l'âge légal de départ à la retraite des fonctionnaires du régime local. La Cour estime qu'elle peut « donner valablement un avis consultatif sur toute question relative au droit communautaire, à la demande des États ou des Organes de la Communauté ».

406 CJCEMAC, Avis, n°001/2011 du 23 novembre 2011.

407 Avis n°002/2012-13 du 5 juin 2013.

fonction consultative de droit commun ouverte aux États membres et aux organes de la Communauté sur le contrôle de conformité « des actes ou projets juridiques (règlement, directives, décisions) aux normes de droit primaire et dérivé de la CEMAC »[408], toute en rappelant que « rien n'interdit à la Cour garante du respect du droit communautaire de connaître d'une demande d'avis sur les difficultés que rencontrent les institutions, organes et institutions spécialisées, dans l'application des normes communautaires »[409]. La fonction d'éclairage juridique est aussi perceptible dans les jurisprudences de la CJUEMOA, de la CJCEDEAO et de la CJCOMESA. D'abord, la Cour de Ouagadougou, dans de nombreux avis, a clarifié les questions juridiques découlant de l'application des traités, protocoles, et actes additionnels. Elle a eu à apporter des éclairages sur le choix normatif de la base juridique pour adopter un acte[410], sur la délégation de signature[411], sur la compatibilité du projet de code communautaire des investissements avec le droit de l'UEMOA[412], sur la mise en place d'une juridiction des comptes au Mali[413], sur le renouvellement des mandats des conseillers de la Cour des comptes. La CJCEDEAO a apporté un éclairage sur les conflits de compétence[414] et de renouvellement de mandats de conseillers[415]. Enfin, la CJCOMESA a précisé, dans son premier avis rendu en février 2015, que les immunités et les privilèges accordés aux institutions ne

---

408 Avis N°001/2011-12 du 23 novembre 2011. *Demande d'avis du SG de la COBAC portant sur l'étendue de son pouvoir disciplinaire au sens des Conventions du 16 octobre et 17 janvier 1992 portant création de la COBAC et harmonisation de la Réglementation Bancaire dans les États de l'Afrique centrale.*

409 Avis N°001/2011-12 du 23 novembre 2011.

410 Avis n°001/97 du 20 mai 1997, *Demande d'avis sur le projet de loi organique relative aux lois de finances et le projet de décret portant règlement général sur la compatibilité publique.*

411 Avis n°001/98 du 10 septembre 1998, *Demande d'avis sur la conformité de la délégation de signature donnée par le Président de la Commission* à son Directeur de Cabinet avec les textes de l'UEMOA.

412 Avis n°001/2000 du 2 février, *Demande d'avis de la Commission de l'UEMOA portant sur le projet de code communautaire des investissements de l'UEMOA.*

413 Avis n°001/2003 du 18 mars 2003. *Demande d'avis de la Commission UEMOA relative à la création d'une Cour des Comptes au Mali.*

414 Avis n°01/05 Aff. ECW/CCJ/ADV/OPN/01/05 du 5 décembre 2005, *Demande d'avis du Secrétaire Exécutif par rapport à la conformité de l'article 23-11 du Règlement intérieur du Protocole du Parlement de la Communauté aux dispositions des articles 72 et 14-2 (f) du Protocole du Parlement.*

415 Avis N°001/08, Aff. N°ECW/CCJ/ADV.OPN/01/08 du 16 juin 2008, *Demande d'avis du Président de la Commission sur le renouvellement des mandats du Directeur Général et de la Directrice Générale Adjointe du GIABA.*

peuvent pas être étendues aux transactions commerciales entre personnes physiques ou morales et les institutions[416].

105 Toutes ces illustrations jurisprudentielles montrent l'intensité normative de la fonction consultative que la doctrine africaine n'a pas suffisamment étudiée[417]. La fonction consultative, visant à éclairer les questions juridiques soulevées par les États membres et institutions communautaires, contribue à l'affirmation de la place éminente du juge communautaire imposant son impérium dans l'interprétation et l'application des traités et Protocoles communautaires.

B) Une finalité préventive de conformité

106 La fonction consultative communautaire revêt une dimension préventive tenant non seulement à la possibilité de recueillir l'avis de la juridiction communautaire sur la « compatibilité d'un accord international, existant ou en voie de négociation, avec des dispositions »[418] des traités, mais aussi « à toute difficulté rencontrée dans l'application ou l'interprétation des actes »[419] relevant du droit communautaire. La fonction préventive de la demande d'avis permet d'attirer l'attention sur les éventuels contradictions ou conflits avec la norme communautaire ou tout projet d'acte ou d'accord international. La Cour africaine de l'Est résume bien cette fonction préventive de l'avis en ces termes : « L'avis consultatif est un outil préventif approprié pour empêcher les potentielles violations et infractions au traité. Tout comme il s'agit d'un

---

[416] Référence N°1/2013. https://comesacourt.org/comesa-court-issues-landmark-advisory-opinion/, consulté le 10 mai 2019. L'avis portait sur l'applicabilité et l'entendue des immunités et privilèges accordés aux institutions qui effectuent des transactions commerciales.

[417] On pourra citer à juste titre, les commentaires des avis de la CJUEMOA et ceux de la CJUEMOA rassemblés par Alioune Sall dans son ouvrage sur *La justice de l'intégration, Réflexions sur les institutions judiciaires de la CEDEAO et de l'UEMOA*, Deuxième édition corrigée et augmentée, déjà cité ; Voir aussi, TALL (S. N.), *Droit des organisations internationales africaines*. L'Harmattan, 2018, p. 183 ; Richard Frimpong Oppong, *Legal Aspects of Economic Integration in Africa*, p. 131. SOW (I), *La protection de l'ordre juridique sous régional par les Cours de justice : contribution à l'étude de la fonction judiciaire dans les organisations ouest-africaines d'intégration, op. cit.*, pp. 155-188 ; DIALLO (M. Y.), « La fonction consultative des juridictions communautaires : Les exemples de la Cour de justice UEMOA et de la Cour commune de justice et d'arbitrage », *Annales africaines*, volume 2, décembre 2018, pp. 335-366.

[418] Article 34§3 de la Convention régissant la Cour de justice CEMAC ; article 15§7-2 du Règlement n°1/96/CM portant Règlement des procédures de la CJUEMOA.

[419] *Ibid.* Article 34§4 ; article 15§7-3 du Règlement de la CJUEMOA.

excellent instrument pratique destiné aux personnes respectueuses de la loi. L'avis consultatif… cherche à dissuader, à l'avance, la violation du droit communautaire. Dans le même temps, il vise à assurer l'adhésion positive de la Communauté à sa législation. »[420] Ainsi, l'aspect préventif, dévolu à l'activité consultative du juge communautaire, se rapproche de la procédure instituée en droit de l'Union[421]. La Cour de Luxembourg a donné la signification du rôle préventif du contrôle de compatibilité des accords avec les traités en ces termes : « Aux termes de l'article 218, paragraphe 11, TFUE, le Parlement, le Conseil, la Commission ou un État membre peut recueillir l'avis de la Cour sur la compatibilité d'un accord envisagé avec les dispositions des traités. Cette disposition vise à prévenir les complications qui résulteraient de contestations en justice relatives à la compatibilité avec les traités d'accords internationaux engageant l'Union. »[422]

107 Mais, en droit communautaire africain, les conséquences juridiques de l'avis émis sur les projets d'accords ou actes ne sont pas précisées par les traités. L'avis rendu reste une opinion juridique, laissée à l'appréciation de son destinataire, alors que le juge communautaire exerce une fonction judiciaire[423] de contrôle de

---

[420] CJCAE, N°1/2015 du 24 novembre 2015, *A request by Council of Ministers of the EAC for advisory* opinion, point 99-100. Nous avons traduit de l'anglais.

[421] Selon l'article 218§11 du TFUE, « Un État membre, le Parlement européen, le Conseil ou la Commission peut recueillir l'avis de la Cour de justice sur la compatibilité d'un accord envisagé avec les traités. En cas d'avis négatif de la Cour, l'accord envisagé ne peut entrer en vigueur, sauf modification de celui-ci ou révision des traités ».

[422] Avis 2/13 du 18 décembre 2014, point 145. Bien avant, la Cour souligna dans l'avis 2/94 du 28 mars 1996 que « le traité a institué la procédure exceptionnelle d'une saisine préalable de la Cour de justice, pour qu'il soit vérifié, avant la conclusion de l'accord, si celui-ci est compatible avec le traité. Il s'agit d'une procédure particulière de collaboration entre la Cour de justice, d'une part, les autres institutions communautaires et les États membres, d'autre part, par laquelle la Cour est appelée à assurer, conformément à l'article 164 du traité, le respect du droit dans l'interprétation et l'application du traité dans une phase antérieure à la conclusion d'un accord susceptible de donner lieu à une contestation concernant la légalité d'un acte communautaire de conclusion, d'exécution ou d'application ».

[423] Par exemple, les articles 96 et 97 du Règlement de procédures de la CJCEDEAO prévoient que celle-ci « donne son avis en séance publique » et qu'elle est « régie, dans l'exercice de ses fonctions consultatives, par les dispositions du Protocole qui s'appliquent aux affaires contentieuses lorsqu'elle les estime applicables ». « L'avis signé par le Président, les juges ayant pris part aux délibérations et le Greffier en Chef est signifié à l'institution concernée ». Voir aussi, articles 101 à 108 de l'Acte additionnel N°04/00/CCE-CJ-02 du 14 décembre 2000.

constitutionnalité d'un acte communautaire ou international. La pratique jurisprudentielle, remarquée au niveau de la CJUEMOA, où la Commission recourt à ce procédé consultatif, porte souvent des divergences d'interprétation entre elle et le Conseil des Ministres à propos des projets d'accords. La fonction préventive se traduit par une interprétation permettant d'assurer l'intégrité des domaines de compétence de chaque institution communautaire. Dès lors, la Cour de Ouagadougou, dans un avis introduit par le Président de la Commission à propos de l'interprétation de l'article 84 du traité[424], a considéré que « sous peine de violation des dispositions du droit de l'article 7 du Traité, les États membres ne peuvent ni individuellement, ni collectivement, négocier ou conclure des accords internationaux en matière commerciale, sauf dans le cas prévu à l'article 85 du Traité ou dans celui relevant d'Accord dits mixtes couvrant à la fois des domaines relevant des compétences exclusives respectives de l'Union et des États membres ». À travers cet avis, la Cour prévient les États sur l'impossibilité de conclure des accords dans le domaine commercial. Toutefois, dans un avis ultérieur[425] relatif à la possibilité pour les États membres de conclure individuellement des accords d'investissement avec les pays tiers, la Cour précise que l'UEMOA ne dispose pas de compétence exclusive pour mener des négociations dans le domaine de la promotion et de la protection des investissements au même titre que sur le commerce. Ces deux avis montrent le rôle consultatif de la Cour dans la construction du marché commun en cas de divergence entre les institutions communautaires[426]. En même temps, la CJUEMOA assume la fonction préventive dans les projets d'actes communautaires ou dans les consultations des États membres. En vérifiant la compatibilité du projet de Code communautaire des investissements avec le traité et ses conséquences juridiques dans l'ordre juridique communautaire, elle précisa que « en raison de l'exigence d'uniformité dans l'interprétation et l'application du droit communautaire, la Cour de justice UEMOA a l'exclusivité du règlement des litiges portant sur l'interprétation ou l'application de ce droit

---

[424] Avis n°02/2000 du 2 février 2000.

[425] Avis n°01/2007 du 19 octobre 2007, *Demande d'avis du Président de la Commission de l'UEMOA*.

[426] Avis n°003/2000 du 27 juin 2000, *Demande d'avis de la Commission de l'UEMOA relative à l'interprétation des articles 88, 89, 90 du traité relatif aux règles de la concurrence dans l'Union.*

communautaire »[427] car ledit code contenait une clause de recours à l'arbitrage qui allait poser des problèmes de contrariétés. Aussi, elle indiqua que « la directive n°02/2000/CM/UEMOA du 29 juin 2000 portant adoption du Code de transparence dans la gestion des finances publiques au sein de l'UEMOA doit, dès son entrée en vigueur, être pleinement appliquée en République du Mali. Il appartient donc à l'État malien de prendre toutes les dispositions nécessaires à l'application de cette directive en la transposant immédiatement dans son droit positif interne, le délai de transposition prévue étant épuisé, au risque d'encourir un recours en manquement [428]». Ces différents avis forumulés, en dépit de leur caractère consultatif s'apparent à des « avis conforme », liant les États membres et les institutions communautaires. La Cour va, au-delà, de la simple consultation juridique visant à prévenir les incompatibilités ou les difficultés rencontrées dans l'application ou l'interprétation des normes communautaires.

108 Au demeurant, l'analyse jurisprudentielle de la fonction consultative devant les cours africaines permet de déceler une dimension d'éclairage juridique et de prévention ; ce qui renforce la fonction de contrôle de légalité communautaire confiée au juge dans la construction communautaire. Ce rôle est essentiel dans un processus d'intégration par le droit.

Conclusion du chapitre I

109 L'action jurisprudentielle des cours africaines contribue au renforcement de l'intégration par le droit. L'intervention des cours de justice dans le processus communautaire judiciarise l'intégration. En se référant au droit, notamment aux traités et protocoles, dans l'exercice de leurs missions, les cours de justice contribuent au développement du contentieux communautaire à des fins de réalisation de l'intégration. L'exercice des compétences contentieuses et consultatives a servi d'instrument pour garantir les droits des justiciables, faire respecter la légalité communautaire, communiquer avec les juridictions des États membres, ainsi que pour raffermir la compréhension des termes des traités et protocoles par les États membres. Même si le recours en manquement et le renvoi préjudiciel demeurent peu utilisés, les cours

---

[427] Avis n°001/2000 du 2 février 2000, *Demande d'avis de la Commission de l'UEMOA portant sur le projet de code communautaire des investissements de l'UEMOA*.

[428] Avis n°001/2003 du 18 mars 2003, *Demande d'avis de la Commission UEMOA relative à la création d'une Cour des Comptes au Mali.*

de justice africaines contribuent à clarifier les règles applicables au recours en annulation et au recours en indemnité en redéfinissant le contrôle de la légalité communautaire.

110 Le juge communautaire africain a comblé certaines lacunes des traités et protocoles en consacrant la clause générale de justiciabilité et l'exclusion des particuliers dans l'usage du recours en manquement, en définissant certaines notions imprécises contenues dans les textes, telles que le retrait ou la déchéance et élargissant le champ des actes attaquables. Tous ces éléments concourent à renforcer l'intégration par le droit. Parmi les objectifs d'intégration affirmés dans les traités y figurent, le respect des principes et règles juridiques de la Communauté, la primauté de droit. Les différentes saisines ont donné l'opportunité aux cours africaines de contribuer au progrès de l'intégration en rappelant le respect des objectifs des traités et protocoles. Ainsi, le juge favorise la mise en place d'un système juridictionnel aux fins de l'intégration.

111 Donc la contribution des cours de justice reste favorable au renforcement de l'intégration par le droit. Cette contribution favorise, également, une affirmation des ordres juridiques à l'intérieur duquel, les principes fondateurs du droit de l'intégration et les principes régulateurs de la construction communautaire sont respectés.

Chapitre II

L'affirmation des ordres juridiques communautaires

112 Le fait juridictionnel, dans les processus d'intégration économique en Afrique, apporte une plus-value normative saisissable à travers la construction des ordres juridiques communautaires[429]. Les traités ne précisent pas, assez, la place du droit communautaire dans les ordres juridiques des États membres. Certains traités[430] consacrent les principes fondamentaux du droit communautaire, tandis que d'autres[431] restent silencieux sur les rapports entre droit communautaire et droit national. De ce fait, l'activité jurisprudentielle des cours africaines améliorent les traités communautaires en identifiant les principes fondateurs des ordres juridiques communautaires (**Section 1**). Cela contribue à garantir l'existence des ordres juridiques communautaires. De même, la jurisprudence des cours africaines fournit des éléments encadrant la structure des compétences entre les institutions communautaires et les États membres ou entre institutions communautaires, elles-mêmes. En outre, les cours de justice assurent l'intégrité du champ d'intervention de chaque institution en protégeant le principe de compétence d'attribution et le respect des pouvoirs conférés par les traités et protocoles aux institutions communautaires[432]. Pour cela, elles procèdent à la régulation des compétences communautaires (**Section 2**).

---

[429] Un ordre juridique peut être défini comme « un ensemble de règles de droit constituant un système, c'est-à-dire présentant un certain degré d'organisation et de cohérence ». Cf. BLUMANN (C.), DUBOUIS (L.), *Droit institutionnel de l'Union européenne, op. cit.*, p. 573.

[430] Article 6 du traité de l'UEMOA ; Article 44 du traité révisé de la CEMAC ; Article 8§4 du traité CAE ;

[431] Traité de la CEDEAO ; Traité COMESA et Traité de la SADC.

[432] Par exemple, dans l'article 7§3 (g) traité de la CEDEAO, la Cour de justice peut être saisie par la Conférence des Chefs d'État et de Gouvernement lorsqu'elle « constate qu'un État membre n'a honoré l'une de ses obligations ou qu'une institution de la Communauté a agi en dehors des limites de sa compétence ou a excédé les pouvoirs qui lui sont conférés par les dispositions du présent Traité par une décision de la Conférence ou par un règlement du Conseil ».

SECTION 1 : L'IDENTIFICATION DES PRINCIPES FONDATEURS DES ORDRES JURIDIQUES COMMUNAUTAIRES

113 L'ordre juridique communautaire, tel que conçu en droit de l'Union, se caractérise par l'affirmation des principes d'effet direct et de primauté par le juge, dès le début du processus d'intégration. Ce qui fit dire au Président Robert Lecourt, « quel eut été le droit des communautés sans les arrêts 1963 et 1964 ? »[433]. En affirmant vigoureusement « l'autonomie irréductible de l'ordre juridique communautaire, esquissée par la jurisprudence Van Gend en Loos et accentuée par la jurisprudence Costa c/ENEL »[434], la Cour de Luxembourg construit les bases ontologiques de la Communauté de droit. Les principes fondateurs sont identifiés dans les ordres juridiques communautaires africains, par le juge, en plus de leur reconnaissance dans les traités constitutifs. En principe, la jurisprudence des cours de justice permet de saisir la reconnaissance du principe de primauté du droit communautaire sur les droits nationaux (**§1**) emportant des conséquences dans les ordres juridiques des États membres. Ces derniers doivent garantir la pleine application du droit communautaire sur leur territoire en prenant toutes les mesures nécessaires ou s'abstenant de tout acte de nature à compromettre l'application des règles communautaires. La primauté de celles-ci doit être assurée par le juge national en écartant toute norme nationale contraire, postérieure ou antérieure. En outre, le droit communautaire produit non seulement des effets à l'égard des États membres, mais aussi à l'endroit des particuliers. L'analyse de la jurisprudence montre une prise en compte de l'effet direct du droit communautaire (**§2**).

§ 1 : La reconnaissance du principe de primauté

114 Issue de la jurisprudence de la CJCE, la primauté du droit communautaire sur les ordres juridiques nationaux signifie que « le droit né du traité ne pourrait donc, en raison de sa nature spécifique originale, se voir judiciairement opposer un texte interne quel qu'il soit sans perdre son caractère communautaire et sans que soit mise en cause la base juridique de la Communauté elle-même »[435]. Ce célèbre passage,

---

[433] LECOURT (Robert), « Quel eut été le droit des Communautés sans les arrêts de 1963 et 1964 ? », *in Mélanges en hommage à Jean BOULOUIS*. Paris 1991, p. 349.

[434] SIMON (D.), *Le système juridique communautaire*. PUF, 1998, p. 283.

[435] CJCE, 15 juillet 1964, Aff. 6/64. Il n'est pas inutile de rappeler les faits de l'espèce. L'Italie avait procédé à la nationalisation de la production et distribution de l'électricité par une loi de 1962. En conflit avec l'ENEL, à propos du paiement d'une

connu de la jurisprudence de la Cour de Luxembourg, montre qu'aucune disposition de droit interne ne résiste au droit communautaire. Celui-ci bénéficie d'une « primauté absolue et inconditionnelle qui s'impose aux juridictions des États membres sans l'intercession de leur droit national »[436]. Mais, en droit communautaire africain, le principe de primauté tire sa source dans les traités communautaires africains, que les CJCUMOA et la CJCAE ont défini (**A**) avec vigueur dans leur pratique jurisprudentielle. Le principe, une fois énoncé, sert de fondement de « l'autonomie de l'ordre juridique communautaire…et justifié par l'uniformité d'application du droit communautaire »[437]. Outre sa reconnaissance dans l'ordre juridique communautaire, le principe de primauté permet au juge national saisi, dans le cadre d'un litige, d'assurer la prévalence du droit communautaire. Dès lors, il convient de voir la portée du principe de primauté dans les ordres juridiques nationaux (**B**), qui peuvent manifester à la fois de la résistance et de l'acceptation.

A) La définition du principe de primauté

115 Alors qu'en droit de l'Union, le principe est d'origine jurisprudentielle, le droit communautaire africain[438] le prévoit dans les traités. Déjà, l'article 6 du traité de l'UEMOA pose le principe en précisant que « les actes arrêtés par des organes de l'Union pour la réalisation des objectifs du présent traité et conformément aux règles et procédures instituées par celui-ci, sont appliqués dans chaque État membre nonobstant

---

facture d'électricité, Flaminio Costa demande au Tribunal de Milan qu'une question préjudicielle soit posée à la Cour pour interpréter le traité de Rome, afin de vérifier si la loi de nationalisation violait les dispositions du traité. Pour un commentaire détaillé de la décision voir, GAUDIN (H.), BLANQUET (M.), ANDRIANTSIMBAZOVINA (J.), FINES (F.), ss. dir, *Les grands arrêts de la Cour de justice de l'Union européenne*, Dalloz, Tome 1, 2014, pp. 576-591.

[436] KOVAR (R.), « La contribution de la Cour de justice à l'édification de l'ordre juridique communautaire », *Collected Courses of the Academy of European Law*, Volume IV, Book 1. Kluwer Law international, 1995, pp. 15-122.

[437] SIMON (D.), *Le système juridique communautaire*, *op. cit*., pp. 282-283.

[438] IBRIGA (L. M.), *Droit communautaire ouest-africain*. Université de Ouaga, 2012, p. 104 ; SOW (A.), « La diffusion du droit communautaire ouest-africain », *CIVITAS EUROPA*, 2016 (2), pp. 351-370 ; SOMA (A) « Les caractères généraux du droit communautaire », *Revue CAMES/SJP*, n°001/ 2017, p. 1-10 ; Phooko R "The Direct Applicability of SADC Community Law in South Africa and Zimbabwe : A Call for Supranationality and the Uniform Application of SADC Community Law" *PER / PELJ* 2018(21).

toute législation nationale, contraire, antérieure ou postérieure »[439]. L'article 44 du traité de la CEMAC reprend la même disposition et l'article 8§4 et 5 reconnaît la primauté du droit communautaire sur les législations nationales. Pour sa teneur jurisprudentielle, la CJUEMOA, dans une demande d'avis relative à la création de la Cour des comptes au Mali, proclame que « La primauté bénéficie à toutes les normes communautaires, primaires, comme dérivées, immédiatement applicables ou non, et s'exerce à l'encontre de toutes les normes nationales administratives, législatives, juridictionnelles et, même constitutionnelles parce que l'ordre juridique communautaire l'emporte dans son intégralité sur les ordres juridiques nationaux »[440]. La Cour poursuit, en indiquant que « les États ont le devoir de veiller à ce qu'une norme de droit national incompatible avec une norme de droit communautaire qui répond aux engagements qu'ils ont pris, ne puisse pas être valablement opposé à celle-ci ; cette obligation est le corollaire de la supériorité de la norme communautaire sur la norme interne »[441]. La prise de position de la Cour de Ouagadougou illustre le caractère absolu, qu'elle souhaite conférer au principe de primauté du droit communautaire dans les ordres juridiques des États membres. Le juge délimite le champ d'application du principe de primauté en excluant toute possibilité de conflit potentiel entre normes communautaires et normes nationales, même si la réserve pourrait être émise à l'égard des constitutions nationales[442]. L'affirmation du principe de primauté par la CJUEMOA s'inspire directement de la jurisprudence de la CJCE sans pour autant y

[439] Aussi l'article 43 du traité régit la portée normative des actes communautaires : « Les règlements ont une portée générale. Ils sont obligatoires dans tous leurs éléments et sont directement applicables dans tout État membre. Les directives lient tout État membre quant aux résultats à atteindre. Les décisions sont obligatoires dans tous leurs éléments. Les recommandations et les avis n'ont pas de force exécutoire. »

[440] Avis n°001/2003 du 18 mars 2003.

[441] *Ibid.* Pour la Cour, « Le traité consacre la primauté de la législation communautaire sur celle des États membres ; la directive n°02/2000/CM/UEMOA du 29 juin 2000 portant adoption du Code de transparence dans la gestion des finances publiques au sein de l'UEMOA doit, dès son entrée en vigueur, être pleinement appliquée en République du Mali. Il appartient donc à l'État malien de prendre toutes les dispositions nécessaires à l'application de cette directive en la transposant immédiatement dans son droit positif interne, le délai de transposition prévue étant épuisé, au risque d'encourir un recours en manquement ».

[442] Cf. CHEVALIER (E.), « La déclinaison du principe de primauté dans les ordres communautaires : L'exemple de l'Union économique et monétaire ouest-africaine », *Cahiers de droit européen*, n°34, 2006, pp. 342-362.

faire référence. La Cour africaine de l'Est, à son tour, cite expressément le fameux arrêt *Costa c/ENEL*, pour retenir que l'article 8§4 du traité consacre la primauté du droit de la Communauté[443]. La primauté est appréhendée par le juge comme une garantie d'uniformité.

116 En outre la CJCAE relève, à ce propos, que « the lack of unifomity of any Article of the Treaty is a matter for concern as it bound to weaken the effectiveness of Community law and in turn undermine the achievement of the objectives of the Community »[444]. Elle réitère de façon non équivoque que « Community organs, institutions and laws shall take precedence over similar national ones on matters pertaining to the implementation of the Treaty »[445]. Donc, la conception africaine de la primauté du droit communautaire se rapproche de celle européenne visant à préserver l'unité d'application du droit communautaire en raison de sa « nature spécifique et originale »[446] et à le maintenir « hors d'atteinte des mouvements du droit national »[447]. La CJUEMOA fournit une définition de la nature de l'ordre juridique communautaire en des termes similaires utilisés dans la jurisprudence de Luxembourg : « l'Union constitue en droit une organisation de durée illimitée, dotée d'institutions propres, de la personnalité et de la capacité juridique et surtout de pouvoirs issus d'une limitation de compétences et de transfert d'attribution des États membres qui lui ont délibérément concédé une partie de leurs droits souverains pour créer un cadre juridique autonome qui leur est applicable ainsi qu'à leurs ressortissants »[448]. Néanmoins,

---

[443] CJCAE, *Samuel Mukira Mohochi vs. The Attorney General of Uganda*, N°5/2011 du 17 mai 2013.

[444] CJCAE, *Peter Ayang' Nyong'O & Others vs. Attorney General*, N°1/2006 du 30 mars 2007, pp. 41-43. Nous traduisons : « Le manque d'uniformité d'un article quelconque du traité est préoccupant, car il anéantit l'efficacité du droit communautaire et compromet la réalisation des objectifs de la Communauté »

[445] CJCAE, *British American Tobacco (U) LTD v. The attorney General of Uganda*, N°7/2017 du 26 mars 2019. point 42. Notre traduction : « Les institutions et les actes communautaires priment le droit national pour les questions relatives à la mise en œuvre du traité. »

[446] KOVAR (R.), « Rapports entre le droit communautaire et les droits nationaux », *in Trente ans de droit communautaire*, Collections Perspectives européennes, 1981, p. 120.

[447] BLUMANN (C), DUBOUIS (L.), *Droit institutionnel de l'Union européenne*, *op. cit.*, p. 794. Selon les auteurs, « l'unité postule la primauté ».

[448] Avis n°002/2000 du 2 février 2000. Demande d'avis complémentaire du Président de la Commission de l'UEMOA relative à l'interprétation de l'article 84 du traité de l'UEMOA. La CJUEMOA reprend un obiter dictum de l'arrêt Costa c/ENEL :

le traité de la CEDEAO reste ambiguë sur la nature du droit communautaire par rapport aux droits nationaux. Il se limite juste à préciser que chaque État membre « s'engage à prendre toutes mesures appropriées, conformément à ses procédures constitutionnelles, pour assurer la promulgation et la diffusion des textes législatifs et réglementaires nécessaires à l'application des dispositions du présent Traité »[449] et « s'engage à honorer ses obligations aux termes du présent Traité et à respecter les décisions et les règlements de la Communauté »[450]. Cette lacune du traité, quant au statut du droit communautaire, sera comblée par la CJCEDEAO, rompant avec la conception classique du principe de primauté en droit communautaire. Selon la Cour, « La spécificité de l'ordre juridique communautaire de la CEDEAO, en tant qu'il consacre un monisme juridique sans nécessairement le primat du droit communautaire, si l'obligation de mettre en exécution les décisions de la Cour de justice de la Communauté incombe aux juridictions nationales des États membres, cette obligation n'implique pas un ordre juridictionnel hiérarchique entre la Communauté et les États membres mais exige un ordre juridique communautaire intégré »[451]. Le raisonnement de la Cour emporte deux limites : En premier lieu, le monisme favorise l'unité de principe entre ordre interne et international avec une variante de primauté du droit interne ou du droit international. La Cour préconise un monisme, sans préciser la place du droit communautaire au niveau interne. En droit international public, les solutions sont connues. Le monisme à primauté du droit interne signifie que le « droit interne et international ne forment qu'un seul corps de règles et sont donc

«... attendu qu'à la différence des traités internationaux ordinaires, le traité de la CEE a institué un ordre juridique propre, intégré au système juridique des États membres lors de l'entrée en vigueur du traité et qui s'impose à leurs juridictions...en instituant, une Communauté de durée illimitée, dotée d'institutions propres, de la personnalité, de la capacité juridique, d'une capacité de représentation internationale et plus particulièrement de pouvoirs réels issus d'une limitation de compétence ou d'un transfert d'attributions des États à la Communauté, ceux-ci ont, bien que dans domaines restreints, leurs droits souverains et créé ainsi un corps de droit applicable à leurs ressortissants. »

[449] Article 5§2 du traité.

[450] Article 5§3 du traité.

[451] *Jerry Ugoke v Nigeria*, N°CW/CCJ/APP/02/05 du 7 octobre 2005, point 32 ; *Bakary Sarré et 28 autres c. Mali*, N°ECW/CCJ/JUD/03/11 du 17 mars 2011, point 29.

conjointement applicables par les mêmes organes aux mêmes sujets »[452], alors que le monisme à primauté du droit international n'est qu'une « variance du dualisme »[453]. En deuxième lieu, la démarche de la Cour recèle un paradoxe, car elle exclut tout « ordre hiérarchique » et pose « un ordre juridique intégré ». Cette prise de position ne semble pas correspondre à la réalité du droit communautaire parce que celui-ci se singularise par sa primauté « difficilement négociable sauf à accepter une dilution progressive de ce droit ou sa renationalisation »[454]. Quoi qu'il en soit, la CJCEDEAO est appelée à repréciser sa jurisprudence, afin de garantir la prévalence du droit communautaire et son effectivité même si elle proclame ne pas suivre la démarche de la CJCE[455].

117 Après avoir montré la reconnaissance originelle du principe de primauté par les traités communautaires africains et son identification jurisprudentielle, il convient de voir sa portée réelle au niveau national et à l'égard des juridictions nationales.

B) La réception du principe de primauté dans les ordres juridiques nationaux

118 La primauté du droit communautaire, en tant que « condition existentielle »[456] de celui-ci, s'impose à tous les États membres qui doivent prendre toutes les mesures nécessaires pour en garantir l'application. Elle bénéficie de l'ensemble des normes communautaires, droit primaire tout comme droit dérivé indépendamment des contraintes procédurales nationales. Cette primauté absolue, générale et inconditionnelle a été rappelée avec vigueur par la CJUEMOA considérant que « la primauté bénéficie à toutes les normes communautaires, primaires, comme dérivées, immédiatement applicables ou non, et s'exerce à l'encontre de toutes les normes nationales administratives, législatives, juridictionnelles et,

---

[452] COMBACEAU (J.), SUR (S.), *Droit international public*, Montchrestien, 9e édition, 2010, p. 183.
[453] *Ibid.*
[454] BLUMANN (C.), DUBOUIS (L.), *Droit institutionnel de l'Union européenne*, *op. cit.*, p. 790.
[455] Dans l'arrêt, *Afolabi Olajide v République fédérale du Nigeria*, N°01/04/04 du 27 avril 2004, la CJCEDEAO souligne que la CJCE s'est appuyée sur l'article 164, « pour élargir ses compétences pour couvrir des entités qui n'ont pas été citées dans le traité. La disposition a également été utilisée pour combler certaines lacunes figurant dans les traités mais certaines décisions ont suscité beaucoup de critiques. Nous ne voulons suivre le même processus », point 57.
[456] PESCATORE (P.), *L'ordre juridique des communautés européennes*. Bruylant, 2006, p. 227.

même constitutionnelles parce que l'ordre juridique communautaire l'emporte dans son intégralité sur les ordres juridiques nationaux »[457]. Mais, la primauté du droit communautaire se heurte à la tradition constitutionnelle francophone des États membres à l'égard du droit international. En effet, dans la plupart des constitutions nationales, une clause de réception de la norme internationale y figure en vertu de laquelle « les traités ou accords régulièrement ratifiés ou approuvés ont, dès leur publication, une autorité supérieure à celle loi, sous réserve, pour chaque accord ou traité de son application par l'autre partie »[458]. La réception d'une norme internationale reste tributaire d'une triple conditionnalité de ratification, de publication et de réciprocité. Or, les normes communautaires ne requièrent pas de réception formelle. Les règlements sont directement applicables et la directive lie les États membres quant aux résultats à atteindre. Toutefois, la primauté du droit communautaire nécessite l'intervention des autorités nationales notamment celles juridictionnelles chargées de leur application. Ainsi, le juge communautaire se limite à affirmer la primauté du droit et de sanctionner sa violation mais ne peut pas garantir son effectivité dans les ordres juridiques des États membres[459]. La CJUEMOA, s'inspirant du célèbre arrêt *Simmenthal*[460], souligne que « le juge national, en

---

[457] Avis n°001/2003 du 18 mars 2003, déjà cité.

[458] Article 98 de la Constitution du Sénégal ; Article 123 de la Constitution de la Côte d'Ivoire (il est aussi prévu des dispositions sur l'intégration africaine (articles 124 et 125) ; Article 147 de la Constitution du Bénin ; Article 151 de la Constitution de la Guinée ; article 225 de la Constitution du Tchad ; Article 45 de la Constitution du Cameroun ; Article 279 de la Constitution burundaise ;

[459] En vertu du principe de l'autonomie institutionnelle et procédure des droits national, il revient à celui-ci d'assurer conformément à ses procédures propres, la garantie effective de l'application du droit communautaire. Cf. SIMON (D.), *Le système juridique communautaire*, *op. cit.*, p. 287.

[460] CJCE, 9 mars 1978, 166/77. Selon la CJCE, « En vertu du principe de la primauté du droit communautaire, les dispositions du traité et les actes des institutions directement applicables ont pour effet, dans leurs rapports avec le droit interne des États membres, non seulement de rendre inapplicable de plein droit, du fait même de leur entrée en vigueur, toute disposition contraire de la législation nationale existante » et « tout juge national, saisi dans le cadre de sa compétence, a l'obligation d'appliquer intégralement le droit communautaire et de protéger les droits que celui-ci confère aux particuliers, en faisant inappliquée toute disposition éventuellement contraire de la loi nationale, que celle-ci soit antérieure ou postérieure à la règle communautaire » (points 17 et 21). Cette même position est réitérée dans les arrêts du 22 juin 2010, *Melki et Abdeli*, 188/10 ;189/10 en ces termes : « le juge national chargé d'appliquer, dans le cadre de sa compétence, les dispositions du droit de l'Union a l'obligation d'assurer le plein effet de ces normes en laissant au besoin inappliquée, de sa propre

présence d'une contrariété entre le droit communautaire et une règle de droit interne, devra faire prévaloir le premier sur la seconde en appliquant l'un et en écartant l'autre »[461]. Dès lors, le juge communautaire donne une indication du standard minimum selon lequel « les juridictions ont l'obligation, quels que soient par ailleurs les pouvoirs qui lui sont conférés par le droit interne, de paralyser l'application judiciaire des normes nationales contraires au droit communautaire »[462]. C'est ce que la Cour suprême du Sénégal a retenu dans un arrêt[463] du 10 mai 2012, en écartant les dispositions contraires nationales à la directive de l'UEMOA[464], après avoir reconnu dans un autre arrêt[465] la primauté du droit communautaire dans l'ordre juridique sénégalais. Dans de nombreux arrêts[466] rendus dans le domaine des marchés publics, le juge

---

autorité, toute disposition contraire de la législation nationale, même postérieure, sans qu'il ait à demander ou à attendre l'élimination préalable de celle-ci par voie législative ou par tout autre procédé constitutionnel » (point 43).

461 Avis n°001/2003 du 18 mars 2003.

462 SIMON (D.), « Les fondements de l'autonomie du droit communautaire », in *Droit international et droit communautaire, perspectives actuelles*, Colloque Bordeaux. Pedone, 2000, p. 242.

463 CS, *CENTIF c Le Comité de règlement des différends de l'Autorité de Régulation des Marchés publics (ARMP)*, N°29. En l'espèce, la requérante n'avait pas la qualité d'autorité contractuelle au sens de l'article 1 de la Directive n°04/2005/CM/UEMOA portant procédures de passation d'exécution et de règlement des marchés publics et des délégations de service public dans l'UEMOA. Selon la directive : « on entend par autorité contractante la personne morale de droit public ou droit privé, signataire de marché public. »

464 Directive n°04/2005/CM/UEMOA portant procédures de passation d'exécution et de règlement des marchés publics et des délégations de service public dans l'UEMOA.

465 CS, *État du Sénégal c/ ARMP*, arrêt n°12 du 5 mai 2009. Selon la Cour, le Comité de règlement des différends de l'ARMP peut écarter les dispositions contraires à la Directive de l'UEMOA sur les marchés publics en vertu du principe de primauté. Sur l'analyse détaillée, on pourra voir la thèse d'Issoufou Adamou, *Le nouveau droit des marchés publics et la rationalisation de la dépense publique au Niger et au Sénégal*, thèse de doctorat, Université de Dakar, octobre 2015, p. 389. Voir aussi, la Communication de Monsieur Idrissa Sow à l'occasion de l'audience solennelle de rentrée des cours et tribunaux (2014-2015) sur L'application des règles communautaires par le juge sénégalais. http://coursupreme.sn/article.php?num_article=322.

466 CS, *État du Sénégal c/ ARMP*, N°10 du 25 septembre 2008 ; *ARTP c/ Comité de Règlements de l'ARMP*, N°20 du 12 avril 2012 ; *Complex Industriel c/ ARMP*, N°01 du 9 février 2012 ; *Société Sarre. Cons c/ ARMP*, N°47 du 22 août 2013. Aussi, dans le passé, le juge administratif a admis la recevabilité d'une requête sur la base de l'article 96 du traité l'UEMOA. Les requérants contestaient la légalité de la décision du Recteur de l'Université Cheikh Anta Diop qui instituait une différenciation de

administratif veille à la bonne application du droit communautaire. En outre, dans une affaire relative à l'adoption d'une taxe nouvelle sur les mines et carrières dans le secteur minier par le gouvernement du Sénégal en vertu de la loi de finances 2011, le Tribunal régional de Dakar[467] a souligné que « le Règlement n°18/2003/CM/UEMOA du 23 décembre 2003 portant code minier communautaire garantit en son article 17 la stabilité fiscale et douanier aux titulaires des titres miniers et que le règlement étant un acte obligatoire d'une valeur supérieure à la loi nationale et, de surcroit, directement dans les États membres de l'Union, il s'impose face à toute disposition contraire de droit interne ; que l'administration fiscale ne peut, sans méconnaitre la portée des dispositions de ce règlement, invoquer la souveraineté législative… »[468]. La position du juge sénégalais face au droit communautaire semble intéressante, car elle contribue à garantir l'exigence d'uniformité d'application en veillant au respect de la primauté au niveau interne. Celle-ci est désormais, « bien ancrée dans la doctrine de la Cour suprême du Sénégal qui a défini une ligne jurisprudentielle claire, fondée sur la prééminence des règles communautaires »[469], selon son ancien Premier Président Pape Oumar Sakho. En revanche, le principe de primauté se trouve menacé devant certaines juridictionnelles constitutionnelles francophones, notamment devant la Cour constitutionnelle du Bénin. En effet, dans une décision DCC 19-287 du 22 août 2019, la Cour exprime une réticence à l'égard de la primauté. Les faits de l'espèce sont simples : il s'agit d'un Professeur agrégé des Facultés de Droit, Monsieur Eric Dewedi, qui se voit refuser son inscription au tableau de l'Ordre des avocats du Benin pour des raisons d'incompatibilité, saisit la Cour constitutionnelle pour dénoncer la position de l'Ordre des avocats en invoquant la violation du principe d'égalité. Ainsi, la question posée au juge constitutionnel était de savoir si l'article 40§3 de la loi n°65-6 du 20 avril 1965 instituant le Barreau du Bénin, reconnaissant la compatibilité de la profession d'avocat avec la fonction

---

tarifs des droits d'inscription en fonction de la nationalité (Conseil d'État, *Prosper Nguena Nitchen et autres c. UCAD*, N°76 du 31 août 1994).

[467] Devenu Tribunal de Grande Instance de Dakar.

[468] Tribunal de Dakar, *SOCCOCIM industries c/ DGID* du 28 mai 2014.

[469] SAKHO (P. O.), « La Cour suprême face au droit communautaire » *in Mélanges en l'honneur de Babacar Kanté, Actualités du droit public et de la science politique*. L'Harmattan, 2018, p. 747. La primauté du droit communautaire est aussi rappelée par le juge constitutionnel : Cour constitutionnelle du Bénin, DCC, 16-19 du 15 novembre 2016 (primauté de droit OHADA) ; DCC, 18-135 du 28 juin 2018 (reconnaissance du principe prévue à l'article 6 du Traité UEMOA) ;

d'enseignant. La question était de savoir si les dispositions législatives anciennes pouvaient coexister avec, aux dispositions du Règlement n°5 de l'UEMOA. En répondant à cette question, la Cour constitutionnelle du Bénin considère, en premier lieu, dans un *obiter dictum*, que « en disposant, en son article 35 que "la profession d'Avocat est incompatible avec la profession d'enseignant vacataire", le Règlement n°05/CM/UEMOA du 25 septembre ne fait qu'établir une compatibilité statutaire à l'égard de l'Avocat candidat à la profession d'enseignant du supérieur ; que ce texte ne saurait être entendu ni retenu comme une règle fixant une incompatibilité de la profession d'enseignant ». En deuxième lieu, elle souligne que « n'est pas contraire à la Constitution une disposition législative nationale qui accorde aux citoyens des droits plus avantageux que ceux résultant d'une norme communautaire… ». Au terme de son argumentation, la Cour retient que le refus de l'ordre des avocats méconnait le droit du requérant à l'égalité devant la loi garantie par l'article 26 de la Constitution du Bénin. La décision de la Cour constitutionnelle du Bénin paraît étrange, car le juge constitutionnel se livre à une interprétation de la norme communautaire réservée à la Cour de justice de l'UEMOA. La juridiction constitutionnelle du Benin, en procédant ainsi, renie sa jurisprudence relative au droit communautaire puisqu'elle souligne qu'elle « est juge de la constitutionnalité de la loi et elle garantit les droits fondamentaux de la personne humaine... »[470], et que « sa compétence est strictement nationale…elle ne saurait intervenir pour apprécier des actes »[471] de l'UEMOA. Cette pratique inhabituelle du juge national, dont les pouvoirs restent confinés, entre autres, à la garantie de la prévalence du droit communautaire et non de l'écarter, limite l'effectivité des textes communautaires dans les ordres juridiques des États membres. L'attitude de la Cour compromet l'uniformité du droit communautaire. Cela nous pousse à valider l'idée selon la juridiction constitutionnelle béninoise en fait trop[472]. Cet arrêt de la Cour constitutionnelle du Bénin mérite une attention particulière. Elle revêt une intensité normative déroutante quant à la cohérence, à l'unité et à la stabilité du droit communautaire de l'UEMOA.

---

470 DCC 16-006 du 07 janvier 2016.

471 DCC 18-135 du 28 juin 2018.

472 GNAMOU (D), « La Cour constitutionnelle du Bénin en fait-elle trop », *in Mélanges en l'honneur de Maurice Ahanhanzo-Glélé, La Constitution béninoise du 11 décembre : un modèle pour l'Afrique*, 2014. L'Harmattan, pp. 687-715.

119 Toutefois, l'approche est inverse dans certains États de tradition Common Law, ayant opté pour le dualisme juridique[473] remettant en cause la primauté du droit communautaire et son applicabilité immédiate. On peut citer la Cour Suprême de Accra, dans l'affaire *Chude Mba c/Ghana* du 2 février 2016, refusant ouvertement d'exécuter un arrêt de la Cour de justice CEDEAO prétextant que son Protocole 2005 n'est pas intégré dans l'ordre juridique national ghanéen. Pour la Cour suprême du Ghana, « Il est vrai que le protocole relatif à la Cour de justice de la Communauté CEDEAO a été ratifié…, mais cela suffit-il à les rendre applicable par cette Cour ? Comme le Ghana est un État dualiste, après la ratification des traités par le parlement, les dispositions de la loi nationale ne sauraient être altérées sauf intégration de la norme internationale par la loi ghanéenne. En l'absence de législation nationale rendant obligatoire ou exécutoire les décisions de la Cour de justice de la Communauté par les tribunaux nationaux, la seule ratification des Protocoles ne les rend pas valablement opposables »[474]. Si certaines juridictions suprêmes nationales des États membres du Common Law peuvent avoir une réaction de défiance[475] vis-à-vis du droit communautaire, d'autres cours nationales

---

[473] Selon le système dualiste, les systèmes juridiques international et interne sont indépendants, séparés et égaux et il n'y a aucune suprématie du droit international sur le droit interne. Cf. article 75 (1) (2) de la Constitution du Ghana ; Section 12 (1) de la Constitution du Nigeria : « No treaty between the Federation and any other country shall have the force of law except to the extent to wich any such treaty has been enacted by the National Assembly » ; Section 10, article 40 (4) (11) de la Constitution de Sierra Leone ; Section 57 de la Constitution du Liberia ; Article 79 (1) de la Constitution de la Gambie ; Voir aussi les pays lusophones ; article 11 (3) de la Constitution du Cap-Vert. Cf. UKAIGWE (J.), *ECOWAS Law*, Springer, 2016, p. 16. On peut citer aussi les États membres de la communauté d'Afrique de l'Est de tradition dualiste : Tanzanie, Uganda, Kenya, Burundi. Cf. UGIRASHEBUYA (E.), and others, *East africain Community Law, Institutional Substantive and Comparative EU Aspects*. Brill Nijhoff, Leiden Boston, 2017, p. 139.

[474] Pour un commentaire détaillé de la décision, voir OPPONG (R. F.), « The High Court of Ghana declines to enforce an ECOWAS judgment », *African Journal of International and Comparative Law*, vol. 25, (2017), pp. 127-132. Sur l'application du droit de la CEDEAO par les juridictions nationales, on pourra lire, NWAUCHE (E.), « Enforcing ECOWAS Law in West Africain National Courts », *Journal of African Law*, 55, 2 (2011), pp. 181-202.

[475] High Court of Zimbabwe, *Movement for Democratic Change v. President of the Republic of Zimbabwe*, HC 1291/05, 2007; High Court of Zimbabwe, *Gamara Private LTD and others v. Zimbabwe*, HC33/09 of 16 January 2010. Cf. OPPONG (F. P.), « Enforcing judgments of the SADC Tribunal in the domestic courts of member states », *Monitoring Regional Integration in Southern Africa Yearbook*, 2010, 115-142.

observent une attitude de déférence[476] contribuant à l'effectivité du droit communautaire au niveau interne.

120 L'application immédiate du principe de primauté du droit communautaire dans l'ordre juridique national repose sur la bonne volonté des États membres et de la détermination du juge national à assurer sa pleine application. Ainsi, la primauté du droit communautaire va de pair avec le principe de l'effet direct puisque celui-ci fait naître des droits et des obligations à l'égard des obligations.

§ 2 : L'affirmation de l'effet direct du droit communautaire

121 L'efficacité du droit communautaire serait compromise, si son application dépendait de la situation propre de chaque membre. Son effectivité « suppose d'abord que son autorité puisse s'exprimer pleinement dans l'ordre juridique des États membres et, ensuite qu'il soit appliqué concrètement par les autorités nationales »[477]. Outre le principe de primauté, le droit communautaire se singularise par son effet direct dans les ordres juridiques des États membres. Alors qu'en droit international, le caractère « self executing » des conventions internationales relève de l'exception, en droit communautaire, la situation se présente différemment. Car les normes communautaires « *possèdent virtuellement une aptitude à produire des effets affectant le patrimoine juridique des ressortissants* »[478]. Les traités communautaires ne visent pas uniquement les États membres, mais aussi les individus. Ces derniers doivent pouvoir invoquer la norme communautaire devant les juridictions nationales, en vertu du principe de l'effet direct. Celui-ci trouve sa filiation dans le célèbre arrêt *Van Gend en Loos* du 5 février 1963[479] de la CJCE. Ainsi, le principe d'effet direct du droit

---

[476] High Court of Pretoria, *Zimbabwe v. Louis Karel Fick and others*, 657/11 du 20 September 2012; High Court of Pretoria, *Law Society of South Africa and others v. President of South Africa and others*, N°20382/2015 of 1st march 2018; Constitutionnal Court of South Africa, *Law Society of South Africa and others v. President of South Africa and others*, N°CCT/67/18 of 11 December 2018. Pour un commentaire de la décision de la Hight Court of Pretoria, on pourra lire : OPPONG (F. P.), NIRO (L. C.), « Enforcing Judgments of International Courts in National Courts », *Journal of International Dispute Settlement*, (5), 2014, 344-371.

[477] KOVAR (R.), « La contribution de la Cour de justice à l'édification de l'ordre juridique communautaire », *Collected Courses of the Academy of European Law*, Volume IV, Book 1. Kluwer Law international, 1995, p. 59.

[478] SIMON (D.), *Le système juridique communautaire*, *op. cit.*, p. 267.

[479] Aff. 26-62. En l'espèce, le Tribunal administratif néerlandais interrogeait la Cour de justice sur le droit de douane applicable à l'urée-formaldéhyde.

communautaire a reçu une reconnaissance officielle dans la pratique des cours de justice COMESA, UEMOA et CAE avec une intensité relative. L'analyse du principe, dans la jurisprudence communautaire africaine, passe d'abord par une énonciation du principe (**A**) dans ses grandes lignes, avant de saisir son effectivité (**B**) dans les ordres juridiques communautaires.

A) L'énonciation du principe

122 L'étude sur le principe d'effet direct du droit communautaire devient presque inutile. Tout semble être dit et expliqué sur le principe au point de vider tout intérêt à son étude. Mais, il s'agit d'un principe fondateur de l'ordre juridique communautaire, issu de l'arrêt *Van Gend en Loos* qui fait même l'objet de célébration[480]. La CJCE investie de la mission d'unité d'interprétation du traité CEE va rompre avec la pratique habituelle du droit international public[481] pour affirmer l'autonomie du droit communautaire et son effet direct. Selon la Cour, « La Communauté économique européenne constitue un nouvel ordre juridique de droit international, au profit duquel les États ont limité, bien que dans des domaines restreints leurs droits souverains et dont les sujets sont non seulement les États membres mais également leurs ressortissants. Le droit communautaire, indépendant de la législation des États membres, de même qu'il crée des charges dans le chef des particuliers, est destiné à engendrer des droits qui entrent dans leur patrimoine juridique »[482]. À travers cette formule jurisprudentielle réitérée[483], la Cour pose l'une des caractéristiques essentielles de l'ordre

---

[480] *50e anniversaire de l'arrêt Van Gend en Loos, 1963-2013*, Actes du Colloque. Luxembourg, 13 mai 2013 ; WATHELET (M.), « Arrêt Van Gend en Loos : 50 ans déjà », *Journal de droit européen*, N°200, juin 2013, p. 213.

[481] En droit international, l'effet direct est exceptionnel alors qu'en droit communautaire c'est le principe. Mais la jurisprudence internationale a montré qu'un traité peut concerner les particuliers. Cf. Cour permanente de justice internationale, Affaire, *Compétence des tribunaux de Dantzig*, avis du 13 mars 1928, série B, n°15.

[482] *Selon l'esprit, l'économie de l'article 12 doit être interprété en ce sens qu'il produit des effets immédiats et engendre des droits individuels que les juridictions doivent sauvegarder*.

[483] La Cour le rappelle dans l'avis 1/09 relatif au projet d'accord créant un système unifié de règlement des litiges en matière de brevets du 8 mars 2011. Selon la Cour, « il résulte d'une jurisprudence constante de la Cour que les traités fondateurs de l'Union ont, à la différence des traités internationaux ordinaires, instauré un nouvel ordre juridique, doté d'institutions propres, au profit duquel les États ont limité, dans des domaines de plus en plus étendus, leurs droits souverains et dont les sujets sont non seulement les États membres, mais également leurs ressortissants… Les

juridique communautaire : l'effet direct. Celui-ci signifie « le droit pour toute personne de demander à son juge de lui appliquer traités, règlements, directives ou décisions adoptés... C'est l'obligation pour le juge de faire usage de ces textes, quelle que soit la législation du pays dont il relève »[484]. Dans l'appréhension de la notion d'effet direct[485], l'accent est mis sur « la création de droits ou d'obligations dans le chef des particuliers »[486], mais la jurisprudence de la Cour révèle que c'est par le biais de sa « dimension opératoire pour le particulier devant le juge national »[487] qu'elle est mieux précisée[488]. Il n'est pas question d'évoquer la théorie de l'invocabilité du droit communautaire devant le juge national, mais de rappeler juste que pour qu'une norme communautaire puisse être invocable, il faut qu'elle soit « claire et précise, présenter un caractère inconditionnel, et pouvoir produire ses effets en l'absence de toute mesure nationale ou communautaire complémentaire »[489]. Ainsi, les normes communautaires bénéficient d'une « présomption générale en faveur de l'effet direct »[490]. Mais la jurisprudence de la CJCE a circonscrit le champ d'application de l'effet direct[491].

---

caractéristiques essentielles de l'ordre juridique de l'Union ainsi constitué sont, en particulier, sa primauté par rapport aux droits des États membres ainsi que l'effet direct de toute une série de dispositions applicables à leurs ressortissants et à eux-mêmes », point 65.

484 LECOURT (R.), *L'Europe des juges*. Bruylant, 1976, p. 248 cité par BLANQUET (M.), ISAAC (G.), *Droit général de l'Union européenne*, *op. cit.*, p. 375.

485 On peut citer aussi, la définition synthétique de l'effet direct par Claude Blumann et Louis Dubouis. Selon eux, l'effet direct désigne « l'aptitude qu'a la règle communautaire à créer directement des droits ou des obligations dans le chef des particuliers. Ces droits et obligations pourront être invoqués par les particuliers devant le juge national car ce dernier est tenu d'en assurer la sanction. Ainsi le principe de l'effet direct impose le respect des droits conférés par la règle communautaire à l'encontre de l'État (« effet direct vertical ») et également souvent, à l'encontre des personnes privées (« effet horizontal ») ». Cf. *Droit institutionnel de l'Union européenne*, *op. cit*, p. 578.

486 KOVAR (R.), « Rapports entre le droit communautaire et les droits nationaux », *in Trente ans de droit communautaire*, Collections Perspectives européennes, 1981, p. 146.

487 BLANQUET (M.), ISAAC (G.), *Droit général de l'Union européenne*, *op. cit.*, p. 375.

488 *Ibid.* Pour les auteurs, « c'est en termes d'invocabilité du droit communautaire que les précisions sont venues ».

489 SIMON (D.), *Le système juridique communautaire*, *op. cit.*, p. 269 ; voir aussi, BLUMANN (C.), DUBOUIS (L.), *Droit institutionnel de l'Union européenne*, *op. cit.*, p. 579.

490 BLANQUET (M.), ISAAC (G.), *op. cit.*, p.377.

491 CJCE, 21 juin 1974, *Reyners c/ Belgique*, aff. 2/74 ; CJCE, 5 avril 1979, *Ministère public c/Ratti*, aff. 148/78.

123 En droit communautaire africain, la jurisprudence est venue préciser la portée de l'effet direct du droit primaire et du droit dérivé. La jurisprudence de la CJUEMOA est éloquente. Dans un avis[492] du 20 mai 1997, le juge communautaire reconnaît le principe d'effet direct en clarifiant le régime juridique des actes adoptés par l'UEMOA[493]. Selon la Cour : « Le règlement appelle, dans son application, de la rigueur sans qu'il soit nécessaire de procéder à une transposition ou même de prendre des mesures d'exécution internes…Quant à la directive, elle allie à la rigueur une certaine souplesse qui permet de choisir tout en tenant compte des impératifs juridiques d'ordre national, les voies et moyens les plus adaptés pour atteindre les résultats fixés… Dans tous les cas, la garantie de l'applicabilité des deux textes, quel que soit leur mode d'adoption est assurée par l'article 6 du traité de l'Union qui disposent : « les actes arrêtés par les organes de l'Union pour la réalisation des objectifs du présent traité et conformément aux règles et procédures instituées par celui-ci, sont appliquées dans chaque État membre nonobstant toute législation nationale contraire, antérieure ou postérieure. » L'applicabilité immédiate ou l'effet direct de la norme communautaire dépend du choix normatif. Qu'il s'agisse des traités ou conventions, des règlements ou des directives, leur effet direct suppose qu'ils engendrent des droits et des obligations dont les juridictions nationales assurent la protection. La pratique jurisprudentielle des cours africaines montre l'effectivité du principe dans les ordres juridiques communautaires dès lors que le droit communautaire confère des droits aux particuliers invocables devant le juge national.

B) L'effectivité du principe dans les ordres juridiques communautaires et nationaux

124 L'effet direct du droit communautaire se caractérise essentiellement par la création de droits et d'obligations dans le patrimoine juridique des particuliers et leur invocabilité devant les juridictions nationales. Les cours de justice africaines, par une jurisprudence audacieuse, ont énoncé l'effectivité du principe couvrant l'ensemble du droit communautaire. D'abord, la CJCOMESA, dans un arrêt fondateur

---

[492] Avis n°001/97, *Demande d'avis sur le projet de loi organique relative aux lois de finances et le projet de décret portant règlement général sur la compatibilité publique*.
[493] Article 43 du traité UEMOA.

sur la libre circulation des marchandises[494], défend l'effet direct du traité COMESA qui institue un marché commun. La Cour reprend les termes employés dans l'arrêt *Van Gend en Loos* pour garantir l'effet direct du droit communautaire. Pour elle :

« ... The signatories of the COMESA treaty have committed themselves to give space in the COMESA territory not only for the member states but also for individuals. By giving the residents of any member state the right to challenge the acts thereof on grounds of unlawfulness or infringement of the Treaty, the Member States have in some areas limited their sovereignty. The proper functioning is therefore, not only a concern of the Member State but also that of residents. The Treaty is more than an agreement which merely creates obligations between Member States. It also gives enforceable rights to citizens residing in the Member State. »[495]

125 La Cour indique, à l'instar de sa consœur européenne, que le traité ne vise uniquement pas les États membres mais concerne aussi les particuliers. Ces derniers peuvent invoquer les droits conférés par les traités dans tous les États membres. Ainsi, la CJCOMESA suit la démarche de la CJCE pour consacrer l'effet direct du traité à l'égard des particuliers ; ce qui contribue à la cohérence de l'ordre juridique communautaire de la COMESA à l'égard des particuliers. Ensuite, dans le même sillage, la Cour africaine de l'Est assure l'effet direct du droit primaire de la Communauté africaine dans les ordres juridiques des États membres. D'une part, la CJCAE a estimé que dans tous les États membres, le traité et le Protocole « became directly enforceable... and took precedence over national law that was in conflict with them »[496].

---

[494] *Polytol Paints & Adhesives Manufactures Co. Ltd v. The Republic of Mauritius*, n°12 du 31 octobre 2013. Pour une étude détaillée de cet arrêt, voir. *infra*, deuxième partie, titre 2, chap. 2, section 2.

[495] Nous traduisons : « Les signataires du traité du COMESA se sont engagés à reconnaître des droits sur le territoire du COMESA non seulement aux États membres mais aussi aux particuliers. En donnant aux résidents de tout État membre le droit de contester les actes de celui-ci au motif qu'ils sont illégaux ou contraires au traité, les États membres ont, dans des domaines restreints, limité leur souveraineté. Le bon fonctionnement est donc non seulement une préoccupation de l'État membre, mais aussi des résidents. Le traité est plus qu'un accord qui ne fait que créer des obligations entre les États membres. Elle confère également des droits dans le patrimoine juridique des citoyens résidant dans l'État membre. »

[496] *Samuel Mukira Mohochi vs. The Attorney General of Uganda,* N°5/2011 du 13 mai 2013, points 49-50.

En évoquant l'effet direct du droit primaire, elle souligne en même temps sa primauté en cas de conflit avec le droit national. D'autre part, la Cour insiste sur la nécessaire invocabilité des droits conférés par les traités aux particuliers devant le juge national, appelé à en assurer leur pleine effectivité. À cet égard, la Cour d'Arhusa precise que: « Community law would be helpless if it did not provide for the right of individuals to invoke it before national courts…The Common market Protocol confers rights onto the individuals within the EAC, these individuals should be entitled to invoke them before national courts »[497]. La Cour s'inspire aussi de l'arrêt *Van Gend en Loos* pour reconnaître l'effet direct à l'endroit des particuliers. Cette position est réaffirmée par la Cour, dans le renvoi préjudiciel de la Cour suprême ougandaise[498], à propos de la justiciabilité de certaines dispositions du droit primaire devant les juridictions nationales en ces termes : « It would be absurd and impratical if their national courts had no jurisdiction over disputes arising out of implementation of the Protocol. Indeed, Community law would be helpless if it did not provide for the right of individals to invoke it before national courts »[499]. Pour la Cour, l'existence du droit communautaire est liée à son effet direct devant les juridictions nationales. Elle retient que les articles 6, 7 et 8 du traité[500] de la CAE « are justiciable before national courts… those articles do confer legal authority to the national court of the Partner states to entertain allegations of their violation »[501]. La CJCAE reconnaît l'effet direct du Traité et des Protocoles en insistant sur la primauté de ses décisions d'interprétation et d'application du traité sur celles des juridictions nationales[502].

126 Par ailleurs, les juridictions nationales des États membres ont suivi la voie tracée par les cours de justice dans la reconnaissance du principe de l'effet direct du droit communautaire. À ce propos, la Cour

---

[497] *East Africain Law Society v. The Secretary General of the EAC* N°1/2011 du 14 février 2013 (First instance), p. 28.

[498] *The Attorney General of the Republic of Uganda v Tom Kyahurwenda*, N°1/2014, Appellate Division, 31 juillet 2015, *Reference for preliminary ruling under article 34 of the treaty made by high court of the Republic of Uganda in the procedings*.

[499] Point 53 de l'arrêt.

[500] Ces dispositions aux principes fondamentaux du traité et aux obligations des États membres vis-à-vis de la Communauté. Cf. aussi, *Grands Lacs supplier SARL& others v The Attorney General of Burundi*, n°6/2016 du 19 juin 2018, point 57.

[501] Point 74 de l'arrêt.

[502] Tobacco *British Amercan Tobacco (U) LTD v. The attorney General of Uganda*, N°7/2017 du 26 mars 2019, point 108.

d'appel, de Dakar dans l'affaire *Khalifa Sall et autres c/ État du Sénégal*[503], s'appuie, entre autres, sur l'effet direct du Règlement N°5/CM de l'UEMOA du 25 septembre 2014[504] pour justifier l'annulation de procès-verbaux et d'auditions. Selon la Cour d'appel, « … l'article 43 du traité UEMOA dispose que les règlements ont une portée générale. Ils sont obligatoires dans leurs éléments et sont directement applicables dans tout État membre ; qu'il est aussi admis au regard de ces dispositions que lesdits règlements ont une force juridique qui s'imposent dans tous les États membres de l'UEMOA sans qu'il soit nécessaire d'utiliser ou de suivre les formalités particulières pour leur mise en œuvre ;… que l'assistance d'un Conseil est…un droit dont tout justiciable peut réclamer le bénéfice dans les conditions déterminées par le règlement »[505]. Cet arrêt illustre parfaitement la protection des droits conférés par le droit communautaire aux particuliers par le juge national. Cela renforce aussi la justiciabilité et l'invocabilité du droit communautaire devant les juridictions nationales[506]. Celles-ci contribuent

---

[503] Arrêt n°454 du 30 août 2018.

[504] Selon l'article 5 du Règlement : « Les avocats assistent leurs clients dès leur interpellation durant l'enquête préliminaire dans les locaux de la police, de la gendarmerie ou devant le parquet. À ce stade, aucune lettre de consignation ne peut être exigée de l'avocat. Les avocats assistent et défendent leurs clients dès la première comparution devant le juge d'instruction ».

[505] Pour rappel, cette décision de la Cour d'appel de Dakar fait suite de l'arrêt *Khalifa Sall et autres c/ État du Sénégal*, N°ECW/CCJ/JUD/17/18 du 29 juin 2018 dans lequel, la CJCEDEAO constate la violation du règlement n°5 de l'UEMOA. On peut s'interroger sur l'application de cette norme par la CJCEDEAO et qui se livre à une interprétation influençant le juge national sénégalais dans son office. Cette interprétation unifie t-elle le droit de l'UEMOA en la matière ? La réponse semble négative si la CJUEMOA procède à une lecture différente. Mais le mérite revient à la Cour d'Abuja, plaçant le règlement de l'UEMOA parmi les normes invocables devant elle.

[506] On peut aussi citer des exemples de décisions de juridictions constitutionnelles africaines appliquant le droit communautaire : Conseil constitutionnel de la Côte d'Ivoire, Décision n° L 007/07 du 16 juin 1997, recours tendant à contrôler la conformité à la Constitution du Protocole A/P1/7/96 de la CEDEAO relatif aux conditions d'application du prélèvement communautaire. Selon le juge constitutionnel, le prélèvement communautaire institué par le traité CEDEAO révisé, « ne constitue pas un nouvel impôt, mais une contribution des États membres de la Communauté au budget communautaire sur la base des droits de douane fixés et perçus par les États membres à l'entrée sur leur territoire des marchandises en provenance des pays non membres de la CEDEAO ; que ce mécanisme ne portera en rien atteinte à l'exercice de la souveraineté » ; La Cour constitutionnelle du Bénin : DCC-17-246 du 23 novembre 2017 : recours en inconstitutionnalité de l'arrêté interministériel portant interdiction temporaire des viandes et produits à base de viande en provenance du Brésil. La Cour applique le Protocole A/P1/5/79 sur la libre

favorablement à l'application effective des normes communautaires. Cette forme d'invention du juge national est encourageante car, elle permet de sanctionner les cas de violation du droit communautaire au niveau national et favorise l'unité d'application de celui-ci.

127 En définitive, Il ressort de l'analyse de la jurisprudence des cours de justice une prise en compte des principes fondateurs des ordres juridiques communautaires tels que le principe de primauté et celui de l'effet direct. Leur application concrète dépendra du juge national chargé d'appliquer au quotidien le droit communautaire dans les États membres. Aussi, ces derniers doivent prendre toutes les mesures nécessaires pour garantir l'application effective des normes communautaires et s'abstenir de tout acte susceptible de compromettre leur mise en œuvre.

SECTION 2 : LA RÉGULATION DES COMPÉTENCES COMMUNAUTAIRES

128 Les organisations d'intégration régionale en Afrique disposent d'une architecture institutionnelle tripartite à l'image de l'Union européenne[507]. Elles prévoient, chacune, un Conseil, un Parlement (ou Assemblée législative) et une Commission (ou Secrétariat) en plus de l'organe intergouvernemental appelé Conférence des chefs d'État et de Gouvernement (Sommet) pendant du Conseil européen. Cette architecture institutionnelle[508] est complétée par d'autres organes et institutions spécialisées. Chaque institution communautaire dispose de compétences précises et délimitées par les traités. Cette délimitation des compétences

---

circulation des personnes, le droit de résidence et d'établissement en précisant que le Protocole est une « liberté de franchise ou de bénéfice de taux préférentiel d'importation des marchandises ; cette liberté ne fait pas obstacle à ce que les autorités compétentes de chaque État membre prennent des mesures restrictives d'ordre sécuritaire en vue de la protection du consommateur ».

[507] Cf BLANQUET (M.), ISAAC (G.), *Droit général de l'Union européenne*, *op.cit.*, p. 110. Ces autres identifient quatre institutions de base qui expriment chacune une légitimité propre : le Conseil représente les intérêts des États membres, la Commission assure l'intérêt commun, le Parlement les intérêts de peuples des États et la Cour de justice le principe de l'État de droit. Denys Simon, à son tour parle de séparation des pouvoirs entre les institutions dépositaires de légitimités distinctes : la Commission incarne la légitimité intégrative, les organes étatiques expriment la légitimité intergouvernementale, le Parlement européen fait figure de légitimité démocratique et la Cour de justice apparaît le titulaire de la légitimité juridictionnelle. Cf. *Le système juridique communautaire*, *op. cit.*, p. 119.

[508] Article du traité CEDEAO ; article 10 et 11 du traité de la CEMAC, article 9 du traité de la CAE, article 7 ; article 16 du traité de l'UEMOA ; article 9 du traité de la SADC.

se caractérise par la répartition des compétences entre institutions communautaires et entre celles-ci et les États membres. La répartition des compétences, énoncée par les traités communautaires africains, repose sur le principe des compétences d'attribution en vertu duquel les institutions communautaires « *exercent leurs fonctions agissent dans les limites des pouvoirs qui leur sont conférés* »[509] par les traités et par les protocoles y afférant et dans les conditions prévues par ceux-ci. Autrement dit, les compétences n'existent que lorsqu'elles résultent des traités fondateurs. La question de la répartition des compétences s'est invitée dans le prétoire des cours de justice de l'UEMOA, de la CEDEAO et de la CAE. Ces dernières procèdent à des arbitrages dans les rapports interinstitutionnels ou lorsque des conflits de compétences surviennent entre les institutions communautaires et les États membres en garantissant le respect de l'intégrité des compétences (**§1**) prévues par les traités. En outre l'étude de la jurisprudence de la CJCAE souligne que l'exercice des compétences en vue d'atteindre les objectifs d'intégration, doit reposer sur le principe de la géométrie variable (**§2**).

§ 1 : Le respect de la répartition des compétences entre les institutions communautaires et les États membres

129 L'armature institutionnelle des communautés africaines, basée sur une délimitation des compétences attribuées aux communautés et aux États membres, a été précisée par la jurisprudence africaine qui rappelle la nécessité pour ceux-ci d'exercer leurs compétences dans les limites définies par les traités. Les CJUEMOA, CJCEDEAO et CJCAE ont, dans leur pratique jurisprudentielle, identifié les principes régissant l'exercice des compétences communautaires ainsi que des principes directeurs. La CJUEMOA érige le principe de compétence exclusive (**A**) en un instrument efficace pour protéger la délimitation des différents domaines couverts par le traité. Elle souligne que « la Charte constitutionnelle de l'Union, a reconnu à la Communauté, des compétences d'attribution, à côté des compétences retenues »[510]. Les CJCAE et CJCEDEAO assurent le respect de l'équilibre institutionnel des traités (**B**).

---

[509] Article 16 du traité de l'UEMOA ; article 6§2 du traité de la CEDEAO ; article 11§1 du traité révisé de la CEMAC ; article 7§4 du traité COMESA ; article 9§4 du traité CAE.

[510] Avis n°003/2000 du 27 juin 2000, *Demande d'avis de la Commission de l'UEMOA relative à l'interprétation des articles 88, 89, 90 du traité relatif aux règles de la concurrence dans l'Union.*

A) La reconnaissance du principe de la compétence exclusive par la CJUEMOA

130 À l'origine, le traité de l'UEMOA ne procède pas à une identification claire de la délimitation des compétences des institutions et des États membres. Il se borne à évoquer simplement le principe des compétences d'attribution[511] en soulignant que « les États membres apportent leurs concours à la réalisation des objectifs de l'Union en adoptant toutes mesures générales ou particulières, propres à assurer l'exécution des obligations découlant du présent Traité… »[512]. À la différence de l'UE où, en plus de la jurisprudence[513], le traité de Lisbonne est venu clarifier la répartition des compétences[514], le droit de l'UEMOA est comblé par la Cour à travers sa fonction consultative. D'une part, la Cour a été saisie pour avis[515], à la suite d'une divergence entre la Commission de l'UEMOA et le Comité d'experts chargé de préparer les délibérations du Conseil des ministres sur les projets d'accords commerciaux ou investissements entre l'Union et les États tiers. La question posée au juge communautaire était de savoir si l'article 84 du traité[516] reconnaissait ou non une compétence exclusive à l'Union pour conclure des accords internationaux dans le cadre de la politique commerciale. La CJUEMOA, dans une démarche systématique, répond positivement en considérant que : « Il importe de souligner tout

---

[511] Article 16§2 du traité.

[512] Article 7 du traité.

[513] CJCE, 11 novembre 1975, avis 1/75 (compétence exclusive en matière commerciale) ; CJCE, 11 juillet 1976, *Kramer,* Aff. 6/76 (compétence exclusive pour prendre des mesures de conservation des ressources biologiques de la mer dans le cadre de la politique commune de pêche).

[514] Le TFUE identifie trois types de compétences : les compétences exclusives (articles 2§1 et 3), les compétences partagées (articles 2§2 et 4) et les compétences d'appui, de coordination et de complémentarité (articles 2§5 et 6). Le traité de Lisbonne (article 2§1) définit la compétence exclusive en ces termes : « seule l'Union peut légiférer et adopter des actes juridiquement contraignants, les États membres ne pouvant le faire par eux-mêmes que s'ils sont habilités par l'Union ou pour mettre en œuvre les actes de l'Union. »

[515] Avis n°002/2000 du 2 février 2000. Demande d'avis complémentaire du Président de la Commission de l'UEMOA relative à l'interprétation de l'article 84 du traité de l'UEMOA.

[516] Selon cette disposition : « L'Union conclut des accords internationaux dans le cadre de la politique commerciale commune selon les modalités suivantes : - la Commission présente des recommandations au Conseil qui l'autorise à la majorité de deux tiers (2/3) de ses membres à ouvrir les négociations nécessaires. - La Commission conduit les négociations… ».

d'abord que l'Union constitue en droit une organisation de durée illimitée, dotée d'institutions propres, de la personnalité et de la capacité juridique et surtout de pouvoirs issus d'une limitation de compétences et d'un transfert d'attributions des États membres qui lui ont délibérément concédé une partie de leurs droits souverains pour créer un ordre juridique autonome qui leur est applicable ainsi qu'à leurs ressortissants. C'est ainsi qu'à côté des compétences retenues des États membres dont l'exercice est garanti par leur autonomie institutionnelle, il existe avec **le même principe d'autonomie institutionnelle une compétence exclusive de l'Union** mise en évidence par des dispositions parfaitement identifiables dont celles des articles 82, 83 et 84 du Traité relatif à la politique commerciale qui prescrivent en vue de la réalisation des objectifs du Traité une politique commerciale commune comprenant notamment la détermination par actes juridiques communautaires du Tarif Extérieur Commun, de mesures de défense commerciale, de politique d'exportation, de négociation et de conclusion d'accords commerciaux bilatéraux ou multilatéraux avec des États ou organisations internationales ». La Cour poursuit son raisonnement en retenant que « l'article 84 du Traité... n'envisage en aucun cas l'intervention des États membres au stade de la négociation, ces derniers ne pouvant intervenir qu'au stade de l'élaboration des recommandations du Conseil à la Commission et éventuellement en tant que membres du comité ad hoc constitué par le Conseil des Ministres » et que « La politique commerciale commune tant intérieure qu'extérieure de l'Union relève de la compétence exclusive de cette dernière ; sous peine de violation de l'art 7 du traité, les États membres ne peuvent ni individuellement, ni collectivement négocier ou conclure des accords internationaux en matière commerciale, sauf dans le cas prévu à l'article 85 du traité ou dans celui relevant d'accords dits mixtes couvrant à la fois des domaines relevant des compétences exclusives respectives de l'Union et des États membres »[517]. Cette intervention du juge communautaire exclut le partage des compétences entre l'Union et les États membres dans le domaine de la politique commerciale commune. Ces derniers se voient interdit de conclure des accords commerciaux de manière absolue. La Cour oblige les États membres à observer cette interdiction conformément au principe de coopération loyale prévu à l'article 7 du traité.

---

[517] Avis n°002/2000.

131 D'autre part, la Cour de Ouagadougou confirme le principe de la compétence exclusive dans le domaine de la concurrence. Dans un avis[518] portant encore sur une divergence de vues entre la Commission et le Comité d'experts[519], à propos des règles de la concurrence prévues par le traité[520], la CJUEMOA délimite la compétence de l'Union et des États membres. Elle commence d'abord par constater que « les dispositions du Traité de l'UEMOA ne sont pas très explicites en matière de répartition des compétences entre l'Union et les États qui ont entendu transférer une partie de droits souverains au profit de la Communauté »[521] avant de se livrer à une définition assez exhaustive de la compétence exclusive. Selon la Cour, « Il y a donc compétence exclusive lorsque la connaissance d'un certain domaine normatif d'intervention est réservée et aménagée pour un organe ou une organisation, seule habilitée à l'exercer dans un intérêt collectif. Elle a un caractère exceptionnel notamment dans le cadre communautaire où elle s'impose toutes les fois que le fait de laisser aux États, une capacité d'initiative dans le même domaine est incompatible avec l'unité du marché commun et l'application uniforme du droit communautaire. Elle retire ainsi aux États membres tout droit de légiférer ou réglementer dans la matière faisant l'objet de la compétence exclusive sauf s'ils ont été dûment investis de ce pouvoir par l'Union ». Elle retient somme toute que le « principe exclusiviste de la compétence ne permet aux États membres de légiférer de plein droit dans les matières de l'article 88 du Traité surtout lorsqu'il a pour objet ou effet quelconque de fausser le jeu de la concurrence dans le marché commun de l'Union, exception faite des prescriptions formelles des autorités communautaires les associant à l'exercice de cette compétence qui lui est dévolue »[522].

---

[518] Avis n°003/2000 du 27 juin 2000. *Demande d'avis de la Commission de l'UEMOA relative à l'interprétation des articles 88, 89, 90 du traité relatif aux règles de la concurrence dans l'Union.*

[519] Pour la Commission, l'Union a une compétence exclusive pour légiférer dans les trois domaines couverts par le traité en matière de concurrence (ententes, abus de position dominantes, aides d'État).

[520] L'article 88 pose les interdictions (entente, abus de position dominante, aides d'État).

[521] Avis n°003/2000.

[522] Pour le juge, « les États membres restent…compétents en toute exclusivité pour prendre toutes dispositions pénales réprimant les pratiques anticoncurrentielles, les infractions aux règles de transparence du marché et même à l'organisation de la concurrence ». Dans cet avis, la Cour a procédé à une comparaison avec les dispositions du Traité de Rome (articles 85 et 86) en soulignant que « *les rédacteurs du Traité de Dakar…ont tiré les leçons des difficultés rencontrées dans l'expérience*

Ainsi, le domaine de la concurrence relève de la compétence de droit commun de l'Union et les États peuvent avoir une compétence résiduelle. Le juge défend la mise en place du marché commun constituant le « domaine privilégié de la compétence exclusive »[523] et le droit de la concurrence « en tant qu'élément constitutif du marché commun ne peut que lui emprunter son caractère de domaine relevant de la compétence exclusive de l'Union »[524]. Enfin, la Cour, dans un autre avis[525] rendu, revient sur les compétences générales de l'Union avec le principe de répartition avec les États membres. Les compétences spécifiques permettent à l'Union d'agir seule à l'exclusion des États membres se trouvant dessaisis de toute compétence. Contrairement à sa jurisprudence antérieure où la CJUEMOA avait conclu à la compétence de l'Union, la Cour estime que « pour les matières ou l'union dispose d'un simple pouvoir d'harmonisation d'orientation, elle dispose de compétences partagées avec les États membres qui continuent alors d'exercer leurs prérogatives dans le respect des principes et règles communautaires. En matière commerciale, l'Union dispose d'une compétence exclusive édictée par l'article 84 du traité et confirmée par l'avis n°02/2000 de la Cour ; dans le domaine de la concurrence également (avis n°03/2000 du 27 juin 2000) … L'Union n'a pas une compétence exclusive pour mener des négociations dans le domaine de la promotion et de protection des investissements au même titre que pour les accords commerciaux de l'article 84 du traité ». Donc, dans le domaine des investissements, l'organisation devra appliquer le partage des compétences en attendant de préciser clairement le niveau d'intervention des États membres.

132 L'analyse de la jurisprudence de l'UEMOA montre que la répartition des compétences constitue une question complexe que seule

---

européenne de l'application de la théorie de la double barrière qui a été consacré judiciairement par un arrêt…dans l'affaire 14/68 *Walt Wilhem c Bundeskartellant* du 13 février 1961… ». Pour un commentaire de cet avis, Cf. SALL (A), *La justice de l'intégration, Réflexions sur les institutions judiciaires de la CEDEAO et de l'UEMOA*, Deuxième édition corrigée et augmenté, *op. cit.*, pp. 145-148.

523 Avis n°003/2000.

524 *Ibid.*

525 Avis n°01/2007 du 19 octobre 2007, *Demande d'avis du Président de la Commission de l'UEMOA relative à la possibilité pour les États membres de conclure individuellement des accords d'investissements avec les pays tiers*. La problématique soulevée était la suivante : la compétence octroyée à l'Union de négocier des accords de promotion et de protection des investissements, exclut-elle la possibilité pour les États membres d'entreprendre individuellement de telles démarches ?

la révision du traité pourra définitivement résoudre. La jurisprudence de la Cour contribue à l'identification de la typologie des compétences générales et des compétences spécifiques. Si le principe de la compétence exclusive est connu[526], il sera nécessaire de clarifier les compétences retenues et les compétences partagées afin de mieux saisir les principes régissant la délimitation et l'exercice des compétences. Les États membres sont, souvent, amenés, à intervenir dans des domaines transférés aux communautés ; ce qui limite la délimitation des compétences communautaires et celles nationales[527].

B) Le respect du principe de l'équilibre institutionnel

133 L'ordre juridique communautaire par définition est bâti autour d'un certain nombre de principes qui constituent la base structurelle de cet ordre. Parmi ces principes, on peut retenir le principe de l'équilibre institutionnel. Celui-ci a été énoncé par la CJCE dans sa jurisprudence en ces termes : « Le principe d'équilibre des pouvoirs, caractéristique de la structure institutionnelle de la Communauté, une garantie fondamentale accordée par le traité aux entreprises. »[528]. Mais, l'expression exacte « équilibre institutionnel » apparaît dans l'arrêt

[526] On peut citer les domaines suivants : politique monétaire (article 62 du traité) ; politique économique (articles 63 à 75 du traité) ; concurrence (articles 88, 89 et 90 du traité), politique commerciale (article 84 du traité) etc.

[527] Par exemple, dans le domaine minier et celui des investissements, les États membres de l'UEMOA et de la CEDEAO disposent de législations disparates contribuant à la fragmentation de l'unité des ordres juridiques communautaires. Chaque État membre se dote de code minier et de code des investissements or, ces champs sont couverts par les communautés : le Protocole additionnel II relatif aux politiques sectorielles de l'UEMOA (article 21) et l'article 101 du Traité UEMOA ; le code minier communautaire de l'UEMOA (règlement n°18/2003/CM/UEMOA du 23 décembre 2003) ; article 31 du traité de la CEDEAO ; Directive CEDEAO portant sur *l'harmonisation des principes directeurs et des politiques dans le secteur minier* du 27 mai 2009.

[528] CJCE 13 juin 1958, *Meroni c/Haute autorité*, Aff. 9/56, Rec. 11. La Cour de justice appréhende le principe de l'équilibre institutionnel sous le prisme du principe de la compétence d'attribution. Pour elle, ce principe prévu à l'article 13§2 TUE « traduit le principe de l'équilibre institutionnel, caractéristique de la structure institutionnelle de l'Union, lequel implique que chacune des institutions exerce ses compétences dans le respect de celles des autres » (Arrêt CJUE, 14 avril 2015, Aff. C-409/13, *Conseil c/Commission*, point 64, CJUE, 15 juillet 2015, Aff. C-426/13, *Commission c/Conseil*). Cf. BLUMANN (C.), DUBOUIS (L.), *Droit institutionnel de l'Union européenne*, *op. cit.*, p. 214.

Koster[529]. Le principe dégagé par la jurisprudence et comparé à celui de la séparation des pouvoirs est destiné à « préserver les compétences respectives des institutions »[530]. En tant qu'instrument de « *respect de répartition des compétences* »[531] de « régulation de règlement du contentieux »[532] interinstitutionnel, le principe de l'équilibre institutionnel se voit assigné une double fonction de « maintien de la stabilité de l'ordre constitutionnel existant » et « d'accompagnement des mutations institutionnelles »[533]. La jurisprudence communautaire a essayé de systématiser l'existence du principe de l'équilibre institutionnel cantonné à la finalité de défense des compétences reconnues à chaque institution communautaire et d'autonomie fonctionnelle, voire d'indépendance organique des institutions communautaires. La CJCEDEAO, dans une demande d'avis du Secrétariat Exécutif devenu la Commission[534], a préservé les compétences du Parlement en indiquant que selon l'article

[529] CJCE, 17 décembre 1970, Aff. 25/70, Rec. 1161. Dans un autre arrêt, la Cour de justice a estimé que « le respect de l'équilibre institutionnel implique que chacune des institutions exerce ses compétences dans le respect des autres ». (CJCE, 22 mai 1990, Parlement c/Conseil, C-70/88, Rec. p. I-2041. Sur l'étude du principe en droit de l'UE, voir : ARTHAUD (V.), *Le principe de l'équilibre institutionnel dans l'Union européenne,* Thèse de doctorat, 28 octobre 2003, 594 p. ; LE BOT (F.), *Le principe de l'équilibre institutionnel*. Thèse de doctorat, Université Panthéon Sorbonne, 13 décembre 2012, 597 p. ; GUILLERMING (G.), « Le principe d'équilibre institutionnel dans la jurisprudence de la Cour de justice des Communautés européenne », JDI (2), 1992, pp. 319-346 ; BLUMANN (C.), « Équilibre institutionnel et séparation des pouvoirs en droit communautaire », *Clés pour le siècle*. Paris Dalloz 2000, p. 1639-1659 ; BERTRAND (B.), « Le principe de l'équilibre institutionnel : la double inconstance », *Revue Europe*, juin 2016, pp. 5-10.

[530] BLUMANN (C.), « Équilibre institutionnel et séparation des pouvoirs en droit communautaire », *op. cit.*, p. 1640.

[531] BERTRAND (B.), « Le principe de l'équilibre institutionnel : la double inconstance », *op. cit.*, p. 6.

[532] BLUMANN (C.), « Équilibre institutionnel et séparation des pouvoirs en droit communautaire », *op. cit.*, p. 1641.

[533] BLUMANN (C.), DUBOUIS (L.), *Droit institutionnel de l'Union européenne, op. cit.,* pp. 215-216.

[534] Avis n°01/05, Aff. ECW/CCJ/ADV/OPN/01/05 du 5 décembre 2005, *Demande d'avis du Secrétaire Exécutif* par rapport à la conformité de l'article 23-11 du Règlement intérieur du Parlement de la Communauté aux dispositions des articles 72 et 14-2 (f) du Protocole du Parlement. En l'espèce, il est demandé à la Cour de se prononcer sur la légalité de la décision du Président du Parlement de continuer en tant que Président du Bureau de cette institution à gérer les affaires du Parlement après le 15 novembre 2005.

19 du Protocole du Parlement[535] « toutes les questions non prévues dans le présent Protocole seront déterminées par le règlement intérieur et que cette disposition a suffisamment réglé la question de la légalité de l'article 23 (11) du Règlement du Parlement de la Communauté. Cet article confère un pouvoir d'autogestion au Parlement…Les dispositions du Règlement sont conformes aux dispositions du Protocole »[536]. Cet avis, de notre point de vue, amorce l'idée de préservation de l'équilibre institutionnel en droit communautaire africain que la Cour d'Abuja laisse paraître en préservant l'autonomie fonctionnelle du Parlement vis-à-vis des autres institutions communautaires. Mais, la traduction directe du principe de l'équilibre institutionnel apparaît dans la jurisprudence de la Cour africaine de l'Est dans son premier arrêt rendu dans l'affaire *Calist Andrew Mwatela and orthers v/East African Community*[537]. En l'espèce, le recours fut introduit par trois députés contestant la validité de la réunion du Conseil sectoriel sur les affaires juridiques et judiciaires qui s'est tenue du 13 au 16 septembre 2005 et les décisions prises lors de ladite réunion concernant les projets de loi devant être discutés à l'Assemblée législative de l'Afrique de l'Est. Ainsi, les requérants demandent que la Cour déclare non conforme au traité les délibérations prises car ils estiment que le Conseil s'est emparé de la fonction législative dévolue à l'Assemblée en vertu de l'article 49 du Traité[538]. Dans sa décision[539], la CJCAE précise que l'indépendance

---

[535] Protocole A/SP.1/12/01 relatif au Parlement de la Communauté. Un Acte additionnel a été adopté pour renforcer le Parlement en l'occurrence l'Acte Additionnel A/SA.1/12/16 relatif au renforcement des prérogatives du Parlement de la CEDEAO du 17 décembre 2016.

[536] Point 16 de l'avis n°01/05. La CJCEDEAO s'inspire de l'article 4§2 du Règlement du Parlement européen selon lequel « tout député demeure en fonction jusqu'à l'ouverture de la première séance du Parlement suivant les élections ». Selon la Cour « cette disposition est similaire aux dispositions de l'article 23 (11) du Règlement du Parlement de la Communauté. À ce titre, le sens de cet article montre que tous les Représentants y compris le Président du Parlement resteront en fonction jusqu'à ce que de nouveaux Représentants des États membres respectifs prennent fonction. Cet article vise tous les Représentants du Parlement, les membres du Bureau et le Président du Parlement ». Point 17.

[537] Ref. N° 1/2005, 6 décembre 2006. Pour un commentaire de cette décision, voir Anne Pieter van der Meir, « Regional integration : The Contribution of the East african Communauté », *ZaoRV* 69 (2009), pp. 403.

[538] Selon cette disposition, « L'Assemblée est l'organe législatif de la Communauté ».

[539] Pour la Cour, les décisions prises étaient contraires au traité. En revanche la Cour va appliquer la théorie de l'annulation avec effet prospectif pour sauvegarder les décisions prises par le Conseil sectoriel depuis sa création. La Cour se réfère à la

de l'Assemblée doit être sauvegardée en vertu de l'article 16 du traité[540] et que les décisions du Conseil « have no place in areas of juridiction of the Summit, Court and the Assembly »[541]. La Cour defend le principe de l'équilibre institutionnel entre les institutions et fait le lien avec le principe d'attribution des compétences en soulignant que : « The Assembly is a creature of the Treaty like the other Organs of the Community and such an Organ can only have competence on matters conferred upon it by the Treaty. The Assembly has no power to legislate on matters on which the Partner State have no surrended sovereignty »[542]. À travers cette décision, la CJCAE consacre le principe de « institutional balance between organs and institutions of the Community »[543].

134 Il faut signaler que l'expression « équilibre institutionnel » n'est pas encore utilisée formellement dans la jurisprudence de ces deux cours de justice africaines mais l'idée est retenue avec une volonté d'assigner au principe une fonction de défense et de préservation des prérogatives et des compétences de chaque organe sans aucun empiétement ou chevauchement. La pratique jurisprudentielle africaine aura le défi de donner plus de précisions au principe de l'équilibre institutionnel qui déjà constitue un moyen de régulation des compétences, d'affirmation de l'indépendance organique et d'autonomie fonctionnelle des institutions communautaires.

§ 2 : La protection du principe de la géométrie variable par la Cour africaine de l'Est

135 La réalisation des objectifs d'intégration suppose une égalité, une solidarité et une loyauté entre les États membres, ainsi qu'une « répartition juste et équitable des coûts et des avantages de la coopération et l'intégration économique »[544]. Mais en se fondant sur les disparités économiques entre les États membres, la Communauté

---

jurisprudence de la CJCE *Defrenne vs Sabena*, 1978 (effet de l'annulation). Les textes ne pouvaient pas être retirés à moins d'obtenir l'autorisation de l'Assemblée.

[540] En vertu de l'article 16 « les règlements, les directives et les décisions du Conseil pris ou rendus… ont force obligatoire à l'égard des États membres et de tous les organes et de toutes les institutions de la Communauté autre que le Sommet, la Cour de justice et l'Assemblée dans le cadre de leurs juridictions ainsi qu'à l'égard des entités auxquelles ils peuvent, selon le traité être référés ».

[541] Page 20 de l'arrêt.

[542] Page 24 de l'arrêt.

[543] Terminologie employée par la Cour dans son site officiel. http://eacj.eac.int/

[544] Voir par exemple, l'article 4 (k) du traité de la CEDEAO.

africaine de l'Est a institué un principe d'intégration différenciée à l'image du droit de l'UE, dénommée « principe de géométrie variable ». Celui-ci, originaire du traité de la CAE, a fait l'objet d'une clarification jurisprudentielle (**A**) par la Cour relevant l'ambiguïté conceptuelle et soulignant son caractère conforme avec la règle du consensus dans le processus décisionnel. Avant de se pencher sur l'appréhension de la notion par la jurisprudence de la CJCAE, il convient de voir la signification du principe (**B**) dans le traité de base afin de mieux saisir la portée normative dans l'ordre juridique communautaire est-africain.

A) La signification du principe de géométrie variable dans le traité

136 Le principe de géométrie variable, en tant que principe de flexibilité, constitue une caractéristique essentielle des organisations régionales africaines de seconde génération[545] assurant la progression de l'intégration sous différentes formes. Mais son application non régulée peut aboutir à une fragmentation[546] du processus d'intégration en raison des différences susceptibles de remettre en cause l'égalité de traitement entre les États membres ou l'unité d'application du droit communautaire. Au niveau de la construction européenne, le principe de la géométrie variable[547] apparaît sous le vocable de principe de flexibilité ou d'intégration différenciée pour renforcer l'intégration[548] tenant compte des différences entre les États membres. Ainsi, la géométrie variable correspond à la « la volonté de certains États membres il s'agit de la volonté de certains États membres de bénéficier d'une réglementation dérogatoire qui leur permet de laisser inappliquée (aussi longtemps qu'ils ne changeront pas d'avis) la règle commune. L'écart par rapport à l'orthodoxie communautaire constitue le prix politique à payer pour obtenir (généralement dans les heures ultimes de négociation) l'unanimité indispensable à la révision des traités »[549]. Ce principe de flexibilité du droit de l'UE a permis de conduire la

---

[545] GATHI (J. T.), « African Regional Trade Agreements as flexible regimes », *Working Papers Series*, N°20/2009, p. 31.

[546] TINO (E.), « The Variable Geometry in the Experience of Regional Organization in developing countries », *SYBL* (2013-2014), p. 141.

[547] Ce principe trouve une traduction dans les traités de l'UE : Accords de Schengen, Traité de Maastricht avec l'Union économique et monétaire (dérogations octroyées au Royaume et au Danmark).

[548] Il s'agit du mécanisme des coopérations renforcées (consacré par le traité d'Amsterdam) et aujourd'hui prévu par l'article 20 du TUE.

[549] ISAAC (G.), BLANQUET (M.), *Droit général de l'Union européenne*. Sirey, 10e éd. 2012, p. 45.

construction européenne, selon un rythme différencié[550] avec des dérogations instituées par les traités. Pour la Communauté africaine de l'Est, le principe de géométrie variable est défini par l'article 1 du traité de base. En vertu de celui-ci, le principe « désigne la souplesse qui permet de faire progresser la coopération parmi les membres d'un sous-groupe participant à une intégration plus vaste dans plusieurs domaines à des rythmes différents ». Le traité de la CAE l'érige même en son article 7 (1) (e) au rang de principes de base pour la mise en œuvre des objectifs de la Communauté. Le concept de géométrie variable ne semble pas trouver sa consécration formelle que dans la communauté africaine. Les autres organisations communautaires africaines semblent juste retenir le principe de l'égalité des États dans la répartition des coûts et des avantages de l'intégration[551] avec l'exigence de clauses de sauvegarde. Le principe de la géométrie variable reflète les disparités entre les États membres au sein de la Communauté africaine de l'Est. D'ailleurs, l'une des fonctions essentielles du principe, identifiée, renvoie à la nécessité d'empêcher les économies développées de phagocyter les économies sous développées[552]. James Gathii explique les raisons fondamentales ayant présidé à l'adoption du principe de géométrie variable par les disparités économiques des États membres et la répartition inéquitable des bénéfices de l'intégration avec la domination économique et technologique de certains États[553]. Par conséquent, le principe de géométrie apparaît « as a Solution of Adjusting the Costs

---

[550] Cette différenciation dans la construction communautaire a eu l'écho de la doctrine qui a donné trois qualifications au procédé de l'intégration différenciée que Claude Blumann et Louis Dubouis ont systématisé en ces termes : « D'abord, l'Europe à plusieurs vitesses… qui correspond peu ou prou aux régimes transitoires accordés aux nouveaux États membres ou aux clauses de sauvegarde. Dans cette formule, l'objectif unitaire demeure commun, seuls varient les rythmes de réalisation. L'Europe à géométrie variable…représente pour sa part une différenciation dans l'espace. Des États échappent selon leur volonté et pour une durée indéterminée à certaines politiques de l'Union (Euro, Schengen). Enfin, l'Europe à la carte…permet à chacun de choisir à sa guise les politiques de l'Union auxquelles il veut bien participer ». Cf. BLUMANN (C.), DUBOUIS (L.), *Droit institutionnel de l'Union européenne*, *op. cit.*, p. 518-519.

[551] Par exemple articles 4 (k) et 49 du traité de la CEDEAO.

[552] UGIRASHEBUYA (E.) and others, *East africain Cmmunity Law: Institutional Substantive and Comparative EU Law Aspects*, *op. cit.*, p. 306.

[553] Cf., « African Regional Trade Agreements as flexible regimes », op. cit., p. 33. L'auteur cite les économies dominantes dans les constructions communautaires : le Kenya au niveau de la Communauté Africaine de l'Est, le Nigeria dans l'espace de la CEDEAO et l'Afrique du Sud dans la SADC.

and Benfits of Integration »[554]. Au niveau de la CAE, le principe de géométrie variable se manifeste dans l'application des politiques communautaires. Par exemple, il arrive que les États membres, comme le Kenya, le Rwanda et l'Ouganda, mettent œuvre des politiques d'intégration plus vite que la Tanzanie et le Burundi[555]. Dès lors, le principe de géométrie consacrant la flexibilité dans le processus d'intégration, loin d'être une règle d'exclusion, permet aux États membres de s'accorder sur la poursuite des objectifs d'intégration avec une différence de rythme dans la mise en œuvre[556]. En outre, le principe de géométrie variable doit être saisi avec les autres principes constitutionnels du traité que sont : la subsidiarité[557], la distribution équitable des bénéfices de l'intégration[558], la complémentarité[559] et l'asymétrie[560]. Ces principes complémentaires, consacrés par le traité de la CAE, guident la mise en œuvre des objectifs de l'intégration. Ainsi, en plus de la signification donnée par le traité du principe de géométrie variable, la CJCAE se livre à une explication détaillée à la suite de la divergence d'interprétation avancée par les États membres.

B) L'application jurisprudentielle du principe

137 Le principe de géométrie semble être bien ancré dans la pratique jurisprudentielle de la CJCAE considérant que « le processus d'intégration est modéré par les principes de géométrie variable et asymétrie »[561]. Dans un avis consultatif[562] rendu le 24 avril 2009, la Cour devait préciser si la règle du consensus était conforme avec le

---

[554] GATHI (J. T.), « African Regional Trade Agreements as flexible regimes », *op. cit.*, p. 38.

[555] Par exemple en 2013, pour la mise en place d'un visa touriste, l'utilisation de la carte d'identité comme document de voyage, le Kenya, le Rwanda et l'Ouganda ont décidé d'aller plus vite que la Tanzanie et le Burundi. Pour certains auteurs, le principe a été institué dans le but de favoriser la Tanzanie et l'Ouganda qui disposaient d'une économie relativement développée face à l'économie kenyane dans le cadre de la libre circulation des marchandises. Cf. UGIRASHEBUYA (E.) and others, *op. cit.*, p. 108.

[556] *Ibid.*, p. 106.

[557] Art.7 (1) (d) du Traité.

[558] Art. 7 (1) (f).

[559] Art. 7 (1) (g).

[560] Art. 7 (1) (h).

[561] *British American Tobacco (U) LTD v. The attorney General of Uganda* N°7/2017 du 26 mars 2019, point 74. Nous traduisons de l'anglais: « … the EAC integration process is significantly tempered by the principeles of variable geometry and asymetry that are encapsulated in Article 7 (1) du traité. »

[562] N°1/2008.

principe de géométrie dans la prise de décisions[563]. Face aux hésitations et incertitudes des États membres, quant à la compatibilité du principe de géométrie variable avec la règle du consensus, le Conseil des ministres pose à la Cour les questions suivantes : le principe de géométrie variable est-il compatible avec l'exigence du consensus dans le processus décisionnel ? Le principe peut-il être appliqué pour orienter le processus d'intégration malgré l'existence de la règle du consensus dans le processus décisionnel ? L'exigence de consensus signifie-t-elle l'unanimité des États membres ? Avant d'évoquer les réponses formulées par la Cour[564], il convient de rappeler les opinions des États membres ayant formulé des observations au cours de la procédure[565]. Pour le Rwanda, le principe de géométrie variable est compatible avec l'exigence de consensus dans le processus décisionnel et que le principe gouverne la progression de l'intégration à des niveaux différents[566]. Le Burundi soutient le contraire en estimant que le principe de géométrie variable et la règle du consensus sont conflictuels et que l'unanimité exige l'accord de tous les États membres alors que le consensus suppose la flexibilité en faveur d'une prise de décision rapide dans le processus d'intégration[567]. Pour le Kenya, le terme consensus ne signifie pas nécessairement l'unanimité et soutient le principe de géométrie variable et demande à la Cour de définir les domaines dans lesquels un État membre peut participer sans dérogation[568]. La Tanzanie souligne que le consensus signifie l'unanimité entre les États membres et conteste l'intervention de la Cour dans l'application du principe de géométrie variable déjà définie par le traité[569]. Pour l'Ouganda, cette question de l'application du principe de géométrie relève du politique et non du juridique et la Cour ne peut pas être un instrument pour procéder à une révision du traité[570]. En sus de ces prises de position, on pourra ajouter l'argument de la société africaine de l'Est de droit (*amis curae*), selon lequel le principe de géométrie variable

---

[563] Le traité prévoit comme modalités de décision la majorité absolue, qualifiée ou simple.

[564] L'avis a fait l'objet de quelques commentaires au niveau de la doctrine : GATHI (J. T.), « African Regional Trade Agreements as flexible regimes », *op. cit.* p. 47. OPPONG (R. F.), *Legal Aspects of Economic Integration in Africa*, *op. cit.*, p. 131.

[565] Cette possibilité d'intervention est prévue par les articles 40 du Traité et 36 du Règlement de procédure de la Cour.

[566] p. 11 de l'avis 1/2008.

[567] *Ibid.*, p. 12.

[568] *Ibidem*, p. 17.

[569] *Ibid.*, p. 20.

[570] *Ibid.*, p. 22.

guide le processus d'intégration et n'est pas incompatible avec l'exigence de consensus et que l'unanimité ne signifie pas consensus[571]. Donc, deux thèses s'affrontaient devant la Cour : celle de la compatibilité du principe avec la règle du consensus et celle de la contrariété. Ainsi, pour répondre aux questions, la Cour rappelle la définition du principe de géométrie variable donnée par le traité en son article 7 (1) (e) en tant que principe de flexibilité permettant la progression entre État membre selon un rythme différent. D'une part, la CJCAE, avec une comparaison avec le droit de l'UE et du droit de la SADC, estime que le principe de la géométrie variable est conforme à l'exigence de consensus dans la prise de décision du Conseil. La Cour valide la conformité du principe de géométrie variable avec les objectifs de l'intégration[572] en relevant que le principe ne constitue nullement un instrument de prise de décision mais une stratégie de mise en œuvre des décisions. Selon la Cour « the principle of variable geometry…is a strategy of implementation of community decisions and not a decision-making tool in itself…the principle can confortably apply, and was intended to guide the integration processus and we find no reason or possibility for it to conflict with the requirement for consensus in decision-making »[573]. D'autre part, la Cour estime que le consensus ne signifie pas l'unanimité et qu'il n'est pas défini par le traité[574]. La Cour d'Arusha relève l'imprécision du traité quant à la définition du consensus qui ne saurait signifier unanimité au regard du traité. Pour la Cour, il s'agit de deux concepts différents[575]. À notre avis, cet avis de la Cour contribue à la précision du traité sur une question éminemment complexe dans le processus d'intégration. Le juge communautaire appréhende la géométrie variable comme un moyen pour renforcer l'intégration en indiquant sa compatibilité avec la règle du consensus.

---

[571] *Ibid.*, p. 27.

[572] La Cour considère que « variable geometry is in harmony with the requirement for consensus in decision making », p. 29.

[573] *Idid.*, p. 33.

[574] L'article 12 (3) du Traité prévoit que les décisions du Sommet sont prises à l'unanimité ; l'article 15 (4) dispose que les décisions du Conseil doivent être prises à l'unanimité. Et l'article 2 du Protocole sur les modalités de prise de décisions du Conseil prévoit l'adoption des décisions par consensus. L'article 148 du Traité évoque les exceptions à la règle du consensus.

[575] Avis n°1/2008, p. 37.

138 On peut retenir deux enseignements majeurs[576] de cet important avis. D'abord, la Cour comble la lacune du traité quant à la portée du principe de géométrie variable dans la mise en œuvre des objectifs d'intégration. Cela permet de fixer le cadre d'exercice du principe. Ensuite, cet avis de la Cour clôt la controverse autour de la question de la compatibilité de la règle du consensus avec le principe de géométrie variable. Toutefois, il sera nécessaire d'adapter le traité à la jurisprudence de la Cour sur la compréhension du principe de géométrie variable.

Conclusion du chapitre II

139 En définitive, il ressort de la jurisprudence étudiée que les cours africaines ont contribué à l'affirmation des ordres juridiques communautaires. D'une part, elles ont contribué à l'indentification des principes fondateurs de primauté et d'effet direct du droit communautaire. D'autre part, elles ont précisé la régulation des compétences à travers les principes de compétence exclusive, d'équilibre institutionnel et de géométrie variable.

140 Ces principes posés et définis, dans les ordres juridiques communautaires africaines, donnent une impulsion aux objectifs d'intégration tels que la construction de marché commun ou la protection des droits individuels. L'application des mêmes règles dans les États membres favorisent l'unité des systèmes juridiques nationaux et la sécurité juridique. L'invocabilité immédiate des droits tirés des traités communautaires encourage le progrès de l'intégration par le droit.

---

[576] On pourra partager aussi les remarques de James Thuo Gathii sur cet avis en ces termes: « The EACJ's variable geometry decision is hyghly significant decision because it provides an exist route within the treaty framework for states like Tanzanie which are deeply suspicious they will be economically disadvantage by relatively, more economically powerful States like Kenya… The principle of variable geometry has given states likes Tanzania a legal foothold within the East African Community not to make commitments they believe with unfairly distribute rewards them…the decision also provides a legal basis for their continued cooperation since objecting states will not be regarded as wielding a veto under the rule on consensus decision making, but rather as exercisng their right to opt out of commitments under the principle of variable geometry. » Cf. « African Regional Trade Agreements as flexible regimes », *op. cit.*, p. 61.

Conclusion du titre I

141 La contribution des cours de justice africaines au renforcement de l'intégration par le droit s'illustre par l'exercice de la fonction contentieuse et consultative avec l'instauration d'un système de voies de droit facilitant l'action normative du juge. Les juridictions communautaires africaines ont contribué à la définition du régime juridique du recours en annulation, du recours en indemnité, du recours en manquement et du renvoi préjudiciel. La précision des règles contentieuses pour permettre aux particuliers de défendre leurs droits, l'apport de la procédure consultative à la clarification des termes flous des traités et protocoles communautaires, l'identification des principes fondateurs et structurels des ordres juridiques communautaires, constituent autant de leviers puissants pour promouvoir l'intégration par le droit.

142 La jurisprudence des cours africaines a contribué à l'établissement des ordres juridiques communautaires avec des principes structurants garantissant leur unité et leur autonomie, et des principes régissant la délimitation des compétences. L'exercice de la compétence consultative par les cours africaines a permis de faire valoir la fonction préventive et celle palliative de la demande d'avis, lorsqu'il était question d'assurer une interprétation des traités communautaires par rapport aux actes dérivés ou accords internationaux.

143 La contribution des cours de justice de la CEDEAO, de la CAE, de la CEMAC, du COMESA, de l'UEMOA et de la SADC, ainsi démontrée, dévoile la force du droit pour accompagner la construction communautaire. Désormais, le contentieux communautaire africain connaît ses débuts de succès jurisprudentiels avec des arrêts de principe mettant en exergue la force du droit communautaire dans les communautés économiques africaines. La jurisprudence communautaire définit un ordre juridique structuré autour de principes garantissant sa pérennité.

144 Après avoir montré la contribution des cours de justice au renforcement de l'intégration par le droit, il convient d'examinier leur contribution à la protection des libertés économiques ou de libertés de circulation.

TITRE II

L'INTÉGRATION INABOUTIE PAR LES LIBERTÉS DE CIRCULATION

145 La construction de marché commun fait partie même des objectifs d'intégration africaine à l'échelle continentale. La question figurait, déjà, dans le schéma d'intégration de l'Organisation de l'Unité africaine (actuelle Union africaine) au niveau continental. Le Traité d'Abuja sur la Communauté économique africaine signé le 3 juin 1991 constitue le premier espace économique regroupant tous les pays africains[577] pour renforcer les communautés économiques régionales existantes et de créer une coordination avec l'organisation continentale. Le traité sur la Communauté économique africaine prévoit un calendrier de processus d'intégration en plusieurs étapes notamment la mise en place d'un marché commun africain[578] en plus de la libéralisation des échanges par l'élimination des droits de douane à l'importation et à l'exportation. La contribution des cours africaines à la construction communautaire présente une singularité liée à la prévalence du contentieux des droits de l'homme sur celui des libertés

[577] Voir MAHIOU (A.), « Le cadre juridique de la coopération Sud-Sud : quelques expériences d'intégration », *RCADI*, volume (241), 1993, p. 141 ; du même auteur, « La Communauté économique africaine », *AFDI*, 1993, pp. 798-819.

[578] Il est affirmé à l'article 43 du traité de manière éloquente que « *les États membres s'engagent à prendre les mesures nécessaires à la réalisation progressive de la libre circulation des personnes et à assurer la jouissance des droits de résidence et d'établissement à leurs ressortissants à l'intérieur de la Communauté* ». Mais il faut regretter que, malgré l'ambition du traité de 1991, les libertés de circulation consacrées à l'échelle continentale peinent à se concrétiser en raison de multiples facteurs[578] notamment la persistance des obstacles. Néanmoins, un accord de zone de libre-échange continentale africaine vient d'être signé le 21 mars 2018 à Kigali, au Rwanda. Cet accord vise, entre autres, à créer un marché unique pour les marchandises et les services facilités par la circulation. Il entrera en vigueur trente jours après le dépôt du 22e instrument de ratification.

économiques. Celles-ci sont affirmées dans les traités originaires parmi les objectifs d'intégration notamment la réalisation de marché commun avec une effectivité des libertés de circulation. Ces libertés fondamentales, aux déclinaisons multiples, sont consacrées dans les ordres juridiques communautaires au respect desquels les juges sont chargés de veiller. L'effectivité d'un marché commun repose fondamentalement sur l'exercice des libertés de circulation des personnes, des marchandises, des capitaux et des services. Pour que les ressortissants communautaires puissent bénéficier pleinement de ces libertés, il faut que les États membres suppriment toutes les entraves à la libre circulation. C'est ce qu'on appelle l'intégration négative par opposition à l'intégration positive où les États membres doivent prendre des mesures pour garantir l'organisation du marché. Celui-ci doit fonctionner sur la base de règles uniformes sur le territoire communautaire et le juge doit assurer le respect de ces règles au risque de voir la réalisation du marché compromise. C'est ce que Denys Simon explique en ces termes : « en l'absence de règles communes uniformément appliquées, un marché unique, comportant la libre circulation des produits, des personnes, des services et des capitaux, ne peut fonctionner sans risque de distorsions de concurrence, de détournement de trafic et de délocalisation d'activités économiques et financières lesquels entrainent immanquablement le retour au cloisonnement des marchés et la « désintégration » de la Communauté »[579]. Ainsi, les cours de justice africaines sont appelées à contribuer à « l'élimination des obstacles à la réalisation des objectifs communautaires et à l'accélération du processus d'intégration »[580]. Mais, l'analyse du contentieux devant les cours de justice permet de constater, à priori, une indétermination du régime des libertés de circulation (**Chapitre I**). Cette situation découle d'une garantie juridictionnelle insuffisante (**Chapitre II**) en raison des obstacles de

---

[579] SIMON (D.), « Les fondements de l'autonomie du droit communautaire », *in Droit international et droit communautaire, perspectives actuelles*, Colloque Bordeaux. Pedone, 2000, p. 220.

[580] L'expression est mentionnée dans le Préambule du Protocole additionnel A/SP/01/05 du 19 janvier 2005 de la CEDEAO sur la Cour de justice.

nature juridique, politique et sociale empêchant l'émergence d'une véritable intégration par le marché commun à l'européenne[581].

[581] La Cour de justice, par le biais de son instrument jurisprudentiel a favorisé la réalisation effective du marché commun en protégeant les quatre libertés de circulation. Cf. MERTENS DE WILMARS (J.), « La jurisprudence de la Cour de justice comme instrument de l'intégration communautaire », *Cahiers de droit européen*, 1976, n°2-3, pp.135-148 ; WAELBROECK (M.), « Le rôle de la Cour de justice dans la mise en œuvre du traité CEE », *Cahiers de droit européen*, n°4, 1984, pp. 343-379 ; AZOULAI (L.), « Le rôle constitutionnel de la Cour de justice des Communautés européennes tel qu'il se dégage de sa jurisprudence », *RTDE*, 2008, p. 29-45. Pour l'auteur, l'objet de la jurisprudence de la Cour relative au marché commun « peut se résumer en trois points : décloisonner les marchés nationaux, faire circuler les flux de production, assurer « la répartition rationnelle de la production au niveau de productivité le plus élevé » ; du même auteur, « La fabrication de la jurisprudence communautaire », *in Dans la fabrique du droit européen, scènes, acteurs et publics de la Cour de justice des Communautés européennes*, MBONGO (P.) et VAUCHEZ (A.), ss. dir. Bruylant 2009, pp. 153-169 VAUCHEZ (A.), « L'Union par le droit, Cour de justice de l'Union européenne et constitutionnalisme de marché », *Savoir/Agir*, 2013/1, n°23, pp. 27-32.

CHAPITRE I

L'INDÉTERMINATION DU RÉGIME DES LIBERTÉS DE CIRCULATION

146 Au niveau communautaire, malgré la mise en place de marchés communs, prévue par les organisations d'intégration, telles que la CEDEAO[582], la CAE[583], la COMESA[584], la SADC[585] et l'UEMOA[586], les libertés de circulation, reconnues aux ressortissants communautaires, bénéficient d'une protection indéterminée. Devant le prétoire du juge communautaire africain, le contentieux des libertés économiques occupe une place mineure. Le juge est rarement saisi sur des questions d'interprétation des libertés de circulation[587]. Celles-ci sont formellement

---

[582] Article 3§ 2 (d) du traité de la CEDEAO.

[583] Articles 5 (2) et 76 du traité CAE.

[584] Article 3 du traité COMESA.

[585] Article 5§ 2 (d) du traité SADC.

[586] Article 4 (c) du traité de l'UEMOA

[587] Au total une douzaine de décisions a été recensée traitant du contentieux relatif au marché commun sur les cours de justice étudiées : Six (6) arrêts pour la CJCEDEAO (*Afolabi Olajide c/ Nigeria*, N°ECW/CCJ/APP/01/03 du 27 avril 2004 ; *Chief Franck Ukor c/Sieur Rachad Laleye*, N°ECW/CCJ/APP/01/04 du 27 mai 2005 ; *Daouda Garba c/Benin*, N°ECW/CCJ/JUD/01/10 du 17 février 2010 ; *Kemi Pinheiro c/Ghana*, N°ECW/CCJ/JUD/11/12 du 6 juillet 2012 ; *Femi Falana & Wadi Moustapha c/ Benin, Nigeria & Togo*, ECW/CCJ/JUD/02/2012 du 24 janvier 2012 ; *Abdoulaye et autres c/Sénégal*, ECW/CCJ/JUG/04/13 du 22 février 2013). Cinq (5) pour la CJCAE: *Samuel Mukira Mohochi vs. The Attorney General of Uganda*, n°5/2011 du 17 mai 2013; *Mbugua Mureitiwa Nyambura v The Attorney General Uganda and the Attorney General of Kenya*, n°11/2011 du 24 février 2014; *East African Law Society v The Attorney General of Burundi*, n°1/2014 du 15 mai 2015 ; *Grands Lacs supplier SARL& others v The Attorney General of Burundi*, n°6/2016 du 19 juin 2018 ; CJCAE, *British Amercan Tobacco (U) LTD v. The attorney General of Uganda*, N°7/2017 du 26 mars 2019 . Trois (3) au niveau de la CJCOMESA: *Érythrée c/Éthiopie*, 1999 (affaire radiée) ; *Polytol Paints & Adhesives Manufactures Co. Ltd v. The Republic of Mauritius*, n°12 du 31 octobre 2013 ; *Malawi Mobile Limited v. Government of Malawi & Malawi Communication Regulatory Authority* (MACRA),

consacrées (**Section 1**) dans le droit primaire mais elles ne semblent pas obtenir un écho favorable dans les ordres juridiques communautaires compte tenu de la faiblesse du contentieux. Les cours de justice africaines ont eu peu d'occasion pour se prononcer sur les libertés du marché commun. Cependant, dans les affaires examinées, les cours de justice ont eu à considérer les pratiques de certains États membres comme violant la libre circulation des marchandises[588] et des personnes[589]. Dans d'autres cas, le principe de la liberté d'établissement a été reconnu[590]. Cette tentative de contribution du juge communautaire à la construction du marché semble signaler un exercice embryonnaire des libertés économiques (**Section 2**) qu'il conviendra d'étudier.

SECTION 1 : UNE CONSÉCRATION FORMELLE

147 L'existence d'un marché commun suppose une union douanière avec libre circulation des marchandises et établissement d'un tarif extérieur commun, une libre circulation des facteurs de production (personnes, entreprises, services, capitaux) et une libre concurrence. La réalisation du marché commun est une condition nécessaire à l'intégration économique. Toutes les entraves à la libre circulation des marchandises et des facteurs de production doivent être éliminées par les États membres. Car, « le démantèlement des barrières tarifaires et non tarifaires, qui constituent les obstacles à la libre circulation des personnes et des biens, au droit de résidence et d'établissement », est

---

Appeal, n°1/2016 du 23 avril 2017). Trois (3) devant la CJUEMOA : *Demande d'avis de la Commission relative à l'interprétation des articles 88, 99 et 90 du relatif aux règles de concurrence*, n°3/2000 du 27 juin 2000 ; *Avis relatif à l'interprétation de 84 du traité UEMOA*, n°2/2000 du 2 février 2000 ; *Traoré Thiery Michel v Salifou Mouhamed*, n°11 RP 001.12 du 30 avril 2014 ; *Sénégal c/Commission UEMOA*, n°1/2017 du 21 février 2017 (affaire dite « huile de Palme », radiée pour désistement). Un (1) pour le TSADC (*United Republic of Tanzania v. Cimexpan (Mauritius) LTD and Others*, (Case N° SADC T), 01/2009 du 11 juin 2010. Un (1) pour la CJCEMAC : CJCEMAC, *Société Anonyme des Brasseries du Cameroun c/Tchad*, Arrêt n°007/CJ/CEMAC/CJ/07 du 31 mai 2007.

[588] *Polytol Paints & Adhesives Manufactures Co. Ltd v. The Republic of Mauritius*, n°12 du 31 octobre 2013.

[589] *Samuel Mukira Mohochi vs. The Attorney General of Uganda*, n°5/2011 du 17 mai 2013; Abdoulaye et autres c/Sénégal, ECW/CCJ/JUG/04/13 du 22 février 2013 ; *United Republic of Tanzania v. Cimexpan (Mauritius) LTD and Others*, (Case N° SADC T), 01/2009 du 11 juin 2010.

[590] *Kemi Pinheiro c/Ghana*, ECW/CCJ/JUD/11/12 du 6 juillet 2012, point 43 de l'arrêt.

une obligation des États membres[591]. Le développement du commerce intra-communautaire est un facteur essentiel pour aboutir à la réalisation d'un marché commun. À côté des libertés économiques consacrées dans les traités d'intégration africaine, la libre concurrence est également prévue pour assurer le bon fonctionnement du marché commun. Étant donné que « la libre circulation des marchandises ne peut être assurée qu'en décloisonnant les marchés nationaux pour les fondre dans un marché unique, en éliminant tous les obstacles qui entravent la libre concurrence »[592]. Par exemple, l'article 21 du Protocole, créant l'Union douanière de la Communauté africaine de l'Est, interdit « toute pratique de nature à compromettre le libre-échange … ayant pour objectif ou pour effet d'empêcher, de restreindre ou de fausser la concurrence au sein de la Communauté ». Cette interdiction des pratiques anticoncurrentielles existe dans les organisations d'intégration africaines[593]. Mais le contentieux de la concurrence demeure quasiment inexistant devant les prétoires des cours de justice africaines[594]. C'est pour cela, que seule l'action du juge à l'égard des

---

[591] À titre d'exemple, cette disposition est prévue à l'article 2 (vii) de l'Acte additionnel A.SA. 13/02/12 portant *régime des sanctions à l'encontre des États membres qui n'honorent pas leurs obligations vis-à-vis de la CEDEAO* du 17 février 2012.

[592] CONSTANTINESCO (L. J.), « La Constitution économique de la CEE », *RTDE*, n°2, avril-juin 1977, p. 275.

[593] L'Acte additionnel n °A/SA 1/06/08 portant adoption des Règles communautaires de la Concurrence et de leurs modalités d'application au sein de la CEDEAO ; l'article 55 du traité COMESA ; l'article 25 du Protocole de la SADC relatif au commerce ; l'article 88 du traité UEMOA. Pour une analyse approfondie du droit communautaire africain de la concurrence on pourra lire : NGOM (Mb.), *Droit et intégration économique dans l'espace UEMOA : le cas de la régulation juridique de la concurrence*. Thèse de doctorat, Université de Nantes, 2007, 581 p ; du même auteur, « Intégration régionale et politique de la concurrence dans l'espace CEDEAO », *RIDE*, 2011/3, p. 333-349 ; COULIBALY (A. S.), « Le droit de la concurrence de l'UEMOA », *Revue Burkinabé de droit*, n°43-44, 2003 ; PRISO ESSAWE (S-J.), « L'émergence d'un droit communautaire africain de la concurrence : double variation pour une partition européenne », *RIDC*, vol. 56, n°2n 2004, pp. 329-354 ; FOFANA (R.), « Droit communautaire de la concurrence, un nouveau chantier d'exercice », Séminaire de l'Union internationale des avocats, 22 et 23 mars 2013 ; MBACKÉ (M.-M.), « Introduction au droit de la concurrence des pays de l'UEMOA », in *Mélanges Africains, Études doctrinales*, p. 217.

[594]Sur les cours étudiées, seule la Cour de justice de l'UEMOA a connu quelques affaires relatives au contentieux de la concurrence (*Demande d'avis de la Commission relative à l'interprétation des articles 88, 99 et 90 du relatif aux règles de concurrence*, n°3/2000 du 27 juin 2000 ; *Compagnie Air France c/Syndicat des agents de voyage du tourisme*, n°02/2005 d 12 janvier 2005 ; *Traoré Thiery Michel v Salifou*

libertés économiques sera analysée. Avant cela, il sera utile d'énoncer le cadre de la libre circulation des marchandises (**§1**) et du régime de la libre circulation des personnes (**§2**) abstraction faite des autres libertés[595].

§ 1 : La libre circulation des marchandises

148 Lorsqu'on étudie les organisations communautaires africaines, on est frappé par le système normatif et institutionnel institué par les traités s'inspirant largement du droit de l'Union européenne (traité CEE pour l'essentiel). Il en est ainsi du droit matériel de l'intégration affirmant le principe de la libre circulation des marchandises. Celle-ci suppose la suppression des droits de douane et taxes d'effet équivalent[596], les mesures d'effet équivalent[597] et les restrictions quantitatives. L'élimination de toutes les barrières douanières contribue à la réalisation du marché commun. Contrairement à la CJCE qui a très tôt défini et clarifié les règles de la libre circulation affirmée dans le droit primaire ; les cours africaines n'ont pas encore précisé les contours de cette liberté du marché commun. Ce qui constitue une lacune dans

---

Mouhamed), n°11 RP 001.12 du 30 avril 2014. La Cour a pu préciser que le droit de la concurrence relevait exclusivement de la compétence de l'Union. Selon la Cour de justice de l'UEMOA, « l'organisation du marché commun apparaît comme le domaine privilégié de la compétence exclusive de l'UEMOA, le droit de la concurrence en tant qu'élément constitutif du marché commun ne peut lui emprunter son caractère de domaine relevant de la compétence exclusive de l'Union ». (Avis n°3/2000 du 27 juin 2000). Elle indiquera ensuite la finalité du droit de la concurrence en ces termes : « ce droit « intervient dans l'organisation du marché commun communautaire en créant un climat de compétition saine entre les entreprises tant publiques que privées sans oublier la protection des consommateurs. » (Arrêt n°11/RP 00.12 du 30 avril 2014).

[595] La libre circulation des services et des capitaux ne sera pas abordée dans cette partie compte tenu de l'inexistence de contentieux de ce type devant les cours africaines pour le moment.

[596] Cette notion a été définie par la CJCE, *Commission c/Luxembourg et Belgique* du 14 décembre 1962 (2/62), affaire dite « Pain d'épice ». En 1957, la Belgique et le Luxembourg avaient mis une taxe sur le pain d'épice. L'importation du produit était soumise à une licence d'importation exigeant le paiement d'un droit spécial. La Cour considère les taxes d'effet équivalent comme une charge pécuniaire qui, quelle que soit leur appellation technique, frappant spécifiquement un produit importé en influant sur leur prix de manière analogue à un droit de douane.

[597] La CJCE a donné une définition des mesures d'effet équivalent dans l'arrêt *Dansonville* du 11 juillet 1974, 8/74. La Belgique demandait aux importateurs de Whisky de fournir un certificat d'origine du produit. Ce qui constituait une restriction au marché belge. Selon la Cour, une mesure d'effet équivalent est « toute réglementation commerciale des États membres susceptible d'entraver directement ou indirectement, actuellement ou potentiellement, le commerce intracommunautaire ».

leur pratique jurisprudentielle. Les traités communautaires posent le principe d'interdiction des obstacles tarifaires et non tarifaires (**A**) et prévoient des dérogations à la libre circulation non encore précisées par les cours de justice (**B**).

A) L'interdiction des obstacles tarifaires et non tarifaires

149 L'un des principes fondamentaux du marché commun est la libre circulation des marchandises avec la suppression de toutes les barrières douanières ou non. En vue d'assurer la circulation des marchandises à l'intérieur du territoire communautaire, les États membres ont l'obligation d'éliminer les droits de douane, les taxes d'effet équivalent, les restrictions quantitatives et les mesures d'effet équivalent. Les traités d'intégration communautaire affirment clairement le principe d'élimination des obstacles tarifaires et non tarifaires nécessaires à la réalisation de l'union douanière. L'article 35 du traité de la CEDEAO pose le principe d'interdiction des obstacles aux échanges : « les droits de douane et les autres taxes d'effet équivalent frappant les importations de produits originaires de la Communauté sont éliminés. Les restrictions quantitatives ou similaires et les interdictions de nature contingentaire ainsi que les obstacles administratifs au commerce entre les États Membres sont également éliminées ». En même temps, le traité interdit les restrictions quantitatives sur les produits originaires de la Communauté[598] et la discrimination à l'égard des produits en provenance des États membres[599]. C'est le cas pour la Communauté africaine de l'Est[600], la COMESA[601], la SADC[602] et l'UEMOA[603] prévoyant la suppression des droits de douane et taxes d'effet équivalent. Il faut rappeler que les traités des organisations communautaires consacrent aussi des schémas de libéralisation des échanges, de la création d'une zone de libre-échange à l'établissement d'un tarif extérieur commun[604].

---

[598] Article 41.

[599] Article 44.

[600] Article 6 du Protocole sur le marché commun et les articles 10 et 13 du Protocole sur l'Union douanière.

[601] Les articles 45 à 49 du traité COMESA.

[602] Les articles 3 à 8 du Protocole sur le Commerce.

[603] L'article 77 du traité de l'UEMOA.

[604] Cf. SANOU (D.), *Droit communautaire ouest africain*, *op. cit.*, p. 113 ; TALL (S. N.), *Droit des organisations internationales africaines*, *op. cit.*, p. 257.

150 Les États membres doivent éliminer les obstacles à la circulation des marchandises. Car, comme le souligne Léon Jean Constantinesco « établir la circulation des marchandises dans le cadre du marché commun, c'est d'abord faire tomber toute sorte de protection et toute discrimination de même que toute mesure unilatérale entre la marchandise nationale et celle provenant des autres États membres »[605]. Les États membres doivent s'abstenir d'introduire de nouveaux droits de douane à l'importation ainsi que toutes taxes d'équivalent et d'introduire entre eux de nouvelles restrictions quantitatives à l'exportation ou à l'importation ou des mesures d'effet équivalence. De la même manière, ils doivent éliminer toute entrave au commerce entre eux. En cas de non-respect des obligations découlant des traités, il revient au juge communautaire saisi de rappeler les exigences essentielles de liberté du marché commun. Autrement dit, il contribue à l'élimination des entraves par son pouvoir d'interprétation du traité à côté des institutions communautaires. Si la CJUE a donné par « des coups de force jurisprudentiels »[606] une résonnance à la libre circulation des marchandises, les cours africaines sont à leurs débuts jurisprudentiels de protection du marché.

151 La Cour COMESA a connu l'affaire *Polytol Paints & Adhesives Manufactures Co. Ltd v. The Republic of Mauritius*[607], mettant directement la liberté de circulation des marchandises dans laquelle, elle affirme que le traité instituant le marché commun ne concerne pas uniquement les États membres, mais aussi les particuliers[608]. La CJCEDEAO, la CJCEMAC, la CJUEMOA et le TSADC n'ont pas encore précisé le contenu des dispositions relatives à la libre circulation des marchandises. Récemment, la Cour africaine de l'Est s'est penchée sur une question de restrictions à l'importation des biens dans l'affaire *Grands Lacs Supplier SARL & others v. The Attorney of Burundi*[609]. Elle a été saisie par une société de droit ougandais qui importait des marchandises (maïs, manioc, haricot) en provenance de la Tanzanie transitant par le Burundi. En dénonçant les

---

[605] CONSTANTINESCO (L. J.), « La Constitution économique de la CEE », *op. cit.*, p. 274.
[606] VAUCHEZ (A.), « L'Union par le droit. Cour de justice de l'Union européenne et constitutionnalisme du marché », *Savoir/Agir*, 2013, n°23, p. 30.
[607] N°12 du 31 octobre 2013.
[608] N°1/2012 du 31 août 2013, p. 13. Cette affaire sera étudiée plus amplement dans la section 2.
[609] N°6/2016 du 19 juin 2018.

agissements des autorités douanières notamment la saisie des marchandises, la Cour a écarté la violation de la libre circulation des marchandises en retenant la responsabilité de l'État burundais du fait de la violation du traité par le biais de ses agents. La Cour aurait pu en profiter pour qualifier l'attitude des agents burundais d'entrave à la libre circulation des marchandises. Mais elle a préféré rester sur le terrain de la violation des principes fondamentaux de l'État de droit[610], ce qui rend imprécis le régime de la circulation des marchandises[611]. La CJCEDEAO, dans deux arrêts[612], s'est confrontée à cette question de circulation. L'absence de jurisprudence, élaborée autour de cette liberté fondamentale du marché commun, est une lacune que les cours de justice devraient combler dès lors que l'opportunité leur est offerte. C'est sur la base de la libre circulation des marchandises que la CJCE a posé l'un des arrêts fondateurs de l'ordre juridique de l'Union[613]. La CJCE a très tôt contribué à l'élimination des obstacles à la libre circulation des marchandises en clarifiant les dispositions du traité que les États membres pouvaient interpréter selon leur bon vouloir. En réalité la CJCE a eu une vision audacieuse du marché commun lui permettant de procéder à une « exploitation intensive »[614] et à une « lecture extrêmement généreuse des libertés de circulation inscrites dans le traité ». L'ancien juge, luxembourgeois, Pierre Pescatore relevait que « la libre circulation des marchandises est l'un des thèmes majeurs qui a contribué puissamment à rendre pratiquement opérante

---

[610] Point 57 de l'arrêt. Les articles 6 (d) et 7 (2) du traité de la Communauté africaine de l'Est.

[611] Dans un autre arrêt *British American Tobacco (U) LTD v. The attorney General of Uganda* N°7/2017 du 26 mars 2019, la loi ougandaise sur les droits d'accise violait le traité et les Protocoles de la Communauté sur l'Union douanière et le marché commun. En l'espèce, la société British American Tobacco basée en Ouganda contestait la loi du pays sur les droits d'accise à propos des cigarettes en provenance des autres pays de la Communauté. Elle dénonçait la discrimination entre les produits importés au Kenya et ceux fabriqués en Ouganda. L'administration fiscale ougandaise obligeait la société à payer des droits d'accise sur les produits du Kenya. La Cour va préciser que la nouvelle loi fiscale ougandaise viole le traité (articles 1 et 75 (6)) et les Protocoles (articles 1 (1) et 15 (1) (a) et 2 du Protocole sur l'Union douanière ; article 6 du Protocole sur le marché commun). Elle ordonna à l'État ougandais de retirer les titres de perception émis. Voir points 112 et 113 de l'arrêt.

[612] *Afolabi Olajide v Nigeria*, ECW/CCJ/APP/01/03 du 27 avril 2004 ; *Chief Frank v. Ukor Rachad Laleye*, ECW/CCJ/APP/01/04 du 27 mai 2005.

[613] CJCE, 5 février 1963, Van Gend en Loos, 26-62.

[614] BAILLEUX (A.), « Les traductions de la Cour de justice. La libre circulation et ses dérogations entre domination, transposition et reconnaissance », *RIEJ*, 2007/1, p. 73.

l'élimination des obstacles tarifaires, fiscaux, commerciaux, administratifs aux échanges »[615].

152 Dans le contexte africain, les dispositions relatives à la libre circulation des marchandises restent indéterminées dans les traités communautaires et les cours de justice n'ont pas encore eu de véritables occasions de les réveiller comme leur homologue européen afin de permettre aux particuliers de pouvoir importer de la marchandise sans aucune entrave ou discrimination introduite par les États membres ou la législation nationale. Dans tous les cas, les cours de justice sont attendues sur la détermination du contenu des règles gouvernant la libre circulation des marchandises. Le juge communautaire doit sanctionner la violation du traité par les États membres qui maintiennent des restrictions dans les frontières ou introduisent une discrimination sur les produits. Cela permettra de garantir le libre-échange et l'unité du marché commun.

153 Le régime de la libre circulation des marchandises, bien que non précisé par le juge communautaire, admet des dérogations au profit des États.

B) L'admission de dérogations à la libre circulation des marchandises non précisées

154 Comme en droit de l'Union européenne, le droit communautaire africain prévoit des dérogations à la libre circulation des marchandises. Il s'agit d'une possibilité pour les États membres de faire prévaloir des intérêts essentiels en apportant des restrictions aux échanges. Les États invoquent une raison d'intérêt général pour déroger à la libre circulation des marchandises[616]. Des dérogations et des clauses de sauvegarde sont prévues dans le droit primaire pour favoriser un équilibre entre le marché commun et les intérêts des États membres. Au niveau de la CEDEAO, l'article 41 du traité pose des restrictions quantitatives sur les produits originaires de la Communauté en ces termes : « Un État membre peut après notification aux États membres et au Secrétariat exécutif de son intention d'agir ainsi, introduire, maintenir ou appliquer des restrictions ou interdiction concernant : a) l'application des lois et

---

[615] PESCATORE (P.), « Aspects judiciaires de l'« acquis communautaire », *RTDE*, 1981, p. 639.

[616] BOUTAYEB (C.), *Droit matériel de l'Union européenne*, LGDJ, 2e éd., 2012, p. 56 ; DUBOUIS (L.), BLUMANN (C.), *Droit matériel de l'Union européenne*, 6e éd., Montchrestien, 2012, 801 p.

règlement sur la sécurité ; b) le contrôle des armes, des minutions, et de tous équipements militaires et matériels de guerre ; c) la protection de la santé ou de la vie des hommes, des animaux ou des plantes ou la protection de la moralité publique ; d) le transfert de l'or, de l'argent et des pierres précieuses ou semi précieuses ; e) la protection du patrimoine artistique et culturels ; f) le contrôle des stupéfiants… ». Ces restrictions ou interdictions à la libre circulation des marchandises sont observables au niveau de la CAE[617], de la COMESA[618], de l'UEMOA[619] et de la SADC[620]. Le régime juridique des dérogations reste vague. L'une des exigences à laquelle l'État membre qui invoque la dérogation constitue la communication des mesures adoptées aux États membres et à la Commission. Les interdictions ou restrictions ne doivent constituer ni un moyen de discrimination arbitraire ni une restriction déguisée dans le commerce entre les États membres. Contrairement à la CJUE, les cours africaines n'ont pas encore précisé le régime juridique des

[617] Article 22 du Protocole sur l'Union douanière : « 1. Un État partenaire peut, après en avoir informé le secrétaire général, introduire ou continuer à appliquer des restrictions ou des interdictions concernant : a) l'application des lois et règlements de sécurité; b) le contrôle des armes, munitions et autres équipements ou articles militaires; c) la protection de la vie humaine, de l'environnement et des ressources naturelles, de la sécurité publique, de la santé publique ou de la moralité publique; et d) la protection des animaux et des plantes. 2. Un État partenaire n'exerce pas le droit d'introduire ou de continuer à exécuter les restrictions ou interdictions prévues par le présent article afin de restreindre la libre circulation des marchandises à l'intérieur de la Communauté ».

[618] Article 50 du Traité de COMESA : « Tout État membre peut, après avoir notifié son intention au Secrétaire général, imposer ou maintenir des restrictions ou des interdictions concernant : a) l'application de lois et de règlements de sécurité ; b) la réglementation relative aux armes, aux munitions, aux autres matériels de guerre et équipements militaires ; c) la protection de la santé ou de la vie humaine, animale ou végétale, ou la protection de la moralité publique ; d) le transfert d'or, d'argent et de pierres précieuses et semi-précieuses ; e) la protection de tout objet considéré comme étant d'importance nationale, à condition que l'État membre concerné fournisse au Conseil la preuve que cet objet est d'importance nationale ; et f) la sauvegarde de la sécurité alimentaire en temps de guerre ou de famine ».

[619] Article 79 du traité UEMOA : « Sous réserves d'harmonisation des législations nationales mises en œuvre par l'Union, les États membres conservent la faculté de maintenir et d'édicter des interdictions ou des restrictions d'importation, d'exportation et de transit, justifiées par des raisons de moralité publique, d'ordre public, de sécurité publique, de protection de la santé ou de la vie des populations et des animaux, de préservation de l'environnement, de protection des trésors nationaux ayant une valeur artistique, historique ou archéologique et de protection de la propriété industrielle et commerciale. »

[620] Article 9 du Protocole de la SADC sur le Commerce.

dérogations à la libre circulation des marchandises. Face à l'absence d'une jurisprudence édifiante et structurante sur les conditions d'invocabilité des motifs susceptibles de limiter la libre circulation des marchandises, les États membres peuvent invoquer les situations dérogatoires de manière systématique. Les motifs pouvant justifier les restrictions sont, pour l'heure, uniquement prévus par les traités. Au chapitre des dérogations, les États membres peuvent avancer des justifications relatives à la moralité publique, à l'ordre public, à la santé publique, à la santé publique, à la protection du patrimoine artistique et culturel, etc. Les États membres de la CEDEAO, de la CAE et du COMESA sont également autorisés à appliquer des restrictions concernant le transfert de l'or, d'argent et de pierres précieuses, le contrôle des armes, munitions et autres équipements ou articles militaires.

155 L'état de la jurisprudence des cours africaines ne permet pas d'apprécier les dérogations limitativement énumérées dans les traités. Le juge communautaire n'a pas encore procédé à une clarification du régime juridique des dérogations à la libre circulation des marchandises. La CJCEDEAO dans l'affaire (*Afolabi Olajide c/ Nigeria*, ECW/CCJ/APP/01/03 du 27 avril 2004), était confrontée à une restriction découlant de la fermeture de frontière par le Nigeria sur ordre du ministre fédéral des Affaires étrangères, ce qui l'empêcha de récupérer les marchandises en provenance du Bénin. La Cour n'a pas saisi l'occasion pour examiner la restriction introduite par les autorités nigérianes. En outre, la Cour COMESA a évoqué dans l'arrêt *Polytol Paints & Adhesives Manufactures Co. Ltd v. The Republic of Mauritius*, le régime des mesures de sauvegarde que l'Île Maurice aurait dû prendre sur la base du traité[621] au lieu d'imposer des droits de douane sur les marchandises en provenance d'Égypte[622]. Enfin, la Cour africaine de l'Est, dans l'affaire *Grands Lacs Supplier SARL & others v. The Attorney of Burundi*, l'État défendeur justifiait la saisine des

---

[621] Article 61 : « 1. Dans le cas d'une perturbation sérieuse de l'économie d'un pays découlant de l'application des dispositions du présent chapitre, l'État membre concerné peut, après avoir informé le Secrétaire général et les autres États membres, prendre des mesures de sauvegarde nécessaires. 2. Les mesures de sauvegarde prises conformément aux dispositions du paragraphe 1 du présent article restent en vigueur pendant une période d'une année et peuvent être prolongées sur décision du Conseil. Cependant, l'État membre concerné doit fournir au Conseil la preuve qu'il a pris toutes les mesures nécessaires et suffisantes pour surmonter ou corriger les déséquilibres contre lesquels les mesures de sauvegarde sont appliquées et sans discrimination. »

[622] Page 13 de l'arrêt.

marchandises de la société pour des raisons de sécurité publique[623]. Mais la Cour a rejeté cette argumentation sans pour autant préciser les conditions d'application[624]. En effet, ces cas illustrent le caractère ambigu du régime des dérogations susceptibles d'être invoquées par les États. Le juge communautaire est attendu dans les années à venir sur la signification à donner des différentes restrictions à la libre circulation des marchandises afin d'éviter l'interprétation trop élastique de la part des États membres. En droit de l'Union européenne, la Cour de justice a su garantir un régime cohérent de l'application des dérogations avec une interprétation restrictive. Très tôt, elle adopta une approche équilibriste et protectrice de la libre circulation des marchandises visant à garantir l'unité et la réalisation du marché commun. En plus des dérogations prévues par l'article 30 du traité de Rome (devenu article 36 TFUE)[625], la CJCE a ajouté des motifs de restriction à la libre circulation des marchandises justifiés par des exigences impératives[626]. C'est dans l'arrêt révolutionnaire[627] Cassis de Dijon[628] du 20 février 1979 que la Cour de justice va consacrer la théorie des exigences

623 Point 51 de l'arrêt.

624 Point 52 de l'arrêt.

625 « Les articles 34 et 35 ne font pas obstacles aux interdictions ou restrictions d'importation, d'exportation ou de transit, justifiées par des raisons de moralité publique, d'ordre public, de sécurité publique, de protection de la santé et de la vie des personnes et des animaux ou de préservation des végétaux, de protection des trésors nationaux ayant une valeur artistique, historique ou archéologique ou de protection de la propriété industrielle et commerciale. Toutefois, ces interdictions ne doivent constituer ni un moyen de discrimination arbitraire, ni une restriction déguisée dans le commerce entre États membres »

626 Sur l'étude du concept, cf. HATZOPOULOS (V.), « Exigences essentielles, impératives ou impérieuses », *RTDE*, 1998, pp. 191-236.

627 Cf. DAUSES (M. A.), « Mesure d'effet équivalent à des restrictions quantitatives à la lumière de la jurisprudence de la Cour de justice des communautés européennes », *RTDE*, 1992, p. 611. Cette décision a été considérée comme ayant pour « effet de balayer tout un nombre d'obstacles aux échanges que, jusque-là, on croyait justiciables du seul procédé de l'harmonisation des législations nationales ». Cf. PESCATORE (P.), « Aspects judiciaires de l'« acquis communautaire », *op. cit.*, p. 642.

628 Aff. 120/78. Dans cette affaire, la procédure préjudicielle concernait la réglementation allemande des boissons spiritueuses, selon laquelle les liqueurs de fruits devaient, pour pouvoir être commercialisées, avoir une teneur alcoolique minimale de 25 % ; sur la base de cette réglementation, la liqueur de fruits « Cassis de Dijon », fabriquée en France, dont la teneur alcoolique se situe entre 15 et 20 %, était exclue du marché allemand.

impératives car, jusqu'ici, « la réserve de souveraineté »[629] des États membres était limitée aux dérogations énumérées à l'article 30 du traité. Ainsi, le juge communautaire européen estima que : « Les obstacles à la circulation intracommunautaire résultant de disparités des législations nationales relatives à la commercialisation des produits en cause doivent être acceptés dans la mesure où ces prescriptions peuvent être reconnues comme étant nécessaires pour satisfaire à des exigences impératives tenant, notamment, à l'efficacité des contrôles fiscaux, à la protection de la santé publique, à la loyauté des transactions commerciales et à la défense des consommateurs. » Aussi, la Cour reconnaît la possibilité pour un État membre la possibilité de règlementer la production et la commercialisation des produits sur son territoire en l'absence d'une harmonisation tout en opposant aux États membres le principe de la reconnaissance mutuelle[630]. Pour encadrer l'application des restrictions justifiées par des exigences impératives[631] d'intérêt général, la CJUE a posé un certain nombre de conditions : une absence de motif économique[632] ; un défaut d'harmonisation[633] ; la poursuite d'un objectif d'intérêt général ; la proportionnalité de la mesure[634] et l'absence de discrimination.

156 Le juge de l'Union a contribué à clarifier la marge de manœuvre des États membres lorsqu'il s'agit de déroger à la libre circulation des marchandises. En plus de préciser le régime de l'élimination des droits de douane et des mesures d'effet à des restrictions quantitatives, le juge de l'Union a étendu la liste des dérogations avec un encadrement

---

[629] Expression utilisée par Denys Simon. Cf. « Restrictions quantitatives et mesures d'effet équivalent », *Répertoire de droit européen*, Dalloz, août 2004.

[630] Selon ce principe issu de la jurisprudence « Cassis de Dijon », tout produit légalement fabriqué et commercialisé dans un État membre conformément à la réglementation nationale doit également pouvoir l'être dans les autres États membres. Cf. BOUTAYEB (C.), *Droit matériel de l'Union européenne*, *op. cit.*, p. 67. Comme l'a remarqué l'auteur, le principe de reconnaissance mutuelle contribuera « fortement à la libéralisation du marché européen, marqué alors par des postures néo-protectionnistes ».

[631] Il faut rappeler qu'à la différence de l'article 36 TFUE, les motifs justifiés par des exigences impératives ne font pas l'objet d'une liste limitative.

[632] CJCE, 10 juill. 1984, *Campus Oil Limited c/ Ministre pour l'Industrie et l'Énergie*, Aff. 72/83, Rec. 2727.

[633] CJCE, 25 janv. 1977, *Bauhuis c/ Pays-Bas*, Aff. 46/76, Rec. 5.

[634] CJCE, 8 novembre 1979, *Denkavit*, Aff. n° 251/78 ; CJCE, 22 janv. 2002, *Canal Satélite Digital*, Aff. C-390/99, Rec. I. 607, spéc. point 43. Sur la pratique de la Cour, cf. SIMON (D.), « Le contrôle de proportionnalité exercé par la Cour de justice des Communautés européennes », *Petites Affiches*, n°46 du 5 mars 2009, p. 17.

restrictif de l'agissement des États membres. C'est dans ce sens que Claude Blumann a soutenu que « le traité de Rome prohibe les taxes d'effet équivalent à des restrictions quantitatives, notions en réalité très vagues, mais qui ont permis à la Cour de justice de développer une jurisprudence très hardie visant à condamner toutes les formes de néoprotectionnisme imaginées par les États »[635]. Les cours de justice africaines n'ont pas encore donné un contenu concret et précis au régime des justifications prévues par les traités susceptibles de limiter l'effectivité de la libre circulation des marchandises. Le droit primaire, tout en posant le principe d'interdiction des obstacles tarifaires et non tarifaires aux échanges, admet des dérogations. Toutefois, à défaut de l'intervention du juge communautaire, deux préoccupations vont persister : l'ambiguïté du régime juridique de la libre circulation des marchandises et le règne de l'arbitraire des États membres quant au maintien des obstacles.

157 Face à l'inexistence du contentieux de la libre circulation des marchandises devant les cours africaines, la contribution du juge reste insaisissable.

§ 2 : La libre circulation des personnes

158 La réalisation du marché commun suppose, en plus de la libéralisation des échanges de biens garantie par l'union douanière, la libre circulation des facteurs de production[636]. Les ressortissants communautaires doivent pouvoir se déplacer librement, séjourner sans aucune entrave et s'établir librement dans n'importe quel État membre appartenant à la Communauté économique. La libre circulation des personnes est conçue, au même titre que la libre circulation des marchandises, comme une liberté fondamentale du marché commun. Elle comporte trois aspects : la libre circulation des travailleurs, la liberté d'établissement et la libre circulation des services. Le principe de la libre circulation des personnes, avec le droit de résidence et d'établissement, est clairement posé dans les traités. Son affirmation dans les traités reste floue si on s'en tient aux débuts jurisprudentiels des cours africaines. Les juges communautaires l'appréhendent différemment. À titre d'illustration, la Cour de justice de la CEDEAO conçoit la libre circulation des personnes exclusivement sous le prisme

---

[635] « 60 ans du Traité de Rome », *La Semaine juridique, Edition Générale*, n°12 du 20 mars 2017, p. 562.
[636] Il s'agit des travailleurs, professions non salariées, services et capitaux.

des droits de l'homme, refusant de le faire bénéficier directement aux ressortissants de la Communauté en tant que liberté économique[637]. Cependant, la libre circulation des personnes a été érigée au rang objectif fondamental de l'intégration[638]. Elle est considérée comme « le fondement de tous les autres piliers d'un marché commun africain car elle est cruciale pour la fourniture de services, le droit d'établissement et le mouvement des capitaux. Elle exige l'élimination des barrières telles que l'imposition de l'obligation de visa qui restreint la circulation des personnes au-delà des frontières nationales »[639]. Les traités et Protocoles communautaires organisent le cadre juridique de l'exercice de cette liberté emportant certaines limites et ambigüités non encore levées. Dès lors, il est nécessaire d'examiner d'une part, le contenu de la libre circulation des personnes (**B**) et d'autre part, d'indiquer les bénéficiaires (**A**) dans le contexte des marchés communs africains.

A) Les bénéficiaires de la liberté de circulation des personnes

159 La liberté de circulation des travailleurs, la liberté d'établissement et la libre circulation des services qui sont les corollaires de la libre circulation des marchandises semblent bénéficier uniquement à des agents économiques, c'est-à-dire ceux qui exercent uniquement une activité professionnelle, qu'elle soit salariée ou non. Cette conception purement économique de la liberté de circulation des personnes a été reprochée à la Communauté européenne dans laquelle, pour jouir d'une liberté de circulation, il fallait être un agent économique[640]. Mais par évolution, l'apparition de la notion de citoyenneté dans le traité de

---

637 *Kemi Pinheiro c/Ghana*, N°ECW/CCJ/JUD/11/12 du 6 juillet 2012.

638 L'article 3 (2) (III) du traité révisé de la CEDEAO évoque, au titre des objectifs d'intégration, « *la suppression entre les États membres des obstacles à la libre circulation des personnes, des biens, des services, des capitaux ainsi qu'aux droits de résidence et d'établissement* » ; L'article 7 (1) (c) du traité de la CAE prévoit, au rang de principes fondamentaux, *« la création d'une économie orientée vers l'exportation pour les États membres permettant la libre circulation des marchandises, des personnes, de la main d'œuvre, des services, des capitaux, de l'information et de la technologie »*.

639 *Rapport sur l'état de l'intégration régionale en Afrique V. Vers une zone de libre-échange continentale africaine*, Commission économique africaine, 2012, p. 7.

640 C'est avec le traité de Maastricht de 1992 consacrant la citoyenneté européenne que le lien n'est plus établi avec l'activité économique. Aujourd'hui, une distinction est faite entre la liberté de circulation à des fins professionnelles et la liberté de circulation et de séjour des personnes à des fins personnelles. Cf. BOUTAYEB (C.), *Droit matériel de l'Union européenne*, *op. cit.*, p. 71.

Maastricht[641] a permis, d'une part, de reconsidérer « l'approche économique des traités constitutifs en rendant plus tangible, pour les individus, la construction européenne »[642] et, d'autre part, d'affirmer « la volonté de dépasser la dimension économique de l'intégration communautaire vers une union à caractère politique qui impliquerait nécessairement la création d'une nouvelle forme d'allégeance des ressortissants des États membres à l'égard de la Communauté »[643]. Au niveau africain, la conception des bénéficiaires se différencie d'un ordre juridique communautaire à un autre. La définition des bénéficiaires de cette liberté n'est pas déterminée de façon claire. Le droit primaire s'emploie à évoquer la notion de citoyenneté de la Communauté sans pourtant préciser son sens. L'article 59 du traité révisé de la CEDEAO prévoit que : « les citoyens de la Communauté ont le droit d'entrée, de résidence et d'établissement ». Cela pose le problème du titulaire de ces droits. Le citoyen de la Communauté est-il le ressortissant d'un État membre ? La réponse s'avère difficile a priori. Le Protocole[644] sur la libre circulation des personnes, du droit de résidence et d'établissement ne donne pas d'indication sur la portée des bénéficiaires. Il a fallu attendre l'adoption du Protocole[645] de la CEDEAO relatif au Code de la citoyenneté pour que la notion soit définie. Ainsi, il est considéré citoyen de la Communauté « *toute personne, qui par la descendance, a la nationalité d'un État membre et qui ne jouit pas de la nationalité d'un État non membre de la Communauté* »[646]. En effet, le Code de la citoyenneté de la Communauté exclut le principe de la double nationalité et retient l'exclusivité de nationalité comme condition indispensable pour prétendre à la libre circulation. Cette idée exclusive de la nationalité est une tradition commune aux États membres de la Communauté[647]. Le critère de la nationalité d'un État membre confère

---

[641] La citoyenneté est reconnue à tout national d'un État membre. Elle est régie par les articles 20 à 25 TFUE.

[642] BLUMANN (C.), DUBOUIS (L.), *Droit institutionnel de l'Union européenne, op. cit.*, p. 164.

[643] KOVAR (R.), (SIMON) (D.), « La citoyenneté européenne », *Cahiers de droit européen*, 1993, p. 285.

[644] A/P1/5/79 du 29 mai 1979.

[645] A/P3/5/82 du 29 mai 1982.

[646] Article 1 (1) du Code de la citoyenneté.

[647] Ce principe de l'exclusivité de la nationalité est affirmé dans les Constitutions ou lois des États membres de la Communauté : Article 28 (1) de la Constitution du Nigeria du 29 mai 1999 ; Chapitre III de la Constitution du Ghana ; Chapitre IV de la Constitution du Liberia ; Article 18 de la loi n°61-10 du 7 mars 1961 déterminant la

la qualité de citoyen communautaire pouvant jouir de la libre circulation à l'intérieur de la Communauté. Le bénéficiaire direct de cette liberté fondamentale est le citoyen communautaire qui semble être le prolongement de la citoyenneté au niveau national ; ce qui pourrait laisser subsister certaines ambiguïtés liées à la portée des droits reconnus au niveau de la Communauté n'ayant pas vocation à devenir un État[648]. L'acquisition de la citoyenneté communautaire dépend de l'obtention de la nationalité d'un État membre. C'est le même constat en droit de l'Union européenne où « *la citoyenneté de l'Union est subordonnée à la nationalité* »[649], autrement dit, celui-ci « *est le critère exclusif d'accès à la citoyenneté* »[650]. Le Code de la Citoyenneté de CEDEAO de 1982 semble prendre en compte la conception de la citoyenneté héritée de celle des États membres puis qu'il règlemente les conditions d'acquisition et de perte de la citoyenneté communautaire. C'est ainsi qu'il prévoit que l'acquisition de la nationalité d'un État non membre de la Communauté fait perdre la citoyenneté communautaire[651]. Le législateur communautaire de la CEDEAO n'a pas laissé cette question au droit des États membres comme le droit de l'Union européenne[652]. Et la CJCEDEAO n'a pas encore apporté de précisions à propos du concept de citoyenneté de la Communauté et ses implications.

160 L'idée du citoyen communautaire, bénéficiaire de la liberté, est aussi observable au niveau de la Communauté africaine de l'Est.

---

nationalité sénégalaise, *JO* du 15 mars 1961 ; Articles 9 et 46 de la loi n°65-17 du 23 juin 1965 portant Code de la nationalité dahoméenne (Benin), *JO* n°17 du 1er août 1965 ; Article 48 de la loi 61-415 du 14 décembre 1961 portant Code de la nationalité de la Côte d'Ivoire ; Article 23 de la loi togolaise du 11 septembre 1978…

[648] Mais le Protocole A/SP1/12/01 du 21 décembre 2001 sur la démocratie et la Bonne gouvernance de 2001 laisse croire une ambition fédérale avec la reconnaissance de principes de convergence constitutionnelle. Aussi, la vision 2020 de la CEDEAO déclinée est d'être « Une CEDEAO des peuples ».

[649] KOVAR (R.), (SIMON) (D.), « La citoyenneté européenne », *op. cit.*, p. 292.

[650] BENLOLO CARABOT (M.), *Les fondements juridiques de la citoyenneté européenne*. Bruylant 2007, p. 70.

[651] Article 2 du Code.

[652] La CJCE a précisé, dans un arrêt *Micheletti et autres* du 7 juillet 1992 (Aff. 369/90), que « La définition des conditions d'acquisition et de perte de la nationalité relève, conformément au droit international, de la compétence de chaque État membre, compétence qui doit être exercée dans le respect du droit communautaire. Il n'appartient pas, par contre, à la législation d'un État membre de restreindre les effets de l'attribution de la nationalité d'un autre État membre, en exigeant une condition supplémentaire pour la reconnaissance de cette nationalité en vue de l'exercice des libertés fondamentales prévues par le traité », point 10 de l'arrêt.

L'article 7 de son Protocole sur le marché commun[653] souligne que les États membres doivent garantir « the free movement of persons who are citizens of the other Partner States, within their territories ». Le choix fait par le législateur communautaire consiste à cumuler la citoyenneté de l'État membre avec celle de la Communauté. Le bénéficiaire de la liberté de circulation est le citoyen d'un État membre que le Protocole définit en ces termes : « a national of a Partner State recognized under the laws governing citizenship in the Partner State ». Cette conception de la citoyenneté communautaire reste tributaire de la nationalité de l'État membre. Elle est observable au niveau de l'Union européenne où l'article 20 du TFUE mentionne que « Est citoyen de l'Union toute personne ayant la nationalité d'un État membre. La citoyenneté de l'Union s'ajoute à la citoyenneté et ne la remplace pas ». La similarité entre la conception africaine de la citoyenneté et celle européenne se trouve au niveau du lien avec le critère de la nationalité, mais une différence est perceptible dès lors que le droit de l'Union précise que la citoyenneté européenne n'a pas pour ambition de se substituer à la citoyenneté nationale. Ainsi, les traités et Protocoles communautaires africains consacrent la notion de citoyenneté communautaire. Le droit de la SADC[654] et celui de COMESA[655] renvoient à la citoyenneté nationale sans pour autant donner de définition. L'UEMOA, quant à elle, évoque au titre des bénéficiaires de la liberté de circulation « les ressortissants d'un État membre »[656].

161 Une conception harmonisée de la citoyenneté communautaire faciliterait son application dans les ordres juridiques africains et contribuerait à renforcer l'exercice des libertés de circulation. Car la place accordée au citoyen dans le processus communautaire symbolise la dimension politique[657] et constitutionnelle[658]. Le droit de l'intégration, même s'il est « le fruit d'une approche fonctionnaliste centré sur l'économie »[659], vise les populations qui en sont les destinataires. C'est

[653] Le 20 novembre 2009.
[654] Article 1 du Protocole sur la Facilité de la libre circulation.
[655] Article 164 du traité ; article 1 du Protocole sur la libre circulation des personnes, des services, du droit d'établissement et de résidence du 29 juin 1998.
[656] Article 91 du traité.
[657] PLIAKOS (A.), « Citoyenneté », *Répertoire de droit européen*, mars 2012, p. 3.
[658] BLUMANN (C.), DUBOUIS (L.), *op. cit.*, p. 164.
[659] Expression utilisée par Jean Christophe Barbato en parlant du Traité de Rome. Cf., « Le traité de Rome et la Culture ou les ambivalences du fonctionnalisme », *Revue de l'Union européenne*, 2018, p. 364.

pour cela que les traités originaires mettent en exergue la dimension humaine et sociale. On pourra citer le traité révisé de la CEDEAO dans son Préambule évoquant l'idée d'amélioration de conditions de vie des peuples, ou bien le traité sur l'Union européenne affirmant qu'elle a « pour but de promouvoir… le bien-être de ses peuples »[660]. Les bénéficiaires de la liberté de circulation sont étendus aux travailleurs migrants et aux membres de leur famille[661].

162 Au demeurant, la qualité de citoyen communautaire garantie la jouissance de l'exercice de la liberté de circulation à l'intérieur de l'espace communautaire, matérialisée par le droit d'établissement et celui de résidence[662]. Les cours de justice africaines n'ont pas suffisamment assuré la justiciabilité des droits conférés aux citoyens communautaires.

B) Le contenu de la liberté de circulation

163 Les libertés de circulation, affirmées dans les traités et protocoles communautaires, bénéficient aux citoyens des États membres. Il est reconnu à ces derniers un droit de circuler, un droit de résidence et une liberté d'établissement à l'intérieur du territoire communautaire. Les frontières intérieures disparaissent pour faciliter le droit de circuler à tous les citoyens communautaires, considéré comme un « droit fondamental et individuel »[663]. La liberté de circulation confère au ressortissant d'un État membre la possibilité de résider sur le territoire d'un État de son choix et d'y mener une activité salariée ou indépendante. Pour appréhender la substance des droits afférents à la liberté de circulation, il convient d'examiner le droit de circuler (**1**), et le droit de résidence et la liberté d'établissement (**2**) dans les ordres juridiques communautaires africains.

---

660 Article 3 (1) du TUE.

661 Article 10 (5) du Protocole de la Communauté africaine de l'Est sur le marché commun ; Articles 10, 11, 13 du Protocole de la CEDEAO sur le droit de résidence ; Article 91 du traité de l'UEMOA ; Article 9 du Protocole de COMESA sur la libre circulation…

NKADA (S. P.), « La libre circulation des personnes : réflexions sur l'expérience de la CEMAC et de la CEDEAO », *Revue internationale de droit économique* 2011/1 (TXXV), p. 113-136.

663 Cf. KOVAR (R.), « Le droit du citoyen de l'Union européenne de circuler et de séjourner librement sur le territoire des États membres », in *Mélanges en hommage au Doyen Cohen-Jonathan*, Bruylant, 2004, pp. 1049-1066 ; LAMBLIN-GOURDIN (A. S.), « Les libertés de déplacement et de séjour », *in Liberté de circulation des personnes dans l'Union européenne*. Bruylant 2009, pp. 33-57.

1) Le droit de circuler librement sur le territoire des États membres

164 Il s'agit d'un droit fondamental garanti par les traités communautaires. Déjà, au niveau régional, la Charte africaine des droits de l'homme et des peuples[664] reconnaît à toute personne, en son article 12, « le droit de circuler librement… à l'intérieur d'un État… et le droit de quitter tout pays y compris le sien, et de revenir dans son pays ». Le droit de circuler, en plus d'être un droit de l'homme reconnu par les conventions internationales[665], est une liberté économique indispensable à la réalisation du marché commun. L'Union africaine vient de le consacrer au titre des libertés économiques à travers un Protocole du 29 janvier 2018 au Traité sur la Communauté économique africaine, relatif à la libre circulation des personnes, au droit de résidence et au droit d'établissement. En vertu de l'article 6 (1) du Protocole, « Les ressortissants des États membres ont le droit d'entrée, de séjourner et de circuler librement et sortir du territoire d'un État membre ». Le droit de circuler au niveau continental est une obligation pour tous les États membres. Ces derniers doivent autoriser les ressortissants des autres États membres à pénétrer sur leur territoire sans obligation de visa[666]. Cette prise en compte du droit de circuler et de séjourner au niveau de l'organisation continentale constitue un réel progrès pour renforcer les processus d'intégration[667] à l'échelle sous-régionale. Les communautés économiques régionales ont déjà entamé l'élimination progressive des obstacles à la libre circulation des personnes. Une bonne articulation

[664] Sur le commentaire de cet article, voir SOREL (J. M.), *La Charte africaine des droits de l'homme et des peuples et le Protocole y relatif portant création de la Cour africaine des droits de l'homme. Commentaire article par article.* Bruxelles, Bruylant, 2011, pp. 297-643.

[665] L'article 12 du PIDCP ; L'article n°2 du Protocole de la CEDH…

[666] Article 6 (2) du Protocole. Rappelons que l'Union africaine s'est dotée d'un passeport africain (Voir Décision de la Conférence Ass/AU/DEC. 607 (XXVII) juillet 2016 portant lancement du passeport africain). Il est prévu à l'article 10 du Protocole sur la libre circulation. Néanmoins, pour le moment, il est limité aux seuls fonctionnaires de l'organisation. Pour garantir l'effectivité de la libre circulation des personnes à l'intérieur du continent, les États devront ratifier le Protocole. Il est regrettable de constater, à ce jour que, seuls trente deux (32) États membres ont signé le Protocole mais un seul État membre, le Rwanda l'a ratifié. Quinze ratifications sont requises pour l'entrée en vigueur du Protocole.

[667] Il est même considéré comme un « enjeu majeur pour l'intégration africaine ». Cf. RANOHEFY (F. J.), « La libre circulation des personnes en Afrique et passeport continental : vers une Afrique intégrée et en Paix », *Note d'Analyse politique*, n°10, août 2013.

sera nécessaire pour éviter d'éventuelles cacophonies normatives[668] préjudiciables aux ressortissants africains. Au niveau de la CEDEAO, c'est le Protocole A/P1/79 du 29 mai 1979 sur la libre circulation des personnes qui organise le droit d'entrée et de séjour dans le territoire des États membres. Il est décliné en trois étapes : le droit d'entrée et abolition de visa, le droit de résidence et le droit d'établissement. En effet, le Protocole de la CEDEAO en son article 2, consacre le droit d'entrée pour tous les citoyens de la Communauté. Ce droit fondamental, reconnu par le citoyen communautaire, comporte une obligation pour le citoyen de posséder un document de voyage et d'accomplir les formalités nécessaires[669]. Si le séjour du citoyen communautaire dans un État membre excède 90 jours, il devra obtenir une autorisation des autorités compétentes[670]. Ces dernières peuvent refuser le droit d'entrée sur leur territoire les citoyens communautaires entrant dans la catégorie des « immigrants inadmissibles »[671]. Ce concept, utilisé dans le Protocole, est une sorte de fourre-tout entre les mains des États membres qu'ils pourront brandir pour justifier les refus d'entrée sur leur territoire. La CJCDEAO devra clarifier le concept d'« immigrants inadmissibles » pour neutraliser les mesures d'expulsions des États membres[672]. Pour rappel, de nombreuses expulsions et de fermeture de frontières intérieures sont notées dans l'espace communautaire même si la CEDEAO s'est dotée d'un passeport unique et d'une carte d'identité biométrique[673] servant de document de voyage. À titre d'illustration, le Nigeria avait procédé à des expulsions de

---

[668] Le Protocole de l'Union africaine sur la libre circulation des personnes tente, tant bien que mal, d'appeler à une harmonisation de la mise en œuvre des politiques de libre circulation des personnes avec les communautés économiques régionales (article 28 (3) du Protocole).

[669] Article 3 du Protocole de 1979.

[670] Article 3 (2).

[671] Article 4 du même Protocole.

[672] Cf. MBENGUE (M. M.), « Le droit communautaire africain : cas de la CEDEAO », *Journal of the African Union Commission on International Law*, 2015, p. 126.

[673] Décision A/déc.01/12/14 en date du 15 décembre 2014 modifiant la décision A/déc.2/7/85 portant institution d'un carnet de voyage des États membres de la CEDEAO. À ce jour seul trois États membres ont institué la carte d'identité biométrique CEDEAO : Le Sénégal (Loi n°2016-09 du 14 mars 2016, JO n°6929 du samedi 23 avril 2016) ; le Burkina Faso (Loi n°009-2017/AM instituant une carte d'identité biométrique du 10 avril 2017).

travailleurs étrangers[674] en 1983 et d'autres États membres ont recouru à des mesures similaires[675]. Deux affaires de fermetures de frontières ont atterri devant la CJCEDEAO. La première affaire concernait la décision du Nigéria de clôturer ses frontières avec le Benin empêchant M. Afolabi, ressortissant nigérian, de se déplacer. La Cour n'a pas examiné le moyen fondé sur le non-respect du droit de circuler[676]. La deuxième affaire traitait de la fermeture de frontière togolaise pour la tenue de l'élection présidentielle par les autorités refusant à deux avocats en provenance du Nigeria, l'entrée sur le territoire. La CJCEDEAO, à l'issue d'une interprétation discutable, n'a pas retenu la violation du droit de circuler[677].

165 La Communauté africaine de l'Est, à travers l'article 10 Protocole sur le marché commun, reconnaît aux citoyens communautaires le droit de circuler librement dans le territoire de tout État membre sans obligation de visa. Les citoyens communautaires ont également le droit de séjourner et de quitter le territoire de tout État membre sans aucune restriction. La CAE prévoit l'institution d'un passeport biométrique pour faciliter la libre circulation des personnes[678]. Nonobstant les avancées, des obstacles subsistent, et certains États membres continuent d'invoquer leurs propres compétences en matière d'admission de séjour

---

674 Brown (L.), « Nigeria and the Ecowas Protocol on free Movement and Residence », *The Journal of Modern African Studies*, Vol. 27. 2 (Juin 1989), p. 252.

675 Bien avant, en septembre 1982, le Ghana a fermé ses frontières avec le Togo. En décembre 1982, la Sierra Leone a expulsé des membres de la communauté Foulah. En 1983, le Libéria a expulsé les étrangers. En 1985, la Côte d'Ivoire a expulsé 10 000 Ghanéens. En 1990, le Sénégal a déporté environ 500 000 Mauritaniens. Au début de 1996, puis à nouveau en 2003 et en 2004, le Nigeria a fermé sa frontière avec la République du Bénin. En février 2007, à l'approche des élections, le Nigéria avait annoncé son intention d'expulser les migrants de la CEDEAO. Sur cette question, voir ADEPOJU (A.) « Promoting integration trough mobility: free movement and the ECOWAS Protocol », *Research Paper UNCHR*, n°150, décembre 2007, p. 14. En 2012, la Guinée expulsait sur son territoire une vingtaine de résidents maliens.

676 ECW/CCJ/APP/01/03 du 27 avril 2004.

677 ECW/CCJ/JUD/02/2012 du 24 janvier 2012. Ce point sera examiné dans la section suivante.

678 Des États membres, comme le Kenya, l'Uganda et le Rwanda, utilisaient la carte nationale d'identité comme document de voyage. Cf. UGIRASHEBUYA (E.) et autres, *East African Community Law, Institutional, Substantive and Comparative EU Aspects, Brill Nijhoff*, Leiden Boston, 2017 Le Kenya et la Tanzanie se sont dotés de passeports biométriques. Les autres États membres ont l'obligation d'instituer le passeport biométrique en janvier 2020. Décision de la 35e réunion du Conseil des ministres.

pour les citoyens communautaires. Par exemple, l'Ouganda, dans l'affaire *Samuel Mukira Mohochi vs. The Attorney General of Uganda*[679], a brandi sa souveraineté dans le domaine de l'immigration comme moyen de défense pour justifier le refus de séjour. La CJAE rejette cette thèse en avançant l'argument selon lequel, il s'agit d'un domaine transféré et régi par le droit de la communauté[680]. Elle rappellera avec vigueur que :

« Sovereignty… cannot not take away the precedence of community law, cannot stand as a defense of justification for non-compliance with Treaty obligations and neither can it act to exempt, impede or restrain Uganda from ensuring that her actions and laws are in conformity with requirements of the treaty or the Protocol. »[681]

166 Le droit de circuler et de séjourner prévu dans les autres organisations d'intégration en Afrique rencontre les mêmes difficultés liées au refus d'appliquer les textes communautaires organisant la libre circulation des personnes[682] et maintenant des restrictions. Cela accrédite la thèse de Laurence Helfer selon laquelle « les gouvernements africains ferment régulièrement leurs frontières pour des raisons de sécurité…et refusent l'entrée à des ressortissants communautaires pour ces même raisons en plus des barrières routières, telles que les formalités administratives et la corruption de fonctionnaires des douanes »[683]. Les obstacles au droit des personnes de circuler doivent être éliminés afin de faciliter la réalisation de l'intégration. Les citoyens communautaires bénéficient aussi du droit de résidence et de liberté d'établissement.

679 N°5/2011 du 17 mai 2013.

680 Point 52 de l'arrêt.

681 Point 53 de l'arrêt. Nous traduisons de l'anglais : « La souveraineté {…} ne peut pas compromettre la primauté du droit communautaire ou constituer une défense pour justifier le non-respect des obligations découlant du Traité, ni empêcher à l'Ouganda de veiller à ce que ses actions et sa législation soient en conformité avec les obligations du Traité ou du Protocole. »

682 Pour le cas de la CEMAC, Cf. KEMFOUEDIO (J. B.), « La libre circulation des personnes en Zone CEMAC : Heurs et malheurs d'un droit fondamental », *Revue Juridique et politique des États d'Afrique francophone*, juillet-septembre 2018, pp. 368-392.

683 HELFER (L.), « Sub-regional Courts in Africa: Litigating the hybrid right to freedom of movement », *op. cit.*, p. 6.

2) La reconnaissance du droit de résidence et de la liberté d'établissement

167 Le droit de résidence et la liberté d'établissement sont reconnus dans les espaces communautaires africains. Le droit de résidence s'analyse en une faculté de demeurer sur le territoire d'un État membre et d'y vivre avec un droit de séjour sans aucune entrave. La liberté d'établissement permet à tout citoyen, ressortissant d'un État membre, de s'installer ou de s'établir dans un État membre autre que son État d'origine, d'accéder à des activités économiques, de les exercer, de gérer des entreprises notamment des sociétés dans les conditions définies par la législation de l'État membre d'accueil pour ses propres ressortissants[684]. L'État membre a l'obligation d'accorder la résidence à tout citoyen communautaire établi sur son territoire[685] en vue d'accéder à une activité salariée et de l'exercer[686] sous réserve des restrictions justifiées par des motifs d'ordre public, de sécurité publique et de santé publique. En outre, les États membres ont l'obligation d'éliminer toute sorte de discrimination fondée sur la nationalité, en ce qui concerne la recherche d'un emploi, à l'exception des emplois de la fonction publique[687]. Dans l'ordre juridique communautaire de la CEDEAO, les droits conférés au résidant communautaire dans un État membre sont énumérés à l'article 3 du Protocole A/SP1/1986 sur le droit de résidence. Ainsi, il comporte le droit : « 1- de répondre à des emplois effectivement offerts ; 2- de se déplacer, à cet effet, librement sur le territoire des États membres ; 3- de séjourner et de résider dans un des États membres afin d'y exercer un emploi conformément aux dispositions législatives, réglementaires et administratives régissant des travailleurs nationaux 4-de demeurer, dans les conditions définies par les dispositions législatives, réglementaires et administratives des États membres d'accueil, sur le territoire d'un État membre après y avoir occupé un emploi. »[688] Ces droits reconnus aux résidents communautaires

---

[684] Voir la définition donnée par le Protocole additionnel A/SP1/7/1985 du 6 juillet 1985 portant Code de conduite sur l'application du Protocole sur la libre circulation des personnes, le droit de résidence et la liberté d'établissement.

[685] Article 14 du Protocole de la Communauté africaine de l'Est sur le marché commun.

[686] Article 2 du Protocole A/SP1/86 du 1er juillet 1986 relatif à l'exécution de la deuxième étape (droit de résidence) du Protocole sur la libre circulation des personnes, le droit de résidence, et la liberté d'établissement.

[687] Par exemple, l'article 3 (1) du Protocole de la Communauté africaine sur le marché commun ; l'article 91 (1) du Traité de l'UEMOA…

[688] Cette disposition est similaire à l'article 39 du traité de Rome.

complètent le régime juridique du droit de circuler. La lecture de cette disposition fait ressortir le lien direct entre l'exercice de l'activité économique et la liberté de circulation. Le droit de la CEDEAO et celui de la CAE retiennent cette approche, semblant être délaissée en droit de l'Union européenne au profit d'une « déconnection de la libre circulation et de l'activité économique »[689], selon l'expression de Myriam Benlolo Carabot.

168 L'éclairage jurisprudentiel des cours africaines permettra de mieux cerner le contenu concret des droits conférés aux résidents. La jurisprudence africaine reste muette sur la portée du droit de résidence et le droit d'établissement. Celui-ci est reconnu à tout citoyen communautaire avec la possibilité de « s'installer ou dans un État Membre autre que son État d'origine, d'accéder à des activités économiques, de les exercer, constituer et de gérer des entreprises notamment des sociétés dans les conditions définies par la législation »[690]. Le droit d'établissement profite aux ressortissants des États membres pouvant être « assimilés à des sociétés et personnes morales constituées conformément à la législation nationale et ayant leur siège statutaire, leur administration centrale ou leur principal établissement »[691] à l'intérieur du territoire communautaire. L'application effective de droit au profit des citoyens communautaires demeure illusoire. La CJCEDEAO, saisie par un avocat d'origine nigériane pour constater la violation du droit d'établissement par le Ghana, refusa d'admettre l'invocabilité de ce droit devant la Cour par les particuliers contre un État membre au terme d'une argumentation évasive. Selon la Cour, « il existe… au moins dans l'abstrait, un fondement juridique solide et cohérent qui tend vers l'existence d'un droit d'établissement par un citoyen de la CEDEAO dans tout État membre autre que celui de son origine »[692] et « le Protocole relatif à la Cour ne donne pas aux individus la qualité pour poursuivre un État membre pour violation de ses obligations contenues dans les textes communautaires »[693]. Cette

689 Pour une explication détaillée de l'évolution de cette question, voir son ouvrage : *Les fondements juridiques de la citoyenneté européenne*, *op. cit.*, p. 479.

690 Protocole de la CEDEAO A/SP2/5/1990 du 29 mai 1990 relatif à l'exécution de la troisième étape (droit d'établissement) du Protocole sur la libre circulation ; Voir aussi l'article 13 (3) du Protocole de la CAE sur le marché commun ; l'article 92 (3) du traité de l'UEMOA…

691 Voir article 92 (2) du traité de l'UEMOA…

692 *Kemi Pinheiro c/Ghana*, N°ECW/CCJ/JUD/11/12 du 6 juillet 2012, point 43.

693 Point 48 de l'arrêt.

position de la Cour est une « curiosité juridique » en ce sens qu'elle admet les recours des particuliers en violation des droits de l'homme contre les États membres et refuse ceux introduits pour dénoncer des violations de libertés économiques. Par souci de cohérence, la Cour sera amenée à faire évoluer sa jurisprudence afin de donner une dimension substantielle à ce droit.

169 Le régime juridique de libre circulation des personnes n'a pas encore fait l'objet d'une véritable construction de la part du juge communautaire. Malgré l'existence du cadre juridique favorable aux citoyens communautaires en tant que bénéficiaires des libertés de circulation (droit de séjour, droit de résidence, droit d'établissement et liberté de prestation), les États membres continuent de maintenir certaines restrictions en plus de l'expulsion fréquente de ressortissants[694]. Cependant, la faible mise en application des libertés de circulation dans l'espace communautaire n'empêche pas une émergence timide du contentieux des libertés économiques.

SECTION 2 : UN EXERCICE EMBRYONNAIRE

170 Contrairement à la CJUE qui a su bâtir un marché commun à l'intérieur duquel les libertés économiques sont devenues effectives, les

---

[694] On pourra lire cette remarque sur le site de la Commission de la CEDEAO pour illustrer les limites de la mise en œuvre de la libre circulation des personnes : «… *depuis plus de trente ans, les citoyens de la CEDEAO connaissent des restrictions de leurs droits tels qu'ils sont inscrits dans le Protocole sur la libre circulation en raison d'un certain nombre de facteurs comme: l'application sélective du Protocole sur la libre circulation, la porosité des frontières de la région, le manque d'intégration des protocoles et des textes pertinents sur la libre circulation dans les législations nationales et la mauvaise connaissance des droits inscrits dans le Protocole sur la libre circulation par les citoyens de la Communauté* ».Voir lien internet : http://www.ecowas.int/la-vie-dans-la-communaute/education-et-jeunesse/?lang=fr, consulté le 9 mai 2018.On pourra aussi évoquer le constat d'Ahmed Mahiou en ces termes : « Le principe de la libre circulation des personnes, avec le droit de résidence et d'établissement, est clairement posé pour que les États s'engagent à en assurer progressivement le respect. Mais, comment passer du principe à l'application, compte tenu des craintes suscitées par les mouvements migratoires sur le continent ? Certains États reçoivent beaucoup de ressortissants d'États voisins et veulent se protéger en apportant des restrictions parfois sévères au déplacement des populations. Ainsi le Nigeria a encouru des critiques à la suite d'expulsions massives et brutales prises à l'encontre de ressortissants étrangers, y compris des ressortissants de la CEDEAO dont le traité prévoit la libre circulation, avec les droits de résidence et d'établissement ». Cf. *in Le cadre juridique de la coopération Sud-Sud : quelques expériences d'intégration*, *op. cit.*, p. 178.

cours de justice africaines n'ont pas encore connu un contentieux abondant, manifestant une véritable protection des libertés économiques ou libertés de circulation. Les droits de l'homme ont prédominé le prétoire des cours africaines délaissant la protection des libertés du marché commun. L'analyse de la jurisprudence révèle une tentative de prise en compte de la dimension économique du contentieux devant les cours africaines. Le contentieux des libertés de circulation est à ses balbutiements. La liberté de mouvement occupe une place importante dans la jurisprudence africaine relative aux libertés économiques. La libre circulation des marchandises n'a pas encore généré un véritable contentieux, mais elle donne des prémices encourageant devant la CJCOMESA. Cette tendance à l'émergence du contentieux des libertés de circulation, bien que marginale, paraît annoncer un encadrement sophistiqué (**§ 1**) qui pourrait renforcer le système de protection des libertés économiques. Par contre, l'approche du juge communautaire africain dans le cadre du contentieux des libertés économiques se différencie d'un espace à un autre. Les juges manifestent une attitude singulière faisant prévaloir l'aspect des droits de l'homme face aux questions des libertés économiques. Ce qui s'apparente à un redéploiement de la finalité (**§ 2**) si on se réfère à la logique de la construction européenne.

§ 1 : Un encadrement relativement sophistiqué

171 L'efficacité du système de protection des droits de l'homme par le juge communautaire africain a été démontrée et sa contribution s'avère substantielle[695]. Quant aux libertés économiques, on peut émettre une réserve liée au caractère faible du contentieux. Cela ne remet pas en cause la tentative de protection des libertés de circulation de la part du juge. L'analyse des arrêts ayant un lien avec les libertés de circulation a permis d'identifier un encadrement jurisprudentiel qu'on peut qualifier de relativement sophistiqué. Le cas de l'invocation (**A**) de la liberté de mouvement en constitue une parfaite illustration. Trois cours de justice (CEDEAO, CAE, SADC) ont essayé d'éclaircir les conditions d'exercice de la liberté de circulation garantie par les traités et Protocoles communautaires. La sophistication du régime des libertés du marché commun est également observable dans la jurisprudence de la Cour COMESA. Sa démarche semble être originale puisqu'elle

---

[695] Pour une explication approfondie de cette question, voir le titre I de la partie 2. *La contribution prééminente du juge à la protection des droits de l'homme*.

demeure la seule juridiction communautaire[696] à avoir assumé une position révolutionnaire par rapport à la logique de construction du marché commun. En effet, la Cour COMESA trace la voie pour ses consœurs en considérant, à l'instar de la CJUE, que le traité « also gives enforceable rights to citizens residing in the Member states »[697]. Ainsi, le juge COMESA contribue à l'effort de construction du marché commun (**B**).

A) L'invocation de la liberté de circulation

172 La liberté de circulation, assimilée à la liberté de mouvement, est souvent invoquée par les particuliers. Elle revêt une signification singulière dans les ordres communautaires juridiques africains tantôt perçue comme une liberté économique, tantôt appréhendée comme un droit de l'homme. La pratique jurisprudentielle montre que les particuliers l'invoquent dans l'actif de leurs activités économiques. Mais le juge communautaire africain se montre favorable à une protection de la liberté de mouvement sous le prisme des droits de l'homme. Laurence Helfer a pu le qualifier de « droit hybride »[698] car, il est à la fois protégé par la Charte africaine et le droit communautaire. Cela semble donner à cette liberté une nature mixte (**1**) que le juge communautaire tente de clarifier (**2**).

1) La nature mixte de la liberté de circulation

173 Les organisations d'intégration économique ont intégré la CADHP parmi les sources applicables. Comme rappelé plus haut, la liberté de mouvement est autant protégée par la Charte que par les traités. Elle bénéficie d'une double protection. La liberté de circulation est par essence liée à l'exercice d'une liberté économique dans la mesure où l'établissement d'un marché commun suppose une liberté d'entreprendre, une libre concurrence et une liberté du commerce et de l'industrie. Ces libertés économiques[699], qui « forment l'armature des

---

[696] GATHII, J. (2018), "The COMESA Court of Justice", *in* R. Howse, H. Ruiz-Fabri, G. Ulfstein, & M. Zang (Eds.) *The Legitimacy of International Trade Courts and Tribunals* (Studies on International Courts and Tribunals, p. 332. Cambridge University Press.

[697] *Polytol Paints & Adhesives Manufactures Co. Ltd v. The Republic of Mauritius*, arrêt déjà cité, p. 17.

[698] HELFER (L.), « Sub-regional Courts in Africa: Litigating the hybrid right to freedom of movement », *iCourts Working Paper Series*, *op. cit.*, p. 6.

[699] La définition des libertés économiques n'est pas chose aisée. On pourra se référer à l'article de CHAMPEIL-DESPLATS (V.), « Droits de l'homme et libertés

sociétés démocratiques »[700] sont au cœur de la construction européenne[701]. Cette dernière repose sur une « constitution économique néolibérale dont l'objectif est de protéger la liberté du marché contre la puissance publique et dont la légitimité sous-jacente tient à des opérations volontaires sur le marché et au renforcement de l'efficience économique »[702]. Cette conception a orienté la démarche du juge communautaire européen, à qui on a pu reprocher d'être militant d'une « conception néo-libérale du laissez faire »[703] avant de reconsidérer sa position. En droit communautaire africain, la liberté de circulation semble être négligée sur l'autel des droits de l'homme. Les traités communautaires protègent les libertés économiques mais les particuliers peinent à les invoquer devant les juges. Ces derniers paraissent exprimer une préférence, pour la protection des droits de l'homme, car les rares requêtes portant sur les libertés économiques, notamment la liberté de mouvement connaissent difficilement de succès devant les juridictions supranationales. Le juge communautaire africain semble dissocier l'exercice d'une liberté économique[704] et la protection des droits de l'homme. Or, la liberté de mouvement peut être un moyen efficace pour jouir d'une liberté économique. Par exemple, la CEDEAO, dans l'affaire[705] opposant la Société du Pont Kayes à l'État du Mali, écarte toute possibilité d'existence « de droit économique » dans le champ des droits de l'homme. En l'espèce, la requérante a conclu un contrat de concession du Pont routier de péage de Kayes avec l'État du Mali. Ce dernier n'a pu honorer ses engagements et a procédé au blocage du péage. La Cour exclut toute possibilité d'examiner la requête en estimant qu'elle : « est

---

économiques : éléments de problématiques », in *Libertés économiques et droits de l'homme*. Presses Universitaires de Paris Ouest, 2011, p. 21.

[700] DRAGO (G.), LOMBARD (M.), *Libertés économiques*. Éditions Panthéon Assas, 2003, p. 7.

[701] Cf. BAECHLER (L.), « Intégration européenne et libertés économiques », *in Revue d'études sur la construction européenne et le fédéralisme*, n°381, 2016, pp. 25-32. Selon l'auteur, « Les libertés économiques reposent simplement sur la liberté d'entreprendre et de produire, d'échanger des ressources et de les consommer, le tout garanti par la liberté contractuelle et la protection des consommateurs… La construction européenne est d'inspiration libérale sur le plan économique », p. 25.

[702] POIRES MADURO, « L'équilibre insaisissable entre la liberté économique et les droits sociaux dans l'Union européenne », *in L'Union européenne et les droits de l'homme*, ALSTON Philip (dir.), Bruxelles. Bruylant, 2001, p. 465.

[703] *Ibid.*, p. 467.

[704] N°ECW/CCJ/JUD/14/16 du 17 mai 2016.

[705] Page 5 de l'arrêt ; Voir aussi affaire *Abdoulaye Koba c. Niger*, N°ECW/CCJ/JUD/09/16 du 17 mai 2016.

bien obligée de constater, à l'instar de l'État défendeur, que le contentieux qui lui est soumis ne relève nullement des « droits de l'homme », mais reste de nature contractuelle, et ne s'approprie pas à une saisine de la Cour dans le cadre de l'article 10 du Protocole de 2005 (…) Toute lésion de type économique, tout manque à gagner, ne se traduit pas nécessairement en « violation de droits de l'homme ». Il faut en conclure que le litige en question doit être porté devant d'autres instances que la Cour, celle-ci n'ayant évidemment pas à indiquer ces instances ».

174 Cette thèse de la Cour paraît curieuse car elle-même a, entre autres, pour vocation de protéger des libertés économiques contre les entraves ou ingérences de l'État. Dans l'affaire *Afolabi Olajide c/ Nigeria*[706], la Cour ne s'est pas penchée sur la liberté de mouvement invoquée à l'appui de l'excercice d'une activité économique par le requérant. La conciliation entre la liberté de mouvement et celle économique est souhaitable. C'est une démarche devenue maintenant habituelle pour la CJCE faisant « ressortir un équilibre, une dialectique »[707] entre les libertés économiques et les droits fondamentaux. Elle « met en balance les intérêts en présence et à déterminer, eu égard à l'ensemble des circonstances de chaque cas d'espèce si un juste équilibre a été respecté entre ces intérêts »[708]. Une dichotomie entre les libertés économiques et les droits de l'homme s'avère difficile, car comme le souligne Véronique Champeil-Desplats, « certains droits ou libertés présentent un caractère hybride. Selon les contextes dans lesquels ils sont invoqués, ils peuvent aussi bien justifier des activités économiques ou marchandes que des activités animées par des valeurs civiques, domestiques, humanistes ou sociales. Tel est le cas par excellence du droit de propriété mais aussi de la liberté de presse, de la liberté d'expression, de la liberté de circulation, de la

---

[706] ECW/CCJ/APP/01/03 du 27 avril 2004.

[707] PICOD (F.), « Les libertés économiques et la pluralité des juges : juge communautaire, juge administratif et juge judiciaire », *in* DRAGO (G.) et LOMBARD (M.), ss. dir., *Les libertés économiques*, Editions Panthéon Assas, 2003, p. 155. Voir aussi, HERVIEU (N.), « Droits de l'homme et libertés économiques devant les juges européens : l'illusion d'une harmonie », *in* Veronique Champeil-Desplats, Daniel Lochak, ss (dir.), *Libertés économiques et droits de l'homme*. PU Paris Ouest, 2011, pp. 215-228 ; BAILLEUX (A.), « Les alliances entre la libre circulation et droits fondamentaux. Le flou au cœur de la jurisprudence communautaire », *Journal de droit européen*, n°160, 2009, p. 157.

[708] CJCE, 12 juin 2003, *Schmidberger*, Aff. C-112/00, point 81 de l'arrêt (conciliation entre libre circulation des marchandises et liberté d'expression).

liberté contractuelle ou du principe de non-discrimination… »[709]. En outre, la Cour africaine de l'Est, dans l'affaire *Samuel Mukira Mohochi vs. The Attorney General of Uganda*[710], a réussi à faire une conciliation entre l'exercice d'une liberté de circulation et la défense d'un droit de l'homme. En l'espèce, le requérant, avocat Kenya, se rendant en Ouganda, fut détenu avec une interdiction d'entrer sur le territoire ougandais avant d'être expulsé. La Cour considéra, dans un *obiter dictum*, que : « la détention est une privation de liberté. Lorsqu'elle est illégale, elle constitue non seulement une violation de la liberté de mouvement, mais aussi une entrave à la dignité humaine. Quand un citoyen communautaire est détenu de façon illégale dans un autre État membre sans un procès équitable, ceci constitue une violation du traité et une menace à l'intégration »[711]. La tonalité de la Cour montre le lien intrinsèque entre liberté de mouvement et libertés du marché commun. Pour mieux cerner la liberté de mouvement dans les ordres juridiques communautaires, il convient d'étudier son application concrète par le juge.

2) La clarification de la liberté de mouvement

175 Cette liberté fondamentale du marché commun intègre la jurisprudence naissante des cours de justice de la CEDEAO, de la CAE et du Tribunal de la SADC. L'invocation de la liberté de mouvement par les particuliers a amené les juges communautaires à clarifier la place de la liberté de mouvement dans les ordres juridiques des communautés. La CJCEDEAO, dans l'affaire *Femi Falana & Wadi Moustapha c/ Benin, Nigeria & Togo*[712], précise le régime de la liberté de mouvement de façon impressionnante. En l'espèce, les requérants avocats décident d'aller au Togo pour les réunions du Barreau[713]. En passant par le Nigeria, ils ont été arrêtés à la frontière nigériane par la policière douanière et les agents d'immigration. Ensuite, une fois au Togo, les requérants ont été interdits d'entrée sur le territoire togolais au motif que le pays organise l'élection présidentielle et l'ordre donné était de fermer les frontières. Ainsi, les requérants saisissent la CJCEDEAO en invoquant la violation du droit à la libre circulation des personnes, des biens, le droit de résidence et d'établissement prévu par le Protocole de

---

[709] « Droits de l'homme et libertés économiques : éléments de problématiques », *in Libertés économiques et droits de l'homme*, *op. cit.*, p. 25.
[710] N°5/2011 du 17 mai 2013.
[711] *Ibid.*
[712] ECW/CCJ/JUD/02/2012 du 24 janvier 2012.
[713] L'un était Président de l'Association des membres du Barreau et l'autre Vice-Président.

la CEDEAO et par l'article 12 de la Charte africaine. En répondant la Cour commence, d'abord par associer liberté de circulation consacrée à l'article 3 du Protocole A/P1/S/79 de la CEDEAO à la liberté de mouvement consacré à l'article 12 de la Charte avant de donner une définition. Selon la Cour, la liberté de mouvement « is a human right that asserts that a citizen of state in which that citizen is present, has the liberty to travel, reside in, and or work in any part of the state where one pleases within the limits and in respect for the liberty and others and to leave that date and return at any time »[714]. Elle poursuit en soulignant que « l'opposition du mot liberté est restriction correspondant à une violation de la liberté de mouvement ». Cette explication de la Cour semble apporter une clarification qui sera remise en cause par sa première étonnante conclusion. Elle estima que « les droits reconnus aux citoyens ne sont pas absolus et que la liberté de mouvement peut être limitée pour des raisons de sécurité publique, d'ordre public et de santé publique »[715]. Enfin, la Cour souligne que les requérants n'ont pas apporté la preuve de la violation et aucune restriction n'est établie. Cette argumentation de la Cour nous paraît contestable. Elle aurait dû procéder à un contrôle de proportionnalité de l'entrave et vérifier si la mesure étatique poursuivait réellement une finalité d'intérêt général. Néanmoins, la Cour d'Abuja pose la similarité du régime juridique entre la liberté de mouvement reconnue dans la Charte africaine et celle dans le Protocole de la CEDEAO. Pour rappel, en matière de violation des droits, la Cour exige la preuve de la violation concrète[716]. Dans le contentieux de la liberté de circulation, elle reproduit la même exigence. Cette prise de position de la Cour sera vite remise en cause par la jurisprudence *Kemi Pinheiro c/Ghana*[717] dans laquelle, le requérant s'est vu refuser une admission à l'école de droit du Ghana à cause de sa nationalité. En invoquant la violation de la liberté de circulation contre ce dernier, la Cour brandit un argumentaire étrange en excluant le caractère d'effet direct des droits conférés aux particuliers. Selon elle, « conformément à l'article 10 (a) du Protocole de 2005, seul un État membre ou la Commission de la CEDEAO peut saisir la Cour pour

---

[714] Point 32 de l'arrêt.

[715] Point 33 de l'arrêt. Nous traduisons : « La liberté de mouvement est un droit qui signifie qu'un citoyen d'un État a la liberté de voyager, de résider et de travailler toute partie du territoire de l'État dans les limites et dans le respect des autres… ».

[716] Cf. par exemple, arrêt *Daouda Garba v. Bénin*, N°ECW/CCJ/JUD/01/10 du 17 février 2010, point 40.

[717] N°ECW/CCJ/JUD/11/12 du 6 juillet 2012, arrêté déjà cité.

obliger un État membre à remplir une obligation »[718]. Cela signifie que la Cour retient un régime juridique différent pour la liberté de mouvement contenue dans le Protocole et dans la Charte[719]. La Cour, en raisonnant de cette façon, limite l'effectivité des libertés économiques qui sont essentielles pour la réalisation de l'intégration. Elle rate une occasion[720] propice pour formuler une stratégie jurisprudentielle claire favorable à la protection des droits reconnus aux particuliers dans le cadre communautaire. L'absence d'un contrôle concret de la part du juge s'apparente à une « de facto diminution of freedom of movement within the sub-region »[721] comme le souligne Laurence Helfer. En plus de façon impressionnante, la Cour use de toutes ses armes pour contrôler la violation des mesures d'interdiction invoquées dans le cadre du recours en droit de l'homme. Dans l'affaire, *Abdoulaye Baldé et autres c/Sénégal*[722], les requérants ont été interdit de quitter le territoire sénégalais par le Procureur de la République pour des motifs d'ordre public. La CJCEDEAO va pourtant examiner les motifs d'interdiction avant d'en conclure à la violation de la liberté de mouvement. Elle dira que : « rien ne justifie une mesure d'interdiction de sortie du territoire sans la preuve de trouble à l'ordre public, à la sécurité nationale ou à la santé et à la moralité publiques… Sur ce point que même si la mesure de restriction s'avère nécessaire elle doit être prise en vertu d'une loi… et que même prise dans ces conditions, elle ne doit pas être disproportionnée par rapport au but recherché »[723]. Ce qu'elle refuse pour la protection des libertés économiques, elle l'admet

---

[718] Point 48 de l'arrêt.

[719] La Cour va présenter la liberté de mouvement prévue à l'article 12 de la Charte Africaine comme différente de celle prévue dans le Protocole de la CEDEAO. Elle estime que l'article 12 prévoit une liberté de mouvement à l'intérieur d'un État et non à l'intérieur de la Communauté. La Cour, reprenant la justification de l'entrave basée sur la tenue de l'élection présidentielle, souligne que la restriction peut être motivée par le Protocole de la CEDEAO sur la liberté de circulation. La Cour va même jusqu'à citer les dérogations prévues par l'article 8 Protocole A/SP. 2/7/85/ sur le du 6 juillet 1985 portant Code de conduite sur l'application du Protocole sur la libre circulation des personnes. En vertu de cet article, les États membres peuvent déroger à la libre circulation pour des raisons de sécurité intérieure sous réserve d'en informer l'autorité communautaire. La démarche de la Cour demeure très ambiguë.

[720] EBOBRAH (S. T.), « The rôle of the Ecowas Community Court of justice in the integration of West Africa : Small strides in the wrong direction ? », *op. cit.*, p. 24.

[721] Cf., « Sub-regional Courts in Africa : Litigating the hybrid right to freedom of movement », *op. cit.*, p. 11.

[722] ECW/CCJ/JUG/04/13 du 22 février 2013.

[723] Point 58 de l'arrêt.

pour assurer pleinement la protection des droits de l'homme. À notre avis, la Cour ne peut pas ignorer l'un des objectifs fondamentaux du projet d'intégration pour lequel elle a été instituée. Elle n'a d'autre choix que de faire évoluer sa jurisprudence en vue de favoriser un équilibre.

176 En revanche, la Cour africaine de l'Est, va s'inscrire dans une logique de protection des libertés de circulation dans l'affaire *Samuel Mukira Mohochi vs. The Attorney General of Uganda*, déjà cité. En effet, dans cette affaire, le requérant saisit la Cour de justice communautaire en invoquant une violation de la liberté de circulation prévue dans l'article 104 traité de la CAE[724] et dans l'article 7 du Protocole[725]. La Cour va rappeler l'effet direct et la primauté[726] du droit de la Communauté car l'Ouganda avait invoqué son droit national de l'immigration. Ensuite, elle souligne que les États membres ont l'obligation de garantir la liberté de circulation des citoyens communautaires sans discrimination. Enfin, la Cour, en s'inspirant de la célèbre jurisprudence de la CJCE, *Costa c/ Enel*[727], considère que le droit de l'État ougandais de refuser le séjour sur son territoire n'était pas pris conformément au traité. Ce droit ne vaut que dans le respect des obligations communautaires et l'Ouganda en refusant le séjour a manqué à ses engagements vis-à-vis de la Communauté[728]. La Cour va donner un plein effet à la liberté de circulation reconnue par le traité en faisant le lien direct avec la protection des droits de l'homme, de l'État de droit, de la transparence[729]… Dans une autre affaire[730] concernant aussi un avocat burundais qui a été radié et interdit de quitter le territoire par le Procureur, la Cour estima que la mesure d'interdiction prise sans le recours au juge est une violation de l'État de droit[731]. Cette conclusion

---

[724] Cet article prévoit les obligations que les États membres pour garantir la libre circulation aux citoyens.

[725] 20 novembre 2009.

[726] Point 50 de l'arrêt.

[727] Aff. 6/64 du 15 juillet 1964. La Cour africaine de l'Est cite un des considérants de principe de la jurisprudence communautaire européenne : « le transfert opéré par les États, de leur ordre juridique interne au profit de l'ordre juridique communautaire, des droits et obligations correspondant aux dispositions du traité, entraîne donc une limitation définitive de leurs droits souverains contre laquelle ne saurait prévaloir un acte unilatéral ultérieur incompatible avec la notion de Communauté. »

[728] Point 56 de l'arrêt.

[729] Articles 6 (d), et 7 (2). Voir point 84 de l'arrêt.

[730] *East African Law Society v The Attorney General of Burundi*, n°1/2014 du 15 mai 2015.

[731] Points 96-97 de l'arrêt.

de la Cour, même si elle n'est fondée sur la violation d'une liberté économique, a le mérite de contribuer au régime de la liberté de circulation qui reste un principe fondamental de la Communauté africaine de l'Est. C'est toute la différence avec la CJCEDEAO, statuant en faveur des droits de l'homme.

177 La liberté de circulation a fait aussi l'objet d'un encadrement encourageant devant la Cour COMESA.

B) L'effort d'élimination des entraves au marché commun par la Cour COMESA

178 De toutes les cours de justice africaines, seule la CJCOMESA a connu une affaire ayant une portée réelle sur l'intégration économique. Il s'agit de l'affaire *Polytol Paints v/Mauritius*[732], qui donnera l'occasion au juge de rappeler les fondamentaux de la construction communautaire[733] nécessaire à la réalisation d'un marché commun. Cet important arrêt de principe mérite que l'on revienne sur les faits de l'espèce pour mieux saisir ses enseignements.

1) Les faits pertinents de l'espèce

179 Une entreprise Polytol, basée à l'Île Maurice, travaillant dans la fabrication et la vente de la conception d'automobile, s'est vue imposée des droits de douanes sur ses produits (Kapci) en provenance d'Égypte du 16 novembre 2001 au 20 novembre 2010. Or, en vertu de l'article 46 du traité COMESA, les États membres doivent éliminer tous les droits de douane et les mesures d'effet équivalent avant l'an 2000. Après cette date le gouvernement mauricien va modifier sa législation fiscale en y introduisant 40 % sur les produits importés d'Égypte. L'entreprise va poursuivre d'abord, l'Île Maurice devant les juridictions nationales. Mais la Cour suprême mauricienne va considérer que le droit COMESA n'était pas applicable devant le juge national[734]. Ensuite, elle saisit la CJCOMESA en invoquant la violation des dispositions relatives au droit du marché commun de COMESA notamment l'article 46 du traité. Celui-ci prévoit que « Les États

---

[732] CJCOMESA, *Polytol v. Mauritius*, N°1/2012 du 31 août 2013.

[733] Voir : ERASMUS (G.), « The Polytol judgment of the COMESA Court of justice: Implications for rules based regional integration », *Tralac Trade Brief*, July 2015; MWANZA (W.), « Polytol Plaints v. Mauritius: Evidence of the Existence and direct effect of Community Law in COMESA », *Tralac Brief*, January 2014.

[734] *Polytol Paints and Adhesive Manufactures Co. Ltd v The Minister of Finance*, 2009 SCJ 106.

membres s'engagent à réduire et en fin de compte, à éliminer d'ici l'an 2000, les droits de douane et les autres taxes d'effet équivalent qui sont perçu sur ou en rapport avec l'importation des marchandises remplissant les conditions du régime douanier du marché commun ». Au surplus, le requérant soulève, entre autres, la violation du principe de non-discrimination et demande une réparation du préjudice subi.

2) Un arrêt fondateur en matière de liberté de circulation des marchandises

180 L'étude de cet arrêt est essentielle, car il met directement en cause une liberté fondamentale du marché du commun : la libre circulation des marchandises. Le juge communautaire, s'inscrivant dans une perspective de gardien engagé des libertés économiques, va définir la base ontologique du marché commun. Il écarta l'objection préliminaire relative à la règle de l'épuisement des voies de recours internes soulevée par l'Île Maurice[735]. Soucieux de la préservation de l'intégrité du marché commun, la CJCOMESA précise de manière spécifique le régime du recours ouvert aux particuliers pour constater la violation d'une liberté économique. À cet effet, elle établit une distinction entre recours en manquement et recours en annulation[736] pour réserver l'exclusivité de son emploi au Secrétaire Général et aux États membres[737]. Pour protéger le principe de la liberté du marché commun, la Cour détermine le contenu des obligations des États membres découlant de l'article 46 du traité. Celui-ci impose à ces derniers d'éliminer les droits de douane à l'intérieur du territoire communautaire. La Cour, de manière téléologique, estime que l'article 46 ne souffre d'aucune ambiguïté et doit être interprété en tenant

---

[735] *The Republic of Mauritius v. Polytol Paints & Manufacturers co. LTD*, Preliminary Application n°1/2012 du 6 décembre 2012.

[736] *Polytol v. Mauritius*, N°1/2012 du 31 août 2013. Se référer à la Première partie de la thèse pour l'analyse approfondie de ces voies de droit.

[737] De l'opinion de la Cour : « a legal or natural person is only permitted to bring to Court matters relating to conduct or measures that are unlawful or an infringement of the treaty but not the non-fulfillement of a treaty obligation by a member State. The responsibility of bringing a matter relating to non-fulfillment of obligations under the treaty is reserved for Member States and the Secretary General », page 9 de l'arrêt. Nous traduisons de l'anglais : « une personne physique ou morale n'est autorisée à porter devant la Cour que des questions relatives à un comportement ou à des mesures illicites ou constitutives d'une violation du Traité, et non pas celles relatives au non-respect d'une obligation conventionnelle par un État membre. La responsabilité de porter une affaire de non-respect des obligations en vertu du Traité est réservée aux États membres et au Secrétaire Général. »

compte du contexte et de l'objectif du traité qu'est de réaliser la libre circulation des marchandises sans entrave[738]. L'introduction de mesures fiscales sur les produits originaires d'Égypte est considérée comme un acte contraire aux objectifs du marché commun. L'argument de la Cour est rassurant dans la mesure où elle privilégie la finalité du marché. Ensuite, la Cour devait répondre à la question de l'effet direct[739] du traité COMESA à l'égard des particuliers. Sans hésitation, la Cour reprend à son actif le célèbre considérant de l'arrêt *Van Gend en Loos*[740], selon lequel « la Communauté constitue un nouvel ordre juridique de droit international, au profit duquel les États ont limité, bien que dans des domaines restreints, leurs droits souverains et dont les sujets sont non seulement les États membres mais également leurs ressortissants… le droit communautaire, indépendant de la législation des États membres, de même qu'il crée des charges dans le chef des particuliers, est aussi destiné à engendrer des droits qui entrent dans leur patrimoine juridique ». Ainsi, elle considéra que la société requérante avait le droit d'importer des marchandises librement dans un État membre sans aucune restriction et que par conséquent ce droit a été méconnu par l'Île Maurice du fait de l'imposition des droits de douane[741]. Cet arrêt comporte plusieurs enseignements. D'abord, la CJCOMESA met en avant le projet d'intégration énoncé dans le traité de base pour contribuer à la construction du marché commun. Ensuite, à travers cette décision, la Cour reconnaît l'effet direct des droits conférés aux particuliers par le traité. Désormais, ils peuvent réclamer des droits résultant d'un acte d'un État membre violant le droit communautaire devant la Cour. Cela constitue une particularité par rapport aux autres systèmes communautaires tels que celui de l'Union européenne où les particuliers ne disposent pas de recours direct pour dénoncer la violation du droit communautaire par un acte ou une mesure d'un État membre[742]. Mais la CJCOMESA fait œuvre d'originalité en instituant la protection des libertés économiques par un recours direct.

---

[738] Page 14 de l'arrêt.

[739] Cf. *Supra*, première partie, titre I, chapitre II.

[740] CJCE, 5 février 1963, Aff. 26/62.

[741] Page 19 de l'arrêt *Polytol v. Mauritius*.

[742] C'est souvent par le jeu du renvoi préjudiciel et du recours en manquement que la CJCE connaît les libertés économiques. Et la CJCE a précisé que « en dehors du recours en constatation de manquement, il n'appartient pas à la Cour de statuer sur la compatibilité d'une disposition avec le droit communautaire », 22 mars 1990, *Trivenda Zuccheri*, C-347/87.

181 En Afrique centrale, la CJCEMAC, dans l'affaire *Société Anonyme des Brasseries du Cameroun c/Tchad*[743], a adopté une démarche contraire. En l'espèce, la Société produit des bières de malt de type castel qu'elle commercialise au Tchad. Ces produits sont soumis à tarif préférentiel généralisé au taux zéro par le droit de la CEMAC et le ministère des Finances du Tchad a pris un arrêté remettant en cause cette tarification en imposant les produits de tarif extérieur commun de 30%. La Société saisit la Cour pour demander une annulation de l'arrêté ministériel en violation du droit communautaire. La CJCEMAC va proclamer son incompétence à connaître du contentieux de l'annulation des mesures nationales prises en lien avec le droit communautaire. Elle considère que ce contentieux relève exclusivement des juridictions nationales. Ainsi, selon la Cour : « en vertu du principe de la séparation des fonctions entre les juridictions nationales et la Cour, cet acte échappe à la compétence de la CJCEMAC. »

182 L'arrêt de la CJCOMESA, même si la solution du juge paraît étrange, a au moins le mérite de poser un régime embryonnaire de protection des libertés économiques sur lequel pourrait s'inspirer les autres cours de justice africaines. Mais, déjà, l'invocation de la liberté de mouvement devant la CJCEDEAO et la CJAE est en soi encourageante avec une différence de régime de protection. Il est clair que la liberté de mouvement peut faire office de liberté économique ou droit de l'homme. Quoi qu'il en soit, le juge communautaire africain doit contribuer à l'élimination progressive des entraves à l'exercice des libertés de circulation. L'attitude des cours africaines face à celles-ci reste parcimonieuse et ne milite pas toujours en faveur d'une réelle effectivité du droit du marché commun. Si la contribution à la protection des droits de l'homme est remarquable, celle relative à la garantie des libertés économiques, pour laquelle les cours de justice ont été principalement instituées, demeure modeste. La prévalence des droits de l'homme au détriment des libertés de circulation semble inverser la tendance en Europe où la logique libérale économique a orienté la jurisprudence de la Cour de justice caractérisée par les thématiques de l'égalité, de la liberté, de l'unité et de la solidarité[744].

---

[743] Arrêt n°007/CJ/CEMAC/CJ/07 du 31 mai 2007. Sur l'étude de cet arrêt, voir la thèse de TSANGA NDOMO (C. L.), *Les effets des décisions de la Cour de justice de la CEMAC. Contribution à l'étude d'une justice intégrative inspirée du modèle communautaire européen*. Université de Nantes, Thèse, 2017, p. 317.

[744] PESCATORE (P.), « Les objectifs de la Communauté européenne comme principe d'interprétation dans la jurisprudence de la Cour de justice », *op. cit.*, p. 329.

§ 2 : Un redéploiement de la finalité

183 La tendance classique de la construction communautaire a été celle qui consiste à mettre en avant la protection des libertés de circulation du marché commun. Ce fut l'approche privilégiée par la CJCE au début de la constitution européenne en ayant comme curseur dans son activité jurisprudentielle intense la création d'un marché commun avec effectivité des libertés de circulation reconnus aux particuliers. La construction communautaire africaine semble préconiser une approche différente dans le cadre de la protection des libertés de circulation. Si la faiblesse du contentieux économique est un fait, l'attitude du juge communautaire relève d'une stratégie d'autolimitation (**A**) vis-à-vis des libertés de circulation. Telle est la démarche de la CJCEDEAO, exprimant un activisme pour la protection des droits de l'homme et une passivité pour la protection des libertés du marché commun. Cette attitude de la Cour semble même manifister un certain militantisme pour les droits de l'homme, ce qui réoriente la perspective de base dessinée par la Cour d'Abuja. La tendance à la protection accrue des droits de l'homme est suivie par la Cour africaine de l'Est mais de manière modérée. Cette dernière développe une approche favorable au développement des libertés économiques avec une conciliation excluant toute dichotomie. Ainsi, une recherche de cohérence (**B**) est engagée pour garantir une protection équilibrée des libertés économiques et des droits de l'homme.

A) La passivité de la CJCEDEAO : une préférence des droits de l'homme sur les libertés de circulation

184 Le juge communautaire, de par son office, doit en principe contribuer à l'élimination des entraves aux libertés de circulation. Il est le garant de l'unité du marché commun et de la libre concurrence en assurant la protection effective de la libre circulation des marchandises, le droit d'établissement, la libre circulation des prestations de services et la libre circulation des capitaux. En même temps, le juge communautaire soumet au test de proportionnalité et de nécessité les motifs que les États membres invoquent pour déroger aux libertés de circulation. C'est l'orthodoxie de la pratique jurisprudentielle de la CJCE[745]. Le réflexe de cette dernière a été de soutenir une conception

[745] L'approche de la Cour de Luxembourg a été décrite par Antoine Bailleux en ces termes : « la Cour fait ainsi des libertés de circulation les instruments privilégiés d'une intégration économique bottom-up. Elle transforme les particuliers en « chiens de

des libertés économiques tournée vers l'intégration du marché. Ces libertés, que la Cour de Luxembourg qualifia de « libertés fondamentales garanties par le traité »[746] ont été un instrument pour assurer une véritable construction du marché commun[747]. Cette approche subit une inversion dans l'espace de la CEDEAO où la Cour de justice, a dès le début, montré une réticence (**1**) pour la protection des libertés économiques avant d'avoir une position abstentionniste (**2**).

1) Une réticence de la Cour

185 La CJCEDEAO, à l'instar des cours africaines, a eu une belle opportunité dans ses premières affaires, de connaître du contentieux relatif aux libertés économiques. Dans l'affaire, *Afolabi Olajide c/ Nigeria*[748], la Cour était confrontée directement à la liberté de circulation des personnes et à la libre circulation des marchandises. Les faits de l'espèce sont connus, ces deux libertés économiques du marché commun ne seront pas examinées par la Cour. Cette dernière se réfugia derrière le Protocole de 1991[749] qui n'autorisait pas directement les requêtes individuelles. La Cour rate une occasion pour donner le ton sur

---

garde » des engagements contractés par les États et s'arroge du même coup une place centrale dans la construction du marché intérieur … Interprète des principes fondateurs du traité, la Cour de justice est sans cesse appelée à concilier les impératifs du marché intérieur et la protection d'intérêts nationaux concurrents. Tout comme les juges de Strasbourg, la Cour de Luxembourg est engagée dans un travail constant de pondération des intérêts. Elle s'efforce de tracer les limites de la libre circulation en statuant sur la légitimité des atteintes portées à ce principe par les États au nom de la poursuite d'objectifs d'intérêt général », « Les traductions de la Cour de justice. La libre circulation et ses dérogations entre domination, transposition et reconnaissance », *op. cit.*, p. 70.

[746] CJCE, 12 juin 2003, *Schmidberger*, Aff. C-112/00, point 66 de l'arrêt. Cette conception peut se résumer dans le propos de l'avocat général Miguel Poiares Maduro : « cette conception de ces dispositions tenues pour des droits fondamentaux a joué un rôle essentiel tant en qualité d'instrument d'intégration du marché (en coopération avec les plaideurs individuels et les juridictions nationales) que, simultanément, sous forme de légitimation du droit communautaire et de l'intégration du marché. » POIRES MADURO (M.), « L'équilibre insaisissable entre la liberté économique et les droits sociaux dans l'Union européenne », *in L'Union européenne et les droits de l'homme*, ALSTON Philip (dir.), Bruxelles, Bruylant, 2001, p. 467.

[747] Sur le rôle de la Cour de justice par rapport au marché commun, on pourra voir : HEMON (J.), *Le rôle de la Cour de justice de l'Union européenne dans le processus de constitution et d'évolution du marché intérieur des marchandises*. Thèse, Université de Rennes 1, 2015, 476 p.

[748] ECW/CCJ/APP/01/03 du 27 avril 2004.

[749] A/P1/7/91.

la nécessité de garantir le projet d'intégration dont la seule finalité demeure la prospérité économique des États membres profitable aux citoyens communautaires. Dans une autre affaire *Chief Franck Ukor c/Sieur Rachad Laleye*[750], le requérant réclame une réparation résultant de ses biens saisis en invoquant la violation de la libre circulation des marchandises. De nouveau la Cour va rejeter le recours individuel pour défaut de qualité sans examiner la liberté économique invoquée. Dans un troisième arrêt, *Akpo and Another v 77 South Health care Delivery Programme and Another*[751], dans lequel, les requérants étaient deux médecins nigérians travaillant pour le compte d'un Programme médical au Sierra Léone. Ils invoquèrent devant la Cour la violation de leurs droits garantis par la Charte africaine dérivant de la résiliation du contrat. La Cour déclina sa compétence en estimant qu'il ne lui appartient pas de se pencher sur les litiges contractuels mais elle peut connaître le contentieux des droits de l'homme[752]. Pourtant, la Cour avait une autre occasion pour clarifier une liberté fondamentale du marché commun qu'est la libre prestation des services[753]. La réticence de la Cour à aller sur le terrain des libertés économiques semble inconcevable à partir du moment où la Cour procède à une lecture holistique du traité. Par exemple, la Cour souligne qu'elle défend une approche libérale des traités et recherche tous les objectifs assignés[754] mais reste perplexe dans son entendement de l'intégration. Celle-ci est gouvernée par le principe de la liberté. Les hésitations de la Cour à assurer une véritable protection des libertés économiques constituent un sujet débordant le cadre d'une réflexion strictement juridique. Cette question mérite une analyse tenant compte du parcours professionnel et personnel[755] des juges avec des cultures juridiques différentes ; ce qui

[750] N°ECW/CCJ/APP/01/04 du 27 mai 2005.
[751] N°ECW/CCJ/APP/01/07 du 16 octobre 2008.
[752] Point 91 de l'arrêt.
[753] Cf. EBOBRAH (S. T.), « The role of the Ecowas Community Court of justice in the integration of West Africa: Small strides in the wrong direction? », *op. cit.*, 23.
[754] N°ECW/CCJ/APP/01/07 du 16 octobre 2008, point 88 ; La CJCEDEAO affirmait déjà dans l'affaire *Afolabi Olajide c/ Nigeria*, que « Chaque disposition de la loi communautaire doit être placée dans son contexte et interprétée à la lumière des dispositions de la loi communautaire dans son ensemble, en ayant en vue son évolution statutaire à la date la disposition en question… ». Point 61 de l'arrêt.
[755] Sur la question du profil des juges communautaires africains, cf. i*nfra*, deuxième partie, titre 2. Aussi, pour comprendre l'influence du parcours des juges sur la jurisprudence de la CJUE, on pourra lire la remarquable thèse de Vera Fritz : *Contribution à l'histoire de la Cour de justice de l'Union européenne à travers des*

permettra de mieux expliquer la démarche réticente des juges face aux libertés économiques[756]. Le succès dans la construction d'un marché commun reste tributaire du rôle audacieux du juge chargé d'assurer le respect des libertés prévues par le traité, car « Il est certain qu'une autolimitation excessive d'un organe chargé de donner une réalité à l'intégration ne contribue pas à l'essor de celui-ci »[757]. La réaction de la CJCEDEAO face aux libertés économiques semble aussi relever d'une abstention.

2) Une abstention de la Cour

186 Malgré les quelques affaires introduites et mettant en cause les fondements de l'intégration économique, la Cour ne va pas au-delà des textes pour combler sa pratique jurisprudentielle. Le discours autour de la protection des droits de l'homme rassure les ressortissants communautaires. Néanmoins, ces derniers ne peuvent pas jouir directement devant la Cour l'exercice des libertés économiques du marché commun. Pourtant, la Cour aurait pu, par le jeu du recours direct en matière de violation des droits de l'homme, admettre la violation d'une liberté de circulation du marché commun sans chercher à faire une dichotomie sur le plan de la protection. La position de principe, adoptée dans l'affaire *Afolabi Olajide c/ Nigeria*[758], semblait, déjà, être annonciatrice d'une abstention manifestant une inversion de la démarche classique du juge communautaire. Selon la Cour : le juge communautaire européen s'est servi de son rôle décrit à l'article 164 du Traité CEE « pour élargir ses compétences pour couvrir les entités qui n'ont pas été citées dans le traité. La disposition a également été utilisée pour combler certaines lacunes figurant dans les traités mais certaines décisions ont suscité

---

biographiques historiques de ses premiers membres (1952-1972). Université d'Aix-Marseille, 437 p. La thèse est publiée sous le titre suivant : *Juges et avocats généraux à la Cour de justice de l'Union européenne (1952-1972). Une approche biographique de l'histoire d'une révolution juridique*. Vittorio Klostermann, 2018, 396 p.

[756] En lisant une position de la Cour saisie pour violation des droits économiques et sociaux des personnes vulnérables, nous avons l'impression qu'elle ménage les États membres pour la protection des droits à dimension économique. La Cour laisse entendre que les obligations des États membres à protéger les droits économiques doivent être appréciées en rapport avec leurs possibilités économiques et matérielles. Arrêt *Amédéo Adotevi c. Benin*, N°ECW/CCJ/JUD/11/13 du 28 novembre 2013, point 46.

[757] SALL (A), *La justice de l'intégration, Réflexions sur les institutions judiciaires de la CEDEAO et de l'UEMOA*, Deuxième édition corrigée et augmentée. L'Harmattan, 2018, p. 63.

[758] ECW/CCJ/APP/01/03 du 27 avril 2004.

beaucoup de critiques. Nous ne voulons pas alors suivre le même processus »[759]. La logique de la CJCEDEAO était de s'abstenir de toute tentative d'usage d'un pouvoir normatif favorable à la reconnaissance de droits tirés du traité dans le patrimoine juridique des particuliers. Avec l'admission de la saisine directe par les individus sur les questions de droits de l'homme, la Cour refuse de l'étendre aux normes de l'intégration économique plus précisément aux libertés du marché commun. Dans l'affaire *Femi Falana & Wadi Moustapha c/ Benin, Nigeria & Togo*[760], la Cour reste muette sur la signification de l'effet direct de la liberté de circulation et dans l'affaire *Kemi Pinheiro c/Ghana*[761], elle ferme la possibilité pour les particuliers de dénoncer la violation des libertés économiques[762]. L'exclusion des libertés économiques dans la protection juridictionnelle des droits de l'homme ou le refus de conciliation entre objectifs économiques et de protection des droits de l'homme ne nous semble pas relever de la cohérence.

187 En effet, la Cour a su bâtir un régime de protection des droits de l'homme en l'absence d'un catalogue spécifique dédié aux droits de l'homme. En revanche, elle n'a pas su interpréter les libertés de circulation conférées aux particuliers par les traités, ce qui pose la question de l'orientation de la Cour. Son activisme en matière de protection des droits de l'homme et sa passivité dans la préservation des libertés économiques ne semblent pas se justifier. Lorsque la CJCEDEAO considère que les particuliers ne peuvent pas invoquer les libertés économiques en dénonçant la violation des protocoles sur la libre circulation par les États membres. Cette position compromet l'exercice des libertés économiques du marché prévu par le droit communautaire. La Cour refuse d'interpréter son propre droit invoqué par les particuliers. Elle affiche une ouverture dans l'application des

[759] Point 57 de l'arrêt.

[760] ECW/CCJ/JUD/02/2012 du 24 janvier 2012, affaire déjà citée.

[761] ECW/CCJ/JUD/11/12 du 6 juillet 2012.

[762] La CJCEDEAO refuse d'admettre le recours direct des particuliers en matière de violation des libertés fondamentales. Elle préfère renvoyer la question aux juridictions nationales qui ne l'ont pas saisi par renvoi préjudiciel. La Cour semble poser une dichotomie entre droits de l'homme et libertés économiques. Cette démarche n'est pas en soi cohérente. Une cour conçue pour connaître du contentieux de l'intégration devrait contrôler les instruments de la communauté consacrant des droits pour les justiciables. Elle est appelée à contribuer à la réalisation du marché commun en éliminant toutes les entraves à l'effectivité des libertés de circulation. L'approche de la CJUE doit inspirer la Cour CEDEAO qui peut tenter de concilier la protection des droits de l'homme et libertés économiques.

conventions internationales relatives aux droits de l'homme. Elle hésite à lire le droit primaire favorable à la suppression de toutes les entraves aux libertés de circulation. De notre point de vue, la Cour doit assurer le respect du droit dans son ensemble. Même si elle avance comme argument que le droit de la communauté n'autorise pas les particuliers à attraire les États membres devant la Cour pour violation des obligations communautaires, elle ne doit pas occulter sa mission originelle de « contribuer à l'élimination des obstacles à l'intégration » (Préambule du Protocole de la Cour) ou bien appliquer ce qu'elle appelle dans le domaine des droits de l'homme « satisfaire les aspirations des citoyens communautaires dans leur demande de protection » (SERAP v UBEC, Nigeria, 2009, point. 33). Ainsi, le changement de direction[763] initié par la Cour en faveur des droits de l'homme, peut trouver une explication dans la réforme de 2005 qui a entraîné l'évolution exponentielle du contentieux de la Cour sans les libertés économiques[764]. Mais cette réforme ne semble pas expliquer toutes les raisons justifiant le redéploiement de la Cour sur le terrain des droits de l'homme. Tout compte fait, les justifications, avancées par la Cour elle-même, posent une question systémique, celle de l'accès des personnes privées aux normes de l'intégration. Sa consœur de la Communauté africaine de l'Est, intervenant dans un contexte similaire, essaye d'adopter une démarche cohérente.

---

[763] Cf. EBOBRAH (S. T.), « The rôle of the Ecowas Community Court of justice in the integration of West Africa: Small strides in the wrong direction ? », *op. cit.* L'auteur qualifie l'allure de la Cour de « Wrong direction ? ». Il souligne que «…the Court has either declined to exercise jurisdiction or shown reluctance to engage purposive interpretation of its role and of ECOWAS instruments when cases tilt towards requiring the Cour to adjudicate issues relevant to economic integration », p. 22.

[764] Les raisons du redéploiement de la Cour ont été étudiées par Karen Alter, Laurence Helfer et Jacqueline McAllister dans leur article détaillé: « A New International Human Rights Court for West Africa : The ECOWAS Community Court of justice », *American Journal of International Law*, vol. 107, 2013, *op. cit.* Les auteurs s'interrogent sur le changement de la Cour « Redeployment: Why Human Rights Have Eclipsed Economic Econmic Issues in the ECOWAS Court ». Pour ces auteurs « … the ECOWAS Court functions primarily as an international human rights tribunal, and its docket is bereft of cases challenging violations of Community economic rules. The Court's transformation is thus more accurately viewed an exemple of « redeployment » or « conversion », a change that allows a net set of actors to fundamentally reorient an institution in a new direction », p. 772. «… the decision to grant direct acces only for human rights reflects a political choice to prioritize one set of Community goals over another ». p. 737.

B) La recherche de cohérence de la Cour africaine de l'Est

188 Comme la CJCEDEAO, la Cour africaine de l'Est connaît la prédominance du contentieux des droits de l'homme[765] et une faiblesse du contentieux des libertés économiques. Mais, à chaque fois qu'elle en a l'occasion, elle rappelle les obligations des États membres découlant du traité et des protocoles (**1**). De la même manière, la Cour n'hésite pas à effectuer un contrôle systématique des mesures entravant libertés de circulation (**2**) en s'inspirant de la jurisprudence de la CJUE.

1) Un rappel des obligations des États membres

189 La Cour africaine de l'Est reconnaît aux particuliers la possibilité d'invoquer directement les dispositions du droit primaire contre les États membres[766]. Elle n'exclut pas la protection des libertés économiques dans le champ de la protection des droits de l'homme bien qu'elle est précisée que : « ... the Treaty is neither a human Rights Convention or a Human Rights Treaty as understood in international law. It is rather a Treaty to govern the widening of, inter alia, the political, economic, social, cultural... »[767]. La Cour ne pose pas un régime mixte contrairement à la CJCEDEAO. Elle appréhende les dispositions du traité relatives aux libertés de circulation comme des principes fondamentaux touchant le projet de l'intégration de la Communauté[768]. Dans l'affaire *Samuel Mukira Mohochi*, déjà évoquée, la CJAE commence par rappeler à l'État ougandais ses obligations essentielles vis-à-vis de la Communauté. Selon la Cour l'article 104 du traité oblige les États membres à adopter des mesures pour réaliser la libre circulation des personnes et l'article 7 (2) les obligent à se conformer aux principes de bonne gouvernance, de l'État de droit, de la justice sociale... Et l'Ouganda doit garantir la libre circulation sur son territoire aux citoyens de la Communauté sans une aucune discrimination

[765] GATHII (J. T.), « The variation in the use of sub-regional integration Courts between business and human rights actors : the case of the East African Court of justice », *op. cit.*, p. 59.

[766] CJCAE, *James Katabazi & others v. Secretary General & The Attorney General of Uganda*, no 1/2007 du 1er novembre 2007.

[767] *Samuel Mukira Mohochi vs. The Attorney General of Uganda*, point 28 de l'arrêt.

[768] Les objectifs de l'intégration sont prévus à l'article 6 (d). Il s'agit de l'adhésion aux principes de démocratie, de l'État de droit, de la transparence, de la justice sociale.... La Cour aime à le rappeler dans sa pratique contentieuse. Cf. CJCAE, *Plaxeda Ruguma vs. The Attorney General of Rwanda*, N°8/2010 du 1er décembre 2010, point 37 de l'arrêt. La Cour les qualifie même de « principe sacro-saint de l'intégration », *Samuel Mukira Mohochi vs. The Attorney General of Uganda*, point 36.

quelconque conformément à l'article 7 du Protocole. La Cour prend aussi la précaution de rappeler les restrictions prévues à l'article 7 (5) dudit protocole[769] et d'indiquer qu'aucun État membre ne peut refuser d'admettre sur son territoire un ressortissant communautaire que conformément au droit de la Communauté. La Cour insiste sur le contenu des obligations des États membres en vertu du Traité et du Protocole. En procédant ainsi, la Cour d'Arusha limite le pouvoir d'action des États membres contre les ressortissants communautaires. Elle manifeste en même temps la logique protectrice des libertés du marché commun indispensable à la réalisation de l'intégration. En effet, cette approche de la Cour semble contribuer à la garantie des libertés reconnues aux particuliers dans le cadre du marché commun. Par ailleurs, la Cour admet que les États membres peuvent restreindre les libertés de circulation, mais en respectant le droit de la Communauté.

2) Un contrôle des mesures de l'État membre

190 La démarche de la Cour africaine de l'Est, dans l'affaire *Samuel Mukira Mohochi*, nous paraît originale dans le contexte africain. Elle tente une conciliation entre protection des libertés économiques et des droits de l'homme par le biais d'un même recours juridictionnel. Sur ce terrain, la CJCAE fait entrer dans le patrimoine juridique des particuliers les droits garantis par les traités en matière de libre circulation. Elle considère que les citoyens communautaires bénéficient d'une protection du droit communautaire[770]des libertés de circulation. Ce que la CJCEDEAO n'a pas encore reconnu comme rappelé plus haut. La CJCAE, par son pouvoir de contrôle, semble définir le cadre de l'exercice des libertés communautaires du citoyen même si on lui reproche d'avoir une approche « self-restraint »[771].

191 À notre sens, la stratégie de la Cour dépasse le cadre formel du traité et emprunte des techniques audacieuses tournées vers l'effectivité des libertés économiques. C'est ainsi que la Cour s'inspire directement de la Cour de Luxembourg pour contrôler les mesures invoquées par l'État ougandais. D'abord, sur le refus d'entrée, la Cour fonde son

---

[769] Point 51.

[770] Point 79 de l'arrêt.

[771] Cf. NALULE (C.) « Defining the Scope of Free Movement of Citizens in the East African Community: The East African Court of justice and its Interpretative Approach », *iCourts Working Paper Series*, No. 72, August 2016 ; du même auteur, *Adancing Regional Integration : Migration Rights of citizen in the East African Community*. Thesis University of Witwatersrand, 2017, p. 140.

argumentaire sur un arrêt de la CJCE[772] du 8 avril 1976 dans lequel, elle affirme clairement qu'une « mesure d'éloignement ne saurait être exécutée sauf urgence dûment justifiée à l'égard d'une personne protégée par le droit communautaire avant que l'intéressé ait été en mesure d'épuise les voies dont l'exercice est assuré... »[773]. La Cour africaine de l'Est considère cette jurisprudence comme une « une autorité persuasive »[774]. Elle exerce un contrôle de nécessité des mesures en vérifiant si le ressortissant communautaire avait pu utiliser une voie de droit lui permettant de saisir un juge ou une autorité administrative pour défendre sa liberté de circuler. Ainsi, la Cour admet que l'Ouganda peut limiter la liberté de circulation mais précise son obligation de prendre toutes les mesures nécessaires pour garantir l'exercice de cette liberté ainsi que le droit à une procédure équitable[775]. En s'inspirant à nouveau de la jurisprudence européenne[776], la Cour d'Arusha procède à un contrôle de proportionnalité sur la mesure étatique d'expulsion et l'objectif invoqué de menace de sécurité nationale. Elle insiste sur l'obligation pour l'État de prouver que le requérant constitue une menace réelle à la sécurité régionale en estimant que comme le rappelle la CJCE « les autorités... n'étaient justifiées à refuser cette entrée aux intéressés sans avoir auparavant vérifié si leur présence constituait une menace réelle, actuelle et suffisant grave affectant un intérêt fondamental de la société »[777]. À travers la décision *Samuel Mukira Mohochi*, la Cour africaine de l'Est contribue à renforcer l'exercice des libertés du marché commun notamment la liberté de circulation. Elle favorise aussi l'accès des particuliers aux normes de l'intégration.

[772] *State v Royer* (demande de renvoi préjudiciel), aff. 48/75. En l'espèce, il s'agissait, entre autres, d'une poursuite pénale intentée contre un ressortissant français sous la prévention d'entrée illégale et de séjour illégal sur le territoire belge. Une mesure d'éloignement a été prise.

[773] Point 61 de l'arrêt.

[774] *Samuel Mukira Mohochi vs. The Attorney General of Uganda*, point 76.

[775] *Ibid*.

[776] CJCE, 31 janvier 2006, *Commission c. Espagne*, Aff. 503/03. (Recours en manquement). En l'espèce, il s'agit d'un refus de visa ainsi que l'entrée sur le territoire espagnol à deux ressortissants de pays tiers, membres de la famille de citoyens de l'Union européenne, pour le simple fait qu'ils figurent sur la liste des personnes non admissibles du système d'information Schengen. Point 55 de l'arrêt.

[777] Arrêt *Samuel Mukira Mohochi*, point 116.

Conclusion chapitre I

192 Pour l'heure, la protection des libertés du marché commun demeure limitée. Les traités communautaires africains prévoient la libre circulation des marchandises, des personnes, des capitaux et des services pour réaliser le marché commun. Les États membres ont, entre autres, l'obligation d'éliminer les obstacles tarifaires et non tarifaires, de favoriser la libre circulation des personnes sans aucune discrimination. Toutefois, des dérogations justifiées par des motifs de sécurité publique, de santé publique et d'ordre public peuvent être invoqués par les États membres. Le rôle du juge communautaire, dans la protection des libertés économiques, reste marginal. En revanche certaines cours de justice tentent de construire un régime juridique permettant d'assurer l'effectivité des libertés du marché commun. Si la CJCOMESA et la CJCAE autorisent les particuliers à invoquer la violation des libertés économiques devant elles, la CJCEDEAO exclut les individus parmi ceux qui sont habilités à la saisir pour violation des normes du marché commun. La CJCEDEAO privilégie la protection des droits de l'homme et paraît reléguer les libertés économiques au second plan alors que les autres cours de justice, notamment la CJCAE, font une conciliation entre ces deux exigences fondamentales. Mais somme toute, le constat est que la protection juridictionnelle des libertés de circulation est inachevée dans les ordres juridiques communautaires africains. Plusieurs raisons peuvent expliquer le caractère marginal du contentieux.

CHAPITRE II

LA GARANTIE INSUFFISANTE DES LIBERTÉS DE CIRCULATION

193 L'examen minutieux de la jurisprudence des cours africaines dénote une faiblesse du contentieux touchant le marché commun qui est un des piliers fondamentaux du processus d'intégration économique. Le caractère marginal du contentieux des libertés économiques semble empêcher une réelle contribution du juge à la construction du marché commun. Le développement d'une stratégie jurisprudentielle favorable au marché commun repose sur la volonté du juge à assumer sa vocation de gardien de l'interprétation et de respect du droit communautaire. Pour cela, il faut que le juge soit saisi pour garantir la protection des droits reconnus par les traités aux particuliers et qu'il soit acteur et artisan d'une construction nouvelle. Les limites de la protection des libertés économiques en Afrique résultent principalement de la faible saisine du juge par les acteurs économiques (**Section 1**). Ces derniers préfèrent recourir à d'autres modes alternatifs pour résoudre leurs litiges[778]. Ce qui freine le flux du contentieux des libertés de circulation et par conséquent peut hypothéquer l'action du juge communautaire. Cette faible saisine ne saurait suffire pour rendre compte de la réalité qui limite la fonction contributrice du juge communautaire africain à l'intégration. D'autres raisons peuvent être avancées notamment l'influence du système sur l'action des cours africaines (**Section 2**).

SECTION 1 : LA FAIBLE SAISINE DU JUGE

194 Le droit communautaire par essence revêt une forte finalité économique liée à la volonté des États membres d'établir un marché commun, de réaliser l'union économique et monétaire et de fonder une

---

[778] Cf. GATHII (J. T.), « The variation in the use of sub-regional integration Courts between business and human rights actors : the case of the East African Court of justice », *op. cit.*, p. 41. L'auteur explique de la Cour africaine de l'Est les raisons qui empêchent le développement du contentieux du marché commun.

union politique. La réussite d'une juridiction peut découler de ses méthodes d'interprétation, de la conception qu'elle a de sa mission et du système juridique dans lequel elle intervient. Mais les nombreuses saisines par les acteurs du système juridique peuvent aussi favoriser un développement d'une politique jurisprudentielle. L'exemple éclatant et patent est la CJCE, qui doit beaucoup son succès à la saisine récurrente des juges nationaux, des particuliers et à la commission pour lui permettre d'éclairer son office et de garantir les libertés du marché commun et l'ordre juridique communautaire[779]. Pour le cas des cours de justice en Afrique, la question de l'accès au prétoire des juges se caractérise par la faiblesse de la dimension des questions économiques. L'élément générateur du contentieux n'a pas souvent une connotation directement économique. Qu'il s'agisse de la CJCEDEAO, de la CJCAE, de la CJCEMAC, de la CJCOMESA, de la CJUEMOA ou du TSADC, la production jurisprudentielle demeure modeste en termes de protection de libertés économiques. Certains mécanismes juridictionnels ne sont pas encore réellement opérationnels. À cet égard, deux idées peuvent expliquer les principales raisons du caractère faible du contentieux des libertés économiques. Il s'agit d'une part, de l'absence de saisine du juge par les acteurs économiques (**§1**), et d'autre part du faible usage des voies droit (**§2**).

§ 1 : Une faible saisine par les acteurs économiques

195 Le développement du contentieux dans un système juridique communautaire, facilitant une constitution économique, reste non seulement tributaire de la place réservée au juge, mais aussi de la fréquence du nombre de saisine par les acteurs destinataires de la

---

[779] C'est ce que l'avocat général Miguel Poiares Maduro a résumé pour décrire le phénomène au niveau de la Cour de justice en ces termes : « Le contentieux qui a contribué au façonnement de la constitution européenne a été fondée sur les règles d'intégration du marché (notamment la libre circulation des marchandises) et dominé par certains acteurs (notamment les entreprises qui souvent réapparaissent de manière répétée en qualité de plaideurs). En raison du caractère de ces règles et des coûts d'information et d'organisation afférant à la participation au mécanisme juridictionnel de la Communauté, ce sont essentiellement des entreprises qui ont déclenché le mécanisme de prise de connaissance du droit communautaire et de la constitution européenne. La constitution européenne (et son approche à l'égard des droits fondamentaux est le fruit de l'interprétation juridictionnelle déclenchée par un contentieux imputable à certains acteurs et des dispositions sur la libre circulation », *in* « L'équilibre insaisissable entre la liberté économique et les droits sociaux dans l'Union européenne », *op. cit.*, p. 475.

finalité de l'intégration notamment les acteurs économiques. Si en Europe les acteurs économiques ont favorisé la présence des problèmes économiques devant le prétoire du juge communautaire, en Afrique, les litiges économiques sont souvent résolus devant d'autres instances que celles des cours de justice africaines. La plupart du temps les entreprises ou les individus ne portent pas à l'attention du juge communautaire la violation des règles du marché commun. Ce qui semble montrer que la source du contentieux (**A**) des libertés économiques est souvent négligée. La faible saisine du juge par les opérateurs économiques pourrait trouver également une explication dans le choix délibéré de ces derniers à contourner la justice communautaire du fait d'une absence d'appropriation des libertés économiques communautaires (**B**).

A) Les faits générateurs de contentieux

196 L'application des normes du marché commun et de la libre concurrence devrait entraîner un accroissement du contentieux devant les cours africaines. Malgré les nombreuses violations des règles de libertés de circulation dans les États membres, la source du contentieux ne trouve pas un écho favorable devant le juge communautaire. Il y aurait une préférence accordée aux mécanismes administratifs de règlement des différents pour régler les questions économiques sur la voie contentieuse. C'est ce que James Thuo Gathii explique à propos de l'absence des affaires économiques soulevées devant la Cour africaine de l'Est par les particuliers. Pour lui, trois principales raisons justifient la pauvreté du contentieux des libertés de circulation devant la Cour : « First, as the case study on removal of NTBs shows, the private sector prefers administrative mechanisms at the regional and national levels, rather than litigation in the EACJ, to address its concerns. Second, transplanted regional trade rules have little salience for business actors in East Africa. Third, the EACJ has limited remedial power, which further explains why business actors do not seem to prefer litigation to resolve their business problems. »[780] Cette réticence des

[780] « The variation in the use of sub-regional integration Courts between business and human rights actors : the case of the East African Court of justice », *op. cit.*, p. 45. Nous traduisons : « Premièrement, comme le montre l'étude de cas sur l'élimination des obstacles non tarifaires, le secteur privé préfère les mécanismes administratifs au niveau régional et national, plutôt que le règlement des litiges devant la Cour... Deuxièmement, les règles commerciales régionales transplantées ont peu d'intérêt pour les acteurs économiques en Afrique de l'Est. Troisièmement, la CJAE a un pouvoir de réparation limité. C'est la raison qui explique que les acteurs économiques ne semblent pas préférer les litiges pour résoudre leurs problèmes commerciaux ».

acteurs économiques, à saisir les cours de justice, est une tendance générale observable dans la plupart des ordres juridiques communautaires. Au niveau de la CEDEAO, l'absence de recours direct au profit des acteurs économiques pour dénoncer la violation des règles du marché commun par les États membres a entraîné une transformation de l'office de la Cour[781]. Cette dernière devient populaire aux yeux des ONG et des individus et demeure encore inconnue des acteurs économiques. Le même constat de faible saisine du juge par les entreprises ou opérateurs économiques peut être fait au niveau de la Cour COMESA malgré l'émergence du contentieux proprement dit de l'intégration[782]. Cette situation limite l'action du juge communautaire, appelé à contribuer à l'intégration économique. À cela s'ajoute, un autre phénomène lié à la faiblesse du commerce intracommunautaire. Il est d'un constat que certains États africains continuent de maintenir des restrictions aux échanges à l'intérieur des espaces communautaires[783]. Il est même relevé que « les entreprises sont actuellement confrontées à des droits de douane plus élevés lorsqu'elles exportent en Afrique plutôt en dehors du continent »[784]. Cela peut provoquer la non-application des libertés du marché commun invocables devant les cours communautaires. La faiblesse des échanges intracommunautaires peut expliquer la pauvreté du contentieux de l'intégration. Les acteurs économiques, en important ou exportant des marchandises à l'intérieur du territoire communautaire, pourraient saisir le juge communautaire ou les juridictions nationales dès lors que des droits de douane ou des taxes d'effet équivalent à des mesures équivalentes sont maintenus. Dans les ordres juridiques communautaires africains, quelques sociétés ont eu à porter des différends portant sur le droit communautaire devant les cours de justice africaine. Pour l'heure, une quinzaine d'affaires[785] a été recensée,

---

[781] ALTER (K. J.), HELFER (L. R.), McAllister (J. R.), « A New International Human Rights Court for West Africa : the ECOWAS Community Court of justice », *op. cit.*, p. 733. Selon les auteurs, quelques opérateurs économiques, interviewés, ont montré que certaines pratiques telles que la persistance de fermeture de frontière ou d'obstacles au commerce, violant ainsi les règles de l'intégration. Les opérateurs économiques appellent même aux États membres de la Communauté à modifier les textes de la Communauté pour leur permettre de saisir directement la Cour de justice.

[782] Cf. L'affaire *Polytol* devant la Cour COMESA ; Affaire *Samuel Mukira Mohochi* devant la Cour africaine de l'Est.

[783] Cf. *La ZLECA, Questions-réponses*, Commission économique pour l'Afrique, p. 1.

[784] *Ibid.*

[785] CJCAE : *Alcon Int'l Ltd v The Standard Chartered Bank of Uganda*, Réf. No. 6/2010, Première instance, 2011 ; *Modern Holding v Kenya Ports Authority*, Réf. No.

mettant en cause des entreprises légalement constituées dans les territoires communautaires. Seules deux affaires semblent être réglées devant les juridictions communautaires avec une dimension proprement contentieuse de libertés économiques[786]. L'influence du contentieux des droits de l'homme a été déterminante dans l'office de certaines juridictions communautaires. Par exemple, au niveau de la CEDEAO, les entreprises ont saisi la Cour pour violation d'obligations contractuelles[787], de droits économiques[788] ou de droits de l'homme[789]. Tout cela montre que la principale source du contentieux devant les cours africaines ne dérive pas des acteurs économiques ; ce qui ralentit le développement du contentieux de l'intégration et favorise l'émergence des autres types de contentieux. C'est ce que Laurent Sermet décrit en soutenant que « l'étincelle contentieuse n'a pas lieu en ce qui concerne le droit de l'intégration économique… Si étincelle il y a, elle concerne le contentieux international des droits subjectifs : droits de la fonction publique internationale et droit de l'homme »[790]. Néanmoins, il faut rappeler que les cours de justice africaines ne jouissent pas du même assentiment de la part des acteurs que celui de la CJCE. Comme le

1/2008, Première instance 2009 (produits périmés au Port de Mombassa et paiement de droits de douane) ; *Ndoriman v Attorney General of Burundi*, Réf. n°2/2013, First instance du 28 novembre 2014 (demande de réparation à la suite d'un emprisonnement entraînant une perte de chiffre d'affaires) ; *Kyarimpa v. Attorney General of Uganda*, Réf. n°4/2013, First Instance, 2014 (Construction d'une usine hydroélectrique) ; *Grands Lacs Supplier SARL & others v. The Attorney of Burundi*, N°6/2016 du 19 juin 2018 ; CJCEDEAO : *Ocean King Nigeria LTD c. Sénégal*, ECW/CCJ/JUD/07/11 du 8 juillet 2011 ; *Société Pont de Kayes c. Mali*, N°ECW/CCJ/JUD/14/16 du 17 mai 2016 ; *Société Anonyme Maseda c. Mali*, ECW/CCJ/APP/10/16 du 24 janvier 2017 ; *Finance Investment & Development Corporation (FIDC)*, ECW/CCJ/JUD/23/18 du 4 juillet 2018 ; CJCOMESA : *Intelsolmac v. Rwanda Civil Aviation Authority*, n°1/2009 du 7 mai 2010 ; *Polytol Paints & Adhesives Manufactures Co. Ltd v. The Republic of Mauritius* ; *Malawi Mobile Limited v Malawi Communication Regulatory Authority*, n°1/2015 (Première instance) du 20 novembre 2015 ; CJCEMAC, *Société Anonyme des Brasseries du Cameroun c/Tchad* ; CJUEMOA, *Société des Ciments du Togo, S.A c. Commission UEMOA* du 20 juin 2001.

786 CJCOMESA, *Polytol Paints & Adhesives Manufactures Co. Ltd v. The Republic of Mauritius* ; CJCAE, *Grands Lacs Supplier SARL & others v. The Attorney of Burundi*, N°6/2016 du 19 juin 2018.

787 *Société Anonyme Maseda c. Mali*, ECW/CCJ/APP/10/16 du 24 janvier 2017.

788 *Société Pont de Kayes c. Mali*, N°ECW/CCJ/JUD/14/16 du 17 mai 2016.

789 *Ocean King Nigeria LTD c. Sénégal*, ECW/CCJ/JUD/07/11 du 8 juillet 2011.

790 SERMET (L.), « Modes et méthodes de l'intégration régionale en Afrique. Discussions sur le prétendu miroir européen », *Revue de l'Union Européenne,* 2018, *op. cit.*, p. 484.

souligne Julie Bailleux, « la principale explication du succès de (la Cour) et, par conséquent, l'exceptionnelle effectivité dont jouit le droit communautaire… au sein des ordres juridiques internes des États membres résiderait donc dans l'intérêt (économique, politique, ou institutionnel) d'une diversité d'acteurs (particuliers, entreprises, cours nationales, institutions européennes) à se saisir de la cour de justice et des opportunités ouvertes par sa jurisprudence »[791].

197 Quoi qu'il en soit un développement du contentieux est souhaitable afin de réduire le risque d'insécurité juridique autour du régime des libertés de circulation. La faible saisine du juge communautaire par les acteurs économiques résulte aussi d'une absence d'appropriation des libertés économiques consacrées dans les traités originaires.

B) L'absence d'appropriation des libertés de circulation

198 La faiblesse du contentieux du droit du marché commun en Afrique peut s'expliquer par la faible pénétration du droit communautaire dans les pratiques contentieuses nationales découlant d'une ignorance du droit communautaire en général. Les libertés fondamentales ou la libre concurrence sont rarement invoquées devant les prétoires des cours africaines. Les recours introduits par des acteurs économiques illustrent que ces derniers n'ont pas encore bien assimilé les règles protégeant les libertés du marché commun et leurs droits reconnus par les traités. Les restrictions aux libertés de circulation commises par les États membres ne sont pas souvent dénoncées sur la base du droit primaire de l'organisation, c'est-à-dire au moyen des dispositions consacrant la liberté de circulation des marchandises, des personnes, des services et des capitaux. Devant la CJCEDEAO, compte tenu de la domination du contentieux des droits de l'homme, les acteurs économiques invoquent la Charte africaine des droits de l'homme pour dénoncer les entraves aux libertés de circulation. Dans les affaires *Afolabi Olajide c/ Nigeria*, et *Femi Falana & Wadi Moustapha c/ Benin, Nigeria & Togo*, les requérants ont invoqué l'article 12 de la Charte africaine relative à la liberté de mouvement. Pourtant, ils auraient dû se limiter au droit primaire interne de l'organisation notamment le Protocole de la CEDEAO sur la liberté de circulation. De même, dans l'affaire *Akpo and Another v 77 South Health care Delivery*

---

[791] Cf. *Penser l'Europe par le droit : l'invention du droit communautaire en France*, *op. cit.*, p. 5.

Programme and Another[792], la liberté de prestation aurait pu être invoquée et non la violation de droit de l'homme. Dans d'autres affaires[793], il arrive que les requérants saisissent la Cour pour demander la réparation de dommages résultant de violation d'engagements contractuels.

199 L'absence d'appropriation des libertés de circulation conférées par les traités aux acteurs économiques se traduit par une incompréhension du contentieux communautaire[794], voire une faiblesse du droit communautaire. Alioune Sall a tenté de proposer une solution pour une réelle connaissance du droit du contentieux communautaire. Pour lui, « La pédagogie du droit de l'intégration, qui passe par sa « vulgarisation », est une tâche d'une certaine urgence, que l'on ne peut pas se permettre d'ignorer en comptant que le temps y pourvoie. Faire connaître ce droit, à travers son inscription dans les programmes universitaires ou dans le cadre de la formation des « gens de justice », constitue une nécessité impérieuse. C'est la condition de la découverte des virtualités bénéfiques de celui-ci, pour tous les plaideurs, découverte qui conditionne son invocation en justice »[795]. On pourrait ajouter à ce remède, l'élaboration de guides simplifiant l'essentiel du régime des libertés communautaires. En effet, tous les particuliers ne disposent pas de ressources suffisantes pour saisir le juge communautaire. L'accès à la justice communautaire devient un luxe pour l'agent économique ne pouvant pas mobiliser le droit communautaire pour la défense de ses intérêts. D'autres raisons peuvent militer en faveur de l'absence d'appropriation du communautaire par les acteurs économiques. Il

---

[792] Arrêt déjà cité.

[793] *Société Pont de Kayes c. Mali ; Société Anonyme Maseda c. Mali.*

[794] Par exemple, récemment, les transporteurs routiers ont fustigé l'application du règlement 14/2005/CM/UEMOA relatif à l'harmonisation des normes et procédures du contrôle du Gabarit, du Poids et de la Charge de l'essieu des véhicules lourds de transport de marchandises dans les Etats membres de l'UEMOA. Ils ont demandé de suspendre l'application du règlement en ignorant qu'ils avaient la possibilité de l'attaquer devant le juge communautaire par la voie du recours en annulation. Cette réaction témoigne de l'absence d'appropriation des règles de liberté de circulation. http://afrique.le360.ma/senegal/societe/2018/09/24/23054-senegal-les-chauffeurs-routiers-opposes-lapplication-du-reglement-ndeg14-de-luemoa-23054.

[795] Cf., « Les débuts des Cours de justice de la CEDEAO et de l'UEMOA : Propos sur la faiblesse du droit jurisprudentiel de l'intégration en Afrique de l'Ouest », *op. cit.*, p. 70 ; SALL (A.), *La justice de l'intégration, Réflexions sur les institutions judiciaires de la CEDEAO et de l'UEMOA*, Deuxième édition corrigée et augmentée, *op. cit.*, p. 68.

s'agit de ce que Frimpong Oppong a résumé en ces termes : « le coût potentiel des litiges, la méconnaissance du processus d'intégration économique et des droits qui en résultent, le faible commerce intra-africain, le fait que les avocats n'aient pas intégré le droit communautaire dans leur pratique contentieuse ni développé ce droit en tant que domaine spécialisé, et l'absence de culture contentieuse en Afrique peuvent expliquer »[796] le faible accès aux libertés économiques garanties par les traités. La faiblesse des activités économiques et l'absence d'appropriation des libertés communautaires semblent accréditer la thèse de la faible saisine du juge par les acteurs économiques. La pratique contentieuse a révélé la méconnaissance du système de protection juridictionnelle du droit communautaire au profit des particuliers lésés dans leurs droits. Ce qui est de nature à rendre difficile toute entreprise contributrice du juge à l'intégration économique notamment la protection des libertés de circulation reconnues aux acteurs communautaires.

200 Par ailleurs, le nombre limité de recours dans le domaine de l'intégration économique peut avoir pour origine le faible usage des voies de droit dans les ordres juridiques communautaires.

§ 2 : Un faible usage des voies de droit

201 Les voies de droit[797] prévus par les traités de base des organisations d'intégration permettent aux citoyens d'avoir accès à la justice communautaire pour trouver une solution aux litiges qui les opposent aux institutions ou aux États membres. Le droit communautaire concerne directement les ressortissants des États membres qui peuvent saisir les juridictions nationales pour faire constater une violation de leurs droits qu'ils tirent des traités, ou le juge communautaire par la voie du recours en annulation d'un acte communautaire les affectant directement et individuellement dans le cadre de leurs activités. En plus, dans le cadre de la protection de l'intégrité du marché commun, les juridictions nationales peuvent faire jouer le mécanisme du renvoi préjudiciel visant à assurer l'unité d'interprétation. De même, les États membres ou la Commission ont la possibilité d'activer la procédure du recours en manquement pour faire respecter les obligations communautaires. Mais la pratique contentieuse devant les cours africaines révèle que certaines voies de recours demeurent illusoires,

---

[796] *Legal aspects of Economic Integration in Africa, op. cit.*, p. 153.

[797] Sur ce point sur les voies de droit, voir *supra*, chapitre I de la partie I.

car elles n'ont jamais été déclenchées jusqu'au bout. C'est le cas du recours en manquement dont les vertus ne sont pas encore connues dans le cadre des communautés économiques régionales. À l'intérieur de celles-ci, les titulaires du recours désignés par les traités n'utilisent pas le levier de la procédure du manquement (**B**). Le faible recours à cette voie de droit n'encourage pas le développement du contentieux de l'intégration. Il est de même pour le renvoi préjudiciel, outil par excellence pour garantir l'impact du droit communautaire auprès des particuliers. L'étude de la jurisprudence des cours africaines mentionne un usage très rare du mécanisme de coopération judiciaire entre juge communautaire et juridictions nationales (**A**).

A) L'usage rarissime de la procédure du renvoi préjudiciel

202 Si le renvoi préjudiciel[798] a acquis ses lettres de noblesse en droit de l'Union européenne, il demeure encore peu exploité en droit communautaire africain. Dans les ordres juridiques communautaires africains, le renvoi préjudiciel semble subir une inertie du fait de l'absence d'utilisation par les juridictions nationales confrontées aux questions d'application ou d'interprétation du droit communautaire. Les statistiques judiciaires des cours africaines de justice illustrent un usage inhabituel et insuffisant de la procédure de renvoi préjudiciel. Alors qu'ailleurs, elle constitue la principale source du contentieux[799] porté devant le juge communautaire. Le bilan de l'emploi du renvoi préjudiciel s'avère pauvre et le tableau ci-dessous présente la situation contentieuse devant les cours africaines en termes de saisine par les juridictions :

203 Cours de justice	**204** CEDEAO	**205** CEMAC	**206** CAE	**207** UEMOA	**208** COMESA	**209** SADC
210 Renvoi préjudiciel	**211** 0	**212** 1	**213** 1	**214** 5	**215** 0	**216** 0

[798] Voir *supra*, première partie, titre I, chapitre I.

[799] C'est le cas de la CJUE. Les rapports annuels de la Cour révèlent la place cruciale du renvoi préjudiciel dans le contentieux de l'Union. En 2014, 476 affaires de renvoi préjudiciel sur un total de 719 ; 2015, 404 sur 616 ; 2016, 453 sur 692 ; 2017, 533 sur 739.

217 Pendant plus d'une quinzaine d'années d'existence, le renvoi préjudiciel n'as pas encore permis de développer le contentieux du marché commun. Actuellement, la CJUEMOA bat le record du nombre de renvois préjudiciels (5 au total). Dans la première saisine du renvoi préjudiciel, à propos de l'affaire *Compagnie Air France c. Syndicat des Agents de Voyage et de Tourisme du Sénégal*[800], la CJUEMOA a relevé une limite dans la saisine du Conseil d'État sénégalais demandant de désigner la juridiction compétente pour statuer sur le recours tendant à faire casser et annuler la décision de la Commission nationale de la Concurrence. La Cour estima qu'elle ne lui appartenait pas de désigner une quelconque juridiction nationale compétente. La nouveauté de l'instrument entre les mains du juge administratif sénégalais provoqua une déception quant à la maîtrise de son usage. Mais par évolution, les autres saisines devant la CJUEMOA ont révélé une prise de conscience des juges nationaux de l'importance du renvoi préjudiciel quant à son apport à la résolution des litiges. Dans l'affaire, *Traoré Thiery Michel c/ Salifou Mouhamed*[801], le renvoi préjudiciel introduit par la Cour de cassation du Burkina Faso concernant l'interprétation des honoraires et des frais d'avocat. La question du juge national semble rassurante car orientée dans la perspective d'une simple sollicitation d'interprétation. Ainsi, elle demanda la CJUEMOA pour donner « son avis sur le sens et la portée qu'elle entend donner aux barèmes indicatifs de frais de justice et d'honoraires d'avocats au regard du droit communautaire ». Dans une autre affaire, *La BOAD c/ Soumahoro Youssouf*[802], la Cour d'appel de Lomé demandait à la Cour de Ouagadougou, si la Banque Ouest-africaine de développement était justiciable ou non devant les juridictions du Togo dans le litige l'opposant à son ancien employé. La CJUEMOA répond par la négative en relevant qu'elle est « la seule institution habilitée à connaître » le litige auquel la BOAD est partie.

218 Au niveau de la CJCEMAC, le premier renvoi préjudiciel fut introduit par la Cour d'appel de Bangui, dans l'affaire *École Inter-États des Douanes c/Djeukam Michel*[803], concernant la légalité de la décision de nomination des chefs de département de l'École au regard du droit communautaire. La Cour reconnaît la faculté pour les juridictions nationales de poser des questions préjudicielles. Néanmoins, la pratique

---

[800] N°02/2005 du 12 janvier 2005.
[801] N°11 RP 001.12 du 30 avril 2014.
[802] N°13 RP 001. 36 du 30 avril 2014.
[803] N°001/CJ/CEMAC/10-11 du 25 novembre 2010.

du renvoi préjudiciel devant la CJCEMAC révèle une incompréhension[804] de la part des juges nationaux[805] et des particuliers demandant à la Cour de sanctionner les refus de saisine de question préjudicielle[806]. Au niveau de la jurisprudence de la CJCAE, le seul renvoi préjudiciel[807], trouvé, a été introduit par la Cour suprême ougandaise sur l'invocabilité des dispositions du droit primaire devant les juridictions nationales des États membres.

219 Au demeurant, ces quelques renvois introduits devant les cours de justice africaines par les juridictions nationales accréditent la thèse d'un usage rarissime. D'ailleurs, une partie de la doctrine estime qu'il y a « une faible intériorisation des mécanismes de collaboration »[808] avec les juridictions communautaires et que « le bilan du renvoi préjudiciel est maigre »[809] voire son « activation limitée »[810] ou « délaissée »[811]. L'usage très épisodique du mécanisme de renvoi préjudiciel entraîne la stagnation du contentieux des libertés du marché commun. Son utilisation généreuse par les juridictions nationales constitue la voie attendue pour garantir une protection efficace des droits conférés aux particuliers par les traités découlant de l'interprétation uniforme du juge communautaire. Les particuliers peuvent invoquer les

---

[804] Cf. KOUAME MOUAFFO (M. C), « À propos des recours préjudiciels et en interprétation », *L'Essentiel Droits africains des affaires*, N°07, 2017, p. 4.

[805] CJCEMAC, *Société First Trust Saving London and Loan c/ SIAKAM*, N°7/2015.

[806] CJCEMAC, 3 mars 2016, *SCI c/ Liquidation BMC*, N°6/2015.

[807] CJAE, *The Attorney General of the Republic of Uganda v Tom Kyahurwenda*, N°1/2014, Appellate Division, 31 juillet 2015.

[808] SALL (A.), « Les débuts des Cours de justice de la CEDEAO et de l'UEMOA : propos sur la faiblesse du droit jurisprudentiel de l'intégration en Afrique de l'Ouest », *op. cit.*, p. 27.

[809] SALL (A.), « Pour une plus grande pédagogie du contentieux communautaire : réflexions sur la mise en œuvre des procédures de collaboration avec les juridictions sous-régionales (Renvoi préjudiciel et demande d'avis) », UEMOA, Communication à la rencontre inter juridictionnelle UEMOA-CEDEAO-CEMAC-OHADA, Dakar 4-6 mai 2010 ; SERMET (L.), « Le contentieux préjudiciel, les cours communautaires et le juge administratif africain. Regard sur une justice dialogique », in Demba Sy et Alioune Badara Fall ss. dir., *Les nouvelles tendances du droit administratif en Afrique*. Presse de l'Université de Toulouse 1 capitole, 2018, p. 133.

[810] ZONGO (R. L. M.), *L'Union de droit au sein de l'Union économique monétaire ouest-africain (UEMOA). Étude à la lumière du droit de l'Union européenne*. Thèse de doctorat, Université de Genève, 6 juillet 2018, p. 353.

[811] SANOU (D.), *Droit communautaire ouest-africain*, *op. cit.*, p. 493.

droits reconnus devant les juges nationaux[812] en vue de leur protection. En plus de la rareté de l'emploi de la question préjudicielle favorisant la pauvreté du contentieux de l'intégration, l'absence d'utilisation de la procédure de manquement d'État semble expliquer la faiblesse du contentieux du contentieux des libertés de circulation.

B) L'absence d'utilisation de la procédure de manquement d'État

220 Le contrôle de l'application correcte du droit communautaire par les États membres peut s'effectuer par le biais du recours en manquement[813] devant le juge communautaire. De toutes les voies de droit reconnues, le recours en manquement permet à un État membre ou à la Commission de faire constater par la Cour une violation des obligations découlant des traités. Son utilisation et son exploitation devant la CJUE a révélé des vertus[814] et la pratique des désistements[815] de la Commission européenne, en tant que « gardienne de la légalité communautaire », illustre son succès. Dans les ordres juridiques communautaires, le recours en manquement demeure décoratif ou « illusoire », selon la formule de Georges Taty[816]. Depuis la création des cours de justice africaines, aucun recours en manquement n'a permis de sanctionner le manquement des États membres à leurs obligations. Les entraves aux libertés de circulation et de la concurrence auraient pu enclencher la procédure du manquement pour faire sanctionner les manquements aux règles du marché commun. Les motifs susceptibles d'activer le recours en manquement existent dans

---

[812] CJCAE, *The East African Law Society v The Secretary General of the East African Community*, N°1/2011 (First instance) du 14 février 2013, p. 28.

[813] Pour une étude détaillée de cette voie de droit, voir la première partie.

[814] « Longtemps les recours furent relativement rares, réservés aux cas très graves ; ils sont devenus très systématiques depuis 1975 ». Cf. BLUMANN (C.), DUBOUIS (L.), *Droit institutionnel de l'Union européenne*, *op. cit.*, p. 752. Par exemple, 31 recours en manquement furent introduits et 41 en 2017.

[815] HOUPPERMANS (V. A.), PECHO (P.), « L'inflation des désistements et le pouvoir de la Commission européenne », *RTDE*, 2006, p. 289.

[816] Cf. « Le recours en manquement en droit communautaire CEMAC : un recours illusoire », *in La CEMAC, Aujourd'hui et demain*, Colloque organisé par la Faculté de droit et des Sciences économiques de l'Université de Libreville le 16 mars 2016. C'est le lieu de rendre un vibrant hommage au juge Taty parti au moment où ces lignes sont rédigées. Un grand passionné du droit communautaire s'en est allé. Nous partagions beaucoup de moments de réflexion en droit communautaire à l'Université de Nantes. C'est au cours de nos discussions, qu'il décida de faire une thèse sur l'effectivité des voies de droit dans l'ordre juridique communautaire de la CEMAC. Qu'il trouve ici l'expression de mes pensées profondes.

les espaces communautaires. Au niveau des frontières des États membres, les ressortissants communautaires font souvent l'objet de contrôle et subissent certaines pratiques constitutives de manquement aux obligations communautaires[817].

221 Mais, jusqu'ici, un seul recours en manquement a failli voir le jour devant la Cour COMESA[818] et qui portait sur une question de libre circulation des biens. Dans cette affaire, l'Éthiopie demandait au gouvernement érythréen de libérer les biens appartenant aux Éthiopiens et détenus aux Ports Assab et Massawa de l'Érythrée. Cette action était jugée contraire aux dispositions de libre circulation du traité de la COMESA par l'Éthiopie. L'affaire n'a pas été réglée par voie contentieuse. Une solution amiable a été trouvée en dehors de la Cour. Il faut rappeler à juste titre qu'en Afrique, les États membres évitent l'option judiciaire dans le règlement des différends. Cette frilosité des États membres, à porter leur différend devant le juge communautaire, est aussi observable au niveau de la construction communautaire européenne si on se réfère à la pratique contentieuse de la Cour de justice. À cet égard, Claude Blumann et Louis Dubouis ont souligné que « Les États n'ont guère utilisé la faculté que leur accorde le traité. Ils préfèrent se joindre à un recours engagé par la Commission en tant qu'intervenant, et sauf exceptions rarissimes éviter l'affrontement judiciaire »[819]. Pour le moment, le recours en manquement bénéficie d'une simple consécration dans les traités communautaires africains et la jurisprudence a tenté de préciser les modalités pratiques à l'occasion de recours de particuliers victimes de violation du droit communautaire imputable à un État membre[820]. Cependant, pour l'essentiel, l'initiative

---

817 AKPO (E.), « Contribution de la Cour de justice de l'UEMOA à l'enracinement de l'intégration économique et monétaire », Communication présentée à la *Rentrée solennelle de l'année judiciaire 2018-2019*, le 18 octobre 2018, p. 11. Selon le juge Akpo, « c'est un secret de polichinelle que les voyageurs continuent d'être victimes, notamment sur les voies terrestres, des actes de rançonnement, de corruption, et autres abus de la part de certains agents indélicats. Or, ne pas assurer la jouissance des libertés de circulation des personnes, des biens et des capitaux aux citoyens de l'espace UEMOA constitue des actes de manquement pour un État membre dont les agents se livrent à de telles prévarications… des résultats attendus de l'exécution de certaines directives ne sont pas encore satisfaisants, dans certains États membres, faute de transposition dans les délais fixés ».

818 *Erythrée v. Ethiopie* (1999).

819 Cf. *Droit institutionnel de l'Union européenne*, *op. cit.*, p. 752.

820 CJCEDEAO, *Kemi Pinheiro c/Ghana*, N°ECW/CCJ/JUD/11/12 du 6 juillet 2012, point 48 ; CJCOMESA, *Polytol v. Mauritius*, N°1/2012 du 31 août 2013, p. 10.

du recours relève de la compétence des secrétaires généraux[821] ou commissions[822] et des États membres[823]. L'absence d'utilisation de cette voie de recours sur initiative des commissions chargées de surveiller l'application du droit communautaire dans les États membres rend hypothétique la construction communautaire africaine. Si les plaintes et dénonciations des particuliers ne sont pas portées par la Commission devant le juge communautaire, le recours en manquement ne pourrait pas naître, ce qui empêche le juge de se prononcer et de contribuer à la protection des libertés communautaires. L'action des commissions est vivement attendue pour contribuer à l'élimination des manquements des États membres à leurs obligations communautaires. Même si l'activation de la procédure de manquement d'État relève du pouvoir discrétionnaire des commissions, la saisine des cours de justice, pour faire constater les violations des libertés de circulation par les États, pourrait favoriser le règne de la légalité communautaire et protéger les droits des particuliers. L'analyse des voies de droit ouvertes devant les cours africaines montre un usage rare du renvoi préjudiciel et une absence d'utilisation du recours en manquement. Cela n'est pas de nature à encourager le développement du contentieux.

222 En définitive, la faible saisine du juge constitue un handicap pour l'essor du contentieux de l'intégration. L'absence de recours ne touchant pas directement l'intégration économique conduit une faiblesse du contentieux que d'aucuns qualifient d'« absence de culture contentieuse »[824]. Ce point de vue peut paraître excessif mais il est évident que le juge communautaire africain évolue dans un environnement particulier qui exerce une influence sur son action.

SECTION 2 : LE CONTEXTE PARTICULIER DU JUGE COMMUNAUTAIRE

223 La contribution des cours de justice à l'intégration économique fait face à des obstacles liés, entre autres, au contexte institutionnel de leur intervention. L'action du juge communautaire subit plusieurs

---

[821] Article 25 du traité CAE ; Article 29 traité COMESA ;

[822] Article 15 (1) du Règlement n°1/96/CM/UEMOA ; Article 10 (a) du Protocole de 2005 de la CEDEAO ; Article 4 du traité CEMAC ;

[823] Article 24 du traité CAE ; Article 28 du traité COMESA ; Article 15 (2) du Règlement n°1/96/CM/UEMOA.

[824] SAUROMBE (A.), « African regional judiciaries and their jurisprudence in trade law matters », in *Joanna Jemieliniak, Establishing Judicial Authority in International Economic Law*, *op. cit.*, p. 97 ; TINO (E.), « The rôle of regional judiciaries in eastern and southern Africa », op. cit., p. 140.

influences, qui sont de nature à justifier son pouvoir normatif limité dans la construction communautaire notamment du marché commun. Les juges communautaires africains n'évoluent pas dans le même cadre normatif et institutionnel et ne vivent pas les mêmes contraintes que leurs homologues européens qui ont bénéficié d'un contexte politique et institutionnel favorable à l'avancée de l'intégration[825] avec des acteurs pro intégration[826]. L'œuvre du juge africain s'inscrit dans un contexte marqué par plusieurs facteurs tels que la domination des exécutifs communautaires, l'insuffisance des ressources disponibles pour contourner les manœuvres dilatoires dans l'exécution de ces décisions, les attitudes de défiance de la part des États membres, la réticence des juges nationaux, l'absence de maîtrise du droit communautaire par les experts nationaux et le caractère limité de l'ancrage de la discipline droit communautaire dans les universités, etc. En effet, la faible productivité jurisprudentielle[827] dans le domaine de l'intégration économique ne peut se comprendre sans une analyse approfondie du contexte d'intervention des cours africains qui est sous influence (**§1**). De la même manière, le juge communautaire assume son office dans un contexte miné par la concurrence des ordres juridiques communautaires (**§2**), entraînant une préférence d'un ordre à un autre de la part du justiciable.

---

[825] Cf. SERVAN-SCHREIBER (P.), « La Cour de justice : pivot de la construction européenne », *Politique étrangère*, n°1-1991, pp. 87-97 ; SAURUGGER (S.), TERPAN (F.), « La Cour de justice au cœur de la gouvernance européenne », *Pouvoirs*, n°149, 2014, pp. 59-75.

[826] Cf. WEILER (J.), « Une révolution tranquille. La Cour de justice des communautés européennes et ses interlocuteurs », *Politix*, Vol. 8, n°32, 1995, pp. 119-138. Selon l'auteur, « Les relations entre la CJCE- un acteur qui a une vision puissante et une grande influence sur le modelage de la charpente de la Communauté en construction- et ses interlocuteurs peuvent être décrites comme une lune de miel généralisée. Avec les juridictions nationales, cela a été l'histoire d'une relation de séduction qui a pu aboutir à une prise de pouvoir parallèle et réciproque. Avec les organes politiques nationaux, cette histoire de pouvoir est encore plus remarquable ; elle a été acceptée par ces autorités nationales grâce à la fois et selon les moments, à une politesse de l'indifférence, au paravent juridique de la neutralité judiciaire et, parfois au caractère attractif des intérêts partagés. Avec les universitaires, ce fut soit un amour contraint, soit un émerveillement fondé sur la conquête et la domination rendues possibles par l'ignorance. », p. 137.

[827] Il convient de préciser que la faiblesse de la production jurisprudentielle ne concerne qu'une partie du contentieux mais elle reste exponentielle dans le domaine de la protection des droits de l'homme. On ne saurait apprécier exclusivement l'action des cours africaines à l'aune de la pauvreté du contentieux de l'intégration économique à l. Celle-ci ne saurait être imputée au juge communautaire qui évolue dans un environnement spécifique qui n'est pas encore suffisamment étudié par la doctrine francophone.

§ 1 : Un contexte influencé

224 Le juge communautaire africain n'évolue pas dans une sphère neutre. Il apparaît dans un contexte empreint d'influences. Il s'agit de facteurs déterminants sur la fonction du juge communautaire appelé à trancher des différends impliquant les États membres et les ressortissants communautaires. L'absence de contribution réelle du juge à la protection des libertés économiques ne s'explique pas exclusivement par la rareté de la saisine ou l'utilisation mineure de certains recours juridictionnels. Il s'y ajoute les éléments contextuels qui constituent le « *macrosocial extérieur qui pèse sur le droit* »[828]. L'analyse du contexte s'avère nécessaire pour appréhender le phénomène jurisprudentiel des cours de justice africaine dans le domaine de l'intégration économique. Cette question demeure insuffisamment prise en compte par les travaux des universitaires francophones[829]. À cet égard, des travaux de sociologie juridique[830] sur les cours africaines aideraient mieux à comprendre la faiblesse de la production jurisprudentielle en Afrique dans le domaine spécifique de l'intégration économique. Le contexte dans lequel les juges évoluent connaît une influence de nature politique découlant de l'attitude des États membres. Les cours de justice subissent la prégnance de l'influence politique (**A**). En même temps, elles opèrent dans un contexte d'influence sociologique (**B**) où la fonction contentieuse occupe une place mineure.

A) Une influence politique

225 Le travail des cours de justice subit une influence politique des États membres au sein des organisations d'intégration africaine. Celles-ci se caractérisent par une prégnance de la position institutionnelle des États membres dans la marche de l'organisation. À titre d'illustration,

---

[828] OST (F.), BAILLEUX (A.), « Le droit, contexte et interdisciplinarité. Refondation d'une démarche », *RIEJ*, 2013 p. 28.

[829] Pour l'heure, quelques écrits ont tenté de glisser des éléments de sociologie politique dans l'analyse : SALL (A.), Les débuts des Cours de justice de la CEDEAO et de l'UEMOA : propos sur la faiblesse du droit jurisprudentiel de l'intégration en Afrique de l'Ouest », *op. cit.*, p. 42 ; KEMFOUET KENGNY (E-D), *Les juridictions des organisations d'intégration économique en Afrique*, LGDJ, *op. cit.*, p. 349.

[830] La doctrine anglo-saxonne a débuté des réflexions intéressantes sur le contexte des cours africaines de justice : ALTER (J. K.), HELFER (L. R.), MADSEN (R. M.), « How Context Shapes the Authority of International Courts ? », *Law and Contemporay Problems,* Vol. 79, n°1, 2016, pp. 1-36 ; OPPONG (R. F.), « Legitimacy of Regional Economic Integration Courts in Africa », *African Journal of Legal Studies*, 7, 2014, pp.6-85.

toutes les organisations d'intégration africaine disposent d'un organe suprême politique dénommé pour l'essentiel la Conférence des Chefs d'État et de Gouvernement regroupant les États membres qui impulsent et décident des grandes orientations des politiques communautaires[831]. Le modèle institutionnel, établi s'inspirant de celui de l'Union européenne[832], configure la prépondérance ou la puissance des États membres pouvant affecter la fonction normative et celle de protection des libertés économiques des cours de justice africaines. Les États africains restent attachés à leur souveraineté et développent des stratégies dans la pratique pour réduire l'action des juges à une fonction timide et contrôler les structures juridictionnelles. De façon générale, les États membres ont tendance à faire des manœuvres visant à contrôler les structures, ce qui est une tendance constante dans les organisations. Denys Simon rappelle, à cet effet, que « certes le problème ne se pose pas dans les mêmes termes d'une organisation à l'autre compte tenu de la spécificité des structures institutionnelles, mais l'objectif est toujours identique : les États membres s'efforcent de « maximiser » leur influence, individuelle et collective sur le mécanisme institutionnel de l'organisation, soit en attribuant la maîtrise du pouvoir de décision, soit en s'assurant la disposition d'un pouvoir de blocage. L'acquisition ou la conservation de la faculté d'empêcher font l'objet d'une compétition permanente dont les enjeux fondamentaux visent à infléchir l'équilibre institutionnel de l'organisation et à stabiliser l'influence exercée sur la décision »[833].

---

[831] Article 7 du traité de la CEDEAO ; Article 11 du traité CAE ; Article 8 du traité COMESA ; Article 10 traité SADC ; Article 17 traité UEMOA ; Article 12 du traité révisé de la CEMAC.

[832] Voir BENLOLO CARABOT (M.), « L'influence extérieure de l'Union européenne », in *Union européenne et droit international*. Paris, Pedone, 2012, pp. 62-91. Il faut rappeler que depuis l'adoption du traité de Lisbonne, il est noté un retour des États membres, notamment, à travers l'article 2§ 2 du TUE « L'Union respecte l'égalité des États membres devant les traités ainsi que leur identité nationale, inhérente à leurs structures fondamentales politiques et constitutionnelles, y compris en ce qui concerne l'autonomie locale et régionale. Elle respecte les fonctions essentielles de l'État, notamment celles qui ont pour objet d'assurer son intégrité territoriale, de maintenir l'ordre public et de sauvegarder la sécurité nationale. En particulier, la sécurité nationale reste de la seule responsabilité de chaque État membre ».

[833] SIMON (D), « Organisations internationales et politiques des États », *in Les organisations internationales contemporaines, crise, mutation, développement*. Colloque de Strasbourg SFDI, 1988, p. 117.

226 Dans les organisations d'intégration africaine, les États membres n'hésitent pas à réaffirmer leurs prérogatives de « maîtres du traité »[834] et d'expression de leur souveraineté aussi bien dans la procédure contentieuse que dans l'exécution des arrêts. Dans l'affaire *Samuel Mukira Mohochi vs. The Attorney General of Uganda*[835], l'État membre a invoqué jalousement sa souveraineté pour limiter l'accès à un ressortissant communautaire sur son territoire alors que le traité prévoit la libre circulation des personnes. Mais la CJCAE ne l'a pas suivi dans cette direction. Aussi, dans un autre arrêt[836], le Burundi invoque la protection de la sécurité nationale pour se délier à ses obligations communautaires, empêchant ainsi la libre circulation des marchandises sur son territoire. Au niveau de la CEDEAO, les États membres procèdent régulièrement à la fermeture des frontières nationales pour des raisons politiques intérieures[837]. Cette attitude de défiance des États membres rend illusoire l'exécution des décisions dans leurs ordres juridiques et, par conséquent, peut provoquer un découragement des particuliers contestant la violation des libertés communautaires devant le juge national. Le comportement des États vis-à-vis des cours africaines s'analyse mieux avec la théorie « principal-Agent ». Selon celle-ci, « les acteurs politiques sont divisés au départ entre « principals » et « agents » ». Les « principals » sont les détenteurs du pouvoir constituant lieu de l'autorité suprême, et les autres sont les agents-ou servant du pouvoir constituant »[838]. La théorie met l'accent sur le contrôle des agents (les juges) par les États (les principals). Ces derniers peuvent sanctionner les agents s'ils ne réalisent pas leurs volontés en modifiant leurs compétences[839]. Cette théorie permet d'appréhender la réaction offensive que certains États membres ont manifesté à l'égard de cours de justice dans le cadre de la protection des droits de

---

[834] Expression utilisée par Karen Alter pour décrire les relations entre la Communauté européenne et la Cour de justice. Cf. « Who are the « Masters of the Treaty » ? : European Governments and the European Court of justice », *International Organization* 52, 1, Winter, 1998, pp. 121-141.
[835] CJCAE, N°5/2011 du 17 mai 2013.
[836] *Grands Lacs Supplier SARL & others v. The Attorney of Burundi*, N°6/2016 du 19 juin 2018.
[837] *Afolabi Olajide c/ Nigeria* ; *Femi Falana & Wadi Moustapha c/ Benin, Nigeria & Togo.*
[838] SWEET (A.), CAPORASO (J. A.), « La Cour de justice et l'intégration européenne », *Revue française de science politique*, n°2, 1992, pp. 195-244.
[839] Voir ALTER (K.), « Agents or Trustee ? International Courts in their Political context », *European Journal of International Relations*, Vol. 14, 2018, pp. 33-63.

l'homme[840]. Cela permet de corroborer la thèse selon laquelle « la volonté des Cours de justice de jouer le rôle d'ingénieur de l'intégration est freiné par le comportement des États membres »[841].

227 Au surplus, parmi les éléments qui influencent l'action du juge communautaire en matière de protection des libertés économiques, il faut ajouter la problématique de la construction de l'État de droit, de la démocratie et de la présidentialisation des régimes politiques ainsi que le renouveau du constitutionnalisme[842]. À notre sens, ces facteurs politiques semblent expliquer l'abondance du contentieux des droits de l'homme au détriment du contentieux des libertés de circulation. Les questions politiques deviennent le sujet principal des cours de justice et celui de l'économie l'accessoire. Cela peut poser la question de la légitimité et de l'autorité des cours de justice analysées dans cette thèse. Pour améliorer le cadre d'intervention du juge, les États membres doivent assumer pleinement leurs obligations communautaires en appliquant convenablement les décisions rendues. Cela renforcerait l'efficacité du droit communautaire et son impact dans les ordres juridiques internes, et pourrait montrer une volonté politique des États membres basée sur une confiance mutuelle dans le système communautaire comme c'est le cas pour la construction européenne[843]. La forte prégnance du contexte

---

[840] Il s'agit de l'attitude de la Gambie face à la CJCEDEAO, celle du Zimbabwe à l'égard du TSADC ainsi que celle du Kenya face à la CJCAE. Ce point est étudié de façon approfondie dans le titre 2 de la deuxième partie.

[841] TINO (E.), « The rôle of regional judiciaries in eastern and southern Africa », *op. cit.*, p. 163.

[842] Sur cette question, voir FALL (I. M.), Le pouvoir exécutif dans le constitutionalisme des États d'Afrique. L'Harmattan, 2008, p. 21 ; ADEWOYE (O.), « Constitutionnalisme et intégration économique », *in Intégration et coopération régionale en Afrique de l'Ouest*. Karthala-CRDI, 1996, p. 379.

[843] LENARTS (K.), « Some thoughts about the interaction between Judges and Politicians », *University of Chicago Legal Forum*, Vol. 1992, p. 132. Selon l'auteur, actuel Président de la CJUE, « The political processes of the Community and the Member States are as committed to the rule of law as the ECJ itself. This mutual commitment explains why, in so many instances, the Court of Justice was able to have a decisive impact on the political process. Rather than provoking rebellion with what might have appeared at times the excesses of judge-made law, the ECJ kept the confidence of the other Community institutions and saw them often move forward from where it had itself left an issue, at the outer boundary of what was still solvable on the basis of the existing texts. Thus the ECJ's decisions have repeatedly served as a catalyst for the further development of Community law, not because they laid down so many rules, but because they succeeded in making the political process fulfill its responsibilities under the Treaties ». Nous traduisons : « Les processus politiques de

politique limite l'ardeur du juge communautaire à aller au-delà de sa mission. Mais, on peut retenir, comme le souligne Alioune Sall, « la place due au juge ne peut être conquise que par un travail patient audace interprétative judicieuse et une bonne intelligence des contraintes qui pèsent, nécessairement, sur un organe dérivant de la volonté des États »[844]. En plus de l'influence politique déterminante dans l'action du juge communautaire, il y a celle sociologique.

B) Une influence sociologique

228 Le constat de la faiblesse du contentieux des libertés économiques découle des contraintes qui pèsent sur les juges communautaires. Ces contraintes proviennent du contexte sociologique dans lequel évolue les cours de justice. Au-delà des influences politiques et institutionnelles, le comportement social et culturel des acteurs vis-à-vis de la justice en général et de la justice communautaire en particulier peut donner une explication de la faiblesse du contentieux de l'intégration économique. En Afrique, le vieux procédé de la « palabre » demeure toujours. Les particuliers n'ont pas forcément le réflexe automatique de saisir le juge pour trancher les litiges. La « conception africaine de l'ordre social »[845] ne dégage pas une dimension culturelle contentieuse. D'ailleurs, comme le rappelle Maurice Kamto, « la culture des sociétés africaines traditionnelles est dominée par le souci de préserver la cohésion et l'harmonie du groupe, c'est-à-dire par les valeurs collectives, alors que

la Communauté et des États membres sont aussi attachés à l'État de droit que la CJCE elle-même. Cet engagement mutuel explique pourquoi, dans de si nombreux cas, la Cour de justice a pu avoir un impact décisif sur le processus politique. Plutôt que de provoquer une rébellion avec ce qui aurait pu apparaître parfois comme des excès de droit jurisprudentiel, la CJCE a su garder la confiance des autres institutions communautaires et les a souvent fait avancer à partir de là où elle avait elle-même laissé une question, à la limite de ce qui était encore résolu sur la base des textes existants. Ainsi, les décisions de la CJCE ont, à plusieurs reprises, servi de catalyseur pour le développement du droit communautaire, non pas parce qu'elles ont fixé un grand nombre de règles, mais parce qu'elles ont réussi à faire en sorte que le processus politique remplisse les responsabilités qui lui incombent en vertu des traités ».

[844] *La Justice de l'intégration, Réflexions sur les institutions judiciaires de la CEDEAO et de l'UEMOA*, *op. cit.*, p. 63.

[845] RAMBAUD (T.), *Introduction au droit comparé. Les grandes traditions juridiques dans le monde*. PUF, 2014, p. 216.

la culture occidentale tourne autour des valeurs individuelles »[846] et reste une culture essentiellement contentieuse[847]. Le poids du comportement social n'est pas neutre. Il pèse sur l'activité jurisprudentielle des juges et semble constituer une cause essentielle de la faiblesse du contentieux de l'intégration économique. Cette situation de fait se traduit par « la persistance des modes traditionnels de règlement des conflits ou la mise à l'écart partielle du juge »[848].

229 Le ressort sociologique détermine l'attitude des juges, des États membres et des justiciables communautaires. La « culture judiciaire »[849] des États membres, produit de leur propre histoire, conditionne l'orientation contentieuse et jurisprudentielle des cours de justice africaines. Comme expliqué plus haut, le règlement judiciaire relève d'une pratique exceptionnelle peu familière à la tradition africaine. Celle-ci, n'encourage pas systématiquement le recours au juge. Nous considérons que la faiblesse du contentieux de la protection des libertés de circulation serait la reproduction de ce qui se passe dans les ordres juridiques des États membres, c'est-à-dire, la saisine limitée du juge. En effet, l'influence du contexte sociologique sur la justice communautaire reflète une certaine conception de la justice tant décriée[850] au point d'instaurer une distance entre les juges et les justiciables. La faiblesse du contentieux de l'intégration n'est pas une singularité de la justice communautaire. On note une certaine

---

[846] KAMTO (M.), « Une justice entre tradition et modernité », *Afrique contemporaine*, n°156, 4, 1990, p. 58.

[847] CADIET (L.), « le spectre de la société contentieuse », in *Ecrits en hommage à Gérard Cornu Droit civil, procédure linguistique juridique*. PUF, 1994, p. 30.

[848] FALL (A. B.), « Le juge, le justiciable et les pouvoirs publics : pour une appréciation concrète du juge dans les systèmes politiques en Afrique ». http://afrilex.u-bordeaux4.fr/le-juge-le-justiciable-et-les.html, consulté le 13 janvier 2019 ; L'article est paru dans l'ouvrage intitulé : *Les défis des droits fondamentaux*. Bruylant Bruxelles, 2000, pp. 309-346.

[849] Sur l'analyse du concept, voir, MATTLI (W.), SLAUGHTER (A. M.), « Revisiting the European Court of justice », *International Organization*, Vol. 52, n°1, 1999, pp. 177-209.

[850] Cf. DU BOIS DE GAUDISSON (J.), « Le statut de la justice dans les États d'Afrique francophone », *Afrique contemporaine*, n°156, 4, 1990, p. 6 ; du même auteur, « La justice en Afrique : nouveaux défis, nouveaux acteurs ». *Afrique contemporaine*, n°250, pp. 13-28.

généralisation de la faiblesse de l'activité jurisprudentielle du juge qu'il s'agisse du contentieux administratif[851] ou celui constitutionnel[852].

230 Ainsi, l'influence du contexte sociologique constitue une contrainte, que l'on peut qualifier d'inhérente à « la configuration du système juridique »[853] communautaire. À l'origine, certaines organisations communautaires n'avaient pas prévu d'organe juridictionnel pour contribuer à l'intégration économique. L'article 11 du traité de la CEDEAO avait prévu un Tribunal arbitral en 1975 qui n'a jamais vu le jour. La Cour de justice qu'elle a instituée en 1991 n'est devenue opérationnelle qu'à partir de 2003. Cela renvoie à la place subsidiaire accordée à la dimension contentieuse dans la construction communautaire. Il s'agit de la lente consécration de la judiciarisation de l'intégration économique. D'où le caractère peu méconnu de la justice communautaire. À ce niveau, certains considèrent que la justice communautaire est « encore peu fréquentée et souvent contestée »[854] et « inefficace »[855]. Mais ce point de vue pourrait être nuancé dans la mesure où la saisine devient en plus récurrente devant les cours de justice de la CEDEAO et de la CAE. Quoi qu'il en soit, la faiblesse du contentieux des libertés de circulation est un fait indéniable dans la plupart des organisations d'intégration africaine mais ne pourrait constituer un argument suffisant pour qualifier l'office du juge communautaire. Ce dernier mène une activité jurisprudentielle intense dans le domaine de la protection des

---

[851] SY (D.), « Justice administrative et droit administratif en Afrique. Un bilan », *in* F.M. Soucramanien (ss.dir.) *Espaces du service public mélanges en l'honneur de Jean Dubois de Gaudisson.* PUB, 2013, pp. 664. Selon Demba Sy, « *le contexte économique, social, psychologique et culturel peut constituer une cause de faiblesse dans la mesure où les administrés méconnaissent largement le droit étatique et l'existence de voies de recours et refusent souvent de recourir aux juridictions étatiques, préférant d'autres modes de règlement comme la négociation, les interventions, les démarches, etc. Il s'agit d'un problème culturel* ».

[852] DIAKHATÉ (M.), « Les ambiguïtés de la juridiction constitutionnelle dans les États de l'Afrique francophone », *RDP*, n°3, 2015, pp. 785-828.

[853] CHAMPEIL-DESPLATS (V.), TROPER (M.), « Proposition pour une théorie des contraintes juridiques », *in Théorie des contraintes juridiques*. Bruylant, LGDJ, 2005, pp. 15.

[854] SY (D.), « Brèves réflexions sur la réflexion dans les organisations africaines d'intégration économique », in *Mélanges en l'honneur du juge Kéba Mbaye, Administrer la justice, transcender les frontières du droit*. Presses Universitaires de Toulouse, 2018, p. 536.

[855] DIOP (E. O.), « Justice constitutionnelle et justice de l'intégration en Afrique », *in Mélanges en l'honneur de Babacar Kanté, Actualités du droit public et de la science politique*. L'Harmattan, 2018, pp. 418.

droits de l'homme. Ce domaine devrait être le nouveau vecteur par lequel, on appréhende les cours africaines en tenant compte du contexte politique et sociologique. La doctrine a tenté de systématiser les facteurs expliquant la faiblesse du contentieux de l'intégration économique. D'aucuns estiment que la faible collaboration avec les juridictions nationales et le caractère jeune de la justice communautaire semblent expliquer l'état de la jurisprudence communautaire[856]. D'autres soulignent que la faiblesse du contentieux des libertés économiques du marché commun s'explique par « l'absence de saisine par les États membres pour le règlement des litiges du marché commun ou entre eux, l'absence de contentieux économique entre les États »[857]. Mais ces différents arguments n'épuisent pas l'explication du constat de la faiblesse du contentieux du marché commun. Le contexte politique et sociologique exerce une réelle influence sur l'action du juge communautaire qu'il ne faudrait pas négliger. Nous considérons que le juge communautaire vit aussi l'influence du contexte de la concurrence des juridictions.

§ 2 : Un contexte concurrencé

231 Au-delà de l'influence du contexte politique et sociologique sur l'activité jurisprudentielle des cours africaines, la multiplication des juridictions communautaires[858] constitue une donnée essentielle dans le contexte de la construction communautaire en Afrique. Celle-ci constitue le continent qui regorge le plus d'organisations d'intégration économique disposant d'organes juridictionnels, ce qui soulève le problème de la concurrence[859] organique et jurisprudentielle, entre les différentes juridictions communautaires et celui de la hiérarchisation en raison de l'existence d'une Cour régionale[860]. Le phénomène de la concurrence entre cours de justice se présente comme une réalité du régionalisme

---

[856] SALL (A.), *La justice de l'intégration, Réflexions sur les institutions judiciaires de la CEDEAO et de l'UEMOA*, *op. cit*, p. 63.

[857] SAUROMBE (A.), « African regional judiciaries and their jurisprudence in trade law matters », in *Joanna Jemieliniak, Establishing Judicial Authority in International Economic Law*. Cambridge University, 2016, pp. 96-118.

[858] SANOU (D.), *La juridictionnalisation des organisations régionales d'intégration économique en Afrique*, *op. cit.*, p. 422.

[859] Sur cette question, voir l'ouvrage de FAU-NOUGARET (M.), *La concurrence des organisations régionales en Afrique*, L'Harmattan, 2013, 2008, p. 450.

[860] KAMTO (M.), « Les Cours de justice des Communautés et des Organisations d'intégration économique africaines », *Annuaire africain de droit international*, Volume VI, 1998, p. 147.

juridictionnel[861]. En plus du risque de chevauchements des compétences entres juridictions, la concurrence peut être de nature « *territoriale et matérielle* »[862]. L'analyse de l'évolution des cours africaines révèle que la concurrence s'est traduite en une divergence originelle (**A**) tenant compte de l'option claire pour chaque juridiction communautaire de surveiller son « pré carré » ou « domaine réservé » communautaire. Cependant, la concurrence juridictionnelle change de nature avec le progrès du contentieux communautaire pour tenter de germer une cohérence corollaire d'une convergence entre ordres juridiques communautaires (**B**).

A) Une divergence originelle

232 La divergence actuelle découle à priori de la pluralité des systèmes de protection juridictionnelle et de la similarité des champs d'intervention des organisations d'intégration économique en Afrique. Chaque cour de justice se positionne en fonction de l'orientation de l'organisation. La coexistence ou la cohabitation d'organisations communautaires au sein d'un même espace régional entraîne une concurrence divergente susceptible d'influencer l'office du juge communautaire. En Afrique de l'Ouest, les cours de justice de la CEDEAO et de l'UEMOA ont été mises en place pour contribuer à la réalisation des objectifs de l'intégration économique, en plus de la Cour Commune de Justice et d'arbitrage opérant pour les États francophones[863]. En effet, l'article 2 du traité d'Abuja prévoit que la CEDEAO, est la seule « Communauté Économique de la Région aux fins de l'intégration », et le traité de l'UEMOA, dans son Préambule, affirme que « leur démarche s'inscrit dans la logique des efforts d'intégration en cours en Afrique et appelant les autres États qui partagent leurs objectifs de se joindre à leurs efforts ». Cette coexistence de deux organisations d'intégration économique est de nature à influencer le développement de la justice de l'intégration et d'instaurer une situation probable « d'insécurité

[861] BURGORGUE-LARSEN (L.), « Le fait régional dans la juridictionnalisation du droit international », *in La juridictionnalisation du droit international*, Colloque de SFDI de Lille. Pedone 2003, p. 241.

[862] *Ibid.* Voir aussi, SANOU (D.), *La juridictionnalisation des organisations régionales d'intégration économique en Afrique*, *op. cit.*, p. 421.

[863] La CCJA assure l'interprétation et l'application uniforme du droit de l'OHADA dans les 17 États membres y compris ceux de la CEMAC.

juridique »[864], de « hiérarchisation juridictionnelle »[865] ou de « compétition juridictionnelle »[866]. Le même constant est observable en Afrique centrale[867], en Afrique australe et en Afrique de l'Est[868] avec l'existence des juridictions intervenant dans les domaines similaires de l'intégration. Cette situation pose le problème plus ou moins théorique de divergence entre cours de justice menaçant la cohérence du droit communautaire africain, voire son effectivité à l'égard des particuliers. Ces derniers peuvent introduire un recours devant une cour de justice sur une matière qui relève de la compétence d'une autre. C'est ce que la CJCEDEAO a soulevé dans deux affaires. Dans un premier arrêt, *Elhadji Tidjani Aboubacar c. BECEAO & Niger*[869], la CJCEDEAO, laisse entendre que « sa compétence matérielle ne lui confère pas une exclusivité de compétence eu égard à l'ordonnancement juridique de l'UEMOA »[870], et si elle « ne décline pas sa compétence matérielle avérée, elle sera amenée inévitablement à s'approprier un droit dont elle n'est pas dépositaire et dont la mise en œuvre est dévolue de manière univoque et expresse à une Cour régionale… bien que sa compétence matérielle soit pertinente, elle se doit la décliner eu égard à la compétence exclusive de la CJUEMOA sur les faits de la présente cause »[871]. Dans cette affaire, la démarche du juge dégage une ambiguïté liée à sa volonté directe de transférer le contentieux à la Cour de Ouagadougou, car la CJCEDEAO affirme sa compétence et renonce à son exercice. Dans un deuxième arrêt, *Aziablevi Yovo et autres c. Togo Telecom & État du Togo*[872], la Cour reconnaît sa compétence et l'obligation pour l'État togolais de veiller à l'exécution des décisions

---

864 ATANGANA AMOGOU (J. L.), « La multiplication des juridictions internationales en Afrique et sécurité juridique en Afrique », *op. cit.*, p. 137.

865 KAMTO (M.), « Les Cours de justice des Communautés et des Organisations d'intégration économique africaines », *op. cit.*, p. 149.

866 BURGORGUE-LARSEN (L.), « Le fait régional dans la juridictionnalisation du droit international », *op. cit.*, p. 248.

867 CJCEMAC et CCJA.

868 CJCOMESA, CJCAE et TSADC (en cours de réforme).

869 N°ECW/CCJ/01/11 du 8 février 2011. Dans cette affaire, le requérant conteste la décision de démonétisation et le refus d'échanges de nouveaux billets par le Niger à la suite de la décision du Conseil de l'UEMOA de retirer de la circulation des signes monétaires.

870 Point 29 de l'arrêt.

871 Points 31-32 de l'arrêt.

872 N°ECW/CCJ/JUD/04/12 du 31 janvier 2012. En l'espèce, les requérants saisissent la Cour sur le refus d'exécution de la décision judiciaire condamnant la société Togo Telecom à payer des dommages et intérêts.

sur son territoire[873]. Cependant, elle estime que la « CCJA de l'OHADA, qui est une Cour internationale a été saisie par les requérants pour solliciter l'exécution de l'arrêt… »[874]. Dans cette décision, même la Cour, invoque une des conditions fondamentales de sa saisine notamment l'absence de saisine d'une autre juridiction internationale, elle assombrit la compréhension jurisprudentielle et déroute les requérants dans la protection qu'ils tirent du droit communautaire. La CCJA de l'OHADA avait déjà statué sur l'affaire[875] dont la CJCEDEAO était saisie et portant non pas sur la question du principe général de l'immunité d'exécution des personnes morales de droit public mais sur l'inexécution d'un arrêt de la Cour d'Appel de Lomé. Cela souligne la divergence entre les juridictions communautaires relevant d'un même espace décourageant ainsi les requérants.

233 La divergence entre cours de justice communautaire apparaît également en matière de contentieux de l'arbitrage. La CJUEMOA, dans une demande d'avis du 2 février 2000 de la Commission de l'UEMOA sur le projet de code communautaire des investissements, rappela que « en raison de l'exigence d'uniformité dans l'interprétation et l'application du droit communautaire, la CJUEMOA a l'exclusivité du règlement des litiges portant sur l'interprétation ou l'application de ce droit communautaire »[876] et la CCJA de l'OHADA a aussi « l'exclusivité dans l'application et l'interprétation des actes uniformes »[877]. Elle poursuit en insistant sur le fait que la « coexistence ou la référence dans le même code à des dispositions de deux traités autonomes l'un par rapport à l'autre est de nature à créer des ambiguïtés juridiques dans l'interprétation et l'application du présent code »[878] et sur la « nécessité d'une concertation de deux organisations l'UEMOA et l'OHADA en vue d'une coordination et de leur politique normative et de leur juridiction respective qui exercent leur contrôle juridictionnel

---

[873] Point 17 de l'arrêt.

[874] Point 19 de l'arrêt.

[875] Arrêt n°043/2005 du 7 juillet 2005, *Aziablevi Yovo et autres c. Société Togo Telecom*. Pour l'analyse de cette décision, voir SAWADOGO (F. M.), « L'immunité d'exécution des personnes morales de droit public », *Revue Camerounaise de l'Arbitrage*, Numéro spécial, février 2010, pp. 136-159 ; KEBE (A. D.), « Le déclin de l'exorbitance du droit administratif sénégalais », accessible via ce lien http://afrilex.u-bordeaux4.fr/sites/afrilex/IMG/pdf/Le_declin_de_l_exorbitance_du_droit_administratif_senegalais.pdf, consulté le 2 janvier 2018.

[876] Avis du 2 février 2000, page 3.

[877] *Ibid.*

[878] Page 5 de l'avis.

sur les mêmes juridictions des États membres et dans des domaines qui ne sont pas nettement délimités »[879]. Il faut dire, à cet égard, que la possibilité pour les États membres de recourir à l'arbitrage international d'investissement menace l'unité et la cohérence du droit communautaire. Les cours africaines de justice disposent de compétence exclusive en matière d'interprétation du droit communautaire et de compétence arbitrale[880] avec des textes sur les investissements[881]. Dans la pratique, la plupart des États membres ont conclu des traités bilatéraux d'investissement contenant des clauses d'arbitrage pour régler leurs différends, ce qui limite toute opportunité de développement du contentieux communautaire de l'arbitrage et fragilise l'unité des ordres juridiques communautaires et la construction des marchés communs. À ce niveau, la tendance européenne, visant à éliminer toutes les clauses d'arbitrage contenues dans les traités bilatéraux d'investissement à la suite de la jurisprudence *Achemea*[882], est intéressante, car elle permet de garantir l'unité du contentieux et la primauté du droit de l'Union sur

---

[879] *Ibid.* L'attitude de la CJCEMAC milite en faveur de la primauté du droit OHADA sur le droit communautaire CEMAC. Voir. Avis de la CJCEMAC du 9 février 2003 sur l'avant-projet de règlement relatif aux systèmes, moyens et incidents de paiement ; Arrêt du 3 juillet 2003, *Tasha Loweh Lawrence.*

[880] Par exemple, l'article 9 du Protocole A/SP.1/01/05 du 19 janvier 2005 de la CJCEDEAO que : « en attendant la mise en place du Tribunal Arbitral, prévu par l'article 16 du Traité Révisé, la Cour remplit également des fonctions d'arbitre ». Pour une analyse de la fonction arbitrale de la Cour, voir HAPPOLD (M.), RADOVIC (R.), « The ECOWAS Court as an Investment Tribunal », *The Journal of Word Investment and Trade*, 2018, pp. 95-117. On pourra lire aussi : avis de la CJUEMOA du 2 février 2000 déjà cité, et l'Avis n°1/2007 du 19 octobre 2007 concernant la possibilité pour les États membres de conclure individuellement des accords d'investissement avec les pays tiers.

[881] Supplementary Act A/SA.3/12/08 adopting Community Rules on investment and the modalities for their implementation with ECOWAS. Projet de Code des investissements de la CEDEAO ; projet de Code des investissements de l'UEMOA ; projet de Code panafricain des investissements.

[882] CJUE, 6 mars 2018, *République Slovaque c/Achmea*, C-284/16. Dans cet arrêt, la Cour a considéré : « Les articles 267 et 344 du traité sur le fonctionnement de l'Union européenne doivent être interprétés en ce sens qu'ils s'opposent à une disposition contenue dans un accord international conclu entre les États membres… aux termes de laquelle un investisseur de l'un de ces États membres peut, en cas de litige concernant des investissements dans l'autre État membre, introduire une procédure contre ce dernier État membre devant un tribunal arbitral, dont cet État membre s'est obligé à accepter la compétence ».

les traités d'investissement[883]. Néanmoins, l'activité des cours des cours de justice annonce une convergence, prémisse du dialogue des juges en Afrique.

B) Une convergence actuelle

234 La pluralité des juridictions communautaires en Afrique présente un risque pour le développement du contentieux de l'intégration si une relation de collaboration n'est pas entretenue entre les ordres juridiques. Il y va de la lisibilité du droit communautaire et de son utilisation par les particuliers. La concurrence des juges communautaires en Afrique débouche sur une convergence des jurisprudences favorable à une cohérence du droit communautaire, voire à une unité de l'ordre juridique communautaire africain. La convergence juridictionnelle ou jurisprudentielle s'avère nécessaire pour arriver à un rapprochement des systèmes juridiques communautaires. La convergence des systèmes de protection des droits se manifeste de différentes manières.

235 D'une part, les cours de justice africaines peuvent procéder à une interprétation réciproque d'un même instrument international et aboutir à une conception concurrente mais convergente. D'autre part, elles procèdent à une référence externe pour motiver leurs décisions. Ces pratiques jurisprudentielles concourent à une convergence des juges dans leur fonction d'application et d'interprétation des traités. Elles contribuent également à garantir une unité du droit communautaire sans risque de fragmentation de l'ordre juridique international africain[884] et un meilleur usage des droits conférés aux particuliers par les traités. Ainsi, la CJCEDEAO, dans un arrêt *Claude Akotegnon c. Commission*[885] portant sur la réclamation de paiements de droits à la suite d'un licenciement, s'appuie sur la jurisprudence célèbre de la CJUEMOA, *Eugène Yai c. Conférence des Chefs d'État et Commission*[886] pour

---

[883] Voir la *Déclaration des représentants des Gouvernements des États membres du 15 janvier 2019 relative aux conséquences juridiques de l'arrêt Achmea rendu par la Cour de justice et à la protection des investissements dans l'Union européenne*.

[884] On se souvient de l'interprétation autonomique de la CJCEDEAO sur la règle de l'épuisement des voies de recours internes par rapport à la Commission africaine des droits de l'homme et des peuples dans l'affaire *Etim Moses Essien v. Gambie* Ruling, ECW/CCJ/APP/05/05 du 14 mars 2007, point 22. La Cour africaine de l'Est a eu la même réaction vis-à-vis sur la question de l'épuisement des voies de recours internes (*Rwanda v. Plaxeda Rugumba*, Appeal n°1/2012 du 21 juin 2012).

[885] N°ECW/CCJ/JUD/19/18 du 29 juin 2018.

[886] N°03 du 27 avril 2005.

écarter la notion d'acte de gouvernement invoqué par la Commission. La Cour d'Abuja reprend la doctrine de sa consœur en précisant qu'elle « doit les rappeler les termes par lesquels l'organe judiciaire de l'UEMOA, confrontée à la question de contrôle d'un acte pris au nom de la Conférence des chefs d'État et de Gouvernement mais manifestement grief, a posé le principe de son aptitude à en connaître : Le recours en annulation tend à assurer le respect de la légalité communautaire. Il serait contraire à cet objectif d'interpréter restrictivement les conditions de recevabilité du recours en limitant sa portée aux seules catégories d'actes visés... »[887]. Même si, par ailleurs, la CJCEDEAO avait tenu de marquer son autonomie et son « domaine réservé » en relevant qu'elle « n'a nullement vocation à être la gardienne de la légalité d'une organisation-sœur, comme l'UEMOA. À chaque fois qu'elle a été sollicitée pour s'ingérer dans les rapports entre les organes de cette organisation, ou pour se substituer à quelque organe de l'UEMOA, notamment la Cour de justice, elle a décliné sa compétence, par égard pour d'autres ordres juridiques ou juridictionnels »[888].

236 De la même, la CJCOMESA, a eu à prôner la convergence des jurisprudences avec la CJCAE, à travers l'arrêt *Malawi Mobile Limited c. Malawi*[889] à propos de la résiliation du contrat de l'opérateur téléphonique par l'autorité de régulation. La Cour va citer *l'arrêt Samuel Mukira Mohochi* de la Cour africaine de l'Est pour justifier les principes fondamentaux du marché commun. Pour la Cour, « the Court would wholly agree and adopt that finding by the East African Court of Justice... principles are foundational, core and indispensable to the success of the integration agenda and were intended to be strictly adhered to »[890]. Cette référence à la jurisprudence africaine construit une convergence et amorce l'idée du dialogue des juges supranationaux en Afrique en l'absence d'un « dialogue préjudiciel entre juridictions régionales africaines »[891]. Cette démarche est encourageante pour une approche régionale de la construction communautaire.

---

[887] Point 28 de l'arrêt de la CJCEDEAO cité.

[888] *Djibril Yipéné Bassolé c. Burkina Faso,* N°ECW/CCJ/JUD/19/16 du 1er juillet 2016.

[889] N°1/2015 du 20 novembre 2015.

[890] Point 50 de l'arrêt.

[891] PRISSO-ESSAWE (S. J.), « Un dialogue préjudiciel entre juridictions régionales africaines », *in Mélanges en l'honneur de Fréderic Sudre, Les droits de l'homme à la croisée des chemins*. Lexisnexis, 2018, pp. 613-623.

237 Sur le terrain de la protection des droits de l'homme, la CJCEDEAO a fait de la Charte africaine un véritable instrument de travail et la Cour africaine des droits de l'homme et des peuples, dans l'affaire *Nobert Zongo c. État Burkina Faso*[892], s'est livrée à une interprétation de l'article 66 (2) du traité de la CEDEAO concernant la liberté d'expression[893]. La coexistence de plusieurs systèmes de protection, en plus de ce qu'elle peut engendrer, doit déboucher sur la convergence de protection des droits. Celle-ci pourrait constituer un moyen efficace pour harmoniser la construction communautaire par les juges sur le continent africain et faire progresser le contentieux de l'intégration en dehors de tout risque de divergence ou de conflits de compétence. La mise en cohérence des jurisprudences africaines pourra contribuer à la réalisation d'une harmonie dans la construction communautaire. La collaboration entre cours de justice éviterait la divergence d'interprétation.

Conclusion du chapitre II

238 La contribution des cours de justice africaines à la protection des libertés économiques paraît insuffisante si on se réfère à la pratique jurisprudentielle. Après plus d'une dizaine d'années d'existence, la garantie juridictionnelle des libertés de circulation du marché commun reste inachevée. L'explication immédiate avancée est la faible saisine du juge communautaire par les acteurs économiques et les juridictions nationales. Les entraves aux libertés économiques ne constituent pas une source principale du contentieux. Au niveau national, les opérateurs économiques n'invoquent pas systématiquement la violation des règles du marché commun (discrimination, fermeture des frontières, maintien des barrières non tarifaires et législations nationales contraires, etc.) Ensuite, le faible usage des voies de droits telles que le renvoi préjudiciel et le recours en manquement justifie également la rareté du contentieux des libertés de circulation. La protection limitée de celles-ci trouve également une explication découlant du contexte singulier d'intervention du juge. Ce dernier évolue dans un contexte de concurrence et d'influence politique et sociologique. Mais si cette concurrence se transforme en complémentarité, comme le montre la pratique jurisprudentielle, il est permis d'espérer une cohérence et une unité du droit communautaire favorable à l'appropriation des libertés

---

892 N°013/2011 du 28 mars 2014.

893 Point 180 de l'arrêt.

économiques par les particuliers. En tout état de cause, le juge communautaire africain intervient dans un contexte marqué par la prégnance du pouvoir politique, le ressort sociologique et la concurrence des juridictions communautaires, en plus de la faible saisine du juge. Cela rend la contribution de ce dernier rudimentaire à la protection des libertés économiques.

Conclusion du titre II

239 La contribution des cours de justice en Afrique à la protection des libertés économiques demeure inachevée. Bien que les traités communautaires consacrent formellement la libre circulation des personnes, des marchandises, des services et des capitaux, leur protection jurisprudentielle demeure timide. Quelques cas jurisprudentiels ont permis de voir des libertés telles que la libre circulation des marchandises et des personnes connaît un début d'effectivité. Toutefois, la faiblesse du contentieux des libertés économiques s'explique par plusieurs facteurs découlant de la faible saisine du juge et de son environnement social. Ainsi l'intervention des cours de justice ne favorise pas encore la protection effective des libertés économiques prévues par les traités et protocoles communautaires, en depit de la protection mineure de la libre circulation constatée.

Conclusion de la première partie

240 La contribution ambivalente des cours de justice africaines s'explique par l'affirmation de l'intégration par le droit et la protection limitée de la libre circulation des marchandises, des travailleurs, des services et des capitaux, la liberté d'établissement ainsi que la libre concurrence entre les entreprises. Pour l'heure, l'utilisation des voies de droit instituées n'ont pas porté sur le contentieux des libertés économiques, mais sur celui de la fonction publique communautaire, du droit institutionnel, de la délimitation du régime des recours, ainsi que du contrôle de légalité communautaire. Le régime juridique des libertés de circulation demeure indéterminé du point de vue de la jurisprudence en raison de l'absence de saisine automatique du juge communautaire par les acteurs de l'intégration. Les débuts jurisprudentiels de la protection des libertés économiques montrent une approche différenciée de la part des cours de justice africaines. Si la CJCAE recherche une cohérence dans la démarche de protection de la liberté de circulation des personnes et des marchandises et que la CJCOMESA fait preuve de pragmatisme, la CJCEDEAO exprime une passivité en faveur des libertés économiques. Au demeurant, l'exercice de la fonction juridictionnelle des cours africaines devrait favoriser la protection des libertés économiques reconnues au profit des citoyens communautaires et des entreprises. Mais, elle semble assurer la viabilité des voies de recours sans nécessairement entraîner l'expansion du contentieux des libertés fondamentales du marché découlant de l'activité des entreprises de production et de distribution et de la circulation des travailleurs. Cependant, à côté de l'ambivalence de la contribution des cours africaines à l'intégration, se développe une contribution déterminante à l'intégration justifiée notamment par la prééminence des droits de l'homme.

PARTIE II
UNE CONTRIBUTION DÉTERMINANTE

241 Si au début de la construction communautaire européenne, la dimension des droits de l'homme[894] constituait une lacune[895] que la CJUE, au fil des années, combla à travers sa jurisprudence[896], les projets d'intégration des communautés économiques africaines notamment ceux de la CEDEAO, de la CAE et de la SADC consacrent la promotion, le respect et la protection des droits de l'homme[897] comme faisant partie intégrante des principes fondamentaux de la construction

---

[894] RIDEAU (J.), *Le rôle de l'Union européenne en matière de protection des droits de l'homme*, *RCADI*, tome (265), 1997, p. 29. L'auteur considère que « le caractère économique de la construction européenne avait conduit à ne reconnaître que des libertés de nature économique comme les libertés de circulation des marchandises, des capitaux, des personnes et la libre prestation des services ». Dans le même sillage, Claude Blumann et Louis Dubouis soulignent que « compte tenu de la nature essentiellement économique de la Communauté, l'individu personne physique s'effaçait le plus souvent derrière l'entreprise ou au mieux l'agent économique », *Droit institutionnel de l'Union européenne*, 6e édition, 2016, p. 133.

[895] PHILIP (C.), « La CJCE et la protection des droits fondamentaux dans l'ordre juridique communautaire », *AFDI*, 1975, p. 385.

[896] CJCE, 12 nov. 1969, *Stauder*, Aff. C-26/69, Rec. 1969, p. 419. CJCE, 17 déc. 1970, *Internationale Handelsgesellschaft, c/Einfuhr-und*, C-11/70, Rec. 1970, p. 1125. Dans ce dernier arrêt, la Cour de justice y déclarait : « le respect des droits fondamentaux fait partie intégrante des principes généraux du droit dont la Cour assure le respect ». Voir. GAUDIN (H.), BLANQUET (M.), ANDRIANTSIMBAZOVINA (J.), FINES (F.), ss. dir, *Les grands arrêts de la Cour de justice de l'Union européenne*. Dalloz, Tome 1, 2014, p. 200. Sur le rôle de la Cour de justice en matière de protection des droits fondamentaux voir : DUBOUIS (L.), « Le rôle de la CJCE dans la protection des droits fondamentaux : objet et portée de la protection », *RIDC*, 1981, pp. 601-623 ; RIDEAU (J.), « Le rôle de la CJCE dans la protection des droits fondamentaux : technique et protection », *RIDC*, 1981, pp. 583-599 ; LABAYLE (H.), « Droits fondamentaux et droit européen », *AJDA*, 1998, p. 79. Aujourd'hui, l'article 6 du Traité sur l'Union européenne prévoit les sources essentielles de l'Union en matière de protection des droits de l'homme : « L'Union reconnaît les droits et libertés et les principes énoncés dans la Charte des droits fondamentaux de l'Union européenne du 7 décembre 2000… laquelle a la même signification juridique… Les droits fondamentaux, tels qu'ils sont garantis par Convention européenne de sauvegarde des droits de l'homme et des libertés fondamentales… ». Mais l'avis 2/13 du 18 décembre 2014 sur l'adhésion de l'UE à la CEDH limite l'application de celle-ci dans l'ordre juridique de l'Union. Dans cet avis, sur saisine de la Commission, la CJUE déclare incompatible la CEDH avec le droit de l'Union. Voir BLUMANN (C.), DUBOUIS (L.), *Droit institutionnel de l'Union européenne*, *op. cit.*, p. 143.

[897] Article 4 (g) du traité révisé de la CEDEAO ; Article 6 (d) du traité de la CAE ; Article 4 (c) du traité SADC ; Article 6 (e) du traité COMESA ; Article 3 du traité de l'UEMOA, Préambule du traité de la CEMAC. Cf. EBORBRAH (S. T.), TANOH (A.), Compendium of African Sub-regional Human rights Documents, *Pretoria University Law Press*, 2010, 510 p.

communautaire. Cette affirmation de la prise en compte des droits de l'homme a été concrétisée par les juges communautaires[898] de la CAE, de la CEDEAO, de la SADC respectivement dans les célèbres arrêts *Katabazi*[899], *Dame Hadijatou Mani Koraou*[900] et *Campbell*[901]. Ces trois

[898] À l'heure, les cours de justice de la CEMAC, de la COMESA et de l'UEMOA n'ont pas encore connu d'affaires relatives aux droits de l'homme devant leurs prétoires. Ici, l'accent sera mis sur les CJCEDEAO, CAE, et le Tribunal de la SADC pour ressortir leur contribution jurisprudentielle à la protection des droits de l'homme.
[899] CJCAE, *James Katabazi & others v. Secretary General & The Attorney General of Uganda*, n°1/2007 du 1 Novembre 2007. Sur cette décision voir les études suivantes : GATHII (J.), "Mission creep or a search for relevance: The East African Court of justice's human rights strategy" (2014), 24 *Duke Journal of Comparative and International Law* 231-24; POSSY (A.), "Striking a balance between community norms and human rights: The continuing struggle of the East African Court of justice", *African Human Rights Law Journal*, 15, (2015), pp. 192-213; REICHARD (C.), *The Logic of International Courts : An Exploration of the East African Court of Justice*, Thesis, Center on Democracy, Development and the Rule of Law, 2015, p. 83.
[900] CJCEDEAO, *Dame Hadijatou Mani Koraou v. République du Niger*, N° ECW/CCJ/JUD/06/08, 27 octobre, 2008; Pour cet arrêt, on pourra consulter, ADJOLOHOUN (J. H. S.), "The ECOWAS Court as a Human Rights Promoter? Assessing five Years' impact of the Koraou Slavery Judgment", *Netherlands Quaterly of Human Rights*", Vol. 31/3, 2013, 342-371; EBOBRAH (S. T.), « Human rights development in Sub-regional courts in Africa during 2008 », *African Human Rights Law Journal*, N°9 (2009), pp. 321-327 ; DUFFY (H.), « Human Rights Cases in Sub-regional African Courts : Towards Justice for Victims or Just More Fragmentation ? », in *The diversification and fragmentation of international criminal law*. Leiden M. Nijhoff, 2012, pp. 163-186 ; ALLAIN (J.), « International decisions », *AJIL*, n° 2, avril 2009, pp-311-317 ; ALTER (K. J.), *The New Terrain of International Law, Courts, Politics, Rights*. Princeton University Press, 2013, pp. 260-266 ; SALL (A.), *La justice de l'intégration, réflexions sur les institutions judiciaires de la CEDEAO et de l'UEMOA*, Editions CREDILA, 2011, pp. 384-398 ; AHADZI-NONOU (K), « Remarques sur la jurisprudence de la CEDEAO », in *Mélanges en l'honneur du Professeur François Hervouet*, Presse Universitaire de Poitiers, 2015, pp. 19-27 ; Kabumba (Y-H), « La répression internationale de l'esclavage : les leçons de l'arrêt de la Cour de justice de la Communauté économique des États de l'Afrique de l'Ouest dans l'affaire Hadijatou Mani Koraou du 27 octobre 2008 », *Revue québécoise de droit international*, 21/2, 2008, pp. 25-56.
[901] TSADC, *Campbell and others v. The Republic of Zimbabwe*, Case N°2/2007 du 8 novembre 2008. Pour une analyse détaillée de cette decision, on pourra lire : NALDO (G. J), « Mike Campbell (Pvt) Ltd *et al*. v. The Republic of Zimbabwe: Zimbabwe's Land Reforme Programme held in breach of the SADC Treaty », *Journal of African Law* 53 (2), 2009, pp. 305-320.N NDLOVOU (P.), « Campbell v. Republic of Zimbabwe: A moment of truth for the SADC tribunal », *SADC Law*, volume 1, 2011, pp. 63-79.

décisions illustrent la « politique jurisprudentielle »[902] développée par les juges communautaires pour garantir le respect des droits des personnes, victimes de violation des droits de l'homme. Par ailleurs, la protection des droits inhérents aux ressortissants communautaires constitue le « terreau indispensable »[903] à la bonne réussite de l'intégration africaine. Les cours de justice ont su utiliser la protection des droits de l'homme pour enrichir l'intégration. C'est pour cela que la contribution est déterminante sur le plan des droits de l'homme. Une promotion des droits de l'homme est engagée par les cours de justice au service de l'intégration (**Titre I**). La contribution des cours de justice en Afrique par les droits de l'homme consolide le processus d'intégration. En outre, la production jurisprudentielle des juges communautaires africains soulève la question de la légitimation (**Titre II**) de leur fonction dans les ordres juridiques communautaires africains. Cette légitimation se construit dans des systèmes juridiques communautaires pouvant être remis en cause par la volonté de certains États membres.

---

[902] Sur cette notion, on pourra lire : RIALS (S.), *Le juge administratif français et la technique du standard (Essai sur le traitement du pouvoir juridictionnel de la normalité)*. LGDJ, 1980, p. 356 ; CANIVET (G.), MOLFESSIS (N.), « La politique jurisprudentielle », *in Mélanges en l'honneur de Jacques Boré, La création du droit jurisprudentiel*. Dalloz 2007, pp. 79-97 ; BURGORGUE LARSEN (L.), « Le bannissement de l'impunité : décryptage de la politique jurisprudentielle de la Cour interaméricaine des droits de l'homme », *RTDH*, n°89, 2012, pp. 3-42 ; DUBOUT (E.), « Interprétation téléologique et politique jurisprudentielle de la Cour européenne des droits de l'homme », *RTDH*, n°74, 2008, pp. 383-418.

[903] HENNEBEL (L.), TIGROUJA (H.), *Traité de droit international des droits de l'homme*. Pedone, 2016, p. 400.

TITRE I

L'INTÉGRATION PAR LA PROMOTION DES DROITS DE L'HOMME

242 La contribution des cours africaines, au processus d'intégration, se manifeste par la singularité du contentieux foisonnant[904] des droits de l'homme. La situation politique et institutionnelle des États membres affecte la nature du contentieux. Les cours de justice connaissent, entre autres, des questions relatives à l'État de droit[905], à la transition démocratique[906], à l'exclusion[907] ou à la désignation[908] de députés, au procès[909] ou à l'arrestation[910] d'anciens chefs d'État, etc. Dès lors, un

[904] Sur plus de 114 affaires connues par la CJCEDEAO, plus de 90 portent sur les droits de l'homme (soit environ 90% du contentieux entre 2004 et 2016 ; Sur plus de 97 affaires, la CJCAE a rendu 25 arrêts concernant les droits de l'homme. C'est à partir de 2007 qu'elle a connu la première affaire ; Le Tribunal de la SADC a connu 19 affaires dont les 11 dirigées contre le gouvernement Zimbabwe portent sur la violation des droits de l'homme. Les 8 décisions étaient rendues dans l'affaire *Campbell*.

[905] CJCAE, *James Katabazi & others vs. Secretary General & The Attorney General of Uganda*, N°1/2007 du 1er Novembre 2007; CJCAE, *Honorable Sitenda Sebalu vs. Secretary General of EAC, Attorney General of the Republic of Uganda, Honorable Sam K and the Electoral Commission of Uganda*, N°1/2010 du 23 juin 2011.

[906] CJCEDEAO, *Congrès pour la démocratie et le Progrès c. État du Burkina Faso*, N°ECW/CCJ/JUD/16/15 du 13 juillet 2015; CJCAE, *East African Civil society Organization Forum vs. The Attorney General of Burundi, CENI, the Secretary General*, N°2/2015 du 29 septembre 2016.

[907] CJCEDEAO, *Mme Ameganvi Isabelle Manavi c. Togo*, N°ECW/CCJ/JUD/09/11 du 7 octobre 2011.

[908] CJCAE, *Prof. Peter Anyang Nyong'O & 10 others vs. Attorney General of Kenya and others*, n°1/2006 du 27 novembre 2006; CJCAE, *Democratic Party and Mukasa Mbidee vs. The Secretary General of the EAC and the Attorney General of Uganda*, n°6/2011 du 10 mai 2012; CJCAE, *Antony Calist Komu vs. Attorney General of Tanzania*, 7/2012 du 26 septembre 2014.

[909] CJCEDEAO, *Hissène Habré c. État du Sénégal*, N°ECW/CCJ/JU/06/16 du 18 novembre 2010.

[910] CJCEDEAO, *Mamadou Tandja v. État du Niger*, N°ECW/CCJ/JUD/05/10 du 8 novembre 2010.

« particularisme régional »[911] du contentieux se dessine pour justifier le contexte[912] dans lequel s'opère la fonction juridictionnelle des juges communautaires africains. Ainsi, la violation des droits de l'homme par les États membres a donné l'occasion aux juges de « répondre à une vocation »[913] à laquelle ils n'étaient pas été dédiés à l'origine. Mais pour des raisons pragmatiques[914] et pédagogiques, les cours africaines s'érigent en rempart contre les actes de tortures et traitements inhumains

---

911 ANDRIANTSIMBAZOVINA (J.), « Rapport introductif, Quelques réflexions liminaires sur la protection des droits de l'homme par les cours supranationales », in *La protection des droits de l'homme par les cours supranationales, Actes de colloques des 8 et 9 octobre 2015*. Publication de l'Institut international des droits de l'homme, n°31, 2016, p. 20. Le thème du particularisme a été développé par la Cour interaméricaine des droits de l'homme à travers sa jurisprudence caractérisée par « la subjectivisation, la pénalisation, la constitutionnalisation, l'humanisation et la moralisation ». Ces traits de la jurisprudence américaine sont analysés par Ludovic Hennebel, « La Cour interaméricaine des droits de l'homme entre particularisme et universalisme », *in* Hennebel (L.), et Tigroudja (H.) ss. dir., Le *particularisme interaméricain des DH*. Paris Pedone, 2009, pp. 75-119 ; Du même auteur, « La Cour Interaméricaine des droits de l'Homme : Entre particularisme et universalisme (September 9, 2008). Disponible sur SSRN: https://ssrn.com/abstract=2322658. La Cour interaméricaine a construit sa légitimité dans un contexte que Hélène Tigroudja qualifie d'extrêmement « violent et ayant à faire face à des régimes autoritaires mais qui a pu pour autant asseoir son autorité au moyen de raisonnements et d'interprétations… », cf. « La légitimité du particularisme interaméricain des droits de l'homme en question », *in* Le *particularisme interaméricain des droits de l'homme*, *op. cit.*, p. 384.

912 La spécificité du contexte africain, décrit par Joël Andriantsimbazovina, se manifeste par des « conflits et d'instabilité politique » touchant la plupart des États membres. Voir « Rapport introductif, Quelques réflexions liminaires sur la protection des droits de l'homme par les cours supranationales », *op. cit.*, p. 21.

913 Expression employée par l'ancien juge luxembourgeois Pierre Pescatore, « Rôle et chance du droit et des juges dans la construction de l'Europe », *RIDC*, janvier-mars 1974, *op. cit.*, 10.

914 HENNEBEL (L.), TIGROUJA (H.), *Traité de droit international des droits de l'homme*, *op. cit.*, p. 400.

et dégradants[915], les détentions arbitraires[916], la discrimination raciale[917], la pratique d'esclavage[918], la violation du droit à l'éducation[919], etc. Ces manquements graves aux droits des ressortissants communautaires expliquent la vision activiste[920] des cours de justice dans la protection des droits de l'homme. Celle-ci caractérise la dynamique de la construction communautaire africaine. Autrement dit, le souci de protéger les droits fondamentaux[921] par les cours de justice constitue une « nouvelle approche du droit de l'intégration »[922] en Afrique. La

---

[915] CJCEDEAO, *Chief Ebrimah Manneh vs. Gambie*, N°ECW/JUD/04/07 du 05 juin 2008.

[916] CJCEDEAO, *Musa Saidykhan vs. Gambie*, N°ECW/CCJ/JUD/08/10 du 16 décembre 2010 ; CJCEDEAO, *Simon Ehivet et Michel Gbagbo c. Côte d'Ivoire*, N°ECW/JUG/03/13 du 22 février 2013 ; CJCEDEAO, *Ibrahima Sory Touré et Issiaga Bangoura c. Guinée*, N°ECW/CCJ/JUG/03/16 du 16 février 2016 ; CJCAE, *Plaxeda Ruguma vs. The Attorney General of Rwanda*, n°8/2010 du 1er décembre 2010 ; CJCAE, *Samuel Mukira Mohochi vs. The Attorney General of Uganda*, n°5/2011 du 17 mai 2013.

[917] TSADC, *Campbell and others v. The Republic of Zimbabwe*, Case n°2/2007 du 8 novembre 2008.

[918] CJCEDEAO, *Dame Hadijatou Mani Koraou v. République du Niger*, n° ECW/CCJ/JUD/06/08, 27 octobre, 2008.

[919] CJCEDEAO, *SERAP vs. Nigeria*, N°ECW/CCJ/JUD/07/10 du 30 novembre 2010.

[920] Pour une analyse détaillée du rôle activiste de la Cour de justice de la CEDEAO en matière de protection des droits de l'homme, lire l'article de référence : ALTER (K. J.), HELFER (L. R.), McAllister (J. R.), « A New International Human Rights Court for West Africa : The ECOWAS Community Court of justice », *American Journal of International Law*, vol. 107, 2013, pp. 737-779. Pour la Cour africaine de l'Est, voir, POSSY (A.), "Striking a balance between community norms and human rights : The continuing struggle of the East African Court of justice", *op. cit.* pp. 192-213; Du même auteur, « The East African Court of justice: Towards Effective Protection of Human Rights in the East African Community », *Marx Planck Yearbook of United Nations Law*, Volume 17, 2013, pp. 1-23. Voir aussi, VILJOEN (F.), *International Human Rights Law in Africa*. Oxford University Press, 2nd Edition, 2012, p. 489. SWIGART (L.), « International Justice in Africa: Defining Authority and Localizing the Global », *iCourts Working Paper Series* No. 86, February 15, 2017. Disponible sur SSRN: https://ssrn.com/abstract=2917110.

[921] Dans l'analyse, le concept droit fondamental sera parfois utilisé pour désigner les droits de l'homme quand bien même, il s'agit de deux notions différentes. Sur la notion de droit fondamental, voir : KANTE (B.), « Les droits fondamentaux constituent-ils une nouvelle catégorie juridique en Afrique », in *L'homme et le droit, mélanges en hommage au Professeur Jean François Flauss*. Éditions Pedone, 2014, pp. 445-462 ;

[922] Formule empruntée à Bertrand Brunessen évoquant les nouvelles tendances du droit de l'Union dans un article intitulé « La nouvelle approche du droit de l'intégration », *in L'identité du droit de l'Union, mélanges en l'honneur de Claude Blumann*. Bruylant 2015, pp. 553-571.

poursuite de l'intégration économique et la protection des droits de l'homme restent étroitement[923] liées. Les juges communautaires de la CEDEAO, de la CAE et de la SADC, conscients de cet état de fait, à travers leur jurisprudence, assurent une garantie des droits des particuliers (**Chapitre I**) pour permettre à ces derniers d'en obtenir le respect par les États membres conformément à leurs obligations découlant des traités. Pour garantir l'effectivité des droits de l'homme, les cours africaines utilisent des sources et méthodes d'inspiration (**Chapitre II**) assez diversifiées fondant ainsi leur « politique interprétative »[924].

[923] MUSUNGU (S. F.), « Economic integration and human rights in Africa : A comment on conceptual linkages », *African Human Rights Law Journal*, n°3, 2003, p. 92.
[924] Selon la formule employée par Denys Simon, *L'interprétation judiciaire des traités d'organisations internationales, morphologie des conventions et fonction juridictionnelle.* Paris, Pedone, 1981, p. 750.

CHAPITRE I

LA GARANTIE DES DROITS DES PARTICULIERS

243 Les traités communautaires consacrent des droits garantis par les juges au profit des particuliers en cas de violation. À côté des quatre libertés économiques fondamentales[925] du marché commun prévues par les traités, les droits de l'homme font à la fois l'objet d'une garantie formelle[926] et matérielle[927] de la part des cours de justice. Cette garantie conférée suppose que la violation des droits de la personne sera sanctionnée par une condamnation de la part du juge communautaire pouvant donner lieu à une réparation[928]. En plus du recours en annulation ouvert aux personnes physiques et morales, une juridiction comme celle de la CEDEAO peut être saisie directement en cas de violation des droits de l'homme. En revanche, la CJCAE reçoit les

[925] Il s'agit des libertés de circulation des marchandises, des personnes, des services et des capitaux. Ce point sera évoqué à la section 2 du chapitre 1 du titre 2 (Partie II).
[926] À titre d'illustration, la garantie formelle est assurée par la CJCEDEAO, à travers l'article 10 (d) du traité pour connaître les recours des particuliers en droits de l'homme : peut saisir la Cour « toute personne victime de violation des droits de l'homme ». CJCEDEAO, *Mme Ameganvi Isabelle Manavi c. Togo*, point 35, arrêt déjà cité.
[927] Cette garantie matérielle constitue le droit de fond comme les droits à la propriété, à l'éducation, à la dignité humaine. Retenons qu'un même droit de l'homme peut bénéficier d'une protection formelle et matérielle. Par exemple, le droit au recours comprend, d'une part, un aspect procédural d'accès à la justice, et d'autre part, un aspect substantiel lié à la réparation du dommage subi », Cf. SHELTON (D. L.), *International Human rights Law*, Edward Elgar Publishing, 2014, p. 180. On pourra aussi voir sur ce point l'article de GUINCHARD (S.), « Le procès équitable : garantie formelle ou droit substantiel ? », *in Mélanges Gérard Farjat*, pp. 149-173.
[928] Dans l'affaire *Chief Ebrimah Manneh* du 05 juin 2008, la CJCEDEAO a condamné l'État gambien à payer 100 000 Dollars US au titre de dommages et intérêts à la victime et l'État du Niger à 10 millions FCFA dans l'arrêt *Dame Hadijatou Mani Koraou* ; Le Tribunal de la SADC a condamné le Zimbabwe à payer des indemnités dans les affaires, *Campbell and others v. The Republic of Zimbabwe* du 8 novembre 2008 et *Barry Gondo et autres c. Zimbabwe* du 9 décembre 2010.

requêtes relatives à la violation des droits de l'homme sur la base de l'article 30 du traité[929] en rapport avec les principes fondamentaux du traité[930]. Il faut rappeler que la compétence de la Cour africaine de l'Est, en matière de droits de l'homme, a été farouchement contestée par les États membres au titre de moyens de défense[931]. Ce n'est que de manière prétorienne[932] que la CJCAE va assurer la protection des droits fondamentaux des citoyens communautaires. De même le Tribunal de la SADC, bien que ne disposant pas de recours direct en violation des droits de l'homme, se fonda sur l'article 15 (2) de son Protocole[933] en corrélation avec les articles 4 (c) et 6 (1) du traité de base[934] pour garantir une véritable protection des droits de la personne humaine. Les cours de justice, en plus de leur rôle essentiel de régulateur des ordres juridiques communautaires, ont développé et affiné leur jurisprudence pour libéraliser la saisine des particuliers (**Section 1**) qui demandent la

---

[929] Selon l'article 30, « toute personne résidant dans un État membre peut demander à la Cour de se prononcer sur la légalité de tout acte, règlement, directive, décision ou action d'un État membre ou d'une institution de la Communauté si elle estime que cet acte, règlement, décision ou action est illégale ou constitue une violation des dispositions du traité ». La CJAE a précisé les conditions d'application de cette disposition dans l'arrêt *Peter Ayang' Nyong'O & Others vs. Attorney General*, N°1/2006 du 30 mars 2007. Pour la Cour, l'article 30 n'exige pas au requérant de prouver un intérêt à agir ou de souffrir un dommage mais une simple invocation suffit.

[930] Il s'agit des articles 6 (d) et 7 (2) du traité au titre des principes fondamentaux « la bonne gouvernance…, la reconnaissance, la promotion et la protection des droits de l'homme » que les États membres s'engagent à respecter en vue de réaliser les objectifs de la Communauté.

[931] Dans la célèbre affaire *James Katabazi*, l'incompétence de la Cour a été soulevée par les défendeurs mais cet argument fut rejeté. La CJCAE, bien qu'ayant affirmé, ne pas avoir de compétence en droit de l'homme, déclare assumer d'interprétation du traité. Voir aussi, CJCAE, *Independant Medical Unit vs. Attorney General*, N°3/2010 du 29 juin 2011.

[932] Arrêt cité, *James Katabazi & others v. Secretary General & The Attorney General of Uganda*, N°1/2007 du 1er novembre 2007.

[933] Selon cette disposition « *The tribunal shall have jurisdiction over disputes between States, and between natural or legal persons and States* ».

[934] Le Tribunal a précisé dans l'affaire *Mike Campbell and others v. The Republic of Zimbabwe*, que l'article 4 (c) du traité oblige les États membres de la SADC à respecter les principes de « droits de l'homme, de démocratie et d'État de droit » et s'engage aux termes de l'article 6 (1) du traité « à ne prendre aucune mesure susceptible de compromettre la pérennité de ses principes, etc. » Le Tribunal a confirmé cette position dans la décision *Gondo et autres c. Zimbabwe* du 9 décembre 2010.

protection de la justice communautaire[935]. Cet effort des juges à consacrer à garantir le droit d'accès direct des requérants individuels favorise une effectivité des droits dont ces derniers sont bénéficiaires. La jurisprudence scrutée des cours de justice africaines révèle la diversité des droits de l'homme protégés (**Section 2**) contre les États défaillants.

SECTION 1 : L'ACCÈS DES PARTICULIERS AU JUGE COMMUNAUTAIRE

244 Les cours de justice communautaire ont tenté de définir les contours du droit d'accès des particuliers à leur prétoire qui constitue « la clé d'entrée pour une protection effective des droits substantiels »[936]. La saisine[937] des juges par les particuliers pour constater la violation de leurs droits afin d'en obtenir la réparation souligne la dimension opérationnelle du « droit au juge »[938] au sein des ordres juridiques communautaires à travers « l'accessibilité et l'effectivité. »[939] La possibilité pour les particuliers de dénoncer la violation des droits de l'homme au niveau communautaire à l'appui d'un recours direct est une innovation dans la mesure où les traités originaires[940] n'offraient pas

---

[935] Sur la définition de cette expression, voir MEHDI (R.), « Justice communautaire », *in Dictionnaire de la justice*. PUF, 2004, pp. 736-742 ; CONSTANTINESCO (V.), « La justice dans l'Union européenne », *Philosophie Politique*, n°9/2016, pp. 99-112.

[936] BURGORGUE-LARSEN (L.), « De l'internationalisation du dialogue des juges », *in Mélanges en l'honneur du président Bruno Genevois*. Dalloz, 2009, p. 126.

[937] La saisine est définie comme « un acte introductif d'instance portant une affaire devant une juridiction ». Voir E. JOUANNET, « La saisine ou la simplicité dans la diversité », in H. RUIZ FABRI et J.-M. SOREL (dir.), *La saisine des juridictions internationales*. Paris, Pedone, Coll. Contentieux International, 2006, pp. 307-317 ; NAMOUNTOUGOU (M. A.), « La saisine du juge international africain des droits de l'homme », *RTDH*, 86/2011, p. 265.

[938] Le « droit au juge » trouve son fondement jurisprudentiel en droit communautaire dans l'arrêt CJCE, 15 mai 1986, *Maguerite Johnston c/Chief Coonstable of the Royal Ulster Constabulary*, 222/84. L'expression s'entend comme un recours juridictionnel effectif permettant aux justiciables de faire valoir leur dérivant du droit communautaire. Voir SIMON (D.), « Les mécanismes juridictionnels dans la Communauté européenne », *in Perspectives convergentes et divergentes sur l'intégration économique*, Colloque SFDI, Québec, éditions Pedone, Paris, 1993, p. 75 ; PICOD (F.), « Le droit au juge en droit communautaire », *in* Joël Rideau ss. dir. *Le droit au juge dans l'Union européenne*. LGDJ, 1998, pp. 141-171 ; DUTHEIL DE LA ROCHERE (J.), « Droit au juge, accès à la justice européenne », *Pouvoirs*, n°96, 2001/1, pp. 123-141.

[939] SIMON (D.), « La Communauté de droit », *in Réalités et perspectives du droit communautaire des droits fondamentaux*. Bruylant Bruxelles, 2000, p. 119.

[940] Par exemple, le Protocole A/P/7/1991 du 6 juillet 1991 de la CJCEDEAO ne prévoyait pas de recours direct des particuliers. Ces derniers ne pouvaient accéder à

une telle possibilité[941]. Les cours de justice de la CEDEAO et la CAE ont clarifié l'accès direct (**§1**) devant leur prétoire. Toutefois, l'accès des particuliers à la Cour de justice de la COMESA (CJCOMESA) et au Tribunal SADC (TSADC) reste soumis à la condition principale d'épuiser les voies de recours internes (**§2**).

§ 1 : L'accès direct devant les CJCEDEAO et CJCAE

245 Les traités d'intégration économique n'envisageaient pas l'accès direct des particuliers à la juridiction communautaire[942] pour contester la violation de leurs droits fondamentaux. Mais, compte tenu du rôle crucial des personnes physiques dans le processus d'intégration[943], un recours direct en violation des droits de l'homme est mis à leur disposition car, en l'absence de saisine directe[944], les droits des individus risquent d'être théoriques[945]. La question de l'accès direct en cas de violation des droits de l'homme se présente de manière différente[946] devant les cours de justice de la CEDEAO, de la CAE, de

---

la Cour que par le biais des États membres. L'article 9 (3) disposait que « Un État membre peut au nom de ses ressortissants diligenter une procédure contre un autre État membre ou une institution de la Communauté relative à l'interprétation et à l'application des dispositions du Traité en cas d'échec des tentatives de règlement à l'amiable. » Cette disposition a été supprimée par le Protocole de 2005.

[941] La CJCEDEAO, dans son premier arrêt rendu dans l'affaire *Afolabi Olajide v République fédérale du Nigeria*, n°01/04/04 du 27 avril 2004, avait souligné que « *seuls les États membres pouvaient ester en justice au nom de leurs ressortissants.* », point 63. Dans cette célèbre affaire, il s'agissait d'un ressortissant nigérian, homme d'affaires qui a été empêché de se rendre au Bénin pour livrer des marchandises auprès de ses fournisseurs avec qui il avait passé des commandes par la fermeture de Frontière du 9 au 3 août 2003. La Cour va recevoir l'exception préliminaire d'incompétence soulevée par l'État défendeur en rejetant le recours. Ce fut le premier arrêt de la Cour relatif à la libre circulation. Voir VILJOEN (F.), *International Human Rights Law in Africa*, *op. cit.*, p. 488.

[942] OPPONG (R. F.), *Legal aspects of Economic Integration in Africa, op. cit.*, p. 152.

[943] *Ibid.*, p. 151.

[944] BANJO (A.), « The ECOWAS Court and the Politics of Access to justice in West Africa », *Africa Developement*, Vol. XXXII, n° 1, p. 84 ; ANENE-MAIDOH (T.), « Access to the Cour », *in The jurisprudence of the Ecowas Court of justice from 2003-2014*, The Sixth Judicial Retreat of Community Court of Justice, Ecowas, 5th to 10th October 2014, p. 1.

[945] Pour reprendre une célèbre expression de la CEDH dans l'affaire *Airey c. Irlande*, n°6289/73 du 9 octobre 1979, il s'agit « de protéger des droits non pas théoriques ou illusoires mais concrets et effectifs ».

[946] TINO (E.), « Settlement of Disputes by International Courts and Tribunals of Regional International Organizations », *in Virzo (R), Ingravallo (I), Evolutions in the Law of International Organizations*, Brill Nijholl, Leiden Boston, 2015, p. 497.

la COMESA et du Tribunal de la SADC. La CJCEDEAO et la CJCEDEAO ont posé les jalons d'une jurisprudence protectrice du recours direct des particuliers en écartant la règle de l'épuisement des voies de recours internes[947] (**A**). Les juges communautaires n'ont pas hésité à faire valoir la nécessité d'examiner les requêtes individuelles en matière de protection des droits de l'homme pour reconnaître automatiquement un droit de saisine directe (**B**). Cette démarche des cours de justice s'inscrit dans une perspective consistant à développer des « ordres juridiques communautaires des droits de l'homme » indispensable, à la réalisation des objectifs d'intégration.

A) L'absence d'exigence de l'épuisement des voies de recours internes

246 L'épuisement des voies de recours internes, principe issu du droit international, est affirmé par la Cour internationale de justice comme étant un principe coutumier[948] ayant pour finalité de « protéger les souverainetés nationales contre des procédures internationales intempestives. »[949] L'obligation d'épuiser des voies de recours internes existe généralement dans les conventions internationales relatives aux droits de l'homme[950]. En droit communautaire, la règle de l'épuisement des voies de recours internes est une pratique contentieuse inhabituelle[951]

---

[947] CJCEDEAO, *Dame Hadijatou Mani Koraou v. République du Niger;* TSADC, *Campbell and others v. The Republic of Zimbabwe;* CJAE, *Peter Anyang' Nyong'O & Others vs. Attorney General* du 30 mars 2007, CJAE, *Plaxeda Rugumba v. The Secretary General & Rwanda*, N°8/2011 du 1 décembre 2011.

[948] CIJ, *Anglo Iranian Oil company*, 22 juillet 1952 ; *Ambatielos*, 19 mai 1953.

[949] SUDRE (F.), *Droit européen et international des droits de l'homme*, PUF, 13e édition, 2016, p. 682. Voir aussi, KLEIS (J.), *African Regional Communities Courts and their Contribution to Continental Integration*. Nomos, 2016, p. 180.

[950] Art. 41 (1) (c) du Pacte international relatif aux droits civils et politiques (PIDCP) du 16 décembre 1966 ; art. 46 (a) de la Convention américaine des droits de l'homme ; art. 35 (1) de la CEDH ; art. 50 de la CADHP.

[951] Un auteur comme Frimpong Oppong évoque l'idée que « dans un contexte d'intégration économique, l'épuisement des voies de recours internes pourrait être une possibilité d'intégrer les systèmes juridiques communautaires et nationaux ». Voir, *Legal aspects of Economic Integration in Africa, op. cit.*, p. 130. Tandis que Solomon Ebobrah note que l'exigence d'épuiser les recours internes constituerait un obstacle inutile pour les particuliers devant la Cour. Cf. « Human rights development in Sub-regional courts in Africa during 2008 », *op. cit.*, p. 92. De toutes les façons, la règle de l'épuisement des voies de recours internes ne saurait prévaloir sur la saisine des particuliers en droit communautaire car les traités communautaires prévoient des « droits au profit des particuliers » qu'il faut garantir contre les éventuelles violations par les États membres.

comme l'ont souligné Claude Blumann et Louis Dubouis en considérant qu'« une règle comme celle de l'épuisement des recours internes, qui constitue un préalable à toute action sur le plan international…, n'a pas de place dans le système communautaire, car les particuliers disposent d'un droit originaire et non pas dérivé. »[952] À l'absence de dispositions pertinentes[953] exigeant ou ignorant l'épuisement des voies de recours internes, les cours de justice de la CEDEAO et de la CAE vont décider de déclarer le caractère inopérant de cette règle.

247 D'abord, la CJCEDEAO, dans l'affaire *Etim Moses Essien*[954], va préciser les modalités d'application de la règle de l'épuisement. En l'espèce, le réquerant, enseignant à l'Université poursuit l'État gambien devant la Cour. Il dénonce les conditions de sa rémunération comme « une exploitation économique » constitutive de violation du droit à un salaire égal[955]. La Gambie soulève une objection préliminaire sur le non-épuisement des voies de recours internes basé aux articles 50 et 56§5 de la Charte africaine des droits de l'homme. La Cour va rejeter cet argument en retenant que la saisine du juge prévue par l'article 10 du Protocole de 2005[956] n'était pas tributaire d'une quelconque condition préalable. La CJCEDEAO va confirmer les contours de la règle de l'épuisement des voies de recours internes dans l'affaire *Dame Hadijatou Mani Koraou v. République du Niger* du 27 octobre 2008, où elle considère qu'il n'y pas lieu de retenir que « l'absence d'épuisement préalable des voies de recours internes constitue une lacune que la pratique de la Cour de justice doit combler, car celle-ci ne saurait…leur imposer des conditions et des formalités plus lourdes que celles prévues par les textes communautaires. »[957] Malgré la position jurisprudentielle de la Cour sur la question de l'épuisement des voies de recours internes, les États membres ont continué à invoquer l'application de cette règle. Dans l'affaire *Mussa Saidykhan*[958], la Gambie estima que l'épuisement

[952] Cf. *Droit institutionnel de l'Union européenne, op. cit.*, p. 71.

[953] L'article 39 du Protocole A/SP/12/01 de 2001 sur la démocratie et la bonne gouvernance du 21 décembre mentionne la règle de l'épuisement des voies de recours sous réserve de modification des compétences de la Cour.

[954] ECW/CCJ/APP/05/05 du 14 mars 2007.

[955] Article 15 de la CADHP.

[956] Ce Protocole additionnel A/SP/01/01/05 du 19 janvier 2005 fonde la saisine directe de la Cour en matière de droits de l'homme.

[957] Point 45 de l'arrêt.

[958] ECW/CCJ/APP/11/07 du 30 juin 2009.

des voies de recours est consacré par le droit de la Communauté[959] mais la Cour considéra que l'épuisement des voies de recours internes n'est pas une condition préalable[960] pour introduire une action en matière de violation des droits de l'homme. La CJCEDEAO réitéra ultérieurement que cette règle n'est pas « inflexible »[961] et ne serait pas exigé devant son prétoire[962]. Ainsi, les États membres défendeurs devant la Cour semblent s'abstenir de soulever cette règle au titre de leurs objections[963]. La décision de la Cour, d'écarter l'exigence d'épuiser les recours internes, constitue un élément de singularité de son droit procédural[964]. Toutefois, la démarche de la Cour d'Abuja a été vigoureusement contestée par la République de la Gambie[965] et par la doctrine[966]. À ce

---

[959] Il s'agit de l'article 39 du Protocole de la CEDEAO de 2001 sur la démocratie et la bonne gouvernance et l'article 50 de la CADHP. La Cour a précisé que la règle applicable devant la Commission africaine des droits de l'homme et des peuples ne la liait pas (*Etim Moses Essien v. Gambie*, point 27.) et que le Protocole additionnel de 2005 avait primauté sur toute disposition du droit de la communauté contraire audit protocole (*Ocean King Nigeria v. Senegal*, point 40).

[960] *Mussa Saidykhan* (décision rendue en objection préliminaire). Pour la Cour, l'épuisement des voies de recours internes est un principe reconnu en droit international coutumier, mais il est possible d'y renoncer ou de le modifier.

[961] CJCEDEAO, *Ocean King Nigeria v. Senegal*, n° ECW/CCJ/JUD/07/11 du 8 juillet 2011, point. 39 de l'arrêt.

[962] Point 41 du même arrêt.

[963] Des États comme la Gambie et le Nigeria furent les partisans de l'épuisement des voies internes mais ont arrêté de l'invoquer. Voir EBOBRAH (S. T.), « Dual mandate, Varied Authority : The skewed authority of the Ecowas Community Court of justice », *iCourts Working Paper Series*, No. 57, 2016, p. 14.

[964] ALTER (K. J.), HELFER (L. R.), McAllister (J. R.), « A New International Human Rights Court for West Africa : The ECOWAS Community Court of justice », *American Journal of International Law*, *op. cit.*, p. 756.

[965] Il s'agit de l'initiative de la Gambie visant à réformer la Cour notamment par l'introduction de l'obligation des voies de recours internes. (Voir Chapitre II du Titre II de la première partie).

[966] ENABULELE (A. O.), « Sailing Against the Tide : Exhaustion of Domestic Remedies and the ECOWAS Community Court », *Journal of African Law*, 56 (2), 2012, pp. 268-295. Pour cet auteur, la Cour devrait se rallier à la pratique internationale et faire preuve de retenue au lieu d'être populiste. Elle devait collaborer avec les juridictions nationales plutôt que d'affronter les institutions des États membres. pp. 289-294. Ce point de vue est à nuancer puisque la Cour n'est pas une juridiction internationale comme les autres. Comme l'a dit la Cour elle-même : « La Cour est une juridiction régionale qui a, entre autres compétences, la sanction de la violation des droits de l'homme par les Etats membres ainsi que l'interprétation et l'application des actes de la Communauté CEDEAO ; qu'elle est juge des droits de l'homme et juge du droit communautaire de la CEDEAO. », Arrêt, *Hissène Habré v. Sénégal*, n° ECW/CCJ/RUL/05/13 du 5 novembre 2013, point 37.

niveau, il faut dire que la CJCEDEAO, en favorisant un accès direct des particuliers, ne fait qu'assumer son rôle « dans l'élimination des obstacles à la réalisation des objectifs de la Communauté et l'accélération du processus d'intégration. »[967]

248 Ensuite, la Cour africaine de l'Est s'inscrit dans la même logique consistant à neutraliser l'exigence d'épuiser les voies de recours internes mais selon un schéma différent. À défaut de recours spécifique et de compétence expresse[968] en droits de l'homme, la Cour d'Arusha, dans l'affaire *Peter Anyang Nyong 'O & 10 others vs. Attorney General of Kenya and others*, a retenu que l'épuisement des voies de recours internes n'est pas une obligation[969]. Cette position a été confirmée par la CJCAE dans sa jurisprudence[970] . La Cour montre que l'article du 30 du traité, autorisant les personnes physiques à introduire un recours, n'exige aucune obligation d'épuiser les voies de recours internes. Elle défend la thèse de primauté en matière d'interprétation du traité[971] abstraction faite de la possibilité pour les juridictions nationales[972] de connaître des questions d'interprétation et d'application du traité[973].

249 L'analyse de la jurisprudence, concernant la règle de l'épuisement des voies de recours internes, souligne la volonté affichée des juges communautaires de la CEDEAO et de la CAE de garantir aux particuliers le respect des droits fondamentaux issus des traités sans aucun obstacle. En refusant, en toute hypothèse, l'invocation de la règle par les États membres, les cours de justice libéralisent l'accès à travers l'existence d'un droit de saisine directe.

B) La reconnaissance d'un droit de saisine directe

250 La faculté de saisir le juge communautaire, en matière de violation des droits de l'homme, n'était pas prévue au début par les

---

[967] Préambule du Protocole additionnel de 2005.

[968] L'article 27§2 du traité de la Communauté africaine de l'Est prévoit que les autres compétences de la Cour en droits de l'homme « sont décidées par le Conseil à une date ultérieure appropriée. À cette fin, les États membres doivent conclure un Protocole pour opérationnaliser ces compétences. »

[969] N°1/2006 du 30 mars 2007, p. 21.

[970] *Emmanuel Mwakisha Mjawasi &748 others v. Attorney General of Kenya*, N°2/2010 du 29 septembre 2011, p. 8 ; *Plaxeda Rugumba* N°8/2011 du 1 décembre 2011, point 30 de l'arrêt.

[971] L'article 33 (2) du traité de la Communauté africaine de l'Est.

[972] L'article 34 évoque le renvoi préjudiciel.

[973] *Emmanuel Mwakisha Mjawasi &748 others v. Attorney General of Kenya*, arrêt déjà cité, p. 8.

traités de la CEDEAO et de la CAE. La consécration conventionnelle de la saisine des particuliers, complétée par le pouvoir normatif du juge, a permis une reconnaissance d'un droit de recours individuel en violation des droits de l'homme. En effet, l'article 9 (3) Protocole A/P.1/91 relatif à la Cour de justice de la CEDEAO du 6 juillet 1991 n'autorisait que les États membres à saisir directement la Cour et non les individus. Ces derniers n'avaient pas le *locus standi* devant le juge communautaire. D'ailleurs, ceci explique l'attitude de la Cour dans ses premiers arrêts[974] dans lesquels, elle déclare irrecevables les requêtes introduites par les individus. Avec le Protocole additionnel A/SP.1/01/05 du 19 janvier 2005 modifiant celui de 1991, la saisine directe va être consacrée. En vertu de l'article 10 (d) dudit Protocole, la Cour peut être saisie par « toute personne victime de violations des droits de l'homme ». Mais cette saisine reste soumise pour son admissibilité à deux conditions fondamentales : la requête ne doit pas être anonyme[975], et elle ne doit pas être pendante devant une autre juridiction internationale[976]. De manière générale, pour introduire un recours, il faut avoir la qualité pour agir et justifier un intérêt à agir. Devant le flux des recours en droits de l'homme, la CJCEDEAO a précisé les modalités de sa saisine pour éviter les requêtes fantaisistes et a identifié les types de personnes possédant le *locus standi*[977]. Ainsi, la Cour va considérer que les titulaires du recours en violation des droits de l'homme sont non seulement les personnes physiques, mais aussi les personnes morales dans l'arrêt *CNDD*[978] *v. Côte d'Ivoire*[979]. Dans cette affaire, l'association requérante dénommée CNDD, regroupant les producteurs de la filière café et cacao, contestait le taux d'imposition

---

[974] *Afolabi Olajide v République fédérale du Nigeria*, déjà cité ; *Chief Frank Ukor v. Rachad Laleye & Anor*, N°ECW/CCJ/APP/01/04 du 27 mai 2005.

[975] *Daouda Garba v. Benin*, N°ECW/CCJ/JUD/01/10 du 17 février 2010, point 10. Pour la Cour, l'article 10 (d) exige l'absence d'anonymat de la requête qui « suppose que son auteur n'est pas identifié. »

[976] *Messieurs Aziablevi Yovo & 31 autres v. Société Telecom*, N°ECW/CCJ/JUD/04/12 du 31 janvier 2012, point 18 de l'arrêt. La Cour a compétence lorsque l'affaire n'a pas été portée devant une juridiction internationale.

[977] Pour une étude détaillée sur la qualité à agir des particuliers devant les cours de justice africaines, on pourra se référer à l'article de Henry Onoria, « Locus standi of individuals and non-State entities before regional economic integration judicial bodies in Africa », *African Journal of International and Comparative Law*, 18. 2 (2010) : 143-169.

[978] Coordination nationale des délégués départementaux (CNDD).

[979] ECW/CCJ/JUD/05/09 du 17 décembre 2009.

de l'État ivoirien qu'elle juge excessif et constitutif de violation du droit à la rémunération et du principe d'égalité des citoyens devant la loi. La Cour va admettre la qualité pour agir à l'association[980] au motif qu'elle ne saurait uniquement limiter le recours en violation des droits de l'homme « aux seules personnes physiques à l'exclusion des personnes morales », mais elle constate une absence de violation de droits de l'homme invoqués[981]. Cette position de la Cour semble se contrarier avec celle soutenue dans l'affaire *Ocean King Nigeria v. Sénégal*[982], où elle note que le Protocole de 2005 établit une nette distinction entre le recours en droit de l'homme prévue à l'article 10 (d) reconnu seulement aux individus et le recours en annulation consacré à l'article 10 (c) ouvert aux personnes morales[983]. En outre, la Cour de justice rappelle que la personne requérante doit avoir la qualité de victime[984] pour introduire une action en droit de l'homme. Le juge communautaire de la CEDEAO va élargir le droit de saisine aux organisations non gouvernementales (ONG)[985] au nom des victimes de violation des

---

980 Point 28-29 de l'arrêt. La Cour expose la disposition fondatrice du recours en droits de l'homme des personnes morales : « Au niveau de la Communauté, CEDEAO, la saisine de la Cour par les personnes morales pour violation des droits de l'homme découle des dispositions de l'article 1er h) du Protocole sur la Démocratie et la Bonne Gouvernance, lequel dispose que « les droits contenus dans la Charte Africaine des Droits de l'Homme et des Peuples et les Instruments internationaux sont garantis dans chacun des États membres de la CEDEAO ; tout individu ou toute organisation a la faculté de se faire assurer cette garantie par les juridictions de droit commun ou par une juridiction spéciale ou par toute Institution nationale créée dans le cadre d'un instrument international des Droits de la personne. » Point 28. Elle déclare que « l'article 10.d du Protocole Additionnel de 2005 doit s'interpréter conformément à l'esprit et à la lettre de l'article 1er.h du Protocole A-SP1/12/01 du 21 décembre 2001 sur la Démocratie et la Bonne Gouvernance. » Point 29.

981 Point 50 et 62 de l'arrêt.

982 ECW/CCJ/JUD/07/11 du 8 juillet 2011, point 48 de l'arrêt. Pour la Cour, au regard de l'article 10 (d) sont seulement les « êtres humains » (point 49 de l'arrêt).

983 Cet article prévoit que la Cour peut être saisie par « toute personne physique morale pour les recours en appréciation de la légalité contre tout acte de la Communauté lui faisant grief. »

984 *Centre for Democracy an Development v. Mamadou Tandja & République du Niger*, ECW/CCJ/JUD/05/11 du 9 mai 2011, point 27 de l'arrêt. La Cour souligne qu'elle doit être saisie par « personnes physiques ou morales dotées, au regard de leur législation nationale, de la capacité et qui, en outre, justifient de leur qualité de victime ».

985 *Registered Trustees of the Socio-Economic Rights and Accountability Projet (SERAP) v. Federal Republic of Nigeria*, N°ECW/CCJ/APP/07/10 du 10 decembre 2010, point 61 de l'arrêt. Pour la Cour, une ONG légalement constituée et bénéficiant d'un statut d'observateur à la CEDEAO peut introduire un recours en violation des droits de l'homme au nom des personnes victimes dans l'hypothèse où les victimes

droits de l'homme et aux partis politiques[986] en précisant que les recours en constatation de violation des droits de l'homme ne sont dirigés que contre les États membres et les institutions de la Communauté[987]. La cour fixe les modalités de la saisine en réaffirmant de manière itérative qu'elle ne peut être saisie que par des « personnes victimes »[988] de violation de droits de l'homme et elles n'ont pas besoin de montrer un intérêt à agir[989] et que seuls les États membres et les institutions de la Communauté peuvent être débiteurs de droits de l'homme et non les particuliers ou les personnes morales[990]. Contrairement à l'approche restrictive retenue en matière de recours en annulation[991], la CJCEDEAO s'inscrit dans une logique libérale[992] favorisant la protection des droits de la victime en cas de recours. Elle consacre aussi une sorte d'« Actio popularis »[993] pour satisfaire « the aspirations of citizens of the sub-region in their quest for pervasive human rights regime. »[994]

---

sont un groupe d'individus ou une communauté. En revanche, la CJCEDEAO prend le soin de préciser qu'une ONG ne peut pas saisir la cour en tant que victime de violation de droits de l'homme. *Media Foundation for West Africa v. Republic of Gambia*, N°ECW/CCJ/APP/10 ; *Stacrest Investment Ltd v. President ECOWAS Commission,* N°ECW/CCJ/APP/ 01/08 du 8 juillet 2011, point 17 de l'arrêt. Voir ANENE-MAIDOH (T.), « Access to the Cour », *in The jurisprudence of the Ecowas Court of justice from 2003-2014*, pp. 11-12.

[986] *Congrès pour la Démocratie et le Progrès (CDP) v. Burkina Faso*, N ECW/CCJ/JUG/16/15 du 16 juillet 2015, point. 20.

[987] *Centre for Democracy an Development v. Mamadou Tandja & République du Niger*, arrêt cité, p. 27 ; *CDP v. Burkina Faso*, point 20.

[988] *Centre for Democracy an Development v. Mamadou Tandja & République du Niger*, point 27.

[989] *SERAP v. Federal Republic of Nigeria & UBEC*, N°ECW/CCJ/JUD/07/10 du 27 octobre 2009, point 29.

[990] *CNDD v. Côte d'Ivoire* du 17 décembre 2009, point 27-29 ; *Centre for Democracy an Development v. Mamadou Tandja & République du Niger*, p. 31 ; *SERAP v. Federal Republic of Nigeria* du 10 décembre 2010, point 71 ; *Peter David v. Ambassador Ralph Uwechue*, N°ECW/CCJ/APP/06/09 du 11 juin 2010, points 41-47.

[991] *Kolawole Odafe Oserada James v. Conseil des Ministres & Parlement CEDEAO*, N°ECW/CCJ/JUD/01/08 du 16 mai 2008, points 23-32 ; *Oluwatos Rinu Adewale v. Conseil des ministres & others*, N°ECW/CCJ/JUD/07/12 du 16 mai 2012, point 45.

[992] ANENE-MAIDOH (T.), « Access to the Cour », *op.cit.*, p. 16.

[993] Ce procédé inconnu en droit communautaire exige des particuliers la preuve qu'ils soient directement et personnellement affectés.

[994] *SERAP v. Federal Republic of Nigeria & UBEC*, N°ECW/CCJ/JUD/07/10, points 29-33.

251 De la même façon, la Cour africaine de l'Est admet le droit de recours direct des personnes physiques et morales prévu à l'article 30 du traité en vertu duquel « 1. Toute personne résidant dans un État membre peut demander à la Cour de se prononcer sur la légalité de tout acte, réglementation, directive, ou action d'un État membre ou d'une institution de la Communauté, si elle estime que cet acte, réglementation, directive, décision ou action est illégal ou constitue une violation des dispositions du présent traité. 2. La procédure prévue dans le présent article est instituée dans un délai de deux mois à compter de la date de promulgation et publication » de l'acte communautaire. Ces dispositions soulignent que les particuliers peuvent contester la légalité d'un acte communautaire ou action d'un État membre ou d'une institution qui viole les dispositions du traité. La Cour, refusant toute compétence expresse en matière de droits de l'homme[995], procède à une protection effective du droit de recours des personnes physiques et morales contre tout agissement des États membres violant les principes et objectifs fondamentaux du traité de la Communauté africaine de l'Est[996]. À plusieurs reprises[997], la CJCAE a rappelé de manière rituelle que les particuliers n'ont pas à prouver leur intérêt à agir pour faire valoir leur droit d'accès[998]. En revanche, les États membres introduisent à l'article 30§2 du traité une restriction relative au respect du délai de deux mois. Cette restriction intervient à la suite de l'affaire *Ayang' Nyong'O & Others vs. Attorney General* dans laquelle le Gouvernement du Kenya a violé le traité dans la désignation des députés à l'Assemblée Législative. La Cour a essayé, tant bien que mal, de garantir l'accès direct des particuliers à son prétoire mais dans la pratique, elle retient une conception restrictive du délai en ce qui concerne le droit de saisine. En premier lieu, la Cour (première instance) a retenu que dans cette affaire que la République du Kenya « n'a offert aucun recours pour les violations alléguées et une telle action ou omission d'un État membre ne peut être limitée par un calcul mathématique »[999]. Cette position de

---

[995] *James Katabazi & others v. Secretary General & The Attorney General of Uganda*, p. 16 ; *Plaxeda Ruguma vs. The Attorney General of Rwanda*, p. 22.

[996] *Venant Masenge vs. The Attorney General of The Republic of Burundi*, N°9/2012 du 14 juin 2014, p. 19.

[997] *Ayang' Nyong'O & Others vs. Attorney General* ; *Honorable Sitenda Sebalu vs. Secretary General of EAC*.

[998] *East African Law Society vs. The Attorney General of Kenya and Others*, N°3/2007 du 31 août 2007, p. 14.

[999] Notre traduction de l'anglais : « The Republic of Kenya had failed to provide any remedy for the alleged violations. We find that such action or omission of a Partner

la CJCAE, en sa Chambre de première instance, fut réaffirmée afin de protéger la reconnaissance du droit de saisine directe des personnes physiques ou morales. Dans l'affaire *Omar Awad v. Attorney General of Kenya*[1000] dans laquelle les requérants accusés de terroristes étaient détenus en prison de façon continue, la Cour considère que « les violations du traité alléguées continues et ne peuvent être soumises à un calcul mathématique du temps ». Donc la Cour (première instance) ne souhaite pas conditionner la dénonciation de cas de violations du traité par les particuliers à une quelconque formalité supplémentaire. Pour elle, cela serait contraire au principe de l'État de droit de rejeter une requête dénonçant une détention continue sur la base d'un calcul mathématique de délai[1001]. En outre, elle entend garantir l'effectivité du droit de recours en estimant que : « La Cour est institué par l'article 9§1(e) du Traité. L'article 27 dudit Traité garanti le locus standi à toute personne résidant dans un État membre devant la Cour mais dans les limites de *sa compétence* »[1002]. En second lieu, la vision libérale du droit d'accès direct des particuliers ne sera pas partagée par la Chambre d'Appel de la Cour africaine de l'Est. Cette dernière écarte la doctrine de la violation continue appliquée par les juridictions supranationales de protection des droits de l'homme après quelques hésitations[1003]. De manière restrictive, elle souligne que « le traité ne prévoit nulle part une exception au délai de deux (2) mois. C'est là où résidente la différence fondamentale entre le Traité de la CAE (qui a pour objectif de régir les échanges commerciaux entre les États membres en renforçant leur coopération) et les traités et conventions relatifs aux droits de l'homme qui prévoient des dérogations (pour les violations continues au motif

State cannot be limited by mathematical computation of time. » *Independant Medical Unit vs. Attorney General*, N°3/2010, Ruling of 29 june 2011.

1000 N°04/2011, Ruling of 1st December 2011.

1001 *Plaxeda Ruguma vs. The Attorney General of Rwanda*, N°8/2010 du 1er décembre 2011, point 28: « where issues in contest are criminal in nature and the action complained of is constinuous (such as detention), it would be against the principles known to the rule of law to dismiss the complaint on the basis of striction mathematical computation of time ».

1002 Nous traduisons de l'anglais: « the EACJ is one the organs of EAC established by Article 9 (1) (e) of the Treaty. Article 27 of the Treaty grants locus standi to « any person who is resident in a Partener State to bring for determination to the court, but within the mandate... juridictional parameters creaters by the Treaty ». *Plaxeda Ruguma vs. The Attorney General of Rwanda*, N°8/2010 du 1er décembre 2011, point 41.

1003 Attorney General of Rwanda v. Plaxda Rugumba, Appeal N°1/2012 of 27 February 2015 ; *Independant Medical Unit vs. Attorney General*, Appeal N°2/2012 of 1st March 2013.

que la garantie des droits fondamentaux des citoyens est primordiale. Pour toutes ces raisons, les juridictions compétentes en matière de droits de l'homme doivent défendre et protéger ces droits par le biais d'une interprétation libérale et téléologique »[1004]. La Cour entend marquer une singularité dans la démarche pour retenir finalement que l'application stricte du délai de deux mois est liée au respect du principe de sécurité juridique[1005] et le traité ne donne aucunement à la Cour le pouvoir « d'étendre, d'autoriser, de lever ou de modifier le délai imparti pour quelque motif que ce soit y compris pour violations continues. »[1006] En reconnaissant le droit d'accès direct aux particuliers, la CJCAE reste prudente dans le calcul du délai de saisine[1007]. En outre, elle ne considère pas que l'article 30§2 du traité introduit une discrimination entre les personnes physiques et morales et les requérants institutionnels et qu'il ne serait pas contraire aux principes fondamentaux du traité[1008].

[1004] Notre traduction. Cf. *Attorney General fo Uganda v. Omar Awada & others*, Appeal N°2/2012, 15th of April 2013, point. 48.

[1005] Point 51 de l'arrêt.

[1006] *Ibid.*, point 59.

[1007] Le calcule du délai est prévu par l'article 3 du Règlement de procédure de la Cour de 2013. Voir aussi, *Arret Baranzira Raphael v. Attorney General of Burundi*, Ref. N°15/2014 du 22 mars 2016, point 36.

[1008] *Steven Deniss v. The Attorney General of Burundi & others*, N°3/2015 du 31 mars 2017, points 74-75. Dans cette affaire, le requérant d'origine rwandaise était expulsé par le Gouvernement tanzanien vers le Rwanda en le privant de ses biens. Il saisit la CJCAE en invoquant plusieurs motifs parmi lesquels le refus de l'accès à la justice et la discrimination en faveur des États membres. Mais la Cour considère que : « We specially find no conflict between 6 (2) and 7 (2) viz-à-viz Article 30 (2) and of the Treaty because a harmonized construction of the said Articles would suggest that whereas Articles 6 (d) and 7 (2) prescribe the fundamental principles that should be adhered to in the realization of the treaty's objectives, a case that is premised on the principles enshrined therein should be promptly instituted within the time period prescribed in Article 30 (2) of the Treaty. Thus 30 (2) does note negate the said principles but rather regulates the procedural framework-specially the time frame-within which the said principles may be litigated. » Nous traduisons : « Nous ne trouvons en particulier aucun conflit entre les articles 6 (d) et 7 (2), et l'article 30 (2) du Traité, car une interprétation harmonisée desdits articles donnerait à penser que si les articles 6 (d) et 7 (2) énoncent les principes fondamentaux à respecter pour la réalisation des objectifs du Traité, une affaire fondée sur les principes énoncés devrait être engagée rapidement dans le délai prescrit à l'article 30 du Traité. Ainsi, l'artcile 30(2) ne compromet pas les principes susmentionnés, mais réglemente plutôt le cadre procédural - en particulier le délai - dans lequel ces principes peuvent faire l'objet d'un litige. » Point 75.

252 Mais la doctrine considère que l'application draconienne[1009] du délai de deux (2) mois serait un « obstacle à l'accès à la justice »[1010]. Ce point de vue paraît radical si on se limite au Traité mais semble déterminant lorsque les requêtes de violation grave des droits de l'homme sont rejetées pour forclusion. L'application rigoureuse du délai ne rime pas avec les exigences de protection de l'État de droit que la Cour revendique.

253 Les deux cours de justice communautaires ont affirmé un droit de saisine direct au profit des particuliers de manière libérale. Alors que le droit de la CEDEAO dispose un recours spécifique en matière de droits de l'homme, celui de la Communauté africaine de l'Est n'institue pas une voie de droit autonome mais la Cour a pu établir une ligne jurisprudentielle basée sur la protection des principes fondamentaux des traités tels que le respect des droits de l'homme. En revanche, la cour de justice de la COMESA et le Tribunal de la SADC ne peuvent pas être saisis directement par les particuliers.

§ 2 : L'accès au juge devant la CJCOMESA et le Tribunal de la SADC

254 L'accès au juge communautaire de la COMESA et celui de la SADC ne relèvent pas d'une saisine directe. Les particuliers ne peuvent contester la légalité des actes ou décisions des États membres violant leurs droits qu'après avoir épuisé les voies de recours internes. La CJCOMESA n'a pas encore connu d'affaires mettant en cause les droits de l'homme[1011]. Son contentieux reste dominé par les litiges entre les fonctionnaires et les institutions de la Communauté[1012]. Elle s'est mise à rappeler les modalités de saisine par les personnes physiques et morales prévues à l'article 26 du traité notamment la condition d'épuiser

---

1009 Possi, Ally, "The Draconian Time Limitation Clause Against Private Litigants of the East African Court of Justice : A Commentary on Steven Dennis Case (August 11, 2017)". iCourts Working Paper Series, No. 103, 2017. Available at SSRN: https://ssrn.com/abstract=3017160 or http://dx.doi.org/10.2139/ssrn.3017160, consulté le 2 août 2018.

1010 POSSI (A), « An Appraisal of the Functioning and Effectiveness of the East African Court of Justice », (October 18, 2018). *Potchefstroom Electronic Law Journal*, Vol. 21, 2018. Available at SSRN: https://ssrn.com/abstract=3378445, consulté le 9 juin 2019.

1011 La Cour COMESA n'a pas de compétence expresse en matière de droits de l'homme.

1012 GATHI (J. T.), « Sub-regional court or employment Tribunal ? The legacy and legitimacy of the Comesa Court of justice », *in The Legitimacy of International Trade Tribunals* (2015), p. 3.

les voies de recours internes lorsque le recours introduit porte sur un acte ou action d'un État membre[1013]. Le Protocole sur le TSADC prévoit également la règle de l'épuisement des voies de recours internes. Les particuliers ne bénéficient pas d'un accès direct en cas de violation des droits de l'homme. L'article 15§2 dudit Protocole souligne qu'aucune personne physique ou morale ne peut introduire une action, contre un État membre, à condition sans avoir au préalable épuiser les voies de recours internes. Le juge communautaire de la SADC a précisé dans ses décisions[1014] la portée de l'épuisement des voies de recours internes en relevant la nuance autour de cette règle (**B**). Généralement, en droit communautaire, la double conditionnalité requise pour admettre l'accès des particuliers reste que ces derniers doivent être affectés directement et individuellement[1015]. Néanmoins, les traités communautaires de la COMESA et de la SADC érigent la règle de l'épuisement des voies de recours (**A**) au rang de condition préalable pour accueillir une action des particuliers contre un État membre.

A) L'exigence d'épuiser les voies de recours internes

255 Pour bénéficier d'une protection juridictionnelle effective en cas de violation de droits de l'homme devant la CJCOMESA et le TSADC, le requérant doit épuiser les voies de recours ouvertes dans son ordre juridique national. Cette modalité de saisine du juge communautaire réduit la faculté des particuliers à invoquer directement la violation des droits de l'homme. Si l'accès aux cours de justice de la CEDEAO et de la CAE, comme évoqué plus haut, se caractérise par un libéralisme, celui des CJCOMESA et du TSADC se distingue par un formalisme. En effet, les personnes physiques et morales ne peuvent porter une action en droits de l'homme qu'à condition d'épuiser au préalable les voies de recours internes.

[1013] CJCOMESA, *Republic of Kenya vs. Coastal Aquaculture*, n° 3/2001 du 26 avril 2002, point 17.

[1014] *Campbell and others v. The Republic of Zimbabwe*, Case n°2/2007 du 8 novembre 2008, points 19-21 ; *Tembani v. The Republic of Zimbabwe*, n°7/3008 du 14 aout 2009, points 23-25 ; *Bach's Transport v. The Republic of Zimbabwe*, n°14/2008 du 11 juin 2010, point 21.

[1015] Ces conditions sont rappelées par la jurisprudence de principe de la CJUE dans l'arrêt *Plaumann et Cie/ Commission* du 15 juillet 1963, Aff. C-16/ 62 : « Les sujets autres que les destinataires d'une décision ne sauraient prétendre être concernés individuellement que si cette décision les atteint en raison de certaines qualités qui leur sont particulières ou d'une situation de fait qui les caractérise par rapport à toute autre personne et de ce fait les individualise d'une manière analogue. »

256 En vertu de l'article 26§2 du traité COMESA, si l'affaire concerne « un acte, un règlement, directive ou décision par État membre, la personne ne peut saisir la Cour » qu'après avoir épuisé[1016] « toutes les instances des cours et tribunaux de l'État »[1017]. La CJCOMESA a précisé cette règle dans une affaire[1018] opposant la République du Kenya à l'entreprise Costal Aquaculture sur la décision d'acquisition forcée de terrains provoquant la perte d'investissement à hauteur de 24 millions de dollars. La requérante, après huit années de procédures devant les juridictions nationales, n'a pas pu obtenir une réparation du préjudice subi, ce qui justifie la saisine du juge communautaire pour enjoindre au gouvernement kenyan d'abandonner son action d'expropriation des terres. La CJCOMESA va se pencher sur l'objection préliminaire soulevée par le défendeur mettant en cause la qualité à agir du requérant. Elle rappelle la base du droit de saisine des personnes morales en considérant qu'elles n'ont la qualité à agir devant la Cour contre un État membre qu'après l'épuisement des voies de recours internes[1019]. Bien que la Cour soit « sensible aux efforts d'investissement de l'entreprise », elle jugea que les voies de recours disponibles au Kenya n'ont pas été épuisées[1020]. Cette position s'est confirmée dans de nombreux arrêts dans lesquels, la CJCOMESA opposa aux requérants l'exigence d'épuiser les voies de recours internes[1021]. La Cour semble adopter une attitude prudente sur les

[1016] GATHII (J. T.), *African Regional Trade Agreements as legal regimes*, Cambridge international Trade and Economic Law, 2013, p. 263 ; ONORIA (H.), « Locus standi of individuals and non-State entities before regional economic integration judicial bodies in Africa », *African Journal of International and Comparative Law*, *op.cit.*, p. 158.

[1017] Ici nous reprenons la version traduite de l'anglais qui semble beaucoup plus expressive car, avec la version française, on peut s'interroger sur la pertinence de la rédaction. Voici la version anglaise : « Provided that where the matter for determination relates to any act, regulation, directive or decision by a member state, such person shall not refer the matter for determination under this article unless he has first exhausted local remedies in the national courts or tribunals of the member state ».

[1018] N°3/2001 du 26 avril 2002.

[1019] Point 17 de l'arrêt.

[1020] *Ibid.* Point 20.

[1021] *PTA Bank v. The Republic of Burundi*, n°1/2006 du 16 août 2006. Dans cette affaire, la Banque demandait à la Cour d'ordonner au gouvernement burundais de se conformer à l'exigence de recourir à l'arbitrage prévu par l'accord. Mais la Cour va estimer que la Banque n'a pas épuisé les voies de recours internes pour contester la décision du gouvernement empêchant le crédit accordé par la Banque ; *Itelsolmac v. Rwanda Civil Aviation Authority*, n°1/2009 du 7 mai 2010 (ordonnance). L'affaire opposait une compagnie ougandaise à l'Autorité de l'aviation civile ougandaise sur la

recours introduits contre les États membres. Cela s'explique, sans doute, comme le souligne Games Thuo Ghatii, par la volonté de la Cour de ménager la susceptibilité des États membres afin d'éviter « d'entrer en collision »[1022] avec eux. D'ailleurs, la Cour s'est efforcée à clarifier le sens de l'article 26§2 du traité instituant une obligation pour le requérant d'épuiser les voies de recours internes[1023] en insistant sur la finalité de la règle[1024] sans pour autant négliger le droit au juge des particuliers reconnus par le traité[1025]. Cependant, la position jurisprudentielle récente de la Chambre d'Appel de la Cour sur la question de l'épuisement des voies de recours internes contrarie la décision du juge communautaire de première instance en considérant

---

rupture d'un contrat de prestation de services. La Cour COMESA a souligné que le requérant qui invoque la difficulté d'épuiser les voies de recours internes doit en montrer la preuve (p. 11) ; Pour la Cour, « l'épuisement des voies de recours internes prévu à l'article 26 du traité constitue une règle procédurale basée sur le principe selon lequel les juridictions nationales peuvent exercer leur mission sans aucune interférence de l'État membre. En d'autres termes, l'article 26 pose une hypothèse selon laquelle le système judiciaire national fournit une voie de droit effectif pour la violation du traité par l'État membre ». *Ibid.*

1022 « Sub-regional court or employment Tribunal ? The legacy and legitimacy of the Comesa Court of justice », *in The Legitimacy of International Trade Tribunals* (2015), 16.

1023 *Itelsolmac v. Rwanda Civil Aviation Authority*, arrêt déjà, p. 14.

1024 *The Republic of Mauritius v Polytol Paints & Adhesives Manufactures Co. Ltd*, Objection préliminaire, 1/2012 du 6 décembre 2012, p. 8. Pour expliquer le fondement de la règle de l'épuisement des voies de recours internes, la CJCOMESA cite l'arrêt *Eberhard v. Slovénie*, n° 8673 du 1er décembre 2009 de la CEDH en reproduisant un des considérants : « La règle de l'épuisement des voies de recours internes oblige ceux qui cherchent à porter leur affaire contre l'État devant un organe international judiciaire ou arbitral pour utiliser d'abord les recours prévus par le système juridique national. Par conséquent, les États sont dispensés de répondre devant un organisme international pour leurs actes avant qu'ils n'aient eu l'occasion de poser des questions dans leur propre système juridique. La règle repose sur l'hypothèse… qu'il existe un recours effectif en ce qui concerne la violation alléguée dans le système domestique », point 103 de l'arrêt.

1025 *Polytol Paints & Adhesives Manufactures Co. Ltd*, v. *The Republic of Mauritius*, n°1/2012 du 31 août 2013, p. 17. Dans cet arrêt de principe, la CJCOMESA s'inspire largement de la célèbre formule de l'arrêt *Van Gend & Loos*, 26/62 du 5 février 1963. Elle a considéré que le contenu de l'article 26 du traité « montre dans quelle mesure les signataires du traité de COMESA se sont engagés à accorder une place dans le territoire de COMESA non seulement aux États membres, mais aussi aux particuliers. En accordant aux résidents de tout État membre le droit de contester la légalité des actes ou la violation du traité, l'État membre a limité dans des domaines restreints sa souveraineté. Le bon fonctionnement du marché commun n'est donc pas seulement une préoccupation des États membres mais aussi celle des résidents » (Traduit de l'anglais), p. 17.

que l'entreprise téléphonique du Malawi n'a pas utilisé toutes les voies de recours disponibles au niveau interne[1026]. Pour accéder au prétoire du juge communautaire COMESA, en plus de l'exigence d'épuiser les voies de recours internes, le requérant doit être résident d'un État membre pour contester la légalité d'un acte communautaire ou la violation du traité. À travers sa jurisprudence, la Cour a précisé la contrainte procédurale d'épuisement des voies de recours internes posée par l'article 26§2 du traité.

257 En ce qui concerne le tribunal de la SADC, l'obstacle de l'épuisement des voies de recours internes ne sera pas un moyen pour empêcher l'accès direct des particuliers même si le Tribunal considère que « la justification de la règle est de permettre aux juridictions nationales de connaître l'affaire car elles sont mieux placées à résoudre les litiges afférents au droit national »[1027].

B) Une exigence nuancée par la jurisprudence

258 Généralement, peu de conventions protectrices des droits de l'homme prévoient des exceptions à la règle de l'épuisement des voies de recours internes. La Convention américaine des droits de l'homme pose de manière claire les cas dans lesquels le requérant bénéficie d'un accès direct sans épuisement des recours internes[1028] en son article 46§2 : « les dispositions relatives à l'épuisement des voies de recours internes ne s'appliquent pas dans les cas où : a) il n'existe pas dans la législation interne de l'État considéré, une procédure judiciaire pour la protection du droit ou des droits dont la violation est alléguée ; b) l'individu qui est présumé lésé dans ses droits s'est vu ou refuser l'accès des voies de recours internes ou a été mis dans l'impossibilité de les épuiser ; ou c) il y a un retard injustifié dans la décision des décisions saisies. » La Cour interaméricaine des droits de l'homme insiste sur l'effectivité et la disponibilité des recours[1029] à exercer dans l'ordre juridique de l'État sans lesquelles l'épuisement des voies recours ne pèse plus sur le requérant. De même, l'article 56§5 de la Charte africaine

---

[1026] CJCOMESA (Appel), *Gouvernment of The Republic of Malawi v Malawi Mobile Limited*, N°1/2016 du 23 avril 2017, point 118 de l'arrêt.

[1027] TSADC, *Campbell and others v. The Republic of Zimbabwe*, Case N°2/2007 du 8 novembre 2008, p. 20 ; *Tembani v. The Republic of Zimbabwe*, n°7/3008 du 14 août 2009, point 23.

[1028] FRUMER (P.), « Entre tradition et créativités juridiques : la jurisprudence de la Cour interaméricaine des droits de l'homme », *RBDI*, n°2, 1995, p. 523.

[1029] CIDH, *Velasquez Rodriguez v. Honduras*, 29 juillet 1988, Série C. 4, § 66-68.

des droits de l'homme et des peuples institue un assouplissement à l'application de la règle dans l'hypothèse où la Commission, chargée de recevoir les requêtes, a la preuve manifeste que les « recours se prolongent de façon anormale ». Ainsi, la Cour africaine des droits de l'homme et des peuples et la Commission africaine exigent que les recours internes « soient disponibles, efficaces et suffisants »[1030]. La CEDH, dans sa jurisprudence, va souligner que l'article 35§ 1 doit être appliquée avec « une certaine souplesse et sans formalisme excessif »[1031] tout en exigeant que les recours internes à utiliser soient disponibles « à un degré suffisant de certitude, en pratique comme en théorie »[1032]. Cependant, les traités communautaires, évoquant la condition de l'épuisement des voies de recours internes, n'indiquent pas, les hypothèses dans lesquelles les requérants peuvent se départir de cette formalité procédurale. C'est plutôt la jurisprudence communautaire qui relativise l'obligation d'épuiser les voies de recours internes. À l'instar de la CJCEDEAO[1033] et de la Cour africaine de l'Est[1034] écartant systématiquement l'exigence d'épuiser les voies de recours internes invoquée par les États membres, le TSADC a soutenu de manière itérative que si « le droit national n'offre aucune voie de recours ou si les recours disponibles sont ineffectifs, le particulier n'est pas assujetti à l'épuisement des voies de recours internes »[1035]. Des pathologies telles que la lenteur des procédures internes, le manque d'indépendance de la justice ou l'absence de juridiction constitutionnelle compétente en matière de droit de l'homme peuvent justifier l'atténuation de la règle d'épuisement des voies de recours[1036]. Les juges communautaires sont conscients de la situation de protection des droits de l'homme dans les États membres en facilitant la possibilité d'introduire directement des

---

[1030] *Communication 147/195, Sir Daouda Jawara c. Gambie* du 11 mai 2000. Cf. HOEFFNER (W.), « L'accès de l'individu à la Cour africaine des droits de l'homme et des peuples », Vol. 2, n°42, Curitiba 2016, p. 868 ; ONORIA (H.), « The African Commission on Human and Peoples' Rights and the exhaustion of local remedies under the African Charter », *African Human Rights Law Journal*, n°3, 2003, p. 5.

[1031] *DH et autres c. République Tchèque*, n°57325/00 du 13 novembre 2007 § 116.

[1032] *Vernillo c. France*, A. 198 du 20 février 1991, § 27.

[1033] *Dame Hadijatou Mani Koraou v. République du Niger*, arrêt déjà cité p. 45.

[1034] *Peter Anyang Nyong 'O & 10 others vs. Attorney General of Kenya and others*, arrêt cité, p. 21.

[1035] *Campbell and others v. The Republic of Zimbabwe*, Case N°2/2007 du 8 novembre 2008, p. 21, arrêt cité ; *Tembani v. The Republic of Zimbabwe*, n°7/3008 du 14 août 2009, point 23.

[1036] SHELTON (D. L.), *International Human rights Law*, *op. cit.*, p. 248.

recours par les particuliers. La présence de la règle de l'épuisement des voies de recours internes dans les traités communautaires n'a pas empêché les cours de justice de recevoir les requêtes en constatation de violation de droits de l'homme. Cette prise de position du juge atteste l'évolution pragmatique des ordres juridiques communautaires africains vers une protection des droits de l'homme comme levier de l'intégration. Même si d'aucuns[1037] défendent l'application stricte de la condition de l'épuisement des voies de recours internes pour éviter l'encombrement du prétoire du juge[1038] et les risques de conflits avec les juridictions nationales[1039], cette condition apparaît comme une limite à l'effectivité des droits[1040] reconnus aux citoyens communautaires.

[1037] Des auteurs se sont exprimés sur la nécessité d'exiger la règle de l'épuisement des voies de recours internes devant la Cour de justice de la CEDEAO : ENABULELE (A. O.), « Reflections on the ECOWAS Community Court Protocol and the Constitutions of Member States », *International Community Law Review*, 12, 2010, pp. 111-138 ; Du même auteur, « Sailing Against the Tide : Exhaustion of Domestic Remedies and the ECOWAS Community Court », *op. cit.*, p. 293 ; SOW (I.), *La protection de l'ordre juridique sous régional par les Cours de justice : Contribution à l'étude de la fonction judiciaire dans les organisations ouest-africaines d'intégration*. Thèse, Université Montesquieu-Bordeaux IV, 2013, p. 302 ; HADZI-NONOU (K.), « Remarques sur la jurisprudence de la CEDEAO », *in Mélanges en l'honneur du Professeur François Hervouet*. Presses Universitaires de Poitiers, 2015, p. 26. Nous pouvons rappeler, à juste titre, la tentative avortée de l'État gambien après les affaires *Mussa Saidykhan* du 14 mars 2007 et *Chief Ebrimah Manneh* du 05 juin 2008, consistant à demander la révision du Protocole de la CJCEDEAO pour exiger la règle de l'épuisement des voies de recours internes.

[1038] Alioune Sall analysant le Protocole additionnel du 19 janvier 2005 sur la Cour de justice de la CEDEAO instituant le recours direct en violation des droits de l'homme, souligne que : « la réforme de 2005 risque d'avoir deux effets : l'encombrement du prétoire de la Cour qui résultera de l'accroissement des recours individuels désormais consacrés et la « dilution du droit communautaire », ensuite, sa relégation du fait de l'attractivité des moyens tirés de la « violation des droits de l'homme ». Ce que la Cour pourrait gagner en popularité, si l'on ose dire, le droit communautaire pourrait le perdre en autonomie », *La justice de l'intégration, réflexions sur les institutions judiciaires de la CEDEAO et de l'UEMOA*, *op. cit.*, p. 26.

[1039] ENABULELE (A. O.), « Reflections on the ECOWAS Community Court Protocol and the Constitutions of Member States », *op. cit.*, p. 114. En mettant en garde contre le risque de conflits entre le juge communautaire et les juridictions nationales, l'auteur opine que « l'épuisement des voies de recours doit être une condition de l'invocation de la compétence de la Cour de justice de la Communauté », p. 136.

[1040] Compte tenu de la particularité du contexte de protection des droits de l'homme dans les États membres, l'exclusion de la règle devient une nécessité procédurale. Si Dramane Sanou considère que « les réalités africaines ne garantissent pas toujours l'accessibilité et l'effectivité » (Cf. *La juridictionnalisation des organisations*

259 L'exclusion de la règle de l'épuisement des voies de recours par les cours de justice de la CEDEAO et de la Communauté africaine de l'Est, ou son atténuation par le Tribunal de la SADC et la Cour COMESA a permis de développer le droit communautaire des droits de l'homme dans le contexte africain. Avec l'accès libéral[1041] des CJCEDEAO et CJAE caractérisé par l'absence d'épuisement des voies de recours et par celle de l'intérêt à agir, les particuliers ont bénéficié d'une protection efficace de leurs droits conférés par les traités. Il en est de même pour le TSADC malgré la conditionnalité de l'épuisement des voies de recours.

SECTION 2 : LA DIVERSITÉ DES DROITS PROTÉGÉS PAR LE JUGE COMMUNAUTAIRE

260 L'action du juge communautaire en Afrique, dans le domaine des droits de l'homme, constitue la nouvelle tendance à « prendre aux sérieux »[1042], car la protection des droits des particuliers est devenue un véritable instrument de l'intégration. Cette dernière ne peut se réaliser que dans un espace où les droits de l'homme des ressortissants communautaires sont respectés. L'important développement du contentieux des droits de l'homme mérite que l'on s'y attarde, même si une partie de la doctrine semble contester l'afflux des recours individuels. À cet effet, certains auteurs francophones restent sceptiques sur l'avenir du contentieux communautaire à forte domination des droits de l'homme. Demba Sy

---

régionales d'intégration économique en Afrique, *op. cit.*, p. 389), Abraham Hervé Diompy relève que « la règle du non épuisement est une condition essentielle de garantie et de protection des droits et libertés fondamentaux dans l'espace CEDEAO au regard du caractère insuffisant et défaillant des systèmes de protection des États membres », (Cf. *Le paradoxe de l'internationalisation du droit constitutionnel en Afrique. Réflexions sur les interactions normatives, institutionnelles dans l'espace CEDEAO*. Thèse, Université de Bordeaux, 2017, p. 605).

1041 KLEIS (J.), *African Regional Communities Courts and their Contribution to Continental Integration*, *op. cit.*, 195.

1042 Nous reprenons, ici, l'expression employée par Jean-Marc Sauvé. Cf. « La protection des droits fondamentaux au niveau de l'Union européenne et des États membres », *in La protection des droits fondamentaux après Lisbonne : L'interaction entre la Charte des droits fondamentaux de l'Union européenne, la Convention européenne des droits et les Constitutions nationales*, XXVe Congrès de la Fédération internationale de droit européen (FIDE), 30 mai-2 juin 2012, p. 4. Burgorgue-larsen (L.), « Prendre les droits communautaires au sérieux. La force d'attraction de l'expérience européenne en Afrique et en Amérique latine », *in Les dynamiques du droit européen en début de siècle, études en l'honneur de Jean Claude Gautron*, Pedone, 2004, pp. 563-580.

parle de « dénaturation du contentieux »[1043], Alioune Sall souligne un « délaissement »[1044] du contentieux de l'intégration et « une polarisation autour d'un contentieux des droits de l'homme »[1045], et Laurent Sermet attire l'attention sur le « droit de l'hommisation du contentieux »[1046]. Cette position de la doctrine francophone ne serait pas partagée dans le monde anglo-saxon où l'activisme des cours africaines en matière de droits de l'homme se conçoit comme un véritable progrès dans le processus d'intégration. Nous pouvons citer des auteurs, comme Karen Alter, Laurence Helfer and Jacqueline R. McAllister, dans leur remarquable article sur la CJCEDEAO[1047], Jorg Kleis dans son ouvrage sur les cours africaines[1048], et le professeur James Ghathii dans son étude sur la jurisprudence de la cour africaine de l'Est[1049]. De toutes les manières, l'intégration africaine semble épouser une trilogie : économie- droits de l'homme- droits de l'environnement. Les droits de l'homme font désormais partie des principes fondamentaux de l'intégration économique africaine. D'ailleurs l'article 4 (g) du traité de la CEDEAO prévoit que les États membres adhèrent aux principes de « respect, de promotion et protection des droits de l'homme et des peuples conformément aux dispositions de la Charte africaine des droits de l'homme et des peuples ». C'est ce que la Cour de justice de la CEDEAO a rappelé dans l'affaire *Bakary Sarré et autres v. Mali*, que « la protection des droits de l'homme est une valeur cardinale de la Communauté »[1050]. De même que la Cour africaine de l'Est estime dans

[1043] Voir, communication orale du 7 juin 2017, « La justice de l'intégration communautaire », *in* Colloque *Kéba Mbaye, une figure de justice*. Université Cheikh Anta Diop de Dakar, (à paraître). Cité par Laurent Sermet.

[1044] Voir, « Les débuts des Cours de justice de la CEDEAO et de l'UEMOA : propos sur la faiblesse du droit jurisprudentiel de l'intégration en Afrique de l'Ouest », *op. cit.*, p. 13.

[1045] *La justice de l'intégration, réflexions sur les institutions judiciaires de la CEDEAO et de l'UEMOA*, *op. cit.*, p. 27.

[1046] Voir, « Le contentieux préjudiciel, les cours communautaires et le juge administratif africain. Regard sur une justice dialogique », *in Les nouvelles tendances du droit administratif*. Presses de l'Université de Toulouse 1 Capitole, 2018, p. 135.

[1047] « A New International Human Rights Court for West Africa: The ECOWAS Community Court of justice », *American Journal of International Law*, *op.cit.*, p. 737.

[1048] *African Regional Communities Courts and their Contribution to Continental Integration*, *op. cit.*, p. 286.

[1049] « Mission creep or a search for relevance: The East African Court of justice's human rights strategy », *op. cit.*, p. 251.

[1050] N°ECW/CCJ/JUD/03/11 du 17 mars 2011. Point 35 de l'arrêt.

l'affaire *Katabazi v. Attorney General of Uganda*[1051], que les États membres doivent respecter les principes fondamentaux de la Communauté tels que la promotion des droits de l'homme, de la démocratie et de l'État de droit. Le Tribunal de la SADC, dans l'affaire *Mike Campbell v. République du Zimbabwe*, précise que l'article 4 (c) du traité obligeait les États membres de la SADC à respecter les principes de « droits de l'homme, de démocratie et d'État de droit »[1052].

261 La prise en compte des droits de l'homme dans le contentieux communautaire correspond à une mutation fonctionnelle de l'office du juge devenu garant du respect des droits fondamentaux des justiciables contre les agissements des États membres. En droit de l'Union européenne, la CJUE a su assurer la protection effective des droits des particuliers sans pour autant compromettre réellement les objectifs d'intégration économique[1053] en conciliant respect des droits de l'homme et construction du marché commun[1054]. Par contre, en droit communautaire africain, les impératifs de protection des droits de l'homme semblent singulariser la jurisprudence des cours au détriment des libertés économiques du marché. Le juge communautaire africain fait face devant son prétoire à

[1051] N°1-2007 du 1er novembre 2007.

[1052] N°2/2007 du 8 novembre 2008, point 25 de l'arrêt.

[1053] Le juge de l'Union a retenu une ligne de force jurisprudentielle dans l'arrêt *Nold* du 14 mai 1974 lorsqu'il considère que la sauvegarde des droits fondamentaux « doit être assurée dans le cadre de la structure et des objectifs de la Communauté ». En guise de rappel, la CJUE, face à l'absence d'un catalogue des droits fondamentaux inscrits dans les traités, a reconnu le respect des droits fondamentaux sur la base de principes généraux en s'inspirant des traditions constitutionnelles des États membres et de la Convention européenne des droits de l'homme ainsi que d'autres instruments internationaux. Cf. BLUMANN (C.), DUBOUIS (L.), *Droit institutionnel de l'Union européenne*, *op. cit.*, p. 659.

[1054] CJCE, 12 juin 2003, *Eugen Schmidberger, Internationale Transporte und Planzuge c/ Osterreich*, C-112/00 ; Pour une analyse de la relation entre droits de l'homme et libertés de circulation, on pourra lire : Christine Kaddous, « Droits de l'homme et libertés de circulation : complémentarité ou contradiction », *in Mélanges en Hommage à G. Vandersanden, Promenades au sein du droit européen*. Bruylant 2008, pp. 563-59 ; Jean Paul Jacqué, « La protection des droits fondamentaux dans l'Union européenne après le traité de Lisbonne », *L'Europe des libertés, Revue d'actualité juridique*, n°26, pp. 2-12 ; Hélène Gaudin, Marc Blanquet et autres, ss. dir, *Les grands arrêts de la Cour de justice de l'Union européenne*, *op. cit.*, pp. 233-245 ; SAUVE (J.-M.), « La protection des droits fondamentaux au niveau de l'Union européenne et des États membres », *op. cit.*, p. 5.

des questions de protection des droits civils et politiques[1055] (**§1**) ainsi que celles liées aux droits sociaux économiques. L'invocation récurrente des droits de l'homme a permis au juge d'asseoir une jurisprudence favorable à l'émergence d'une « Communauté de droit » au niveau communautaire. Si le contrôle de la légalité communautaire a permis à la CJUE d'insérer l'idée d'État de droit dans son patrimoine jurisprudentiel, c'est par la garantie des droits individuels[1056] que le juge communautaire africain se l'approprie. L'affirmation du juge dans la protection communautaire des droits de l'homme illustre ce que Pierre Pescatore appela « le plein déploiement du facteur judiciaire »[1057] dans le système communautaire. Les cours africaines contribuent au développement de la communauté de droit en assurant la protection d'une variété de droits reconnus aux ressortissants des États membres. Ces droits concernent non seulement ceux prévus par les traités communautaires, mais aussi ceux prévus par la Charte africaine des droits de l'homme et des peuples et les instruments internationaux auxquels les États adhèrent[1058]. L'évolution de la protection des droits de l'homme par le juge communautaire africain se manifeste par la reconnaissance du respect au droit de l'environnement (**§2**) à l'égard des États membres. Le champ des droits protégés s'est élargi au droit à un environnement sain. L'incursion de celui dans les catégories de

---

[1055] Sur cette tendance dominante, on pourra consulter Sanou Dramane, *La juridictionnalisation des organisations régionales d'intégration économique en Afrique*, *op.cit.*, p. 411.

[1056] CJCAE, *James Katabazi & others v. Secretary General & The Attorney General of Uganda*, no 1/2007 du 1er novembre 2007 ; TSADC, *Barry Gondo et autres c. Zimbabwe* du 9 décembre 2010, affaires citées.

[1057] PESCATORE (P), Le *droit de l'intégration. Émergence d'un phénomène nouveau dans les relations internationales selon l'expérience des Communautés européennes*, *op. cit.*, p. 78.

[1058] Par exemple, la Cour de justice de la CEDEAO a réitéré constamment que la protection des droits de l'homme « *repose essentiellement sur les traités auxquels les États sont parties* », arrêts *Peter David c/ Uwechue* N°ECW/CCJ/APP/02/10 du 11 juin 2010, point 46 ; « *Dans son analyse, elle se référa donc exclusivement à des normes de droit international qui s'imposent, en principe, aux États qui y ont souscrit* », *P. A. Bodjona c/Togo* du 24 avril 2015, point 37 ; «*…elle n'a vocation à sanctionner que la méconnaissance d'obligations résultant de textes internationaux opposables aux États* », *CDP c/Burkina Faso* du 13 juillet 2015, point 25 ; «*…dans le contentieux de la violation des droits l'homme dont elle peut connaître, ne sont pertinentes que des règles tirées notamment des conventions internationales qui lient les États* », *Konso Kokou Parounam c/Togo*, N°ECW/CCJ/JUD/02/16 du 16 février 2016, point 24.

droits dont le juge assure la protection est une nouvelle tendance que James Thuo Ghathii qualifie d'une « émergence de la justice environnementale »[1059] et du redéploiement du contentieux communautaire[1060] en Afrique.

§ 1 : La protection effective des droits civils et politiques

262 La protection des droits civils et politiques dans la jurisprudence africaine se manifeste par la saisine récurrente des personnes victimes d'arbitraires de la part des États membres. La protection des droits de l'homme est une des manifestations de l'État de droit dont le juge apparait comme « la clef de voûte et la condition de sa réalisation »[1061]. À l'heure, les droits de l'homme, tels que les droits de procédure (**A**) et les droits substantiels (**B**), occupent les prétoires des cours africaines.

A) La protection processuelle

263 La protection des droits de l'homme par le juge est une manifestation de l'État de droit qui « se mesure à l'aune de la justiciabilité des actes juridiques et de l'intensité du contrôle juridictionnel »[1062]. En effet, la protection processuelle correspond aux droits de procédure dont le juge assure la garantie et l'effectivité. Et ces droits de procédure renvoient aux « garanties dont un individu dispose dans un État de droit afin de faire valoir ses droits et libertés »[1063]. La protection par le juge communautaire africain des droits processuels concerne le droit à un recours effectif, le droit à procès équitable et le respect des droits de la défense. Les cours africaines, dans leur mission de contrôle du respect du droit communautaire par les États membres et les Communautés, assurent la cohérence et l'unité des ordres juridiques sous le prisme de la défense de l'État de droit.

1) La défense de l'État de droit

264 La jouissance d'un droit reste tributaire de son invocabilité devant un juge. Les cours africaines contribuent à la définition de l'État de droit au niveau communautaire pour garantir l'existence de recours effectifs et viables dans les ordres juridiques des États membres.

[1059] GATHII (J. T), "Saving the Serengeti: Africa's New International Judicial Environmentalism", *Chicago Journal of International Law*, volume 16, No 2, 2016, p. 433.

[1060] *Ibid.*, p. 432.

[1061] CHEVALLIER (J.), *L'État de droit*, Montchrestien, 5e, édition, 2010, p. 128.

[1062] SIMON (D.), « La Communauté de droit », *op. cit.*, p. 93.

[1063] SUDRE (F.), *Droit européen et international des droits de l'homme*, *op. cit.*, p. 351.

D'abord, dans l'affaire *James Katabazi & 21 others v. Secretary General & The Attorney General of Uganda*[1064], dans laquelle, les requérants avaient été mis en accusation par les autorités pour haute trahison et mis en détention, mais aussitôt que la Cour suprême ougandaise ordonna leur libération, les forces de sécurité encerclèrent les locaux de la juridiction pour les arrêter à nouveau. La Cour constitutionnelle, saisie, déclare que l'intervention des forces de sécurité dans l'enceinte de la Cour suprême était contraire à la Constitution du pays. Malgré cette décision, les requérants furent maintenus en détention. Sur cette base, ils saisissent la Cour africaine de l'Est pour constater la violation du traité[1065] par l'Ouganda[1066]. La CJCAE, dans son arrêt, va définir l'État de droit en se référant à la doctrine[1067] :

> « L'État de droit… est un ensemble d'idées et de principes répandus dans les sociétés libres en vue de guider les législateurs, les administrateurs, les juges et les institutions d'application de la loi. La considération primordiale dans la théorie de l'État de droit, les gouvernants et les gouvernés sont soumis au droit »[1068].

265 Le juge communautaire de la CAE va retenir l'indépendance de la justice comme une composante essentielle de l'État de droit[1069] et souligner dans un *obiter dictum* que « l'intervention des forces de sécurité ougandaises empêchant l'exécution de l'ordre de la Cour viole le principe de l'État de droit et par conséquent le traité. Respecter une décision judiciaire est la pierre angulaire de l'indépendance de la justice qui est une composante de l'État de droit »[1070]. Ensuite, le Tribunal de

---

[1064] N° 1/2007 du 1er novembre 2007.

[1065] Il s'agit des articles suivants : l'article 6 (d) citant l'État de droit parmi les principes qui structurant la Communauté ; l'article 7 (2) érigeant le respect de l'État de droit au rang de principes fonctionnels et l'article 8 (1) (c) qui interdisent aux États membres de la Communauté africaine de l'Est de prendre des mesures compromettant la réalisation des objectifs du traité.

[1066] La question adressée au juge communautaire était de savoir si l'invasion de la Cour suprême par les forces de sécurité et l'arrestation des requérants en dépit de la décision judiciaire de mise en liberté violaient le traité.

[1067] L'ouvrage du juge George Kanyeihamba, *Commentaries on Law, Politics and Governance*, p. 14. Nous ne manquons de regretter le recours à la source Wikipédia pour donner une définition de l'État de droit (p. 18 de l'arrêt). La mention de cet outil de recherche n'est pas familière du style judiciaire.

[1068] P. 19 de l'arrêt.

[1069] P. 21 de l'arrêt.

[1070] Nous avons traduit ce passage du texte de l'anglais: « the intervention by the armed security agents of Uganda to prevent the execution of a law Court order violated

la SADC s'inscrivit dans la même perspective de défense de l'État de droit en donnant une définition formelle de l'État de droit dans l'affaire *Mike Campbell v. République du Zimbabwe*[1071]. En l'espèce, les requérants étaient dépossédés de leurs terres agricoles sans pour autant bénéficier de recours effectifs au niveau interne. Le juge communautaire de la SADC va partir de l'idée que « le concept d'État de droit comprend au moins deux droits fondamentaux, le droit d'accès au juge et le droit à un procès équitable »[1072] avant de considérer que « les requérants ont été privés de leurs terres agricoles sans avoir le droit accès à un juge et le droit à un procès équitable qui sont essentiels à l'État de droit »[1073]. Le Tribunal va réitérer, dans la décision *Tembani v Zimbabwe*[1074], sa volonté manifeste de défendre les piliers fondamentaux de l'État de droit tels que le droit au juge et le droit à un procès équitable[1075].

266 Dans la même ligne jurisprudentielle, le Tribunal, dans l'affaire *Barry Gondo et autres c. Zimbabwe* du 9 décembre 2010, s'inscrit dans la même perspective de défense de l'État de droit en donnant une définition formelle du concept. En l'espèce, les requérants, victimes de violence perpétrée par des agents de la police nationale et l'armée du Zimbabwe, saisissent le tribunal pour faire constater la non-exécution des décisions des juridictions nationales condamnant l'État pour paiement des dommages et intérêts. Empêchés par la législation Zimbabwéenne[1076] interdisant l'exécution forcée contre l'État pour les

---

the principle of the rule of law and consequently contravened the Treaty. Abiding by the court decision is the corner stone of the independance of the judiciary which is one of the principles of the observation of the rule of law », p. 23.

1071 N°2/2007 du 8 novembre 2008. Arrêt déjà cité.

1072 P. 26 de l'arrêt.

1073 P. 46 de l'arrêt.

1074 N°7/3008 du 14 août 2009. Dans cette affaire, le requérant, pour financer ses activités agricoles, emprunte de l'argent dans une banque moyennant d'une hypothèque de toute sa propriété agricole qui sera vendue à un prix dérisoire. Après avoir saisi les juridictions nationales, il décide de porter l'affaire devant le Tribunal pour violation des principes des droits de l'homme, de la démocratie et de l'État de droit.

1075 Point 33 de la décision. Le Tribunal reprit la conception fonctionnelle de l'État de droit défendu dans l'affaire *Mike Campbell* : « The concept of the Rule of law embraces at least two fundamental rights, namely, the right of access to the courts and the right to a fair hearing before an individual is deprived of a right, interest or legitimate expectation. »

1076 La section 5 (2) de la Loi sur la Responsabilité civile de l'État prévoit une immunité d'exécution en ces termes : « Aux termes de la présente section, aucune exécution, saisie-recouvrement ou toute procédure de cette nature ne peut être

réparations pécuniaires, ils invoquèrent la violation de l'article 4 (c) qui obligent les États membres à respecter les droits de l'homme, la démocratie et l'État de droit et l'article 6 (1) imposant les États membres à prendre des mesures nécessaires en vue de promouvoir la réalisation des objectifs de la SADC et à s'abstenir de compromettre les principes et lesdits objectifs. Le Tribunal, dans sa décision, formule une conception expressive de l'État de droit pour protéger le droit à un recours effectif. Pour le TSADC, « le concept de l'État de droit se décline au moins en quatre droits fondamentaux, à savoir le droit à un recours effectif, le droit de saisir une cour ou un tribunal indépendant et impartial, le droit pour un individu d'être entendue de manière impartiale avant de se voir priver d'un droit, d'un intérêt ou d'une attente légitime, le droit à l'égalité devant la loi et le droit à une protection égale de la loi »[1077].

267 En l'espèce, le Tribunal conclut que le Zimbabwe a violé les principes fondamentaux de droits de l'homme, de la démocratie et de l'État de droit et s'est agi en contradiction avec les droits processuels tels que le droit à un recours effectif, le droit de saisir une juridiction indépendante et impartiale et le droit d'être entendu de manière impartiale[1078]. Ces arrêts illustrent la volonté manifeste du juge communautaire de s'approprier la notion d'État de droit et d'exiger son respect par les États membres en garantissant l'existence des droits processuels.

2) La consécration effective des droits processuels

268 Il s'agit essentiellement de droits reconnus, par les conventions internationales classiques[1079] conclues dans le cadre des Nations unies et de la CADHP, adoptés au niveau de l'Union africaine. Il faut préciser d'emblée qu'aucune des organisations communautaires ne dispose de texte spécifique servant de catalogue de droits de l'homme. Les droits

---

engagée contre l'État dans toute action ou procédure... contre toute propriété de l'État... ».

[1077] P. 2. Sur cette décision, voir le commentaire de A. Afadameh-Adeyimi, « Barry Gondo & 8 Others v The Republic of Zimbabwe, SADC (T) 05/2008 », *SADC Law Journal*, 2011, pp. 203-205.

[1078] P. 4 de la décision.

[1079] Les plus cités sont la Déclaration universelle des droits de l'homme (DUDH) du 10 décembre 1948, le Pacte international relatif aux droits civils et politiques (PIDC) et le Pacte relatif aux droits sociaux économiques et culturels (PIDSC) du 19 décembre 1966 ou toute Convention pertinente en matière de droits à laquelle ont signé les États membres.

de procédures invoquées devant les juges dérivent des standards[1080] internationaux de protection de droits de l'homme. Les cours de justice sanctionnent la violation du droit à un recours effectif[1081], et exigent le respect du droit à procès équitable [1082] par les États membres. Dans de nombreux arrêts, la CJCEDEAO a assuré l'effectivité du droit à un recours effectif prévue par l'article 7 de la CADHP prévoyant que « Toute personne a droit à ce que sa cause soit entendue. Ce droit comprend :

a. le droit de saisir les juridictions nationales compétentes de tout acte violant les droits fondamentaux qui lui sont reconnus et garantis par les conventions, lois, règlements et coutumes en vigueur ;
b. le droit à la présomption d'innocence jusqu'à ce que sa culpabilité soit établie par une juridiction compétente ;
c. le droit à la défense, y compris celui de se faire assister par un défenseur de son choix ;
d. le droit d'être jugé dans un délai raisonnable par une juridiction impartiale ».

[1080] VILJOEN (F.), *International Human Rights Law in Africa*, *op. cit.*, p. 495. La CEDEAO dispose d'un Protocole A/SP1/12/01 sur la bonne gouvernance qui n'est pas forcément un texte sur les droits de l'homme mais un document de référence posant des principes constitutionnels communs à tous les États membres. On peut citer l'article 1 (h) du Protocole énonçant en filigrane des droits garanties : « Les droits contenus dans la Charte africaine des droits de l'homme et des peuples et les instruments internationaux sont garantis dans chacun des États membres de la CEDEAO ; tout individu ou toute organisation a la faculté de se faire assurer cette garantie par les juridictions de droit commun ou par une juridiction spéciale ou par toute institution nationale créée dans le cadre d'un instrument international des droits de la personne. » Ce Protocole a été commenté par Ismaïla Madior Fall et Alioune Sall le qualifiant de « Constitution régionale », Cf. « Une Constitution régionale pour l'espace de la CEDEAO : le Protocole sur la démocratie et la bonne gouvernance de la CEDEAO », consultable sur ce lien : http://www.la-constitution-en-afrique.org/article-34239380.html.

[1081] CJCEDEAO, *Sidi Amar Ibrahim et autres v. Niger*, N°ECW/CCJ/JUD/JUD/01/11 du 8 février 2011, point 45 ; *Mme Ameganvi Isabelle Manavi c. Togo*, N°ECW/CCJ/JUD/09/11 du 7 octobre 2011, point 68 ; *Ibrahima Sory Touré et Issiaga Bangoura c. Guinée*, N°ECW/CCJ/JUG/03/16 du 16 février 2016, point 87 ; TSADC, *Campbell and others v. The Republic of Zimbabwe*, Case N°2/2007, p. 41. ; TSADC, *Barry Gondo & 8 Others v The Republic of Zimbabwe*, N° 05/2008 du 9 décembre 2010, p. 4.

[1082] CJCEDEAO, *Ibrahima Sory Touré et Issiaga Bangoura c. Guinée*, arrêt déjà cité, point 101.

269 Déjà dans l'affaire Hissein Habré c. la République du Sénégal[1083], la CJCEDEAO a défini le droit de recours effectif comme le « droit d'un individu de saisir une juridiction pour faire constater un droit ou faire sanctionner la violation d'un droit »[1084]. La Cour, ultérieurement, dans l'affaire *Sidi Amar et Ibrahim c l'État du Niger*[1085], va relever la violation du droit de recours effectif en raison de l'abstention des autorités nigériennes dans la poursuite des auteurs de la fusillade devant les juridictions nationales[1086]. Elle constatera également que l'État du Togo a méconnu le droit d'être entendu des neuf (9) députés dans la procédure ayant conduit à leur déchéance parlementaire[1087]. La volonté de la Cour de rappeler aux États membres le respect des droits processuels des particuliers, notamment le droit de recours effectif, se manifeste par la constance de sa jurisprudence à faire de ce droit une réalité objective. Elle a souligné que « le recours effectif est celui qui permet à son auteur non seulement de saisir l'autorité compétente (judiciaire ou administrative) de sa requête, mais aussi d'obtenir d'elle une décision pouvant se matérialiser dans les faits »[1088]. Ainsi, la CJCEDEAO semble faire des droits de procédure des principes généraux à respecter dans l'ordre juridique communautaire. Elle a même indiqué, par exemple, que « l'égalité des armes est un des éléments inhérents à la notion de procès équitable…, elle exige que soit ménagé un juste équilibre entre les parties »[1089] et sa violation « résulterait d'un déséquilibre provoqué dans la présentation de leurs

---

[1083] Arrêt, N°ECW/CCJ/JUD/10 du 18 novembre 2010. Le requérant, ancien chef d'État tchadien vivant au Sénégal demandait à la Cour de constater la violation, entre autres, de son droit de recours effectif par le Sénégal dans la mesure où l'article 74 de la Constitution empêche l'exercice de ce droit par les personnes physiques. Mais la Cour a rejeté le moyen sur la violation du droit de recours effectif pour motif que, celui-ci est « *différend du recours constitutionnel limitativement réservé par les dispositions légales d'un État à un nombre d'individus pour faire constater l'inconstitutionnalité d'une ou plusieurs dispositions législatives* ».

[1084] Point 35.

[1085] N°ECW/CCJ/JUD/01/11 du 8 février 2011. En l'espèce, Sidi Amar et Ousmane Sidi Ali ont trouvé la mort au cours d'une fusillade déclenchée par des militaires de l'armée nigérienne en mission commandée.

[1086] Point 45 de l'arrêt.

[1087] *Mme Ameganvi Isabelle Manavi c. Togo*, point 68 de l'arrêt.

[1088] *Ibrahima Sory Touré et Issiaga Bangoura c. Guinée*, point 84. Dans cet arrêt, le juge rappelle une définition doctrinale du droit de recours effectif. La référence à la doctrine, pour définir les concepts, est une tendance observable chez le juge communautaire africain.

[1089] Point 96 de l'arrêt.

causes »[1090]. En garantissant l'exercice du droit de recours effectif, le juge communautaire contribue à la reconnaissance et à la concrétisation des droits substantiels.

270 Ainsi, l'influence du juge sur les droits de procédure, dans le cadre de renforcement de l'État de droit au niveau communautaire, rend possible l'effectivité des droits de l'homme en tant que brevet de succès d'une intégration économique.

B) La protection substantielle

271 La célèbre formule de la CEDH dans l'affaire *Airey c Irlande*, selon laquelle « la Convention a pour but de protéger des droits non pas théoriques ou illusoires mais concrets et effectifs »[1091], semble inspirer le juge communautaire africain pour protéger les droits reconnus par le droit primaire et les instruments internationaux auxquels les États membres ont adhéré. La CJCEDEAO, a retenu, qu'elle a vocation à examiner « des cas concrets de violation des droits de l'homme »[1092] et qu'elle ne « remplirait pas son rôle de protecteur des droits de l'homme », si elle « devait laisser échapper des violations flagrantes des droits de l'homme »[1093]. Dès lors, les droits, proclamés, font l'objet d'une protection effective dans les ordres juridiques communautaires et que leur violation par les États membres est sanctionnée par le juge communautaire. Ce dernier rappelle les obligations positives des États membres et fixe des modalités de réparation (**2**) des personnes victimes de violation des droits de l'homme. En protégeant les droits attachés à la personne humaine à travers la sanction de la violation (**1**), les cours de justice condamnent vigoureusement certaines pratiques contraires aux standards internationaux en matière de protection des droits de l'homme. Elles ont eu l'occasion de préciser le contenu de ces droits en assurant leur protection effective.

1) La sanction de la violation des droits (droit à la dignité, droit à la propriété, droit à l'éducation, droit à la participation politique)

272 L'étude de la jurisprudence des cours africaines relative aux droits de l'homme révèle deux remarques : d'abord, la plupart des droits

---

[1090] *Ibid.*

[1091] Requête 6289/73 du 9 octobre 1979, point 24.

[1092] *Dame Hadijatou Mani Koraou c. Niger,* du 27 octobre 2008, point 60 ; *Hissein Habré c. Sénégal*, Arrêt, N°ECW/CCJ/JUD/10 du 18 novembre 2010, point. 51.

[1093] *Farimata Mahamadou et autres c. Mali,* N°ECW/CCJ/JUD/11/16 du 17 mai 2016, point 49.

de l'homme dont la violation est constatée devant le juge communautaire concerne la dignité humaine (droit à la vie, interdiction de la torture et des traitements inhumains et dégradants, interdiction de l'esclavage, interdiction de la discrimination), la liberté individuelle, la liberté de mouvement, la propriété privée… Ensuite, les normes violées découlent de la CADHP[1094], des traités internationaux auxquels les États ont adhéré et les principes fondamentaux consacrés par le droit primaire.

273 Dans l'affaire *Dame Hadijatou Mani Koraou c. Niger,* du 27 octobre 2008, la CJCEDEAO a eu à prohiber toute pratique de l'esclavage et exiger le respect de la dignité humaine[1095]. Cette affaire, aux multiples facettes[1096], a permis à la Cour de considérer que l'esclavage est « une violation grave de la dignité humaine et est formellement interdit par tous les instruments internationaux »[1097] qui

---

1094 Art 4. Inviolabilité de la personne humaine, respect de la vie privée, de l'intégrité physique et morale. ; Art 5. Respect de la dignité humaine ; Art. 6. Liberté individuelle, etc.

1095 En l'espèce, la requérante, Dame Hadijatou Mani Koraou, a été vendue à l'âge de 12 ans par le chef de la Tribu Kenouar à Elhadji Souleymane Noura à 240 000 FCFA. Cette transaction a eu au titre de la Wakhiya (pratique pour servir de domestique et de concubine). Elle a été victime de mauvais traitements dont l'abus sexuel. Elle eut 4 enfants dont deux ont survécu. La requérante obtint un certificat d'affranchissement et saisit le tribunal civil en février 2006 pour obtenir sa liberté totale par l'inexistence du mariage avec son maître. Elle se pourvoit en cassation devant la Cour suprême pour obtenir l'application de la loi contre l'esclavage après que le juge d'appel a infirmé la décision. Après une bataille judiciaire au niveau interne, elle saisit la Cour de justice de la CEDEAO.

1096 Cet arrêt a connu une forte médiatisation, une résonnance et a rendu la Cour « populaire » du fait de sa portée dans l'ordre juridique communautaire et international. Deux enseignements peuvent être retenus : Premièrement, la Cour souligne sa totale autonomie dans l'emploi de la CADHP par rapport à la Commission africaine des droits de l'homme et des peuples. Deuxièmement, à travers cet arrêt fondateur, elle rappelle aux États membres que le respect des droits de l'homme fait partie des principes inhérents à l'ordre juridique communautaire. En plus, en garantissant l'interdiction de la pratique d'esclavage, la Cour contribue au système africain de protection des droits de l'homme. Il n'est pas inutile d'évoquer l'impact de l'arrêt en ce sens qu'un prix fut décerné à la victime par le département d'État américain en 2009 et elle a été reçue par Hillary Clinton et Michelle Obama à la maison blanche. Cf. DUFFY (H.), « Human Rights Cases in Sub-regional African Courts: Towards Justice for Victims or Just More Fragmentation ? », *op. cit.*, p. 179. La sanction financière de 10 000 000 FCFA prononcée par la Cour a été exécutée par le Trésor public nigérien le 17 mars 2009. Cf. ADJOLOHOUN (J. H. S.), "The ECOWAS Court as a Human Rights Promoter? Assessing five Years' impact of the Koraou Slavery Judgment", *op. cit.*, p. 346.

1097 Point 75 de l'arrêt.

font de l'interdiction de l'esclavage « un droit intangible »[1098], « absolu et d'ordre public »[1099]. Après avoir rappelé le cadre international[1100] de l'interdiction générale de l'esclavage, la Cour va déclarer le Niger comme « responsable… de toute forme de violation des droits de l'homme de la requérante fondée sur l'esclavage du fait de la tolérance, de la passivité, de l'inaction, de l'abstention de ces mêmes autorités face à cette pratique »[1101]. La position de la Cour s'inscrit dans la droite ligne de sa jurisprudence protectrice des droits de la personne humaine. C'est dans ce sens qu'elle exige le respect des obligations communautaires découlant de la Charte africaine et des conventions internationales opposables aux États membres en interdisant toute arrestation ou détention arbitraire[1102], d'actes de torture[1103] et discrimination[1104] basée sur l'opinion politique[1105] ou le sexe[1106] dans les États membres de la Communauté conformément à la CADHP et aux instruments

[1098] *Ibid.*

[1099] Point 81. La Cour va même rappeler l'obiter dictum de l'arrêt de la Cour internationale de justice dans l'affaire *Barcelona Traction* du 5 février 1970 : « la mise hors la loi de l'esclavage est une obligation *erga omnes* qui s'impose à tous les organes de l'État ».

[1100] Art. 5 de la CADHP ; Art. 4 (1) de la CEDH ; Art. 6 de la CADH ; Art. 8 (1, 2) du PIDCP.

[1101] Point 85.

[1102] *Chief Ebrimah Manneh vs. Gambie*, N°ECW/JUD/04/07 du 05 juin 2008, point 22 ; *Bayi and 14 others vs. Nigeria*, N°ECW/CCJ/APP/10/06 du 28 janvier 2009 ; *Mamadou Tandja v. Niger*, N°ECW/CCJ/JUD/05/ 10 du 8 novembre 2010, point 19 ; *Simon Ehivet et Michel Gbagbo c. Côte d'Ivoire*, N°ECW/JUG/03/13 du 22 février 2013, point 78.

[1103] *Musa Saidykhan vs. Gambie*, N°ECW/CCJ/JUD/08/10 du 16 décembre 2010, point 46.

[1104] Sur cette question, le Tribunal de la SADC, dans l'affaire *Mike Campbell*, a déclaré que le Zimbabwe a commis une discrimination raciale car l'application de la réforme agraire affectait les terres des agriculteurs blancs et son impact était injustifiable et disproportionné à l'égard des requérants caractérisés par leur appartenance raciale, p. 53. Le Tribunal conclut à la violation de l'article 6 (2) du traité : « SADC and Member States shall not discriminate against any person on grounds of gender, religion, political views, race, ethnic origin, culture or disability. »

[1105] *Congrès pour la démocratie et le Progrès c. État du Burkina Faso*, N°ECW/CCJ/JUD/16/15 du 13 juillet 2015, point 29. Pour la Cour considère que « le droit de restreindre l'accès à la compétition électorale… ne doit pas être utilisé comme un moyen de discrimination des minorités politiques ».

[1106] *Farimata Mahamadou et autres c. Mali,* N°ECW/CCJ/JUD/11/16, point 54. Le juge communautaire, dans cette affaire, a retenu que « les juridictions maliennes, en excluant les requérantes de la dévolution successorale du fait de leur sexe, ont opéré à leur égard une discrimination », point 53.

internationaux. D'ailleurs, la Cour, restant dans sa logique constante, est allée jusqu'à considérer que l'emploi du mot « prostitution », pour désigner des individus, est un abus de langage et porte atteinte à la dignité humaine. C'est lorsqu'elle a été saisie dans le cadre de l'affaire[1107] des quatre (4) femmes arrêtées dans la rue au Nigéria, puis détenues et accusées de prostituées. La Cour d'Abuja estima que l'arrestation était illégale et violait leurs droits de ne pas être soumises aux traitements inhumains et dégradants et constituait également une discrimination fondée sur le sexe. L'attitude de la Cour est intéressante à plusieurs égards. Elle devient ainsi la première juridiction africaine à appliquer le Protocole de Maputo sur les droits de la femme, adopté depuis 2003. Cette volonté d'assurer l'effectivité des droits de l'homme est aussi observable au niveau de la Communauté africaine de l'Est où la CJAE a eu également l'occasion de condamner les arrestations et détentions illégales[1108].

274 En plus de la protection des droits attachés à l'intégrité de la personne, les juges communautaires protègent aussi les droits économiques et sociaux. La Cour d'Abuja a eu à consacrer la dimension justiciable du droit à l'éducation contestée par le Nigeria en affirmant que ledit droit garanti par la Charte africaine[1109] est « justiciable before this court »[1110]. Dans un autre arrêt[1111] concernant une assignation à résidence mettant en cause le droit à la santé morale de la famille[1112], la Cour va définir la substance de ce droit en constatant sa violation par la Côte d'Ivoire. Selon elle : « une atteinte portée à la santé morale de la famille s'entend de tout acte par lequel l'équilibre moral de cette famille est mis en péril ou de toute situation dans laquelle tout ou partie de la famille est soumis à des épreuves de nature à l'empêcher de jouir des interactions affectives, émotionnelles, de ce libre commerce naturel

---

[1107] *Dorothy Njemanze & trois autres v. Nigeria*, ECW/CCJ/08/17 du 12 octobre 2017. Cf. http://www.ihrda.org/2017/10/ecowas-court-makes-first-pronouncement-on-maputo-protocol-rules-in-favour-of-plaintiffs-in-case-of-dorothy-njemanze-3-ors-v-federal-republic-of-nigeria/.

[1108] *James Katabazi & others v. Secretary General & The Attorney General of Uganda* ; *Plaxeda Rugumba vs. The Attorney General of Rwanda* ; *Samuel Mukira Mohochi vs. The Attorney General of Uganda*.

[1109] Article 17.

[1110] *SERAP v. Nigeria & UBEC*, Suit N°ECW/CCJ/APP/08/08, 27 octobre 2009, point 20.

[1111] *Simon Ehivet et Michel Gbagbo c. Côte d'Ivoire,* arrêt déjà cité. En l'espèce, les requérants ont été arrêtés à la suite du second tour de l'élection présidentielle en Côte d'Ivoire du 28 novembre 2010 et puis assignés à résidence.

[1112] Article 18 de la CADHP.

qu'entretiennent des personnes soudées par les liens familiaux comme les consacrent dans toute société humaine, de longues traditions culturelles »[1113] ; Et conclut que : « L'éloignement du requérant de sa famille pour une durée indéterminée, sans perspective concrète de la retrouver dans un temps prévisible, les interdictions de visites et de communications avec ses parents, à tout le moins au début de l'assignation à résidence [comme le reconnaît d'ailleurs l'État de Côte d'Ivoire cf. §46] constituent pris ensemble, une atteinte à la santé morale de la famille. »[1114]

275 La Cour africaine de l'Est, s'inscrivant dans la même dynamique de protection des droits sociaux économiques, a reconnu la violation du droit de propriété[1115] par le Burundi qui n'a pas pris les mesures nécessaires pour empêcher l'expropriation illégale du requérant. Nous reprenons la position du juge de la Communauté africaine de l'Est : « … the failure by the appropriate authorities of the Republic of Burundi to ensure the protection of the Applicant's land property rights was fundamentally inconsistent with Burundi's express obligations under Articles 6(d) and 7(2) of the Treaty to observe the principles of good governance including in particular, the principles of adherence to the rule of law, and the promotion and protection of human rights. This failure constitutes an infringement of the said provisions of the Treaty. »[1116] Ces différents arrêts illustrent la détermination des juges communautaires africains à garantir les droits fondamentaux des ressortissants des États membres qu'il s'agisse de l'interdiction de traitements inhumains, d'actes de torture, d'arrestation et détention arbitraires ou du respect du droit à l'éducation, du droit à la santé morale, du droit de la propriété et du droit à la participation politique. En constatant la méconnaissance des droits de l'homme par les États membres, les cours de justice rappellent à ces derniers leurs obligations

[1113] Point 81 de l'arrêt.

[1114] Point 82 de l'arrêt.

[1115] *Venant Masenge vs. The Attorney General of The Republic of Burundi*, n°9/2012 du 14 juin 2014.

[1116] « L'incapacité des autorités compétentes de la République du Burundi à garantir la protection des droits de propriété du requérant au titre de la propriété foncière était fondamentalement incompatible avec les obligations incombant au Burundi en vertu des articles 6 (d) et 7 (2) du Traité de respecter les principes de bonne gouvernance, les principes de respect de l'État de droit, de promotion et de protection des droits de l'homme. Ce manquement constitue une violation des obligations desdites dispositions du Traité ».

communautaires de prendre les mesures nécessaires pour rendre effectif les droits des particuliers ou de s'abstenir de tout acte empêchant leur exercice. Pour éviter les violations répétitives des droits de l'homme dans les ordres juridiques communautaires, les juges prévoient des sanctions à l'encontre des États en leur demandant d'allouer des dommages et intérêts aux personnes victimes.

2) L'affirmation d'un pouvoir communautaire de réparation en matière de violation des droits de l'homme

276 De manière générale, la violation d'un droit peut dériver non seulement d'une ingérence de l'État, mais aussi d'une abstention de l'État constitutive d'un manquement aux droits de la personne humaine garantis. En droit communautaire africain, la pratique jurisprudentielle révèle que les juges appliquent la théorie des obligations positives[1117], inspirée des juges européens et américains pour contraindre les États à assumer leurs engagements communautaires. Cette théorie renvoie à l'idée que les pouvoirs publics ont non seulement l'obligation négative de s'abstenir de tout acte susceptible de compromettre les droits fondamentaux individuels mais également l'obligation d'adopter toutes les mesures nécessaires à la garantie effective de ces droits y compris les droits civils et politiques[1118]. La Charte africaine des droits de l'homme et des peuples qui est opposable aux États membres prévoit en son article premier, l'obligation pour ces derniers « d'adopter des mesures législatives et autres »[1119] pour respecter les droits de l'homme.

[1117] Sur l'analyse de la notion. Voir SUDRE (F.), *Droit européen et international des droits de l'homme*, *op. cit.*, pp. 247-255 ; L. Burgorgue-Larsen, 'Interpreting the European Convention: What can the African Human Rights system learn from the case law of the European Court of Human Rights on the interpretation of the European Convention', 5 *Inter-Am. & Eur. Hum. Rts. J.* 2012 (90-123), p.114.

[1118] GAUTHIER (C.), PLATON (S.), SZYMCZAK (D.), *Droit européen des droits de l'homme*. Sirey, 2017, p. 85. Il faut rappeler, avec ces auteurs, que la théorie des obligations positives trouve son origine du droit allemand et la CEDH l'a consacré de manière progressive (Arrêt 23 juillet 1968, *Affaire linguistique Belge*). Plus tard, la Cour va préciser le contenu de la notion d'obligation positive notamment l'adoption des « mesures raisonnables et adéquates pour protéger les droits que l'individu tient de la Convention » (Arrêt, *Lopez-Ostra*, 9 décembre 1994, (§51). Cf. SUDRE (F.), « Les obligations positives » dans la jurisprudence européenne des droits de l'homme », *RTDH*, 1995, p. 363.

[1119] Pour l'analyse de cette disposition, nous pourrons se référer au commentaire détaillé de Sandra Szurek, « Article 1 », *in* KAMTO (M.) (ss. dir.), *La Charte africaine des droits de l'homme et des peuples et le Protocole y relatif portant création de la Cour africaine des droits de l'homme. Commentaire article par article.*

Les cours de justice africaines ont, dans de nombreux arrêts, demandé aux États membres défaillants d'éliminer ou de cesser toute violation du droit communautaire des droits de l'homme en adoptant les actions nécessaires. Dans la célèbre affaire, *Dame Hadijatou Mani Koraou*, la CJCEDEAO engage la responsabilité de l'État nigérien du fait de « sa tolérance, de sa passivité, de son inaction et de son abstention »[1120] à prendre des mesures pour mettre fin à la pratique de l'esclavage. Selon la Cour, les juridictions nationales nigériennes avaient l'obligation de poursuivre et de sanctionner pénalement le délit d'esclavage[1121]. De la même manière, la Cour a condamné l'inertie des pouvoirs publics dans l'affaire *Sidi Amar Ibrahim et autres v. Niger*, lorsqu'il s'est agi de poursuivre les auteurs de la fusillade[1122]. Enfin, en application de la théorie des obligations positives, la CJCEDEAO a ordonné à l'État du Burkina Faso d'éliminer tous les obstacles à l'exercice du droit de libre participation aux élections[1123] et de considérer dans un arrêt ultérieur que « l'égalité devant la loi implique qu'une personne ne peut faire l'objet d'une discrimination qui soit fondée sur des critères tels que la race, l'ethnie, la religion, le sexe »[1124]. En Afrique australe, le Tribunal de la SADC, dans l'affaire *Mike Campbell*, pour protéger le droit de propriété, a demandé au Zimbabwe de prendre « all necessary measures, through its agents to protect the possession, occupation and ownership of the lands »[1125]. Au niveau de la Communauté africaine de l'Est, la Cour de justice a rappelé aux États membres l'obligation d'agir conformément au traité pour éviter des limitations de libertés sans un droit de recours[1126] et des détentions arbitraires[1127]. Ainsi, les cours de justice, en rappelant aux États membres leurs obligations en vertu des traités communautaires, veillent au respect des droits des particuliers.

Bruxelles, Bruylant, 2011, pp. 81-117. Rappelons également que la Commission africaine des droits de l'homme et des peuples a contribué à la reconnaissance des obligations positives à l'égard des États. Cf. Communication 211/98, *Legal Ressources Fondation c. Zambia*, du 7 mai 2001.

1120 Point 85 de l'arrêt.

1121 Point 84 de l'arrêt.

1122 N°ECW/CCJ/JUD/01/11, points 40-45.

1123 *CDP v. Burkina Faso,* du 13 juillet 2015.

1124 *Farimata Mahamadou et autres c. Mali,* du 17 mai 2016, point 67.

1125 N°2/2007 du 8 novembre 2008, point 58.

1126 *Samuel Mukira Mohochi vs. The Attorney General of Uganda*, n°5/2011 du 17 mai 2013, point 108.

1127 *Plaxeda Ruguma vs. The Attorney General of Rwanda*, n°8/2010 du 1er décembre 2010, point, 42.

277 Les cours de justice octroient une indemnité compensatrice aux personnes victimes de violation des droits de l'homme. Sur ce point, la CJCEDEAO a développé une doctrine bien établie en matière d'indemnisation. Très tôt, elle souligna que « l'octroi d'une compensation pécuniaire en matière droits de l'homme est une pratique judiciaire constante… qui repose sur le principe Ubi Jus Ibi Remedium »[1128] et qu'une personne « victime de violation des DH qui a eu gain de cause dans un procès, peut réclamer une indemnisation, s'il y a lieu, notamment à titre de dommages et intérêts particuliers s'ils sont plaidés et prouvés au procès »[1129]. Lorsque le requérant est victime d'une détention arbitraire[1130] ou de traitements inhumains ou dégradants[1131], la Cour accorde une indemnité visant à « apaiser le sentiment de souffrance de la victime, de la restaurer dans ses droits et sa dignité »[1132]. En revanche, la CJCEDEAO, a précisé la finalité de la réparation de la violation des droits de l'homme en considérant qu'elle n'est pas punitive ou répressive[1133]. C'est dire que les mesures ordonnées par la Cour n'ont pas vocation à sanctionner l'État responsable mais de permettre à une réparation « juste et équitable »[1134]. C'est ce que la Cour relève en ces termes : « Les mesures [qu'elle] ordonne (…) lorsqu'elle constate la violation des droits de l'homme ont principalement pour finalité la cessation desdites violations et la réparation. Elle tient compte pour cela des circonstances propres à chaque affaire pour indiquer les mesures adéquates… »[1135]. L'octroi des indemnités par la Cour n'est pas systématique, car elle développe une approche casuistique. Mais, Il faut dénoncer le caractère ambigu de la Cour lorsqu'il s'agit de fixer le montant de la réparation[1136]. La modalité de

---

[1128] *Frank Ukor v Benin Rachad Laleye*, NECW/CCJ/APP/04/05 du 2 novembre 2007.

[1129] *Chief Ebrimah Manneh vs. Gambie*, N°ECW/JUD/04/07 du 05 juin 2008, point 38.

[1130] *Konso Kokou Parounam c/Togo*, N°ECW/CCJ/JUD/02/16 du 16 février 2016, point 43.

[1131] *Dame Hadijatou Mani Koraou c. République du Niger*, n° ECW/CCJ/JUD/06/08, 27 octobre, 2008 ; *Dorothy Njemanze & trois autres c. Nigeria*, ECW/CCJ/08/17 du 12 octobre 2017.

[1132] *Musa Saidykhan c. Gambie*, N°ECW/CCJ/JUD/08/10 du 16 décembre 2010, point 43.

[1133] Point 43.

[1134] *Bayi and 14 others vs. Nigeria*, N°ECW/CCJ/APP/10/06 du 28 janvier 2009, point 45.

[1135] *Ibrahima Sory Touré et Issiaga Bangoura c. Guinée*, N°ECW/CCJ/JUG/03/16 du 16 février 2016, point 121.

[1136] Dans plusieurs affaires, la CJCEDEAO donne uniquement les éléments de justification de l'allocation d'une indemnité sans pour autant préciser davantage la base de fixation du montant. Par exemple, dans l'arrêt *Chief Ebrimah Manneh vs. Gambie,* la Cour, pour ordonner la réparation des préjudices subies, souligne, entre

la réparation retenue par la Cour est la satisfaction équitable[1137] revêtant la forme de l'indemnisation pécuniaire[1138] pour effacer les préjudices subis par la personne plaignante. En effet, il faut souligner que le droit communautaire de la CEDEAO ne prévoyait pas la possibilité pour la Cour d'octroyer une indemnité en cas de violation des droits de la personne par un État membre contrairement aux droits européen[1139] et interaméricain[1140]. C'est le juge communautaire lui-même qui pose le principe du droit à la réparation pécuniaire en s'inspirant de la jurisprudence internationale[1141]. Mais, il se démarque de la CJUE qui considère, en vertu du principe de l'autonomie institutionnelle et procédurale, que « c'est dans le cadre du droit national de la responsabilité qu'il incombe de réparer les conséquences du préjudice

autres, que « le journaliste travaillait et menait une vie normale avant d'être arrêté et détenu », point 39. Aussi, dans l'affaire *Musa Saidykhan vs. Gambie*, le juge retient que « l'évaluation des dommages et intérêts au profit du requérant prend ainsi, en compte la perte d'emploi et en conséquence la perte de revenus et les blessures physiques », point 46. Il prendra en compte les mêmes considérations dans l'arrêt *Ibrahima Sory Touré et Issiaga Bangoura c. Guinée*, en indiquant que « les requérants ont perdu leur emploi du fait de leur détention provisoire, laquelle présente un caractère arbitraire. La perte de leur emploi leur cause inévitablement un préjudice financier…Qu'il convient par conséquent d'ordonner la réparation de ce préjudice en octroyant des dommages-intérêts à chacun des requérants », points 126-128.

[1137] C'est dans l'arret *Chief Ebrimah Manneh vs. Gambie*, précité que la CJCEDEAO relève que « La réparation est accordée afin d'assurer « la satisfaction équitable » et rien d'autre », point 38.

[1138] *Dame Hadijatou Mani Koraou v. République du Niger*; *Musa Saidykhan vs. Gambie*; *Bayi and 14 others vs. Nigeria*; *Mme Ameganvi Isabelle Manavi c. Togo; Ibrahima Sory Touré et Issiaga Bangoura c. Guinée; Farimata Mahamadou et autres c. Mali*; *Konso Kokou Parounam c/Togo*; *Maseda Industrie SA c/Mali*, ECW/CCJ/APP/10/16 du 24 janvier 2017; *Benso Okambo c/Benin*, ECW/CCJ/JUD/05/17 du 10 octobre 2017; *Wing Commander Danladi A. Kwasu c/Nigeria*, ECW/CCJ/JUD/04/15 du 10 octobre 2017.

[1139] L'article 41 de la CEDH prévoit que « Si la Cour déclare qu'il y a eu violation de la Convention ou de ses protocoles, et si le droit interne de la Haute Partie contractante ne permet d'effacer qu'imparfaitement les conséquences de cette violation, la Cour accorde à la partie lésée, s'il y a eu lieu, une satisfaction équitable ».

[1140] L'article 63. 1 de la CIADH dispose que : « Lorsqu'elle reconnaît qu'un droit ou une liberté protégée par la présente Convention ont été violés, la Cour ordonnera que soit garantie à la partie lésée la jouissance du droit ou de la liberté enfreinte. Elle ordonnera également, le cas échéant, la réparation des conséquences de la mesure ou de la situation à laquelle a donné lieu la violation de ces droits et le paiement d'une juste indemnité à la partie lésée. »

[1141] Pour l'essentiel, la CJCEDEAO s'inspire de la jurisprudence de la CEDEH et de la CIADH en la matière.

causé… en l'absence d'une réglementation communautaire, c'est à l'ordre juridique interne de chaque État membre qu'il appartient de désigner les juridictions compétentes et régler les modalités procédurales des recours en justice destinés à assurer la pleine sauvegarde des droits que les justiciables tirent du droit communautaire…»[1142]. Elle se limite à définir le principe de la responsabilité et les conditions de la réparation par les États. Le droit à la réparation pécuniaire a été également affirmé par le Tribunal de la SADC dans l'affaire *Campbell and others v. The Republic of Zimbabwe* lorsque le juge rappelle vigoureusement que « fair compensation is due and payable to the applicants by the respondant in respect of their expropriated lands »[1143].

278 En revanche, la Cour africaine de l'Est, au début, semble rejeter toute faculté de prescrire des mesures réparatrices en cas de dommages causés aux particuliers par la violation du droit communautaire. En effet, elle a précisé, dans un arrêt rendu sur renvoi préjudiciel le 31 juillet 2015, qu'il appartient aux juridictions nationales de constater les dommages subis par le requérant et de déterminer les modalités de la réparation si la violation du droit communautaire est établie[1144]. Mais aujourd'hui la Cour semble évoluer dans sa jurisprudence en reconnaissant un pouvoir d'accorder une réparation en cas de violation du Traité. D'une part, elle souligne que le Traité « ne confine pas la Cour à une simple fonction d'interprétation et à la prise de mesures déclaratoires mais reconnaît à la Cour, dans l'une de ses compétences, le pouvoir d'accorder des réparations appropriées pour assurer le respect du droit et les obligations du Traité »[1145]. D'autre part, la Cour

---

[1142] CJCE, 19 novembre 1991, *Andrea Francovich et Danila Bonifaci et autres c/Italie*, Aff. Jtes C-6/90 et C-9/90, point 42. C'est dans cet arrêt fondateur que le juge de l'Union affirme que « le droit communautaire impose le principe selon lequel les États membres sont obligés de réparer les dommages causés aux particuliers par les violations du droit communautaire qui leur sont imputables », point 37. Cf. DUBOUIS (L.), « La responsabilité de l'État pour les dommages causés aux particuliers par la violation du droit communautaire », *RFDA*, 1992, p. 1. Le régime de la responsabilité de l'État annoncé dans l'arrêt *Humblet c/ État belge*, 6/60 du 16 décembre 1996, est complété par les arrêts du 5 mars 1996, *Brasserie du Pêcheur et Factortame*, aff. Jtes C-46/93 et C-48/93 et du 30 septembre 2003 *Kobler c/Autriche*, C-224/01.

[1143] Case N°2/2007, p. 57 de l'arrêt.

[1144] Appellate Division, *Uganda vs Tom Kyahurwenda*, n°1/2014. Reference for a preliminary ruling under article 34 of the Treaty made by the high Court of the Republic of Uganda, point 75.

[1145] Notre traduction de l'anglais : « … the Treaty do not confine the Court's mandate to mere Treaty interpretation and the making of decelartory orders but confer on the

considère que « la question des dommages-intérêts relève du pouvoir discrétionnaire de la Cour et qu'elle doit être exercé judicieusement en tenant compte des faits et circonstances qui lui sont présentés et qu'elle doit tirer une conclusion régie par le droit »[1146].

279 Ainsi le constat est que la jurisprudence africaine reconnaît un droit à réparation au profit des particuliers en cas de violation des droits de l'homme par les États membres. La CJCEDEAO, s'arrogeant de son pouvoir normatif, a su développer une politique jurisprudentielle favorable à la réparation indemnitaire. Au total, les cours africaines assurent la protection effective des droits de l'homme en affirmant le respect des droits de procédure (droit à un recours effectif, droit à un procès équitable, etc.) et les droits substantiels (intégrité, dignité humaine, interdiction de traitements inhumains ou dégradants, droit à l'éducation, droit de la propriété, etc.) par les États membres. La jurisprudence africaine établit la responsabilité de l'État du fait de la violation du droit communautaire et définit ses obligations positives. De même, la CJCEDEAO consacre le droit à la réparation indemnitaire pour les individus victimes de violations des droits de l'homme.

280 Néanmoins, la jurisprudence révèle que la protection des droits de l'homme par les cours africaines concerne non seulement les droits civils, politiques, sociaux et économiques, mais aussi le droit de l'environnement. Cela élargit la base du contentieux. Cette mutation de fond a été qualifiée par James Ghatii de « redéfinition »[1147] de la fonction du juge communautaire favorisant la protection du droit des personnes de disposer d'un environnement sain.

Court…as an aspect of its jurisdiction, the authority to grant appropriate remedies to ensure adherence to law and compliance with Treaty ». *Hon. Dr. Margaret ZZIWA v. The Secretary general of the East African community*, Appeal N°2/2017 du 25 mai 2018, point 35.

1146 Notre traduction de l'anglais : « is trite law that the question of general damages falls within the judicial discretion of the Court and that the Court's discretion has to be exercised judiciously upon facts and circumstances presented to the Court from with it must draw a conclusion governed by law ». *Grands Lacs Supplier SARL & others v. The Attorney of Burundi,* (First Instance) N°6/2016 du 19 juin 2018, point 77.

1147 "Saving the Serengeti: Africa's New International Judicial Environmentalism", *op. cit.*, p. 396. L'auteur évoque que "Not all Africa's international courts have repurposed their mandates to include deciding human rights or environmental cases as those in East, West and Southern Africa".

§ 2 : La promotion du droit à un environnement sain

281 La protection effective des droits de l'homme dans les organisations communautaires africaines par les cours de justice constitue un moyen de renforcer l'environnement de l'intégration[1148]. Les développements jurisprudentiels illustrent la détermination des juges à accompagner le processus d'intégration dans un cadre favorable au respect des droits de l'homme. Le prétoire des cours de justice communautaires, dominé par le contentieux des droits de l'homme[1149], intègre aussi le contentieux environnemental. Il n'est pas vain de rappeler que les cours africaines se singularisent par le fait qu'elles ont été instituées, à l'origine, pour examiner le contentieux relatif aux libertés économiques. Mais par évolution, les recours introduits auront une connotation de droits de l'homme et du droit à un environnement sain. Les cours de justice de la CEDEAO et de la Communauté africaine de l'Est inaugurent le contentieux communautaire environnemental garantissant le respect du droit à un environnement sain prévu par les traités (**A**) par leur jurisprudence (**B**).

A) La prise en compte du droit à un environnement sain par les traités

282 La Charte africaine des droits de l'homme et des peuples fut le premier texte international à consacrer le droit à un environnement sain[1150]. En vertu de l'article 24 de la Charte africaine que « Tous les peuples ont droit à un environnement satisfaisant et global, propice à leur développement »[1151]. Ensuite, la Convention interaméricaine des droits de l'homme va emboiter le pas à la Charte de Banjul, en

---

[1148] KLEIS (J.), *African Regional Communities Courts and their Contribution to Continental Integration*, *op. cit.*, p. 300.

[1149] HELFER (L.), « Sub-regional Courts in Africa: Litigating the hybrid right to freedom of movement », *iCourts Working Paper Series*, N°32, septembre 2015, p. 4.

[1150] KAMTO (M.), « Charte africaine, instruments internationaux de protection des droits de l'homme, constitutions nationales : articulations perspectives », *in* Jean F. Flauss (ss. dir.), *L'application nationale de la Charte africaine des droits de l'homme et des peuples*. Bruxelles, 2004, p. 28. Au niveau universel, le Principe de la Déclaration de Stockholm de juin 1972 souligne que « L'homme a un droit fondamental… à des conditions de vie satisfaisantes dans un environnement dont la qualité lui permette de vivre dans la dignité et le bien-être ».

[1151] Sur l'analyse détaillée de la portée de cet article, nous pourrons nous référer au commentaire de Mohamed Ali Mekouar, « Article 24 », *in* Maurice Kamto (ss. dir.), *La charte africaine des droits de l'homme et des peuples et le Protocole y relatif portant création de la Cour africaine des droits de l'homme*. Bruylant, 2011, pp. 626-643.

reconnaissant à travers un Protocole additionnel du 17 novembre 1988 sur les droits économiques, sociaux et culturels, que « Toute personne a le droit de vivre dans un environnement salubre et de bénéficier des équipements collectifs essentiels »[1152]. Dans les organisations communautaires africaines, les traités de base ne mentionnent pas directement la protection individuelle du droit à un environnement sain mais prévoient des obligations pour les États membres en matière environnementale. Si le traité de la CEDEAO, en son article 29 (1), rappelle uniquement l'engagement des États « *à protéger, préserver et améliorer l'environnement naturel* », le traité de la Communauté africaine de l'Est renferme plusieurs dispositions favorables à la protection de l'environnement. L'article 5 (3) du traité de la CAE fait la protection de l'environnement un des objectifs fondamentaux de la Communauté. L'article 111 (1) prévoit « qu'un environnement sain et attrayant est une condition préalable à un développement durable » et l'article 112 précise les mesures à prendre par les États membres pour garantir le respect de l'environnement. En outre, la CAE a adopté un Protocole sur l'Environnement et les ressources naturelles en 2005 consacrant « le principe du droit fondamental du peuple à vivre dans un environnement propre et sain »[1153]. Au niveau de la SADC, l'article 5 (g) du traité érige la protection effective de l'environnement en objectif fondamental.

283 En Europe, le texte de la Convention européenne des droits de l'homme ne consacre pas directement le droit à un environnement sain. C'est au titre de l'interprétation dynamique de l'article 8 de la Convention[1154], que la Cour européenne admet le droit de l'individu de vivre dans un environnement sain[1155]. En droit de l'Union européenne[1156], la Charte des droits fondamentaux de 2001 prévoit, en

---

[1152] Article 11 (1) du Protocole de la CIADH.

[1153] Article 4 (2) (a) du Protocole.

[1154] « *Toute personne a droit au respect de sa vie privée et familiale, de son domicile et de sa correspondance* ».

[1155] C'est dans l'arrêt de principe du 9 décembre 1990, *Lopez Ostra* c. *Espagne*, n°16798/90, concernant les nuisances olfactives causées aux requérants par une station d'épuration, que la Cour a retenu l'argument, selon lequel « des atteintes graves à l'environnement peuvent affecter le bien-être d'une personne et la priver de la jouissance de son domicile… ». Point 51. Et, dans l'arrêt *Tatar c. Roumanie* du 27 janvier 2009, à propos de la pollution d'un cours d'eau par du Cyanure de Sodium, la CEDH reconnaît le droit d'accès du public aux études environnementales. Point 124.

[1156] Certaines dispositions des traités de base de l'UE prennent en compte la dimension environnementale. L'article 3 (3) du TUE dispose que « L'Union établit un marché intérieur. Elle œuvre pour le développement durable de l'Europe fondé sur une

son article 37, qu'« un niveau élevé de protection de l'environnement et l'amélioration de sa qualité doivent être intégrés dans les politiques de l'Union et assurés conformément au principe du développement durable ». Cette disposition fut critiquée par la doctrine[1157] pour son caractère trop vague.

284 Le constat global est que peu de traités consacrent explicitement la protection du droit à un environnement sain[1158]. Cependant, la plupart des constitutions des États membres consacrent le droit pour l'individu de disposer d'un environnement sain. Au total, plus de 130 constitutions nationales dans le monde consacre ce droit[1159] qui, loin d'être un « phénomène de mode », illustre la « prise de conscience écologique »[1160] des États. En Afrique, trente (32) constitutions[1161] prévoient l'obligation

économie sociale de marché…, et un niveau élevé de protection et d'amélioration de la qualité de l'environnement… » ; L'article 11 du TFUE : « Les exigences de la protection de l'environnement doivent être intégrées dans la définition et la mise en œuvre des politiques et actions de l'Union, en particulier afin de promouvoir le développement durable » ; L'article 191 du TFUE : « La politique de l'Union dans le domaine de l'environnement contribue à… la préservation, la protection et l'amélioration de la qualité de l'environnement. »

[1157] Par exemple Alexandre Kiss estime que « l'article 37 de la Charte des droits fondamentaux de l'Union européenne constitue une régression d'autant plus regrettable que par ailleurs la législation communautaire visant à assurer la protection de l'environnement est à la pointe du progrès. La Charte ne reconnaît, en effet, aucun droit aux citoyens dans ce domaine, elle ne constitue qu'une directive d'ordre politique à l'adresse des organes de l'Union elle-même ». Cf. « Un droit à l'environnement, un droit fondamental », *Revue Européenne de Droit de l'Environnement*, n°4, 2001, p. 382 ; SMETS (H.), « Une Charte des droits fondamentaux, sans droit à l'environnement », *Revue Européenne de Droit de l'Environnement*, n°4, 2001, p. 383-417. Selon Guy Braibant, « la protection de l'environnement a été l'un des parents pauvres de la Charte des droits fondamentaux ». Cf. « L'environnement dans la Charte des droits fondamentaux de l'Union européenne », *Cahiers du Conseil constitutionnel*, n°15, janvier 2004.

[1158] GRANT (E.), "International human rights courts and environmental human rights: re-imagining adjudicative paradigms" *Journal of Human Rights and the Environment*, vol. 6 No. 2 september 2015, p. 158.

[1159] D. K. Anton and D. L. Shelton, *Environmental Protection and Human Rights*. Cambridge University Press, 2010, p. 520.

[1160] BURGORGUE-LARSEN (L.), « Le constitutionnalisme « vert », Much ado about nothing ? », in *Unité et diversité du droit international, Écrits en l'honneur du Professeur Pierre Marie Dupuy* par Denis Alland et autres, Martinus Nijhoff Publishers, 2014, p. 911.

[1161] BOYD (D. R.), *The environmental Rights Revolution. A global study of Constitutions, Human Rights and the Environment*, UBC Press, 2012, p. 149. Pour montrer l'importance de ce nouveau droit, on citera le cas du Sénégal, l'article 25-2 de la

de respecter le droit à un environnement. À cela s'ajoute la ratification par les États membres de la Charte africaine prévoyant le droit à un environnement sain ainsi que la référence directe à la Charte au niveau des Préambules des constitutions des États.

285 Au demeurant, le droit à un environnement sain, reconnu dans les ordres juridiques communautaires et nationaux au profit des personnes physiques, montre l'importance que les États membres accordent à l'aspect environnemental. Mais, l'existence de ce droit serait virtuelle si les citoyens communautaires ne peuvent en bénéficier concrètement ou obtenir une justice en cas de violation par un État membre.

B) La consécration jurisprudentielle du droit à un environnement sain

286 La consécration du droit à un environnement sain par le juge communautaire contribue à ce que James Gathii a qualifié d'« émergence de la justice environnementale »[1162]. Avant d'illustrer la manière dont les cours africaines assurent la protection effective de ce droit, il convient de rappeler que la Commission africaine des droits de l'homme et des peuples, dans sa célèbre décision « Ogoni Land »[1163] concernant une pétition déposée par une ONG a relevé que le Peuple du Delta du Niger était victime de violation du droit à un environnement sain. En l'espèce, les populations d'Ogoni souffraient de dégradations environnementales résultant des opérations pétrolières. Ainsi, la Commission africaine va engager la responsabilité de l'État du Nigeria pour manquement au droit du peuple Ogoni à disposer d'un environnement sain.

Constitution sénégalaise dispose que « chacun a droit à un environnement sain » et récemment la rentrée solennelle des cours et tribunaux dans ce pays a porté sur cette disposition en janvier 2017 et la Cour suprême a organisé des journées d'étude sur « le juge, la protection du droit à un environnement sain et l'exploitation des ressources naturelles », les 27-28 novembre 2017. Sur l'éclairage de ce droit au Sénégal, on pourra lire l'ouvrage d'Ismaila Madior Fall, *La réforme constitutionnelle du 20 mars 2016 au Sénégal : la révision consolidante record*. Harmattan, 2017, p. 146 ; KIHANDI BINDU (K.), « La justiciabilité du droit à l'environnement consacrée par la CAHDP en République démocratique du Congo », *Revisita Catalana de Dert Ambiental*, volume IV, n°1, 2013, 1-34.

[1162] J. T. Gathii, "Saving the Serengeti: Africa's New International judicial Environmentalism", *Chicago Journal of International Law*, volume 16 No 2, 2016 (386-438). Selon l'auteur, la justice environnementale "is characterized by expansive interpretations of environmental provisions in regional economic integration and regional human treaties", p. 388.

[1163] 155/96, *SERAC v. Nigeria*, Case No. ACHPR/COMM/A044, May, 27, 2002.

287 Les cours de justice communautaires vont donner une protection substantielle au droit de vivre dans un environnement sain nécessaire à la garantie des droits de l'homme. Le lien étroit entre respect de l'environnement et protection des droits de l'homme n'est plus à démontrer[1164]. Deux arrêts de principe[1165], *SERAP*[1166] et *Serengeti*[1167], permettront respectivement à la CJCEDEAO et à la CJAE d'affirmer l'obligation pour les États de respecter le droit des particuliers à bénéficier d'un environnement sain.

1) L'affaire *SERAP c. Nigeria* du 14 décembre 2012 devant la CJCEDEAO

288 Dans cette affaire, la Cour d'Abuja protège le droit à un environnement sain au profit des ressortissants communautaires vivant dans le Delta du Niger. Avant d'évoquer la position du juge communautaire, il convient de rappeler les faits de l'espèce. En effet, l'affaire a opposé l'organisation non-gouvernementale SERAP à la République fédérale du Nigeria à propos de l'exploitation des ressources pétrolières en terre et en Offshore des violations par la compagnie Shell Petroleum causant des dommages environnementaux et privant la région du Delta l'accès à l'eau, à l'alimentation, à la santé et à l'éducation. C'est sur cette base que l'ONG saisit la Cour en invoquant la violation d'une variété de droits de l'homme découlant de la Charte africaine[1168], du PIDESC[1169], du PIDCP[1170]. La requérante insiste sur la méconnaissance par le Nigeria des droits fondamentaux des populations locales notamment le droit à la vie, la dignité humaine et le droit à un environnement sain. La question posée à la CJCEDEAO était de savoir, entre autres, si l'État du Nigeria avait manqué à ses obligations en matière de protection environnementale prévu par l'article 24 de la Charte africaine.

[1164] SHELTON (D. L.), *International Human rights Law*, *op. cit.*, p. 186 ; VOIG (C.), "The legitimacy of human rights courts in environmental disputes", *Journal of human Rights and the Environment*, Vol. 6. No. 2 september 2015, p. 132.

[1165] Pour une étude approfondie de ces deux arrêts, voir notre publication sur « Valuable precedents : Protection of the Right to Environnement by sub-regional African courts ». http://www.acthprmonitor.org/valuable-precedents-the-protection-of-the-right-to-environment-by-sub-regional-african-courts/

[1166] N°ECW/CCJ/JUD/18/12.

[1167] N°9/2010.

[1168] Articles 1, 5, 9, 14, 17, 21, 24.

[1169] Articles 1, 2, 6...

[1170] Articles 12. 2 (b) et 15.

289 D'emblée, la Cour commence par examiner le contenu des obligations découlant de l'article 24 de la Charte en articulation avec l'article 1er qui pose l'obligation individuelle pour les États membres de respecter les droits de l'homme[1171]. Selon la Cour, l'article 24 prescrit à l'égard des États deux obligations « an obligation of attitude and an obligation of result », en insistant sur l'importance de la qualité de l'environnement comme socle de la vie humaine[1172]. La Cour donne une signification claire des obligations posées par la Charte en matière environnementale. Elle souligne avec vigueur que l'article 24 exige plus précisément à chaque État de prendre des mesures législatives et administratives nécessaires pour maintenir la qualité de l'environnement en appliquant le principe de précaution[1173]. Ainsi, la Cour énonce la théorie des obligations positives[1174] de l'État en matière environnementale inaugurée par la jurisprudence de la CEDH[1175]. Ensuite, la Cour d'Abuja constate que le Nigéria a manqué à ses obligations de protection des populations du Delta du Niger victimes de la dégradation des opérations pétrolières en ne prenant pas de mesures requises par l'article 1 pour se conformer à l'article 24 de la Charte africaine[1176]. L'inaction des autorités nigérianes a été sanctionnée par la Cour qui retient, somme toute, que le Nigeria « has defauted in its duties in terms of vigilance and due diligence as party to the African Charter »[1177].

[1171] Szurek, « Article 1 », *op. cit.*, p. 97. En vertu de l'article premier de la Charte « Les États membres…, parties à la présente Charte, reconnaissent les droits, devoirs et libertés énoncés dans cette charte et s'engagent à adopter des mesures législatives ou autres pour les appliquer ».
[1172] Paragr. 100 de l'arrêt.
[1173] Paragr. 101.
[1174] La notion est déjà étudiée (voir les développements sur le pouvoir de réparation des cours de justice).
[1175] CEDH, 23 juillet 1968, *Affaire linguistique belge*, n°1474/62.
[1176] Paragr. 107. La Cour considère que : « … There has been a failure on the part of the fédéral Republic of Nigeria to adopt the other measures required by the said article 1… to ensure the enjoyement of the right laid down in Article 24 of the same instrument. »
[1177] Paragr. 112.

290 Cette décision[1178] de la Cour est audacieuse à plusieurs égards. Avec un souci de préservation de l'environnement, le juge communautaire va rappeler avec vigueur les trois obligations positives de l'État membre. Il précise que le Nigeria doit prendre les mesures nécessaires suivantes : « assurer, dans les plus brefs délais, la restauration de l'environnement du Delta du Niger ; prévenir l'apparition de dommages à l'environnement ; demander des comptes aux responsables des dommages causés à l'environnement. »[1179] À travers cet arrêt, la CJCEDEAO garantit le respect du droit à un environnement sain et contribue à la clarification des obligations des États membres.

2) L'affaire *Serengeti c. Tanzanie* du 14 juin 2014 devant la CJAE

291 L'origine de cette affaire devant le prétoire de la Cour africaine de première instance dérive de la décision du gouvernement tanzanien de construire une route traversant le parc national de Serengeti considéré comme faisant partie du patrimoine mondial par l'UNESCO. Une organisation non-gouvernementale ANAW, basée au Kenya, va saisir la Cour africaine de l'Est pour lui demander d'empêcher à la Tanzanie de renoncer à toute tentative de construction sur le parc national. Pour la requérante, l'existence de la route aurait de graves conséquences sur l'environnement et sur l'écosystème et violerait les dispositions du Traité de la Communauté. Se penchant sur l'affaire, la Cour vérifie si le projet de route méconnaissait les obligations environnementales[1180] des États membres prévues par le traité notamment la nécessité de conserver et de protéger l'environnement. Après une analyse des arguments des parties, la Cour note que la construction d'une route sur le parc violerait le traité[1181] et ordonne aux autorités tanzaniennes de s'abstenir à la mise en œuvre du projet de construction de route qui aurait d'impacts négatifs[1182]. Cette décision

---

[1178] On pourra lire ces articles pour l'analyse de la décision: E. Grant, "International human rights courts and environmental human rights: re-imagining adjudicative paradigms" *Journal of Human Rights and the Environment*, vol, 6 No. 2 September 2015, p. 172; S. T. Ebobrah, "Human rights developments in African sub-regional economic communities during 2012", *African Human Rights Law Journa*l 13 (2013), p. 209; M. O., K. Bratrschvsky, "Regional Human Rights Mechanisms" *in Yearbook of International Environmental Law*, 2012 (195-196).

[1179] Paragr. 112.

[1180] Articles 5 (3) (c), 8 (1) (c), 111 (2) et (114).

[1181] Paragr 81 de l'arrêt.

[1182] Paragr. 82. Rappelons que la Tanzanie a interjeté appel contre la décision de la Cour de première instance mais le juge d'appel dans un arrêt du 29 juillet 2015 va

illustre la prise de conscience par la Cour de « l'ère écologique » en soulignant que la protection de l'environnement, le développement durable, la justice environnementale et le rôle de l'État dans la formulation de politiques publiques dans le domaine de l'environnement font débat dans le monde[1183]. Ainsi la Cour « sauve le Parc de Serengeti »[1184] selon l'expression de James Ghathii.

292 L'analyse des deux arrêts révèle la contribution du juge communautaire à la protection de l'environnement nécessaire pour la jouissance des droits de l'homme. En effet, la Cour d'Abuja, en demandant au Nigeria de prendre des mesures effectives pour éliminer les dégâts environnementaux et d'engager la responsabilité de l'entreprise fautive, renforce le système de protection des droits de l'homme dans la région ouest-africaine. De même, la Cour d'Arusha, en empêchant la Tanzanie à construire la route au niveau du parc de Serengeti, rappelle la dimension environnementale inscrite dans les objectifs fondamentaux de la Communauté africaine de l'Est. Ces décisions inaugurales des cours de justice communautaires, dans le domaine environnemental, peuvent inspirer les autres juridictions en termes de droit comparé. L'approche de la CJCEDEAO revêt une originalité tenant à la conception collectiviste prônée en matière de protection de droit à environnement sain. Elle dira, à juste titre, que l'article 24 oblige chaque État à maintenir la qualité de l'environnement dans son ensemble et que « the state of environnement may satisfy the human being who live there »[1185]. La Cour, en montrant le lien étroit entre la protection de l'environnement et la pleine satisfaction des droits de l'homme, se démarque, ici, de la conception individualiste développée par la CEDH[1186] pour se rapprocher de la conception collectiviste

---

confirmer que les États membres doivent respecter les obligations environnementales et que le juge du fond pouvait prendre des mesures permanentes.

[1183] *Ibid.*

[1184] "Saving the Serengeti: Africa's New International Judicial Environmentalism", *Chicago Journal of International Law*, *op. cit.*, p. 383.

[1185] Paragr. 101 de l'arrêt SERAP.

[1186] FRANCIONI (F.), « La dimension environnementale des droits de l'homme entre individualisme et intérêt collectif », in *Unité et diversité du droit international, Écrits en l'honneur du Professeur Pierre Marie Dupuy* par Denis Alland et autres, Martinus Nijhoff Publishers, 2014, p. 959. Cf. BAUMANN (P.), *Le droit à un environnement sain au sein de la Cour européenne des droits de l'homme*. Thèse, Université de Nantes 2018, 639 p.

prônée par la Commission africaine des droits de l'homme et des peuples[1187] et la CIADH[1188].

293 L'émergence de la protection communautaire du droit à un environnement sain emprunte une dimension globale touchant les autres droits sociaux et économiques. Les deux affaires ont été introduites par des associations au nom de communautés locales pour la défense d'intérêts collectifs notamment la préservation de l'environnement indispensable à la vie normale.

Conclusion du Chapitre I

294 Les cours de justice communautaires en Afrique, par leur jurisprudence, ont assuré la protection effective des droits de l'homme reconnus aux particuliers. La CJCEDEAO et la CJAE ont contribué à favoriser un accès direct des particuliers à leurs prétoires avec la consécration d'une voie de droit objectif. Le TSADC et la CJCOMESA conditionnent leur saisine au respect de la règle de l'épuisement des voies de recours internes. Les cours de justice africaines, sus-évoquées, ont d'une part, défini le régime des droits invocables (droits civils, politiques, économiques, sociaux, culturels, droit à un environnement sain) dans les ordres juridiques communautaires, les modalités de saisine et de réparation. D'autre part, elles ont identifié également les obligations positives de l'État. En garantissant le respect des droits de l'homme prévus par les traités et protocoles, les juridictions communautaires contribuent au processus d'intégration. Il s'agit là d'une intégration par la promotion des droits de l'homme, ce qui renforce les systèmes de protection des droits de l'homme existant à l'échelle nationale et continentale. Donc la contribution des cours de justice africaines reste prééminente dans la protection des droits

---

1187 155/96, *SERAC v. Nigeria*, Case No. ACHPR/COMM/A044, May 27, 2002, points 51-52.

1188 UBEDA DE TORRES (A.), « La protection de l'environnement et le système interaméricain des droits de l'homme », in *Droit de l'homme et Environnement*. Fortaleza, 2017, p. 14 ; FRANCIONI (F.), « La dimension environnementale des droits de l'homme entre individualisme et intérêt collectif », *op. cit.*, p. 961 ; TORRE-SCHAUD (M.), DE SALLES CAVEDON (F.), « Le droit à l'environnement sain et les droits de l'homme. Étude sur les jurisprudences de la CEDH et le SIDH », *in Sciences et droits de l'homme*. Collection des Presses Universitaires de Sceaux, 2017. Il faut rappeler que la CIADH a pu développer sur jurisprudence environnementale articulée autour du droit de propriété des peuples indigènes sur leurs terres et l'exploitation des ressources naturelles. Cf. CIADH, *Communauté Mayagma Sumo Awas Tingi c. Nicargua*, 31 août 2001, Série C N°79.

de l'homme. Le développement jurisprudentiel de la protection communautaire des droits de l'homme est rendu possible grâce aux méthodes d'interprétation du juge s'appuyant sur plusieurs instruments et standards internationaux en la matière.

CHAPITRE II

LES MÉTHODES D'INTERPRÉTATION UTILISÉES

295 L'analyse de la jurisprudence des cours de justice communautaires de la CEDEAO, de la CAE et de la SADC révèle une domination du contentieux de protection des droits de l'homme avec une forte connotation des droits civils et politiques. Les droits sociaux et économiques, en corrélation avec le droit à un environnement sain, ont également irrigué le prétoire des cours africaines. Ces dernières, dans leurs missions d'assurer le respect du droit dans l'application et l'interprétation des traités communautaires, ont effectivement garanti les droits reconnus aux particuliers en mobilisant plusieurs techniques et méthodes de raisonnement[1189] favorables à la poursuite de l'intégration dans un environnement respectueux des droits de l'homme. Piabé Jean-Baptiste Bako a récemment étudié les méthodes d'interprétation des cours africaines en identifiant des fonctions de construction des ordres juridiques et de légitimation de l'office des

---

[1189] En droit communautaire, compte tenu de la liberté réservée au juge, des méthodes constructives d'interprétation sont développées : « la méthode systématique qui s'inspire des conceptions générales de la structure communautaire et de son système juridique et la méthode téléologique inspirée des objectifs fixés par les traités ». Cf. Pescatore (P.), Le *droit de l'intégration. Émergence d'un phénomène nouveau dans les relations internationales selon l'expérience des Communautés européennes*, *op. cit.*, p. 79. Sur la protection des droits de l'homme, le juge communautaire africain fait recours également à des méthodes d'interprétation systématiques et finalistes favorisant la sauvegarde et la reconnaissance des droits individuels. Il en est ainsi en matière d'interdiction de torture, d'arrestation arbitraire, ou de protection de la dignité humaine ou de reconnaissance de droit au juge… Rappelons que les « méthodes systématiques et fonctionnelles sont les plus propices à une interprétation dynamique car elles font intervenir le système entier ou l'esprit du texte notamment sa finalité ou son effet utile ». Cf. ANDRIANTSIMBAZOVINA (J.) et autres, « Interprétation », *in Dictionnaire des droits de l'homme*. PUF, 2008, p. 429-431.

juges[1190]. Cela montre la richesse des méthodes d'interprétation utilisées par les cours de justice à des fins de l'intégration par la promotion des droits de l'homme. Dès lors, les cours de justice communautaire ont développé et précisé le régime juridique permettant d'identifier les droits protégés au profit des ressortissants communautaires. Lorsque la CJCEDEAO considère que « l'objectif des instruments relatifs aux droits de l'homme est de mettre fin aux violations de ces droits et dans des cas où la violation a déjà eu lieu, de rétablir la personne dans ses droits en question »[1191], elle démontre son adhésion à l'interprétation finaliste. Il en est de même lorsqu'elle rappelle qu'elle « n'a pas pour rôle d'examiner les législations des États membres de la Communauté in abstracto mais plutôt d'assurer la protection des droits des individus lorsque ceux-ci sont victimes de violation de ces droits qui leur sont reconnus, et ce par l'examen des cas concrets »[1192]. De la même manière, la Cour africaine de l'Est a affirmé, d'abord, « bien qu'elle ne s'arroge pas la compétence de statuer sur les différends liés aux droits de l'homme, elle ne se dérobera pas de l'exercice de sa compétence d'interprétation aux termes de l'article 27 (1) … »[1193], avant de reconnaître l'approche proactive de ses techniques d'interprétation[1194]. Le Tribunal de la SADC, en se référant aux principes fondamentaux du traité, dans l'affaire *Campbell*, estima qu'il pouvait connaître tout différend relatif aux droits de l'homme, à la démocratie et à l'État de droit[1195]. Ainsi, les cours africaines, fidèles à leur vocation de contribution à l'intégration, montrent un dynamisme interprétatif (**Section 2**). Ainsi, pour asseoir une stratégie de raisonnement orientée

---

1190 Cf. *Les méthodes d'interprétation des cours de justice des organisations d'intégration africaine*, *op. cit.*, p. 52. L'auteur identifie des méthodes d'interprétation autonome au service de la construction des ordres juridiques et les méthodes d'interprétation dérivée au service de la légitimation de l'office du juge.

1191 CJCEDEAO, *Chief Ebrimah Manneh vs. Gambie*, N°ECW/JUD/04/07 du 05 juin 2008, point 38.

1192 CJCEDEAO, *Dame Hadijatou Mani Koraou v. République du Niger*, n° ECW/CCJ/JUD/06/08, 27 octobre, 2008, point 60.

1193 CJCAE, *James Katabazi & others v. Secretary General & The Attorney General of Uganda*, p. 17.

1194 CJCAE, *Modern Holding Limited v. Kenya Ports Authority*, N°1/2008 du 12 février 2009, p. 9.

1195 TSADC, *Campbell and others v. The Republic of Zimbabwe*, Case N°2/2007, décision déjà citée, p. 25.

vers les finalités des traités ou pour donner un effet utile[1196] aux traités de protection des droits de l'homme, elles se sont appuyées, comme à la CJUE, sur les principes généraux du droit, les traditions constitutionnelles des États membres, les instruments internationaux de droits de l'homme auxquels les États ont adhéré et les jurisprudences des cours supranationales étrangères. Ainsi, la pluralité des sources d'inspiration du juge communautaire africain (**Section 1**) a permis de garantir la protection effective des droits de l'homme et leur concrétisation.

SECTION 1 : LA PLURALITÉ DES SOURCES D'INSPIRATION

296 Dans l'office du juge communautaire des droits de l'homme, une pluralité de sources est mobilisée pour assurer une protection de l'individu contre les actions abusives des États membres. Si la CJUE applique la Charte des droits fondamentaux, la CEDH, le texte de la Convention, la CIDH, la Convention américaine, les cours de la CEDEAO, de la CAE et le TSADC ne disposent pas d'instruments spécifiques avec un catalogue de droits de l'homme, ce qui favorise la diversité des sources d'inspiration. Les cours africaines, de manière libérale, choisissent toute source pertinente en matière de protection des droits de l'homme. Cette approche a l'avantage d'enrichir la jurisprudence africaine par « le décloisonnement »[1197] mais elle a l'inconvénient de ne pas faciliter la construction d'une jurisprudence propre basée sur les sources africaines. Ainsi, la protection des droits de l'homme par les cours africaines trouve leurs sources dans plusieurs instruments tant communautaires qu'internationaux. Les sources formelles du droit communautaire constituent la première catégorie de référence sur laquelle s'appuient les cours africaines pour tenter de garantir une protection des droits des particuliers. Il convient de rappeler qu'en droit communautaire africain, il n'existe pas de classification expresse des sources ou de précision sur le droit applicable comme en droit

[1196] Sur le recours à l'effet utile par les cours supranationales, voir MOUTON (J. D.), *Étude de la méthode dite de l'effet utile en droit international public. Contribution à la compréhension de l'idée juridictionnelle*. Thèse, Université de Nancy II, p. 718.

[1197] L'expression est utilisée par Laurence Burgorgue Larsen considérant que le décloisonnement normatif correspond à « un processus qui permet de mobiliser des sources extérieures de multiples natures (internationales, nationales, soft et hard law/textuelles et jurisprudence) afin d'interpréter les droits protégés au sein des textes africain, interaméricain et européen de protection des droits ». Cf. « Le décloisonnement. La technique reine d'interprétation des traités de protection des droits de l'homme », *in Mélanges dédiés à Francis V. Wodié*. Presses de l'Université 1 capitole, 2016, p. 72.

international public[1198]. Dans la pratique, la doctrine procède à une qualification hiérarchique des sources en retenant les sources principales, sources secondaires, sources écrites ou sources non-écrites[1199]. Dans les dispositions fondatrices des juridictions communautaires, seule la CJCEDEAO prévoit de manière directe les sources du droit applicable devant son prétoire. Ainsi, l'article 19 du Protocole de 1991 dispose : « La Cour procède à l'examen du différend dont elle est saisie conformément aux dispositions du Traité et de son Règlement. Elle peut appliquer, le cas échéant, les principes de droit, tels que définis à l'article 38 du Statut de la CIJ. »[1200] Elle assure également l'interprétation et l'application des Protocoles et Conventions de la Communauté y compris la Charte africaine des droits de l'homme et des peuples[1201]. La Cour africaine de l'Est, dans de nombreux arrêts, a décrit le fondement de son interprétation en partant de l'article 27 du traité ainsi que de l'article 7 (1). Le tribunal de la SADC précisera également la source du droit applicable en affirmant une ouverture aux sources extérieures. Pour donner un contenu substantiel aux droits de l'homme reconnus dans les ordres juridiques communautaires, les cours de justice, en l'absence d'instruments spécifiques, s'inspirent directement à la Charte africaine, aux instruments internationaux de droits de l'homme auxquels les États ont ratifié et aux jurisprudences internationales. Cela permet au juge de disposer d'un arsenal normatif pour condamner les violations des droits de l'homme commises par les États membres. À ce niveau, il convient de souligner l'importance du recours aux sources extérieures dans les ordres juridiques communautaires (**§ 1**). Néanmoins, les cours de justice, bien que faisant référence à de nombreuses sources externes, prennent en compte les

---

[1198] L'article 38 du statut de la Cour internationale de justice prévoit que « La Cour, dont la mission est de régler conformément au droit international les différends qui lui sont soumis, applique : Les conventions internationales, soit générales, soit spéciales, établissant des règles expressément reconnues par les États en litige ; La coutume internationale comme preuve d'une pratique générale, acceptée comme étant le droit ; Les principes généraux de droit reconnus par les nations civilisées ».

[1199] SIMON (D.), *Le système juridique communautaire*. PUF, *op. cit.*, p. 203.

[1200] CJCEDEAO, *Jerry Ugoke v Nigeria*, N°CW/CCJ/APP/02/05 du 7 octobre 2005, point 30.

[1201] Depuis la révision du traité de la CEDEAO le 24 juillet 1993, le respect, la promotion et la protection des droits de l'homme conformément aux dispositions de la CADHP fait partie des principes fondamentaux auxquels les États membres ont adhéré. La CJCEDEAO a rappelé ces principes dans son arrêt, *Bakary Sarré et 28 autres c. Mali*, N°ECW/CCJ/JUD/03/11 du 17 mars 2011, point 35.

traités originaires contenant des indications de respect des droits de l'homme. Donc, il convient de montrer l'application des sources endogènes (**§ 2**).

§ 1 : Les sources endogènes

297 Par sources endogènes, il faut entendre, l'ensemble des normes sécrétées au niveau communautaire et composant la hiérarchie normative des organisations communautaires. Dans ces dernières, plusieurs catégories d'actes juridiques existent. Il s'agit du droit primaire (traité, protocoles), et du droit dérivé[1202] (règlement, directive, décisions, avis et recommandations). Ces actes constituent les sources formelles propres aux ordres juridiques communautaires auxquelles les cours se réfèrent pour apprécier les violations des droits de l'homme. Si la Cour de justice de la CEDEAO a pu utiliser de manière singulière la Charte africaine (**B**) comme étant « un instrument constitutionnel »[1203] de protection des droits des particuliers, la Cour africaine de l'Est s'est employée à mobiliser les principes fondamentaux affirmés dans le traité pour fixer une compétence en droit de l'homme[1204] et assumer sa mission de protection des ressortissants communautaires contre l'arbitraire des États membres. Ainsi, l'étude de la jurisprudence relative à la protection des droits de l'homme révèle que les juges disposent d'une boîte à outils offerte par les textes communautaires (**A**) pour garantir les droits au profit des particuliers.

[1202] Pour les sources du droit communautaire africain, on pourra consulter IBRIGA (L-M.), COULIBALY (S-A.), SANOU (D.), *Droit communautaire ouest-africain*, Collection Précis de droit burkinabé, 2012, 510 p ;
TALL (S. N.), *Droit des organisations internationales africaines*, *op. cit.* p. 245.

[1203] Dans toutes les affaires de violation des droits de l'homme, les droits invoqués découlent de ceux garantis par la Charte. *Hadijatou Mani Koraou v. Nigeria* du 27 octobre 2008 ; *Chief Ebrimah Manneh v. Gambie* du 5 juin 2008 ; *Musa Saidykhan v. Gambie* du 16 décembre 2010.

[1204] Rappelons que c'est avec la jurisprudence *Katabazi* du 1er novembre 2007 que la Cour va consacrer sa compétence en droit de l'homme en appliquant les principes structurels et fonctionnels du traité de la Communauté africaine de l'Est. Cette jurisprudence est réitérée dans les affaires *Plaxeda Ruguma vs. The Attorney General of Rwanda*, n°8/2010 du 1er décembre 2010, point 22 ; *Venant Masenge vs. The Attorney General of The Republic of Burundi*, n°9/2012 du 14 juin 2014, p. 11 ; *Samuel Mukira Mohochi vs. The Attorney General of Uganda* du 17 mai 2013, point 84. Les articles 6 (2) et 7 (2) du traité énoncent les principes de bonne gouvernance et de respect des droits de l'homme comme base constitutionnelle de la Communauté que les États membres s'engagent à respecter.

A) Les sources communautaires

298 Le droit primaire et le droit dérivé des organisations africaines de la CEDEAO, de la CAE et de la SADC ne consacrent pas directement de catalogues de droits de l'homme permettant aux cours de justice d'assumer pleinement leur office communautaire en matière de protection de la personne humaine. L'explication découle de la nature économique des traités à l'origine. Lorsque les particuliers, à l'appui de leurs recours, invoquent la violation de droits de l'homme, les juges mobilisent les dispositions des traités et des Protocoles y afférent pour établir leur compétence et préciser le droit applicable. Au niveau de la CEDEAO, l'article 4 (g) du traité révisé du 23 juillet 1993 évoque l'adhésion aux principes de respect des droits de l'homme par les États membres. Ensuite, l'article 1 (h) du Protocole sur la bonne gouvernance de 2001 érige la protection des droits de l'homme au rang de principes de convergence constitutionnelle des États[1205]. Ces dispositions constituent une source primaire de la Cour à partir de laquelle elle construit sa mission de gardienne des droits des justiciables communautaires. En effet, dans de nombreux arrêts[1206], la Cour d'Abuja a affirmé de manière rituelle, sa compétence pour condamner la méconnaissance des droits des particuliers découlant du droit de la Communauté. Étant entendu que celui-ci comprend le traité, les Conventions, les Protocoles, les règlements, les directives ou tous autres instruments subsidiaires adoptés dans le cadre de la CEDEAO. Ainsi, la Cour applique systématiquement les sources communautaires pour asseoir sa compétence de protection des droits de l'homme. Elle rappelle de façon itérative, malgré l'obstination des États membres à brandir, son défaut de compétence qu'elle peut « connaitre des cas de violation des droits de l'homme »[1207] se produisant sur le territoire communautaire.

299 Au niveau de la Communauté africaine, le traité originaire demeure la seule source principale sur laquelle la Cour s'appuie pour accéder aux recours des particuliers dénonçant la violation de leurs

---

[1205] *Bakary Sarré et autres v. Mali* du 17 mars 2011, point 35.

[1206] *Hadijatou Mani Koraou v. Nigeria ; SERAP v. Nigeria & UBEC*, du 27 octobre 2009 ; *Amouzou Henry v. Côte d'Ivoire* du 17 décembre 2009 ; *Chief Ebrimah Manneh v. Gambie* ; *Musa Saidykhan v. Gambie* ; *Mme Ameganvi Isabelle Manavi c. Togo*, du 7 octobre 2011 ; *Konso Kokou Parounam c/Togo*, N°ECW/CCJ/JUD/02/16 du 16 février 2016.

[1207] Article 9 (4) du Protocole A/SP.1/01/05) du 19 janvier 2005 de la Cour.

droits de l'homme par les États membres. La CJAE ne disposant pas de compétence expresse en matière de droit de l'homme, comme la CJCEDEAO, s'est basée sur les principes fondamentaux du traité pour condamner la violation de l'État de droit[1208], interdire la détention arbitraire[1209], autoriser la liberté de mouvement[1210] ou protéger la propriété privée[1211]. Le droit primaire souligne qu'en vertu de l'article 27 (2), la compétence de la Cour en droit de l'homme est décidée ultérieurement par les États membres à travers un protocole. Cela fait que la Cour, en assurant le respect des droits fondamentaux des particuliers dans l'ordre juridique communautaire, manifeste une prudence justifiée par l'absence de compétence claire instituée dans le traité de base. Nonobstant cette limite du traité, la Cour d'Arusha a développé une véritable stratégie de protection des droits de l'homme[1212].

300 En ce qui concerne la Communauté africaine australe, le droit primaire ne consacre pas de compétence directe en matière de droits de l'homme pour le Tribunal de la SADC. En effet, le traité précise en son article 4 (c) que le respect des droits de l'homme fait partie des principes de la Communauté. Le tribunal, s'en est inspiré dans l'affaire *Mike Campbell and others v. The Republic of Zimbabwe* pour fonder sa compétence sur le contentieux en droits de l'homme[1213].

301 Il convient de signaler que les sources internes notamment les traités originaires ont permis, pour la CJAE et le Tribunal de la SADC, de recevoir des recours des particuliers victimes de violations de droits de l'homme dans les États membres. Alors que la CJCEDEAO a attendu l'apparition du Protocole de 2005 pour autoriser les requêtes individuelles en droits de l'homme indépendamment de l'existence de référence au respect des droits de l'homme dans le traité de 1993 et dans le Protocole de la bonne gouvernance de 2001. Les juges communautaires africains se sont inspirés directement des traités. Tandis que, la CJUE va inaugurer la protection des droits de l'homme à l'appui de sources non-écrites, c'est-à-dire les principes généraux du droit. Ces derniers,

[1208] *Katabazi & others v. Secretary General & The Attorney General of Uganda.*
[1209] *Plaxeda Ruguma vs. The Attorney General of Rwanda.*
[1210] *Samuel Mukira Mohochi vs. The Attorney General of Uganda.*
[1211] *Venant Masenge vs. The Attorney General of The Republic of Burundi.*
[1212] GATHII (J.), "Mission creep or a search for relevance: The East African Court of justice's human rights strategy" (2014), *op. cit.*, p. 251.
[1213] P. 25 de l'arrêt.

découverts de façon « pragmatique et éclectique »[1214] par la CJUE, ont permis « la médiatisation des droits fondamentaux »[1215] dans l'Union européenne. Pendant longtemps, les principes généraux ont été la source principale et privilégiée de protection des droits fondamentaux[1216] avant la consécration de la Charte de Nice dans le droit primaire. Si la CJUE a trouvé la base juridique de protection des droits de l'homme à partir des principes généraux, les cours africaines ont recouru aux traités constitutifs pour examiner les recours en droits de l'homme émanant des individus.

302 L'insertion dans les traités constitutifs des organisations communautaires de dispositions faisant référence à la Charte africaine a été une opportunité pour les cours de justice de contribuer au renforcement de la protection des droits de l'homme. Cette Charte africaine, adoptée dans le cadre de l'Union africaine, contient des obligations générales de protection des droits civils, politiques, des droits économiques, sociaux et culturels, et du droit de l'environnement. La CAHDP, bien que n'étant pas un texte spécifique aux organisations d'intégration, a été utilisé par les juges communautaires africains comme une source intégrante de la légalité communautaire.

B) Le recours à la Charte africaine comme source interne

303 L'importance et l'utilité de la CADHP ne sont plus à démontrer. Adoptée le 28 juin 1981 à Nairobi, dans le cadre de l'Organisation de l'Unité africaine devenue l'Union africaine[1217], la Charte entre en vigueur le 21 octobre 1986. Comme le souligne Maurice Kamto, elle est « dans son inspiration première une expression de la volonté des États africains de se démarquer de l'approche occidentale des droits de l'homme exclusivement centrée sur l'individu et projetée au reste du monde sous le couvert de l'universalisme »[1218], avec « une

---

1214 SIMON (D.), *Le système juridique communautaire*. PUF, *op. cit.*, p. 247 ; SIMON (D.), « Y a-t-il des principes généraux du droit communautaire ?», *Droits*, n°14, 1991, p. 75.

1215 BLUMANN (C.), DUBOUIS (L.), *Droit institutionnel de l'Union européenne*, *op. cit.*, p. 134.

1216 REMEDEM (A.), *La protection des droits fondamentaux par la Cour de justice de l'Union européenne*. Thèse, Université d'Auvergne Clermond Ferrant I, 2013, p. 84.

1217 L'acte constitutif de l'Union africaine a été adopté le 11 juillet 2000. Il consacre en son article 3 le respect de la Charte africaine au titre des objectifs de l'organisation.

1218 KAMTO (M.), « Charte africaine, instruments internationaux de protection des droits de l'homme, constitutions nationales : Articulations perspectives », *in* Jean F.

volonté d'enracinement dans la culture africaine »[1219]. Son contenu matériel[1220] renvoie à un catalogue de droits (civils et politiques, économiques, sociaux, culturels) de droits collectifs, de devoirs individuels, et de droits des peuples.

304 Les cours de justice communautaires se sont appropriées de la CADHP qui, dans son origine, était conçue pour être le « pilier d'un système régional de protection des droits de l'homme »[1221]. Mais par évolution, elle est devenue la « basis of a common subregional human rights standard »[1222], un outil de définition des normes de droits de l'homme[1223], un catalogue des droits invocables[1224] et un instrument d'interprétation[1225]. La place de la CADHP, en tant que source formelle des organisations d'intégration économique africaine, a été discutée par Frans Viljoen en identifiant les deux approches possibles[1226] : La première approche renvoie à l'adoption par les organisations communautaires de leur charte sur les droits de l'homme applicables devant les cours de justice. Cette démarche a l'inconvénient de limiter la portée de la Charte africaine. La deuxième approche qualifiée de « minimaliste » consistant à incorporer la Charte africaine dans les traités des organisations communautaires permettrait d'améliorer le régime de protection des droits de l'homme. Cette approche a l'avantage de favoriser l'unité du système de protection des droits de

---

Flauss (ss. dir.), *L'application nationale de la Charte africaine des droits de l'homme et des peuples*. Bruxelles, 2004, p. 11.

[1219] Du même auteur, KAMTO (M.), « La Charte africaine des droits de l'homme et des peuples et les perspectives de la protection des droits de l'homme », in *La Charte africaine des droits de l'homme et des peuples et le Protocole y relatif portant création de la Cour africaine des droits de l'homme. Commentaire article par article*. Bruxelles, Bruylant, 2011, p. 3.

[1220] Voir OUGUERGOUZ (F.), *La Charte africaine des droits de l'homme et des peuples. Une approche juridique des droits de l'homme entre tradition et modernité*. PUF, 1993, p. 79.

[1221] KAMTO (M.), « La Charte africaine des droits de l'homme et des peuples et les perspectives de la protection des droits de l'homme », *op. cit.*, p. 18.

[1222] VILJOEN (F.), *International Human Rights Law in Africa*, *op. cit.*, p. 495.

[1223] EBORBRAH (S. T.), « Application of the African Charter by African sub-regional Organizations: Gains, pains and the future », *Law, Democracy and Development*, Vol. 16 (2012), p. 54.

[1224] *Ibd.*, p. 58.

[1225] *Ibidem.*, p. 61.

[1226] VILJOEN (F.), « The Realisation of human rights in Africa through sub-regional », *African Yearbook of International Law*, Vol. 7, issue 1, p. 209.

l'homme et d'éviter son éventuelle fragmentation[1227]. La question de l'adhésion des organisations communautaires à la CADHP est similaire à la « pérennité du débat récurrent »[1228] sur l'adhésion de l'Union européenne à la Convention européenne des droits de l'homme qui revêt une « signification particulière »[1229] pour la CJUE. Mais cette position de la Cour ne change pas « le principe selon lequel la CEDH demeurait seulement une source matérielle et n'accédait pas au statut de source formelle de la légalité communautaire »[1230].

305 La pratique jurisprudentielle des cours communautaires africaines confirme une tendance de reconnaissance de la Charte africaine comme source formelle et matérielle du droit des organisations d'intégration. La CJCEDEAO applique la Charte africaine comme partie intégrante du système juridique communautaire tout en marquant son autonomie dans l'emploi. Très tôt, dans l'affaire *Moussa Leo Keita c Mali*, la Cour avait commencé à définir et à classifier les droits garantis par la CADHP en droits civils et politiques, en droits économiques, et en droits sociaux et culturels[1231]. Mais dans l'affaire *Etim Moses Essien* c. *Université & Gambie*, la Cour d'Abuja affirme le caractère particulier de la CADHP dans son ordre juridique pour écarter la règle de l'épuisement des voies de recours internes[1232]. En outre, la CJCEDEAO, dans l'affaire *Dame Hadijatou Mani Koraou v. République du Niger*, montre de manière claire sa démarche autonome en appliquant la

---

1227 *Ibid.*, p. 2011.

1228 Expression utilisée par Denys Simon, *Le système juridique communautaire*, *op. cit.*, p. 245.

1229 La formule a été employée par la CJUE à plusieurs reprises ; CJCE, *ERT*, 18 juin 1991, Aff. C-260/89 ; Avis 2/94 du 28 mars 1996 relatif au projet d'adhésion de la Communauté à la CEDH : « selon une jurisprudence constante les droits fondamentaux font partie intégrante des principes généraux du droit dont la Cour assure le respect. À cet effet, la Cour s'inspire des traditions constitutionnelles communes aux États membres ainsi que des indications fournies par les instruments internationaux concernant la protection des droits de l'homme auxquels les États membres ont coopéré ou adhéré (voir, notamment, arrêt du 14 mai 1974, Nold, point 13, 4/73, Rec. p. 491). La convention européenne des droits de l'homme revêt, à cet égard, une signification particulière (voir, notamment, arrêt du 15 mai 1986, Johnston, point 18, 222/84, Rec. p. 1651 », point 41 de l'avis.

1230 SIMON (D), « Des influences réciproques entre CJCE et CEDH : « Je t'aime moi non plus » ? *Pouvoirs*, N°96/2001, p. 36 ; BLUMANN (C.), DUBOUIS (L.), *Droit institutionnel de l'Union européenne*, *op. cit.*, p. 659.

1231 ECW/CCJ/APP/03/07 du 22 mars 2007, point 33 de l'arrêt. Art. 15 de la Charte (Droit à un traitement salarial).

1232 ECW/CCJ/APP/05/05 du 14 mars 2007, point 27 de l'arrêt.

Charte : « L'adhésion de la Communauté aux principes de la Charte signifie que même en l'absence d'instruments juridiques de la CEDEAO relatifs aux droits de l'homme, la Cour assure la protection des droits énoncés dans la Charte sans pour autant procéder de la même manière que la Commission africaine des droits de l'homme et des peuples »[1233]. Ainsi, dans d'autres arrêts, la Cour confirme l'invocabilité de la Charte par les particuliers dans l'ordre juridique de la Communauté et son application. Dans l'affaire *SERAP v. Federal Republic of Nigeria & UBEC*, la Cour indique que tous les États membres ont ratifié la CADHP et elle dispose de la compétence pour appliquer les dispositions de ladite Charte notamment garantir le droit à l'éducation[1234]. Cette position de la Cour est réitérée dans l'affaire *Musa Saidykhan vs. Gambie* lorsqu'elle considère que « l'article 4 (g) du traité autorise la Cour à appliquer les dispositions de la Charte. »[1235] Ainsi, en tenant des précisions de la Cour à travers plusieurs arrêts, la Charte devrait être considérée comme une source formelle même si la CEDEAO n'a pas consacré son adhésion officielle à la Charte en tant qu'organisation communautaire[1236]. Cependant, la Charte africaine constitue une véritable source matérielle privilégiée de protection des droits de la personne confirmée par la Cour. Cette dernière souligne que les États membres ont ratifié la Charte africaine[1237] et que les droits contenus dans ladite Charte, comme la dignité humaine[1238], l'interdiction d'actes de torture ou d'arrestations arbitraires[1239], la liberté individuelle[1240], le droit à un procès équitable[1241]... font l'objet de protection substantielle dans l'ordre juridique communautaire. Aussi, à

1233 ECW/CCJ/JUD/06/08 du 27 octobre 2008, point 42 de l'arrêt.

1234 N°ECW/CCJ/JUD/07/10 du 27 octobre 2009, point 19 de l'arrêt.

1235 N°ECW/CCJ/JUD/08/10 du 16 décembre 2010, point 46 de l'arrêt

1236 *Mme Ameganvi Isabelle Manavi c. Togo*, du 7 octobre 2011, point 25 de l'arrêt.

1237 *Bakary Sarré et 28 autres c. Mali*, du 17 mars 2011, point, 35.

1238 *Hadijatou Mani Koraou v. République du Niger*, points 72 et 85. Violation de l'article 5 prohibant la pratique de l'esclave ; *Dorothy Njemanze & trois autres v. Nigeria*, ECW/CCJ/08/17 du 12 octobre 2017, p. 38.

1239 CJCEDEAO, *Chief Ebrimah Manneh vs. Gambie* ; CJCEDEAO, *Mamadou Tandja v. État du Niger*, N°ECW/CCJ/JUD/05/10 du 8 novembre 2010 ; *Konso Kokou Parounam c/Togo*, N°ECW/CCJ/JUD/02/16 du 16 février 2016, point 43.

1240 *Mamadou Tandja v. Niger*, N°ECW/CCJ/JUD/05/ 10 du 8 novembre 2010, point 19.

1241 Sidi Amar et Ibrahima c. Niger, N°ECW/CCJ/JUD/01/11 du 8 février 2011, point 45.

chaque fois que la violation d'un droit de l'homme découlant de la Charte est invoquée, la CJCEDEAO déclare sa compétence[1242].

306 L'utilisation de la Charte au niveau communautaire n'est pas l'apanage de la CJCEDEAO. La Cour africaine de l'Est a eu l'occasion de clarifier la signification des dispositions de la Charte par rapport au traité de la Communauté. Celui-ci pose les dispositions de la Charte africaine comme des principes fondamentaux de la Communauté[1243]. Dans l'arrêt[1244] *Plaxeda Rugumba v. The Attorney General of Rwanda* du 1er décembre 2011 à propos de l'arrestation et de la détention arbitraire d'un lieutenant-colonel, la Cour (1ère instance) explique que les principes du traité, notamment les dispositions de la Charte, n'étaient pas inopérants, ou cosmétiques en ces termes : « Nous sommes convaincus que les principes énoncés aux articles 6 (d) et 7 (2) n'ont pas été inscrits en vain. Il en est aussi de la compétence de la Cour pour interpréter toute violation de ces dispositions. L'invocation des dispositions de la Charte africaine des Droits de l'Homme et des Peuples ne sont pas simplement décoratives, mais s'imposent aux États Partenaires. D'où l'obligation pour les États Partenaires de "se conformer aux principes de la démocratie, droit ... ainsi que la reconnaissance, la promotion et la protection des droits de l'homme et des peuples conformément aux dispositions de la Charte africaine des droits de l'homme et des peuples "(CADHP). Il est incontestable que l'article 6 de la Charte prévoit qu'une personne ne peut être privée de sa liberté que dans les circonstances prévues par la loi »[1245].

307 Cette prise de position, vis-à-vis de la Charte, va être remise en cause par la Cour (1ère instance) dans un autre arrêt *Democratic Party v. The Secretary General & 4 Partner States*[1246] du 29 novembre 2013,

---

[1242] La Cour n'a cessé de confirmer, conformément à sa jurisprudence constante, que « la simple invocation d'une violation de droit de l'homme entraîne sa compétence » (Mme Ameganvi Isabelle Manavi c. Togo, point 53) et qu'elle « est compétente pour connaître des cas de violations des droits de l'homme dans tout État membre » (*Farimata Mahamadou et autres c. Mali,* N°ECW/CCJ/JUD/11/16 du 17 mai 2016, point 35).

[1243] Article 6 (d).

[1244] Réf. 8/2010.

[1245] Point 37 de l'arrêt.

[1246] Réf. N°2/2012. Le requérant qui est un parti politique légalement constitué en Ouganda, saisit la Cour pour dénoncer l'absence de déclaration d'acception de la Compétence de la Cour africaine des droits de l'homme en lien avec les articles 5 (3) et 34 (6) du Protocole de la Cour (à tout moment à partir de la ratification du présent

considérant que les dispositions de ladite Charte n'étaient pas applicables[1247]. La limitation faite à la signification de la Charte dans l'ordre juridique de la Communauté africaine soulève une ambiguïté normative pour ce qui est des sources d'inspiration de la Cour. La volonté de cette dernière, d'établir une distinction nette entre le traité de la Communauté et la Charte africaine, ne facilite pas sa viabilité et son opérationnalisation en tant que source interne de l'ordre juridique. Mais, l'ambigüité argumentaire et la contrariété jurisprudentielle vont être levées par la Chambre d'appel de la Cour saisie pour la même affaire en cause[1248]. Le juge communautaire de l'Afrique de l'Est va estimer que l'article 6 (2) l'autorise à appliquer la Charte, et qu'elle doit assurer le respect en combinaison avec le traité par les États membres[1249]. Il poursuit en affirmant que rien ne peut l'empêcher de se référer aux dispositions pertinentes de la Charte car le traité reconnaît la pertinence de ladite Charte en matière de promotion et de protection des droits de l'homme et des peuples. Par ailleurs, la Cour d'Arusha souligne que les dispositions de la Charte créent ipso jure des obligations liant les États membres en vertu du traité[1250] avant de retenir, en conclusion, qu'elle avait « the jurisdiction to interpret the Charter in the context of the Treaty »[1251]. Ainsi, la Cour africaine de l'Est s'inspire de la CADHP en tant qu'instrument intégrant l'ordre juridique communautaire pour garantir les principes de bonne gouvernance, de l'État de droit et de la protection des droits de l'homme. Par ailleurs, le tribunal de la SADC, bien que ne faisant pas explicitement référence à la CADHP, n'a pas raté l'occasion de s'en

---

Protocole, l'État doit faire une déclaration acceptant la compétence de la Cour pour recevoir les requêtes énoncées à l'article 5(3) du présent Protocole. La Cour ne reçoit aucune requête en application de l'article 5(3) intéressant un État partie qui n'a pas fait une telle déclaration). Il estime que les États membres (Ouganda, Rwanda, Kenya, Burundi), en agissant ainsi, ont violé le traité.

[1247] Point 34 de l'arrêt. La Cour s'est démarquée de sa jurisprudence antérieure pour affirmer qu'elle « est consciente que dans l'affaire Rugumba v. Attorney General of Rwanda a appliqué la Charte africaine des droits de l'homme et des peuples pour trancher en faveur du requérant. Mais, il faut comprendre que cette conclusion a été faite dans le contexte de violations spécifiques de l'article 6 (2) du traité et non de la Charte ».

[1248] Appeal N°1/2014 du 18 juillet 2015.

[1249] Point 69 de l'arrêt.

[1250] Point 71.

[1251] Point 74.

inspirer pour en faire une source communautaire lorsqu'il a été sujet de protéger le droit d'accès au juge[1252].

308 L'étude sur la jurisprudence des cours africaines montre que la Charte a été utilisée comme une source interne. L'acceptation de son invocabilité par les requérants devant le prétoire du juge communautaire n'a pas été évidente jusqu'à ce que le juge lui-même en précise la signification. Dès lors, la CADH, en plus de sa consécration par les traités de base, peut être considérée comme une source principale privilégiée de protection des droits de l'homme. À l'instar de l'emploi des sources internes dans l'office du juge, les cours africaines recourent à des sources extérieures pour sanctionner les violations des droits de l'homme et s'inscrire dans les standards de protection de leurs homologues européens et latino-américains. Ce qui illustre leur adhésion aux standards internationaux de garantie des droits de l'homme.

§ 2 : Les sources exogènes

309 L'absence de catalogues spécifiques, dédiés aux droits de l'homme dans les ordres juridiques communautaires africains, a favorisé le recours à des instruments extérieurs par les cours de justice pour protéger les droits de la personne humaine. Contrairement à la CJUE qui reste frileuse et réticente[1253] lorsqu'il s'agit de mobiliser des sources exogènes pour garantir les droits fondamentaux, les cours africaines utilisent fréquemment des sources autres que la Charte africaine des droits de l'homme dans leur office communautaire. En privilégiant la technique du « décloisonnement normatif »[1254], les cours de justice utilisent parmi leurs sources d'inspiration tous les instruments internationaux auxquels les États membres ont adhéré (**A**), et les jurisprudences nationales et internationales (**B**). Ce qui démontre l'étrange diversité des sources d'inspiration des cours de justice communautaire s'appuyant à la fois sur le droit international et sur les jurisprudences des autres cours nationales et supranationales. En effet,

---

[1252] *Campbell and others v. The Republic of Zimbabwe*, Case N°2/2007 du 8 novembre 2008, p. 30 ; *Barry Gondo et autres c. Zimbabwe* du 9 décembre 2010.

[1253] Cette attitude de la Cour est décrite de manière générale comme un « *souci du juge de l'Union d'assurer l'autonomie d'un droit dont il entend, de surcroît, asseoir l'unité* ». Cf. MEHDI (R.), « Le recours par la Cour de justice de l'Union européenne au droit comparé. Exigence méthodologique et variations des usages », in *Future of comparative study Law: The 60th anniversary of the Institute of comparative Law in Japan*, *op. cit.*, p. 399.

[1254] Formule employée par Laurence Burgorgue Larsen.

les références au droit comparé[1255] irriguent la production jurisprudentielle des cours de justice africaines.

A) La référence aux conventions internationales

310 De nombreuses conventions internationales relatives aux droits de l'homme sont applicables dans les ordres juridiques communautaires africains. Les requérants invoquent souvent la violation de droits garantis par les textes internationaux à l'appui de leurs recours. Les juges communautaires ont eu l'occasion de sanctionner la violation des droits reconnus par la Déclaration universelle des droits de l'homme (DUDH)[1256], le Pacte international de droits civils et politiques (PIDCP)[1257] et le Pacte international de droits sociaux économiques et culturels (PIDSEC)[1258], le Protocole de Maputo[1259] etc. Pour l'essentiel, il s'agit des instruments universels de protection des droits de l'homme adoptés dans le cadre des Nations unies et de l'Union africaine.

311 Le régime normatif de ces textes internationaux est précisé par la CJCEDEAO dans son ordre juridique. En effet, dans l'arrêt *Konso Kokou Parounam c/Togo*[1260] concernant les actes de torture et de détention arbitraire, la Cour a rappelé que « le contentieux de la violation des droits de l'homme dont elle peut connaître, ne sont pertinentes que lorsque les règles violées sont tirées notamment des conventions internationales qui lient les États »[1261]. Pour la Cour « les allégations de violation des droits de l'homme doivent reposer sur des textes qui obligent effectivement ces États ». Elle a réitéré de manière constante que « le régime international de protection des droits de l'homme devant les organes internationaux repose essentiellement sur les traités auxquels les États sont parties »[1262] et qu'elle « n'a pas

[1255] Par exemple, dans la plupart des arrêts rendus par la CJCEDEAO, une référence est faite à la jurisprudence pertinente de la CEDH. Cf. *Hadijatou Mani c. Niger*, ECW/CCJ/JUD/06/08 du 27 octobre 2008, point 39 de l'arrêt ; *CDP c/Burkina Faso* du 13 juillet 2015, point 36.

[1256] Arrêts *Mme Modupe Dorcas Afolalu c. Nigéria*, ECW/CCJ/JUD/15/14 du 10 mai 2014 ; *Ibrahima Mainassara Bare c. Niger*, ECW/CCJ/JUD/23/15 du 23 octobre 2015 ; *Mme Nazare Gomes de Pina c. Guinée Bissau*, N°ECW/CCJ/JUD/15/18 du 24 mai 2018.

[1257] *Samba Barry c. Côte d'Ivoire*, N°ECW/CCJ/JUD/06/16 du 20 avril 2016.

[1258] *Dame Medagbe Rita c. Togo*, N°ECW/CCJ/JUD/08/16 du 20 avril 2016.

[1259] *Dorothy Njemanze & trois autres c. Nigeria*, ECW/CCJ/08/17 du 12 octobre 2017.

[1260] N°ECW/CCJ/JUD/02/16 du 16 février 2016.

[1261] Point 24 de l'arrêt.

[1262] *Peter David c/ Uwechue* N°ECW/CCJ/APP/02/10, point 46.

vocation à sanctionner que la méconnaissance d'obligations résultant de textes internationaux opposables aux États »[1263] et que dans « son analyse, elle se référa exclusivement à des normes de droit international qui s'impose en principe aux États qui y ont souscrit »[1264]. Ainsi, la Cour s'appuie sur la DUDH et les deux Pactes internationaux pour interdire la détention arbitraire[1265] et exiger le respect de la dignité humaine[1266], du principe d'égalité devant la loi[1267], ainsi que de la liberté individuelle[1268].

312 Les conventions internationales relatives aux droits de l'homme ont servi également de source d'inspiration pour le TSADC pour prohiber la discrimination basée sur la race en mobilisant tous les textes internationaux pertinents en la matière[1269] (article 1 (3) de la Charte des Nations unies, article 2 de la DUDH, article 2 (1) du PIDCP, article 2 (2) du PIDESC). Le Tribunal a même cité l'article 14 de la CEDH[1270].

313 La Cour africaine de l'Est a recouru aux instruments internationaux de protection des droits de l'homme de manière timorée. Même si la CJAE ne se réfère pas directement à des conventions internationales spécifiques aux droits de l'homme, elle s'inspire des principes généraux du droit international en appliquant l'article 7 (2) du traité de base. Celui-ci dispose que « Les États membres s'engagent à respecter les principes de la bonne gouvernance, y compris l'adhésion aux principes de la démocratie, de la règle du droit, de la justice sociale et de l'universalité acceptés comme normes des droits de l'homme »[1271]. Ainsi, la Cour d'Arusha semble adopter une démarche prudente lorsqu'il s'agit d'appliquer les instruments internationaux pour apprécier la violation des droits de l'homme.

[1263] *CDP c/Burkina Faso* du 13 juillet 2015, point 25.
[1264] *P. A. Bodjona c/Togo* du 24 avril 2015, point 37.
[1265] *Konso Kokou Parounam c/*N°ECW/CCJ/JUD/02/16 du 16 février 2016, point 43.
[1266] *Dorothy Njemanze & trois autres v. Nigeria*, ECW/CCJ/08/17, point 38.
[1267] *Farimata Mahamadou et autres c. Mali,* N°ECW/CCJ/JUD/11/16 du 17 mai 2016.
[1268] *Chief Ebrimah Manneh vs. Gambie*, N°ECW/JUD/04/07 du 05 juin 2008.
[1269] *Campbell and others v. The Republic of Zimbabwe*, pp. 45-48.
[1270] Page 47 de l'arrêt.
[1271] CJCAE, *James Katabazi & others v. Secretary General & The Attorney General of Uganda*, p. 16 ; *Samuel Mukira Mohochi vs. The Attorney General of Uganda*, points 83-84.

314 En plus de la référence aux conventions internationales, les cours africaines utilisent les jurisprudences internationales, européennes et latino-américaines, comme sources d'inspiration, pour assurer la protection des droits de l'homme.

B) La référence aux jurisprudences internationales européenne, latino-américaine

315 Dans la fabrique de leurs décisions, en matière de protection de droits de l'homme, les cours de justice communautaires africaines s'inspirent très souvent des jurisprudences des cours supranationales bénéficiant déjà d'une notoriété et d'une ancienneté. La CJCEDEAO, la Cour africaine de l'Est et le TSADC citent les jurisprudences de la CJUE, de CEDH, de la CIDH et de la Cour internationale de justice. Cette utilisation des décisions étrangères pose la question du droit comparé dans les jurisprudences africaines. En effet, l'expérience relativement récente des juridictions communautaires en Afrique semble justifier le recours à des décisions rendues par leurs homologues soit pour renforcer la motivation des décisions, soit pour tenter de donner une légitimation de celles-ci. Les cours africaines, contrairement à la CJUE soumise à des contraintes textuelles et systémiques[1272], disposent d'une marge de manœuvre pour la sélection des jurisprudences étrangères relatives à la protection des droits de l'homme. Elles se rapprochent dans leur démarche de mobilisation de références extérieures de la CEDH qui dispose d'un pouvoir discrétionnaire quant aux choix de ses références[1273]. La CJCEDEAO, dans de nombreux arrêts concernant la violation des droits de l'homme des ressortissants communautaires, cite les précédents judiciaires de la Cour européenne des droits de l'homme. À cet égard, pour établir une base normative du droit de réparation pour les personnes victimes de violations des droits de l'homme, dans l'affaire *Musa Saidykhan*, la Cour invoque la jurisprudence *Ahmed Selmouni c. France* (2005) de la CEDH en y tirant des enseignements, car selon la Cour d'Abuja, la jurisprudence de la

[1272] AZOULAI (L.), « La fabrication de la jurisprudence communautaire », *in Dans la fabrique du droit européen, scènes, acteurs et publics de la Cour de justice des Communautés européennes*, MBONGO (P.) et VAUCHEZ (A.), (ss. dir). Bruylant 2009, pp. 161.

[1273] BRUCK (V.), LARCHE (M.), « La motivation des décisions de la Cour européenne des droits de l'homme », *Annuaire International de Justice Constitutionnelle*, XXVIII, 2012, p. 74.

Cour de Strasbourg a une valeur persuasive[1274]. Il en est de même lorsque la CJCEDEAO explique la finalité de la condamnation pécuniaire dans l'affaire *Musa Saidykhan*[1275]. Par ailleurs, pour justifier la singularité du droit de recours objectif des particuliers dans l'affaire *Hadijatou Mani Koraou*[1276], la Cour relève la différence d'application de la pratique internationale de la règle de l'épuisement des voies de recours internes dans l'ordre juridique communautaire en citant l'arrêt *De Wilde c/Belgique* du 18 juin 1971 de la CEDH. Cette même décision fut évoquée par la CJCEDEAO dans l'affaire *Mamadou Tandja c. Niger* pour préciser que la privation de liberté doit avoir une base légale dans le droit interne de l'État. Ces exemples montrent l'ouverture de la Cour d'Abuja aux jurisprudences extérieures qui ne se limitent pas uniquement aux simples références des arrêts de la CEDH. Le juge communautaire de la CEDEAO s'appuie sur des décisions d'autres juges internationaux en matière de droits de l'homme. Ainsi, la Cour a eu à puiser, non seulement, dans les arrêts de la Cour internationale de justice pour prohiber l'esclavage[1277] et pour garantir la préservation de l'environnement[1278], mais aussi, dans ceux de la CIADH, pour poser le principe de l'interdiction des lois d'amnistie[1279] et de la responsabilité de l'État en cas de violations des droits de l'homme commis par ses agents[1280]. Cette référence aux décisions étrangères est également observable devant la Cour africaine qui fait preuve d'une grande

---

[1274] CJCEDEAO, *Chief Ebrimah Manneh vs. Gambie*, point 33.

[1275] *Chief Ebrimah Manneh vs. Gambie*, point 43.

[1276] Point 39 de l'arrêt.

[1277] Affaire *Hadijatou Mano Koraou*, point 81. La Cour fait référence au célèbre arrêt de la CIJ de Barcelona Traction du 5 février 1970 (la mise hors la loi de l'esclavage est une obligation erga omnes qui s'impose à tous les organes de l'État).

[1278] *SERAP c. Nigeria* du 14 décembre 2012, point 100. La Cour cite l'avis consultatif sur *la Licéité de la menace ou de l'emploi d'armes nucléaires* de la CIJ du 8 juillet 1996, point. 29.

[1279] *Sidi Amar et Ibrahim c/Niger*, point 51. En citant l'arrêt de CIADH, *Barious Altos c/ Peru* du 30 novembre 2002, la Cour de la CEDEAO rappelle que « la doctrine et la jurisprudence internationale en la matière admettent exceptionnellement que pour les violations graves et massives des droits fondamentaux de l'homme..., retenir l'application de la loi d'amnistie équivaut à supprimer le droit à un recours effectif devant les tribunaux compétents ».

[1280] *Dorothy Njemanze & trois autres v. Nigeria*, du 12 octobre 2017, point 39. La Cour cite le célèbre arrêt de la CIDH, *Velasquez Rodriguez V. Honduras*, Series C, No. 4, para. 170, 1988.

ouverture aux sources jurisprudentielles extérieures[1281]. Elle a eu à mobiliser des arrêts de la CIJ pour évoquer le fondement de l'épuisement des voies de recours internes[1282], des arrêts de la CIADH pour faire la distinction entre violation des droits de l'homme dans le passé et continuité de la violation dans le présent[1283].

316 Le TSADC a connu le même phénomène d'invocation d'arrêts rendus par les cours supranationales de droits de l'homme pour fonder sa jurisprudence reconnaissant les principes d'accès à la justice[1284] et le droit de recours effectifs des particuliers[1285].

317 Cette ouverture aux décisions étrangères est une tendance suivie par les cours africaines de justice[1286] afin d'enrichir et de légitimer leurs arrêts. Même si ce scénario ne s'apparente à un vrai dialogue, il serait ce que Laurence Burgorgue-Larsen explique en ces termes : « Les citations de décisions de justice étrangères qui se situent en dehors de tout ensemble systémique (…), ne sont pas – au sens strict du terme- un dialogue, mais plutôt une utilisation de sources étrangères, une approche de droit comparée de la fonction judiciaire, un processus de fertilisation croisée (cross-fertilization), pouvant amener, le cas

---

[1281] La Cour africaine de l'Est fait référence aux décisions des cours suprêmes nationales dans ces arrêts. En même temps, elle parvient à engager le dialogue entre les autres cours africaines comme la Cour COMESA. Cf. CJAE (Appeal), *Independant Medical Unit v. Attorney General and Kenya,* N°2/2012 du 1er mars 2013, p. 20. La Cour s'appuie sur deux arrêts de la Cour COMESA pour expliquer le pouvoir de contrôle des arrêts déjà rendus. *PTA Bank v Martin Ogang*, Reference, n°1/2001 ; Dr. Kabeta Muleya v. COMESA & Erastus, Revision application n°1/2002.

[1282] CJAE (Appeal), *Attorney General of Republic of Rwanda v. Plaxeda Rugumba*, n°1/2012, juin 2012, point 35. (Affaire CIJ, *Suisse v. États-Unis* du 21 mars 1959).

[1283] Dans l'arrêt CJAE (Appeal), *Attorney General of Kenya v. Independant Medical Unit*, n°1/2011 du 15 mars 2012, p. 17, la Cour cite la jurisprudence CIDH, *Moiwana v. Suriname du 15 juillet 2005.*

[1284] TSADC, *Campbell and others v. The Republic of Zimbabwe*, Case N°2/2007 du 8 novembre 2008, p. 26. Le tribunal citera les arrêts de la CEDH, *Gold v. Royaume-Uni*, 1975, par. 34 et *Philis v Grèce* de 1991, par 59 ; l'avis consultatif de la CIDH du 6 octobre 1987, C-9/87 ; les communications de la Commission africaine des droits de l'homme et des peuples, *Constitutionnal rights projects, civil liverties Organisation and Media Right Agenda v. Nigeria* n°140/94, 141/95, 145/95 (1999).

[1285] TSADC, *Barry Gondo et autres c. Zimbabwe* du 9 décembre 2010. Le Tribunal va s'inspirer de la jurisprudnece CEDH (*Ramirez Sanchez c France*, 59450/00) ; Cour constitutionnelle Sud-africaine (Nyati c Mec for departement of health), la CIDH (art 27, avis consultatif octobre 1987).

[1286] AIVO (G.), « La Cour de justice de la CEDEAO et Charte africaine des droits de l'homme », *Revue Annales Africaines*, Vol. 2, n°7, décembre 2017, p. 362.

échéant, à l'édification progressive d'un fonds commun de principes et de droits… »[1287]. On pourrait aussi retenir à la manière de Denys Simon, qu'il s'agirait d'une « quête de convergence ou les vecteurs de circulations de sens »[1288]. Selon lui, « l'examen des jurisprudences internationales, qu'elles émanent des juridictions universelles ou régionales et des juridictions nationales qu'elles émanent des juridictions constitutionnelles ou des juridictions ordinaires, conduit à constater la multiplication spontanée des hypothèses dans lesquelles le juge s'attache à prendre « en considération » les décisions d'autres instances juridictionnelles, qu'il s'agisse soit d'une analyse comparative, en quelque sorte horizontale, des positions de ses « homologues », soit d'une prise en compte… des décisions rendues par des juridictions dans un rapport de superposition »[1289].

318 Pour assurer la protection effective des droits de l'homme des ressortissants communautaires, les cours de justice de la CEDEAO, de la CAE et du TSADC mobilisent des sources internes et des sources externes. Elles se fondent d'abord sur les principes fondamentaux des traités avant de sanctionner toute violation des droits de la personne. Si la CJCEDEAO garantit la protection des droits de l'homme sur la base du Traité et du Protocole de la Cour de 2005, la Cour africaine de l'Est se base sur les principes structurants affirmés dans le traité tels que la démocratie, la protection des droits de l'homme, la justice sociale, etc. En revanche, la Cour CEDEAO utilise la Charte africaine des droits de l'homme comme une source privilégiée de défense des droits des personnes. La variété des sources, sur lesquelles s'inspirent directement les juges communautaires, témoigne leur ouverture dans les méthodes employées, ce qui souligne aussi un dynamisme interprétatif au service de la protection des droits de l'homme.

1287 BURGORGUE-LARSEN (L.), « Le dialogue des juges, l'ère du dialogique en question (s). De quelques clarifications pour des meilleurs échanges académiques sur le dialogue des juges », *in Traité de Rapports entre ordres juridiques*. LGDJ 2016, p. 774.

1288 SIMON (D.), « Repenser le raisonnement interprétatif : autonomie ou circulation des principes, des méthodes et des techniques, dans les rapports de systèmes », *op.cit.*, p. 607.

1289 *Ibid.*, p. 608.

SECTION 2 : LE DYNAMISME INTERPRÉTATIF DES COURS AFRICAINES

319 La contribution substantielle des cours de justice à la protection des droits de l'homme est un pas important pour la réalisation des objectifs d'intégration. Institués à l'origine pour accompagner les communautés économiques, les cours de justice communautaires deviennent de véritables gardiennes des processus d'intégration en assurant la protection effective des droits des particuliers. Elles ont joué un rôle important dans la reconnaissance des droits de l'homme au niveau communautaire en sanctionnant les violations desdits droits, allant de la constatation jusqu'à la réparation des préjudices subies. Pour arriver à assumer un rôle proactif dans la construction communautaire, les cours de justice ont usé d'un pouvoir interprétatif non prévu par les traités pour garantir le respect des droits de l'homme. Que ce soit la Cour de justice de la CEDEAO, la Cour africaine de l'Est, ou le Tribunal de la SADC, leurs textes constitutifs ne précise pas clairement la méthode d'interprétation utilisée[1290]. L'article 9 du Protocole de janvier 2005 sur la CJCEDAO prévoit que la Cour assure « l'interprétation et l'application du Traité, des Conventions et Protocoles de la Communauté »[1291]. De même que l'article 23 du Traité de la Communauté africaine de l'Est souligne que la Cour doit non seulement « garantir le respect du droit dans l'interprétation et l'application du Traité ». Néanmoins, l'article 21 (b) du Protocole de 2000 sur le Tribunal de la SADC semble définir une ligne générale d'interprétation en indiquant que le « Tribunal doit développer sa propre jurisprudence tout en se référant aux traités applicables, aux principes généraux du droit international public et tout autre principe de

---

[1290] Par exemple, la Charte africaine des droits de l'homme et des peuples précise la ligne d'interprétation de la Commission africaine. Cette dernière doit « s'inspirer du droit international des droits de l'homme » et de prendre en compte toute autre convention internationale reconnue par les États » (Art. 60 et 61).

[1291] Préciser l'ancien article dans le Protocole A/P1/7/ de 1991 sur la Cour de justice dispose en son article 19 que la Cour « procède à l'examen du différend dont elle est saisie conformément aux dispositions du Traité et de son Règlement. Elle peut également appliquer, le cas échéant, les principes de droit, tels que définis à l'article 38 du Statut de la Cour Internationale de Justice ». Il faut dire que la Cour d'Abuja a tenté dans l'affaire Afolabi Olajide du 27 avril 2004 de poser quelques principes d'interprétation (textuelle, fonctionnelle). La Cour affirma en vertu de l'article 9.1 du Protocole qu'elle « assure le respect du droit et des principes d'équité dans l'interprétation et l'application des dispositions du Traité ».

droit des États membres »[1292]. Il convient de relever que même si les textes communautaires sont muets sur les méthodes d'interprétation, les cours de justice ont développé une stratégie d'interprétation basée essentiellement sur la Convention de Vienne du 23 mai 1969 et les bonnes pratiques des autres juridictions supranationales telles que la CEDH, la CJUE et la CIADH. Le souci de protection effective des droits de l'homme semble guider l'orientation interprétative des juges communautaires. Pour cela, ces derniers ont manifesté « un dynamisme interprétatif », pour reprendre l'expréssion de Frédéric Sudre[1293], donnant ainsi un contenu concret aux droits de la personne humaine malgré l'absence de textes spécifiques consacrés aux droits de l'homme. Les CJCEDEAO, de CJCAE, et du TSADC ont d'abord recouru aux méthodes classiques d'interprétation (**§1**) avant de se tourner vers celles propres aux juridictions connaissant du contentieux des droits de l'homme (**§ 2**).

§ 1 : Le recours aux méthodes classiques d'interprétation

320 L'interprétation est une « opération qui consiste à discerner le véritable sens d'un texte obscur »[1294] ou un « processus intellectuel de détermination de sens »[1295]. Elle peut revêtir plusieurs formes (interprétation littérale, finaliste). Les cours de justice communautaires, pour donner un contenu substantiel aux droits proclamés dans les instruments juridiques auxquels les États membres ont adhéré, recourent aux méthodes classiques d'interprétation prévues par la Convention de Vienne du 23 mai 1969. Il convient de rappeler que « le choix des méthodes d'interprétation par le juge traduit ses conceptions et dénote une politique jurisprudentielle plus ou moins audacieuse »[1296].

[1292] Le Tribunal a consacré cette ligne directrice d'interprétation dans l'affaire *Mike Campbell* de 2008, p. 24. Mais il faut regretter que le nouveau Protocole de 2014 signé supprime la référence aux règles du droit international et se limite au Traité et Protocole de la SADC (article 35).

[1293] SUDRE (F.), « À propos du dynamisme interprétatif de la *CEDH* », JCP, 2001, I, p. 335 ; du même auteur « L'interprétation dynamique de la Cour européenne des droits de l'homme », *L'office du juge*, Les actes du Colloque du Sénat-Palais de Luxembourg, septembre 2006, p. 224.

[1294] CORNU (G), *Vocabulaire juridique*, PUF, 9e édition, 2011, p. 565.

[1295] COMBACAU (J.), SUR (S.), *Droit international public*, 9e édition, 2010, p. 170 ; ALLAND (D.), *L'interprétation du droit international public*, RCADI, Volume (362), 2013, p. 59.

[1296] RIDEAU (J.), *Les aspects juridiques de l'intégration économique*, Colloque 1971. Sijthoff, Leiden, 1972, p. 210.

Ainsi, trois méthodes peuvent exister : la méthode subjective qui recherche les intentions des auteurs du texte, la méthode objective fondée sur l'analyse du texte et l'interprétation téléologique basée sur la finalité du texte[1297]. Mais, les traités communautaires sont muets sur les règles d'interprétation à utiliser par les cours africaines. Ce qui confère à ces dernières une liberté de choix dans le processus interprétatif. Ainsi, les cours de justice n'ont pas hésité à mobiliser les règles de standard interprétatif du droit international (**A**). Mais les cours de justice, dans leur utilisation des règles classiques d'interprétation, essaient de l'adapter (**B**) au contexte du contentieux de violation des droits de l'homme.

A) L'application du standard en matière d'interprétation

321 Les articles 31 à 32 de la Convention de Vienne du 23 mai 1969 sur le droit des traités[1298] fixent le cadre normatif de base des méthodes d'interprétation des traités. En effet, l'article 31 de la Convention de Vienne prévoit qu'un « traité doit être interprété de bonne foi suivant le sens ordinaire à attribuer aux termes du traité dans leur contexte et à la lumière de son objet et de son but ». Cette disposition constitue le code d'interprétation de plusieurs cours supranationales et la pratique révèle qu'elle est « source valide d'interprétation des traités relatifs aux droits de l'homme »[1299]. De nombreuses cours internationales y ont recours. C'est le cas de la CEDH qui considéra qu'elle « est disposée… à s'inspirer des articles 31 à 33 de la Convention de Vienne du 23 mai 1969 sur le droit des traités. Cette convention n'est pas encore en vigueur et elle précise, en son article 4, qu'elle ne rétroagira pas, mais ses articles 31 à 33 énoncent pour l'essentiel des règles de droit international communément admises et auxquelles la Cour a déjà recouru. À ce titre, ils entrent en ligne de

---

[1297] *Ibid.*

[1298] L'article 32 de la Convention de Vienne dispose : « Il peut être fait appel à des moyens complémentaires d'interprétation, et notamment aux travaux préparatoires et aux circonstances dans lesquelles le traité a été conclu, en vue, soit de confirmer le sens résultant de l'application de l'article 31, soit de déterminer le sens lorsque l'interprétation donnée conformément à l'article 31 : a) laisse le sens ambigu ou obscur; ou b) conduit à un résultat qui est manifestement absurde ou déraisonnable. »

[1299] SERMET (L), « Le développement des méthodes d'interprétation et des méthodes de contrôle des traités relatifs aux droits de l'homme par les juridictions supranationales », *La protection des droits de l'homme par les cours supranationales, Actes de colloques des 8 et 9 octobre 2015*. Publication de l'Institut international des droits de l'homme, n°31, 2016, p. 61.

compte pour l'interprétation de la Convention européenne sous réserve, le cas échéant, de "toute règle pertinente de l'organisation" au sein de laquelle elle a été adoptée, le Conseil de l'Europe (article 5 de la Convention de Vienne) »[1300]. Il en est de même pour la CIDH, bien que disposant d'une base légale d'interprétation[1301], « systématise sa méthode, en se référant notamment à la Convention de Vienne »[1302].

322 La Cour africaine de l'Est reprend la directive générale d'interprétation confinée dans la Convention de Vienne dans de nombreux arrêts[1303]. Elle rappela sans cesse que les articles 31 et 32 (b) constituent les « canons primaires de la construction de l'interprétation des traités »[1304]. C'est sur cette base que la Cour assume son pouvoir d'interprétation du traité prévu à l'article 27 (1) du Traité de la Communauté africaine de l'Est pour condamner les manquements aux obligations de protection des droits de l'homme[1305] par les États membres. Elle n'hésite pas à reprendre, dans ses arrêts, le standard fixé par la Convention de Vienne[1306]. Celui-ci a permis à la Cour de saisir les intentions des États membres lorsqu'ils affirment dans le traité parmi les principes fondamentaux de la Communauté le respect de la

---

[1300] CEDH, Cour (Plénière), 21 févr. 1975, n°445/70, par. 29 ; Voir aussi, CEDH, *Johnson et autres c Irlande* du 18 décembre 1986, paragr. 51. Dans cette affaire, la Cour affirmera que « Pour examiner si les requérants peuvent déduire de l'article 12 (art. 12) un droit au divorce, la Cour recherchera le sens ordinaire à attribuer aux termes de cette disposition dans leur contexte et à la lumière de son objet et de son but (arrêt Golder du 21 février 1975, série A no 18, p. 14, § 29, et article 31 § 1 de la Convention de Vienne du 23 mai 1969 sur le droit des traités).

[1301] L'article 29 de la Convention américaine des droits de l'homme porte les normes d'interprétation de la Convention. Cet article évoque l'importance de l'interprétation *pro homine* consistant à « fournir une interprétation qui puisse octroyer aux individus une protection maximale ». Cf. BURGORGUE-LARSEN (L.), « Les méthodes d'interprétation de la Cour interaméricaine des droits de l'homme. Justice in context », *RTDH*, n°97, 2014, p. 35.

[1302] HENNEBEL (L.), TIGROUJA (H.), *Traité de droit international des droits de l'homme*. Pedone, 2016, p. 636.

[1303] *Peter Ayang N'yong and others v. Kenya*, n°1/2006 du 30 mars 2007 ; *East African Law Society v. Kenya*, n°3/2007 du 17 mai 2007 ; *Modern Holding Limited v. Kenya Ports Authority*, N°1/2008 du 12 février 2009, p. 8.

[1304] *Democratic Party v. The Secretary General of the East African Community and others*, (Appeal) n°1/2014 du 28 juillet 2015, point 72.

[1305] CJCAE, *James Katabazi & others v. Secretary General & The Attorney General of Uganda*, n°1/2007 du 1er novembre 2007.

[1306] Reference for a preliminary Ruling under article 34 of the Treaty made by the high Court of the Republic of Uganda in the proceedings between the Attorney General of Uganda and Tom Kyahurwenda, N°1/2014 du 31 juillet 2015, point 33.

démocratie, de l'État de droit, de la justice sociale et le respect des droits de l'homme. La Cour est consciente de son défaut de compétence en matière de protection des droits de l'homme, mais, comme elle l'affirme constamment dans sa jurisprudence depuis l'arrêt fondateur de *Katabazi* du 1er novembre 2007 : « while the Cour will note assume jurisdiction to adjudicate human rights disputes, it will not abdicate from exercising its jurisdiction of interpretation under article 27 (1) merely because the references includes allegations of human rights »[1307]. Donc, la Cour interprète les dispositions fondamentales du Traité en recourant à la Convention de Vienne. Déjà, dans l'arrêt *East African Law Society v. Kenya*[1308], la Cour l'avait rappelé avec vigueur en ces termes : « Tenant compte du principe général d'interprétation énoncé dans l'article 31 de la Convention de Vienne, nous pensons que nous devons interpréter les termes du traité non seulement conformément à leur sens ordinaire, mais aussi dans leur contexte et à la lumière de leur objectif et de leur but. Principalement nous devons prendre l'objectif du Traité dans son ensemble, mais sans perdre de vue l'objectif ou le but d'une disposition particulière »[1309]. Le recours aux règles d'interprétation du droit international est aussi observable au niveau du Tribunal de la SADC qui, dans la décision *Campbell,* a mobilisé les ressources de la Convention de Vienne pour interpréter les normes invoquées[1310]. La CJCEDEAO, même si elle ne fait pas référence directement à la Convention de Vienne, applique les principes généraux de l'interprétation en droit international. Dans son premier *Afolabi Olajide v République fédérale du Nigeria*[1311], rendu en matière de liberté de circulation, la Cour rappelle les principes d'interprétation identifiés par la doctrine tels que « la réalité (interprétation textuelle), le sens naturel ou ordinaire, l'intégration (interprétation du traité dans son intégralité), l'effectivité et l'aspect contemporain »[1312]. Ainsi, la Convention de Vienne a servi aux cours africaines d'instrument pour

---

[1307] Notre traduction : « Bien que la Cour ne dispose pas de compétence pour statuer sur les différends relatifs aux droits de l'homme, elle ne renoncera pas à sa mission d'interprétation du Traité prévue à l'article 27 (1). Le Traité comporte des références aux droits de l'homme ». First instance, *Independant Medical Unit v. Attorney General and Kenya*, N°3/2010 du 15 mars 2012, p. 9 ; Appeal, *Attorney Genreral of Rwanda, v. Plaxeda Rugumba*, n°1/2012, June 2012, p. 9.

[1308] N°3/2007 du 17 mai 2007.

[1309] P. 24 de l'arrêt.

[1310] Case N°2/2007, p.

[1311] N°01/04/04 du 27 avril 2004.

[1312] Point 33 de l'arrêt.

apprécier les différents cas de violation des droits de l'homme. En même temps, elles ont adapté les règles d'interprétation au contexte spécifique de contentieux de violation des droits de la personne humaine.

B) L'adaptation des règles d'interprétation

323 La pratique jurisprudentielle montre que les cours de justice appliquent le droit communautaire et le droit international des traités tel que la Convention de Vienne sur le droit des traités du 23 mai 1969 et la jurisprudence des autres juridictions internationales en l'adaptant au contexte spécifique de protection des droits de l'homme. Les cours africaines ne se démarquent pas, a priori, de la règle générale d'interprétation » confinée dans la Convention de Vienne. C'est à partir d'elle que les juges tissent des méthodes d'interprétation au service de la protection des droits de l'homme. Il n'est pas inutile de préciser que « quelles que soient les circonstances de l'espèce, l'interprète doit fonder son raisonnement sur un minimum de règles stables qu'on a qualifiées volontiers de « maxime » parce qu'elles découlent de la logique elle-même »[1313] et l'interprétation « qui doit être donnée aux règles de droit correspond au produit du raisonnement juridique, des contraintes institutionnelles et des préférences normatives qui définissent ainsi le rôle des juges dans une communauté politique donnée »[1314]. À cet égard, il faut souligner la « singularité de l'interprétation »[1315] par les cours de justice connaissant le contentieux de protection des droits de la personne humaine. Le juge est souvent amené à constater des manquements aux droits civils et politiques, aux droits socio-économiques de la part des États membres et d'en assurer leur effectivité. Dans le contexte spécifique de l'Afrique, les cours de justice traitent souvent

---

[1313] DAILLET (P.), FORTEAU (M.), PELLET (A.), *Droit international public*, LGDJ, 8e édition, 2009, p. 283.

[1314] MADURO (M.) « La fonction juridictionnelle dans le contexte du pluralisme constitutionnel : l'approche du droit communautaire », in *Les droits fondamentaux : charnières entre ordres et systèmes juridiques*, sous la direction de Édouard DUBOUT et Sébastien TOUZE. Paris, Pedone, 2010, p. 201.

[1315] SUDRE (F.), « Conclusions », *in La protection des droits de l'homme par les cours supranationales, Actes de colloques des 8 et 9 octobre 2015*. Publication de l'Institut international des droits de l'homme, n°31, 2016, p.

des questions politiques[1316] d'État de droit[1317], de démocratie[1318], de liberté d'expression[1319], de détentions arbitraires[1320], de droit constitutionnel[1321]... Et tout récemment des questions de société ont atterri devant la CJCEDEAO[1322]. Cette politisation du contentieux devant les cours africaines a fait dire à Joël Andriantsimbazovina que « les juges africains sont pour l'instant accaparés par les questions politiques et de transition démocratique »[1323]. Dès lors, les cours africaines, à l'instar de leurs homologues européens et américains, se sont appuyés sur le principe général d'interprétation de la Convention de Vienne pour dégager des méthodes d'interprétation dynamiques visant à assurer le respect des droits de l'homme, ainsi que de garantir leur concrétisation.

324 L'activisme interprétatif ou le dynamisme interprétatif des cours de justice africaines se justifie, entre autres, par la volonté de celles-ci de contribuer à la constitutionnalisation des espaces communautaires et

---

1316 Cf. DUCOULOMBIER (P.), « Les questions politiques devant les cours supranationales », in *La protection des droits de l'homme par les cours supranationales, Actes de colloques des 8 et 9 octobre 2015*, Publication de l'Institut international des droits de l'homme, n°31, 2016, pp. 135-159.

1317 CJCAE, *James Katabazi & others v. Secretary General & The Attorney General of Uganda*, n°1/2007 du 1er novembre 2007.

1318 CJCEDEAO, *CDP v. Burkina Faso,* du 13 juillet 2015.

1319 CJCEDEAO, *Chief Ebrimah Manneh vs. Gambie*, N°ECW/JUD/04/07 du 05 juin 2008 ; *Musa Saidykhan vs. Gambie*, N°ECW/CCJ/JUD/08/10 du 16 décembre 2010 ; Hydara v. Gambie, ECW/CCJ/APP/30/11 du 10 juin 2014 ; CJCAE (1ère instance), *Burundian Journalist Union v. Attorney General of Burundi*, N°7/2013 du 15 mai 2015.

1320 CJCAE (1ère instance), *Plaxeda Ruguma vs. The Attorney General of Rwanda*, n°8/2010 du 1er décembre 2010 ; CJCAE (1ère instance), *Samuel Mukira Mohochi vs. The Attorney General of Uganda*, n°5/2011 du 17 mai 2013.

1321 CJCEDEAO, *Hissène Habré c. État du Sénégal*, N°ECW/CCJ/JU/06/16 du 18 novembre 2010 ; CJCEDEAO, *Mme Ameganvi Isabelle Manavi c. Togo* ; CJCAE (1ère instance), *Mary Ariviza and Okotch Mondoh v. Attorney General Kenya* du 30 novembre 2011 (contestation de l'adoption d'une Constitution par référendum au Kenya) ; CJAE (1ère instance), *East African Civil Society Organizations Forum (EASCOF) v. Attorney General of Burundi and others* du 29 septembre 2016 (contestation de la validité du mandat présidentiel).

1322 *Dorothy Njemanze & trois autres v. Nigeria*, ECW/CCJ/08/17 du 12 octobre 2017 (des femmes arrêtées dans la rue) ; *Mary Sunday v. Nigeria du 17 mai 2018* (violences domestiques de la part du fiancé).

1323 « Rapport introductif, Quelques réflexions liminaires sur la protection des droits de l'homme par les cours supranationales », *in La protection des droits de l'homme par les cours supranationales, Actes de colloques des 8 et 9 octobre 2015, op. cit.*, p. 26.

à la construction d'une Communauté de droit basée sur la primauté des droits de l'homme. Par exemple, la Cour africaine de l'Est n'hésite pas de rappeler dans ses arrêts, ce qu'elle qualifie de « package de la bonne gouvernance » affirmé parmi les objectifs de la Communauté et que les États membres doivent respecter au titre de l'article 6 (d) : « L'adhésion aux principes de la démocratie, la primauté du droit, la responsabilité, la transparence, la justice sociale, l'égalité des chances, l'égalité des genres, ainsi que la reconnaissance, la promotion et la protection des droits de l'homme et des peuples, conformément aux dispositions de la Charte africaine des droits de l'homme et des peuples »[1324]. Pour la Cour, « ces dispositions constituent des obligations des États membres vis-à-vis des citoyens. Avec l'adhésion volontaire des États membres à la Communauté africaine, ces obligations deviennent exécutoires et leur non-respect entraîne une violation du traité »[1325]. De même, la CJCEDEAO, de manière pragmatique, a estimé que la protection des droits de l'homme fait partie des principes fondamentaux de la Communauté »[1326] et « il va de soi que le juge communautaire, qui a reçu mandat de protéger les droits des citoyens de la communauté, ne saurait avoir d'autre choix que d'intervenir et dénoncer cette violation ; Qu'il ne saurait rester inerte face à une violation flagrante des droits de l'homme, peu importe l'acte qui est à l'origine de cette violation ; Que le juge des droits de l'homme qu'il est, ne remplirait pas son rôle de protecteur des droits de l'homme, s'il devait laisser échapper des violations flagrantes des droits de l'homme… »[1327].

325 La contribution des cours de justice au processus communautaire par la protection des droits de l'homme n'est possible que grâce au droit de recours direct des particuliers, à la pluralité des sources de protection et à des techniques d'interprétation audacieuses.

§ 2 : Les techniques d'interprétation privilégiées

326 La préférence d'une technique d'interprétation sur une autre dépend de la finalité recherchée par le système et la tradition juridique

---

[1324] CJCAE, *Samuel Mukira Mohochi vs. The Attorney General of Uganda* du 17 mai 2013, point 74.

[1325] CJCAE (1ère instance), *Burundian Journalist Union v. Attorney General of Burundi*, n°7/2013 du 15 mai 2015, point 74.

[1326] CJCEDEAO, *Bakary Sarré v. Mali*, N°ECW/CCJ/JUD/03/11 du 17 mars 2011. Point 35 de l'arrêt

[1327] *Farimata Mahamadou et autres c. Mali*, N°ECW/CCJ/JUD/11/16 du 17 mai 2016, points 45 et 49.

auquelle le juge appartient. Ce dernier peut être influencé par le contexte sociologique, politique et culturel de son environnement. L'exemple de la CJUE est éloquent où « l'interprétation juridique de la Cour est gouvernée par le texte, le contexte et télos (objectif) du traité »[1328]. Dans un contexte de l'intégration par les droits de l'homme, ce qui anime la démarche du juge c'est d'assurer une interprétation favorable à la protection des droits de la personne humaine. Le juge communautaire africain s'inscrit dans la perspective d'interprétation dynamique permettant de clarifier le régime de l'ouverture du prétoire, de définir les concepts généraux, de préciser la compétence, d'identifier le contenu des droits à protéger et d'en assurer leur effectivité. Les cours de justice CEDEAO, CAE, TSADC s'inspirent des méthodes utilisées par leurs homologues. Étant donné que le « souci de conférer au système de sauvegarde et aux droits garantis une véritable effectivité est au fondement de la démarche du juge européen »[1329], et « la finalité pro homine pour une protection maximale des droits des individus, le fondement de l'approche de la Cour interaméricaine »[1330]. Les mêmes raisons semblent guider les méthodes d'interprétation des cours de justice CEDEAO, CAE et du TSADC. Ainsi, les méthodes d'interprétation ne leur sont pas propres. C'est une tendance internationale remarquable que « les cours supranationales ont développé des méthodes d'interprétation propres tournées vers l'effet utile, vers le dynamisme et le constitutionnalisme »[1331]. D'ailleurs, le constat est que « Les deux vecteurs de l'interprétation dynamique sont l'interprétation systématique et l'interprétation téléologique »[1332].

327 Les cours africaines par leurs jurisprudences ont comblé les lacunes du régime de protection des droits individuels en recourant à deux méthodes d'interprétation : celle systématique (**A**) et celle téléologique (**B**).

1328 MADURO (M.) « La fonction juridictionnelle dans le contexte du pluralisme constitutionnel : l'approche du droit communautaire », *op. cit.*, p. 202.

1329 SUDRE (F.), *Droit européen et international des droits de l'homme*. PUF, 9e édition, 2008, p. 237.

1330 BURGORGUE-LARSEN (L.), « Les méthodes d'interprétation de la Cour interaméricaine des droits de l'homme. Justice in context », *op. cit.*, p. 35.

1331 Cf. « Rapport introductif, Quelques réflexions liminaires sur la protection des droits de l'homme par les cours supranationales », *op. cit.*, p. 23.

1332 ISAAC (G.), BLANQUET (M.), *Droit général de l'Union européenne*, *op. cit.*, p. 348.

A) L'interprétation systématique et évolutive

328 D'emblée, il convient de définir l'interprétation systématique. Elle s'entend comme une « une interprétation des normes dans le cadre de leur rapport systématique avec d'autres normes et avec l'ensemble de la réglementation en tenant compte de leur place et de leur fonction dans un ensemble organisé »[1333]. La méthode systématique est basée sur « les différents éléments du système que fournit le droit communautaire : économie générale des textes, structure institutionnelle, aménagement des pouvoirs, notions générales des idées directrices des traités »[1334]. Utilisée par d'autres juridictions comme la CJUE[1335] ou la CIDH[1336], la méthode systématique apparaît nettement dans la jurisprudence des cours africaines. La CJCEDEAO, pour garantir l'effectivité du droit au juge, recourt à cette méthode en rappelant l'esprit des textes, du contexte de la Communauté et de la volonté des États membres. À titre d'illustration, dans l'affaire *Hadijatou Mani Koraou v. République du Niger*, la Cour place la Charte africaine dans le dispositif communautaire en expliquant sa consécration et son intensité normative. Pour la Cour, « le législateur communautaire a voulu intégrer cet instrument dans le droit applicable devant elle... »[1337]. Dans l'arrêt *CNDD v. Côte d'Ivoire*, la Cour rappelle le régime juridique de l'accès des particuliers au prétoire en tenant compte du contexte. La CJCEDEAO relève qu'« au niveau de la Communauté, la saisine de la Cour par les personnes morales pour violation des droits de l'homme découle des dispositions de l'article 1er h) du Protocole sur la Démocratie et la Bonne Gouvernance.... et en application du principe selon lequel « en matière de protection des droits de l'homme, lorsque deux mesures ont vocation à s'appliquer la primauté doit être donnée à la mesure qui assure la protection la plus large », et usant de sa mission d'interprétation des Textes Communautaires de la CEDEAO, au présent la Cour déclare que l'article 10.d du Protocole Additionnel de 2005 doit s'interpréter conformément à l'esprit et à la lettre de l'article 1er. du Protocole A-SP1/12/01 du 21 décembre 2001 sur la Démocratie et la Bonne

---

[1333] *Ibid.*, p. 350.

[1334] PESCATORE (P.), Le *droit de l'intégration. Émergence d'un phénomène nouveau dans les relations internationales selon l'expérience des Communautés européennes*, *op. cit.*, p. 80.

[1335] Voir l'arrêt *Van Gend & Loos* du 5 février 1963.

[1336] HENNEBEL (L.), TIGROUJA (H.), *Traité de droit international des droits de l'homme*, *op. cit.*, p. 637.

[1337] ECW/CCJ/JUD/06/08 du 27 octobre 2008.

Gouvernance »[1338]. En outre, la Cour d'Abuja applique la méthode systématique pour expliquer la dimension évolutive de la jurisprudence. Dans l'affaire *Jerome Bougouma & autres c le Burkina Faso*, le juge considère qu'elle a « bien conscience que les progrès du droit et de la protection des droits de l'homme devraient aussi pouvoir se traduire par le dépérissement des juridictions d'exception. Tel est le mouvement de l'histoire, tel est l'idéal. Mais, en l'état actuel des choses, rien, dans le droit international des droits de l'homme, n'indique que le principe des juridictions d'exception méconnaît les droits de l'homme »[1339].

329 Cette interprétation de la Cour est curieuse, car elle aurait pu marquer nettement le contexte évolutif opportunément rappelé. De la même façon, la CJCEDEAO systématise sa jurisprudence lorsqu'elle est amenée à se pencher sur des prétendues violations des droits de l'homme tirées du droit interne pour montrer la position de la Cour de ne pas s'ériger en juge de constitutionnalité ou de la légalité des actes de droit interne. Elle « rappelle un certain nombre de principes dégagés des textes qui la régissent ainsi que sa jurisprudence »[1340]. C'est ainsi que la Cour a eu à réitérer sans cesse que dans sa mission de protection des droits de l'homme, qu'elle ne peut pas contrôler les décisions des juridictions nationales[1341], parce que le contexte des traités communautaires n'établit pas une relation hiérarchique lui permettant d'annuler des actes de droit national. Cette mission est dévolue aux cours constitutionnelles dans les États membres. Cependant, la Cour de la CEDEAO, de manière systématique, opère une distinction entre constatation de la violation des droits de l'homme et contrôle de légalité des décisions des juges nationaux. Pour assurer une cohérence du système et une fidélité à sa tradition jurisprudentielle, la Cour considère que « si le juge communautaire ne peut apprécier la bonne application des textes de droit interne par les juges nationaux, il reste compétent

---

[1338] ECW/CCJ/JUD/05/09 du 17 décembre 2009, points 28-29.

[1339] ECW/CCJ/JUD/08/18 du 19 févier 2018, p. 5-6. En l'espèce, les requérants, anciens ministres dans le gouvernement déchu à la suite de l'insurrection populaire au Burkina du 30 octobre 2014, ont été mis en accusation. Ils demandent à la Cour de faire constater la violation de leurs droits.

[1340] *CDP & autres v. Burkina*, ECW/CCJ/JUG/16/15, point 23.

[1341] *Jerry Ugokwe c. Nigeria* du 7 octobre 2005, point 32 ; *Moussa Leo Keita c. Mali* du 22 mars 2007, point 39 ; *Al Hadji Hammani Tidjani c. Nigeria* du 28 juin 2007, point 45 ; *Bakary Sarré et 28 autres c. Mali* du 17 mars 2011, point 31 ; *Mme Isabelle Manavi Ameganvi c. Togolais*, du 13 mars 2012, point 17 ; *M. Mamadou Moustapha Kakali v. Niger*, ECW/CCJ/JUD/15 du 1er décembre 2015.

pour relever les violations des droits de l'homme même lorsqu'elles ont pour origine une décision rendu par un juge d'un des États membres »[1342]. Cette précision de la Cour consacre une interprétation évolutive visant à sanctionner les manquements judiciaires aux droits de l'homme, en plus de rappeler le principe de l'absence de contrôle des décisions de justice des États membres.

330 La Cour africaine de l'Est utilise également la méthode systématique en faisant une lecture holistique du traité même si elle n'a pas de compétence directe en matière de protection des droits de l'homme. Dans l'affaire *Plaxeda Rugumba*, la Cour assume sa mission d'interprétation du traité en vue de constater toute violation par un État membre. Elle considère qu'il est de la responsabilité des États membres de respecter les principes de bonne gouvernance et d'État de droit en prohibant toute détention arbitraire. Selon la Cour, ces principes « were not inscribed in vain »[1343]. La Cour africaine de l'Est insiste souvent sur le contexte du traité et sur les obligations des États membres. De ce fait, elle procède d'abord à une lecture combinée des dispositions fondamentales du traité avant de les replacer dans le contexte de la Communauté pour garantir la saisine directe des particuliers. Elle affirma que : « Unlike other legal regimes… the EAC Treaty provides no requirement for exhaustion of local remedies as a condition for accessing the East African Court of justice »[1344]. Pour mettre en évidence les obligations des États membres découlant du système communautaire et de la structure du traité, la Cour d'Arusha considère que « les rédacteurs du Traité accordent une plus grande attention aux principes fondamentaux (justice sociale, démocratie, État de droit, protection des droits de l'homme) que d'autres dispositions…Ces principes sont essentiels à la réalisation du processus de l'intégration, et ont été consacrés pour être respectés. Les États membres doivent les respecter en tant des obligations du traité. L'intégration dépend du respect de chacun des principes fondateurs »[1345].

331 Que ce soit la Cour CEDEAO ou la CJCAE, l'analyse jurisprudentielle témoigne de l'utilisation fréquente de la méthode

---

[1342] *Farimata Mahamadou et autres c. Mali*, point. 48.

[1343] 1ère instance, *Plaxeda Rugumba v. The Attorney General of Rwanda* du 1er décembre 2011, point 37.

[1344] Appel, *Attorney General c. Plaxeda Rugumba*, n°1/2012, point 39.

[1345] *Samuel Mukira Mohochi vs. The Attorney General of Uganda*, points 36 (1). Nous traduisons de l'anglais.

systématique par les cours de justice dans le cadre de la protection des droits de l'homme tenant compte du contexte évolutif pour préserver les droits des citoyens et veiller à l'équilibre du traité (les objectifs des États membres). À ce niveau, il est intéressant de souligner la démarche évolutive et prospective du juge communautaire de la CAE lorsqu'il évoque l'impérieuse nécessité de protéger l'environnement pour les générations futures[1346]. Le recours à la méthode finaliste est une autre manifestation du dynamisme interprétatif des cours africaines.

B) L'interprétation finaliste

332 La jurisprudence d'une cour reste tributaire des méthodes d'interprétation utilisées. Celles-ci influencent largement le développement du droit[1347]. L'interprétation finaliste, est celle qui vise les objectifs assignés aux traités. Le juge chargé d'interpréter la norme saisit le système juridique à l'aune de ses objectifs. L'interprétation finaliste appelée aussi méthode téléologique, trouve sa résonance dans la jurisprudence de la CJUE. Cette dernière est qualifiée de « défenseur du Télos »[1348]. Le juge de l'Union semble privilégier la prévalence des objectifs du traité et de son contexte sur toute autre considération. Une partie de la doctrine communautariste relativise ce point de vue[1349].

[1346] CJCAE (1ère instance) *ANAW c. Tanzanie*, n°9/2010 du 20 juin 2014, point 85.

[1347] Cf. PESCATORE (P.), *L'ordre juridique communautaire des Communautés européennes*. Bruylant, 2006, p. 176. L'auteur analysant la position jurisprudentielle de la Cour opinait que « l'influence de la jurisprudence sur le développement du droit communautaire est accentuée par l'effet de la méthode d'interprétation, décidément constructive, que la Cour a coutume d'appliquer : l'interprétation systématique et téléologique ».

[1348] Pour l'avocat général Miguel Maduro, « l'interprétation juridique de la Cour est gouvernée par le texte, le contexte et le télos ». Cf. « La fonction juridictionnelle dans le contexte du pluralisme constitutionnel : l'approche du droit communautaire », *op. cit.*, p. 202.

[1349] Par exemple, selon Denys Simon, « contrairement à certaines idées reçues. La Cour de justice ne privilégie pas systématiquement la méthode téléologique aux dépens des raisonnements classiques fondés sur les méthodes textuelle ou subjective. Ce qui caractérise au contraire la stratégie jurisprudentielle du juge communautaire. C'est le grand éclectisme des techniques interprétatives utilisées, combiné avec la volonté de tirer de chacune d'entre elles une productivité maximale. La méthode du juge communautaire est ainsi marquée par une exploitation extensive de l'interprétation textuelle, notamment par un recours au contexte élargi à l'économie des traités et par un emploi hautement productif de l'effet utile ; de même l'appel à l'intention des parties est globalisé, de façon à tirer les conséquences ultimes de la volonté de construire un système intégré ; enfin, même s'il ne joue pas le rôle quasi exclusif que lui attribuent certains, le raisonnement téléologique contribue à l'évidence de faire

En outre, il fait une liaison entre la méthode systématique et celle téléologique. Dans l'arrêt *CILFIT* rendu sur renvoi préjudiciel, la stratégie interprétative de la Cour y est relevée : « chaque disposition du droit communautaire doit être replacée dans son contexte et interprétée à la lumière de l'ensemble des dispositions de ce droit, de ses finalités et de l'état de son évolution, à la date à laquelle l'application de la disposition en cause doit être faite »[1350]. De toutes les manières, la méthode téléologique a été déterminante dans la construction communautaire européenne[1351].

333 Appliquée à la protection des droits de l'homme, l'interprétation finaliste permet de garantir la protection effective des droits des particuliers en leur donnant un contenu concret. En plus, le « juge devient l'interprète final et finaliste, non pas des droits subjectifs, mais acteur du système pour en assurer la cohérence et le dynamisme »[1352]. Les cours africaines recourent à cette méthode pour construire un véritable système juridique privilégiant la protection humaine. La CJCEDEAO met l'accent sur les objectifs poursuivis par les traités fondateurs dans le cadre du contentieux des droits de l'homme. Elle n'hésite pas à rappeler que les instruments internationaux de protection des droits de l'homme, auxquels les États ont adhéré, constituent l'une des bases de l'ordre juridique communautaire[1353]. De ce fait, la Cour

---

prévaloir les finalités des traités. En d'autres termes, l'originalité du mode d'interprétation auquel se livre le juge communautaire tient moins au choix des procédés interprétatifs retenus qu'à leur combinatoire placée au service d'une lecture systématique ». Cf. *Le système juridique communautaire*, *op. cit.*, p. 257. On pourra aussi se référer à l'opinion de l'ancien juge Pierre Pescatore sur l'origine des méthodes d'interprétation. Pour lui, « Deux écoles de pensée s'étaient révélées : ceux qui préconisaient une méthode d'interprétation qualifiée de « téléologique » ou de « dynamique » inspirée des buts assignés aux Communautés auxquels s'opposait la voix de ceux qui conseillaient la plus grande prudence dans le recours à une telle méthode ». Cf. « Les objectifs de la Communauté européenne comme principe d'interprétation dans la jurisprudence de la Cour de justice », *in Miscellanea W. J. Ganshof van der Meersch*, t. 2. Bruxelles, Bruylant, 1972, p. 325.

[1350] CJCE, 6 octobre 1982, 283/81, point 20.

[1351] On pourra se référer à la contribution de la CJUE du développement du droit communautaire dans ses arrêts de principe.

[1352] SERMET (L.), « Le développement des méthodes d'interprétation et des méthodes de contrôle des traités relatifs aux droits de l'homme par les juridictions supranationales », *op. cit.*, p. 65.

[1353] CJCEDEAO, *Mme Ameganvi Isabelle Manavi c. Togo* du 7 Octobre 2011, point 53.

CEDEAO a précisé la qualité de victime[1354], le droit applicable[1355] et la preuve de violation des droits de l'homme[1356] et a posé un droit à réparation des personnes victimes de violation des droits de l'homme. Elle soulignera, à juste titre, que « la compétence de la Cour en matière de violation des droits de l'homme lui permet non seulement de constater lesdites violations, mais aussi d'ordonner leur réparation s'il y a lieu »[1357]. De même, elle a soutenu que les requêtes en violation des droits de l'homme sont admises dans le but de « satisfaire les aspirations des citoyens communautaires dans leur demande pour un régime protecteur des droits de l'homme »[1358] et que « Les cas de violation doivent être étayés par des éléments de preuve qui permettent à la Cour de les constater et d'en sanctionner leur violation s'il y a lieu »[1359]. Cela montre montre que la Cour, en assurant la mission d'interprétation des traités, insiste sur leurs finalités protectrices. De manière dynamique, la Cour d'Abuja a affirmé qu'elle « retrouve sa compétence dès lors que l'interprétation ou l'application d'un texte national a pour objet ou pour effet de priver des citoyens de droits tirés d'instruments internationaux »[1360] auxquels les États membres sont partis. Donc, la méthode finaliste est présente dans la jurisprudence de la CJCEDEAO qui l'utilise pour développer progressivement le régime de protection des droits de l'homme dont elle ne cesse de préciser que son rôle « est d'assurer la protection des droits des individus lorsque ceux-ci sont victimes de violations de ces droits qui leur sont reconnus, et ce, par l'examen des cas concrets présentés devant elle »[1361].

334 La Cour africaine de l'Est, même si elle insiste sur son défaut de compétence expresse dans le cadre de la protection des droits de

---

1354CJCEDEAO, *Hadijatou Mani Koraou v. République du Niger* du 27 octobre 2008 ; *Center For Democracy v. Tandja 1 Niger* du 9 Mai 2011; *CNDD v. Côte d'Ivoire* du 17 novembre 2009.

1355 *Konso Kokou Parounam c/Togo*, N°ECW/CCJ/JUD/02/16 du 16 février 2016, point 24.

1356 *Daouda Garba v. Benin*, N°ECW/CCJ/JUD/01/10 du 17 février 2010.

1357 *Farimata Mahamadou et autres c. Mali*, point 69.

1358 *SERAP v. Federal Republic of Nigeria & UBEC*, du 27 octobre 2009, point 33.

1359 *Daouda Garba v. Benin*, point 34 ; *Konso Kokou Parounam c/Togo*, point 31.

1360 *CDP c/Burkina Faso* du 13 juillet 2015, point 27.

1361 *Hadijatou Mani Koraou v. République du Niger*, point 60 ; *Hissène Habré c. État du Sénégal*, du 18 novembre 2010, point 51 ; *Général Amadou Haya Sanogo et autres c. Mali*, ECW/CCJ/JUD/12/16 du 17 mai 2016, point 27.

l'homme[1362], a réussi à ériger un système garantissant aux particuliers la possibilité d'introduire des recours en violation des droits de l'homme. Elle a su interpréter les dispositions du traité favorable au respect des droits de la personne humaine en ayant comme grille de lecture les finalités du traité notamment celles affirmées aux articles 6 (d) et 7 (2). La CJAE fabrique son interprétation à partir des objectifs des traités pour prohiber la détention arbitraire[1363], garantir la propriété privée[1364] et préserver l'environnement[1365]. La méthode finaliste a permis à la Cour de considérer indirectement les droits de l'homme dans son office. Elle indiquera qu'il « ressort manifestement d'une lecture de l'article 6 que le traité de la CAE a été promulgué dans un but précis, à savoir garantir la primauté du droit. En outre, le Traité enjoint clairement aux États membres de gouverner leurs citoyens conformément aux principes de bonne gouvernance, y compris l'adhésion aux principes de la démocratie, la primauté du droit, la protection des droits de l'homme et des peuples. L'article 6 du traité oblige les États membres à préserver les libertés individuelles et de ne pas priver les personnes leurs libertés, sauf pour les raisons prévues par la loi. Aucun ne doit être arrêté ou détenu de façon arbitraire »[1366]. Ainsi, la Cour intègre dans son code d'interprétation la finalité des traités destinée à la protection des droits de l'homme avec un « activisme judiciaire »[1367] et une « stratégie extensive du law-making »[1368].

Conclusion du chapitre II

335 En assurant la protection des droits de l'homme, les cours de justice africaines utilisent plusieurs sources d'inspiration à la fois

---

[1362] *James Katabazi and 21 others v. SG and Uganda*, du 1er novembre 2007, p. 16. *Plaxeda Rugumba v. The Attorney General of Rwanda* du 1er décembre 2011, point. 21 ; *Attorney General of Kenya v Independant Medical Legal Unit* (Appeal N°1/2011) du 15 mars 2012 ; *Attorney General of Rwanda, v. Plaxeda Rugumba* (Appel) n°1/2012, June 2012, p. 9.

[1363] *Plaxeda Rugumba v. The Attorney General of Rwanda* du 1er décembre 2011, point 42.

[1364] *Venant Masenge vs. The Attorney General of The Republic of Burundi*, n°9/2012 du 14 juin 2014, p. 19.

[1365] CJCAE (1ère instance) *ANAW c. Tanzanie*, n°9/2010 du 20 juin 2014, point 74.

[1366] *Attorney General of Rwanda, v. Plaxeda Rugumba* (Appel), point 26.

[1367] GATHII (J.), "Mission creep or a search for relevance: The East African Court of justice's human rights strategy", *op. cit.*, p. 254.

[1368] POSSY (A.), « The East African Court of Justice : Towards effective protection of human rights in the East African Community ». *Centre for Human Rights, Faculty of Law, University of Pretoria*, novembre 2014, p. 133.

interne et externe, ce qui entraîne un dynamisme interprétatif des cours africaines se manifestant notamment, à travers la méthode systématique et celle finaliste. Ces techniques interprétatives ont permis aux cours de justice de la CEDEAO, de la CAE et du Tribunal de la SADC, particulièrement de contribuer à l'intégration par la protection des droits de l'homme. Elles ont appliqué, de manière libérale, les règles classiques d'interprétation en privilégiant la méthode finaliste et systématique connue des autres juridictions communautaires. Dans l'exercice d'interprétation, les cours de justice restent guidées par l'objectif de protection des droits de l'homme. Toutefois, il convient de signaler que les cours africaines n'utilisent pas exclusivement ces deux méthodes dynamiques. Elles recourent à d'autres méthodes d'interprétation textuelle ou littérale dans le contentieux de l'annulation ou des libertés économiques.

Conclusion du titre I

336 La contribution des cours de justice au processus d'intégration reste marquée par la prééminence du contentieux des droits de l'homme. L'essentiel des recours introduits par les citoyens communautaires portent sur des cas de violation des droits civils et politiques, des droits économiques et sociaux et le droit à un environnement sain. Ces différents recours ont donné l'occasion aux juges communautaires de la CEDEAO, de la CAE, du COMESA et de la SADC de définir les modalités d'accès. La CJCEDEAO et la CJCAE ont reconnu aux particuliers un accès direct sans épuisement des voies de recours internes afin de leur garantir un accès à la justice même si la CJCAE semble être confrontée au respect du délai de deux (2) mois. Le TSADC et la CJCOMESA ont également l'accès des particuliers au juge en exigeant l'épuisement des voies de recours au niveau national. Les juges assurent la protection des droits processuels notamment le droit au juge à travers le respect de l'État de droit et la protection des droits substantiels comme le respect de la dignité humaine, le droit à la propriété, l'interdiction de la détention arbitraire. L'analyse de la jurisprudence montre que les juridictions communautaires africaines utilisent des sources d'inspiration hétérogènes et des techniques d'interprétation dynamiques. Ainsi, les cours de justice ont contribué considérablement au développement du droit communautaire de la protection des droits de l'homme. Cette contribution des cours de justice transforme la logique classique de la construction communautaire basée sur les objectifs d'intégration économique. L'intervention du juge communautaire dans la protection des droits de l'homme, augure de bonnes nouvelles pour les citoyens des États membres introduisant des requêtes dénonçant des cas de violation de leurs droits au niveau national. Mais, au début, ces cours de justice ont été instituées pour accompagner les processus d'intégration en connaissant du contentieux qui en découlent tels que prévus par les traités et protocoles communautaires, ce qui pose la question de la légitimation de l'office des cours de justice africaines. Ces dernières doivent justifier leur intervention et emporter la conviction des États membres, des institutions, des justiciables et des juridictions nationales.

TITRE II

L'INTÉGRATION PAR LA LÉGITIMATION DE LEURS FONCTIONS JURIDICTIONNELLES

337 La contribution des cours de justice africaines à l'œuvre intégrative s'est illustrée par l'affirmation de leurs fonctions contentieuses et consultatives à travers la précision du régime des voies de droit et de la construction des ordres juridiques communautaires. Comme toutes les autres juridictions investies d'une mission de dire le droit, les cours de justice instituées par les traités, pour contribuer à la construction de l'intégration, font face à l'épineuse question de la légitimité[1369] de leur intervention. La légitimité d'une cour de justice peut dépendre de plusieurs éléments susceptibles de déterminer le rôle et la place qu'elle occupe dans le système auquel elle appartient[1370]. Ces éléments peuvent

---

[1369] Légitimité est une notion carrefour des Sciences sociales. Elle constitue le bien fondé du Pouvoir et lui confère sa validité et sa justification (légitimité politique). Cf. ALLAND (D.), RIALS (S.) ss.dir., *Dictionnaire de la culture juridique*. Quadrige/ Lamy-Puf, 5e édit., 2014, p. 929. La légitimité est définie comme la « conformité d'une institution à une norme supérieure juridique ou éthique, ressentie comme fondamentale par la collectivité qui fait accepter moralement et politiquement l'autorité de cette institution ». Cf. CORNU (G.), *Vocabulaire juridique*, Association Henri Capitant, PUF, 2011, p. 601. François Ost définit la légitimité comme « la conformité de la norme à des normes, valeurs ou principes extra-juridiques ». Cf. « La légitimité dans le discours juridique : cohérence, performance, consensus ou dissensus ? », *RIEJ*, 12, 1984, p. 165. L'auteur souligne aussi avec Michel van de Kerchove, que « dans les sociétés libérales, la légitimité de l'ordre juridique se décline sous la forme de la légalité. Le bien-fondé d'une solution juridique réside alors dans la compétence de son auteur et la régularité de la procédure suivie, plutôt que dans son contenu ou son effet social » : 337-338, Cf. *De la pyramide au réseau ? Pour une théorie dialectique du droit*. Université de Saint-Louis, Bruxelles, 2010.

[1370] Certains auteurs ont réfléchi sur ce à quoi tenait la légitimité du juge : selon Pierre Pescatore, la légitimité du juge « n'est pas élective comme celle du législateur mais fonctionnelle. Elle résulte de l'indépendance du juge combinée avec sa soumission au droit. Cette soumission est pour lui non seulement une obligation, matérialisée par l'exigence de motivation de toute sentence, ce qui permet au tout-venant d'exprimer

concerner la composition des membres de la cour, l'accès et les décisions qu'elle rend[1371]. Mais la légitimité d'une juridiction reste aussi tributaire de son contexte[1372]. La question de légitimité de la fonction juridictionnelle des cours africaines se pose avec acuité, car elle révèle la dynamique de leur contribution en tant que juge communautaire. Ce dernier, émanation des États membres, tente de construire une légitimité de sa fonction pour se faire accepter tout comme les juges nationaux ou les juridictions internationales vivant le

librement sa critique ». Cf. « La légitimité du juge en régime démocratique », *Commentaire, Revue trimestrielle* n°90, *Revue trimestrielle* n°90, 2000, p. 342 ; En outre, pour Barthelémy Mercadal, la légitimité du juge dépend de son statut et de ses jugements. Cf. « Légitimité du juge », *RIDC*, 2, 2002, p. 279. Louis Favoreu, la légitimité du juge constitutionnel tient à quatre éléments : « le système politique et constitutionnel dans lequel il s'insère et auquel il s'adapte ; les fonctions qu'il assume ; la composition de la juridiction ; et enfin le fait que le juge constitutionnel n'a pas le dernier mot ». Cf. « La légitimité du juge constitutionnel », *RIDC*, 2, 1994, p. 557. Sur cette même question, voir DIALLO (I.), « La légitimité du juge constitutionnel africain », http://publication.lecames.org/index.php/jur/article/view/369/252, consulté le 2 juin 2019. Le juge Ravarani distingue la « légitimité légale » de la « légitimité par adhésion ». Selon lui, « la légitimité constitutive renvoie d'abord à la légalité, au cadre juridique dans lequel le juge exerce son pouvoir. La position que le juge occupe est désignée par la loi. Il est nommé par les autorités constitutionnelles ou légales sous-jacentes qui leur confèrent ce pouvoir… Au niveau de la légitimité par adhésion, les plaideurs et autres pouvoirs démocratiques évaluent les actions du juge en fonction de leurs attentes à son égard. Cette attente comporte deux dimensions, l'une concernant les moyens par lesquels celles-ci sont obtenues ». Cf. RAVARANI (G.), « Quelques réflexions sur la légitimité du juge de Strasbourg », *RTDH*, 119, 2018, p. 265.

1371 OPPONG (R. F.), « Legitimacy of Regional Economic Integration Courts in Africa », *African Journal of Legal studies*, 7, 2014, p. 64.

1372 GATHII, J. (2018). The COMESA Court of Justice. *In* R. Howse, H. Ruiz-Fabri, G. Ulfstein, & M. Zang (Eds.) *The Legitimacy of International Trade Courts and Tribunals* (Studies on International Courts and Tribunals, Cambridge University Press. p. 347. Selon l'auteur, les facteurs contextuels sont : le siège de la cour, les requérants … sont autant de facteurs déterminant la légitimité d'une cour…Ce n'est pas seulement la structure organisationnelle telle que l'accès des individus, l'indépendance des juges, procédure équitable, une application correcte du droit qui détermine la légitimité d'une cour ». Nous traduisons de l'anglais : « … the legitimacy of international court is very context depend. Contextual factors such as where the court is located, where are constituencies engaging the court and the judges by bringing cases…are all relevant factors in assessing the legitimacy of a new court. In other words, it is not simply the design features of a court such as individual access, the independance of judges, pursuit of procedural fairness and proper application of the law that matter for the legitimacy of a court ».

même besoin de légitimation de leur office[1373]. Les cours de justice africaines, assumant une fonction d'assurer le respect du droit dans l'interprétation et l'application des traités et protocoles communautaires, trouvent le fondement de leur légitimité dans la position institutionnelle (**Chapitre I**) renforcée par la protection progressive de leur champ de compétence. Toutefois, la légitimité des cours africaines, fondée sur le droit primaire et affirmée par les cours elles-mêmes, se trouve entravée par l'attitude défiante des États membres (**Chapitre 2**). Malgré, la tentative de ces derniers de déconstruire l'autorité de la politique jurisprudentielle, les cours de justice semblent maintenir le processus de légitimation de leur fonction tant à l'égard de ce qu'elles représentent qu'à l'égard du public.

[1373] Sur cette question, Denys Simon considère que « la légitimité du juge communautaire n'est pas un donné, mais un construit. Sans doute plus que les juridictions internes, les juridictions internationales ont besoin d'affirmer et de solidifier leur légitimité qui ne leur est pas acquise a priori. Certaines demeurent sous la dépendance des États, qui leur consentent parcimonieusement une compétence toujours limitée et souvent remise en cause à la première décision qui heurte les intérêts jugés fondamentaux des États souverains. D'autres peinent à s'affirmer comme de véritables juridictions… ». Cf. Selon l'expression de Denys Simon. Cf. « La légitimité du juge communautaire », *in L'office du juge*, Les actes du Colloque du Sénat-Palais de Luxembourg, septembre 2006, p. 450. Voir aussi, RUIZ FABRI (H.), « La légitimité des juridictions internationales », *in Le rééquilibrage du pouvoir juridictionnel*. Dalloz, 2013, pp. 161-174.

même besoin de légitimation de leur pouvoir [illegible] à coups de [illegible]
[illegible] assumant [illegible] fonction [illegible]
l'interprétation [illegible] l'application [illegible]
[illegible] fondement de [illegible]
Chapitre [illegible]
[illegible]
[illegible] par les cours [illegible]
par l'autorité [illegible] Chapitre 2 [illegible]
[illegible] de ces [illegible]
[illegible] les cours [illegible]
[illegible]
[illegible]

[illegible]

CHAPITRE I

UNE LÉGITIMATION AFFIRMÉE

338 L'analyse de la position institutionnelle des cours de justice de la CEDEAO, de la CAE, de la COMESA, de l'UEMOA, de la CEMAC et du Tribunal de la SADC, dans les systèmes d'intégration, permet d'appréhender la justification de leur légitimité avec une certaine variété dans leur insertion. La CJAE et la Cour COMESA bénéficient d'un statut défini dans le traité originaire, alors que la CJCEDEAO, la CJUEMOA, la CJCEMAC et le Tribunal de la SADC voient leurs statuts fixés par des Protocoles et Conventions. Dans la hiérarchie des normes communautaires, ce choix de la base normative n'emporte pas de différence de degré mais de nature. Les traités[1374] instituent les cours de justice en leur conférant un rang d'institution communautaire d'égale dignité aux autres institutions concourant à la réalisation des objectifs d'intégration. Le statut, la composition, les compétences, ainsi que les règles de procédures et de fonctionnement des cours africaines sont énoncés dans les traités, Protocoles, actes additionnels ou conventions. Dès lors, les cours africaines bénéficient d'une position contribuant à l'affirmation de leur légitimité institutionnelle. Celle-ci est garantie par le droit primaire (**Section 1**). Cependant, il faut regretter la prégnance des États membres dans la sélection des juges pour la plupart des organisations d'intégration africaine[1375]. Ce qui est de nature à influencer l'exercice de la fonction juridictionnelle. La pratique jurisprudentielle révèle que les cours africaines affirment leur position d'organes judiciaires chargés de dire le droit et parfois au-delà des textes communautaires en vue d'exercer la véritable fonction de juge de l'intégration. Cela apparaît

---

[1374] Art. 6 (1) du Traité révisé de la CEDEAO (le Traité 1975 instituait un Tribunal en ses articles 4 (1) (d) et 11) ; art. 9 (1) (e) du Traité CAE ; art. 7 (1) (c) ; art. 10 du Traité CEMAC ; art. 16 du Traité UEMOA ; art. 9 du Traité SADC.

[1375] La CEDEAO semble se singulariser en instituant un Conseil judiciaire de la Communauté par Décision A/DEC.2/6/06 du 14 juin 2006.

dans l'étonnante formule de la Cour africaine de l'Est relevant que « the Court will not abdicate from exercising its jurisdiction of interpretation… »[1376], de l'affirmation par la CJCEDEAO de sa position rituelle à « connaître des cas de violation des droits de l'homme dans tout État membre »[1377], et du refus de la CJJUEMOA de commettre un « déni de justice »[1378] dans le cadre de son office communautaire en assumant un contrôle systématique des actes des organes communautaires à l'exclusion de toute immunité[1379]. Ainsi, les cours de justice, par une lecture extensive des traités[1380], affirment leur autorité jurisprudentielle (**Section 2**), renforçant ainsi la position institutionnelle qu'elles occupent au sein des organisations communautaires.

SECTION 1 : UNE POSITION INSTITUTIONNELLE GARANTIE

339 À la lecture des traités et protocoles communautaires, les cours de justice bénéficient d'une position institutionnelle comparable à celle des juridictions internationales classiques avec un statut leur permettant d'exercer la fonction juridictionnelle en toute indépendance. La légitimité du juge communautaire[1381] peut s'expliquer par sa position privilégiée reconnue dans les traités. À l'instar des juges de CJUE[1382],

---

[1376] CJCAE, *James Katabazi & others v. Secretary General & The Attorney General of Uganda*, no 1/2007 du 1er novembre 2007; CJCAE, *Plaxeda Ruguma vs. The Attorney General of Rwanda*, n°8/2010 du 1er décembre 2010.

[1377] La Cour ne cesse de défendre sa compétence de protection des droits de l'homme au titre de l'article 9§4 du Protocole Additionnel (A/SP.1/01/05 du 19 janvier 2005 portant Amendement du Protocole A/P.2/7/91 relatif à la Cour de justice de la Communauté. Cf. *Moussa Leo Keita c. Mali*, N°ECW/CCJ/APP/05/06 du 22 mars 2007, point 33 ; Etim Moses Essien c. Gambie, ECW/CCJ/APP/05/05 du 14 mars 2007 ; *Chief Ebrimah Manneh vs. Gambie*, N°ECW/JUD/04/07 du 05 juin 2008, point 16 ; *Dame Hadijatou Mani Koraou v. République du Niger*, n° ECW/CCJ/JUD/06/08, 27 octobre, 2008 ; *Bekaye Traoré et 10 autres c/ Mali*, N°ECW/JUD/04/19 du 6 février 2019 ; *Ndiaga Soumaré c/ Sénégal*, N°ECW/CCJ/JUD/11/19 du 27 février 2019.

[1378] *Sidonie Sodabi c. BCEAO*, N°2/2012 du 19 décembre 2012.

[1379] *Eugène Yay c. Conférence des chefs d'État et Gouvernement et Commission*, N°03/2005 du 27 avril 2005 ; Demande d'avis de la BOAD, N°1/2011 du 30 octobre 2011 ; *Fonds de Solidarité Africain c. UEMOA*, N°3/2019 du 10 avril 2019.

[1380] Sur la question de l'interprétation de façon détaillée, voir, *supra*, titre 1, chapitre 2.

[1381] Cf. SIMON (D.), « La légitimité du juge communautaire », *op. cit.*, p. 456 ; MOLINIER (J.), « La légitimité du juge communautaire », *in* KRYNEN (J.), RAIBANT (J.), ss dir., *La légitimité des juges*, Actes du colloque des 29-39 octobre 2003. Presses de l'Université de Toulouse, 2004, p. 151.

[1382] Aux termes de l'article 253 du TFUE, les juges et les avocats généraux sont nommés d'un commun accord par les Etats membres. Leur mandat est de six ans renouvelables.

les juges des cours africaines sont choisis par les États membres[1383] (Conférence des Chefs d'État et de Gouvernement). Ce mode de désignation, sous l'hégémonie étatique, peut renforcer la légitimité, car cela constitue « une condition essentielle de l'acceptabilité des décisions »[1384] du juge par les États membres. Ces derniers participent à la légitimation des juges par la nomination. En outre, le nombre et la durée de mandats peuvent affecter la légitimité des juges. Ainsi, la composition variable (**§1**) des cours de justice africaines permet d'appréhender la position statutaire, garante de leur légitimité institutionnelle. En outre, la place du juge communautaire africain dans les systèmes d'intégration semble se poser en termes identiques par rapport à celle du juge national dans les systèmes politiques internes où « les États membres cherchent à maîtriser l'appareil judiciaire et ses juges »[1385] bien que le droit constitutionnel national consacre l'indépendance et l'autorité du pouvoir judiciaire. Mais le juge communautaire, en plus de la consécration de son indépendance (§**2**) dans les traités, semble échapper au contrôle des États membres dans l'exercice de son office.

§ 1 : Une composition organique variable

340 La composition d'une juridiction contribue à la détermination de sa légitimation. L'importance de la configuration juridictionnelle sur la légitimité du juge a été signalée. Selon Richard Frimpong Oppong, elle influence directement l'impartialité et la crédibilité d'une cour[1386]. Pour Louis Favoreu, évoquant les juridictions constitutionnelles, considère que la composition conditionne leur légitimité de la justice constitutionnelle[1387]. Dès lors, la composition des cours de justice

---

[1383] Voir les articles suivants : 3§4 du nouveau Protocole additionnel A/SP.2/6/06 portant Amendement de l'article 3§1, 2 et 4, de l'article 4§1, 3 et 7 et de l'article 7§3 du Protocole relatif à la Cour de la CEDEAO ; 20§1 du Traité COMESA ; 24 (1) du Traité CAE ; 2 du Protocole additionnel N° relatif aux organes de contrôle de l'UEMOA ; 4 de la Convention régissant la Cour CEMAC ; 5 du nouveau Protocole du TSADC.

[1384] LE GOAS (S.), *L'indépendance de la Cour de justice de l'Union européenne*. Thèse de Doctorat, Université de Nantes 11 décembre 2014, p. 136.

[1385] FALL (A. B.), « Le juge, le justiciable et les pouvoirs publics : pour une appréciation concrète du juge dans les systèmes politiques en Afrique ». http://afrilex.u-bordeaux4.fr/le-juge-le- justiciable-et-les.html, consulté le 4 juin 2019.

[1386] « Legitimacy of Regional Economic Integration Courts in Africa », *op.cit.*, p. 64. Nous traduisons de l'anglais : « The composition of a court directly influences perceptions about its fairness, neutrality and credibility ».

[1387] Cf. « La légitimité du juge constitutionnel », *RIDC*, 2, 1994, p. 571.

africaines, à l'instar des juridictions internationales[1388], repose sur une procédure de sélection des juges ressortissants des États membres et possédant des qualités requises dans leurs pays respectifs pour occuper les plus hautes fonctions juridictionnelles. Le procédé de l'élection n'est pas encore retenu pour le choix des juges des juridictions communautaires[1389]. Les membres de celles-ci sont nommés par l'organe suprême intergouvernemental au terme d'une procédure de désignation avec quelques spécificités propres à chaque juridiction. Ainsi, l'analyse de la composition des cours africaines permet de mieux saisir la légitimité de leur fonction. Ainsi, il convient de voir, d'une part, le mode de désignation des cours africaines (**A**) et d'autre part, les conditions requises pour exercer la fonction de juge communautaire (**B**) au sein des organisations d'intégration africaine.

A) Le mode de désignation des juges

341 Le mode de désignation consacré par les traités et protocoles communautaires, pour désigner les membres des cours de justice CEDEAO, CAE, COMESA, CEMAC, UEMOA et du Tribunal de la SADC, est la nomination par la Conférence des Chefs de Gouvernement. Chaque juridiction communautaire prévoit une procédure de désignation qui lui est propre. Certaines cours de justice disposent d'un mode de sélection claire, tandis que d'autres cours ne possèdent qu'une procédure de nomination vague. En vertu de l'article 20§1 du Traité de la COMESA, la Cour « est composée de douze juges nommés par la Conférence »[1390] pour un « mandat de cinq ans renouvelables »[1391] une fois. Aussi, selon l'article 24§1 du Traité de la CAE qui prévoit que « les juges de la Cour sont nommés par le Sommet parmi les personnes recommandées par les États membres », et la « Cour est composée de quinze juges au maximum »[1392] pour exercer les fonctions pendant une « maximale de sept ans »[1393]. Les traités COMESA et CAE ne décrivent pas la procédure de sélection des juges au niveau des États membres.

[1388] Sur cette question, voy. SANDRA (S.), « La composition des juridictions internationales permanentes : de nouvelles exigences de qualité et de représentativité », *AFDI*, volume 56, 2010, pp. 41-78.

[1389] La CADH ou la CEDH.

[1390] Article 24§2. Sept siègent à la Chambre de première instance, et cinq à la Chambre d'appel.

[1391] Article 21§1 du traité COMESA ;

[1392] Dix sont nommés auprès de la Chambre de première instance et cinq auprès de la Chambre d'appel.

[1393] Article 25§1 du Traité CAE.

En effet, il est indiqué, entre autres, que le choix des juges se fait parmi les « personnes impartiales et indépendantes remplissant les conditions requises pour occuper les postes judiciaires élevés »[1394] ou possédant d'une « grande intégrité »[1395]. De même que la CJUEMOA et la CJCEMAC présentent la même configuration pour la désignation des juges. Selon l'article 2 du Protocole n°1 de la Cour et l'article 4 de son Statut[1396], « la Cour est composée de membres nommés pour un mandat de six (6) ans renouvelables, par la Conférence des Chefs d'État et de Gouvernement »[1397]. Cette disposition reste vague, car elle ne précise pas la manière dont les juges sont choisis dans les États membres. Il en est ainsi de l'article 4 de la Convention régissant la CJCEMAC soulignant que cette dernière est « composée de six (6) membres en raison d'un membre par État, dont cinq (05 juges » et un Avocat Général » et « sont nommés par la Conférence des Chefs d'État pour un mandat de six (06) ans, renouvelable une (01) fois »[1398]. La particularité de la composition des CJCEMAC et CJUEMOA se trouve dans la présence de la fonction d'avocat général connue en droit de l'UE[1399]. Pour la CJUEMOA, les membres répartissent entre eux les fonctions de

---

[1394] Article 20§2 du traité COMESA.

[1395] Article 24§1 du traité CAE.

[1396] N°10/96 du 10 mai 1996 et N°1/10/96 portant règlement de procédure du 5 juillet 1996.

[1397] La Cour comprend un juge par État membre (8 juges).

[1398] Mais la Convention CEMAC, son article 7 tente de décrire la procédure de nomination pour garantir la transparence dans la sélection des juges : « En vue de la nomination des membres de la Cour de justice communautaire, le Président de la Commission invite chaque État membre dans un délai de six (06) mois avant la tenue de la Conférence des Chefs d'État, à présenter des candidatures multiples au poste de membre de la Cour, dans le strict respect des dispositions de l'article 4 de la présente Convention. Le Président de la Commission, garant de la légalité communautaire dresse la liste des candidats présentés par ordre alphabétique et la communique simultanément aux États membres de la CEMAC, moins de (30) jours avant la session suivante de la Conférence des Chefs d'État. Avant de procéder aux nominations, la Conférence des Chefs d'État s'assure de la représentation équitable des deux (02) sexes. Les membres de la Cour sont nommés par la Conférence des Chefs d'État sur la base de la liste visée au deuxième alinéa du présent article ». De même que l'article 3 du nouveau Protocole du TSADC décrit la procédure de sélection des juges sur proposition d'une liste de candidats. Le Tribunal est composé de cinq (5) juges permanents et 5 juges ad hoc pour un mandat de 5 ans (article7).

[1399] Article 252§TFUE « *L'avocat général a pour rôle de présenter publiquement des conclusions motivées…* »

juges (5) et d'avocats généraux (2)[1400]. Ces derniers sont « chargés de présenter publiquement en toute impartialité et en toute indépendance des conclusions motivées sur les affaires soumises à la Cour en vue d'assister celle-ci dans l'accomplissement de sa mission »[1401]. Par ailleurs, depuis 2006, la CEDEAO dispose d'une procédure d'appel à candidature confiée à un organe indépendant pour la nomination des juges assez originale. En effet, les articles 3 et 4 du Protocole de 1991 prévoit que « la Cour est composée de sept (7) membres… et les membres de la Cour sont nommés pour une période de cinq (5) ans » renouvelable une fois et la procédure de désignation des juges était directement gérée par les États membres. L'institution d'un Conseil judiciaire[1402] de la Communauté pour « gérer le processus de recrutement des juges de la Cour de justice de la Communauté et les questions de discipline »[1403] marque une innovation majeure dans la procédure de désignation des juges. Les principales motivations de la mise en place de cet organe sont que, d'une part, « le mode de sélection des juges ne garantissait pas la nomination des personnalités les plus aptes à occuper les fonctions »[1404] et d'autre part, il fallait créer « un organe crédible capable de gérer efficacement le processus de recrutement des juges sur une base compétitive »[1405]. Le Conseil judiciaire de la Communauté est « composé des Présidents des juridictions suprêmes de l'ordre judiciaire ou de leurs représentants des États auxquels les postes de juge n'ont pas été attribués »[1406]. Pour effectuer à la nomination, le Conseil

[1400] Il faut retenir que la fonction d'avocat général est comparable à celle du rapport public devant la juridiction administrative française.

[1401] Article 9 du Règlement de procédures de la CJUEMOA N°01/96/CM et l'article 7 de l'Acte additionnel N°10/96 portant Statut de la Cour.

[1402] Ce conseil judiciaire semble se rapprocher du comité institué par l'article 255 du TFUE « afin de donner un avis sur l'adéquation des candidats à l'exercice des fonctions de juge et d'avocat général de la Cour de justice et du Tribunal avant que les gouvernements des États membres ne procèdent aux nominations aux articles 253 et 254. Le comité est composé de sept personnalités choisies parmi d'anciens membres de la Cour de justice et du Tribunal, des membres des juridictions nationales suprêmes et juristes possédant de compétences notoires… ».

[1403] L'article 3 du Protocole A/SP2/6/06 portant amendement de certaines dispositions du Protocole relatif à la Cour de justice du 14 juin 2006 et l'article 1 Décision A/DEC.2/6/06 portant création d'un Conseil judiciaire de la Communauté du 14 juin 2006. Un Règlement C/REG.23/12/07 portant adoption du Règlement intérieur du Conseil judiciaire de la Communauté a été pris le 15 décembre 2007.

[1404] Préambule de la Décision A/DEC.2/6/06.

[1405] *Ibid.*

[1406] Article 2 de la Décision A/DEC.2/6/06.

judiciaire présélectionne « trois (3) candidats par État membre parmi les postulants ressortissants des États membres auxquels les postes ont été attribués ; procède à l'interview des candidats présélectionnés et propose au Conseil, de recommander la nomination des juges »[1407] à la Conférence. Ce procédé de sélection des juges limite l'action des États membres ne proposant plus directement les candidats aux fonctions de juges. Les États procèdent juste à l'approbation des candidats retenus par le Conseil judiciaire. Ce qui garantit l'impartialité et l'objectivité du mode de recrutement des juges. Cependant, il faut regretter l'étrange décision de la Conférence des Chefs d'État et de Gouvernement visant à réduire le nombre de juges de sept (7) à cinq (5)[1408] et le nombre de mandats de cinq (5) à quatre (4) ans avec l'absence de renouvellement[1409]. Cette situation est dangereuse pour l'avenir de la Cour. L'expérience révèle que le mandat limité est de nature à saper l'indépendance d'une Cour, voire son efficacité. Cela a été rappelé par l'ancien juge Pierre Pescatore sous forme de mise en garde contre la tentation du mandat limité : « Je voudrais attirer l'attention sur le caractère funeste, pour l'indépendance des juges, des mandats à temps limité, puisque c'est à la faveur du renouvellement que s'insinuent l'influence et le conformisme

[1407] Article 4 de la Décision.

[1408] Décision A./DEC.2/6/17 portant réduction du nombre de juges de sept (7) à cinq (5) de la Cour de justice de la Communauté-CEDEAO du 6 juin 2017. Cette décision a été prise par le Président de la 51e Session ordinaire de la Conférence des Chefs d'État et de Gouvernement à Monrovia pour « se conformer avec la réforme des institutions de la Communauté en attendant les amendements nécessaires des textes de la Communauté… ». Signalons que la légalité de cette décision peut être discutée, car le nombre de justice est fixé par l'article 4 du Protocole relatif à la Cour de justice. Et l'article 15 du traité révisé prévoit que « le statut, la composition, les compétences, la procédure et les questions concernant la Cour de justice sont définis dans le Protocole y afférent ». Dès lors, toute modification devrait s'opérer par le moyen d'un Protocole comme les autres amendements intervenus (2005 et 2006). La Cour, elle-même, a été saisie dans ce sens pour vérifier la compétence de la Conférence des Chefs d'État à procéder ainsi. L'affaire est pendante devant la Cour au moment où ses lignes sont rédigées. Cf. *Femi Falana c. Conférence des Chefs d'État et Conseil des Ministres*, ECW/CCJ/APP/32/18.

[1409] Article 4§1 nouveau Protocole A/SP2/6/06 portant amendement de certaines dispositions du Protocole relatif à la Cour de justice du 14 juin 2006. Le principe du mandat unique et le non-renouvellement préoccupent les membres de la Cour qui mènent une campagne de sensibilisation dans les États membres. Cf. http://prod.courtecowas.org/2019/03/21/president-calls-for-reinstatement-of-initial-tenure-of-judges-of-the-ecowas-court-of-justice/; http://prod.courtecowas.org/2019/03/13/sierra-leone-expresses-support-for-the-restoration-of-the-number-of-judges-of-the-ecowas-court/, consulté le 10 juin 2019.

politiques. Sans préjudice des limites d'âge, la préférence devrait donc être donnée aux nominations à vie. Ou alors, pour les juridictions supérieures, au mandat unique, suffisamment long, mais non renouvelable. »[1410]

342 Ainsi, les dispositions du droit primaire citées illustrent la généralisation du principe de la nomination des juges par les États membres dans les organisations communautaires africaines, gage de leur légitimité institutionnelle. Le principe d'un juge par État membre (CJUEMOA, CJCEMAC, CJCAE) n'est pas appliqué par toutes les cours (CJCEDEAO, CJCOMESA, TSADC). À l'exception de la CJCEDEAO, les autres cours de justice appliquent le principe du renouvellement des mandats au tiers, ce qui garantit la continuité et la cohérence jurisprudentielle. La durée du mandat varie d'une cour à une autre. Le mandat de six ans demeure la tendance même si la durée de cinq ou quatre ans reste maintenue dans certaines juridictions[1411]. Au-delà du mode de désignation des juges dominé par les États membres, et constituant la source de légitimation des cours de justice africaines, il convient de voir les conditions requises pour exercer la fonction de juge communautaire.

B) Les conditions de nomination des juges

343 Les conditions de nomination des juges communautaires peuvent fournir une explication sur leur légitimité. Celle-ci paraît mieux assurée dans le recrutement de juges possédant de compétences notoires, capables d'assumer l'office de juge communautaire. D'ailleurs, il est affirmé qu'un « juge bien choisi peut être un bon juge. Mais rien n'assure que le bon choix entraînera un bon accomplissement de la mission, il faut encore que l'office du juge soit ordonné autour des exigences minimales de cohérence organique et fonctionnelle »[1412]. La question de la légitimité des cours de justice peut trouver une explication dans les conditions requises pour la nomination des juges communautaires, voire dans leur profil. La légitimité des cours de justice découlant de la composition passe inéluctablement par l'analyse des conditions requises par les textes communautaires pour la sélection

---

1410 Cf. « La légitimité du juge en régime démocratique », *op. cit.*, p. 343.

1411 CJCAE (7 ans) ; CJCUEMOA (6 ans) ; CJCEMAC (6 ans) ; CJCOMESA (5 ans) ; TSADC (5 ans) ; CJCEDEAO (4 ans). La durée de 6 ans se rapproche de celle des autres juridictions internationales : CADHP (6 ans renouvelables) ; CIADH (6 ans renouvelables) ; CJUE (6 ans renouvelables) ; CCJA (7 ans) ; CEDH (9 ans renouvelable) ; CIJ (9 ans renouvelables).

1412 MERCADAL (B.), « Légitimité du juge », *op. cit.*, p. 279.

des juges. Dans la plupart des cours de justice africaines, les juges sont choisis parmi des « personnalités offrant toutes les garanties d'indépendance et de compétence juridique nécessaires à l'exercice des plus hautes fonctions juridictionnelles »[1413]. Ils doivent être « d'une grande intégrité »[1414], « d'une bonne moralité »[1415] parmi des personnalités « remplissant les conditions requises pour occuper des postes judiciaires élevés dans leurs pays respectifs ou être des juristes dont la compétence est reconnue »[1416].

344 L'examen des conditions requises pour être juge communautaire révèle une certaine originalité dans l'énonciation des qualifications dans certaines cours de justice. D'une part, l'article 3§1 du Protocole relatif à la CJCEDEAO prévoit que les membres de la Cour sont choisis « parmi les personnes de haute valeur morale ; ressortissant des États membres, possédant les qualifications requises pour occuper des fonctions juridictionnelles à la Cour suprême ou dans une juridiction de même rang, ou qui sont des jurisconsultes de compétence notoire en matière de droit international, notamment en droit communautaire ou droit de l'intégration régionale. En outre, les candidats aux fonctions de juges à la Cour de justice de la Communauté devront avoir totalisé au moins vingt (20) années d'expérience professionnelle ». Et l'article 4 de la Convention de CJCEMAC souligne que les candidats aux fonctions de juge communautaire doivent « réunir, en ce qui concerne les magistrats, les conditions requises pour l'exercice…des plus hautes fonctions…ou avoir exercé, avec compétence et pendant au moins quinze (15) ans, les fonctions d'avocat, de Professeur d'Université de droit et d'Économie, de notaire ou de conseil juridique ». Les deux dispositions semblent s'inscrire dans une optique de spécialisation des membres des cours de justice afin de répondre aux objectifs de l'intégration. Cela illustre une bonne tendance dans la maîtrise du droit

---

1413 Article 2 du Protocole Additionnel N°1 relatif aux organes de contrôle de l'UEMOA ; Article 5 de l'Acte Additionnel N°10/96 portant statut de la CJUEMOA ; Article 3 du nouveau Protocole du TSADC.

1414 Article 4 de la Convention régissant la Cour de justice communautaire CEMAC ; Article 24§1 du Traité de la CAE.

1415 Article 4 de la Convention régissant la Cour de justice communautaire CEMAC.

1416 Article 24§1 du Traité de la CAE ; Article 20§2 du Traité COMESA ; on remarque une similarité dans les conditions requises pour être nommé dans les cours africaines avec celles fixées par le droit de l'UE. L'article 253 du TFUE dispose que les juges sont choisis parmi « des personnalités offrant toutes garanties d'indépendance et qui réunissent les conditions requises pour l'exercice des fonctions juridictionnelles, oui qui sont des jurisconsultes possédant des compétences notoires ».

communautaire de la part des juges nommés. D'ailleurs, les États membres de la CEDEAO rappelent dans le Préambule du Protocole de la Cour, qu'il est nécessaire de « nommer à la Cour de justice de la Communauté des juges compétents capables de contribuer par la qualité de leurs décisions, à la construction d'un droit communautaire susceptible de consolider et d'accélérer le processus d'intégration régionale »[1417]. La prise en compte de la connaissance du droit communautaire dans les conditions requises constitue un point essentiel pour la qualité des décisions qui seront fabriquées par les juges nommés. Le profil des juges peut déterminer l'orientation de la politique jurisprudentielle. D'autre part, il est relevé qu'au niveau des cours de justice de la CEDEAO et de la CAE, une limite d'âge[1418] est fixée respectivement à soixante (60) et soixante-dix (70) ans. Enfin, l'analyse des profils des membres des cours de justice africaines montre que le critère de l'exercice de la fonction judiciaire au niveau national est déterminant. La plupart des juges ont eu à assumer *des fonctions de magistrats judiciaires dans leur pays*. Au niveau de la CJCEDEAO, sur les quatre générations de juges, seul un membre a siégé sans avoir exercé la fonction juridictionnelle dans la magistrature de son pays[1419]. Tous les autres juges ont occupé des fonctions judiciaires dans les cours suprêmes nationales ou des fonctions administratives dans leurs pays[1420]. Comparé, au profil habituel des membres de la CJUE[1421], les juges de la CJCEDEAO, pour l'essentiel, n'ont pas assumé des fonctions

---

[1417] Préambule du Protocole A/SP2/6/06 portant amendement de certaines dispositions du Protocole relatif à la Cour de justice du 14 juin 2006 ; Décision A/DEC.2/6/06 portant création d'un Conseil judiciaire de la Communauté.

[1418] Article 25§2 du Traité CAE ; Article 3§7 du Protocole A/P1/7/91 relatif à la Cour de justice de la CEDEAO.

[1419] Il s'agit d'Alioune Sall, ancien membre de la Cour, professeur de Droit public à l'Université.

[1420] Voir annexe 1.

[1421] L'histoire de la CJCE montre que les parcours professionnels des juges sont diversifiés. La plupart des juges ont occupé de très hautes fonctions judiciaires dans les juridictions nationales ou internationales. Certains ont exercé la profession d'avocat ou assumé des fonctions politiques. D'autres, pour la majorité ont eu une carrière universitaire. Cf. BARDELEBEN (E. V.) et autres, *La Cour de justice de l'Union européenne et le droit du contentieux européen*. La documentation française, 2012 ; FRITZ (V.), *Contribution à l'histoire de la Cour de justice de l'Union européenne à travers des biographiques historiques de ses premiers membres (1952-1972)*. Université d'Aix-Marseille, p. 270 ; O Caoimh (A.), « L'office du juge à la Cour de justice de l'Union européenne », *Justice et Cassation*, Revue annuelle, 2010, p. 142.

académiques ou gouvernementales. Pour la CJCAE, il est relevé une grande diversité dans les parcours professionnels. La plupart des juges nommés[1422] sont avocats, enseignants ou magistrats de cours suprêmes. Cette diversité au niveau des parcours professionnels constitue un point déterminant dans le contenu des décisions de la Cour. Lorsqu'on procède à une analyse de celles-ci, on est frappé par leur caractère prolixe. Les juges semblent être parfois dans une sorte d'« ascèse pédagogique » en produisant des décisions très laborieuses dans la motivation.

345 Malgré la variabilité des conditions requises pour être nommé juge communautaire, on peut retenir une constance du profil des membres des cours de justice africaines. La quasi-totalité des membres est choisi parmi les juges nationaux des États membres, ce qui constitue une contrainte[1423] à l'égard de leur indépendance et de leur légitimité. Les magistrats nationaux nommés dans les juridictions communautaires peuvent nourrir un sentiment de crainte pour leur retour dans leurs pays respectifs à l'expiration de leurs mandats comme le souligne Frimpong Oppong[1424]. Il arrive qu'un juge nommé à la Cour soit suspendu en raison d'une procédure judiciaire dans son pays[1425]. Par exemple, le juge libérien Micah Wilkins Wright, ancien membre de la CJCEDEAO a été rappelé par son pays aux motifs que la Cour Suprême du Libéria l'a condamné à une interdiction d'exercer les fonctions judiciaires pour une période de 12 mois[1426].

346 Le mode de nomination des juges, les conditions requises contribuent à l'affirmation de la légitimité. Même si la désignation des juges des cours africaines, à l'exception de ceux de la CJCEDEAO, reste entre les mains des États membres, les conditions de nomination semblent garantir une impartialité et une indépendance concourant à la légitimation de leurs fonctions. Cette légitimité peut émaner de la composition mais elle doit être complétée par une réelle indépendance.

[1422] *Ibid.*

[1423] OPPONG (R. F.), « Legitimacy of Regional Economic Integration Courts in Africa », *op. cit.*, p. 66.

[1424] *Ibi*d.

[1425] *Ibidem*, p. 67. À la Communauté africaine de l'Est, une révision du traité en 2007 prévoit la possibilité pour le Sommet de destituer un juge pour « …pour fraude ou pour un délit affectant sa moralité professionnelle conformément au droit en vigueur dans un État membre ». Article 26§1 (d).

[1426] La raison principale avancée était que durant son passage à la Cour Suprême du Libéria, il avait siégé dans une affaire qui concernait un de ses anciens clients en tant qu'avocat.

Car quelle que soit la qualité des membres d'une Cour, cette dernière ne construit sa légitimité qu'à l'aune de sa capacité à faire progresser le droit et l'acception de ses décisions. Tout cela repose sur une indépendance d'esprit vis-à-vis du pouvoir politique.

§ 2 : Une indépendance consacrée

347 La légitimité du juge repose foncièrement sur son indépendance vis-à-vis de toute forme de pression ou d'ingérence, ainsi que sur son impartialité et sa neutralité. La garantie d'indépendance est inhérente à l'exercice de la fonction juridictionnelle. Mais la notion d'indépendance est une question épineuse et « une réalité complexe et mouvante »[1427]. Sa définition n'est pas chose aisée. Elle peut revêtir plusieurs formes. L'indépendance peut être personnelle, matérielle, institutionnelle et fonctionnelle. Dans son acception générale, le principe d'indépendance de la justice signifie que « les juridictions et les juges prennent leurs décisions librement, à l'abri de toute pression ou manipulation extérieure, de la part de qui que ce soit ou pour quelque raison que ce soit. Il requiert non seulement que la justice soit rendue de manière indépendante mais, également, qu'elle soit indépendante au niveau des apparences »[1428]. Au niveau national, toutes les constitutions des États membres affirment l'indépendance du pouvoir judiciaire à l'égard du pouvoir exécutif[1429], mais dans la pratique, la position des juridictions nationales notamment celle des cours constitutionnelles fait souvent

---

[1427] LE GOAS (S.), *L'indépendance de la Cour de justice de l'Union européenne*. Thèse de Doctorat, Université de Nantes, 11 décembre 2014, p. 22.

[1428] MALENOVSKY (J.), « L'indépendance des juges internationaux », *RCADI* volume 349, 2011, p. 26. Pour l'auteur « L'indépendance *institutionnelle* se manifeste sous l'angle d'une série d'*autonomies* parmi lesquelles l'autonomie budgétaire, l'autonomie d'organisation interne, l'autonomie en matière de recrutement du personnel, l'autonomie des systèmes informatiques ou celle en matière d'élection des présidents des différentes formations de jugement ». Et l'indépendance « L'indépendance *personnelle* profite individuellement aux juges qui doivent, dans l'exercice de leurs fonctions, être libres de toute influence ou ingérence indue ou abusive. Elle constitue le noyau dur du *statut de juge* », p. 27.

[1429] Art. 88 de la Constitution du Sénégal ; art. 107 de la Constitution guinéenne ; art. 139 de la Constitution ivoirienne ; art. 125 de la Constitution du Bénin ; Art. 146 de la Constitution du Tchad ; art. 125 de la Constitution du Ghana ; art. 128 de la Constitution de l'Ouganda.

l'objet de vives critiques sur des questions politiques[1430] ou électorales[1431]. Si l'indépendance de la justice est décriée dans les ordres juridiques nationaux en raison des enjeux de la société[1432], elle semble acquérir une audience au niveau communautaire. Les traités et Protocoles consacrent l'indépendance des cours de justice et donnent des garanties formelles telles que la prestation de serment, l'impartialité, les immunités et privilèges et les incompatibilités. En plus de la reconnaissance de l'indépendance (**A**) du juge communautaire contribuant à sa légitimité, la pratique jurisprudentielle montre que le juge communautaire affirme son indépendance (**B**) dans l'exercice de ses fonctions bien qu'elle soit remise en cause.

A) Une indépendance reconnue

348 Le principe d'indépendance des cours de justice en Afrique trouve une reconnaissance formelle dans les traités communautaires. Cette insertion du principe de l'indépendance garantie au moins l'indépendance institutionnelle. Les cours de justice n'évoluent pas dans un échiquier institutionnel exempt de tentative de domination politique. Le contexte de l'indépendance du juge communautaire africain porte la marque de la volonté des États membres de contrôler l'exercice de la fonction juridictionnelle. Ce qui est de nature à affecter la légitimité du juge incarnant le symbole d'une nouvelle figure de l'intégration. Ainsi, l'article 15 (3) du Traité de la CEDEAO prévoit que « dans l'exercice de ses fonctions, la Cour de justice est indépendante des États membres et des Institutions de la communauté ». L'article 3 du Protocole de 1991 de la Cour souligne également que la Cour est « composée de juges indépendants ». Le principe de l'indépendance de la justice est même au rang de principe de convergence constitutionnelle, principes constitutionnels communs à tous les États membres de la CEDEAO par

---

[1430] CJCAE, *James Katabazi & others v. Secretary General & The Attorney General of Uganda*, no 1/2007 du 1er novembre 2007 ; CJCEDEAO, *Jerome Bougouma et autres c/ Burkina Faso*, ECW/CCJ/JUD/08/18 du 19 février 2018 ; *Khalifa Sall et autres c/ État du Sénégal*, N°ECW/CCJ/JUD/17/18 du 29 juin 2018.

[1431] CJCEDEAO, *CDP v. Burkina Faso*, N°ECW/CCJ/JUG/16/15 du 16 juillet 2015 ; http://prod.courtecowas.org/fr/2019/03/12/la-cour-de-justice-de-la-cedeao-rejette-la-requete-dun-fils-de-lancien-president-senegalais-contestant-la-constitutionnalite-de-la-modification-du-code-electoral/.

[1432] KAMARA (M.), « Les nouveaux enjeux de l'indépendance de la justice au Sénégal », *in L'indépendance de la justice au Sénégal, État des lieux et perspectives de réformes*, Actes du Colloque national, Dakar, 28 et 29 décembre 2017, p. 24.

le Protocole de 2001[1433]. En vertu de l'article 1 (a) dudit Protocole, l'indépendance de la justice fait partie des principes communs aux États membres et que le juge doit être « indépendant dans la conduite de son dossier et le prononcé de ses décisions ». Cette reconnaissance de l'indépendance institutionnelle et fonctionnelle de la Cour d'Abuja est aussi observable dans les autres cours de justice. Au niveau de la CEMAC, d'après l'article 20 de la Convention régissant la Cour, celle-ci « est une institution indépendante des États, des Institutions, des Organes et des Institutions Spécialisées. Ses décisions sont prises au nom de la Communauté. Les membres de la Cour de Justice exercent leurs fonctions en toute indépendance, dans l'intérêt général de la Communauté ». Pour les cours COMESA, CAE et UEMOA, l'indépendance institutionnelle ne trouve pas de consécration explicite dans le droit primaire. Celui-ci se limite juste à rappeler l'indépendance personnelle du juge qui est choisi parmi les personnalités offrant toutes les garanties d'indépendance[1434]. Les juges nommés, en prêtant sermant, jurent d'exercer leurs fonctions en toute impartialité et en toute conscience et de garder le secret des délibérations[1435]. Mais l'analyse des traités communautaires laisse apparaître une forte dimension de prise en compte du principe de l'indépendance des cours de justice et des juges eux-mêmes dans l'exercice de leurs fonctions. Ce qui contribue à la légitimation de leur action de garantie judiciaire de l'unité d'application et d'interprétation des traités ainsi que les droits et les libertés conférés par ceux-ci aux particuliers.

349 Cependant, il faut regretter l'institution d'une procédure de destitution des juges entre les mains des États membres prévu dans les traités et qui ne garantit pas forcément l'indépendance du juge communautaire. À titre d'illustration, les articles 26 du traité de la CAE et 22 du traité COMESA soulignent que les juges ne peuvent être destitués que par la Conférence. Cette procédure peut être utilisée par les États membres pour porter atteinte à l'indépendance des juges même

---

1433 Protocole A/SP1/12/01 du 21 décembre 2001 sur la démocratie et la bonne gouvernance additionnel au Protocole relatif au mécanisme de prévention, de gestion, de règlement des conflits, de maintien de la paix et de la sécurité.

1434 Art. 2 du Protocole Additionnel N°1 relatif aux organes de contrôle de l'UEMOA ; Art. 24§1 du Traité CAE ; Art. 20§2 du Traité COMESA.

1435 Art. 8 de la Convention régissant la CJCEMAC ; Art. 5§2 du Protocole A/P1/7/91 relatif à la CJCEDEAO ; Art. 6 de l'acte Additionnel N°10/96 portant Statuts de la CJUEMOA ; Art. 42 du Traité CAE ; Art. 5 du Règlement de procédure de la CJCOMESA ; Art. 5 du Protocole du TSADC de 2000.

si la procédure de destitution fait intervenir la constitution d'un Tribunal ad hoc indépendant par la Conférence[1436] . Il faut rappeler que cette procédure de révocation a été introduite dans le traité de la CAE par un amendement de 2007 à la suite de l'affaire *Peter Ayang' Nyong'O & Others vs. Attorney General*[1437], pour « intimider les juges ». Cette révision a suscité une réaction de la « Société africaine de l'Est de droit » contestant la légalité de la révision du Traité[1438]. Cette procédure de révoquer les juges de la CJCAE ne semble pas garantir une réelle indépendance quant aux modalités de sa mise en œuvre. Elle a l'inconvénient de placer l'exercice de la fonction juridictionnelle des juges sous l'épée de Damoclès des États membres.

350 La révocation du juge doit en principe revêtir toutes les garanties d'impartialité et de respect des droits de la défense. En vertu de l'article 12 de la Convention régissant la CJCEMAC, qu'un « membre de la Cour ne peut être relevé de ses fonctions que par la Conférence après que l'Assemblée Générale de la Cour, sur requête de son Président ou de la moitié des membres de la Cour, ait jugé qu'il ne répond plus aux conditions requises ou ne satisfait plus aux obligations découlant de sa charge. L'intéressé est entendu en ses explications, orales ou écrites. Il peut être assisté par un Conseil »[1439]. En outre, la CJCEDEAO paraît instituer un mécanisme de révocation autonome confié au Conseil judiciaire de la Communauté, organe dédié au processus de recrutement des juges et questions disciplinaires. Mais, malgré, l'existence du Conseil judiciaire, cela n'a pas empêché la révocation du juge libérien sur demande de son pays. Les faits qu'on lui reprochait, n'avaient pas de lien direct avec sa fonction de juge communautaire[1440]. C'est ce qui fait dire à un ancien membre de la

[1436] Art. 26§2 du Traité de la CAE.

[1437] N°1/2006 du 30 mars 2007.

[1438] *East african Law Society v. Attorney General of Kenya and others,* N°3/2007 du 31 août 2008.

[1439] On pourra aussi se référer à l'article 12 de l'Acte Additionnel portant Statuts de la CJUEMOA ; on retrouve la même procédure au niveau de l'article 6 du Statut de la CJUE.

[1440] Le Libéria reprochait au juge Micah Wilkins Wright une situation de conflit d'intérêts dans une affaire où il a été suspendu par la Cour suprême de son pays en 2016, l'interdisant « de la pratique du droit directement ou indirectement sur toute l'étendue du territoire pour une période de douze (12) mois ». Cf. *Justice Micah Wilkins v. The República of Liberia,* Suit n°ECW/CCJ/APP/18/17. Voir aussi, MAHALMADANE (F. H.), *L'invocabilité et l'application des instruments juridiques*

Cour, le juge Haméye Founé Mahalmadane que « le Conseil judiciaire de la Communauté, qui se devait de veiller sur la carrière des juges de la Cour de justice de la Communauté, dans le sens de préserver leur indépendance, n'a pas eu des comportements les plus souhaités. En dépit de la manière cavalière dont les autorités de la Communauté ont géré ce cas, le Conseil Judiciaire n'a rien trouvé que d'entériner la décision de la République du Nigéria de mettre fin au mandat de son ressortissant »[1441]. Ce point de vue illustre bien les manœuvres que les États membres peuvent utiliser pour contrôler le fonctionnement des cours de justice. Ce qui est de nature à compromettre leur indépendance fonctionnelle.

351 Nonobstant les agissements des États membres, les juges communautaires, dans l'exercice de la fonction d'assurer le respect du droit dans l'application et l'interprétation des traités, affirment leur indépendance pour renforcer leur légitimité institutionnelle et fonctionnelle.

B) Une indépendance affirmée

352 Au-delà de la garantie statutaire de l'indépendance, celle-ci ne s'acquière pleinement qu'à l'aune de la pratique jurisprudentielle et au grès des prises de position face à l'ingérence du pouvoir politique et à l'égard des contraintes tenant à ses convictions personnelles. L'examen de la jurisprudence des cours africaines permet d'identifier une affirmation de l'indépendance du juge communautaire. D'abord, la CJCEDEAO a déclaré qu'elle « est indépendante de toutes les institutions de la Communauté et des États membres »[1442] dans l'exercice de ses fonctions conformément à l'article 15§3 du Traité[1443]. Ensuite, elle a même défini l'indépendance personnelle du juge à travers l'exigence d'impartialité qui renvoie à ce que les « personnes exerçant des fonctions juridictionnelles s'abstiennent de tout acte ou prise de position publique qui serait de nature à faire naitre un doute raisonnable quant à leur neutralité. Ainsi, les juges sont strictement soumis à

---

internationaux par la Cour de justice de la CEDEAO. Mémoire de recherche Master 2, Université de Nantes, p. 68.

[1441] Cf. MAHALMADANE (F. H.), *L'invocabilité et l'application des instruments juridiques internationaux par la Cour de justice de la CEDEAO*, *op. cit.*, p. 68. L'entretien par email tenu avec l'auteur le 10 juin 2019 a permis de mieux clarifier le cas du juge révoqué à la CJCEDEAO.

[1442] *Prof. Etim Moses Essien c. Gambie*, ECW/CCJ/05/05 du 7 mai 2007.

[1443] *Femi Falana c. Benin*, ECW/CCJ/10/07 du 3 juin 2010.

l'obligation d'observer une réserve suffisante par rapport à la conduite et au jugement des affaires qu'ils sont appelés à connaître »[1444]. Ainsi, la CJCEDEAO conçoit l'impartialité et la neutralité comme les deux vertus essentielles de l'indépendance du juge. Cette conception de l'indépendance a permis à la Cour d'assumer des positions audacieuses dans le cadre de la défaillance de la protection des droits de l'homme par les États membres et parfois sur des questions sensibles[1445] ou d'enjeux de société[1446]. Sur le même registre, la CJCAE a relevé le caractère fondamental de l'indépendance sous l'angle de l'État de droit et du respect des décisions de justice et de l'impartialité du juge. Ainsi, elle considère que : « respecter une décision de justice est la pierre angulaire de l'indépendance de la justice, faisant partie des principes fondamentaux de l'État de droit »[1447]. S'inspirant d'un arrêt de la cour constitutionnelle sud-africaine[1448], elle estime que « les juges doivent résister à toute forme de pression, de quelle que nature que soit. Il s'agit d'un devoir constitutionnel sans lequel l'indépendance sera compromise »[1449]. En outre, la Cour africaine de l'Est affirme l'indépendance individuelle du juge comme garant de tout système judiciaire démocratique[1450]. Selon elle, le juge doit se récuser si les circonstances de l'affaire ne permettent pas de garantir son indépendance, ou annuler une décision de justice violant le principe de l'impartialité[1451].

[1444] Jerome Bougouma et autres c. Burkina Faso, ECW/CCJ/JUD/08/18 du 19 février 2018.

[1445] *Hissein Habré c. la République du Sénégal* ; *Mamadou Tandjan c. Niger* (arrestation d'anciens chefs d'État).

[1446] CJCEDEAO, *Dame Hadijatou Mani Koraou c. République du Niger*, n° ECW/CCJ/JUD/06/08, 27 octobre, 2008 (esclavage) ; *Dorothy Njemanze & trois autres v. Nigeria*, ECW/CCJ/08/17 du 12 octobre 2017 (filles accusées de prostitution) ; *Mary Sundy c. Nigeria*, ECW/CCJ/JUD/11/18 du 17 mai 2018 (dispute conjugale provoquant le déversement de l'huille bouillante sur la requérante).

[1447] CJCAE, *James Katabazi & others v. Secretary General & The Attorney General of Uganda*, No 1/2007 du 1er novembre 2007.

[1448] Constitutional Court of South Africa, *President vs. South African Rugby football Union*, 16/68.

[1449] CJCAE, *Attorney General of Kenya v. Prof Anyang' Nyong'O & 10 others*, N°5/2007 du 6 février 2007. En l'espèce, il s'agissait d'une demande de récusation de juges d'origine kenyane à la suite d'une décision de la Cour empêchant l'élection des députés keynans à l'Assemblée législative de la Communauté.

[1450] N°5/2007 du 6 février 2007, p. 15.

[1451] *Ibid.*, p. 16.

353 Affirmer l'indépendance d'une juridiction suppose que les juges qui la composent bénéficient de toutes les garanties institutionnelles et fonctionnelles nécessaires pour rendre la justice. Les exemples tirés de la pratique jurisprudentielle des cours de justice de la CEDEAO et de la CAE renseignent sur la conception de l'indépendance des cours africaines guidée par l'impartialité du juge. L'indépendance du juge ou d'une cour doit être garantie pour assurer la fonction de juge de manière impartiale. La définition de l'indépendance donnée par la CJUE nous semble traduire la relation consubstantielle entre l'indépendance d'une juridiction et la fonction de juger. Selon les juges du Plateau de Kirchberg, « La garantie d'indépendance, qui est inhérente à la mission de juger… s'impose non seulement au niveau de l'Union, pour les juges de l'Union et les avocats généraux de la Cour, ainsi que le prévoit l'article 19, paragraphe 2, troisième alinéa, TUE, mais également au niveau des États membres, pour les juridictions nationales »[1452] et que « La notion d'indépendance suppose, notamment, que l'instance concernée exerce ses fonctions juridictionnelles en toute autonomie, sans être soumise à aucun lien hiérarchique ou de subordination à l'égard de quiconque et sans recevoir d'ordres ou d'instructions de quelque origine que ce soit, et qu'elle soit ainsi protégée d'interventions ou de pressions extérieures susceptibles de porter atteinte à l'indépendance de jugement de ses membres et d'influencer leurs décisions (voir, en ce sens, arrêts du 19 septembre 2006, Wilson, C-506/04, EU:C:2006:587, point 51, ainsi que du 16 février 2017, Margarit Panicello, C-503/15, EU:C:2017:126, point 37 et jurisprudence citée) »[1453].

[1452] CJUE, 27 février 2018, *Associaçao Sindical dos Juizes Portugueses*, aff. C-64/16, point 42. En l'espèce, la Cour saisit d'un renvoi préjudiciel considère que « le principe d'indépendance des juges ne s'oppose pas à l'application des membres de la Cour des comptes du Portugal de mesures générales de réduction salariale, telles que celles en cause au principal, liées à des contraintes d'élimination d'un déficit budgétaire excessif ainsi qu'à un programme d'assistance financière de l'Union européenne ».

[1453] *Ibid.*, p. 44 ; Voir aussi, Conclusions avocat général Evgeni Tanchev dans l'affaire *Commission c/Pologne,* 20 juin 2019, Aff. C-192/18, point 94. Dans cette affaire, il s'agit, entre autres, de l'introduction d'un âge de départ à la retraite des juges des juridictions de droit commun, des juges de la Cour suprême et procureurs qui est différent pour les hommes et les femmes. L'abaissement de l'âge de départ à la retraite des juridictions de droit commun conféré au ministre de la Justice un pouvoir discrétionnaire de prolonger la période d'activité des juges. L'avocat général a estimé que la Pologne a manqué à ses obligations qui lui incombent en vertu du droit de l'Union en instaurant un âge de départ à la retraite différent pour les hommes et les femmes ; Arrêt, 24 juin 2019, *Commission c/Pologne*, C-619/18, points 71-74.

354 Mais, il arrive que l'indépendance soit remise en cause par l'attitude des États membres. Au niveau de la CAE, les États membres ont réformé la Cour à la suite de l'arrêt Peter Ayang condamnant le Kenya. Au niveau de la CEDEAO, les États membres ont réduit le nombre de juges de sept (7) à cinq (5), introduit le non-renouvellement du mandat des juges et le renouvellement intégral. Au niveau de la SADC, les États membres ont suspendu le fonctionnement du Tribunal et adopté un nouveau Protocole après que le Zimbabwe a refusé d'appliquer les décisions du Tribunal. Enfin, au niveau de l'UEMOA, les membres de la Cour ont été démis de leurs fonctions par les États membres[1454].

355 En tout état de cause, les cours de justice ont affirmé leur indépendance à travers la pratique jurisprudentielle notamment dans le contentieux des droits de l'homme même si cette indépendance peut être relativisée. En effet, sur cette question de l'indépendance, il n'y a pas d'opinion tranchée. L'indépendance personnelle du juge est une culture et un état d'esprit conditionnant sa légitimité dans un régime démocratique. Une analyse approfondie de la légitimité du juge ne peut se faire sans recourir à des éléments de sociologie judiciaire. Comme le souligne Denys Simon, « La légitimité d'une instance juridictionnelle est toujours un mystère irréductible à des explications univoques, indissociable de justifications axiologiquement connotées, et insaisissables sans prise en compte des considérations concrètes, intégrant des dimensions de sociologie judiciaire »[1455]. Dès lors, il convient de rappeler que, « l'indépendance et l'impartialité d'une institution juridictionnelle tiennent à sa composition ainsi qu'au statut de ses membres »[1456]. L'indépendance des cours africaines est reconnue dans les traités et affirmée par la jurisprudence. Ce qui dénote une position institutionnelle garantie qui concourt à la légitimité des juridictions communautaires. Cette légitimité, fondée sur leur position au niveau des organisations communautaires, se trouve renforcée par leur autorité jurisprudentielle.

[1454] Ces points seront développés dans le chapitre suivant.

[1455] SIMON (D.), « La légitimité du juge communautaire », *op. cit.*, p. 459.

[1456] MICHEL (V.), « Les juridictions des communautés européennes », *in* Héléne Ruiz et Jen Marc Sorel ss. dir., *Indépendance et impartialité des juges internationaux*. Paris, Pédone, 2010, p. 10.

SECTION 2 : UNE POSITION INSTITUTIONNELLE RENFORCÉE PAR LEUR AUTORITÉ

356 La construction de la légitimité des cours africaines tient aussi à leur position institutionnelle découlant des traités et de leurs jurisprudences, renforcée par leur autorité. Celle-ci résulte non seulement de l'application des décisions des juridictions communautaires dans les ordres juridiques des États membres, mais aussi de la justification des cours de justice de leurs décisions par la fabrication de la motivation. À cet égard, l'expression de l'autorité des cours de justice africaines se manifeste dans les traités et protocoles communautaires en ce sens que ceux-ci confèrent aux juges le pouvoir de veiller au respect du droit communautaire et de sanctionner sa violation par les États membres. En outre, l'activité contentieuse des cours africaines a permis d'affirmer l'autorité de leurs décisions et de défendre leur sphère de compétence. Dès lors, la Cour africaine de l'Est affirme, de manière rituelle, qu'elle ne peut pas renoncer à sa mission d'interprétation du traité même en l'absence de compétence formelle dans le domaine des droits de l'homme[1457] et qu'elle contrôle tous les actes des organes de la Communauté[1458]. De même la Cour de justice de la CEDEAO insiste constamment sur sa compétence absolue en matière de droits de l'homme[1459]. Aussi, la CJUEMOA et la CJCEMAC mettent l'accent sur leurs fonctions de « gardien de la légalité communautaire »[1460], au même titre que la CJCOMESA[1461]. Le défunt Tribunal de la SADC a assumé sa compétence de droit de l'homme[1462]. Eu égard à ces positions jurisprudentielles des cours de justice, il convient de souligner que la légitimation de l'action du juge communautaire africain se manifeste à travers l'autorité dont il bénéficie dans les ordres juridiques des communautés. La légitimité confère l'autorité à une juridiction et lui

---

[1457] *James Katabazi & others v. Secretary General & The Attorney General of Uganda; Plaxeda Rugumba v. The Secretary General & Rwanda* ; *Independant Medical Unit vs. Attorney General* ; *Emmanuel Mwakisha Mjawasi &748 others v. Attorney General of Kenya* ; *Venant Masenge vs. The Attorney General of The Republic of Burundi.*

[1458] *Peter Ayang' Nyong'O & Others vs. Attorney General.*

[1459] *Moussa Leo Keita c. Mali* ; *Chief Ebrimah Manneh vs. Gambie* ; *Dame Hadijatou Mani Koraou v. République du Niger* ; *SERAP v. Federal Republic of Nigeria & UBEC* ; *Konso Kokou Parounam c/Togo.*

[1460] *Eugène Yay c. Conférence des chefs d'État et Gouvernement et Commission* ; *Société Anonyme des Brasseries c/ République du Tchad.*

[1461] *Polytol v/Mauritius.*

[1462] *Campbell and others v. The Republic of Zimbabwe.*

permet de prendre des décisions parfois contraires à la volonté de ceux qui l'ont institué[1463]. Ainsi, l'analyse de l'autorité des cours de justice africaines passe d'abord par l'étude de sa consécration (**§1**) avant de se pencher sur son affirmation par la motivation (**§2**).

§ 1 : Une autorité consacrée

357 La notion d'autorité renvoie au pouvoir conféré à un organe pour exercer une fonction[1464]. L'existence de cette autorité permet au juge d'assurer l'exercice de la fonction de dire le droit et d'asseoir sa légitimité. Celle-ci entretient un lien direct avec la manifestation de l'autorité. Certains auteurs considèrent même que la légitimité fonde et justifie l'autorité d'une juridiction[1465]. En effet, les cours de justice africaines bénéficient d'une autorité consacrée (**A**) dans les traités et protocoles communautaires. En plus de leur compétence générale d'assurer l'unité d'interprétation et le respect du droit dans les ordres juridiques communautaires, les cours de justice rendent des décisions obligatoires à l'égard des États membres, des juridictions nationales et des personnes physiques et morales. Ainsi, l'autorité des cours de justice africaines s'exprime par l'exercice de la fonction (**B**) qui a évolué au fil des décisions rendues.

A) Une autorité garantie par les traités et protocoles

358 L'analyse des textes communautaires révèle que l'autorité des juridictions communautaires africaines est garantie. Dans la plupart des organisations d'intégration, les cours de justice sont insérées en tant qu'institution gardienne des objectifs des traités communautaires. Dès lors, ceux-ci aménagent une position centrale aux cours de justice devant contribuer à l'élimination des obstacles à l'intégration. L'article 15 du traité de la CEDEAO dispose que la Cour de justice « est indépendante des États membres et des institutions de la Communauté » et que ses arrêts « ont force obligatoire à l'égard des États membres, des institutions de la Communauté, et des personnes physiques ». De même, l'article 9 du Protocole de 1991 rappelle que « la Cour assure le respect du droit dans l'interprétation et l'application des dispositions du traité » et en vertu de l'article 5 de l'Acte additionnel du 17 février

---

[1463] HELFER (L.), ALTER (K.), « Legitimacy and Lawmaking : A Tale of Three International Courts », *Theoretical Inquiries*, Vol 14, 2013, p. 483.
[1464] CORNU (G.), *Vocabulaire juridique*, *op.cit.*, p. 108.
[1465] HELFER (L.), ALTER (K.), « Legitimacy and Lawmaking : A Tale of Three International Courts », *op. cit.*, p. 483.

2012, la Cour peut également « prononcer des décisions sanctionnant les États membres pour les manquements à leurs obligations qui découlent du Traité, des Conventions et Protocoles… »[1466]. En plus, les décisions de la Cour « sont exécutoires et ne sont pas susceptibles d'appel »[1467]. Ces différentes dispositions confèrent une autorité de la Cour d'Abuja dans sa mission de veiller au respect du droit de la Communauté. Mais, la pratique jurisprudentielle montre que l'autorité de la Cour varie selon le type de contentieux dont elle est saisie. Solomon Ebobrah a démontré que la CJCEDEAO disposait d'une autorité dans le domaine des droits de l'homme mais n'avait pas une autorité en tant que juge de l'intégration[1468]. Cette situation se justifie par la dualité fonctionnelle du mandat de la Cour qu'elle a même affirmé dans un arrêt en ces termes : Elle « est une juridiction régionale qui a, entre autres compétences, la sanction de la violation des droits de l'homme par les États membres ainsi que l'interprétation et l'application des actes de la Communauté CEDEAO ; qu'elle est juge des droits de l'homme et juge du droit communautaire de la CEDEAO dans l'exercice de ces deux principales compétences »[1469]. Aussi, comme rappelé ailleurs, la Cour connaît plus de contentieux des droits de l'homme que celui de l'intégration. Ainsi, une partie de la doctrine anglo-saxonne qualifie la nature de l'autorité de la Cour à l'aune de la dimension contentieuse. Selon cette doctrine, la Cour d'Abuja disposerait : « A Broad Authority for Human Rights Suits, but a Narrower Mandate for Economic Cases »[1470]. Au niveau de la Communauté africaine de l'Est, on observe la même consécration de l'autorité de la juridiction communautaire. En effet, les articles 23 et 27 du Traité de la CAE confient à la Cour la mission de « garantir le respect du droit tant dans l'interprétation que dans l'application du traité » et la Cour a la primauté en matière d'interprétation et l'application du traité en plus de son monopole dans le cadre des litiges qui lui sont dévolus

---

[1466] N°A/SP.13/02/12 du 17 février 2012 portant régime des sanctions à l'encontre des États membres qui n'honorent pas leurs obligations vis-à-vis de la Communauté.

[1467] Article 19§2 du Protocole A/P1/7/91 relatif à la Cour de justice.

[1468] Voir « Dual mandate, Varied Authority : The skewed authority of the Ecowas Community Court of justice », *op. cit.*, p. 29. Cet argument mérite d'être nuancé, car l'autorité de la Cour sur le contentieux de l'intégration dépend du nombre de saisines en la matière.

[1469] *Hissein habré c/Sénégal*, N°ECW/CCJ/RUL/05/13 du 5 novembre 2013, point 37.

[1470] ALTER (K.), HELFER (L. R.), McALLISTER (J.), « A new international human rights Court for West Africa: The ECOWAS Community Court of justice », *op. cit.*, p. 756.

en vertu du traité[1471]. Les arrêts rendus par la CJCAE sont directement exécutés sans délai par les États membres ou le Conseil[1472]. Par les dispositions du Traité, la Cour d'Arusha dispose d'une autorité à l'égard des États membres, des institutions, des juridictions nationales et des particuliers. Toutefois, l'analyse de la pratique contentieuse révèle que la Cour semble exercer cette autorité que dans le domaine privilégié du contentieux des droits de l'homme[1473] dans lequel elle ne dispose pas de compétence expresse. Ainsi, l'autorité de la CJCAE, comme celle de la CJCEDEAO, varie d'un domaine de contentieux à un autre. Elle est qualifiée de : « No authority in fact in Economic Law, emerging extensive authority absent intermediate authority in Human rights law »[1474]. Néanmoins, depuis quelques temps, la Cour connaît des affaires contentieuses traitant directement du contentieux de l'intégration même si elles demeurent faibles.

359 En outre, les autres cours de justice africaines disposent de l'autorité découlant des traités et protocoles. Les articles 2 de la Convention CEMAC, 19§1 du Traité COMESA, 1 du Protocole sur la Cour UEMOA, et 16 du Traité de la SADC confient aux juridictions communautaires la fonction de « veiller au respect du droit quant à l'interprétation et à l'application » des traités communautaires. Il s'y ajoute que les interprétations données par la CJCEMAC et la CJUEMOA « en cas de recours préjudiciel s'imposent à toutes les autorités administratives et juridictionnelles dans l'ensemble des États membres. L'inobservation de ces interprétations donne lieu au recours

---

[1471] Art. 38§1 du Traité.

[1472] Art. 38§3 du Traité.

[1473] Voir, GATHII (J. T.), « The variation in the use of sub-regional integration Courts between business and human rights actors : The case of the East African Court of justice », *op. cit*., pp. 60-61.

[1474] ALTER (J. K.), HELFER (L. R.), MADSEN (R. M.), « How Context Shapes the Authority of International Courts ? », *in Law and Contemporay Problems, op. cit*., p. 6. Ces auteurs identifient cinq formes d'autorité de facto pour les cours internationales : une absence d'autorité (*no authority*) lorsque la Cour a une compétence formelle mais elle n'est pas saisie par les particuliers… ; une autorité étroite (*narrow authority*) quand les parties prennent des mesures pour exécuter les décisions de la Cour ; une autorité intermédiaire légale (*intermediate legal authority*) lorsque les acteurs reconnaissent les décisions de la cour et prennent des mesures ; une autorité extensive (*extensive authority*) quand l'influence de la cour s'étend à d'autres justiciables (société civile, universitaires). Une cour ayant acquis de l'autorité extensive modifie constamment le droit ; une autorité populaire (*popular authority*) lorsque la cour a une grande reconnaissance du public… voir sp., pp. 9-12.

en manquement »[1475]. De même, les traités prévoient que leurs décisions ont « l'autorité de la chose jugée et force exécutoire »[1476]. C'est l'expression de l'autorité de ces juridictions communautaires à l'égard des États membres, des institutions et des particuliers. Cette même dimension de l'autorité des cours de justice apparaît à la lecture des dispositions du Traité COMESA qui rappelle la compétence générale et exclusive de la Cour[1477] et le principe de loyauté des États membres à l'égard de la Cour COMESA[1478] qui doivent prendre sans délai les dispositions requises pour exécuter les arrêts de la Cour[1479]. Cette dernière peut aussi « prendre les sanctions qu'elle juge nécessaire contre toute partie défaillante dans l'exécution de ses arrêts »[1480].

360 Il résulte de l'analyse des traités et protocoles des organisations d'intégration africaine une consécration formelle de l'autorité des cours de justice, appelées à assurer le respect du droit et l'unité d'interprétation dans les ordres juridiques communautaires. Eu égard à la pratique jurisprudentielle, cette autorité formelle des cours de justice africaines varie en fonction du domaine de contentieux. Ainsi, si on se réfère aux deux indicateurs de l'identification de l'autorité d'une cour internationale, dégagée par Karen Alter, Laurence Helfer et Madsen[1481], la question de l'autorité des cours africaines revêt une singularité en raison du contentieux. En effet, selon les auteurs cités, les deux indicateurs de l'autorité d'une cour internationale sont la reconnaissance de

---

1475 Art. 26§6 de la Convention régissant la CJCEMAC ; Art. 12 du Protocole additionnel N°1 relatif aux organes de contrôle de l'UEMOA.

1476 Art. 30§2 de la Convention régissant la CJCEMAC ; Art. 20 du Protocole Protocole additionnel N°1 relatif aux organes de contrôle de l'UEMOA.

1477 Art. 23§1 et 34§1 du Traité COMESA.

1478 Art. 34§2 du Traité COMESA.

1479 Art. 34§3 du Traité COMESA.

1480 Art. 34§4 du Traité COMESA.

1481 Ces auteurs identifient cinq formes d'autorité de facto pour les cours internationales : une absence d'autorité (*no authority*) lorsque la Cour a une compétence formelle mais elle n'est pas saisie par les particuliers… ; une autorité étroite (*narrow authority*) quand les parties prennent des mesures pour exécuter les décisions de la cour ; une autorité intermediaire légale (*intermediate legal authority*) lorsque les acteurs reconnaissent les décisions de la cour et prennent des mesures ; Une autorité extensive (*extensive authority*) quand l'influence de la cour s'étend à d'autres justiciables (société civile, universitaires…). Ainsi, la cour ayant acquis de l'autorité extensive modifie constamment le droit ; Une autorité populaire (*popular authority*) lorsque la cour a une grande reconnaissance du public… voir ALTER (J. K), HELFER (L. R.), MADSEN (R. M.), « How Context Shapes the Authority of International Courts ? » sp., pp. 9-12.

l'obligation de respecter ses décisions et les mesures prises pour exécuter lesdites décisions[1482]. Partant de ces deux éléments, la lecture jurisprudentielle montre que chaque Cour de justice exerce de l'autorité dans un domaine de contentieux mais reste limitée dans un autre. Dans certaines situations, l'autorité du juge communautaire s'exerce dans une matière différente de celle pour laquelle il a été institué. Le tableau ci-dessous donne une illustration des types d'autorité des cours de justice africaines s'inspirant des formes d'autorités proposées par la doctrine anglo-saxonne.

Cours de justice	**Droits de l'homme**	**Libertés du marché commun**
CJCAE	Autorité extensive	Une autorité intermédiaire
CJCEDEAO	Autorité extensive	Aucune autorité
CJCEMAC	Absence de contentieux de droits de l'homme	Aucune autorité
CJCOMESA	Absence de contentieux de droits de l'homme	Une autorité intermédiaire
CJUEMOA	Absence de contentieux de droits de l'homme	Aucune autorité
TSADC	Autorité extensive (avant la suspension)	Aucune autorité

361 En tout état de cause, les traités et protocoles communautaires aménagent des dispositions favorables à l'exercice de l'autorité des cours de justice, qu'il s'agisse de la fonction de garantir le respect du droit et la cohérence de son interprétation, ou bien de respect de leurs décisions. La consécration de cette autorité contribue à la légitimation du juge communautaire même si dans la pratique, on note une variation d'une cour de justice à une autre.

B) Une autorité exercée

362 L'autorité du juge est consubstantielle à l'exercice de son office qu'il cherche à légitimer à travers la jurisprudence. Celle-ci constitue son outil principal de communication, d'information et de légitimation de la fonction du juge vis-à-vis de l'audience qu'il cherche

[1482] Cf. « How Context Shapes the Authority of International Courts ? », *in Law and Contemporay Problems, op. cit.*, p. 6.

à convaincre. En effet, l'exercice de la fonction juridictionnelle se trouve « au cœur de la légitimité du juge »[1483]. La jurisprudence constitue un instrument puissant de l'affirmation de l'autorité et de la légitimité du juge communautaire. Ce dernier est appelé à assurer le respect du droit dans l'interprétation et dans l'application des traités et protocoles. Le pouvoir normatif de la jurisprudence[1484] reçoit ses lettres de noblesse en droit communautaire. La Cour de justice de Luxembourg en constitue une parfaite illustration. Elle a su bâtir un ordre juridique autonome en comblant les lacunes existantes dans les traités constitutifs grâce à un usage récurrent des voies de droit prévues comme le renvoi préjudiciel. Sa jurisprudence lui a permis de construire une légitimité qui « s'est manifestée, d'une part, par l'affirmation de sa fonction de gardien d'un ordre juridique autonome et d'autre part, par la justification de sa mission juridictionnelle spécifique »[1485]. La CJCE a dû exercer une fonction prétorienne du fait de « l'insuffisance des traités et de la défaillance du contrôle politique »[1486] en exerçant son autorité[1487]. En ce qui concerne, les cours de justice africaines, pour

---

[1483] HOURQUEBIE, *Le juge sous la Ve République, entre pouvoir et contre-pouvoir. Contribution au débat sur la notion de contre-pouvoir*. Thèse de doctorat, Université Montesquieu-Bordeau IV, soutenue le 20 décembre 2003, p. 577.

[1484] Sur la question, voir WALINE (M.), « Le pouvoir normatif de la jurisprudence », *in La technique et les principes du droit public, Études en l'honneur de Georges Scelles*. LGDJ, 1950, p. 613.

[1485] SIMON (D.), « La légitimité du juge communautaire », *op. cit.*, p. 451.

[1486] SIMON (D.), « Les juges de la Cour européenne de justice : un gouvernement des juges ? » : 53, *in Démocratiser la Communauté européenne*, Études et perspectives européennes ; Voir aussi, BOULOUIS (J.), « À propos de la fonction normative de la jurisprudence. Remarques sur l'œuvre jurisprudentielle de la Cour de justice des Communautés européennes », *in mélanges Waline, le juge et le droit public*, tome 1. LGDJ, 1974, pp. 161.

[1487] Jean Boulouis a résumé les facteurs explicatifs de l'autorité de la jurisprudence CJCE. Pour lui, trois raisons peuvent expliquer cet état de fait. : « La première raison renvoie à la position occupée par la Cour de justice dans le schéma institutionnel. … La Cour dispose d'une autorité, d'autant plus considérable qu'elle n'est tempérée par aucun contrepoids institutionnel ou fonctionnel. La deuxième raison réside dans l'économie du système de contrôle dont et, plus spécialement, dans l'un des instruments de sa fonction…Une troisième raison contribue, en relation avec les deux précédentes, à donner à la jurisprudence de la Cour une valeur particulière. Elle tient aux méthodes classiques d'interprétation mises en œuvre. Si la Cour applique les méthodes classiques d'interprétation textuelle, ses préférences vont, depuis longtemps, aux méthodes finalistes ou téléologiques, dont elle fait un usage systématique ». Cf., *Droit institutionnel de l'Union européenne*, Montchrestien, 6e édition, 1997, pp. 233-234.

affirmer leur autorité, elles se sont mises à chercher directement une justification de leur office dans le contentieux communautaire. Dès lors, l'autorité du juge communautaire africain trouve son expression dans la définition de leurs compétences de contrôle du respect des traités et protocoles par les États membres et dans l'assomption du rôle de protection des droits de l'homme[1488] garantit le droit communautaire et les traités internationaux. Plusieurs illustrations jurisprudentielles permettent de rendre compte de l'exercice de l'autorité des cours africaines dans le cadre de leur mission juridictionnelle. En premier lieu, la CJUEMOA a justifié de manière itérative l'autorité de sa compétence de contrôle de la compatibilité des actes communautaires par rapport au Traité. C'est ainsi, qu'elle relève qu'en tant qu'organe juridictionnel, elle a « pour mission de veiller à la conformité avec le Traité de l'UEMOA des actes qui lui sont déférés »[1489] et qu'elle a « l'obligation d'assurer la légalité communautaire »[1490] et que « sa compétence en matière de contrôle de la légalité ne saurait se limiter aux seules actes cités »[1491] par le Traité. Aussi, la Cour de Ouagadougou, pour combler les lacunes du droit de l'UEMOA en matière de droit au juge et de délai raisonnable, a recouru aux principes généraux du droit[1492] en réitérant la justiciabilité de tous les actes des organes et

---

[1488] Sur la protection des droits de l'homme par le juge communautaire, voir *supra*, Titre 1.

[1489] *Eugène Yai c. Conférence des Chefs d'Etat et de Gouvernement & Commission UEMOA*, n°03/2005 du 27 avril 2005 ;

[1490] *Ibid.*, arrêt du 27 avril 2005.

[1491] Affaire *Eugène Yai*, les arrêts n°01/2001 du 5 avril 2006 et n°01/2008 du 30 avril 2008.

[1492] *Sidonie Sodabi c. BCEAO*, n°2/2012 du 19 décembre 2012. Dans cette affaire, l'Avocat général Seynabou Ndiaye, dans ses conclusions, a rappelé que : « À défaut de dispositions explicites fixant les conditions de saisine de la juridiction communautaire dans ledit statut d(BCEAO), sous peine de déni de justice, doit recourir à certains principes généraux du droit comme le droit à un procès ou celui du droit au juge, c'est-à-dire le droit pour tout individu de faire entendre sa cause. Les agents de la BCEAO doivent donc, malgré les lacunes de leur statut disposer pour le règlement de leur conflit de travail, d'un recours de naturelle juridictionnelle comportant des garanties d'impartialité et d'équité ». La CJUEMOA, suivant l'Avocat général, retient que « le principe d'immunité reconnue à la Banque Centrale doit se combiner avec le droit de toute personne à ce que sa cause soit entendue par un Tribunal ». Dans un autre arrêt, la Cour relève que : « À l'analyse, il est remarquable de constater que le Statut particulier n'a pas prévu de délai saisine pour ce type d'action..., la BECEAO n'a jamais envisagé la compétence de la Cour. Le vide juridique ainsi noté n'autorise pas pour autant qu'on puisse concevoir l'exercice d'une telle action sans une limite d'ordre prescriptif ; cela, en raison surtout de l'impératif

institutions spécialisées[1493]. A cet égard, elle souligne que « fidèle à ses principes de rejet des zones « dites de non droit », la tradition jurisprudentielle de la Cour, l'a toujours déclarée compétente pour connaître des litiges impliquant les organes autres que ceux nommément cités par l'article 16 du Traité, à savoir les institutions spécialisées autonomes de l'Union, dans la mesure où il n'existe aucune autre disposition attributive de compétence reconnue à une juridiction »[1494].

363 En second lieu, l'autorité de la CJCEDEAO trouve son expression manifeste dans l'exercice de sa fonction de protection des droits de l'homme. Celle-ci repositionne la Cour en lui conférant a « *Broad Authority* »[1495] dans la Communauté ouest-africaine. En outre, l'autorité de la Cour réside dans la garantie systématique de l'accès direct des particuliers à son prétoire dès lors que ces derniers invoquent la violation de leurs droits fondamentaux. Ce qui donne à la Cour une nouvelle identité dans la Communauté. Pour l'essentiel, dans sa jurisprudence, la Cour exprime une autorité basée sur la justification permanente de sa compétence en matière de droit de l'homme. Elle affirme, de manière constante, sa compétence « pour connaître des cas de violation des droits de l'homme » dès lors que ceux-ci sont produits sur le territoire d'un État membre et que les instruments invoqués sont

---

d'un traitement équitable. Il faudrait pour y suppléer, recourir aux standards dégagés par la jurisprudence pour parvenir à une justice équilibrée, comme la notion de délai raisonnable… La Cour statue sur tout litige entre les organes de l'Union et leurs agents dans les conditions déterminées au statut du personnel. Ce point de vue a été conforté par un avis N°1/2011 du 30 octobre 2011 de la CJUEMOA qui reconnaît sa compétence pour juger les litiges entre la BOAD et ses agents. Un second arrêt n°2 du 12 décembre 2012 Sidoni et Léon Kougbenou c/BCEAO », *Sieur Jean Yves Sinzogan c/ BCEAO* N°03/2017 du 28 mars 2017).

[1493] Arrêts *Eugène Yai*, N°03/2005 du 27 avril 2005, N°06/2006 du 5 avril 2006 et N°01/2008 du 30 avril 2008 ; *État Côte d'Ivoire et M. Laurent Gbagbo c/Conseil des Ministres et Commission UEMOA*, N°1/2013 du 13 décembre 2013. Dans ce dernier arrêt, la Cour relève que « toutes dispositions adoptées par les institutions quelle que soit la forme, sont considérées comme des actes attaquables, c'est à la condition que lesdits actes existent, sont produits et surtout, comme l'exige la jurisprudence précitée, qu'ils visent à produire des effets de droit obligatoires » ; *El Hadji Abdou Sakho c/ La Conférence des Chefs d'État et de Gouvernement, Commission UEMOA,* N°4/2017 du 18 avril 2017.

[1494] *Fanny Ismael Kader c/ CREPMF*, N°01/2014 du 30 avril 2014.

[1495] ALTER (K.), HELFER (L. R.), McALLISTER (J.), « A new international human rights Court for West Africa : The ECOWAS Community Court of justice », *op. cit.*, p. 756 ; HELFER (L.), ALTER (K.), « Legitimacy and Lawmaking : A Tale of Three International Courts », *op. cit.*, p. 498.

ratifiés par les États membres[1496]. Avec son pouvoir normatif, elle admet, d'une part, les recours des particuliers en violation des droits de l'homme sans épuisement des voies de recours internes[1497], et d'autre part, dispose d'un impérium en matière de réparation pécuniaire[1498]. La CJCEDEAO a acquis une autorité dans le contentieux des droits de l'homme, devenue une source importante de légitimation de son action. Ainsi, elle souligne de manière itérative qu'elle a compétence pour examiner des « cas concrets de violation des droits de l'homme »[1499]. La jurisprudence relative aux droits de l'homme a permis à la Cour de justifier sa compétence générale de gardienne des droits de la personne humaine contre les États défaillants dans l'espace communautaire. Ce qui lui permet aussi d'exercer une autorité à l'égard des États membres avec une audace et une prudence. À ce propos, Alioune Sall souligne que le travail de la Cour valse « entre activisme et autolimitation »[1500], et que « la compétence de la Cour… à connaître des cas de violation des droits de l'homme est facilitée par deux données. La première est

[1496] Cf. *Peter David c/ Uwechue* N°ECW/CCJ/APP/02/10 du 11 juin 2010 ; *Mamadou Tandja c. État du Niger*, N°ECW/CCJ/JUD/05/10 du 8 novembre 2010 ; *Soldat Alimu Akeem c/Nigeria*, ECW/CCJ/RUL/05/11 ; *Chude Mba c. Ghana*, N°ECW/CCJ/JUD/10/13 du 6 novembre 2013, points 57-58 ; *Alimu Akeem c. Nigeria*, N°ECW/CCJ/JUD/01/14 du 14 janvier 2014, point 33 ; *M. Mamadou Moustapha Kakali v. Niger*, ECW/CCJ/JUD/15 du 1er décembre 2015 ; *Konso Kokou Parounam c/Togo*, N°ECW/CCJ/JUD/02/16 du 16 février 2016, point 24 ; *Jerome Bougouma & 4 autres c Burkina Faso*, N°ECW/CCJ/JUD/08/18 du 19 février 2018 ; *M. Bama Boubie & 10 autres c. Burkina Faso*, N°ECW/CCJ/JUD/05/18 du 19 février 2018.

[1497] *Etim Moses Essien v. Gambie* Ruling, ECW/CCJ/APP/05/05 du 14 mars 2007 ; *Dame Hadijatou Mani Koraou v. République du Niger*, n° ECW/CCJ/JUD/06/08, 27 octobre, 2008 ; *Musa Saidykhan vs. Gambie*, N°ECW/CCJ/JUD/08/10 du 16 décembre 2010 ; *Ocean King Nigeria LTD c. Sénégal*, ECW/CCJ/JUD/07/11 du 8 juillet 2011 ; *Djibril Yipéné Bassolé c. Burkina Faso*, N°ECW/CCJ/JUD/16/19 du 1er juillet 2019 ; *Mme Nazare Gomes de Pina c. Guinée-Bissau*, N°ECW/CCJ/JUD/15/18 du 24 mai 2018 ; *Aminatou Diantou Diane c. Mali*, N°ECW/CCJ/JUG/14/18 du 21 mai 2018.

[1498] *Musa Saidykhan c. Gambie*, N°ECW/CCJ/JUD/08/10 du 16 décembre 2010, point 43 ; *Ibrahim Sory Touré & 1 c. Guinée*, N°ECW/CCJ/JUG/03/16 du 16 février 2016, point 121 ; *Chude Mba c. Ghana*, N°ECW/CCJ/JUD/10/13 du 6 novembre 2013, point 105.

[1499] *Dame Hadijatou Koraou c. Niger*, N°ECW/CCJ/JUD/06/08 du 27 Octobre 2008, point 60 ; Hissein Habré c. Sénégal, N°ECW/CCJ/JUD/06/10 du 10 novembre 2010, point 51 ; *Mary Sunday c/ Nigeria*, N°ECW/CCJ/JUD/11/18 du 17 mai 2018 ; *Khalifa Sall et autres c/ État du Sénégal*, N°ECW/CCJ/JUD/17/18 du 29 juin 2018 ; *Justice Joseph Wowo c. Gambie*, N°ECW/CCJ/JUD/JUD/09 du 27 février 2019.

[1500] SALL (A.), *Le contentieux de la violation des droits de l'homme devant la Cour de justice de la CEDEAO*, L'Harmattan, 2019, p. 183.

l'extrême abondance des instruments juridiques invocables contre les États… et la seconde est à trouver dans le raisonnement judiciaire lui-même, qui consiste à présumer cette compétence »[1501]. Ainsi, la CJCEDEAO jouit d'une autorité dans le contentieux des droits de l'homme par la justification de son champ de compétence même si elle peine à encadrer son office à l'égard des juridictions nationales pour éviter toute ingérence dans les décisions de justice nationale[1502]. En

[1501] *Ibid.*, p. 184.

[1502] Dans l'arrêt, *Jerry Ugoke v Nigeria*, N°CW/CCJ/APP/02/05 du 7 octobre 2005, la Cour a précisé que : « la caractéristique distinctive de l'ordre juridique communautaire de la CEDEAO réside dans le fait d'établir un monisme judiciaire de premier et dernier ressort en droit communautaire. Et si l'obligation d'exécuter les décisions de la Cour de Justice de la Communauté revient aux tribunaux nationaux des États membres, le type de relation existant entre la Cour communautaire et les juridictions nationales des États membres n'est pas de nature verticale, mais exige un ordre juridique communautaire intégré ». Dans l'arrêt Bakary Sarre et 28 autres contre République du Mali (ECW/CCJ/JUD/03/11) du 17 mars 2011, elle souligne également que « si l'obligation d'exécuter les décisions de la Cour de Justice de la Communauté est obligatoire pour toutes les juridictions nationales des États membres, cette obligation n'implique pas une hiérarchie dans l'ordre judiciaire entre la Communauté et les États membres, mais exige un ordre juridique communautaire intégré. La Cour de Justice de la CEDEAO n'est pas une juridiction de recours ou une cour de cassation des décisions des juridictions nationales ». Elle insiste sur sa fonction différente de celle du juge national. C'est pourquoi, la Cour rappelle qu'elle n'est pas « une « cour de cassation » ou une « instance d'appel » ou un « juge de légalité interne » (CDP c. Burkina Faso, N°ECW/CCJ/JUG/16/15 du 13 juillet 2015, point 24). Dans l'arrêt *Sahabi Moussa c. Niger*, ECW/CCJ/JUD/28/16 du 6 décembre 2016, elle défend que « …conformément à une jurisprudence constante, a toujours décidé qu'il n'entre pas dans sa fonction de protection des droits de l'homme, de substituer sa propre appréciation des faits à elle soumis à celle des juridictions nationales », point 21. La CJCEAO cherche à délimiter son office qui ne semble relever de l'évidence. Elle ne cesse de rappeler que « s'il est de principe qu'elle n'apprécie pas les motifs d'une décision judiciaire rendue au sein d'un État, dans la mesure où elle n'est ni juge de la légalité nationale…ni juge d'appel ou de cassation, il n'en demeure pas moins qu'elle a le droit de tirer toutes les conséquences d'une décision nationale sur le terrain des droits de l'homme ». *Ahmadou H. Sanogo c. Mali*, N°ECW/CCJ/JUD/12/16 du 17 mai 2016. La conception que la Cour retient de sa fonction de contrôle des décisions de juridictions nationales est la suivante : « lorqu'une décision de justice est, elle-même attentatoire aux droits de l'homme, il va de soi que le juge communautaire qui a reçu mandat de protéger les droits des citoyens de la communauté, ne saurait avoir d'autre choix que d'intervenir et dénoncer cette violation. Qu'il ne saurait rester inerte face à une violation flagrante des droits de l'homme, peu importe l'acte qui est à l'origine de cette violation… il faut en effet distinguer le contrôle opéré sur la légalité d'une décision rendue par une juridiction nationale et la constatation d'une violation des droits de l'homme résultant d'une décision de justice. Que si le juge communautaire

troisième lieu, la Cour africaine de l'Est, s'inscrivant dans la même dynamique de la CJCEDEAO, a cherché des instruments cohérents pour légitimer son action et asseoir son autorité dans le contentieux communautaire. C'est dans ce sens qu'elle a interprété, de manière généreuse, les principes fondamentaux du Traité de la Communauté africaine de l'Est pour poser les bases solides d'une compétence en matière de droits de l'homme[1503]. Ces principes correspondent à l'État de droit, à la bonne gouvernance, à la démocratie aux droits de l'homme[1504]. Elle affirme que son rôle est « d'assurer le respect du droit dans l'interprétation et l'application du Traité »[1505] et qu'elle « Bien que la Cour ne dispose pas de compétence pour statuer sur les différends relatifs aux droits de l'homme, elle ne renoncera pas à sa mission d'interprétation du Traité prévue à l'article 27 (1)[1506]. La référence comporte des allégations de violation droits de l'homme »[1507]. En brandissant cette position de principe, la Cour a imposé d'autorité sa compétence de protection des droits de l'homme à l'aune des principes de l'État de droit et la bonne gouvernance en exprimant une véritable « judicial activism »[1508] avec une stratégie de contribution à l'intégration.

ne peut apprécier la bonne application des textes de droit interne par les juges nationaux, il reste compétent pour relever les violations des droits de l'homme même lorsqu'elles ont pour origine une décision rendue par un juge d'un des États membres ; que le juge des droits de l'homme qu'il est -, ne remplirait pas son rôle de protecteur des droits de l'homme, s'il devait laisser échapper des violations flagrantes des droits de l'homme contenues dans les décisions des juridictions nationales ». *Farimata Mahamadou et autres c. Mali,* N°ECW/CCJ/JUD/11/16 du 17 mai 2016, points 45-49.

[1503] *James Katabazi & others v. Secretary General & The Attorney General of Uganda*, N° 1/2007 du 1er novembre 2007 ; *Plaxeda Ruguma vs. The Attorney General of Rwanda*, N°8/2010 du 1er décembre 2010 ; *Samuel Mukira Mohochi vs. The Attorney General of Uganda*, n°5/2011 du 17 mai 2013 ; *Independant Medical Unit vs. Attorney General*, N°3/2010 du 29 juin 2011.

[1504] Art. 6 (d) et 7 (2) du Traité.

[1505] Art. 23 (1) : « *The Court shall ensure the adherence to law in the interpretation and application of and compliance with the Treaty.* »

[1506] Selon cette disposition, la Cour « doit en premier lieu être compétente pour l'interprétation et l'application du présent traité, sous réserve que la compétence en matière d'interprétation du traité conférée à la Cour en vertu de ce paragraphe n'incluse pas l'application de toute interprétation de compétence donnée par le traité à des organes des États membres ».

[1507] *James Katabazi & others v. Secretary General & The Attorney General of Uganda* ; *Plaxeda Ruguma vs. The Attorney General of Rwanda.*

[1508] Voir, James Gathii, « Mission creep or a search for relevance : The East African Court of justice's human strategy », *op. cit.*, p. 249; POSSI (A.), « An Appraisal of the Functioning and Effectiveness of the East African Court of Justice », (October 18,

En outre, la CJCEMAC, la CJCOMESA et le TSADC ont aussi exprimé leur autorité par le biais de leur jurisprudence en rappelant leur mission d'interprétation des traités et de protection des droits conférés aux particuliers par les traités.

364 En tout état de cause, l'autorité des cours de justice africaine est consacrée par les traités et protocoles communautaires et par l'activité jurisprudentielle contribuant ainsi à la légitimation de leur action normative. Par ailleurs, l'autorité des juridictions communautaires apparaît, de façon très expressive, dans la motivation de leurs décisions qui constituent de véritables outils de légitimation auprès des États membres, des juridictions nationales et des institutions communautaires.

§ 2 : Une autorité renforcée par la motivation

365 L'autorité des juridictions communautaires africaines, en plus de la dimension statutaire, se renforce par la motivation des arrêts rendus. Ceci est un levier déterminant pour légitimer leur action jurisprudentielle. Lorsqu'on analyse les arrêts rendus par les cours de justice africaines, on est frappé par le caractère hétéroclite du style de motivation. Certaines cours ont une sensibilité pour une motivation concise et brève liée à l'influence de la tradition romano-germanique. Tandis que d'autres adoptent une motivation longue, discursive et explicative à cause de l'appartenance au système de *common law*. La différence de tradition juridique de référence influence directement l'approche du juge communautaire dans sa motivation. Mais cela n'exclut pas une coexistence des traditions juridiques devant certaines cours de justice pour l'affirmation de leur autorité ou de leur légitimité. La motivation du juge communautaire africain ne s'éloigne pas de celle de son homologue européen lui servant de source d'inspiration dans certaines décisions. Les cours de justice africaines empruntent des techniques telles que le recours au précédent jurisprudentiel, à l'argument conséquentialiste, ou à l'énoncé de l'*obiter dictum*. En revanche, le

---

2018). *Potchefstroom Electronic Law Journal*, Vol. 21, 2018. Available at SSRN: https://ssrn.com/abstract=3378445 ; TAYE (M.), « The Role of the East African Court of Justice in the Advancement of Human Rights: Reflections on the Creation and Practice of the Court », (November 22, 2018). *African Journal of International and Comparative Law* 2019 ; iCourts Working Paper Series No. 145 ; University of Copenhagen Faculty of Law Research Paper No. 2019-69. Available at SSRN: https://ssrn.com/abstract=3289079 or http://dx.doi.org/10.2139/ssrn.3289079 , consulté le 6 septembre 2019.

contenu du style de raisonnement varie en fonction des cas. Tantôt le juge communautaire est expressif, tantôt, il est précis dans l'argumentation. Tout cela pour asseoir une autorité manifeste à l'égard des États membres, des juridictions nationales et des particuliers. Ainsi, pour mieux appréhender l'autorité des juridictions communautaires africaines, renforcée par la motivation, il sera important de voir d'abord l'influence des familles juridiques (**A**) dans le modus operandi de la motivation avant de scruter le contenu de celle-ci (**B**).

A) L'influence des familles juridiques

366 L'analyse de l'influence des familles juridiques, dans la conception des cours de justice africaines nécessite, qu'on précise d'abord la notion de motivation. En effet, l'autorité du juge peut émaner de son statut ou du système juridique auquel il appartient. Elle peut aussi dépendre de la motivation des décisions qu'il rend contribuant ainsi à sa légitimation. La motivation constitue une question énigmatique[1509], « un mystère de la boîte noire »[1510], mais elle est aussi « une condition essentielle de la légitimité du juge »[1511]. En effet, « motiver une décision, c'est exprimer les raisons. C'est par la même obliger celui qui prend à en avoir. C'est éloigner tout arbitraire »[1512]. La motivation « confère au juge une légitimité dans son action normative nécessaire pour apaiser les conflits »[1513]. En tant qu'« indicateur essentiel de l'avènement d'une administration plus démocratique, d'un législateur et d'une justice plus proches des citoyens »[1514], elle garantit l'État de

---

[1509] PONTHOREAU (M.-C.), « L'énigme de la motivation encore et toujours l'éclairage comparatif », *in La motivation des décisions des cours suprêmes et cours constitutionnelles*. Bruxelles 2012, p. 5. Selon l'auteur, « l'énigme tient au décalage entre deux contextes qui determinent le raisonnement suivi par le juge : le contexte décisoire (ou de contexte de découverte) et le contexte justificatif (ou contexte de justificatification). L'un amène le juge à rendre une décision tandis que l'autre le conduit à justifier », p. 6.

[1510] JOUANNET (E.), « La motivation ou le mystère de boîte noire », *in Les motivations des décisions des juridictions internationales* ss.dir., H. R. Fabri et J. M. Sorel. Pedone, 2008, p. 251.

[1511] HOURQUEBIE (F.), « L'argument conséquentialiste dans les décisions de justice », *Les cahiers de la* justice, 2014, p. 218.

[1512] SAUVEL (T.), « Histoire du jugement motivé », *RDP*, 1955, p. 5.

[1513] DELANLSSAYS (T.), *La motivation des décisions juridictionnelles du Conseil d'État*. Université de Lille 2, le 13 décembre 2017, p. 817.

[1514] CAUDAL (S.), « Rapport introductif », *in La motivation en droit public*. Dalloz, 2013, p. 20.

droit, la transparence[1515], la prévisibilité et la bonne administration de la justice[1516]. En plus, la motivation revêt une fonction d'autocontrôle, une fonction pédagogique, une fonction de garantie contre l'arbitraire du juge, et celle de garantie de paix sociale[1517]. À cela s'ajoute la fonction de renforcement de l'autorité des décisions de justice auprès des destinataires et du public au-delà de leur autorité statutaire. L'autorité des décisions de cours de justice africaines reste tributaire de la qualité de leur motivation à l'instar des autres juridictions communautaires et internationales. Ainsi, comme le rappelle Sylvie caudal, « l'autorité tant des arrêts des juges internationaux et européens que des actes des institutions européennes dépend de la qualité de leur motivation : il s'agit non seulement de prouver le bon respect de l'ordre juridique concerné, mais également de convaincre les États de la nécessité de les appliquer »[1518]. Donc, la qualité de la motivation contribue à la reconnaissance de l'autorité du juge. La plupart des textes communautaires africains[1519], tout comme certaines constitutions

---

[1515] DIAKHATE (M.), « La motivation des décisions des juridictions administratives en Afrique subsaharienne francophone », p. 6 et 18. http://afrilex.u bordeaux4.fr /sites/afrilex/IMG/pdf/La_motivation_des_decisions_des_juridictions_administratives_par_Meissa_DIAKHATE.pdf, consulté le 16 août 2019.

[1516] JOUANNET (E.), « La motivation ou le mystère de boîte noire », *op. cit.*, p. 259 ; LEROY (J.), « La force du principe de motivation », *in La motivation.* Travaux de l'Association Henri Capitant, Journées nationales, Tome III, 1998, p. 35.

[1517] WYSZGRODZDA (C.), « La motivation des décisions de justice : perspective comparatiste » : 1839-1840, Recueil Dalloz, 2014. Le juge Guillaume estime qu'il existe « une triple fonction de la motivation : 1. Assurer aux parties que le juge n'a pas dépassé sa compétence ; 2. Faire comprendre à l'État qui a perdu les raisons de cet échec ; Exposés les règles de droit qui pourront servir de guide aux États et aux juges pour la suite », cité par SOREL (J. M.), « La motivation des actes des juridictions internationales », in *La motivation en droit public*, Dalloz 2013, p. 257.

[1518] CAUDAL (S.), « Rapport introductif », *op. cit.*, p. 10.

[1519] L'article 19§2 du Protocole A/P1/7/91 relatif à la Cour de justice de la CEDEAO de 1991 prévoit que : « les décisions de la Cour doivent être motivées » et l'article 60§2 de son règlement de procédure 2002 souligne que la décision doit contenir les raisons. De même l'article 41 Acte additionnel n°10/96 portant Statut de la CJUEMOA souligne que les arrêts « sont motivés et comprend un exposé sommaire des faits, les motifs, le dispositif ». (Voir aussi l'article 55 du Règlement N°01/96/CM/UEMOA du 05 juillet 1996 portant règlement de procédure de la CJUEMOA). Dans les autres organisations communautaires, il est mentionné au titre du contenu de la décision, la mention des raisons sur lesquelles s'est fondé le juge : art. 87 du règlement de l'acte additionnel portant règlement de procédure devant la Chambre judiciaire de la CJCEMAC ; art. 68§1 du règlement de procédure de la Cour COMESA, art. 68§1 (4) (h) du règlement de procédure de la CJCAE de 2013.

nationales[1520], prévoient l'obligation pour le juge de donner les motifs de fait et de droit qui fondent sa décision. Ce qui facilite la compréhension des décisions du juge par les parties et le grand public et renforce « la conquête quotidienne de l'adhésion »[1521] aux décisions qu'il rend.

367 Après les indépendances, la plupart des États africains ont reproduit les modèles de tradition juridique des puissances coloniales en l'occurrence, la tradition romano-germanique et celle de la *common law*. Ces deux traditions juridiques ont laissé des traces dans la conception du pouvoir judiciaire[1522] en Afrique francophone[1523], anglophone et lusophone. Ces traditions juridiques, dans les systèmes judiciaires nationaux, exercent une influence directe sur les juridictions communautaires liées à la formation et au parcours des juges choisis. Ces derniers sont marqués, soit par la culture juridique de la *common law*, soit par celle romano-germanique. La motivation des décisions des juridictions communautaires africaines a fortement subi l'influence des traditions juridiques. Car, il faut retenir que « la façon dont une institution qu'elle soit ou non juridictionnelle motive est étroitement dépendante d'usages, de conceptions propres à tel pays ou à tel système juridique »[1524]. La CJCEDEAO, la CJCAE, la CJCOMESA et le TSADC restent profondément marqués par la tradition de la *common*

1520 Par exemple, l'article 141 de la Constitution rwandaise du 04 juin 2003 prévoit que « tout jugement ou arrêt doit être motivé et entièrement rédigé ; il doit être prononcé avec ses motifs et son dispositif en audience publique ». En europe, certaines constitutions consacrent également cette obligation de motivation : Art. 111, alinéa 6, de la Constitution italienne ; art. 5-1 de la Constitution du Portugal du 2 avril 1976 ; art. 120-3 de la Constitution espagnole ; art. 93 de la Constitution grecque ; art. 97 de la Constitution belge.

1521 BORIS (B.) « L'autorité du juge et la recherche de l'adhésion », *Les cahiers de la justice*, 2013, pp. 151-159. Selon l'auteur, « La conquête quotidienne de l'adhésion, part cruciale de la légitimité du juge, est en amont au fondement de son autorité. Si la *légitimité* du juge est le fruit de cette conquête, *l'autorité* en est sa raison ».

1522 BORKENFORD (M.), KANTE (B.) et autres ss.dir., *Les juridictions constitutionnelles en Afrique de l'Ouest, Analyse comparée*. IDEA international, 2016, p. 23.

1523 L'Afrique francophone reste essentiellement marquée par la tradition romano-germanique dans sa version française. Cf. BOIS DE GAUDISSON (J.), *in Henri Roussillon, ss. dir., Existe-t-il une culture juridique francophone ?* Presses universitaires des Sciences sociales de Toulouse, 2007, p. 27 ; Rapport Conseil d'État sur *L'influence internationale du droit français*. La documentation française, 2001, p. 55.

1524 CAUDAL (S.), « Rapport introductif », *in La motivation en droit public*. Dalloz, 2013, p. 10.

law, alors que la CJUEMOA et la CJCEMAC portent les empreintes de la tradition romano-germanique. Les arrêts, rendus par les cours de justice africaines, épousent les deux traditions juridiques qui méritent une précision relative au rôle du juge.

368 D'une part, dans la tradition romano-germanique[1525], le juge met l'accent sur la justification rationnelle, le langage technique et le raisonnement est confiné uniquement au droit. Le style de raisonnement est déductif et marqué par *l'imperiatoria brevitas* attribué au juge administratif français[1526]. Dans ce système, la motivation reste elliptique et le juge ne se limite qu'à lire le droit ou n'apparaît que comme la « bouche de la loi ». D'autre part, dans la tradition *common law*, le juge crée le droit et se livre à une argumentation détaillée et laborieuse avec une liberté dans l'interprétation. Dans le système *common law,* on reconnaît « le pouvoir d'interprétation du juge et sa participation à la création du droit »[1527] et le juge recourt constamment à des considérations extra-juridiques[1528] dans sa motivation. Ces deux familles juridiques exercent une influence sur la motivation des juridictions communautaires africaines et fait ressortir des singularités dans le style de motivation. L'appartenance à une famille juridique n'empêche pas que des interférences puissent exister dans la motivation des arrêts. Par exemple, il arrive que la CJUEMOA applique la technique du précédent pour affirmer la légitimité de son discours jurisprudentiel[1529].

B) Le contenu de la motivation

369 D'abord, les cours de justice de la CEMAC et de l'UEMOA sont profondément marquées par la tradition juridique du *civil law*. Dans la pratique jurisprudentielle, le style de la motivation reste

---

[1525] Cf. CAUDAL (S.), « Rapport introductif », *op. cit.*, p. 10 ; WYSZGRODZDA (C.), « La motivation des décisions de justice : perspective comparatiste », *op. cit.*, p. 1840.
[1526] Sur la question de la motivation de la juridiction administrative française, on pourra voir : PONTHOREAU, (M.-C.), « Réflexions sur la motivation des décisions juridictionnelles en droit administratif français », *RDP*, 1994, p. 748 ; DELANLSSAYS (T.), *La motivation des décisions juridictionnelles du Conseil d'État*, *op. cit.*, p. 123 ; PETIT (J.), « La motivation des décisions du juge administratif français », *in* Sylvie Caudal (ss.dir.), *La motivation en droit public*, Dalloz, 2013, p. 214 ; BIGOT (G.), « Histoire de la motivation en droit public français », *in* Sylvie Caudal (ss.dir.), *La motivation en droit public*. Dalloz, 2013, pp. 47-61.
[1527] CAUDAL (S.), *op. cit.*, p. 10.
[1528] HOURQUEBIE (F.), « L'argument conséquentialiste dans les décisions de justice », *op. cit.*, p. 200.
[1529] Cf. *Sidonie Sodabi c. BCEAO*, n°2/2012 du 19 décembre 2012.

déductif avec des formules « considérant que »[1530], « attendu que »[1531] en exposant de manière sommaire les faits et en donnant les motifs et le dispositif. Mais, il faut rappeler, à juste titre, que ce type de raisonnement est partagé dans la plupart des cours suprêmes des États membres de l'UEMOA ou de la CEMAC. Ce qui l'explique aussi, est que les juges sont issus de ces juridictions suprêmes. De ce fait, ils reprennent le même type de raisonnement. En revanche, il arrive que les cours de justice africaines de tradition juridique francophone effectuent une motivation laborieuse en citant leur jurisprudence antérieure ou les précédents étrangers et en recourant à l'argumentation conséquentialiste[1532]. Ce qui renforce leur autorité par le caractère persuasif de la motivation. À titre d'illustration, la CJUEMOA, pour affirmer davantage l'absence d'immunité de juridiction de la BCEAO, souligne que cette dernière « se trouve être « une forteresse imprenable », une « zone de non droit » contre laquelle aucune action en justice ne peut être entreprise, alors même qu'elle a droit d'attraire en justice toute personne… devant les juridictions nationales »[1533]. La Cour de Ouagadougou poursuit son argumentation en retenant que « en appliquant dans l'absolu, le principe de l'immunité de juridiction et d'exécution de la Banque centrale…, les requérants…, se verraient privés de tout recours juridictionnel… Qu'ainsi, la Haute juridiction communautaire aura ainsi commis un déni de justice »[1534]. L'influence de la technique du conséquentialisme, cher au juge anglo-saxon, apparaît clairement. De la même manière, la CJCEMAC, pour relativiser l'obligation de renvoi préjudiciel pesant sur les juridictions suprêmes,

---

[1530] CJUEMOA, *Sidonie Sodabi c. BCEAO*, n°2/2012 du 19 décembre 2012 ; CJUEMOA, *État Côte d'Ivoire et M. Laurent Gbagbo c/Conseil des Ministres et Commission UEMOA*, N°1/2013 du 13 décembre 2013 ; CJUEMOA, *Fonds de Solidarité Africain (FSA) c. BCEAO & Commission UEMOA*, N°03/2019 du 10 avril 2019 ; CJCEMAC, *Société civile immobilière Nzakou c. Liquidation BMC*, n°003/2015-16 du 4 février 2016.

[1531] CJCEMAC, *Afriland First Bank SA c/Décision COBAC*, N°017/2011 du 23 juin 2011.

[1532] L'argument conséquentialiste est considéré comme « le marqueur caractérisque d'un juge prenant en compte, pour guider le sens de ses décisions, les conséquences que celles-ci auraient sur la société ». Selon Hourquebie, le conséquentialisme est « le processus de justification qui consiste à tester les alternatives possibles d'une décision de justice par l'évaluation de ses effets non seulement juridiques mais surtout sociaux, économiques, voire même politiques, est véritablement au coeur de la motivation des décisions des juges anglo-saxons ». Cf., « L'argument conséquentialiste dans les décisions de justice », *op. cit.*, p. 199.

[1533] *Sidonie Sodabi c. BCEAO*, n°2/2012 du 19 décembre 2012.

[1534] *Ibid.*

considère : « s'appuyant sur la jurisprudence de la Cour de justice de l'Union européenne qui lui sert de référence, estime qu'il ne suffit pas qu'un particulier soutienne que le litige dont est saisi la juridiction de dernier ressort, pose une question de droit communautaire, pour que celle-ci procède automatiquement à un renvoi préjudiciel »[1535]. Dans cet arrêt, la Cour de Ndjamena recourt à la jurisprudence extérieure[1536] pour motiver sa décision notamment les arrêts de principe de la CJCE qui ont acquis une certaine « autorité persuasive »[1537] à l'égard des cours africaines.

370 Ensuite, la motivation des décisions des cours de justice de la CEDEAO, de la CAE, du COMESA et le TSADC porte les empreintes de la tradition *common law* même si des juridictions, comme la CJCEDEAO, empruntent parfois la doctrine continentale dans son style de motivation. En effet, dans la fabrication de leurs décisions, ces cours de justice africaines s'inspirent largement du style discursif du juge common law ou de celui pédagogique[1538] et persuasif[1539] des juridictions européennes (CEDH, CJUE). Ainsi, la motivation des arrêts de la CJCEDEAO ou de la CJCAE se présentent sous une forme très laborieuse lorsqu'elles sont amenées à traiter des questions de protection de droit de l'homme, de garantie de l'État de droit ou de la démocratie. Dans le style rédactionnel habituel, on retrouve une présentation des faits, un exposé détaillé des arguments des parties et une partie analyse du juge. En ce qui concerne la CJCEDEAO, le style rédactionnel et le type de raisonnement varient en fonction du type de contentieux. En matière de fonction publique, la Cour reste déductive[1540]. Tandis que dans le domaine des droits de l'homme, la CJCEDEAO fait appel aux arguments de droit comparé, applique la technique du conséquentialisme et cite sa jurisprudence passée. Le style est marqué par la volonté de la Cour d'asseoir son autorité en tant que gardienne

[1535] CJCEMAC, *Société First Trust Saving and Loan c. Siakam*, n°07/2015-16 du 3 mars 2016.

[1536] La CJCEMAC cite les arrêts CJCE, 6 octobre 1982, CILFIT, Aff. 283/81 et du 27 mars 1963, Aff. 30/63.

[1537] Expression employée par la Cour africaine de l'Est dans l'arrêt CJCAE, *Peter Ayang' Nyong'O & Others vs. Attorney General*, n°1/2006 du 30 mars 2007.

[1538] BRUCK (V.), LARCHE (M.), « La motivation des décisions de la Cour européenne des droits de l'homme », *Annuaire international de justice constitutionnelle*, 2013, p. 68.

[1539] Coutron (L.), « Style des arrêts de la Cour de justice et normativité de la jurisprudence communautaire », *RTD eur*. 2009, p. 644.

[1540] Cf. *Claude Akotegnon c. Commission*, N°ECW/CCJ/JUD/19/18 du 29 juin 2018.

des droits de l'homme dans l'ordre juridique communautaire au-delà des parties. En effet, la Cour intègre dans ses arrêts des considérations extra-juridiques liées à la sensibilité des affaires judiciaires dont elle est appelée à statuer. Par exemple, la Cour d'Abuja estime, dans un arrêt rendu, que « l'autorité de la « chose jugée » ou « res judicata » impose que ce qui a déjà été jugé ne soit pas ignoré ni contesté, pas même par un autre juge. Ce principe, qui constitue un principe général de droit, vise à assurer la paix sociale par la sécurité et la stabilité juridique »[1541]. Dans une autre décision, elle souligne que la Cour doit admettre les requêtes en violation des droits de l'homme dans le but de « satisfaire les aspirations des citoyens communautaires dans leur demande pour un régime protecteur des Droits de l'homme »[1542]. En même temps, elle rappelle que « Les progrès du droit et de la protection des droits de l'homme devraient se traduire par le dépérissement des juridictions d'exception. Tel est le mouvement de l'histoire, tel est l'idéal »[1543]. Aussi, il arrive que la Cour assume ouvertement une fonction pragmatique et sociale. C'est le cas lorsqu'elle souligne que « La qualité d'un plateau médical qui est forcément tributaire, en définitive des moyens dont dispose l'État. Dans un tel cas de figure, les organes chargés de la protection des droits de l'homme tiennent toujours comptent des ressources des États, lesquelles reflètent leurs niveaux de développement économique et ne se valent pas entre eux »[1544]. De façon beaucoup plus concrète, elle ajoute, sur un autre registre, que « …laisser impunis certaines violences commises dans un cadre domestique…, il est démenti par les progrès de la civilisation consistant à toujours mieux canaliser la violence dans la société, et à rendre la vie en communauté toujours plus apaisée. Le droit exerce aussi son emprise dans les domiciles privés, il ne s'arrête pas aux portes des foyers conjugaux »[1545]. Ces considérations sociales et morales illustrent que la Cour s'inscrive dans une logique de renforcement de son autorité par la motivation de ses arrêts.

371 En ce qui concerne la CJCAE, le style de motivation est caractérisé par la longueur des arrêts et la dimension argumentative insistant sur les précédents jurisprudentiels et sur l'argument

---

[1541] *Djibril Yipéné Bassolé c/ Burkina Faso*, N°ECW/CCJ/JUD/16/19 du 29 mars 2019.
[1542] *SERAP v UBEC*, Nigeria, N°ECW/CCJ/JUD/07/10 du 27 octobre 2009, point 33.
[1543] *Jerome Bougouma & 4 autres c Burkina Faso*, N°ECW/CCJ/JUD/08/18 du 19 février 2018.
[1544] *Mary Sunday c/ Nigeria*, N°ECW/CCJ/JUD/11/18 du 17 mai 2018.
[1545] *Ibid.*

conséquentialiste. La Cour d'Arusha, pour asseoir son autorité et sa légitimité en matière de protection de l'État de droit, de la démocratie et des droits de l'homme, emploie une formule devenue rituelle : « while the Court will not assume Juridiction to adjudicate on human rights disputes, it wil not abdicate frome exercising its juridiction of interpretation under Article 27 (1) merely because the reference includes allegation of human rights violation »[1546]. Afin d'interdire au sein de la Communauté, la détention arbitraire, elle considère que celle-ci est « non seulement une violation du traité mais aussi une menace à l'intégration »[1547]. En plus, la Cour a rappelé la nécessité de protéger les droits conférés par les particuliers en relevant dans un *obiter dictum* : « The Community law would be helpless if it did not provide for the right of individuals to invoke it before national courts »[1548]. Ainsi, il ressort de la pratique jurisprudentielle, que le style de motivation de la Cour semble emprunter la démarche de construction d'un système d'intégration à la manière de la Cour de Luxembourg recherchant l'effectivité, l'autonomie et la cohérence[1549].

372 Quoi qu'il en soit, la qualité de la motivation dépend de l'idée que se fait le juge de son office[1550], de la tradition juridique à laquelle appartient le juge et de la finalité du système juridique et elle « permet à travers l'adoption d'un style accessible, de convaincre l'auditoire le

---

[1546] Nous traduisons : « Bien que la Cour ne dispose pas de compétence pour statuer sur les différends relatifs aux droits de l'homme, elle ne renoncera pas à sa mission d'interprétation du Traité prévue à l'article 27 (1). La référence comporte des allégations de violation des droits de l'homme ». Cf., *James Katabazi & others v. Secretary General & The Attorney General of Uganda*, N° 1/2007 du 1er novembre 2007 ; *Plaxeda Ruguma vs. The Attorney General of Rwanda*, n°8/2010 du 1er décembre 2010 ; *Emmanuel Mwakisha Mjawasi &748 others v. Attorney General of Kenya*, n°2/2010 du 29 septembre 2011.

[1547] *Samuel Mukira Mohochi vs. The Attorney General of Uganda*, n°5/2011 du 17 mai 2013, point 108.

[1548] Nous traduisons : « *Le droit communautaire serait ineffectif si les particuliers n'avaient pas la possibilité de l'invoquer devant les juridictions nationales* ». Cf. *The Attorney General of the Republic of Uganda v Tom Kyahurwenda* N°1/2014 du 31 juillet 2015. Reference for a preliminary ruling under article 34 of the treaty made by the high court of the Republic of Uganda in the proceeding, point 53.

[1549] MADDALON (PH.), « La motivation des décisions des juridictions communautaires », *in* Hélène Ruiz Fabri et Jean Marc Sorel (ss.dir.), *La motivation des décisions des juridictions internationales*. Pedone, 2008, p. 136.

[1550] PONTHOREAU (M.-C.), « L'énigme de la motivation encore et toujours l'éclairage comparatif », *op. cit.*, p. 23.

plus large possible »[1551]. La motivation des juridictions communautaires africaines ne présente pas un style homogène (structure, technique, méthode). On note également la présence de l'institution de l'avocat général devant la CJUEMOA[1552] et la CJCEMAC[1553] et celle des « amicii curiae »[1554] devant les CJCEDEAO[1555] et CJCAE contribuant à l'enrichissement de la motivation[1556]. Celle-ci, courte ou longue, reste tributaire de l'influence de la tradition juridique du juge. L'analyse de la jurisprudence des cours africaines permet de constater que l'effort de mobilisation des arguments et de persuasion pour renforcer leur autorité auprès des justiciables, en plus de la logique de construction des ordres juridiques. Cette démarche constitue un instrument de légitimation de leur vocation de juge communautaire. Ainsi, la reconnaissance de l'autorité des cours africaines par la motivation de leurs arrêts contribue à la légitimation de leurs discours juridiques autour de la construction de l'intégration en Afrique. Mais il faudra retenir que les logiques de la motivation des cours de justice africaines ne peuvent pas être déconnectées de leur contexte d'intervention marqué par la construction de l'État de droit et de la protection des droits de l'homme. En effet, le juge communautaire africain s'est inscrit dans la dynamique de l'édification d'un ordre juridique basé sur les valeurs de l'État de droit, de la démocratie, du respect des droits de l'homme. Il est tiraillé entre la volonté de protéger les objectifs des traités et celle d'adopter une démarche prudentielle pour éviter le spectre du « gouvernement des juges » et de ménager la susceptibilité des États membres de prudence.

[1551] MASTOR (W.), « La motivation des décisions des cours constitutionnelles », *in La Motivation en droit public*. Dalloz, 2013, p. 241.

[1552] Art. 38 Règlement de procédure N°1/96/CM/UEMOA du 5 juillet 1996.

[1553] Art. 64 du Règlement de procédure de la Cour CEMAC.

[1554] Sur cette question, voir SALL (A.), *Le contentieux de la violation des droits de l'homme devant la Cour de justice de la CEDEAO*, *op. cit.*, p. 42 ; VILJOEN (F.), ADEBE (A. K.), « Amicus Curiae. Participation before Regional human Rights in Africa », *Journal of African Law*, 58 (1), 2014, p. 39.

[1555] Pour la CJCEDEAO, aucune disposition textuelle ne vise expressément l'intervention de l'*Amicus curiae* mais dans la pratique elle autorise la possibilité d'un tel procédé. Voir les arrêts : *Mme Tokumbo Lijadu-Oyemade c/ Secrétaire Exécutif de la CEDEAO* du 10 octobre 2005 ; *Linda Gomez & 7 autres c/ République de Gambie*, N°ECW/CCJ/JUD/05/14 du 14 février 2014.

[1556] Art. 40 du Traité et Art. 36 du Règlement de procédure de la Cour. Voir les arrêts : *Calist Andrew Mwatela and orthers v/East African Community,* Ref. N° 1/2005, 6 décembre 2006 ; CJCAE, Demande d'avis du Conseil des Ministres, N°1/2008, 2009 ; *Independant Medical Unit v. Attorney General and Kenya,* (Appeal), N°2/2012 du 1er mars 2013.

Autrement dit, les cours de justice africaines délimitent leur politique de motivation entre « activisme » et « autolimitation ».

Conclusion du chapitre I

373 Les cours de justice africaines disposent des instruments de légitimation de leur action contributive à l'œuvre de l'intégration. Elles tirent leur source de légitimité dans la position qu'elles occupent au niveau institutionnel. Cette position bénéficie d'une garantie textuelle et elle se trouve renforcée par l'affirmation de leur autorité. La composition organique des cours de justice, dont le mode de sélection des juges diffère d'une cour à une autre, illustre la garantie institutionnelle de leur position. Les juges sont choisis parmi les personnalités occupant les plus hautes fonctions judiciaires dans leurs pays. Cela pour garantir l'indépendance du juge et de la fonction juridictionnelle. En outre, la position institutionnelle se voit renforcer grâce à l'affirmation d'autorité se manifestant par la justification de compétence et par la motivation laborieuse des décisions des juridictions communautaires africaines. Ces dernières subissent la grande influence des traditions juridiques du common law et du civil law. Mais le style de motivation de leurs décisions emprunte les techniques du juge anglo-saxon, consistant à intégrer des considérations extra-juridiques pour convaincre leur auditoire.

CHAPITRE II

UNE LÉGITIMATION RELATIVISÉE

374 La conquête de la légitimité du juge ne constitue pas un long fleuve tranquille. Elle constitue un chemin parsemé d'embûches. Elle peut être marquée par des heurts et des résistances dérivant de « la réticence quasi-naturelle des États lorsqu'il s'agit pour eux de se plier à la reconnaissance de la juridiction obligatoire d'une cour ou d'un organe de contrôle chargé d'apprécier le respect des droits individuels conventionnellement garantis »[1557]. Dans sa mission juridictionnelle, la légitimité durable du juge se construit à partir des décisions qu'il rend pour garantir la stabilité du droit et la sécurité juridique. Cela appelle une mobilisation de ressources de la part du juge pour garantir une légitimation. L'exercice de la fonction juridictionnelle dans les organisations communautaires africaines se déroule dans un contexte spécifique marqué par la présidentialisation des régimes politiques. La singularité du contexte politique et social de la justice communautaire africaine et la domination du contentieux de protection des droits de l'homme ont beaucoup pesé sur la recherche de la légitimité par le juge communautaire. En effet, les cours de justice africaines, dans la légitimation de leur office, se trouvent confrontées à l'action politique des « maîtres des Traités », c'est-à-dire les États membres. Ces derniers jouissent d'une forte représentation au sein de la Conférence des chefs d'État et de gouvernement incarnant une sorte de « légitimité intergouvernementale »[1558]. Cette institution suprême, dans la plupart des communautés économiques régionales africaines, s'est livrée à une intervention dans le fonctionnement des juridictions communautaires.

[1557] TOUZE (S.), « la remise en cause de l'autorité des cours supranationales », *in La protection des droits de l'homme par les cours supranationales, Actes de colloques des 8 et 9 octobre 2015*. Publication de l'Institut international des droits de l'homme, N°31, 2016, p. 195.

[1558] SIMON (D.), *Le système juridique communautaire*, *op.cit.*, p. 119.

L'adoption de décisions judiciaires contre les États membres défaillants a été à l'origine de ripostes normatives limitant l'action du juge communautaire. Tout cela relativise la stratégie de légitimation se heurtant à l'attitude des États membres (**Section 1**). En outre, la légitimation de l'action des cours de justice africaine fait face à la question lancinante de l'exécution de ses arrêts. Ces cours de justice ne disposent pas de moyens contraignants pour s'assurer de la bonne exécution de leurs décisions dans les ordres juridiques, ce qui provoque une parcimonie d'où l'importance d'analyser l'effectivité des arrêts rendus par les cours de justice (**Section II**) afin de mieux cerner les contraintes qui hypothèquent la légitimation de leur office.

Section 1 : L'attitude des États membres

375 Le développement du droit communautaire par les cours de justice africaine a connu des situations de crises et de tensions découlant de l'attitude des États membres. Celle-ci renvoie aux agissements identifiés à la suite des décisions rendues par les juridictions communautaires africaines portant sur des points de droits essentiels au renforcement des communautés africaines. Ce phénomène de réaction des États à l'égard des cours supranationales est connu sous le vocable de « Backclash »[1559] visant à saper le fonctionnement d'une cour à remettre en cause directement son autorité. Il ressort de l'analyse des cours de justice africaines par Karen Alter, James Ghatii et Laurence Helfer, que la réaction de l'État membre prend souvent la forme d'une intervention à la suite d'une « décision politiquement controversée d'une cour de justice avec une proposition de sanction formelle visant à éliminer la juridiction, à restreindre sa compétence et ses dispositions d'accès ou à renforcer les règles de discipline des juges »[1560]. Le constat de ces auteurs s'est confirmé par la pratique institutionnelle des organisations d'intégration africaine. Parmi les six (6) cours de justice étudiées, seules deux (2) ne semblent pas présenter de cas avérés de

[1559] ALTER (K. J.), GATHI (J. T.), HELFER (L. R.), « Backlash Against International Courts in West, East and Southern Africa: Causes and Consequences », *The European Journal of International Law,* Vol. 27, no. 2, 2016, p. 293-328; MADSEN (M. K.), CEBULAK (P.), WIEBUSCH (M.), « Resistance to International Courts, introduction and Conclusion », *International Journal of Law in Context*, N°14, 2018, pp. 193-196.

[1560] Notre traduction de l'anglais : « In all three instances, an African government responded to a politically controversial ruling by a subregional court with a formal sanction proposal to elminate the court, narrow its juridiction and access provisions or augment the rules for disciplining judges ». Cf. « Backlash Against International Courts in West, East and Southern Africa: Causes and Consequences », *op. cit.*, p. 294.

remise en cause de leur autorité jurisprudentielle. Il s'agit des cours de justice de la CEMAC, et du COMESA. Hormis ces dernières, les quatre (4) autres cours de justice (CJCEDEAO, CJCAE, TSADC, CJUEMOA) ont connu des situations de contestation, de refus de reconnaissance de la compétence de la juridiction ou de ses décisions et d'ingérence de l'exécutif communautaire dans le fonctionnement de la juridiction. En outre, la réaction des États membres est allée au-delà de la simple contestation pour prendre la forme de proposition de réformes radicales prétendant contrebalancer la montée en puissance du juge communautaire. Ainsi, il découle de la pratique observée que l'attitude des États membres face, aux cours de justice africaines, se manifeste par la résistance contentieuse (**§1**), et par celle institutionnelle (**§2**).

§ 1 : Une résistance contentieuse

376 D'emblée, précisions que la résistance des États membres contre les cours de justice ne constitue pas un problème spécifique aux organisations d'intégration. Elle constitue une tendance mondiale, car d'autres juridictions régionales connaissent le phénomène[1561]. Même au niveau continental, la Cour ADHP connaît la résistance de certains États

[1561] En Europe, la Russie a adopté une loi conférant à la Cour constitutionnelle le pouvoir de réformer les arrêts de la CEDH. Cf: http://www.ksrf.ru/ru/News/Pages/ViewItem.aspx?ParamId=3281; arrêt n°1-II/2017 de la Cour constitutionnelle du 17 janvier 2017, accessible via http://www.ksrf.ru/en/Decision/Judgments/Documents/2017_January_19_1-P.pdf, consulté le 17 septembre 2019 ;Voir aussi, REILHAC (G), « La Cour européenne de Strasbourg face à la résistance des États », accessible via https://fr.reuters.com/article/topNews/idFRKBN1KA220-OFRTP, consulté le 17 septembre 2019 ; HERVIEU (N), « Quel avenir pour la Cour européenne des droits de l'homme ». Dalloz, Le droit en débats, 3 février 2017, https://www.dalloz-actualite.fr/chronique/quel-avenir-pour-cour-europeenne-des-droits-de-l-homme#.XYFeYpMzY0q, consulté le 17 septembre 2019 ; En Amérique latine, le Brésil a adopté une loi d'amnistie en 2010 pour limiter les décisions de la CADH, le Trinidad & Tobago et le Venezuela ont dénoncé la Convention américaine des droits de l'homme à la suite d'arrêts rendus : Cf. TOUZE (S.), « la remise en cause de l'autorité des cours supranationales », *op. cit.*, p. 203 ; MADSEN (M. K.), CEBULAK (P.), WIEBUSCH (M.), « Backlash Against international courts : explaining the forms and patterns of resistance to international courts », *International Journal of Law in Context*, Vol. 14, 2018, p. 204. Dans cette région, les juridictions nationales font de la résistance contre la CIADH. Sur cette question, voir, HUNEEUS (A.), « Courts Resisting Courts : Lessons from the Inter-American Court's Strugle to Enforce Human Rights », *Cornell International Law Journal*, Vol. 44, 2011, pp. 493-533 ; MACAYA (A.), « Le rôle de la jurisprudence de la Cour Interaméricaine des droits de l'homme dans l'intégration régionale », in J. Andriantsimbazovina ss. dir., *Intégration et droits de l'homme*, mare & martin, 2018, pp. 221-245.

membres[1562], notamment le Rwanda qui, en mars 2016, a retiré sa déclaration de reconnaissance de l'article 34§6 du Protocole relatif à la CADHP[1563] portant création de la Cour ADHP. Au niveau des juridictions communautaires africaines, la réalité du contentieux dominée par la protection des droits de l'homme fait ressortir l'invocabilité quasi-permanente du défaut de compétence par les États membres. Cela semble relever d'une hérésie, puisque le juge communautaire prend le soin de rappeler de manière rituelle que sa compétence à assurer le respect du droit dans l'interprétation et dans l'application des traités est clairement établi[1564]. Malgré la mise en garde des cours de justice contre l'argument de rejet de sa compétence à l'égard des normes communautaires, certains États membres s'obstinent à l'invoquer. En outre, ces derniers refusent de reconnaître, au nom du respect de leur

---

[1562] Voir, DALY (T. G.), WIEBUSBUSH (M.), « The African Court on Human and Peoples' Rights: Mapping Resistance Against a Young Court » (March 6, 2018). Publié dans la *revue International Journal of Law in Context* 14(2) (2018); iCourts Working Paper Series No. 119. Disponible sur le lien suivant : SSRN: https://ssrn.com/abstract=3135130 or http://dx.doi.org/10.2139/ssrn.3135130

[1563] Cette disposition permet aux individus et aux ONG de saisir directement la Cour ADHP à la suite de la déclaration de l'État membre concerné acceptant la compétence de la Cour à recevoir des requêtes des particuliers. La Cour ADHP s'est penchée sur le retrait du Rwanda et a retenu que le procédé est valable mais reste soumis à un préavis d'un avis. Cf. Arrêt *Ingabire Victoire Umuhoza c Rwanda*, Requête N°003/2014 du 3 juin 2016, points 59 et 66. Cf. PAVOT (D.), « Le retrait de la déclaration du Rwanda permettant aux individus et aux ONG de saisir la Cour africaine des droits de l'homme et des peuples », *RQDI*, 2017, pp. 221-237 ; BEN ACHOUR (R.), « L'intégration et les droits de l'homme en Afrique, le point de vue d'un juge », in Andriantsimbazovina ss. dir., *Intégration et droits de l'homme*, mare & martin, 2018, p. 349.

[1564] CJCAE, *Peter Ayang' Nyong'O & Others vs. Attorney General*, N°1/2006 du 6 novembre 2006 ; East african Law Society and 4 others vs Attorney General of Kenya and 3 others, Ref. N°3/2007 du 17 mai 2007 ; *James Katabazi & others v. Secretary General & The Attorney General of Uganda*, no 1/2007 du 1er novembre 2007 ; *Modern Holding v Kenya Ports Authority*, Réf. No. 1/2008 du 12 février 2009 ; *Honorable Sitenda Sebalu vs. Secretary General of EAC, Attorney General of the Republic of Uganda, Honorable Sam K and the Electoral Commission of Uganda*, N°1/2010 du 23 juin 2011 ; CJCEDEAO, *Jerry Ugoke v Nigeria*, N°CW/CCJ/APP/02/05 du 7 octobre 2005 ; *Moussa Leo Keita c. Mali*, N°ECW/CCJ/APP/05/06 du 22 mars 2007 ; *Chief Ebrimah Manneh vs. Gambie*, N°ECW/JUD/04/07 du 05 juin 2008 ; *Dame Hadijatou Mani Koraou v. République du Niger*, N° ECW/CCJ/JUD/06/08, 27 octobre, 2008 ; CJUEMOA, *Eugène Yai c. Conférence des Chefs d'Etat et de Gouvernement & Commission UEMOA*, N°03/2005 du 27 avril 2005 ; *Sidonie Sodabi c. BCEAO*, n°2/2012 du 19 décembre 2012 ; TSADC, *Campbell and others v. The Republic of Zimbabwe*, Case N°2/2007 du 8 novembre 2008.

souveraineté, les décisions des cours de justice lorsque celles-ci portent sur des points sensibles de protection des droits individuels. Il arrive même que la résistance des États membres soit le fait du juge national en charge d'appliquer le droit communautaire. Ainsi, la résistance des États membres à l'égard des cours africaines prend, d'une part, la forme d'une contestation systématique de la compétence du juge communautaire (**A**) et d'autre part, elle se présente sous la forme d'une réserve dans l'application des décisions (**B**) dans les ordres juridiques internes.

A) Une contestation « systématique » de la compétence du juge

377 Il ressort de l'analyse de la jurisprudence communautaire que les États défendeurs mettent en cause régulièrement la compétence du juge communautaire. L'argument privilégié de l'État membre demeure la réfutation de la compétence de la Cour à connaître du contentieux. Dans la plupart des cas, la contestation intervient dans le contentieux de violation des droits de la personne humaine ou de la protection de l'État de droit. Dans ce type de contentieux, les États membres cherchent à se délier de leurs obligations communautaires de protection des droits individuels en invoquant l'incompétence d'office du juge de l'intégration. L'activité contentieuse des juridictions communautaires de la CEDEAO, de la CAE et du TSADC a été le plus exposé à la contestation des États membres défendeurs. Ces derniers semblent ne pas admettre la défaillance de protection des droits de l'homme de leurs propres citoyens devant le juge communautaire. Les États traduits devant les cours de justice préfèrent contester directement l'action de la juridiction communautaire plutôt que de mobiliser des arguments strictement juridiques. Mais, la contestation de la compétence des cours de justice devient systématique dans le cadre du contentieux de la violation des droits de l'homme. Ce contentieux génère des passions politiques et attise des tensions dans les ordres juridiques des États membres. La saisine individuelle du juge communautaire pour faire constater la violation des droits de l'homme ne semble pas enchanter certains États membres, qui n'hésitent pas à remettre en cause sa compétence dans la procédure contentieuse. Devant la CJCEDEAO, les États défendeurs appréhendent la Cour sous le prisme d'un refus de lui reconnaître une intervention dans la protection des droits de l'homme. Ils excipent de manière radicale l'incompétence matérielle de la cour de justice et décrit, parfois, son action comme une « atteinte à leur souveraineté »[1565], une immixtion dans « les affaires judiciaires internes »[1566] ou une ingérence dans la politique sécuritaire intérieure de l'État[1567] ou un risque de violation de l'ordre public[1568]. En effet, la connexité des affaires dont la Cour est saisie avec les procédures pénales engagées au niveau national pousse les États défendeurs à contester la compétence de la Cour d'Abuja, ce qui justifie l'invocabilité de la règle de l'épuisement des voies de recours internes que la Cour écarte systématiquement[1569]. Il s'y ajoute aussi que la plupart du contentieux des droits de l'homme, provenant des États membres, regorgent des « aspects éminemment politiques »[1570] et renferment des points essentiellement d'ordre pénal. Dans l'affaire *Mamadou Tandja*[1571], l'État du Niger pour contester la compétence de la Cour, souligne que la détention du requérant « qui fait suite à un coup d'État est purement politique et qu'elle ne peut être assimilée à une détention judiciaire soumise au formalisme ordinaire ». Aussi, dans l'affaire *Alimu Akee*m[1572], la République du Nigéria récuse la compétence de la Cour en soulignant que « le requérant ayant été condamné par une juridiction nigériane compétente pour les faits qui lui sont reprochés, la Cour ne saurait agir comme une juridiction d'appel et interférer avec la décision rendue par la juridiction d'un État membre ». Ces thèses soutenues par les États défendeurs, pour empêcher la Cour d'Abuja, demeurent impuissantes. La Cour rejette tout argument tiré du droit national ou de fait politique. C'est ainsi qu'elle a retenu de façon

---

1565 CJCEDEAO, *Musa Saidykhan vs. Gambie*, N°ECW/CCJ/RUL/05/09 du 30 juillet 2009, point 11 ; *Federal international of Journalists & 4 autres v. Gambie*, N°ECW/CCJ/JUD/04/18 du 13 mars 2018.

1566 CJCEDEAO, *Elhadji Abou Gaye c. Sénégal*, N°ECW/CCJ/JUG/01/12 du 26 janvier 2012 ; *Mr. Alimu Akeem c. Nigéria*, ECW/CCJ/JUD/01/14 du 28 janvier 2014 ; *Jerome Bougouma et autres c/ Burkina Faso*, ECW/CCJ/JUD/08/18.

1567 CJCEDEAO, *Femi Falana & Wadi Moustapha c/ Benin, Nigeria & Togo*, ECW/CCJ/JUD/02/12 du 3 juin 2010.

1568 CJCEDEAO, *Amouzou Henry v. Côte d'Ivoire*, N°ECW/CCJ/JUG/0/09 du 17 décembre 2009.

1569 *Dame Hadijatou Mani Koraou v. République du Niger*; *SERAP v. Federal Republic of Nigeria & UBEC*, N°ECW/CCJ/JUD/07/10; *Ocean King Nigeria LTD c. Sénégal*, ECW/CCJ/JUD/07/11; *Mr. Alimu Akeem c. Nigéria*, ECW/CCJ/JUD/01/14 du 28 janvier 2014; *Société Anonyme Maseda c. Mali*, N°ECW/CCJ/APP/10/17; *Mme Nazare Gomes de Pina c. Guinée Bissau*, N°ECW/CCJ/JUD/15/18.

1570 SALL (A), *Le contentieux de la violation des droits de l'homme devant la Cour de justice de la CEDEAO*, *op. cit.*, p. 193.

1571 N°ECW/CCJ/JUD/05/10 du 8 novembre 2010.

1572 N°ECW/CCJ/JUD/01/14 du 14 janvier 2014.

constante que : « la particularité d'une procédure, notamment fondée sur des considérations politiques, ne constitue nullement un facteur propre à fonder son incompétence ou pouvant « excuser » des violations des droits de l'homme. C'est donc à tort que l'État défendeur invoque le caractère exceptionnel du contexte politique d'alors pour justifier des actes qu'il a pu poser »[1573] ; que « la saisine d'une juridiction d'un État membre n'a aucune influence sur sa compétence »[1574] et que « sa compétence ne peut être remise en cause dès lors que les faits invoqués se rapportent aux droits de l'homme »[1575]. Malgré l'extrême détermination de la CJCEDEAO à défendre sa compétence de protection des droits des particuliers, la majorité des États défendeurs invoquent son incompétence. Cette défense des États devant la Cour paraît critiquable pour au moins deux raisons : d'abord, la première raison renvoie à l'exercice de la compétence des droits de l'homme par la Cour. Cette dernière s'est vue confier la mission de protéger les droits de l'homme contre toute violation dans un État membre. Ce qui fonde son autorité et sa légitimité à en connaître dès lors qu'elle est saisie. La position des États membres défendeurs semble paradoxale, car ce sont eux qui ont renforcé la compétence de la Cour en la matière pour une raison évidente de garantie des droits individuels. Refuser la compétence de la Cour revient à remettre en cause la légitimité de l'institution juridictionnelle. Ensuite, la deuxième raison correspond à l'insistance des États défendeurs à soulever l'incompétence de la Cour en dépit des précisions jurisprudentielles sur le caractère inopérant d'une telle argumentation. La Cour tient à assurer la protection des droits individuels dans la Communauté comme objectif d'intégration même si elle doit affronter les États membres. Ce qui risque de menacer sa fonction dans un contexte politique plus ou moins frileux à une montée du juge ou au spectre du gouvernement des juges.

378 La même attitude de remise en cause de la compétence du juge communautaire est observable au niveau de la pratique jurisprudentielle de la Cour africaine de l'Est avec une teneur peu différente liée à

[1573] *Djibril Yipéné Bassolé c. Burkina Faso*, N°ECW/CCJ/JUD/19/16 du 1er juillet 2016, p. 10.

[1574] *Elhadji Abou Gaye c. Sénégal*, N°ECW/CCJ/JUG/01/12, point 28.

[1575] Soldat Alimu keem c. Nigéria, N°ECW/RUL/O5/11 ; *Hissène Habré c. État du Sénégal*, N°ECW/CCJ/JU/06/16 ; *Mamadou Tandja v. État du Niger*, N°ECW/CCJ/JUD/05/10 ; *Lieutnant Colonel Silas Jock Santoi c. Nigéria*, N°ECW/CCJ/JUG/01/19 du 23 janvier 2019 ; *Nancy Bohn Doe c. Liberia*, N°ECW/CCJ/JUD/12/19 du 28 février 2019.

l'absence de compétence expresse de la Cour en matière de protection des droits de l'homme. Depuis la fameuse décision *Katabzi v. Secretary General African Community & Uganda*[1576], la CJCAE a fondé sa compétence à connaître de la protection des droits des particuliers à la lumière des principes fondamentaux du traité notamment le respect de l'État de droit. Cette mise en garde de la Cour n'a pas découragé les États défendeurs qui appellent le juge communautaire à la prudence dans l'interprétation du traité qui ne lui a pas encore confiée la compétence dans le domaine des droits de l'homme. Les États défendeurs invoquent souvent le principe de *Res judicata*[1577], l'exception de litispendance[1578], la forclusion du requérant[1579] ou la règle de l'épuisement des voies de recours internes[1580] pour tenter de justifier l'incompétence *rationae materiae* de la Cour. Néanmoins, cette dernière demeure constante dans sa ferme volonté de ne pas renoncer à sa mission d'interprétation du traité qu'elle ne cesse de rappeler dès lors que les principes fondamentaux du traité sont invoqués par les particuliers[1581]. La contestation de la compétence de la CJCAE par les États membres présente une singularité tenant à l'absence de compétence expresse de la Cour en matière de violation des droits de l'homme. Cette compétence devrait intervenir à la suite d'un Protocole conclu par les États membres en vertu de l'article 27 du Traité de la CAE. À l'absence de la ratification du Protocole sur l'élargissement des compétences de la Cour dans le cadre de la protection des droits de l'homme, les États défendeurs

---

[1576] Ref. N° 1/2007, 1er novembre 2007.

[1577] *James Katabazi & 21 others v. Secretary General & The Attorney General of Uganda* ; *Emmanuel Mwakisha Mjawasi &748 others vs. Attorney General of Kenya*, N°2/2010 du 29 septembre 2011.

[1578] *Mwakisha Mjawasi &748 others vs. Attorney General of Kenya*, N°2/2010 ; *Burundian Journalist Union v. Attorney General of Burundi*, n°7/2013 du 15 mai 2015.

[1579] CJCAE, *Independant Medical Unit vs. Attorney General*, N°03/2010 ; *Plaxeda Rugumba vs. The Secretary General & Rwanda*, N°8/2011 ; *Attorney General fo Uganda vs. Omar Awada & others*, N°4/2011 ; *Venant Masenge vs. The Attorney General of The Republic of Burundi*, N°9/2012 du 14 juin 2014 ; *Steven Deniss vs. The Attorney General of Burundi & others*, N°3/2015.

[1580] *Plaxeda Rugumba vs. The Secretary General & Rwanda*, N°8/2011 ; *Mwakisha Mjawasi &748 others vs. Attorney General of Kenya*, N°2/2010.

[1581] *James Katabazi & 21 others v. Secretary General & The Attorney General of Uganda* ; *Plaxeda Rugumba vs. The Secretary General & Rwanda*, N°8/2011 ; *Samuel Mukira Mohochi vs. The Attorney General of Uganda*, N°5/2011 ; *Honorable Sitenda Sebalu vs. Secretary General of EAC, Attorney General of the Republic of Uganda, Honorable Sam K and the Electoral Commission of Uganda*, N°1/2010 du 23 juin 2011 ; *Venant Masenge vs. The Attorney General of The Republic of Burundi*.

refusent de reconnaître le rôle de garantie des droits des citoyens communautaires. Cela n'empêche pas la Cour de chercher les éléments de légitimation de son action de protection en se fondant sur les dispositions essentielles du Traité. La Cour d'Arusha lie son intervention à la nécessité de garantir la viabilité du processus d'intégration dont elle contribue à son édification. Ainsi, elle assure sa compétence d'assurer le respect du traité et de la légalité communautaire conformément à sa mission. Lorsqu'il s'est agi de rappeler aux États défendeurs la raison fondamentale de protéger les droits des ressortissants communautaires, la CJCAE s'est interrogée dans l'affaire *Venant Masenge vs. The Attorney General of The Republic of Burundi*[1582], pour défendre le droit de propriété, en ces termes : « … supposons que des violations de droits de l'homme des citoyens soient commises par un État membre et que ce dernier se montre réticent, ou incapable de remédier à ces violations, l'intégration régionale ne serait-elle pas menacée ? Nous pensons que oui. Les intérêts plus larges de la justice n'exigeraient-ils donc pas la création d'un moyen permettant aux citoyens lésés de l'État membre concerné d'avoir accès au juge communautaire, à savoir la Cour africaine de l'Est, pour obtenir réparation ? »[1583]. Ce raisonnement de la Cour semble déterminant, car il met en exergue les besoins de justice et la protection des droits des personnes victimes de violation de leurs droits dans les États membres. La position de la Cour par rapport à l'argument de contestation de ses compétences par les États défendeurs est intéressante. La CJCAE délimite sa mission et assoie son contrôle des agissements des États membres par rapport aux objectifs du Traité qu'elle entend défendre à tout prix.

379 Eu égard à la position de contestation systématique des États défendeurs, il y a lieu de considérer que la fonction du juge communautaire africain a pris une tournure de justification et d'affirmation d'autorité et de légitimité afin d'éviter que les États n'agissent dans « une zone de totale irresponsabilité »[1584]. Toutefois, en plus de la

---

[1582] N°9/2012 du 14 juin 2014, p. 50.

[1583] Nous traduisons de l'anglais : « … supposing human rights abuses are perpetrated on citizens and the State in question shows reluctance, unwillingness or inability to redress the abuse, wouldn't regional integration be threatened ? We think it would. Wouldn't the wider interests of justice, therefore, demand that a window be created for aggrieved citizens in the Community Partner State concerned to access their own regional court, to wit, the EACJ, for redress? We think they would », p. 50 de l'arrêt.

[1584] Expression employée par l'ancien juge Pierre Pescatore. Cf. « La légitimité du juge en régime démocratique », *op. cit.*, p. 344.

contestation de compétences du juge communautaire, certains États membres expriment une réserve à l'égard de l'autorité de ses décisions.

B) Une réserve dans l'application des décisions des cours de justice

380 Les décisions rendues par les cours de justice africaines doivent être appliquées par les États membres conformément à leurs obligations communautaires découlant des traités et des Protocoles. La pratique jurisprudentielle semble révéler que les États membres défaillant y compris leurs juridictions nationales se rechignent à appliquer les décisions rendues en constatation de violation des droits de l'homme ou lorsqu'elles portent sur des questions constitutionnelles ou électorales. En effet, les États membres condamnés manifestent une réticence dans l'application des décisions des juridictions communautaires bien que les traités de base prévoient l'obligation de prendre les mesures nécessaires pour assurer l'application pleine du droit communautaire dans leurs ordres juridiques et de s'abstenir de tout comportement visant à compromettre sa mise en œuvre[1585]. Au niveau de l'espace communautaire de la CEDEAO, de la CAE, des cas jurisprudentiels de réticence dans l'application des décisions ont été identifiés. D'abord, dans le cadre de la CEDEAO, la Gambie a manifesté une véritable opposition à la Cour de justice lorsqu'il a été question d'appliquer les décisions rendues dans les affaires *Chief Ebrimah Manneh*[1586] et *Musa Saidykhan*[1587] concernant la détention arbitraire et les traitements inhumains dégradants de journalistes. Le pays s'est réservé de reconnaître les décisions de la CJCEDEAO dans son ordre juridique qu'il juge attentatoire à sa souveraineté et a mené une série d'actions décevantes visant à réduire la légitimité de la Cour[1588]. D'autres États membres défendeurs[1589] expriment une réserve dans certaines décisions de la Cour lorsque cette dernière statue au moment où les juridictions nationales sont appelées à se prononcer ou ont déjà examiné les faits de l'espèce. Mais la Cour ne souhaite pas entrer en conflit avec les juridictions nationales. Elle a tenu à préciser constamment son champ de contrôle de juge de protection des droits des particuliers en rappelant

---

[1585] Art. 5§1&3 du Traité de la CEDEAO ; Art. 5§1§2 du Traité COMESA ; Art. 8§5 du Traité de la CAE ; Art. 4 du Traité de la CEMAC ; Art. 6 Traité SADC ; Art. 6 du Traité UEMOA.

[1586] N°ECW/JUD/04/07 du 05 juin 2008.

[1587] N°ECW/CCJ/JUD/08/10 du 16 décembre 2010.

[1588] Ce point sera étudié dans le paragraphe suivant.

[1589] Le Burkina Faso dans l'affaire CDP, le Sénégal dans l'affaire Karim Wade…

qu'elle « n'est pas investie d'une compétence de contrôler les lois nationales »[1590] et qu'elle « n'est pas compétente pour apprécier les lois internes des États membres ni les décisions rendues par les juridictions des États membres »[1591], et ne « peut apprécier la bonne application des textes de droit interne par les juges nationaux »[1592]. La réserve des décisions de la Cour de justice de la CEDEAO a également trouvé son expression au niveau de certaines juridictions suprêmes des États membres. D'une part, au Ghana, la Cour suprême, dans l'affaire *Chude Mba c. Ghana* du 2 février 2016, a refusé d'appliquer un arrêt de la CJCEDEAO[1593] au motif que le Protocole relatif à la Cour de justice n'avait pas été intégré dans l'ordre juridique interne ghanéen[1594]. Cette position du juge national ghanéen paraît inédite, car le droit communautaire se caractérise par la primauté et l'effet direct. La tradition dualiste[1595] ne saurait faire échec à l'application du droit communautaire. D'autre part, au Burkina Faso, le Conseil constitutionnel

[1590] *Karim Wade c. Sénégal*, ECW/CCJ/JUG/ du 19 juillet 2013.

[1591] *Baldé c. Sénégal,* ECW/CCJ/JUD/04 du 22 février 2013.

[1592] *Alazay Pawimondou c. Togo*, ECW/CCJ/JUD/06/18 du 19 février 2018. La Cour de la CEDEAO a même rappelé, dans une affaire de poursuites judiciaires en cours, qu'il « n'appartient pas au juge communautaire d'apprécier les motifs de l'ordonnance de prolongation de la détention du juge d'instruction vu qu'il n'est pas une chambre d'instruction de second degré » ; Cf. *Ibrahima Sorry c. Guinée,* point 78. Le refus de contrôler le droit national ou les décisions de juridictions nationales constitue un principe pour la Cour. Elle rappelle qu'elle n'est « pas une instance chargée de trancher des procès dont l'enjeu est l'interprétation de la loi ou de la Constitution des États de la CEDEAO ». *CDP c. Burkina Faso* du 13 juillet 2015, point 25.

[1593] ECW/CCJ/JUD/10/13 du 6 novembre 2013. Sur l'analyse de cette décision voir, OPPONG (R. F.), « The High Court of Ghana declines to enforce an ECOWAS judgment », *African Journal of International and Comparative Law*, vol. 25, (2017), pp. 127-132.

[1594] Selon la Cour suprême du Ghana, « Il est vrai que le protocole relatif à la Cour de justice de la Communauté CEDEAO ait été ratifié… mais cela suffit-il à les rendre applicables par cette Cour ? Comme le Ghana est un État dualiste, après la ratification des traités par le parlement, les dispositions de la loi nationale ne sauraient être altérées sauf intégration de la norme internationale par la loi ghanéenne. En l'absence de législation nationale rendant obligatoire ou exécutoire les décisions de la Cour de justice par les tribunaux nationaux, la seule ratification des Protocoles ne les rend pas valablement opposables ».

[1595] Dans l'affaire *Moukhtar Ibrahim Aminu v. Government of Jigawa State and others*, N°ECW/CCJ/RUL/03 du 7 juillet 2011. La Cour considère que c'est une obligation pour l'État d'incorporer le traité de base et les protocoles dans son ordre juridique.

n'a pas tenu compte de l'arrêt de la CJCEDEAO du 13 juillet 2015[1596] qui ordonnait à l'État du Burkina de « lever de tous les obstacles » à la participation aux élections notamment les dispositions électorales discriminatoires. Malgré cette injonction de la Cour, le juge constitutionnel se fonde sur le droit interne[1597] pour valider le code électoral. L'examen de la jurisprudence dans les États membres montre que l'application des arrêts de la CJCEDEAO rendue en violation des droits de l'homme par les juridictions nationales ne relève pas d'une évidence[1598]. Ces dernières semblent résister dans l'application des décisions de la Cour[1599]. À ce propos, on ne peut que regretter l'absence d'usage du mécanisme original de renvoi préjudiciel en interprétation ou en appréciation de validité pouvant permettre d'éviter une guerre des juges ou une résistance des juges nationaux face au droit communautaire, ce qui dénote l'absence de collaboration judiciaire entre la CJCEDEAO et les juridictions nationales. Ainsi, la réserve des États membres se trouve renforcée par certaines juridictions nationales qui, parfois, adoptent des attitudes chauvinistes. En fonction des contextes nationaux, les juges internes apprécient la nécessité de tirer ou non les conséquences de l'arrêt de la Cour.

[1596] *CDP c/ Burkina Faso*, N°ECW/CC/JUG/16/15. Cf. OUEDRAOGO (Y.), « Retour sur une décision controversée : l'arrêt de la Cour de justice de la CEDEAO du 13 juillet 2015, CDP et autres C/État du Burkina », *Les Annales de droit*, 2016, pp. 197-232.

[1597] Décisions Cons. Const.,15-006/CC/EPF et 2015-008/CC/EPF du 28 août 2015.

[1598] Pourtant, la Cour d'Abuja a tenté de définir la portée de ses arrêts à l'égard des juridictions nationales en relevant l'autonomie de ces dernières. À ce propos, la Cour estime qu'elle « n'a pas l'intention de concurrencer les juridictions nationales sur leur propre terrain, qui est celui de l'interprétation des textes nationaux précisément », *CDP c. Burkina Faso*, N°ECW/CCJ/JUG/16/15 du 13 juillet 2015, point 27. De même, elle a laissé entendre que « Lorsqu'elle examine une affaire qui se rapporte à une procédure judiciaire en cours dans un État membre, ses décisions n'ont pas vocation à interférer avec les décisions que les juridictions nationales seraient amenées à prendre. La Cour ne peut ordonner des mesures dont l'exécution viendrait à fragiliser ou anéantir l'autorité et l'indépendance du juge national dans la conduite des affaires dont il est saisi ». *Baldino Salfo c. Burkina Faso*, ECW/CCJ/JUD/13/12 du 31 octobre 2012, point 59. En outre, la Cour a relevé que ce n'est que « dans la relation entre la Cour de justice et les juridictions nationales que le droit communautaire prospérera, et que la Communauté dans son ensemble s'en appropriera ». *Kemi Pinhero v. Ghana*, ECW/CCJ/JUD/11/12 du 6 juillet 2012, point 52.

[1599] En revanche, il faut nuancer cette réserve exprimée dans l'espace CEDEAO, car la Cour d'Appel de Dakar dans l'affaire *Khalifa Sall et autres c/ État du Sénégal*, N°454 du 30 août 2018 où le juge national prend acte de l'arrêt de la CJCEDEAO rendu dans la même affaire pour justifier l'annulation de procès-verbaux et d'auditions.

381 Au niveau de la Communauté africaine de l'Est, le gouvernement Kenyan a exprimé une réserve dans l'application de la décision *Peter Ayang' Nyong'O & Others*[1600], dans lequel la Cour a estimé que l'État défendeur a méconnu les dispositions de l'article 50 du Traité prévoyant l'obligation de tenir une élection pour la désignation des représentants à l'Assemblée législative de la Communauté. Cette décision de la CJCAE a eu un écho retentissant lié aux agissements de l'État défendeur qui s'opposa farouchement à son application et mena une stratégie politique de limitation des prérogatives de la Cour voire son anéantissement[1601]. La réserve apparaît dès l'octroi des mesures provisoires par la Cour aux requérants visant à empêcher les députés choisis par le Kenya de siéger au Parlement communautaire[1602]. La décision de la Cour sera perçue comme une immixtion dans les affaires politiques internes du pays. Cela suscitera une réaction sévère du Président du Kenya en ces termes : « La Cour a rendu une décision sur les élections à l'Assemblée Législative. Cette décision pose de graves problèmes à la Communauté… »[1603]. Cette déclaration atteste la détermination du Kenya à ne pas tenir compte de la jurisprudence de la Cour. Enfin, au niveau de la SADC, le Zimbabwe décida d'ignorer totalement la décision du Tribunal dans l'affaire *Campbell*[1604] dans son ordre juridique y compris les juridictions nationales. Par exemple, la Cour suprême refusa d'appliquer les décisions du TSADC au motif qu'elles seraient contraires à l'ordre public du Zimbabwe[1605]. Cette prise de position du juge est en soi scandaleux pour l'application du droit de l'intégration qui repose notamment sur la collaboration des juridictions nationales. Fort heureusement, au sein de l'espace, une tendance à la reconnaissance et à l'application des décisions du

---

[1600] N°1/2006 du 30 mars 2007.

[1601] Cf. ALTER (K. J.), GATHI (J. T.), HELFER (L. R.), « Backlash Against International Courts in West, East and Southern Africa : Causes and Consequences », *op. cit.*, p. 302. Sur ce point, voir infra. Paragraphe 2.

[1602] N°1/2006 du 27 novembre 2006.

[1603] Nous traduisons de l'anglais : « The Court also heard another reference in the past two weeks on elections of EALA Members in Kenya. The ruling of the Court poses serious challenges to the East African Community… ». Discours prononcé par le Président Kibaki, 8e Sommet de la CAE, Tanzanie, 30 novembre 2006. http://www.jaluo.com/wangwach/1206/Leo_Odera_Omolo120106a.html, consulté le 29 septembre 2019.

[1604] Case N°2/2007 du 8 novembre 2008.

[1605] *Gramara (Private) Limited & others v. The Government of the Republic of Zimbabwe*, HCC33/09, 2010.

Tribunal et du droit de la SADC est observable. La Cour suprême de Pretoria a reconnu l'application de la décision du Tribunal de la SADC rendue dans l'affaire *Campbell and others v. The Republic of Zimbabwe*[1606], dans l'ordre juridique sud-africain[1607]. Mais, au demeurent, il faut regretter la réserve du Zimbabwe face aux décisions de condamnation du TSADC, à la suite de la nationalisation des terres des fermiers blancs. L'ampleur de la réserve entraîna une crise institutionnelle affectant la survie du Tribunal.

382 Tout compte fait, ces différentes réserves manifestées à l'égard des décisions des cours de justice, en plus de la contestation des compétences, témoignent une attitude de résistance des États dans toutes les étapes du contentieux, allant de la procédure à l'application des décisions dans leurs ordres juridiques. Ce comportement de l'État défendeur ou de l'État défaillant est de nature à annihiler l'action du juge communautaire. Or, l'arme contentieuse constitue un moyen pour les États membres de justifier leurs comportements dans l'application du droit communautaire vis-à-vis de la communauté et par rapport à leurs ressortissants et non un instrument de contrainte. Ainsi, dans le contentieux des droits de l'homme, la plupart des requérants ne semblent pas attendre de leur État une application future des décisions de condamnation. Et comme le souligne James Thuo Ghatii, en parlant de la Cour africaine de l'Est, : « Les militants des droits de l'homme portent des cas devant la CJCAE, pas nécessairement ou simplement pour obtenir le respect par les États, mais pour les pointer du doigt à propos des violations alléguées. »[1608] Donc, les justiciables des communautés se rendent compte de la difficulté de faire appliquer une décision par un État membre dans son ordre juridique adjurant l'artifice de la souveraineté. De surcroît, la subversion des États membres condamnés prend l'autonomie d'une résistance institutionnelle préjudiciable à l'autorité et la légitimité des cours de justice.

[1606] Case N°2/2007.

[1607] High Court of Pretoria, *Zimbabwe v. Louis Karel Fick and others*, 657/11 of 20 September 2012.

[1608] Notre traduction de l'anglais : « human rights activists bring cases before the EACJ not necessarily or merely to get compliance, but to name and shame their governments for the alleged violations ». Cf. « The variation in the use of sub-regional integration Courts between business and human rights actors : The case of the East African Court of justice », *op. cit.*, p. 61.

§ 2 : Une résistance institutionnelle

383 Pour appréhender la résistance institutionnelle des États à l'égard des cours africaines, nous empruntons la théorie des différentes formes de résistances identifiées par Mikael Madsen, Pola Cebulak et Micha Wiebusch[1609]. Selon ces auteurs, la résistance peut constituer en une réaction ordinaire portant sur un point de droit et en une réaction extraordinaire visant les institutions et leur autorité[1610]. Ils distinguent ces types de résistance sous forme de *« pushback »* (refoulement) et de « *backclash* » (contrecoup). Le « puschback » renvoie à la résistance ordinaire qui se produit dans les limites du système, mais le but est d'inverser l'évolution du droit. Alors que le « backclash » correspond à la réaction extraordinaire remettant en cause l'autorité de la juridiction internationale dans le but de la transformer ou de la supprimer[1611]. Cette théorie de la résistance, appliquée aux cours africaines de justice, permet de traduire les réactions épidermiques, qualifiées de « backlash against international courts in West, East and Southern Africa »[1612], que certaines décisions jurisprudentielles ont pu engendrer de la part des États membres. L'examen de la pratique contentieuse et jurisprudentielle montre que la résistance institutionnelle des États membres se traduit par des réformes à la fois structurelles (**A**) et conjoncturelles (**B**) affectant la fonction juridictionnelle des cours de justice africaines.

A) Les réformes structurelles

384 Les États peuvent contrôler le fonctionnement des institutions dans les organisations internationales en utilisant plusieurs mécanismes tels que la procédure de vote, l'usage du véto, le processus de nomination, l'affectation des ressources financières et menace de non-respect des décisions. Parfois, les États s'opposent lorsque les intérêts nationaux semblent être menacés[1613]. On peut citer l'exemple de la France qui

---

[1609] « Backlash against international courts: explaining the forms and patterns of resistance to international courts », *International Journal of Law in Context*, Vol. 14, 2018, pp. 197-220.
[1610] *Ibid.*, p. 202.
[1611] I*didem.*, p. 203.
[1612] ALTER (K. J.), GATHI (J.T), HELFER (L. R.), *op. cit.*, p. 293.
[1613] KOREMENOS (B.), "When, What, and Why do States choose to delagate?", Law & Comptemporary Problems, 154, (2008), cité par ALTER (K. J.), HELFER (L. R.), McAllister (J. R.), « A New International Human Rights Court for West Africa: The ECOWAS Community Court of justice », *op. cit.*, p. 769.

appliqua la « politique chaise vide »[1614] en 1965 provoquant un blocage institutionnel résolu par le compromis de Luxembourg. Ainsi, les États préfèrent remettre en cause les institutions plutôt que de se conformer aux décisions qu'ils jugent attentatoires à leur souveraineté. Ils vont jusqu'à provoquer une crise institutionnelle. Dans cette hypothèse, comme le souligne Rostane Mehdi, « la crise est alors un instrument de pression mis en œuvre, selon les circonstances, par les États membres ou les institutions au service d'un objectif politique propre. On assiste dans ce cas à une « prise en otage institutionnelle »[1615]. Dès lors, la tentative de contrôle entreprise par les États membres a débouché sur des réformes touchant fondamentalement la nature et la physionomie des juridictions communautaires. Ainsi, le Tribunal de la SADC a été neutralisé **(1)** par une réforme inédite et la Cour africaine de l'Est a été restructurée par une révision du traité **(2)**.

1) La neutralisation du Tribunal de la SADC

385 Le TSADC n'a eu qu'une existence éphémère[1616] dans la construction communautaire de l'Afrique australe. La juridiction communautaire a subi la réaction virulente d'État membre en l'occurrence le Zimbabwe à la suite de la fameuse décision *Campbell*[1617] dans laquelle, le Tribunal a considéré que les droits des requérants ont été méconnus (droit au juge et non-discrimination, droit de propriété). Un bref rappel historique[1618] des faits saillants s'avère nécessaire pour cerner l'expérience malheureuse du TSADC que d'aucuns qualifient de « successful backclash »[1619]. Le juge avait demandé au gouvernement zimbabwéen de prendre toutes les mesures nécessaires de protéger la

---

1614 Le gouvernement s'opposait à la règle de la majorité qualifiée au sein du Conseil des ministres et considérait « l'unanimité comme le rempart ultime contre une « dérive supranationale » que traduisaient notamment les propositions institutionnelles de la commission. Cf. ISAAC (G.).., *Droit général de l'Union européenne*, *op. cit*., p. 5.

1615 MEHDI (R.), « Les crises institutionnelles », *in L'Union européenne et les crises*, Bruylant 2010, pp. 121-141.

1616 NALDI (G. J.), MAGLIVERAS (K. D.), "The New SADC Tribunal : Or the Emasculation of an International Tribunal", *Netherlands International Law Review*, July 2016, Volume 63, Issue 2, pp .133-159.

1617 TSADC, *Campbell and others v. The Republic of Zimbabwe*, Case N°2/2007 of 8 November 2008.

1618 On pourra voir la description poignante de l'ancien Président du Tribunal de la SADC Ariranga P. Pillay. http://www.africancourtcoalition.org/images/docs/subregional courts/sadctribunal/SADC%20Tribunal%20Dissolved%2020110718.pdf, consulté le 19 novembre 2019.

1619 ALTER (K. J.), GATHI (J. T.), HELFER (L. R.), *op. cit*., p. 306.

possession, l'occupation et la propriété des terres des requérants. Malgré la décision du juge communautaire, le Zimbabwe refusa d'appliquer la décision. Le Tribunal porta la question à la connaissance de l'organe suprême, le Sommet pour l'adoption de sanctions contre l'État défaillant en janvier 2010 mais le Président Mugabe avait menacé de bloquer toute discussion sur la situation des droits de l'homme au Zimbabwe. Finalement, en août 2010, le Sommet des Chefs d'État et de Gouvernement, sur recommandation du Conseil des ministres, a suggéré de revoir « le rôle, les fonctions et les termes de références du Tribunal »[1620] en commettant un consultant extérieur. En plus, l'exécutif communautaire a décidé de ne pas renouveler les mandats des juges arrivés à expiration en réitérant « le moratoire sur la réception de toute nouvelle affaire ou audience portée devant le Tribunal jusqu'à ce que le Protocole de la SADC relatif au Tribunal soit adopté, examiné et approuvé lors du Sommet Extraordinaire du 20 mai 2011 »[1621]. Dans cette neutralisation du Tribunal, il faut regretter l'impuissance des Chefs d'État et de Gouvernement à prendre des sanctions contre le Zimbabwe pour non-respect de ses obligations communautaires. Le pouvoir politique a prédominé sur les exigences de l'État de droit. Un nouveau Protocole[1622] a été adopté le 18 août 2014 pour reconsidérer les compétences du Tribunal avec une impossibilité pour celui-ci de connaître les recours émanant des particuliers. Le nouveau Protocole pose le principe de la compétence du Tribunal à régler les différends

---

1620 SADC, Communiqué of the 30th Summit of SADC Heads of State and Government, 19 august 2010, paragr. 32.

1621 http://www.swradioafrica.com/Documents/SADCSummit240511.pdf. Consulté le 20 novembre 2019. Lors de sa réunion du 19 mai 2011, le Conseil des ministres a pris les mesures suivantes qui ont ensuite été entérinées par le Sommet, lors de sa réunion au sommet de la réunion extraordinaire du 20 mai 2011, à Windhoek, Namibie : (1) le non-renouvellement du mandat des membres du Tribunal dont le mandat expiré le 31 août 2010 ; (2) le non-remplacement des membres du Tribunal dont la nomination a été reportée à une date ultérieure dont le mandat expirera le 31 octobre 2011 ; (3) la dissolution du Tribunal sous sa forme actuelle qui est expressément interdit d'entendre toute affaire nouvelle ou en instance ; (4) l'établissement d'un nouveau Tribunal avec une composition différente et une nouvelle composition.

1622 Cf. Communiqué of 34th Summit of SADC Heads of State and Governement, Victoria Falls, Zimbabwen August 17-28, 2014, para. 18. Le Protocole doit entrer en vigueur trente (30) jours après le dépôt des instruments de ratification par 2/3 des États membres. Avec le retrait de la signature de l'Afrique du Sud, seul huit (8) États membres.

entre États membres[1623], ainsi la reconnaissance du droit de retrait[1624] au profit de ces derniers. En outre, les États membres ont décidé de mettre en place un tribunal administratif[1625] pour trancher les litiges entre les fonctionnaires de la SADC et les institutions. Pour l'heure, le nouveau Protocole sur le Tribunal de la Communauté a suscité des réactions à l'endroit des juridictions suprêmes nationales[1626] demandant aux États membres de restaurer le Tribunal avec des compétences étendues de juge communautaire. C'est ainsi que la Cour suprême de la Tanzanie a retenu que « La suspension des activités du tribunal de la SADC et le refus de nommer des juges en violation des dispositions claires du traité étaient contraires à l'État de droit en tant que principe fondamental inhérent à la légitimité de la communauté. En l'absence d'un Tribunal opérationnel en tant qu'institution dûment établie par le traité…, la légitimité de la SADC en tant que communauté et personnalité internationale est compromise »[1627]. Il s'y ajoute que la légalité de la suspension du Tribunal a été mise en cause au niveau continental mais sans succès[1628].

386 Tout compte fait, la résistance menée par le Zimbabwe à l'égard des décisions du TSADC a entraîné la neutralisation de l'action du juge communautaire. L'État membre a su utiliser les véhicules juridiques découlant de l'absence de renouvellement des juges pour reconsidérer la légalité du Tribunal et obtenir sa suspension au niveau de la communauté. Ce qui constitue un réel frein à l'intégration par le

---

[1623] Art. 33 du nouveau Protocole.

[1624] Art. 50.

[1625] Communiqué 35 th Summit of SADC Heads of State and Government, Garabone, Botsawana, August 17-18 August 2015. Para. 27.

[1626] La Cour constitutionnelle sud-africaine a confirmé la décision de la Cour suprême (High Court of Pretoria, Law Society of South Africa and others v. President of South Africa and others, N°20382/2015 of 1st march 2018). en considérant que : « 1. La participation du Président au processus de prise de décision et de suspension du Tribunal de la SADC est inconstitutionnelle, illégale et irrationnelle. 2. La signature du Président du Protocole de 2014 sur TSADC est inconstitutionnelle, illégale et irrationnelle. 3. Le Président est invité à retirer sa signature du Protocole de 2014. »

[1627] High Court of Tanzania, T*anganyika Law Society vs Ministry of Foreign Affairs and International cooperation & Attorney General of Tanzania*, 23 of 2014 of 4 june 2019, point 50.

[1628] African Commission on Human and Peoples's Rights, *Luke Munyandu Tembani and Benjamin John Freeth v. Angola and Thirteen Others*, Communication N° 409/12, 5 november 2013; African Court on Human and Peoples' Rights, *Request for Advisory opinion*, N°0002/2012 by Pan African Lawyers'Union and Southern African Litigation Center Order, 15 March 2013.

droit. La restauration du TSADC dans sa dignité de juge de l'intégration n'est pas à exclure compte tenu de la primauté du droit incarné par les juridictions nationales.

2) La restructuration de la Cour africaine de l'Est

387 Cette restructuration résulte de l'affaire, *Peter Ayang' Nyong'O & Others vs. Attorney General*[1629]. Dans cette affaire, la CJCAE rejette les candidats désignés par le Kenya pour siéger à l'Assemblée Législative de l'Afrique de l'Est au motif que c'est l'article 50 qui requière la tenue élection. La Cour a adonné des mesures provisoires empêchant les députés choisis par le Kenya, qui ne prenaient pas en compte les partis d'opposition dans la représentation. Ce qui fera réagir vigoureusement ce dernier, considérant la décision comme une ingérence de la Cour dans des affaires nationales. De même, le Kenya a contesté l'interprétation du traité par la Cour en invoquant la règle de l'épuisement des voies de recours internes. Le Kenya va développer toute une stratégie[1630] visant à compromettre l'action de la Cour. Par exemple, l'État membre a demandé la récusation de deux juges sanctionnés pour des faits de corruption au niveau national et ayant siégé dans l'affaire en cause. En outre, après une tentative infructueuse d'intimidation des juges, finalement, le gouvernement kenyan proposa la révision du traité pour réduire les capacités de la Cour[1631], encadrer le délai des recours des particuliers[1632], établir une seconde chambre[1633] et instituer une procédure de révocation[1634]. Les propositions d'amendements au traité seront adoptées par le Sommet des Chefs d'État et de Gouvernement de la CAE le 14 décembre 2006. La ratification a été effectuée par les États membres pour son entrée en vigueur en 2007. Avec cette révision découlant de la réaction du Kenya, à la suite de l'affaire *Peter Ayang' Nyong'O*, les juges peuvent être révoqués facilement, la chambre d'appel contrôle les décisions du Tribunal de première instance à tendance libérale, les particuliers sont contraints d'introduire leurs recours dans les délais requis. Face à cette révision validée par les États membres, les organisations de la société

[1629] N°1/2006 du 30 mars 2007.

[1630] ALTER (K. J.), GATHI (J. T.), HELFER (L. R.), « Backlash Against International Courts in West, East and Southern Africa : Causes and Consequences », *op. cit.*, p. 303.

[1631] Art. 27 du Traité de la CAE.

[1632] Art. 30 (2).

[1633] Art. 23 (2) et 24.

[1634] Art. 26 du Traité.

civile, notamment la société Est-africaine de droit introduisent un recours pour contester la légalité de la révision devant le juge communautaire[1635]. Mais ce dernier, va établir que l'absence de consultation[1636] du secteur privé et de la société civile dans la procédure de révision constitue une violation de l'objectif et de l'esprit du traité[1637] en général et en particulier les dispositions des articles 5 (3) (g)[1638], 7 (1) (a)[1639], ainsi que l'article 38 (2) du traité[1640]. En revanche, la CJCAE n'a pas invalidé la procédure d'amendement en invoquant la doctrine de l'annulation prospective. Selon la Cour, cette doctrine « est profitable pour le développement de l'intégration et l'émergence de la jurisprudence communautaire. En conséquence, les amendements au traité ne pourraient pas être invalidés mais l'exigence de consultation des citoyens dans le processus de modification des traités doit avoir application prospective »[1641]. À travers cette décision, la Cour dégage une subtilité argumentaire, intègre une touche diplomatique pour ne pas froisser la susceptibilité des États membres. Toute annulation rétroactive serait source de tensions ou de bras de fer entre la Cour et les États membres[1642].

388 En fin de compte, les deux réformes structurelles évoquées à l'endroit du TSADC et de la CJCAE ont montré la prévalence de la résistance des États membres sur la primauté de droit et sur le pouvoir normatif du juge communautaire. D'autres cas de réformes ont illustré la résistance des États face aux cours de justice.

1635 CJCAE, *East african Law Society v. Attorney General of Kenya and others,* N°3/2007 du 31 août 2008.

1636 La Cour a rappelé le préambule du traité considérant que « l'une des raisons principales de la disparition de la Communauté de l'Afrique de l'Est a été l'absence de volonté politique, l'absence de toute forte participation du secteur privé et de la société civile ». p. 14 de l'arrêt.

1637 Page 42 de l'arrêt.

1638 Cette disposition renvoie à la consolidation et le renforcement du partenariat avec le secteur privé et la société civile dans les objectifs de la communauté.

1639 La disposition considère que parmi les principes qui sous tendent la mise en œuvre concrète des objectifs de la communauté, il y a « la coopération centrée sur l'être humain ».

1640 Cet article renforce le principe de la coopération loyale en demandant aux « États membres de s'abstenir de toute action qui pourrait compromettre le règlement de litige ou de l'aggraver ».

1641 *East african Law Society v. Attorney General of Kenya and others,* p. 44.

1642 Cf. KEMFOUET KENGNY (E.-D.), *Les juridictions des organisations d'intégration économique en Afrique*, *op. cit.*, p. 210.

B) Les mesures conjoncturelles

389 La pratique de certaines cours de justice africaines a rencontré une méfiance des États aboutissant à des mesures dictées par la conjoncture. Il s'agit, d'une part, de la réduction du nombre de mandats et de juges à la CJCEDEAO (**1**) et, d'autre part, de la révocation des juges à la CJUEMOA (**2**).

1) La réduction du nombre de mandats et de juges à la CJCEDEAO

390 La première tentative de résistance fut initiée par la Gambie à la suite des arrêts rendus en matière de violation des droits de l'homme[1643]. La stratégie du gouvernement gambien a consisté à proposer la restriction de la compétence de la Cour, l'institution de la règle de l'épuisement des voies de recours internes et d'un délai de douze (12) mois et la création d'une cour d'appel. Mais ces propositions de réformes de la Cour ne seront pas retenues[1644]. En revanche, la mesure prise à l'encontre de la Cour et ayant abouti fut la réduction du nombre de mandats de cinq (5) à quatre (4) ans par le Protocole Additionnel A/SP2/6/06 du 14 juin 2006. Cette situation place la CJCEDEAO dans une situation inédite par rapport aux autres juridictions communautaires avec l'absence de renouvellement du mandat des juges. Ainsi, le premier renouvellement intégral des juges a eu lieu en 2014[1645], ce qui porta un préjudice à la Cour en termes de continuité et de cohérence dans sa politique jurisprudentielle. En outre, la Conférence des Chefs d'État et de Gouvernement de la CEDEAO a pris une décision de réduire le nombre de juges de sept (7) à cinq (5)[1646] conformément à la réforme des institutions de la Communauté. Cette décision, dont la légalité demeure contestable[1647], réduit ostensiblement les moyens d'action de la Cour. D'ailleurs, l'actuel Président de la

---

[1643] *Mussa Saidykhan* du 14 mars 2007 et *Chief Ebrimah Manneh* du 05 juin 2008.

[1644] ALTER (K. J.), GATHI (J. T.), HELFER (L. R.), *op. cit.*, p. 299.

[1645] L'un des anciens membres de la Cour, le juge Mahalmadane, a relevé que cette « décision aurait été prise par la Conférence des Chefs d'État et de Gouvernement pour permettre à un État membre non concerné par le renouvellement de rapatrier son ressortissant juge parce qu'il en était mécontent ». Cf. MAHALMADANE (F. H.), *L'invocabilité et l'application des instruments juridiques internationaux par la Cour de justice de la CEDEAO*, *op. cit.*, p. 68.

[1646] Décision A/DEC.2/06/17 du 06 juin 2017 du Président de la 51e session ordinaire de la Conférence des Chefs d'État et de Gouvernement de sept (7) à cinq (5) juges de la CJCEDEAO. (Voir la décision en annexe 4 de cette thèse).

[1647] Dans la hiérachie des actes communautaires, on ne peut pas imaginer que le droit dérivé puisse modifier le droit originaire.

Cour, le juge Edward Amoako Asante, a souligné que la réduction du nombre de juges a « augmenté leur charge de travail, et la modification de la durée de leur mandat a privé la Cour de la mémoire institutionnelle inhérente au renouvellement de mandat »[1648]. Quel que soit les motifs d'ordre budgétaire ou organisationnel invoqués pour réduire le nombre des juges et le non-renouvellement de mandats, cela peut saper la stabilité et la cohérence de la jurisprudence de la Cour et son fonctionnement. Néanmoins, on pourrait voir des raisons inavouées dans ces mesures prises par les États membres. Ces derniers semblent opter pour une régulation de l'action de la Cour avec une lecture de ses compétences. Ici, la résistance des États membres empruntent la voie de réduction des moyens d'intervention de la Cour ; ce qui peut être de nature à limiter son autorité et sa légitimité.

2) La révocation des juges de la CJUEMOA

391 En ce qui concerne la CJUEMOA, la réaction des États membres a dérivé de la persistance d'une crise survenue au sein de la Cour. La crise a résulté d'une mésentente profonde entre ses membres sur un blocage de fonctionnement de l'organe communautaire de contrôle juridictionnel et face à cette situation exceptionnelle, la conférence des Chefs d'État et de Gouvernement a pris un Acte additionnel[1649] le 8 janvier 2016 pour révoquer les membres de la Cour. Cette décision a remis en cause l'indépendance et l'autorité de la Cour même si elle n'est pas conditionnée par son action jurisprudentielle vis-à-vis des États membres. La légalité de la mesure prise par les États membres reste douteuse. Seule la Cour peut mettre fin à la fonction d'un de ses membres. La volonté politique des États de résoudre la crise conjoncturelle a pris une dimension excessive de limogeage des juges. Cela ne garantit pas l'indépendance de la justice communautaire. Si on sait que au sein de l'UEMOA, la Cour avait rendu une décision[1650] que la Conférence des Chefs d'État a fini par anéantir.

392 Eu égard à ces formes de résistance des États membres à l'égard des Cours de justice de la CEDEAO et de l'UEMOA, on peut retenir qu'il y a une méfiance par des réformes conjoncturelles.

[1648]http://prod.courtecowas.org/2019/10/21/ecowas-court-president-calls-for-the-creation-of-the-appellate-chamber-of-the-court/, consulté le 15 novembre 2019.

[1649] N°02/2016/CCEG du 8 janvier 2016.

[1650] *Eugène Yay c. Conférence des chefs d'État et Gouvernement et Commission,* N°01/2008 du 30 avril 2008. Cette décision concernait la révocation d'un commissaire avant la fin de son mandat.

393 Au demeurant, l'attitude des États membres face aux cours de justice africaines se manifeste par une résistance contentieuse et celle institutionnelle. La contestation de la compétence du juge et la réserve dans l'application des décisions ont souligné la réticence des États membres. En plus, les réactions contre les cours de justice de la CAE, de la CEDEAO et du TSADC ont illustré les subterfuges juridiques que les États peuvent utiliser pour limiter la justice communautaire. Cela semble dessiner une « culture de la résistance » dont parle Rostane Mehdi, qui « tient plus à des raisons structurelles qu'à des vicissitudes conjoncturelles »[1651] et « révèle généralement la persistance d'un hiatus entre l'émergence d'une conscience régionale et l'attachement aux identités nationales »[1652]. Mais, faut-il le regretter, les juridictions communautaires africaines subissent encore la prégnance du politique incarnée par les Exécutifs communautaires. Ces derniers veulent garder un œil sur le pouvoir des juges dans la construction communautaire. Les États peuvent, à tout moment, adopter des décisions, lorsque la jurisprudence du juge communautaire est en contradiction avec leurs intérêts. En revanche, malgré la résistance des États face à la contribution des cours de justice à l'intégration, ces dernières maintiennent une dynamique d'impulsion du projet d'intégration par la protection des droits individuels. Cela doit être accompagné par l'effectivité des décisions rendues afin de pérenniser la contribution du juge au service de l'intégration par le droit.

SECTION 2 : L'EFFECTIVITÉ DES DÉCISIONS DES COURS DE JUSTICE AFRICAINES

394 Les arrêts rendus par les cours de justice africaines bénéficient d'une force obligatoire et exécutoire dans les États membres. L'exécution des arrêts constitue une obligation essentielle de ces derniers qui, en vertu de la coopération loyale, doivent s'abstenir d'entreprendre toute action susceptible de compromettre la réalisation des objectifs de l'intégration[1653]. Le respect des décisions du juge communautaire par les États membres renforce sa légitimation. Un arrêt de condamnation en violation du traité qui n'est pas exécutée par l'État

---

1651 MEHDI (R.), « L'imitation du modèle de l'Union européenne dans d'autres contextes régionaux ». p. 12.
https://halshs.archives-ouvertes.fr/halshs-01313636/ document, dernière consultation le 8 octobre 2019.

1652 *Ibid.*, p. 12.

1653 Par exemple, l'article 5§1 du Traité de la CEDEAO.

incriminé engage sa responsabilité et le met dans une situation de manquement à ses obligations. Donc, l'État membre condamné est le destinataire et l'exécutant de la décision rendu par voie du recours en annulation ou du recours en violation des droits de l'homme, à l'exception de la décision délivrée par voie préjudicielle s'adressant aux juridictions nationales. La plupart des traités et protocoles communautaires ne prévoient pas de mécanismes spécifiques d'exécution des arrêts rendus par les cours de justice. Le droit primaire se limite à renvoyer l'obligation d'exécuter les arrêts aux États membres [1654]. Seul le Protocole de la CEDEAO du 12 janvier 2005 sur la Cour de justice prévoit un mécanisme autonome d'exécution des arrêts au niveau national. En outre, des sanctions peuvent être prises à l'encontre des États membres qui n'honorent pas leurs obligations notamment celle de prendre des mesures nécessaires pour s'assurer de la bonne exécution des arrêts. Mais l'observation de la pratique des cours de justice africaines révèle un niveau insatisfaisant d'exécution des arrêts dans certains ordres juridiques des États membres. Car l'effectivité de l'exécution correcte d'un arrêt dépend de la bonne volonté de l'État membre incriminé. Cela pousse à apprécier, d'abord, les modalités d'exécution (**§1**) prévues par les textes communautaires, ainsi que par la jurisprudence avant de se pencher sur le nécessaire renforcement des décisions des cours de justice (**§2**) indispensables à la bonne marche de la Communauté.

§ 1 : Les modalités d'exécution des décisions

395 L'effectivité des arrêts des cours de justice dans les États membres ne peut être garantie que par les modalités pratiques mises en place. Les juridictions communautaires ne disposent de « forces armées » ou d'instruments contraignants pour amener les États membres défaillants à exécuter les arrêts sur leur territoire. Les cours de justice ne peuvent compter sur la coopération des États membres ou des juridictions nationales pour s'assurer du plein effet de leurs décisions. La force normative de la contribution du juge à la construction communautaire suppose que les États appliquent les décisions rendues quelle qu'en soit la portée. Ainsi, pour veiller à la bonne exécution des arrêts des cours de justice, les traités et protocoles communautaires prévoient des sanctions contre les États récalcitrants, au-delà de la procédure de constatation de manquement. En outre, les modalités

---

[1654] Art. 34 (3) du Traité de la COMESA ; Article 38 (3) du Traité de la CAE.

d'exécution des arrêts restent classiques pour la plupart des organisations d'intégration africaine. L'exécution principale de l'arrêt relève de l'État conformément à son droit interne. Ce qui fait que la mise en œuvre concrète de la décision rendue par le juge communautaire est sous la dépendance de la volonté de l'État (**A**). En revanche, la CJCEDEAO dispose d'un mécanisme autonome d'exécution de ses arrêts (**B**) dans les ordres juridiques nationaux même si certains États membres tardent à le matérialiser.

A) Une exécution sous dépendance des États membres

396 La réception d'un arrêt dans l'ordre juridique national relève de l'État membre condamné qui doit prendre toutes les mesures nécessaires pour se conformer à ses obligations communautaires. Dans la plupart des organisations d'intégration, l'exécution matérielle de la décision du juge communautaire est confiée aux États membres en vertu du principe de l'autonomie institutionnelle et procédurale. C'est dans ce sens que la formulation générale retenue dans les traités est que : « les États membres doivent prendre sans délai les dispositions requises pour exécuter les arrêts »[1655]. Cette disposition renvoie à l'idée que les États membres concernés ont l'obligation d'adopter des actions concrètes pour assurer l'immédiateté des effets des décisions rendues compte tenu de la nature uniforme du droit communautaire. En matière de violation des droits de l'homme, l'État condamné doit ordonner à ses services compétents de procéder au paiement de la somme allouée à la personne victime. Ou bien, il doit adopter des mesures législatives, règlementaires ou administratives pour abroger toute disposition nationale incompatible avec ses engagements communautaires. Ce qui signifie que tout dépend de la diligence et de la bonne foi des États membres. Ces derniers ne doivent pas accuser du retard dans l'exécution de l'arrêt intervenant, en principe, dans des délais aussi brefs que possible. On se souvient dans l'affaire *Hadijatou Mani Koraou c. État du Niger*[1656], aussitôt que la condamnation pécuniaire fut prononcée, le Trésor public nigérien a été saisi pour exécuter l'arrêt. D'autres arrêts de la Cour ont été immédiatement exécutés par les États membres incriminés[1657]. Ainsi, la

---

[1655] Art. 38§3 du traité CAE ; art. 34§3 du traité COMESA ; art. 22§3 du Protocole A/P1/7/91 relatif à la Cour de justice.

[1656] N° ECW/CCJ/JUD/06/08, 27 octobre, 2008.

[1657] Le Burkina a exécuté l'arrêt de la Cour dans l'affaire *Baldino Salfo c. Burkina Faso*, ECW/CCJ/JUD/13/12 du 31 octobre 2012. La Commission de la CEDEAO a exécuté un arrêt de la Cour dans l'affaire ECW/CCJ/APP/05/09 en indemnisant le

jurisprudence de la CJCEDEAO a confirmé que « la Cour n'a pas besoin d'ordonner l'exécution immédiate de ses propres décisions qui sont exécutoires à l'égard des États dès leur notification »[1658].

397 De surcroît, les traités et protocoles communautaires affirment, au titre des voies d'exécution des décisions, que les arrêts qui « comportent à la charge des personnes ou des États une obligation pécuniaire »[1659] sont exécutés conformément aux règles de procédure civile en vigueur dans l'État membre[1660]. Au niveau de la CEDEAO, la décision de condamnation pécuniaire vaut titre exécutoire[1661]. Tandis qu'au niveau de la CAE et de la COMESA, « l'ordonnance d'exécution doit être annexée (à l'arrêt de la Cour) qui ne nécessite que la vérification de l'authenticité par le greffier »[1662]. La voie d'exécution de l'arrêt reste conditionnée par celle prévue par l'État dans son ordre juridique. L'examen de la pratique des cours de justice montre que l'exécution des arrêts se heurte à plusieurs écueils découlant de la position de l'État condamné par rapport au droit communautaire. Les refus d'exécution de certaines décisions[1663], rappelé plus haut, procédaient d'une mauvaise interprétation de la nature du droit communautaire ou d'une volonté délibérée de ne pas tenir compte de la décision d'un juge supranational. Pour l'heure, l'état d'exécution des arrêts dans les États membres n'est pas disponible. Ce qui constitue une limite qu'il faut déplorer. Car les États peuvent trouver du dilatoire dans l'adoption des mesures d'exécution des arrêts sans que le juge communautaire n'ait les moyens pratiques de vérifier leur effectivité. L'absence de mécanisme de signalement ou de surveillance de l'exécution des arrêts rend la situation complexe. Les commissions auraient pu assumer leur rôle de gardienne de l'exécution du droit communautaire dans les États

---

requérant dans le cadre de la fonction publique communautaire. Cf. MALLE (A. S.), « L'exécution des décisions de la Cour de justice de la CEDEAO », *in Protection des droits de l'homme : facteur de consolidation de la paix en Afrique de l'Ouest, Conférence internationale*, CEDEAO, Conférence internationale, Bamako, du 18 au 21 avril 2018, p. 5.

[1658] *Mamadou Tandja contre État du Niger,* N°ECW/CCJ/JUD/05/10 du 8 novembre 2010, point 20.

[1659] Art. 24§1 du Protocole additionnel A/SP.1/01/05 du 19 janvier 2005 sur la Cour de justice de la CEDEAO.

[1660] Art. 40 du Traité COMESA; Art. 44 du Traité CAE.

[1661] Art. 24§1 du Protocole sur la CJCEDEAO de 2005.

[1662] Art. 40 du Traité COMESA ; Art. 44 du Traité CAE.

[1663] CJCAE, *Peter Ayang' Nyong'O & Others vs. Attorney General*; TSADC, *Campbell and others v. The Republic of Zimbabwe*; CJCEDEAO, *Mussa Saidykhan v Gambia*.

membres en activant le recours en manquement. Mais la pratique enseigne que le suivi de l'exécution des arrêts demeure problématique. Les juridictions communautaires ne parviennent pas à contraindre les États incriminés à exécuter les décisions. D'ailleurs, la CJCEDEAO refuse de manière surprenante d'intervenir dans la chaine d'exécution des arrêts qu'elle rend. À ce propos, elle a souligné que ce « serait contraire à sa vocation de s'ingérer dans le processus d'exécution de ses arrêts »[1664]. Pour la Cour d'Abuja, « l'exécution des arrêts rendus… est de la compétence exclusive des États membres de la Communauté »[1665] et elle « n'a pas reçu compétence pour procéder ou faire procéder à l'exécution forcée des arrêts qu'elle rend »[1666]. Cette précision jurisprudentielle illustre que l'État membre reste la seule habilité à donner une suite à l'arrêt rendu.

398 Ainsi, l'exécution des arrêts des cours africaines, notamment ceux rendus en matière de violation des droits de l'homme, dépend de l'État condamné, ce qui ne permet pas de garantir une exécution correcte de la décision et fragilise la légitimité du juge dans son office. Mais, l'existence de mécanismes clairement identifiés peut faciliter l'exécution des décisions si on sait que les juridictions nationales peuvent être amenées à apprécier les arrêts.

B) Une exécution autonome des arrêts : l'exemple de la CEDEAO

399 Dans le Protocole A/P1/7/91, la CJCEDEAO ne disposait pas de voie d'exécution de ses arrêts. Mais, le Protocole A/SP.1/01/05, institue un mécanisme d'exécution des arrêts de la Cour afin de garantir son effectivité au niveau national. Selon l'article 24§4 dudit Protocole, « Les États membres désigneront l'autorité nationale compétente pour recevoir ou exécuter la décision de la Cour et notifieront cette désignation à la Cour ». Cette disposition confie l'exécution de l'arrêt à une instance nationale habilitée par l'État membre. La désignation de l'organe de réception et d'exécution des arrêts au niveau national doit être notifiée à la Cour. Tous les États membres de la CEDEAO n'ont pas encore satisfait à l'obligation de désignation d'une autorité nationale. Sur les quinze (15) États membres de la Communauté, seuls six (6) ont désigné des points focaux pour assurer l'exécution des

---

[1664] *Djibril Yipene Bassole & Leone Simeon Martine, c/Burkina Faso*, ECW/CCJ/JUD/25/16 du 11 octobre 2016, point 16.
[1665] Point 19 de l'arrêt.
[1666] *Aziagbede c/ Togo*, N°ECW/CCJ/JUD/29/16, point 22.

décisions de la CJCEDEAO[1667]. Les six (6) États membres ont choisi leur ministère des Affaires étrangères[1668] ou leur ministre de la Justice[1669] comme autorité nationale d'exécution des arrêts. Pour l'heure, le Sénégal n'a pas encore rempli cette formalité obligatoire de la Communauté. Eu égard au développement du contentieux des droits de l'homme auquel le pays est défendeur devant la Cour, il serait nécessaire de mettre en place le mécanisme national d'exécution des arrêts rendus en violation des droits de l'homme[1670].

400 Malgré l'institution d'un mécanisme nationale d'exécution des décisions par le Protocole de 2005, l'activité contentieuse de la CJCDEAO renseigne que sur les soixante-quatre (64) arrêts rendus par la Cour, seules trente-cinq (35) ont été exécutés par les États membres. Ce qui compromet l'effectivité des arrêts. Le faible taux d'exécution des arrêts de la Cour, dans les ordres juridiques des États, a été souligné par le Greffier en chef de la Cour. Au moins dans trois (3) affaires, l'exécution des arrêts a été dénoncée devant la Cour. D'abord, dans l'affaire *Karim Wade c/Sénégal*[1671], le requérant demandait entre autres la suspension du Sénégal aux instances de la CEDEAO pour non-exécution d'une décision de la Cour ordonnant la levée de la mesure de l'interdiction de sortie du territoire national des personnes concernées[1672]. Ensuite, dans l'affaire, *Aziagbede c/ Togo*[1673], les requérants voulaient obtenir de la Cour la constatation du refus d'exécution du premier

---

[1667] Il s'agit du Burkina Faso, du Mali, de la Guinée, du Nigeria, du Togo et du Ghana. Sur cette question, voir aussi. Mr. Anene-Maidoh, « Exécution des arrêts de la Cour de justice de la Communauté, CEDEAO », in *Protection des droits de l'homme : facteur de consolidation de la paix en Afrique de l'Ouest, Conférence internationale*, CEDEAO, Conférence internationale, Bamako, du 18 au 21 avril 2018, p. 6 ; SALL (A.), *Le contentieux de la violation des droits de l'homme devant la Cour de justice de la CEDEAO*, *op. cit*., p. 257.

[1668] Au Mali, le ministère des Affaires étrangères, de l'Intégration africaine et de la Coopération internationale est l'autorité désignée pour exécuter les arrêts de la Cour.

[1669] Au Burkina, le Ministre de la Justice et Droits humains, travaillant avec l'Agent Judiciaire du Trésor, est l'autorité nationale chargée de recevoir et d'exécuter les décisions de la Cour. Au Nigeria, c'est le Procureur général et le ministre de la Justice de la Fédération. Au Ghana, le Président a désigné le Procureur de la République comme autorité nationale d'exécution des arrêts de la Cour.

[1670] Ce mécanisme aura au moins l'avantage de surveiller le niveau d'exécution des arrêts et d'assurer le suivi de l'application concrète des mesures découlant des arrêts.

[1671] N°ECW/CCJ/JUD/19/13 du 19 juillet 2013.

[1672] *Abdoulaye Baldé et autres c/Sénégal*, N°ECW/CCJ/JUG/04/13 du 22 février 2013.

[1673] N°ECW/CCJ/JUD/29/16 du 6 décembre 2016.

arrêt dans lequel, il est fait injonction à l'État togolais « d'inviter des juridictions nationales à instruire instamment des plaintes des requérants de façon à rendre effectif leur droit à un recours dans un délai raisonnable »[1674]. Enfin, dans l'affaire *Mr. Chude Mba c/Ghana & 16 autres*[1675], le requérant, à la suite du refus de la Cour suprême du Ghana de tenir compte de l'arrêt[1676] de la Cour de justice de la communauté ordonnant la République du Ghana de mettre fin à la violation des droits du requérant[1677], demande à la Cour de contraindre l'État ghanéen d'honorer ses obligations communautaires. Ces affaires illustrent les obstacles à l'exécution des arrêts de la Cour par les États condamnés. La Conférence internationale d'Accra organisée récemment a relevé l'urgence d'établir une liste des décisions non exécutées et d'en faire un rapport afin de prendre les mesures appropriées pour remédier à cette défaillance[1678].

401 Le mécanisme, mis en place au niveau de la CEDEAO, est encourageant mais il faut que les États membres, les institutions et les juridictions nationales jouent la carte de la collaboration pour faciliter l'exécution des décisions de la Cour. Cette dernière a même rappelé que « l'exécution des arrêts n'est pas une faculté mais une obligation pour les États membres et les institutions de la Communauté et que ceux-ci doivent manifester à travers les mesures prises par eux leur volonté d'assurer l'exécution desdites décisions »[1679]. En plus du mécanisme de désignation d'une autorité nationale, les États doivent manifester leur bonne foi vis-à-vis de la justice communautaire. Mais en cas d'inertie d'un État dans l'exécution d'un arrêt, le recours en manquement peut être enclenché dans le but d'amener l'État à éliminer la violation de ses obligations en vertu des traités et protocoles communautaires.

402 Tout compte fait, l'exécution des décisions des cours de justice africaines, notamment celles rendues en matière de violation des droits de l'homme, dépend de la bonne volonté des États membres. Bien que

---

[1674] *Messieurs Aziagbede Kokou et autres c/Togo*, N°ECW/CCJ/JUD/07/13 du 3 juillet 2013, point 66.

[1675] N°ECW/CCJ/JUD/30/18 du 11 décembre 2018.

[1676] ECW/CCJ/APP/01/13 du 6 novembre 2013.

[1677] En l'espèce, la Cour a estimé que l'ordonnance de gel des avoirs du requérant a violé son droit de propriété garanti par l'article 14 de la Charte africaine. Point 99 de l'arrêt.

[1678] Rapport général, *Intégration économique de l'Afrique de l'Ouest : défis et perspectives*, Ghana, du 21 au 24 octobre 2019, p. 64.

[1679] *Karim Wade c/Sénégal*, N°ECW/CCJ/JUD/19/13 du 19 juillet 2013, point 80.

des organisations d'intégration, comme la CEDEAO, se soient dotées de mécanisme national d'exécution, la majorité des décisions de la Cour reste inexécuté. Cela suscite la discussion sur le renforcement de l'exécution des décisions des juridictions communautaires africaines afin de garantir leur effectivité, nécessaire à la réalisation des objectifs de l'intégration.

§ 2 : Le renforcement de l'exécution des décisions des cours de justice

403 La légitimation de la fonction des cours de justice devient virtuelle si les décisions qu'elles rendent ne sont pas respectées par les États membres. La manière dont elles peuvent contribuer au processus d'intégration dépend de la force de pénétration de leur jurisprudence dans les ordres juridiques. Le caractère obligatoire et exécutoire des décisions du juge communautaire affirmé dans les traités et protocoles ne suffit pas. Car si l'État n'exécute pas une décision de justice communautaire, c'est tout le projet d'intégration qui serait affecté. Le comportement de l'État récalcitrant est constitutif de manquement à ses obligations. Pour assurer une bonne exécution des arrêts par les États membres, un système de contrôle doit être institué à travers la mise en application de sanctions judiciaires (**A**). En outre, des limites pèsent sur la justice communautaire. Celle-ci doit être améliorée (**B**) dans le sens de renforcer la légitimité du juge dans sa fonction d'assurer le respect du droit.

A) Le contrôle de l'exécution des décisions par les sanctions judiciaires

404 L'exécution des décisions des cours africaines est une condition essentielle de la réalisation des objectifs d'intégration. À défaut de mécanismes effectifs de mise en œuvre des décisions, la contribution des cours de justice à l'intégration ne risque d'être qu'un vœu pieux. L'existence de sanctions judiciaires garantit l'effectivité des décisions rendues par les cours de justice. L'article 34§4 du Traité COMESA souligne que la Cour « prescrit les sanctions qu'elle juge nécessaire contre toute partie défaillante dans l'exécution de ses arrêts ». L'article 4§2 du Traité CEMAC prévoit que : « en cas de manquement par un État membre aux obligations qui lui incombent en vertu du droit communautaire… la Cour peut être saisie en vue de prononcer des sanctions ». De même, l'article 5 de l'Acte additionnel A/SA.13/02/12 portant régime des sanctions à l'encontre des *États* *membres qui n'honorent pas leurs obligations vis-à-vis de la CEDEAO* du 17 février 2012, dispose que « la Cour peut prononcer des décisions sanctionnant les États membres pour les manquements à leurs obligations qui découlent du Traité... ». Dès lors, la non-exécution d'une décision du juge communautaire est constitutive de manquement pouvant entraîner des sanctions à l'encontre de l'État membre. Toutefois, il faut regretter les lacunes observables dans le régime et dans la nature des sanctions applicables aux États membres en cas de manquement. Les traités et protocoles ne précisent pas les sanctions judiciaires pouvant être prises par le juge comme en droit de l'Union où la Cour de Luxembourg peut prononcer une amende forfaitaire ou une astreinte depuis le Traité de Maastricht[1680]. Le juge de l'Union peut infliger des sanctions pécuniaires contre les États membres défaillants dans l'exécution des arrêts[1681]. En droit communautaire africain, les

[1680] Pour faire face aux multiples réticences dans l'exécution des arrêts, le TUE a institué un mécanisme de sanctions financières dans l'article 228 TCE devenu art. 260 TFUE (Procédure dite de « manquement sur manquement »). La Commission demande à l'État de présenter ses observations concernant l'exécution de l'arrêt. Ensuite, elle indique le montant de la somme forfaitaire ou de l'astreinte à payer par l'État membre concerné qu'elle estime adapté aux circonstances. Si la Cour reconnaît que l'État membre concerné ne s'est pas conformé à son arrêt, elle peut lui infliger le paiement d'une somme forfaitaire ou d'une astreinte. La procédure a été renforcée par le Traité de Lisbonne en supprimant la phase intermédiaire de l'avis motivé de la Commission (Art. 260§2). La pratique jurisprudentielle de la CJCE montre que l'efficacité de la procédure d'infliction des sanctions financières à l'État membre défaillant. Cf. *Commission c / France* du 12 juillet 2005, aff. C-304/02 ; *Commission c/ France* du 14 mars 2006, aff. C-177/04 ; *Commission c/ Italie* du 2 décembre 2014, Aff. 196/13.

[1681] Au début de la construction européenne, aucun moyen contraignant pour obliger l'État membre à exécuter l'arrêt de la Cour n'était prévu. La seule alternative possible en droit de l'Union était de saisir à nouveau la Commission en vertu de l'article 171 CEE, ex article 228 CE devenu 260 TFUE. Le traité de Rome ne prévoyait aucune sanction qui puisse être applicable à l'État défaillant. Ce dernier pouvait continuer à violer ses obligations communautaires. La procédure de non-exécution d'un arrêt de la Cour a été considérée comme « une affaire juridiquement et politiquement sensible susceptible de faire tache d'huile sur le blason de l'État membre ». On pourra lire sur la question : VAN RIJN (T.), « La non-exécution des arrêts de la Cour de justice par les États membres », *Cahiers de droit européen*, n°1-2, 2008, p. 85 ; RASQUIN (G.), *Les manquements des États membres européens devant la Cour de justice*, Éditions, Heule, 1964, p. 33 ; BOUDANT (J.), *La Cour de justice des Communautés européennes*, « connaissance du Droit ». Dalloz, 2005, p. 89 ; PUISSOCHET (J.-P.), « Le nouveau visage de l'action en manquement : des enjeux financiers élevés pour les États membres », in *hommage à J-A. Touscoz,* France Europe éditions, 2007, p. 712 ; GERVASONI (S.), « Les sanctions de la non-exécution des arrêts de la Cour de justice », *in Les sanctions contre les États en droit communautaire*. Paris, Pedone,

sanctions judiciaires contre l'inexécution des arrêts demeurent incertaines. La plupart des traités ne mentionne que les différents types de sanctions pouvant être adoptées par l'organe politique pour contraindre l'État à respecter les obligations communautaires. La procédure de sanction judiciaire n'a pas fait l'objet de description détaillée, au même titre que la procédure de sanction politique. Les traités restent silencieux sur les formes de sanctions judiciaires. Ainsi, selon les articles 77 du Traité de la CEDEAO et 143 du Traité COMESA, la Conférence des chefs d'État[1682] peut prendre des sanctions contre les États membres qui ne respectent pas leurs obligations. Ces sanctions sont de nature politique, car elles sont prises par l'instance politique de l'organisation. Les sanctions peuvent concerner : la suspension de l'exercice par l'État membre des droits et privilèges, la suspension de l'octroi de tout nouveau prêt ou de toute nouvelle assistance, l'expulsion de l'État membre pendant une période aux activités de la communauté.

405 La CEDEAO, qui s'est dotée d'un texte autonome pour sanctionner les États défaillants, n'a pas pu évoquer les sanctions judiciaires. En effet, le Protocole du 17 février 2012 met l'accent sur les sanctions politiques en décrivant les types de sanctions et réserve le pouvoir d'initiative à la Conférence des chefs d'État et de Gouvernement, à la demande d'un État membre ou sur recommandation du Président de la Commission[1683]. Ce qui rend illusoire l'application de sanctions contre un État membre qui refuse d'exécuter une décision de la Cour de justice. Si on sait que les États se rechignent généralement à infliger des sanctions contre leur homologue. Mais la pratique a permis de relever l'adoption de sanctions politiques contre des États membres en situation de crise politique[1684].

2006, p. 30. La procédure du manquement sur manquement (article 260§TFUE) à montrer son efficacité et a fini par obliger les États membres à cesser leur attitude de défiance face aux arrêts de la Cour et à les dissuader. L'exemple de la France est une parfaite illustration. Cf. arrêts : 12 juillet 2005, *Commission c/France*, C-304/02, Rec. 2005, p. 6263 ; 14 mars 2006, *Commission c/ France,* Aff. C-177/04, Rec. 2006, p. 2461.

[1682] L'article 143 du Traité CAE précise que « tout État membre qui ne respecte pas ses obligations lui incombant en vertu du présent traité est passible d'actions décidées par le Sommet sur recommandation du Conseil ».

[1683] Art. 14 du Protocole.

[1684] Le Mali a été sanctionné à la suite de la crise ayant entraînant un changement de régime en 2012. Le pays a été suspendu lors du Sommet extraordinaire d'Abidjan du 27 mars 2012 de tous les organes de prise de décisions. La Guinée-Bissau a fait l'objet de sanctions politiques par Décision A/DEC. 2. 01.2018 du 4 février 2018. Il s'agissait

406 Néanmoins, le Protocole sur les sanctions revêt un paradoxe. Il confère à la Cour le pouvoir de prendre des sanctions judiciaires mais le met « à l'écart du contrôle de l'exécution »[1685] de ses propres arrêts. Ce qui rend inopérant la judiciarisation de l'exécution des décisions de la Cour. L'examen de la jurisprudence montre que la Cour d'Abuja s'abstient de participer à l'exécution de ses propres décisions.

407 En effet, la non-exécution d'un arrêt de la CJCEDEAO constitue un manquement aux obligations communautaires et la Cour peut « connaître de l'examen des manquements des États membres aux obligations qui leur incombent en vertu du Traité »[1686]. Elle peut également « prononcer des décisions sanctionnant les États membres pour les manquements à leurs obligations qui découlent du Traité, des Conventions et Protocoles… »[1687]. À la lecture de ces dispositions, rien ne semble, a priori, empêcher à la Cour d'intervenir dans l'exécution de l'arrêt par un État membre en cas de refus d'élimination du manquement même si elle considère que ce serait « contraire à sa vocation à s'ingérer dans le processus d'exécution de ses arrêts »[1688]. Cela veut dire que pour la Cour, « l'exécution des arrêts rendus… est de la compétence exclusive des États membres de la Communauté »[1689]. Mais la démarche de la Cour devient complexe lorsqu'elle consacre l'autonomie totale du recours en constatation de violation des droits de l'homme[1690] et le recours en manquement. À notre sens, la parenté des deux recours ne saurait être déniée puisqu'ils aboutissent à la constatation de violation des obligations des États membres, bien que les différences soient réelles quant aux titulaires des recours. La Cour exclut les particuliers dans l'usage du recours en manquement réservé

---

de sanctions individuelles visant la restauration de la démocratie et du respect de l'État de droit (suspension de participation aux activités de la Communauté, interdiction de voyager, gel des avoirs de certaines personnalités).

1685 MAHALMADANE (F. H.), *L'invocabilité et l'application des instruments juridiques internationaux par la Cour de justice de la CEDEAO*, *op. cit.*, p. 16.

1686 Art. 9§1 (d) du Protocole de 2005.

1687 Article 5 de l'Acte additionnel N°A/SP.13/02/12 du 17 février 2012.

1688 *Djibril Yipene Bassole & Leone Simeon Martine, c/Burkina Faso*, ECW/CCJ/JUD/25/16 du 11 octobre 2016, point 16.

1689 Point 19 de l'arrêt.

1690 Alioune Sall estime que « le recours en violation des droits de l'homme est un recours spécifique qui ne se confond pas avec le recours manquement ». Pour lui, le recours en violation des droits de l'homme reste un « contentieux à haute teneur politique ». Cf. *Le contentieux de la violation des droits de l'homme devant la Cour de justice de la CEDEAO*, *op.cit.*, p. 11.

à la Commission et aux États membres[1691]. Paradoxalement, elle souligne que la non-exécution d'un arrêt en constatation de violation des droits de l'homme relève du contentieux en manquement. En effet, la CJCEDEAO a, très tôt, affirmé que « tout État membre qui ne parvient pas à mettre en œuvre ses obligations découlant des textes communautaires auxquels il est lié, peut être assigné devant la Cour »[1692]. En plus, elle souligna que « la non-exécution d'une décision de la Cour relève de l'examen des manquements des États membres à leurs obligations car, un tel différend porte essentiellement sur le point de savoir si l'État mis en cause s'est conformé aux obligations primaires au regard du droit communautaire »[1693]. De manière plus précise, la Cour a rappelé que « tout refus ou résistance d'un État face à une exécution d'une décision de la Cour rendue à son encontre dans le cadre d'une violation des droits de l'homme, constitue un manquement à une obligation découlant du Traité et d'autres normes régissant la CEDEAO et expose à des sanctions judiciaires et politiques telles que prévues par les articles 5 à 21 de l'acte additionnel A/SA en date du 13 février 2012 portant régime des sanctions à l'encontre des États membres de ladite Communauté »[1694]. Ainsi, le recours pour constater la défaillance d'un État dans l'exécution des arrêts fait partie du contentieux objectif en manquement ouvert aux États membres et à la commission. Jusqu'ici aucun État membre ou la Commission n'a eu recours à cette procédure de manquement. Seuls les particuliers ont tenté de faire constater par la Cour l'inexécution des arrêts rendus. Mais, la Cour adopte une position de principe sur l'impossibilité pour les personnes d'introduire un recours en manquement[1695]. À cet égard, elle a précisé que « le Protocole relatif

---

[1691] Art. 10 (a) du Protocole de 2005

[1692] *Kemi Pinhero v. Ghana*, ECW/CCJ/JUD/11/12 du 6 juillet 2012, point 47.

[1693] Arrêt *Karim Wade c/Sénégal*, N°ECW/CCJ/JUD/19/13, point 81.

[1694] *Djibril Yipene Bassole & Leone Simeon Martine*, point 20 ; *Bodjona Pascal c/Togo*, ECW/CCJ/JUD/10/16 du 17 mai 2016, point 21.

[1695] Sur cette question, l'ancien juge à la Cour Hamèye Founé Mahalmadane propose d'ouvrir aux justiciables la possibilité « d'exercer le recours en manquement, seul moyen objectif de faire progresser la mise en œuvre du droit communautaire ». Cf. *L'invocabilité et l'application des instruments juridiques internationaux par la Cour de justice de la CEDEAO*, *op. cit.*, p. 17. Ce point de vue intéressant est à explorer afin de garantir une certaine cohérence dans l'approche de la Cour, qui constate la violation des droits de l'homme sur requête individuelle mais rejette toute action individuelle visant à constater la non-exécution de ses arrêts. En revanche, la proposition du juge Mahalmadane est à nuancer. Car dans le contentieux communautaire classique, les particuliers victimes d'une violation du droit communautaire imputable à un État

à la Cour ne donne pas aux individus la qualité de poursuivre un État membre pour violation de ses obligations contenues dans les textes communautaires. Conformément à l'article 10 (a), seul un État membre ou la Commission peut saisir la Cour pour obliger un État membre à remplir une obligation »[1696]. En cas de non-exécution d'un arrêt en manquement, le droit communautaire africain ne prévoit pas la procédure du « double manquement ». Comme en droit de l'Union européenne. Le manquement résultant de la non-exécution d'un arrêt rendu, en violation des droits de l'homme, peut être constatée par la CJCEDEAO mais cette dernière semble évoquer qu'elle ne peut inciter ou contraindre un État membre, en aucun cas, à se conformer à un arrêt. C'est ce qui ressort de la jurisprudence. La Cour d'Abuja a curieusement précisé qu'elle « n'a pas reçu compétence pour procéder ou faire procéder à l'exécution forcée des arrêts qu'elle rend »[1697]. Elle a confirmé cette thèse dans sa jurisprudence lorsque des requérants lui ont demandé d'ordonner des mesures aux États membres et de sanctionner la non-exécution des arrêts, en estimant que seule la Conférence des Chefs d'État et de Gouvernement peut prendre des sanctions et elle ne peut pas faire appliquer ses propres décisions[1698]. Ce point de vue du juge est critiquable, car la prérogative reconnue à la Cour de sanctionner les manquements d'État constitue un mécanisme contraignant pour vaincre la résistance des États. La prudence ou la passivité de la Cour ne semble pas se justifier pas à notre sens. Si les particuliers ne peuvent pas introduire un recours constatant la non-exécution d'un arrêt en constatation de violation des droits de l'homme par un État membre, la Cour doit, au demeurant, disposer d'un pouvoir de contrainte dans l'exécution des arrêts notamment l'adoption de sanctions judiciaires. Donc, « l'absence de compétence rationae materiae »[1699] en matière d'exécution des arrêts dont proclame la Cour est en soi décevante. Car, le processus d'exécution devient politique[1700] avec les sanctions pouvant

---

dispose de recours devant les juridictions nationales. Pour l'heure, ils ne peuvent pas intenter un recours en manquement ni contraindre la Commission à l'utiliser.

[1696] *Kemi Pinhero v. Ghana*, arrêté cité, point 28 ; *Hissène Habré c/Sénégal*, N°ECW/CCJ/JUD/06 du 18 novembre 2010, point 33, *Karim Wade c/Sénégal*, arrêt cité, point 83 ; *Djibril Yipene Bassole & Leone Simeon Martine c/Burkina Faso*, point 21 ; ; *Mr. Chude Mba c/Ghana & 16 autres*, p. 17.

[1697] *Aziagbede c/ Togo*, N°ECW/CCJ/JUD/29/16, point 22.

[1698] *Chude Mba c/Ghana & 16 autres*, N°ECW/CCJ/JUD/30/18, p. 18.

[1699] P. 14 de l'arrêt.

[1700] L'Article 77. 1 du traité de la CEDEAO prévoit que : « lorsqu'un État membre n'honore pas ses obligations vis-à-vis de la Communauté, la Conférence peut adopter

être prises par la Conférence des Chefs d'État pour faire exécuter les arrêts de la Cour. Ce qui constitue une limite objective liée à l'attitude diplomatique des États membres dans les hautes instances décisionnelles des organisations, consistant à ne pas froisser un État dans une quelconque démarche et à ménager les susceptibilités.

408 Le contrôle de l'exécution des décisions des cours de justice par la mise en place de sanctions pécuniaires devient nécessaire si on veut assurer la crédibilité de la justice communautaire. Les cours de justice doivent pouvoir adopter des sanctions sans intervention du pouvoir politique communautaire. L'expérience européenne en matière de sanctions judiciaires, constitue un bon exemple. Pour vaincre la résistance des États membres et renforcer l'efficacité de l'exécution des décisions, le juge communautaire doit pouvoir adopter des sanctions judiciaires. Sans cela, l'efficacité du droit communautaire serait compromise.

B) L'amélioration de la justice communautaire

409 La contribution de la justice communautaire africaine à l'intégration est perceptible à travers la jurisprudence. Mais quelques vulnérabilités ralentissent l'office du juge communautaire dans son action de contrôle de la légalité et de respect du droit. Outre l'inexécution des décisions, la résistance des États membres face aux cours de justice limite leur contribution au processus d'intégration. Pour éviter que les États contre-attaquent les cours africaines et sapent leur fonctionnement par l'adoption de mesures conjoncturelles, il y a lieu de recentrer la mission du juge communautaire. Cela permettra d'anéantir la crainte du syndrome de « gouvernement des juges » par les États membres. Les cours de justice africaines font face à plusieurs défis liés à leur organisation, à leur fonctionnement et à leur environnement. Certaines données constantes peuvent être confirmées : le contentieux communautaire ne touche qu'accessoirement les libertés économiques. Les États expriment une réticence traditionnelle à régler leurs différends par voie judiciaire. La procédure du renvoi préjudiciel est rarement

des sanctions à l'encontre de cet État membre ». Aussi, en vertu de l'article 16 (1, 2, 3) de l'Acte additionnel N°A/SP.13/02/12 du 17 février 2012 portant régime des sanctions à l'encontre des États membres, dans la mise en œuvre des sanctions, le Président de la Commission fait un rapport au Conseil qui à son tour formule une recommandation à la Conférence des Chefs d'État et de Gouvernement sur les sanctions à appliquer à l'État membre en cause.

utilisée. La volonté des cours de justice de jouer un rôle d'ingénieur de l'intégration est freiné par le comportement des États membres[1701].

410 Le constat fait par la *Vision stratégique 2018-2023* de la Cour africaine de l'Est est symptomatique des problèmes auxquels la justice communautaire africaine est confrontée[1702]. Selon la vision, les défis ou menaces identifiés sont : l'existence de juges ad hoc, les conditions de travail des juges, le financement, l'existence de mécanismes de règlement des différends dans d'autres protocoles, le manque de connaissance du mécanisme de renvoi préjudiciel et absence de mécanismes appropriés d'exécution des arrêts. Partant de ces éléments, nous formulons une série de recommandations pour une amélioration de la justice communautaire en Afrique.

411 Les cours africaines doivent privilégier la collaboration judiciaire avec les juridictions nationales. Ce n'est que par le dialogue, avec les juridictions nationales, que les cours africaines pourront assurer la pénétration du droit communautaire dans les ordres juridiques des États membres. Cela garantit une unité d'interprétation du droit communautaire. En plus du dialogue institutionnalisé, les cours de justice peuvent multiplier les rencontres avec les juridictions nationales à travers des séminaires de sensibilisation.

412 Les cours de justice compétentes, en matière de droit de l'homme, doivent assurer une cohérence d'ensemble dans la protection. Parfois, la confusion est faite entre contrôle de normes nationales et droit communautaire. Par exemple, pour garantir l'efficacité de son action et éviter une fragmentation de l'unité des ordres juridiques nationaux, la Cour de justice de la CEDEAO gagnerait à revoir son mécanisme de contrôle des procédures nationales par rapport aux droits de l'homme. Ce qu'elle gagne en popularité, elle risque de le perdre en crédibilité. La CJCEDEAO ne doit pas être ce que Joël Andriantsimbazovina appelle en parlant de la Cour européenne « un outil de désintégration des institutions ou des usages étatiques ayant fait leur preuve dans la protection des droits de l'homme ». C'est pourquoi, au-delà de la fonction subsidiaire qu'elle doit assumer dans le cadre de

---

[1701] TINO (E.), « The role of regional judiciaries in eastern and southern Africa », *op. cit.*, p. 163.
[1702] http://eacj.eac.int/wp-content/uploads/2013/09/EACJ-Strategic-Plan-2018-2023.pdf, consulté le 27 août 2019.

la protection des droits de l'homme, la Cour doit se doter d'un catalogue précis de protection des droits de l'homme. L'absence de texte clair et précis dédié à la protection des droits de l'homme, sur lequel la Cour pourrait se prononcer, assombrit son horizon. Par exemple, en Europe, la Convention européenne des droits de l'homme fait l'objet de consensus et constitue l'instrument de référence pour la Cour européenne dans le cadre du contrôle de respect des droits de l'homme. Au niveau de l'Union européenne, la norme de référence de la CJUE est la Charte des droits fondamentaux. Alors que la Cour de justice de la CEDEAO, même si elle privilégie la Charte africaine des droits de l'homme et des peuples, n'a pas de norme spécifique en matière de droits de l'homme, ce qui fait qu'elle interprète tous les textes internationaux de droits de l'homme.

413 L'institution de juridiction d'appel ou d'avocat général est une bonne pratique observable au niveau international. Au niveau de la Communauté Africaine de l'Est, à l'origine, il s'agissait d'une seule Cour mais par la suite la Cour a été éclatée en deux Chambres (Chambre de première instance et une Chambre d'appel). Ce mécanisme de double degré de juridiction permet toujours d'éviter les errements dans l'interprétation du droit. La même tendance est observée devant la Cour de justice de COMESA. Les cours CEMAC et UEMOA disposent d'avocats généraux.

414 Enfin, le statut et les capacités des juges doivent être renforcés. La réduction des moyens d'intervention des juges par les États est en soi scandaleux. La CJCEDEAO en a été victime. Le Président de la Cour, le juge Edward Amoako Asante, a même appelé au respect de la mémoire institutionnelle de la juridiction par la restauration du nombre de juges. Par ailleurs, la plupart des personnes nommées dans les cours de justice proviennent des cours suprêmes nationales des États membres. Beaucoup ne semblent pas avoir le profil de spécialisation poussée en droit communautaire, en droit international des droits de l'homme ou en droit international public. L'absence de spécialisation poussée dans ces domaines provoque des interprétations floues du droit communautaire.

415 Ces pistes de recommandations peuvent améliorer la justice communautaire en Afrique, favoriser une contribution substantielle à l'œuvre intégrative, et renforcer la légitimité du juge communautaire.

Conclusion du chapitre II

416 La légitimation de la fonction des cours de justice se trouve relativisée par l'attitude des États membres. L'examen de la jurisprudence a montré que ces derniers mènent une résistance contentieuse et institutionnelle. Cela se manifeste par la contestation de la compétence du juge communautaire et par la réticence exprimée par les États ou par les juridictions nationales dans l'application des décisions rendues. Les États membres déploient des stratégies pour contrecarrer l'activisme des juridictions communautaires. Ces stratégies aboutissent à des réformes conjecturelles et structurelles limitant l'organisation et le fonctionnement des cours de justice dans leur volonté de contribuer au processus communautaire. En outre, l'analyse de la pratique révèle que la plupart des décisions rendues ne sont pas immédiatement exécutées en raison de l'absence de mécanisme approprié d'exécution des arrêts ou de sanctions pécuniaires contre les États membres qui ne respectent pas leurs obligations. D'où la nécessité de renforcer la fonction des cours de justice dans le processus d'intégration.

Conclusion du titre II

417 La contribution des cours de justice, aux processus d'intégration, est en soi encourageante. Les juridictions communautaires ont su interpréter les dispositions des traités et protocoles pour justifier la légitimation de leur fonction. Celle-ci se trouve garantie par les textes communautaires qui fondent la légitimité de leur action. Le mode de désignation des juges et l'indépendance consacrée fournissent des éléments de légitimation de la fonction des cours de justice dans la construction communautaire. La place des cours africaines est renforcée par l'expression d'une certaine autorité variable en fonction des domaines d'intervention (droits de l'homme ou libertés économiques). Cependant, la légitimation des cours de justice se voit nuancée par la réaction de certains États membres. Ces derniers contestent la fonction normative des cours de justice en remettant en cause leur légitimité et leur autorité. Les États condamnés ont proposé des changements radicaux visant à contrôler l'office du juge communautaire africain. Les décisions rendues par ce dernier peuvent comporter une dimension politique sensible amenant les États membres à avoir une attitude hostile. Dès lors que leurs intérêts sont menacés dans les affaires vidées, l'exécution des décisions devient utopique. D'où l'importance de disposer d'un mécanisme efficace d'exécution des décisions rendues par les juridictions communautaires à travers la mise en place de sanctions pécuniaires.

Cela contribuera à renforcer l'efficacité de l'exécution des décisions et à assurer davantage la légitimation de la fonction juridictionnelle dans le processus d'intégration.

Conclusion de la deuxième partie

418 L'étude de cette partie a permis de démontrer la contribution déterminante des cours de justice au processus communautaire. L'examen scrupuleux de la jurisprudence africaine met en évidence une intégration par la promotion des droits de l'homme. Le contentieux communautaire africain reste marqué par les recours en violation des droits des particuliers. Sur la base de nombreuses saisines émanant des personnes physiques, les cours de justice ont su donner une effectivité des dispositions communautaires en garantissant un accès direct sans épuisement des voies de recours internes. La CJCEDEAO et la CJCAE ont favorisé, de façon libérale, un droit de saisine directe lorsque la violation des droits individuels est invoquée. Tandis que la CJCOMESA et le TSADC ont retenu une approche restrictive découlant de l'exigence de l'épuisement des voies de recours internes. Au-delà de la garantie du droit au juge, les cours de justice ont assuré la protection effective des droits civils et politiques avec comme indicateur de référence la défense de l'État de droit à l'intérieur duquel les abus de la puissance publique sont sanctionnés. Ainsi, les droits de l'homme sont au cœur de la construction communautaire dont les cours de justice assurent le respect par la sanction de leur violation. Les cours ont rappelé aux États membres leurs obligations positives en matière de protection des droits de l'homme. La promotion de ceux-ci par les cours de justice est facilitée par les méthodes d'interprétation utilisées. Les juridictions communautaires se sont inspirées de plusieurs sources internes et externes. Cela a permis d'asseoir un dynamisme interprétatif. En outre les cours de justice ont cherché les moyens de la légitimation de leur office. L'analyse des cours de justice a relevé que leur position institutionnelle est garantie et leur autorité renforcée. La pratique jurisprudentielle a favorisé la légitimation de la fonction du juge communautaire. Mais, l'attitude de certains États membres semble ralentir l'orientation des cours de justice en refusant de se plier aux décisions qu'elles rendent. L'effectivité de celles-ci favorise la crédibilité du juge et sa légitimation. La mise en place de sanctions judiciaires permet de renforcer l'efficacité dans l'exécution des décisions qui constituent le levier de communication du juge communautaire.

CONCLUSION GÉNÉRALE

419 La réflexion menée dans cette thèse a donné l'occasion de démontrer que la contribution des cours de justice en Afrique à l'intégration est marquée par une ambivalence liée, d'une part, au renforcement de l'intégration par le droit et, d'autre part, au caractère inachevé de l'intégration par la protection des libertés économiques. En plus, la contribution des cours africaines, à la construction communautaire, demeure déterminante par la promotion des droits de l'homme.

420 En effet, l'affirmation de la justice de l'intégration se caractérise par un souci de précision du système des voies de droit prévues par les traités et protocoles communautaires et par une volonté de contribution à la construction d'un ordre juridique autonome au sein duquel le règne du droit serait la marque de fabrique. Le juge africain, à l'instar de son homologue européen, a posé les principes fondateurs du droit de l'intégration tels que la primauté, l'effet direct et a défendu les principes structurants de l'ordre juridique communautaire notamment l'équilibre institutionnel. L'existence d'une jurisprudence embryonnaire, en matière de liberté économique, est en soi réconfortante même s'il faut regretter le faible usage de certaines voies de droit. Le renvoi préjudiciel, instrument naturel de pénétration du droit communautaire dans les ordres juridiques nationaux des États membres, n'a pas encore reçu ses lettres de noblesse en Afrique. Le chauvinisme du juge national et l'invocabilité rarissime de ce droit devant les prétoires nationaux en sont pour quelque chose. Le recours en manquement n'entre pas encore dans les habitudes contentieuses devant les juridictions communautaires africaines. Pour l'heure, l'emploi de ce type de recours par la commission contre un État membre ou par un État membre contre un autre État membre demeure impossible compte tenu de la persistance de l'affirmation de la souveraineté et de la préférence diplomatique du règlement des conflits. Cette situation n'est pas sans conséquence sur la viabilité du droit communautaire africain qui reste encore à ses débuts.

421 La contribution des cours de justice africaines est déterminante dans le domaine de la protection des droits de l'homme. C'est par ceux-ci que les juridictions communautaires se montrent avant-gardistes en assurant le respect du droit dans les ordres juridiques des communautés africaines. S'il existe un domaine dans lequel le juge communautaire africain semble bâtir son empire, c'est bien sur celui de la protection de la personne humaine contre les arbitraires des États membres. Les cours de justice apparaissent comme un moyen pour les justiciables de combler les carences de la protection des droits de l'homme dans les États membres. La saisine directe du juge communautaire des droits de l'homme sans épuisement des voies de recours internes pour constater la violation des droits des citoyens communautaires constitue une originalité dans la construction de l'intégration africaine. Passif sur le terrain des libertés économiques, actif dans le cadre de la protection des droits de l'homme, le juge communautaire semble emprunter la voie d'une intégration par les droits de l'homme, ce qui le singularise dans son approche de contribution à l'œuvre intégrative. Il est vrai que la réalité contentieuse ne présente pas une homogénéité dans les prétoires des cours de justice. D'une part, la CJCEDEAO assure la protection des droits de l'homme en se fondant sur les Traités, les Protocoles communautaires, la Charte africaine des droits de l'homme et des peuples ainsi que les conventions internationales auxquelles les États ont adhéré. La Cour exploite opportunément les instruments de protection des droits de l'homme pour assoir sa compétence avec un activisme judiciaire à des fins de préservation des droits reconnus aux individus. D'autre part, La CJCAE refuse de reconnaître toute compétence de contrôle du respect des droits de l'homme par les États membres mais avoue de manière ouverte sa fonction principale d'assurer l'interprétation du Traité et principes fondamentaux de l'intégration tels que l'État de droit, la justice sociale, la promotion des droits de l'homme et la bonne gouvernance. En plus, le TSADC a affirmé sa compétence de protéger les droits de l'homme, la démocratie et l'État de droit sans que son traité constitutif ne l'ait prévu. Les cours de justice de la CEMAC, du COMESA et de l'UEMOA n'ont pas encore conquis une compétence dans le domaine du contentieux direct des droits de l'homme. En revanche, elles garantissent le respect du droit et la légalité communautaire dans leurs ordres juridiques en affirmant des principes tels que le droit au juge pour les justiciables.

422 Eu égard à ces éléments, on peut retenir que la construction communautaire en Afrique, après qu'elle a été saisie par le droit, se voit appuyée par la justice. Cela atteste le progrès remarquable du droit communautaire africain nonobstant la résistance affichée des États membres face à l'autorité des cours de justice. La légitimité de ces dernières se trouve remise en cause par la volonté des États de limiter leurs pouvoirs et d'éviter toute reproduction d'une « Afrique des juges ». Néanmoins, cela ne déroute pas les juges de leur mission de gardiens des objectifs d'intégration.

423 Par ailleurs, il faudra noter que le phénomène de judiciarisation de l'intégration africaine revêt quelques tendances, méritant qu'on y prête davantage attention dans les futures recherches académiques afin de contribuer au développement du droit communautaire. D'abord, l'intervention des cours de justice souligne l'importance du contexte dans la production du droit. Le droit communautaire appliqué dans le contexte africain aboutit à des résultats contrastés : une protection considérable des droits de l'homme et un faible affermissement des libertés de circulation. Ce constat laisse transparaitre l'importance du contexte dans l'application du droit et le rapport de celui-ci avec la culture. L'intégration porte l'identité des peuples et des États membres. La force du droit qui l'accompagne reste tributaire de la culture des peuples. Ensuite, l'analyse des rapports entre les cours communautaires africaines contribuant à une convergence du droit de l'intégration africaine serait une piste à ne pas négliger dans les futures recherches. Les cours de justice africaines se citent entre elles. Cela augure de bonnes nouvelles pour le dialogue des juges et la convergence des systèmes juridiques communautaires africains.

424 La montée en puissance du juge communautaire, symbole d'un nouveau constitutionnalisme africain, est marquée par l'encadrement du pouvoir des institutions communautaires et des États et par la protection accrue des droits de la personne humaine. Le juge communautaire africain a contribué à ériger les fondamentaux de l'intégration à travers l'interprétation du droit communautaire. C'est ainsi que plusieurs principes essentiels, guidant l'intégration, ont été posés : la sécurité juridique, la préservation de la paix sociale, le respect de l'État de droit et de la gouvernance, la garantie de l'équilibre institutionnel, le principe de la compétence exclusive, la justiciabilité générale des actes communautaires, le rejet de la théorie des actes de gouvernement, l'interdiction systématique de la détention arbitraire, la primauté et l'effet direct du droit communautaire, l'obligation pour les États membres d'exécuter les décisions, le respect de la dignité humaine et de la propriété, la libre circulation des marchandises et des personnes, etc. Les tendances jurisprudentielles montrent l'affirmation du cours de justice dans la construction communautaire que les États cherchent à contrebalancer à tout prix.

425 Au demeurant, il serait souhaitable de poursuivre la réflexion sur les rapports entre les cours de justice et les cours constitutionnelles africaines adoptant des approches différentes. Aussi, une attention doit être accordée aux nouvelles menaces pesant sur l'intégration : le blanchiment des capitaux, le financement du terrorisme, la cybercriminalité, la traite des personnes et les flux financiers illicites. Ces fléaux provoquent une vulnérabilité de l'État préoccupé par la préservation de la sécurité, la démocratie, le développement économique et social, la transparence et la redevabilité. Dans ces conditions, la contribution du juge devient pressante afin de sauvegarder l'intégrité de l'État de droit et l'intégration ébranlée par les nouveaux défis sécuritaires et sanitaires.

RÉFÉRENCES BIBLIOGRAPHIQUES

I- Ouvrages généraux

BREMOND (J.) & GELEDAN (A.), *Dictionnaire économique et social*. Paris, Hatier, 1990, 406 p.

BLUMANN (C.), DUBOUIS (**L.**), *Droit institutionnel de l'Union européenne*. LexisNexis, 6e édition, 2016, 922 p.

BOUTAYEB (C.), *Droit matériel de l'Union européenne*. LGDJ, 2e éd., 2012, 266 p.

CAPITANT (H.*), Comment il faut faire sa thèse de doctorat en droit*. Paris, Dalloz, 1926, 79 p.

CHAMPEIL-DESPLATS (V.), *Méthodologies du droit et des sciences du droit*. Dalloz, 2014, 429 p.

COMBACEAU (J.), SUR (S.), *Droit international public*, Montchrestien, 9e édition, 2010, 820 p.

CORNU (G.), *Vocabulaire juridique*. Association Henri Capitant. PUF, 2011, 1079 p.

DAILLET (P.), FORTEAU (M.), PELLET (A.), *Droit international public*. LGDJ, 8e édition, 2009, 1709 p.

DEUMIER (P.), *Le raisonnement juridique, Recherche sur les travaux préparatoires des arrêts*. Dalloz, 2013, 269 p.

DUBOUIS (L.), BLUMANN (C.), *Droit matériel de l'Union européenne*. 6e éd., Montchrestien, 2012, 801 p.

GAUTHIER (C.), PLATON (S.), SZYMCZAK (D.), *Droit européen des droits de l'homme*. Sirey, 2017, 518 p.

IBRIGA (L.-M.), *Droit communautaire ouest africain*. Université Ouaga II, 2012, 258 p.

IBRIGA (L.-M.), COULIBALY (S.-A.), SANOU (D.), *Droit communautaire ouest africain*. Collection Précis de droit burkinabé, 2012, 510 p.

ISAAC (G.), BLANQUET (M.), *Droit général de l'Union européenne*. Sirey, 10e éd. 2012.

JAMIN (C.), *La cuisine du droit.* LGDJ, 2012, 277 p.

OST (F.) et KERCHOVE (M.), *De la pyramide au réseau ? Pour une théorie dialectique du droit*. Université de Saint-Louis, Bruxelles, 2010, 597 p.

PESCATORE (P.),

- *Introduction à la science du droit*, Bruylant Bruxelles, 2009, 592 p.
- *Initiation à la méthode scientifique à l'intention des étudiants en Sciences humaines*, Bruylant, 2008, p. 11.

RAWLS (J.), *Théorie de la justice*. Éditions du Seuil, 1997, 665 p.

ROUX (J.), *Droit général de l'Union européenne*. LexisNexis, 2012, 426 p.

SALMON (J.) ss. dir., *Dictionnaire de droit international public. Bruylant*, 2001, p. 1198.

SHELTON (D. L.), *International Human rights Law*. Edward Elgar Publishing, 2014, 331 p.

SIMON (D.), *Le système juridique communautaire*. PUF, 1997, 779 p.

SUDRE (F.), *Droit européen et international des droits de l'homme*. PUF, 13e édition, 2016, p. 843.

II- Ouvrages spécialisés, Recueils de cours et Thèses

ADAMOU (I.), *Le nouveau droit des marchés publics et la rationalisation de la dépense publique au Niger et au Sénégal*. Thèse de doctorat, Université de Dakar, octobre 2015, p. 389.

ABEFE ALABI (M. O.), *Analysis of the Role of the ECOWAS Court in Regional Integration* in West Africa, School of Law. University of Leicester, 2013, 183 p.

AGBODJAN (S. A.), *La juridictionnalisation des droits de l'homme à la faveur d'une intégration économique, l'expérience de la CEDEAO*. Thèse, Université Paris 2 Panthéon Assas, 4 juin 2018, 491 p.

ALTER (K. J.), *The New Terrain of International Law, Courts, Politics, Rights*. Princeton University Press, 2013, 450 p.

ARTHAUD (V.), *Le principe de l'équilibre institutionnel dans l'Union européenne.* Thèse de doctorat, 28 octobre 2003, 594 p.

BAKO (P. J.-B.), *Les méthodes d'interprétation des Cours de justice des organisations d'intégration africaine*. Thèse Université de Rennes, décembre 2019, 669 p.

BARDELEBEN (E. V.) et autres, *La Cour de justice de l'Union européenne et le droit du contentieux européen*. La documentation française, 2012, 325 p.

BAILLEUX (J.), *Penser l'Europe par le droit. L'invention du droit communautaire en France*. Dalloz, 2014, 484 p.

BAUMANN (P.), *Le droit à un environnement sain au sein de la Cour européenne des droits de l'homme*. Thèse, Université de Nantes, 2018, 639 p.

BENLOLO CARABOT (M.), *Les fondements juridiques de la citoyenneté européenne*. Bruylant 2007, 769 pages.

BIPOUN-WOUM (J. M.), *Le droit international africain. Problèmes généraux, règlements des conflits*. LGDJ, 1970, 327 p.

BORKENFORD (M.), KANTE (B.), ss. dir., *Les juridictions constitutionnelles en Afrique de l'Ouest, Analyse comparée*. IDEA international, 2016, 192 p.

BOUDANT (J.), *La Cour de justice des Communautés européennes*, « connaissance du Droit ». Dalloz, 2005, 164 p.

BOYD (D. R.), *The environmental Rights Revolution. A global study of Constitutions, Human Rights and the Environment*. UBC Press, 2012, 422 p.

CAPPELLETTI (M.), SECOMBE (M.), WEILLER (J.), *Integration Through Law, Methods, Tools and Institutions*. Volume 1, Bruxelles. New York, 1986.

CEREXHE (E.), LE HARDY DE BEAULIEU (L.), *Introduction à l'union économique ouest-africaine*. De Boeck, Larcier, 1997, 157 p.

CHEVALLIER (J.), *L'État de droit*. Montchrestien, 5e édition, 2010, 128 p.

COMMAILLE (J.), DUMOULIN (L.) et ROBERT (C.), ss. dir., *La juridicisation du politique*. Paris, LGDJ, Lextenso, éditions, 2010, 250 p.

CONAC (G.), ss. dir., *Dynamiques et finalités des droits africains*. Economica, 1980, 509 p.

DEHOUSSE (R.), *La Cour de justice des Communautés européennes*. Montchrestien, 2e éd. 1997, 158 pages.

DELANLSSAYS (T.), *La motivation des décisions juridictionnelles du Conseil d'État*. Thèse de doctorat, Université de Lille 2, le 13 décembre 2017, 989 p.

DIALLO (M.), *La contribution du juge communautaire à la construction du droit des organisations d'intégration en Afrique*. Thèse de doctorat, Université de Dakar, 6 février 2019, 401 p.

DIOMPY (A. H.), *Le paradoxe de l'internationalisation du droit constitutionnel en Afrique. Réflexions sur les interactions normatives, institutionnelles dans l'espace CEDEAO*. Thèse, Université de Bordeaux, 2017, 1056 p.

EBORBRAH (S. T.), TANOH (A.), *Compendium of African Sub-regional Human rights Documents*. Pretoria University Law Press, 2010, 510, p.

FALL (I. M.), *Le pouvoir exécutif dans le constitutionalisme des États d'Afrique*. L'Harmattan, 2008, 310 p.

FALL (M.), *Les manquements de la France au droit de l'Union européenne*. Éditions universitaires européennes, 2016, 140 p.

FAU-NOUGARET (M.), ss. dir., *La concurrence des organisations régionales en Afrique*. L'Harmattan, 2008.

FLAESCH-MOUGIN (C.) et LEBULLENGER (J.), ss.dir., *Regards croisés sur les intégrations régionales : Europe, Afrique, Amériques, Afrique*. Bruxelles, Bruylant, 2010, 511 p.

FRITZ (V.),

- *Contribution à l'histoire de la Cour de justice de l'Union européenne à travers des biographies historiques de ses premiers membres (1952-1972)*. Université d'Aix-Marseille, 437 p.

- *Juges et avocats généraux à la Cour de justice de l'Union européenne (1952-1972). Une approche biographique de l'histoire d'une révolution juridique*. Vittorio Klostermann, 2018, 396 p.

GATHII (J. T.), *African Regional Trade Agreements as legal regimes. Cambridge international Trade and Economic Law*, 2013, 471 p.

GUILLARD (C.), *L'intégration différenciée dans l'Union européenne*. Bruylant 2006, 619 p.

GAUDIN (H.), BLANQUET (M.), ANDRIANTSIMBAZOVINA (J.), FINES (F.), ss. dir., *Les grands arrêts de la Cour de justice de l'Union européenne*. Dalloz, Tome 1, 2014, 1001 p.

GLELE-AHANHANZO (M.), *Introduction à l'Organisation de l'Unité africaine et aux organisations régionales africaines*. LGDJ, 1986, 574 p.

GONIDEC (P. F.), *Les organisations internationales africaines, étude comparative*. L'Harmattan, 1987, 303 p.

HENNEBEL (L.), TIGROUJA (H.), *Traité de droit international des droits de l'homme*. Pedone, 2016, 1705 p.

HOURQUEBIE, *Le juge sous la Ve République, entre pouvoir et contre-pouvoir. Contribution au débat sur la notion de contre-pouvoir*. Thèse de doctorat, Université Montesquieu-Bordeaux IV, soutenue le 20 décembre 2003, 929 p.

IBRIGA (L. M.),

- ss.dir., *Le partenariat Europe-Afrique et les intégrations régionales*. Bruylant, 2012, 426 p.
- *L'évolution des systèmes d'intégration économique en Afrique occidentale francophone* : Le cas de la CEAO. Thèse de Doctorat, Université Nancy II, 1991, 517 p.

KAMTO (M.),

- *Pouvoir et droit en Afrique noire : essai sur les fondements du constitutionnalisme dans les États d'Afrique noire francophone*. LGDJ, 1987, p. 47.
- ss. dir., *La Charte africaine des droits de l'homme et des peuples et le Protocole y relatif portant création de la Cour africaine des droits de l'homme. Commentaire article par article*. Bruxelles, Bruylant, 2011, 1628 p.

KAUFFMAN (P.), YVARS (B.), *Intégration européenne et régionalisme dans les pays en développement*. L'Harmattan, 2004, 344 p.

KENFACK (J.), *Les actes juridiques des Communautés et organisations internationales d'intégration en Afrique centrale et occidentale*. Thèse Université de Yaoundé II, 415 p.

KEMFOUET KENGNY (E. D.), *Les juridictions des organisations d'intégration économique en Afrique*. LGDJ, 2018, 416 p.

KLEIS (J.), *African Regional Communities Courts and their Contribution to Continental Integration*. Nomos, 2016, 391p.

KOUASSI (E. K.), *Organisations internationales africaines*. Berger-Levrault, 1987, 485 p.

KOVAR (R.), « La contribution de la Cour de justice à l'édification de l'ordre juridique communautaire » : 15-122, Collected *Courses of the Academy of European Law*, Volume IV, Book 1, Kluwer Law international, 1995.

LE BOT (F.), *Le principe de l'équilibre institutionnel*. Thèse de doctorat, Université Panthéon Sorbonne, 13 décembre 2012, 597 p.

LE GOAS (S.), *L'indépendance de la Cour de justice de l'Union européenne*. Thèse de Doctorat, Université de Nantes 11 décembre 2014, 685 p.

LE QUINO (A.), *Recherche sur la circulation des solutions juridiques : le recours au droit comparé par les juridictions constitutionnelles*. Fondation Varenne, Collection thèse, 2011, 522 p.

LENAERTS (K.), *Le juge et la Constitution aux États-Unis d'Amérique et dans l'ordre juridique européen*. Bruxelles, Bruylant, 1988, 817 p.

MAHIOU (A.), « Le cadre juridique de la coopération Sud-Sud : quelques expériences d'intégration ». *RCADI*, volume (241), 1993, pp. 9-292.

MALENOVSKY (J.), *L'indépendance des juges internationaux*. *RCADI*, volume 349, 2011, pp. 1-268.

MBACKE (M. M.), *La Cour de justice de l'Union économique et monétaire ouest-africain (UEMOA)*. EDJA, 1999, 118 p.

MOUTON (J.-D.), SOULARD (C.), *La Cour de justice des Communautés européennes*. « Que sais-je ? ». PUF, 2004, p. 127 p.

MOUTON (J. D.), *Étude de la méthode d'interprétation dite de l'effet utile en droit international public. Contribution à la compréhension de l'idée juridictionnelle du droit*. Thèse, Université de Nancy, 1987, 868 p.

NGOM (M.), *Droit et intégration économique dans l'espace UEMOA : le cas de la régulation juridique de la concurrence*. Thèse de doctorat, Université de Nantes, 2007, 581 p.

NALULE (C.), *Advancing Regional Integration: Migration Rights of citizen in the East African Community*. Thesis, University of Witwatersrand, 2017, p. 210.

OPPONG (R. F.), *Legal aspects of Economic Integration in Africa*. Cambridge University Press, 2011, 320 p.

OST (F.), Van de KERCHOVE (M.), *De la pyramide au réseau ? pour une théorie dialectique du droit*. Bruxelles, 2002, 598 p.

OST (F.), *A quoi sert le droit ? usages, fonctions, finalités*. Coll. « Penser le droit », Brulyant, 2016, p. 570 p.

OUGUERGOUZ (F.), *La Charte africaine des droits de l'homme et des peuples. Une approche juridique des droits de l'homme entre tradition et modernité*. PUF, 1993, 479 p.

PESCATORE (P.),

- *Le droit de l'intégration : émergence d'un phénomène nouveau dans les relations internationales selon l'expérience des Communautés européennes*. Bruylant, 2005, 100 p.
- *L'ordre juridique des communautés européennes*. Bruylant, 2006, 334 p.

PENA PINON (M.), *La fonction juridictionnelle au service de l'intégration Sud-américaine*. Luxembourg Legal Studies, Nomos, 2017, 721 p.

POSSY (A.), The East African Court of Justice: Towards effective protection of human rights in the East African Community ». *Centre for Human Rights, Faculty of Law, University of Pretoria*, November 2014, 351 p.

PRISO-ESSAWE (S. J.), *Intégration économique et droit en Afrique centrale. Étude de la « Zone UDEAC »*. Université Montpellier 1, 1997, 459 p.

RAMBAUD (T.), *Introduction au droit comparé. Les grandes traditions juridiques dans le monde*. PUF, 2014, 296 p.

REMEDEM (A.), *La protection des droits fondamentaux par la Cour de justice de l'Union européenne*. Thèse, Université d'Auvergne Clermond Ferrant I, 2013, 469 p.

RIALS (S.), *Le juge administratif français et la technique du standard (Essai sur le traitement du pouvoir juridictionnel de la normalité)*. LGDJ, 1980, 563 p.

RIDEAU (J.),

- *Les aspects juridiques de l'intégration économique*. Colloque 1971, Sijthoff, Leiden, 1972, 620 p.
- *Le rôle de l'Union européenne en matière de protection des droits de l'homme*. *RCADI*, tome (265), 1997, 456 p.

REICHARD (C.), *The Logic of International Courts: An Exploration of the East African Court of Justice. Thesis, Center on Democracy, Development and the Rule of Law*, 2015, 105 p.

SAKHO (P. O.), « La Cour suprême face au droit communautaire » in *Mélanges en l'honneur de Babacar Kanté, Actualités du droit public et de la science politique*. L'Harmattan, 2018, pp. 739-752.

SALL (A.),

- *Le contentieux de la violation des droits de l'homme devant la Cour de justice de la CEDEAO*. L'Harmattan, 2019, 264 p.
- *La justice de l'intégration, réflexions sur les institutions judiciaires de la CEDEAO et de l'UEMOA*. Éditions CREDILA, 2011, 389 p.
- *La justice de l'intégration, Réflexions sur les institutions judiciaires de la CEDEAO et de l'UEMOA*. Deuxième édition revue, corrigée et augmentée. L'Harmattan, 2018, 480 p.
- *Les mutations de l'intégration des États en Afrique de l'Ouest. Une approche institutionnelle*. L'Harmattan, 2007, 187 p.

SANOU (D.), *La juridictionnalisation des organisations régionales d'intégration économique en Afrique*. Thèse, Université Paris 1, 2012, 721 p.

SARR (A. Y.), *L'intégration juridique dans l'Union économique et monétaire ouest-africaine (UEMOA) et dans l'Organisation pour l'harmonisation du droit des affaires en Afrique (OHADA)*. PUAM, 2008, 654 p.

SIMON (D.),

- *L'interprétation judiciaire des traités d'organisations internationales, morphologie des conventions et fonction juridictionnelle*. Paris, Pedone, 1981, 936 p.
- *Recours en constatation de manquement*. J.Cl. Europe Traité, Fasc. 380-1, 2011. p. 2.

SOW (I.), *La protection de l'ordre juridique sous régional par les Cours de justice : Contribution à l'étude de la fonction judiciaire dans les organisations ouest-africaines d'intégration*. Thèse, Université Montesquieu-Bordeaux IV, 2013, 329 p.

TALL (S. N.),

- *Droit du contentieux international africain*. L'Harmattan, 2018, 556 p.
- *Droit des organisations internationales africaines*. L'Harmattan, 2018, 547 p.

THIAM (D.), *Le fédéralisme africain. RCADI*, tome (126), 1969, pp. 317-398.

TSANGA NDOMO (C. L.), *Les effets des décisions de la Cour de justice de la CEMAC. Contribution à l'étude d'une justice intégrative inspirée du modèle communautaire européen*. Université de Nantes, Thèse, 2017, 568 p.

UKAIGWE (J.), *ECOWAS Law*. Springer, 2016, 372 p.

UGIRASHEBUYA (E.), and others, *East African Community Law, Institutional Substantive and Comparative EU Aspects*. Brill Nijhoff, Leiden Boston, 2017, 539 p.

VAUCHEZ (A.), *L'Union par le droit, l'invention d'un programme institutionnel pour l'Europe*. Sciences Po Les Presses, 2013, 398 p.

VILJOEN (F.), *International Human Rights Law in Africa*. Oxford University Press, 2nd Edition, 2012, 622 p.

WODIE (F.), *Les institutions internationales régionales de l'Afrique occidentale et centrale*. Paris LGDJ, 1970.

ZONGO (R. L. M.), *L'Union de droit au sein de l'Union Économique Monétaire Ouest-Africain (UEMOA). Étude à la lumière du droit de l'Union européenne*. Thèse de doctorat, Université de Genève, 6 Juillet 2018, 538 p.

III- Articles

ADEPOJU (A.) « Promoting integration through mobility: free movement and the ECOWAS Protocol ». *Research Paper UNCHR*, N°150, December 2007, pp. 1-29.

ADEWOYE (O.), « Constitutionnalisme et intégration économique », *in Intégration et coopération régionale en Afrique de l'Ouest*. Karthala-CRDI, 1996, p. 371-384.

ADJOLOHOUN (H. S.), « The Ecowas Court as a human Rights Promotor? Assessing five years' impact of the Koraou Slavery judgment ». *Netherlands Quarterly of Human Rights*, Vol. 31/3 (2013), pp. 342-371.

AFADAMEH-ADEYIMI (A.), « Barry Gondo & 8 Others v The Republic of Zimbabwe, SADC (T) 05/2008 ». *SADC Law Journal*, 2011, pp. 203-205.

AHADZI-NONOU (K.), « Remarques sur la jurisprudence de la CEDEAO », in *Entre les ordres juridiques, Mélanges en l'honneur* *du Professeur François Hervouet*. Presse Universitaire de Poitiers, 2015, pp. 19-27.

AIVO (G.), « La Cour de justice de la CEDEAO et Charte africaine des droits de l'homme ». *Revue Annales Africaines*, Vol. 2, n°7, décembre 2017, pp. 361-404.

AKPO (E.), « Contribution de la Cour de justice de l'UEMOA à l'enracinement de l'intégration économique et monétaire ». Communication présentée à la *Rentrée solennelle de l'année judiciaire 2018-2019*, le 18 octobre 2018, 17 p.

ALAIN (J.), « International decisions, Hadijatou Mani Koraou v. Republic of Niger No. ECW/CCJ/JUD/06/08, october 27, 2008, *American Journal of International Law*, No. 2, April 2009, pp. 311-317.

ALLARD (J.), VAN DEN EYNDE (L.), « Le dialogue des jurisprudences comme sources du droit, arguments entre idéalisme et scepticisme » : 285-315, in *Les sources revisitées du droit, Normativités concurrentes*, Volume 3, 2013.

ALTER (J. K.), HOOGHE (L.), « Regional Dispute Settlement ». *iCourts Working Paper Series*, No. 62, 2016.

ALTER (K. J.), « The Global Spread of European Style International Court ». *West European Politics*, Vol. 35, n° 1, January 2012, pp. 135-154.

ALTER (K. J.), HELFER (L. R), McAllister (J. R.), « A New International Human Rights Court for West Africa: The ECOWAS Community Court of justice », *American Journal of International Law*, vol. 107, 2013, pp. 737-779.

ALTER (K. J.), GATHI (J. T.), HELFER (L. R.), « Backlash Against International Courts in West, East and Southern Africa: Causes and Consequences ». *iCourts Working paper* n°21, 12 may 2015, 43; *The European Journal of International Law*, Vol. 27, no. 2, 2016, pp. 293-328.

ALTER (K. J.), HELFER (L. R.),

- « Nature or Nurture? Judicial Lawmaking in the European Court of Justice and the Andean Tribunal of Justice ». International Organization 64, 2010, pp. 563-92.
- « Legal Integration in the Andes: Lawmaking by the Andean Tribunal of Justice ». *European Law Journal*, Vol 17, No 5, September 2011, pp. 701-715.

ALTER (J. K.), HELFER (L. R.), MADSEN (R. M.), « How Context shapes the Authority of International Courts? ». *iCourts, Working Paper Series*, No. 18 September 2015.

ALTER (J. K.),

• « The Evolving International Judiciary ». *Annual Review of Law and Social Science*, June, 2011, pp. 387-415.

• « The Multiple Role of International Courts and Tribunal: Enforcement, Dispute Settlement, Constitutional and Administrative review ». *Faculty Working paper*, 2012, 28 p.

ANDRIANTSIMBAZOVINA (J.),

• « Rapport introductif, Quelques réflexions liminaires sur la protection des droits de l'homme par les cours supranationales » : 13-26, *in La protection des droits de l'homme par les cours supranationales, Actes de colloques des 8 et 9 octobre 2015*. Publication de l'Institut international des droits de l'homme, n°31, 2016.

• « Intégration et droits de l'homme. Quelques éléments introductifs » : 13-39, *in Intégration et droits de l'homme*, mare & martin, 2018.

ANNE-MAIDOH (T.),

• « Establishing Independent and effective regional courts : Lessons learnt from the Economic Community of West African States (ECOWAS) » : 1-29, *in Exploring the role of National Human Rights Commissions in regional efforts to create a strong SADC Tribunal*, 24-25 February, 2016.

• « Access to the Court », *in The jurisprudence of the Ecowas Court of justice from 2003-2014*. The Sixth Judicial Retreat of Community Court of Justice, Ecowas, 5th to 10th October 2014.

• « Exécution des arrêts de la Cour de justice de la Communauté, CEDEAO » : 28, in *Protection des droits de l'homme : Facteur de consolidation de la paix en Afrique de l'Ouest, Conférence internationale*, CEDEAO, Conférence internationale, Bamako, du 18 au 21 avril 2018.

AZOULAI (L.),

• « Le rôle constitutionnel de la Cour de justice des Communautés européennes tel qu'il se dégage de sa jurisprudence ». *RTDE*, 2008, p. 29-45.

• « La fabrication de la jurisprudence communautaire », *in Dans la fabrique du droit européen, scènes, acteurs et publics de la Cour de justice des Communautés européennes*, MBONGO (P.) et VAUCHEZ (A.), ss. dir., Bruylant, 2009, pp. 153-169.

• « « Integration through law » and us », *International Journal of Constitutional Law*. Vol. 14, issue 2, april 2016, pp. 449-463.

BAECHLER (L.), « Intégration européenne et libertés économiques ». *Revue d'études sur la construction européenne et le fédéralisme*, n°381, 2016, pp. 25-32.

BAILLEUX (A.),

• « Les traductions de la Cour de justice. La libre circulation et ses dérogations entre domination, transposition et reconnaissance ». *RIEJ*, 2007/1, pp. 63-97.

• « Les alliances entre la libre circulation et droits fondamentaux. Le flou au cœur de la jurisprudence communautaire ». *Journal de droit européen*, n°160, 2009, pp. 157.

BANJO (A.), « The ECOWAS Court and the Politics of Access to justice in West Africa ». *Africa Development*, Vol. XXXII, n° 1, pp. 69-87.

BARBATO (J. C.),

• « Le traité de Rome et la Culture ou les ambivalences du fonctionnalisme ». *Revue de l'Union européenne*, 2018, pp. 363-369.

• « L'affirmation de la justice étatique comme appareil judiciaire européen est-elle compatible avec la souveraineté nationale ». *Politeia*, n°25, 2014, p. 189-207.

BEN ACHOUR (R.), « L'intégration et les droits de l'homme en Afrique, le point de vue d'un juge » : 341-351, *in* Andriantsimbazovina (J) ss. dir., *Intégration et droits de l'homme*, mare & martin, 2018.

BENHAMOU (A.),

• « L'apport de la Cour de justice maghrébine à la construction d'un ordre juridique communautaire ». *Revue africaine de droit international comparé*, 1995, pp. 349-359.

• « Les mutations du régionalisme dans les pays en développement ». *Revue africaine de droit international comparé*, n°4 1996, pp. 871-903.

BENLOLO CARABOT (M.), « L'influence extérieure de l'Union européenne » : 62-91, *in Union européenne et droit international*, Paris, Pedone, 2012.

BERGEL (J. L.), « La relativité du droit ». *RRJ*, 1986-3, p. 17. pp. 15-22.

BERTRAND (B.),

- « La nouvelle approche du droit de l'intégration » : 553-571, *in L'identité du droit de l'Union, mélanges en l'honneur de Claude Blumann*, Bruylant 2015.
- « Le principe de l'équilibre institutionnel : la double inconstance ». *Revue Europe*, juin 2016, pp. 5-10.

BETTATI (M.), « Le law-making power de la Cour ». *Pouvoirs*, n°48, 1989, pp. 57-70.

BIGOT (G.), « Histoire de la motivation en droit public français » : 47-61, *in* Sylvie Caudal, ss.dir., *La motivation en droit public*. Dalloz, 2013.

BLUMANN (C.),

- « 60 ans du Traité de Rome ». *La Semaine juridique, Édition Générale*, n°12 du 20 mars 2017, pp. 561-562.
- **BLUMANN (C.)**, « L'office du juge communautaire ». *Regards sur l'actualité*, août, 2000, p. 72-78.
- « Équilibre institutionnel et séparation des pouvoirs en droit communautaire ». *Clés pour le siècle*, Paris, Dalloz 2000, p. 1639-1659.

BONICHOT (J. C.), « L'accès au juge communautaire ». *Justice et cassation* ? pp. 32- 37.

BORELLA (F.), « Modèles » européens et organisations économiques internationales » : 34-46, *in L'Europe dans les relations internationales, unité et diversité*. Colloque de Nancy SFDI, 1982.

BORIS (B.), « L'autorité du juge et la recherche de l'adhésion ». *Les cahiers de la justice*, 2013, pp. 151-159.

BOULOUIS (J.), « À propos de la fonction normative de la jurisprudence. Remarques sur l'œuvre jurisprudentielle de la Cour de justice des Communautés européennes » : 149-162, *in mélanges Waline, le juge et le droit public*. Tome 1, LGDJ, 1974.

BRAIBANT (G.), « L'environnement dans la Charte des droits fondamentaux de l'Union européenne ». *Cahiers du Conseil constitutionnel*, n°15, janvier 2004.

BROWN (L.), « Nigeria and the Ecowas Protocol on free Movement and Residence ». *The Journal of Modern African Studies*, Vol. 27. 2 (Juin 1989), pp. 251-273.

BRUCK (V.), LARCHE (M.), « La motivation des décisions de la Cour européenne des droits de l'homme ». *Annuaire international de justice constitutionnelle*, 2013, pp. 65-83.

BURGORGUE-LARSEN (L.),

- « Le décloisonnement. La technique reine d'interprétation des traités de protection des droits de l'homme » : 71-96, in *Mélanges dédiés à Francis V. Wodié*. Presse de l'Université 1 capitole, 2016.
- « La régionalisation du développement ». SFDI, Colloque de Lyon, 2015, p. 431.
- « Les méthodes d'interprétation de la Cour interaméricaine des droits de l'homme. Justice in context ». *RTDH*, n°97, 2014, pp. 31-79.
- « Le constitutionnalisme « vert », Much ado about nothing ? » : 909-921, *in Unité et diversité du droit international, Écrits en l'honneur du Professeur Pierre Marie Dupuy*, ss. dir., Denis Alland et autres. Martinus Nijhoff Publishers, 2014.
- « La structure institutionnelle de l'ordre internationale » : 375-402, *in Droit des organisations internationales*. LGDJ, 2013.
- « Le bannissement de l'impunité : Décryptage de la politique jurisprudentielle de la Cour interaméricaine des droits de l'homme ». *RTDH*, n°89, 2012, pp. 3-42.
- « De l'internationalisation du dialogue des juges » : 95-130, in *Mélanges en l'honneur du président Bruno Genevois*, Dalloz, 2009.
- « Le fait régional dans la juridictionnalisation du droit international » : 201-264, in *La juridictionnalisation du droit international*. Colloque de SFDI de Lille. Pedone 2003.
- « Prendre les droits communautaires au sérieux. La force d'attraction de l'expérience européenne en Afrique et en Amérique latine » : 653-580, *in Les dynamiques du droit européen en début de siècle, études en l'honneur de Jean Claude Gautron*. Pedone, 2004.

CADIET (L.), « le spectre de la société contentieuse » : 29-50, *in Écrits en hommage à Gérard Cornu Droit civil, procédure linguistique juridique*. PUF, 1994.

CANIVET (G.), MOLFESSIS (N.), « La politique jurisprudentielle » : 79-97, in *Mélanges en l'honneur de Jacques Boré, La création du droit jurisprudentiel*, Dalloz 2007.

CANIVET (G.), « L'influence de la comparaison des droits dans l'élaboration de la jurisprudence » : 133-144, in *Études offertes au Professeur Philippe Malinvaud*, 2007.

CAUDAL (S.), « Rapport introductif » : 3-20, *in La motivation en droit public*. Dalloz, 2013.

CASERTA (S.), "The contribution of the Caribbean Court of justice to the Development of human and Fundamental Rights", *Human Rights Law Review*, pp. 1-15.

CARTOU (L.), « La Cour de justice des Communautés européennes et le droit communautaire » : 163-173, *in mélanges Waline*, le juge et le droit public, tome 1, LGDJ, 1974.

CAPPELLETTI (M.), GOLAY (D.), « The Judicial Branch in the Federal and Transnational Union: its impact on Integration » : 261-351, in *Integration Through Law*. Book 2, Berlin-New York, 1986.

CEREXHE (E.), « Les tentatives d'intégration régionale ». *Revue burkinabé de droit*, n° 15, janvier 1989, pp. 29-37.

CHAMPEIL-DESPLATS (V.), TROPER (M.), « Proposition pour une théorie des contraintes juridiques » : 11-23, *in Théorie des contraintes juridiques*. Bruylant, LGDJ, 2005.

CHEVALIER (E.), « La déclinaison du principe de primauté dans les ordres communautaires : l'exemple de l'Union économique et monétaire ouest-africaine ». *Cahiers de droit européen*, n°34, 2006, pp. 342-362.

CONAC (G.), « Les politiques juridiques des États d'Afrique francophone aux lendemains des indépendances » : 141-161, in *Mélanges en l'honneur du Professeur Gustave Peiser*, Droit public, 1995.

CONSTANTINESCO (L. J.),

- « La Constitution économique de la CEE ». *RTDE*, n°2, avril-juin 1977, pp. 245-281.
- « La spécificité du droit communautaire ». *RTDE*, 1966, pp. 1-30.

CONSTANTINESCO (V.), « La justice dans l'Union européenne », *Philosophie Politique*, n°9/2016, pp. 99-112.

COSTA (O.), « La Cour de justice et le contrôle démocratique de l'Union européenne ». *Revue française de science politique*, Vol, n°6, décembre 2001, pp.881-902.

COULIBALY (A. S.), « Le droit de la concurrence de l'UEMOA ». *Revue Burkinabé de droit*, n°43-44.

COUTRON (L.), « Style des arrêts de la Cour de justice et normativité de la jurisprudence communautaire ». *RTD eur*. 2009, p. 643-675.

DAILLIER (P.), ss. dir., « La jurisprudence des tribunaux des organisations d'intégration latino-américaines ». *Chronique n°1, AFDI*, 2005, pp.633-673.

DAUSES (M. A.), « Mesures d'effet équivalent à des restrictions quantitatives à la lumière de la jurisprudence de la Cour de justice des communautés européennes ». *RTDE*, 1992, pp. 607-620.

DIAKHATE (M.),

- « La motivation des décisions des juridictions administratives en Afrique subsaharienne francophone », http://afrilex.u bordeaux4.fr/sites/afrilex/IMG/pdf/La_motivation_des_decisions_des_juridictions_administratives_par_Meissa_DIAKHATE.pdf, consulté le 16 aout 2019.
- « Les ambiguïtés de la juridiction constitutionnelle dans les États de l'Afrique francophone ». *RDP*, n°3, 2015, pp. 785-810.

DIALLO (I.), « La légitimité du juge constitutionnel africain ». Publications Cames, Vol. 1, n°1, 2015, pp. 150-175.

DIOP (E. O.), « Justice constitutionnelle et justice de l'intégration en Afrique » : 381-423, in *Mélanges en l'honneur de Babacar Kanté, Actualités du droit public et de la science politique*. L'Harmattan, 2018.

DEHOUSSE (R.),

- « L'Europe par le droit ». *Critique internationale* n°2 hiver 1999, pp.134-150.
- « L'Europe par le droit : plaidoyer pour une approche contextuelle ». *Politique européenne*, 2000, n°1, pp. 115-180.

DELMAS-MARTY (M.),

- « Du dialogue à la montée en puissance des juges », *in mélanges en l'honneur du président Bruno Genevois*. Dalloz, 2009, pp. 305-316.
- « Mondialisation et montée en puissance des juges » : 95-114, *in Le dialogue des juges* Bruylant 2007.

DOUMBE-BILLE (S.), « À propos de la nature de l'OHADA ». *Droit, Liberté, Paix Développement, Mélanges en l'honneur de Madjid Benchikh.* Pedone, 2011, p. 423.

DU BOIS DE GAUDISSON (J.),

- « La justice en Afrique : Nouveaux défis, nouveaux acteurs ». *Afrique contemporaine*, n°250, 2014, pp. 13-28.

• « Le statut de la justice dans les États d'Afrique francophone ». *Afrique contemporaine*, n°156, 4, 1990, pp. 6-12.

• « Propos introductifs » : 25-34, *in Henri Roussillon, ss. dir., « Existe-t-il une culture juridique francophone ? »*. Presse universitaire des Sciences sociales de Toulouse, 2007.

DUBOUIS (L.), « Le rôle de la CJCE dans la protection des droits des droits fondamentaux : objet et portée de la protection ». *RIDC*, 1981, pp. 601-623.

DUBOUT (E.), « Interprétation téléologique et politique jurisprudentielle de la Cour européenne des droits de l'homme ». *RTDH*, n°74, 2008, pp. 382-418.

DUCOULOMBIER (P.), « Les questions politiques devant les cours supranationales », 135-159, in *La protection des droits de l'homme par les cours supranationales, Actes de colloques des 8 et 9 octobre 2015*. Publication de l'Institut international des droits de l'homme, n°31, 2016.

DUTHEIL DE LA ROCHERE (J.),

• « La souveraineté de l'État et l'Union européenne » : 48-58, *in Souveraineté de l'État et interventions*. Académie des sciences et politiques, 1996.

• « Droit au juge, accès à la justice européenne ». *Pouvoirs*, n°96, 2001/1, pp. 123-141.

DUFFY (H.), « Human Rights Cases in Sub-regional African Courts: Towards Justice for Victims or Just More Fragmentation? » : 163-186, *in The diversification and fragmentation of international criminal law*. Leiden M. Nijhoff, 2012.

EBOBRAH (S. T.),

• « Dual mandate, Varied Authority: The skewed authority of the Ecowas Community Court of justice ». *iCourts Working Paper Series*, No. 57, 2016, 30 p.

• « The role of the Ecowas Community Court of justice in the integration of West Africa: Small strides in the wrong direction? ». *iCourts Working Paper Series*, No. 27, 2015.

• « International Human Rights Courts »: 225-248, *in International Adjudication. The Oxford Handbook*, 2014.

• « Application of the African Charter by African sub-regional Organizations: Gains, pains and the future ». *Law, Democracy and Development*, Vol. 16 (2012), pp. 49-68.

• « Litigating Human Rights Before Sub-regional Courts in Africa: Prospects and Challenges ». *RADIC*, 2009, pp. 79-101.

• « Human rights development in Sub-regional courts in Africa during 2008 ». *African Human Rights Law Journal*, N°9 (2009), pp. 312-335.

EMMANUELLI (M.), « L'ambivalence » : 7, *in Ambivalence*, 2006.

ENABULELE (A. O.),

• « Sailing Against the Tide: Exhaustion of Domestic Remedies and the ECOWAS Community Court ». *Journal of African Law*, 56 (2), 2012, pp. 268-295.

• « Reflections on the ECOWAS Community Court Protocol and the Constitutions of Member States ». *International Community Law Review*, 12, 2010, pp. 111-138.

ERASMUS (G.), « The Polytol judgment of the COMESA Court of justice: Implications for rules based regional integration ». *Tralac Trade Brief*, July 2015.

FALL (I. M.), *La réforme constitutionnelle du 20 mars 2016 au Sénégal : la révision consolidante record*. Harmattan, 2017, 180 p.

FALL (A. B.), « Le juge, le justiciable et les pouvoirs publics : pour une appréciation concrète du juge dans les systèmes politiques en Afrique ». http://afrilex.u- bordeaux4.fr/le-juge-le-justiciable-et-les.html

FOFANA (R.), « Droit communautaire de la concurrence, un nouveau chantier d'exercice ». *Séminaire de l'Union internationale des avocats*, 22 et 23 mars 2013.

FRUMER (P.), « Entre tradition et créativités juridiques : La jurisprudence de la Cour interaméricaine des droits de l'homme ». *RBDI*, n°2, 1995, pp. 514-525.

HOEFFNER (W.), « L'accès de l'individu à la Cour africaine des droits de l'homme et des peuples ». Curitiba, Vol. 2, n°42, 2016, pp. 825-883.

HOURQUEBIE (F.), « L'argument conséquentialiste dans les décisions de justice ». *Les cahiers de la justice*, 2014, pp. 199-218.

HUNEEUS (A.), « Courts Resisting Courts Lessons from the Inter-American Courts struggle to Enforce Huma Rights ». *Cornell International Law Journal*, Vol 44, 2011, pp. 494-531.

GAUDUSSON (J. D.),

- « La justice en Afrique : Nouveaux défis, nouveaux acteurs ». *Afrique contemporaine*, 2014/2, pp. 13-20.
- « La complexité de la participation des Cours suprêmes des pays en voie de développement au dialogue des juges ». *Petites affiches*, n°112, 4 juin 2008, pp. 22-25.

GAUTRON (J. C.),

- « Le fait régional dans la société internationale », *Régionalisme et universalisme dans le droit international contemporain,* Colloque de Bordeaux de la SFDI, 1976. Paris, Pedone, 1977, pp. 3-43.
- « La Communauté économique de l'Afrique de l'Ouest : antécédents et perspectives ». *AFDI*, 1975, pp. 197-215.

GATHII (J. T.),

- « The variation in the use of sub-regional integration Courts between business and human rights actors: The case of the East African Court of justice », *Law and Contemprary Problems*, Vol. 79, n°1, 2016, pp. 37-62.
- "Saving the Serengeti: Africa's New International Judicial Environmentalism", *Chicago Journal of International Law*, volume 16, No 2, 2016 (386-438).
- « Sub-regional court or employment Tribunal? The legacy and legitimacy of the Comesa Court of justice » : 1-28, in *The Legitimacy of International Trade Tribunals* (2015).
- « Mission creep or search for relevance: the East African Court of justice's human rights strategy », *Duke Journal of Comparative & International Law*, Vol 24, 2013, pp. 249-296.
- « African Regional Trade Agreements as flexible regimes », *Working Papers Series*, N°20/2009, pp. 1-84.

GERVASONI (S.), « Les sanctions de la non-exécution des arrêts de la Cour de justice » : 30, *in Les sanctions contre les États en droit communautaire ».* Paris, Pedone, 2006.

GNAMOU (D.), « La Cour constitutionnelle du Benin en fait-elle trop », *in Mélanges en l'honneur de Maurice Ahanhanzo-Glélé, La*

Constitution béninoise du 11 décembre : un modèle pour l'Afrique, 2014. L'Harmattan, pp. 687-715.

GRANT (E.), "International human rights courts and environmental human rights: re-imagining adjucative paradigms". *Journal of Human Rights and the Environment*, Vol. 6 No. 2 september 2015, pp. 156-176

GUINCHARD (S.), « Le procès équitable : garantie formelle ou droit substantiel ? » : 149-173, *in Mélanges Gérard Farjat*.

HAPPOLD (M.), RADOVIC (R.), « The ECOWAS Court as an Investment Tribunal ». *The Journal of Word Investment and Trade*, 2018, pp. 95-117.

HATZOPOULOS (V.), « Exigences essentielles, impératives ou impérieuses », *RTDE*, 1998, pp. 191-236.

HELFER (L.), « Sub-regional Courts in Africa: Litigating the hybrid right to freedom of movement », *iCourts Working Paper Series*, N°32, September 2015, 25 p.

HELFER (L.), ALTER (K.), « Legitimacy and Lawmaking: A Tale of Three International Courts, *Theoretical Inquiries*, Vol 14, 2013, pp. 479-503.

HENNEBEL (L.)

- « La Cour interaméricaine des droits de l'homme entre particularisme et universalisme » : 75-119, *in* Hennebel (L), et Tigroudja (H) ss. dir., Le *particularisme interaméricain des Droits de l'homme*. Paris Pedone, 2009.
- « La Cour Interaméricaine Des Droits De L'Homme : Entre Particularisme Et Universalisme » (The American Convention on Human Rights : Between Particularism and Universalism) (september 9, 2008). Available at SSRN: https://ssrn.com/abstract=2322658 or http://dx.doi.org/10.2139/ssrn.2322658.

HUNEEUS (A.), « Courts Resisting Courts: Lessons from the Inter-American Court's Struggle to Enforce Human Rights ». *Cornell International Law Journal*, Vol. 44, 2011, pp. 493-533.

HERVIEU (N.), « Droits de l'homme et libertés économiques devant les juges européens : l'illusion d'une harmonie » : 215-228, *in* Veronique Champeil-Desplats, Daniel Lochak, ss (dir.), *Libertés économiques et droits de l'homme.* Paris Ouest, PU, 2011.

HOUPPERMANS (V. A.), PECHO (P.), « L'inflation des désistements et le pouvoir de la Commission européenne ». *RTDE* 2006, p. 289.

IBRIGA (L. M.), « L'UEMOA : Une nouvelle approche de l'intégration économique régionale en Afrique de l'Ouest ». *Annuaire africain de droit international*, Volume VI. 1998, pp. 23-64.

JACQUE (J. P.),

- « La protection des droits fondamentaux dans l'Union européenne après le traité de Lisbonne ». *L'Europe des libertés, Revue d'actualité juridique*, 2008, n°26, pp. 2-12.
- « Le rôle du droit dans l'intégration européenne ». *Revue Philosophique politique*, n°1, 1991, pp. 119-134.

JOUANNET (E.),

- « La motivation ou le mystère de la boite noire » : 251-285, *in Les motivations des décisions des juridictions internationales*, ss.dir., H. R. Fabri et J. M. Sorel. Pedone, 2008.
- « La saisine ou la simplicité dans la diversité » : 307-317, *in* H. RUIZ FABRI et J. M. SOREL (dir.,), *La saisine des juridictions internationales*, Paris, Pedone, Coll. Contentieux International, 2006.

KADDOUS (K.), « Droits de l'homme et libertés de circulation : complémentarité ou contradiction » : 563-59, *in Mélanges en Hommage à G. Vandersanden, Promenades au sein du droit européen*. Bruylant 2008.

KANTE (B.), « Les droits fondamentaux constituent-ils une nouvelle catégorie juridique en Afrique » 445-462, *in L'homme et le droit, mélanges en hommage au Professeur Jean François Flauss*. Éditions Pedone, 2014.

KAMTO (M.),

- « La Charte africaine des droits de l'homme et des peuples et les perspectives de la protection des droits de l'homme », *in La Charte africaine des droits de l'homme et des peuples et le Protocole y relatif portant création de la Cour africaine des droits de l'homme. Commentaire article par article*. Bruxelles, Bruylant, 2011.
- « Charte africaine, instruments internationaux de protection des droits de l'homme, constitutions nationales : Articulations perspectives » : 11-46, *in* Jean F. Flauss, ss. dir., *L'application nationale de la Charte africaine des droits de l'homme et des peuples*, Bruxelles, 2004.

• « Les Cours de justice des Communautés et des Organisations d'intégration économique africaines ». *Annuaire africain de droit international*, Volume VI, 1998, pp. 187-150.

• « Une justice entre tradition et modernité ». *Afrique contemporaine*, n°156, 4, 1990, p. 57-64.

• « La Communauté économique des États de l'Afrique centrale, une Communauté de plus ? ». *AFDI*, 1987, pp. 839-862.

KEBE (A. D.), « Le déclin de l'exorbitance du droit administratif sénégalais », accessible via ce lien http://afrilex.u-bordeaux4.fr/sites/afrilex/IMG/pdf/Le_declin_de_l_exorbitance_du_droit_administratif_senegalais.pdf, consulté le 2 janvier 2018.

KEMFOUEDIO (J. B.), « La libre circulation des personnes en Zone CEMAC : Heurs et malheurs d'un droit fondamental », *Revue Juridique et politique des États d'Afrique Francophone*, juillet-septembre 2018, pp. 368-392.

KISS (A.), « Un droit à l'environnement, un droit fondamental dans l'Union européenne », *Revue européenne de droit de l'environnement*, n°4, 2001, pp. 381-382.

KLEIS (J.), « Legal Transplants for African Economic Integration », *in Recht in Afrika*, 2013, pp. 13-19.

KOREMENOS (B.), "When, What, and Why do States choose to delegate?", *Law & Comptemporary Problems*, 154, 2008, pp. 151-191.

KOVAR (R.),

• « Le droit du citoyen de l'Union européenne de circuler et de séjourner librement sur le territoire des États membres » : 1049-1066, *in Mélanges en hommage au Doyen Cohen-Jonathan*, Bruylant, 2004.

• « Rapports entre le droit communautaire et les droits nationaux » : 115-158, *in Trente ans de droit communautaire*, Collections Perspectives européennes, 1981.

KOVAR (R.), (SIMON) (D.), « La citoyenneté européenne ». *Cahiers de droit européen*, 1993, pp. 285-315.

KOUAME MOUAFFO (M. C.), « A propos des recours préjudiciels et en interprétation », *L'Essentiel Droits africains des affaires*, N°07, 2017, p. 4.

LABAYLE (H.), « Droits fondamentaux et droit européen ». *AJDA*, 1998, pp. 75-92

LADAN (M. T.), « The Legal Aspect of Regional Integration in West and the Role of the ECOWAS Court of justice, March 17, 2015. SSRN. http://ssrn.com/abstract=2595262

LAMBLIN-GOURDIN (A. S.), « Les libertés de déplacement et de séjour », *in Liberté de circulation des personnes dans l'Union européenne*. Bruylant 2009, pp. 33-57.

LECOURT (R.),

- « Le rôle unificateur du juge dans la Communauté » : 223-237, *in Mélanges offertes à Pierre-Henri Teitgen*, Pedone, 1984.
- « Rôle de la Cour de justice dans le développement de l'Europe ». *Revue du marché commun*, juillet-août 1963, pp. 273-275.

LENAERTS (K.),

- « L'apport de la Cour de justice à la construction européenne ». *Journal de droit européen*, 2017, pp. 134-137.
- « Le droit comparé dans le travail du juge communautaire ». *RTDE*, 2001, pp. 487-528.
- « Some thoughts about the interaction between Judges and Politicians ». *University of Chicago Legal Forum*, Vol. 1992, pp. 93-132.

LEROY (J.), « La force du principe de motivation » : 35-46, *in La motivation*, Travaux de l'Association Henri Capitant, Journées nationales, Tome III, 1998.

MACAYA (A.), « Le rôle de la jurisprudence de la Cour Interaméricaine des droits de l'homme dans l'intégration régionale » : 221-245, *in* J. Andriantsimbazovina, ss. dir., *Intégration et droits de l'homme*. Mare & martin 2018.

MADURO (M. P.),

- « La fonction juridictionnelle dans le contexte du pluralisme constitutionnel : l'approche du droit communautaire » : 199-213, *in Les droits fondamentaux : charnières entre ordres et systèmes juridiques*, sous la direction de Édouard DUBOUT et Sébastien TOUZE. Paris, Pedone, 2010.
- « L'équilibre insaisissable entre la liberté économique et les droits sociaux dans l'Union européenne » : 465-489, *in L'Union européenne et les droits de l'homme*, ALSTON Philip, ss. dir. Bruxelles, Bruylant, 2001.

MADSEN (M. K.), CEBULAK (P.), WIEBUSCH (M.),

- « Resistance to International Courts, introduction and Conclusion ». *International Journal of Law in Context*, N°14, 2018, pp. 193-196.
- « Backlash against international courts: explaining the forms and patterns of resistance to international courts ». *International Journal of Law in Context*, Vol. 14, 2018, pp. 197-220.

MASTOR (W.), « La motivation des décisions des cours constitutionnelles » : 241-261, *in La Motivation en droit public*. Dalloz, 2013.

MAHIOU (A.),

- « Quelques observations sur les problèmes d'intégration en Afrique » : 131-156, in *La libéralisation de l'économie dans le cadre de l'intégration régionale : Le cas de l'UEMOA*. Colloque de Ouagadougou des 16 et 17 décembre 1999, CEEI n°3.
- « La Communauté économique africaine ». *AFDI*, 1993, pp. 798-819.

MALLE (A. S.), « L'exécution des décisions de la Cour de justice de la CEDEAO » : 1-10, *in Protection des droits de l'homme : Facteur de consolidation de la paix en Afrique de l'Ouest, Conférence internationale*, CEDEAO. Conférence internationale, Bamako, du 18 au 21 avril 2018.

MANIRAKIZA (P.), « Vers un renforcement d'un véritable système juridictionnel de protection des droits de l'homme en Afrique », *in* BURGORGUE LARSEN (L.), ss. dir., *Les défis de l'interprétation et l'application des droits de l'homme. De l'ouverture au dialogue*, Éditions, Pedone, 2017.

MATTLI (W.), SLAUGHTER (A. M.), « Revisiting the European Court of justice ». *International Organization,* Vol. 52, n°1, 1999, pp. 177-209.

MBACKE (M. M.), « Introduction au droit de la concurrence des pays de l'UEMOA », *in Mélanges Africains. Études doctrinales*, OHADA-UEMOA, p. 217.

MBENGUE (M. M.), « Le droit communautaire africain : cas de la CEDEAO ». *Journal of the African Union Commission on International Law*, 2015, pp. 123-141.

MEGRET (J.), « La spécificité du droit communautaire ». *RIDC*, n°3 juillet-septembre 1967, pp. 565-577.

MEHDI (R.),

- « L'imitation du modèle de l'Union européenne dans d'autres contextes régionaux » : 459-483, *in* Vellano (M) ss.dir., *L'avenir des organisations internationales*. Perspectives juridiques, édit. Scientica, 2015.
- « Le recours par la Cour de justice de l'Union européenne au droit comparé. Exigence méthodologique et variations des usages » : 397-423, *in Future of comparative study Law: The 60th anniversary of the Institute of comparative Law in Japan*. Chuo University Press, Tokyo, 2011.
- « Les crises institutionnelles » : 121-141, *in L'Union européenne et les crises*. Bruylant 2010.
- « Justice communautaire » : 736-742, *in Dictionnaire de la justice*. PUF, 2004.
- « La justice communautaire : entre espoirs fondés et promesses déçus » : 3-25, *in L'avenir de la justice communautaire, enjeux et perspectives*. Monde européen et international, 1999.

MEKOUAR (M. A.), « Commentaire de l'article 24 de la Charte », *in* Maurice Kamto (ss. dir.), *La charte africaine des droits de l'homme et des peuples et le Protocole y relatif portant création de la Cour africaine des droits de l'homme*, Bruylant, 2011, pp. 626-

MERCADAL (B.), « Légitimité du juge ». *RIDC*, 2, 2002, pp. 277-291.

MERTENS DE WILMARS (J.), « La jurisprudence de la Cour de justice comme instrument de l'intégration communautaire ». *Cahiers de droit européen*, 1976, n°2-3, pp.135-148.

MEYER (P.), IBRIGA (L. M.), « La place du droit communautaire UEMOA dans le droit interne des États membres. *Revue burkinabé de droit*, n°38 2000, pp. 28-48.

MICHEL (V.), « Les juridictions des communautés européennes » : 10, *in* Héléne Ruiz et Jen Marc Sorel, ss. dir., *Indépendance et impartialité des juges internationaux*. Paris Pedone, 2010.

MIHRETEAB (T.), « The Role of the East African Court of Justice in the Advancement of Human Rights: Reflections on the Creation and Practice of the Court ». *AJICL*, Vol. 27 n°3, 2019, pp. 359-377.

MPIANA (J. K.), « La problématique de l'existence du droit communautaire africain. L'option entre mimétisme et spécificité ». *Revue libre de droit*, 2014, pp. 38-78.

MOLINIER (J.), « La légitimité du juge communautaire » : 151-161, *in* KRYNEN (J.), RAIBANT (J.), ss dir., *La légitimité des juges*, Actes du colloque des 29-39 octobre 2003. Presses de l'Université de Toulouse, 2004.

MUSUNGU (S. F.), « Economic integration and human rights in Africa: A comment on conceptual linkages ». *African Human Rights Law Journal*, n°3, 2003, pp. 88-96.

MWANZA (W.), « Polytol Plaints v. Mauritus: Evidence of the Existence and direct effect of Community Law in COMESA ». *Tralac Brief*, January 2014. http://paulroos.co.za/wp-content/blogs.dir/12/files/2014/01/ S14TB012014

NALDO (G. J.), « Mike Campbell (Pvt) Ltd et al v. The Republic of Zimbabwe: Zimbabwe's Land Reform Program held in breach of the SADC Treaty ». *Journal of African Law* 53 (2), 2009, pp. 305-320.

NALULE (C.), « Defining the Scope of Free Movement of Citizens in the East African Community: The East African Court of justice and its Interpretative Approach ». *iCourts Working Paper Series*, No. 72, August 2016.

NAMOUNTOUGOU (M. A.), « La saisine du juge international africain des droits de l'homme ». *RTDH*, 86/2011, pp. 261-294.

N NDLOVOU (P.), « Campbell v. Republic of Zimbabwe: A moment of truth for the SADC tribunal ». *SADC Law*, volume 1, 2011, pp.63-79.

NTUMBA (L.-L.), « La faiblesse du cadre institutionnel décisionnel comme frein à l'intégration africaine » : 335-363, *in mélanges en l'honneur de François Borella État, société et pouvoir à l'aube du XXIe siècle*, Presse Universitaire de Nancy, 1994.

NWAUCHE (E.), « Enforcing Ecowas Law in West African National Courts ». *Journal of African Law*, Vol. 55, 2, 2011), pp. 181-202.

ONORIA (H.),

- « Locus standi of individuals and non-State entities before regional economic integration judicial bodies in Africa ». *African Journal of International and Comparative Law*, 18. 2 (2010): 143-169.
- « The African Commission on Human and Peoples' Rights and the exhaustion of local remedies under the African Charter ». *African Human Rights Law Journal*, n°3, 2003, pp. 1-24.

OPPONG (R. F.),

- « Legitimacy of Regional Economic Integration Courts in Africa ». *African Journal of Legal studies*, 7, 2014, pp.61-85.
- « Enforcing Judgments of International Courts in National Courts ». *Journal of International Dispute Settlement*, (5), 2014, 5, 344-371.
- « Enforcing judgments of the SADC Tribunal in the domestic courts of member states ». *Monitoring Regional Integration in Southern Africa Yearbook*, 2010, 115-142.
- « The High Court of Ghana declines to enforce an ECOWAS judgment ». *African Journal of International and Comparative Law*, vol. 25, (2017), pp. 127-132.

OSIEMO (O.), « Lost in Translation: The role of African Regional Courts in Regional in Africa ». *Legal Issues of Economic Integration*, 41, n° 1, 2014, pp.87-122.

OST (F.),

- « La légitimité dans le discours juridique : cohérence, performance, consensus ou dissensus ? ». *RIEJ*, 12, 1984, pp. 163-192.
- « Quelle jurisprudence, pour quelle société ». *Archives de philosophie du droit*, Tome 30, 1985, pp. 10-33.

OUGUERGOUZ (F.), « La Cour africaine des droits de l'homme et des peuples : Un futur sans avenir ? » : 239-244, in *La protection des droits de l'homme par les cours supranationales, Actes de colloques des 8 et 9 octobre 2015*. Publication de l'Institut international des droits de l'homme, n°31, 2016.

PAVOT (D.), « Le retrait de la déclaration du Rwanda permettant aux individus et aux ONG de saisir la Cour africaine des droits de l'homme et des peuples ». *RQD*I, 2017, pp. 221-237.

PESCATORE (P.),

- « Rôle et chance du droit et des juges dans la construction de l'Europe ». *RIDC*, janvier-mars 1974, p. 5-19.
- « Une révolution juridique, le rôle de la Cour de justice européenne », *Commentaire. Revue trimestrielle* n°59 1992/3, p. 569-574.
- « La légitimité du juge en régime démocratique », *Commentaire. Revue trimestrielle* n°90, 2000, p. 339-348.
- « Les objectifs de la Communauté européenne comme principe d'interprétation dans la jurisprudence de la Cour de justice » 325-

363, *in Miscellanea W. J. Ganshof van der Meersch*, t. 2, Bruxelles, Bruylant, 1972.

• « Aspects judiciaires de l'« acquis communautaire ». *RTDE*, 1981, pp. 617-651.

PETIT (J.), « La motivation des décisions du juge administratif français » : 214-230, *in* Sylvie Caudal (ss.dir.), *La motivation en droit public*. Dalloz, 2013.

PHILIP (C.), « La CJCE et la protection des droits fondamentaux dans l'ordre juridique communautaire ». *AFDI*, 1975, pp. 383- 407.

PHOOKO (R.), "The Direct Applicability of SADC Community Law in South Africa and Zimbabwe: A Call for Supranationality and the Uniform Application of SADC Community Law", *PER / PELJ*, 2018 (21).

PICCOLINO (G.), « International Diffusion and the Puzzle of African Regionalism: Insights from West Africa ». *Working Paper*, january 2016.

PICOD (F.),

• « Les libertés économiques et la pluralité des juges : juge communautaire, juge administratif et juge judiciaire » 153-165, in DRAGO (G.) et LOMBARD (M.), ss. dir., *Les libertés économiques*, Éditions Panthéon Assas, 2003.

• « Le droit au juge en droit communautaire », *in* Joël Rideau, ss. dir. *Le droit au juge dans l'Union européenne*. LGDJ, 1998, pp. 141-171.

PIETER VAN DER MEI (A.), « Regional Integration: The Contribution of the Court of justice of the East African Community ». *ZaoRV* 69 (2009), pp. 403-425.

PLIAKOS (A.), « Citoyenneté ». *Répertoire de droit européen*, mars 2012, pp. 1-83.

PONTHOREAU (M.-C.),

• « L'énigme de la motivation encore et toujours l'éclairage comparatif » : 5-24, in *La motivation des décisions des cours suprêmes et cours constitutionnelles*, Bruxelles 2012.

• « Réflexions sur la motivation des décisions juridictionnelles en droit administratif français ». *RDP*, 1994, p. 747-765.

POSSY (A.),

- « Striking a balance between community norms and human rights: The continuing struggle of the East African Court of justice ». *African Human Rights Law Journal*, 15, (2015), pp. 192-213.
- « The East African Court of justice: Towards Effective Protection of Human Rights in the East African Community », *Marx Planck Yearbook of United Nations Law*, Volume 17, 2013, pp. 1-23.
- « The Draconian Time Limitation Clause against Private Litigants of the East African Court of Justice: A Commentary on Steven Dennis Case », (August 11, 2017), *iCourts Working Paper Series*, No. 103, 2017. Available at SSRN: https://ssrn.com/abstract=3017160

PRISO-ESSAWE (S.-J.),

- « Un dialogue préjudiciel entre juridictions régionales africaines » : 613-623, in *Les droits de l'homme à la croisée des droits : mélanges en l'honneur de Fréderic Sudre*. LexisNexis 2018.
- « L'intégration régionale dans le droit constitutionnel des pays d'Afrique sub-saharienne » : 341-361, *in* Maurice Kamto, Stéphance Doumbe-Bille, Brusil Miranda Metou, ss. dir., *Regards sur le droit public en Afrique, Mélanges en l'honneur du Doyen Joseph-Marie Bipoun Woum*. L'Harmattan, 2016.
- « L'inamovibilité de l'Exécutif dans les Communautés économiques d'Afrique francophone : De la maitrise politique au respect du droit ». *Revue Penant* n°864, juillet-septembre 2008, pp. 317-339.
- « Chronique CEMAC », *Revue Penant*, n°858, 2007, pp.105-125.
- « L'Union européenne et l'intégration africaine : structuration, déstructuration, restructuration ». *Revue de l'Union européenne 2018*, consacrée à l'anniversaire des 60 ans du traité de Rome, pp. 466-474.
- « L'émergence d'un droit communautaire africain de la concurrence : double variation pour une partition européenne ». *RIDC*, vol. 56, n°2n 2004, pp. 329 354.

PUISSOCHET (J.-P.), « Le nouveau visage de l'action en manquement : des enjeux financiers élevés pour les États membres » : 712, in *hommage à J-A. Touscoz*. France Europe éditions, 2007.

RANOHEFY (F. J.), « La libre circulation des personnes en Afrique et passeport continental : vers une Afrique intégrée et en Paix ». *Note d'Analyse politique*, n°10, août 2013.

RASQUIN (G.), *Les manquements des États membres européens devant la Cour de justice*. Éditions, Heule, 1964, p. 33.

RAVARANI (G.), « Quelques réflexions sur la légitimité du juge de Strasbourg ». *RTDH*, 119, 2018, pp. 261-296.

RENAUDIE (O.), « La thèse en droit administratif : éléments statistiques ». *RFDA*, p. 1074.

RIDEAU (J.), « Le rôle de la CJCE dans la protection des droits fondamentaux : Technique et protection ». *RIDC*, 1981, pp. 583-599.

LECOURT (R.), « Quelle eut été le droit des Communautés sans les arrêts de 1963 et 1964 ? » : 345-361, *in Mélanges en hommage à Jean BOULOUIS*. Paris,1991.

RUIZ FABRI (H.), « La légitimité des juridictions internationales » : 161-174, *in Le rééquilibrage du pouvoir juridictionnel*. Dalloz, 2013

SALAMI (I.), « Legal and Institutional Challenges of Economic Integration in Africa ». *European Law Journal*, Vol 17, No 5, september 2011, pp. 667-682.

SALL (A.),

- « Aspects institutionnels de l'intégration en Afrique de l'Ouest » : 159-183, *in Regards croisés sur les intégrations régionales* : *Europe, Amériques, Afrique*, Bruylant, 2010.
- « Pour une plus grande pédagogie du contentieux communautaire : réflexions sur la mise en œuvre des procédures de collaboration avec les juridictions sous régionales (Renvoi préjudiciel et demande d'avis) » *in* UEMOA, Communication à la rencontre inter juridictionnelle UEMOA-CEDEAO-CEMAC-OHADA, Dakar 4-6 mai 2010.
- « Les débuts des Cours de justice de la CEDEAO et de l'UEMOA : Propos sur la faiblesse du droit jurisprudentiel de l'intégration en Afrique de l'Ouest ». *Nouvelles Anales Africaines*, N°1/2010, pp. 5-72.
- « L'accès à la Cour de justice de la CEDEAO en matière de violation des droits de l'homme : Quelques réflexions sur la qualité de requérant » : 711-725, *in Mélanges en l'honneur de Babacar Kanté, Actualités du droit public et de la science politique*. L'Harmattan 2017.

SANDRA (S.), « La composition des juridictions internationales permanentes : de nouvelles exigences de qualité et de représentativité », *AFDI*, volume 56, 2010, pp. 41-78.

SAUROMBE (A.), « African regional judiciaries and their jurisprudence in trade law matters », *in Joanna Jemieliniak, Establishing Judicial*

Authority in International Economic Law, Cambridge University, 2016, pp. 96-118.

SAURUGGER (S.), TERPAN (F.), « La Cour de justice au cœur de la gouvernance européenne », *Pouvoirs* n°149, 2014/2, pp. 59-75.

SAURUGGER (S.), TERPAN (F.), « La Cour de justice au cœur de la gouvernance européenne », *Pouvoirs*, n°149, 2014, pp. 59-75.

SAUVE (J. M.), « La protection des droits fondamentaux au niveau de l'Union européenne et des États membres », *in La protection des droits fondamentaux après Lisbonne : L'interaction entre la Charte des droits fondamentaux de l'Union européenne, la Convention européenne des droits et les Constitutions nationales*, XXVe Congrès de la FIDE, 30 mai-2 juin 2012, p. 4.

SAUVEL (), « Histoire du jugement motivé », *RDP*, 1955, pp. 5-53.

SAWADOGO (M.), IBRIGA (L.-M.), « Le juge national et droit communautaire dans les États francophones ouest-africains » : 69-119, *in* Colloque de Ouagadougou, 24-26 juin 2003, *Les Cahiers de l'association ouest africaine des hautes juridictions francophones*.

SAWADOGO (F. M.), « L'immunité d'exécution des personnes morales de droit public ». *Revue Camerounaise de l'Arbitrage*, Numéro spécial, février 2010, pp. 136-159.

SERMET (L.),

- « Modes et méthodes de l'intégration régionale en Afrique. Discussions sur le prétendu miroir européen ». *Revue de l'Union Européenne,* 2018, consacrée à l'anniversaire des 60 ans du traité de Rome, pp. 475-484.

- « Le développement des méthodes d'interprétation et des méthodes de contrôle des traités relatifs aux droits de l'homme par les juridictions supranationales » : 55-85, *in La protection des droits de l'homme par les cours supranationales, Actes de colloques des 8 et 9 octobre 2015*. Publication de l'Institut international des droits de l'homme, n°31, 2016.

- « Le contentieux préjudiciel, les cours communautaires et le juge administratif africain. Regard sur une justice dialogique » : 129-149, *in* Demba Sy et Alioune Badara Fall, ss. dir., *Les nouvelles tendances du droit administratif en Afrique*. Presse de l'Université de Toulouse 1 capitole, 2018.

SERVAN-SCHREIBER (P.), « La Cour de justice : pivot de la construction européenne ». *Politique étrangère*, n°1-1991, pp. 87-97.

SIMON (D.),

- « Statistiques judiciaires 2017 : bilan positivement consolidé ». *Revue Europe*, n°3, mai 2018, p. 1.
- « Repenser le raisonnement interprétatif : autonomie ou circulation des principes, des méthodes et des techniques, dans les rapports de systèmes » : 605-631, *in Traité de Rapports entre ordres juridiques*. LGDJ.
- « La compétence consultative de la Cour de justice des Communautés européennes » : 48-66, *in La fonction consultative des juridictions internationales*. Paris, Pedone, 2009.
- « Les principes en droit communautaire » : 287-304, *in Les principes en droit*. Economica, 2008.
- « La légitimité du juge communautaire » : 447-468, *in L'office du juge*. Les actes du Colloques du Sénat-Palais de Luxembourg, septembre 2006.
- « Des influences réciproques entre CJCE et CEDH : « Je t'aime moi non plus ?». *Pouvoirs*, n°96/2001, pp. 31-49.
- « Les fondements de l'autonomie du droit communautaire », *in Droit international et droit communautaire, perspectives actuelles*, Colloque Bordeaux. Pedone, 2000, p. 207-249.
- « La Communauté de droit » : 85-123, *in Réalités et perspectives du droit communautaire des droits fondamentaux. Bruylant Bruxelles*, 2000.
- « Les mécanismes juridictionnels dans la Communauté européenne » : 61-68, in *Perspectives convergentes et divergentes sur l'intégration économique*, Colloque SFDI, Québec, éditions Pedone, Paris, 1993.
- « Y a-t-il des principes généraux du droit communautaire ». *Droits*, n°14, 1991, pp. 73-86.
- « L'usage des concepts élastiques dans la jurisprudence internationale : impressionnisme et réalisme ? » : 707-719, *in Mélanges Léontin-Jean Constantinesco. Carl Heymanns Verlag KG-Koln-Berlin-Bonn-Munchen*, 1983.

• « Les juges de la Cour européenne de justice : Un gouvernement des juges ? » : 47-54, *in Démocratiser la Communauté européenne.* Études et perspectives européennes, 1977.

• « Restrictions quantitatives et mesures d'effet équivalent », *Répertoire de droit européen.* Dalloz, août 2004.

• « Le contrôle de proportionnalité exercé par la Cour de justice des Communautés européennes ». *Petites Affiches*, n°46 du 5 mars 2009, p. 17.

• « la compétence consultative de la Cour de justice des communautés européennes » : 48-66, *in* A. Ondua et D. Szymczak ss.dir., *La fonction consultative des juridictions internationales.* Pedone, Paris 2009.

SHELTON (D. L.), ATON (K.), *Environmental Protection and Human Rights.* Cambridge University Press, 2010, 529 p.

SERVAN-SCHREIBER (P.), « La Cour de justice : pivot de la construction européenne », *Politique étrangère*, n°1, 1996, pp. 87-97.

SMETS (H.), « Une Charte des droits fondamentaux, sans droit à l'environnement ». *Revue Européenne de Droit de l'Environnement*, n°4, 2001, p. 383-417.

SOSSA (D. C.), « Les concurrences de compétences entre les hautes juridictions communautaires de l'Afrique de l'Ouest et du Centre : réalités et approches des solutions » : 686-703, in 2e Rencontre inter-juridictionnelle des Cours communautaires de l'UEMOA, de la CEDEAO, de la CEMAC et de l'OHADA », Bamako, du 9 au 13 février 2009, pp. 1-21. In *De l'esprit du droit africain, mélanges en l'honneur de Paul Gérard POUGOUE*, éditions, CEDIJ.

SOMA (A.), « Les caractères généraux du droit communautaire », *Revue CAMES/SJP*, N°001/ 2017, p. 1-10 ;

SOW (A.), « La diffusion du droit communautaire ouest-africain ». *CIVITAS EUROPA*, 2016 (2), pp. 351-370.

SOREL (J. M.), « Article 12 » : 297- 643, *in La Charte africaine des droits de l'homme et des peuples et le Protocole y relatif portant création de la Cour africaine des droits de l'homme. Commentaire article par article.* Bruxelles, Bruylant, 2011.

• « La motivation des actes juridictions internationales » : 255-259, in *La motivation en droit public.* Dalloz 2013.

SUDRE (F.), « Les « obligations positives » dans la jurisprudence européenne des droits de l'homme ». *RTDH*, 1995, p. 363-384.

• « L'interprétation dynamique de la Convention européenne des droits de l'homme » : 224-241, *in L'office du juge*. Les actes du Colloques du Sénat-Palais de Luxembourg, septembre 2006.

• « À propos du dynamisme interprétatif de la CEDH ». *JCP*, 2001, I, p. 335.

• « Conclusions » : 245-268, in *La protection des droits de l'homme par les cours supranationales, Actes de colloques des 8 et 9 octobre 2015*. Publication de l'Institut international des droits de l'homme, n°31, 2016.

SY (D.),

• « Brèves réflexions sur la réflexion dans les organisations africaines d'intégration économique » : 527-540, in *Mélanges en l'honneur du juge Kéba Mbaye, Administrer la justice, transcender les frontières du droit*. Presse Universitaire de Toulouse, 2018.

• « Les mutations du régionalisme en Afrique », *in Mélanges dédiés à Francis V. Wodié*. Presse de l'Université 1 capitole, 2016, pp. 471-500.

• « Justice administrative et droit administratif en Afrique. Un bilan » : 653-667, *in* F. M. Soucramanien, ss.dir., *Espaces du service public mélanges en l'honneur de Jean Dubois de Gaudisson*. PUB, 2013.

SWART (M.), « Alternative fora human rights protection? An evaluation of the human rights mandates of the African Sub-regional Courts ». *TSA* n° 2, 2013, pp. 432-452.

SWIGART (L.), « International Justice in Africa: Defining Authority and Localizing the Global », *iCourts Working Paper Series* No. 86, February 15, 2017. Available at SSRN : https://ssrn.com/abstract=2917110

SZEWCZYK (B. M. J.), « The African Human Rights System » : 393-412, *in The Rules, Practice, and Jurisprudence of International Courts and Tribunals, by Chiara Giorgetti*, Leiden, Boston, 2012.

TATY (G.),

• « Les institutions juridictionnelles communautaires : CEMAC et UEMOA » : 1-14, in *Journée du droit communautaire africain*. Université de Montpellier I, 21 octobre 2008.

• « Le recours en manquement d'État de l'article 4 du Traité révisé de la CEMAC : Analyse critique ». *Revue de droit uniforme africaine*, n°1, p. 24.

THORNTON (J.), « Courts and Tribunals Established by Regional Economic Integration Agreements ». *The Rules, Practice, and Jurisprudence of International Courts and Tribunals, by Chiara Giorgetti*, pp. 487-511.

TIGROUDJIA (H.), « La légitimité du particularisme interaméricain des droits de l'homme en question » : 383, *in* Hennebel (L.), et Tigroudja (H.) ss. dir., Le *particularisme interaméricain des droits de l'homme*. Paris Pedone, 2009.

TINO (E.), « Settlement of Disputes by International Courts and Tribunals of Regional International Organizations » : 468-508, in Virzo (R.), Ingravallo (I.*), Evolutions in the Law of International Organizations*. Brill Nijholl, Leiden Boston, 2015.

- « The role of regional judiciaries in eastern and southern Africa ». *in Monitoring Regional Integration in Southern Africa Yearbook* 2012, p. 140-174.

- « The Variable Geometry in the Experience of Regional Organization in developing countries ». *SYBL* (2013-2014), pp. 141-162.

TIZZANO (A.),

- « Notes sur le rôle de la Cour de justice de l'Union européenne » : 223-244, *in De Rome à Lisbonne : Les juridictions de l'Union européenne à la croisée des chemins Mélanges en l'honneur de Paolo Mengozzi.* Bruylant, 2013.

- « Quelques considérations sur le rôle de la Cour de justice ». *Revue de la Faculté de droit de l'Université de Liège*, 2010/4, pp. 494-504.

TOUZE (S.), « la remise en cause de l'autorité des cours supranationales » : 195-212, in *La protection des droits de l'homme par les cours supranationales, Actes de colloques des 8 et 9 octobre 2015*, Publication de l'Institut international des droits de l'homme, n°31, 2016.

VAN RIJN (T.), « La non-exécution des arrêts de la Cour de justice par les États membres ». *Cahiers de droit européen*, n°1-2, 2008, p. 85.

VAUCHEZ (A.), « L'Union par le droit. Cour de justice de l'Union européenne et constitutionnalisme du marché ». *Savoir/Agir*, 2013, n°23, pp. 27-32.

VERHOVEN (J.), « À propos de la fonction de juger en droit international public » : 447-468, *in Fonction de juger et pouvoir judiciaire*, Presses de l'Université de Saint-Louis, Bruxelles, 1983.

VIAUD (P.), « Union européenne et Union économique et monétaire de l'Ouest africain : Une symétrie raisonnée », *RMCUE*, n°414, 1998, pp. 15-24.

VILJOEN (F.), « The Realization of human rights in Africa through sub-regional ». *African Yearbook of International Law*, Vol. 7, 1999, issue 1, pp. 185-214.

VILJOEN (F.), ADEBE (A. K.), « Amicus Curiae. Participation before Regional human Rights in Africa ». *Journal of African Law*, 58 (1), 2014, pp. 22-44.

VOBKUHLE (A.), « « L'intégration par le droit » : la contribution de la Cour constitutionnelle fédérale », *Trivium*, consulté le 03 janvier 2020. URL : http://journals.openedition.org/trivium/6810.

VOIGT (C.), « The legitimacy of human rights courts in environmental disputes ». *Journal of human Rights and the Environment*, Vol. 6. No. 2 september 2015, pp. 132.

WAELBROECK (M.), « Le rôle de la Cour de justice dans la mise en œuvre du traité CEE ». *Cahiers de droit européen*, n°4 1984, pp. 343-379.

WALINE (M.), « Le pouvoir normatif de la jurisprudence » : 613-632, in *La technique et les principes du droit public, Études en l'honneur de Georges Scelles*, LGDJ, 1950.

WEILER (J.-H.), « Une révolution tranquille. La Cour de justice des Communautés européennes et ses interlocuteurs ». *Politix*, vol. 8, n°32, 1995, pp.119-138.

WYSZGRODZDA (C.), « La motivation des décisions de justice : perspective comparatiste ». *Recueil Dalloz*, 2014, pp. 1838-1843.

IV- Rapports officiels et études

Rapport général sur *L'intégration économique de l'Afrique de l'Ouest : défis et perspectives*. Conférence internationale Accra, Ghana, 2019, 68 p.

Rapport sur l'état de l'intégration régionale en Afrique. Commission économique pour l'Afrique, 2004, 305 pages.

Rapport sur l'état de l'intégration régionale en Afrique IV, Développer le commerce intra-africain. Commission économique pour l'Afrique, 2010, 564 p.

Vision 2020 de la CEDEAO, Vers une Communauté démocratique et prospère, CEDEAO. juin 2010, 40 p.

Rapport sur les nouveaux enjeux en Afrique de l'Ouest : état de l'intégration régionale en 2012. Commission économique pour l'Afrique, 2012, 64 p.

La ZLECA, Questions-réponses. Commission économique pour l'Afrique.

Rapport Conseil d'État sur *L'influence internationale du droit français*. La documentation française, 2001, 159 p.

50e anniversaire de l'arrêt Van Gend en Loos, 1963-2013, Actes du Colloque, Luxembourg, 13 mai 2013, 316 p.

V- Entretiens

- Entretien avec Georges TATY, ancien juge à la Cour de justice de la CEMAC, le 7 décembre 2016.
- Entretien avec Seynabou Ndiaye DIAKHATE, ancien Avocat général à la CJUEMOA, le 20 février 2019.
- Entretien avec Mansour TALL, Ancien juge à la CJCEDEAO, le 5 mars 2019.
- Entretien par email avec Founé Hamèye Mahalmadane, ancien juge de la CJCEDEAO le 10 juin 2019.
- Séjour à la Cour de justice de la CEDEAO, du 4 au 5 décembre 2019.

VI- Webographie

- http://fr.african-court.org/
- http://prod.courtecowas.org/
- http://eacj.org/?page_id=2414
- https://comesacourt.org/
- https://africanlii.org/

Table des textes et jurisprudences

A. Textes communautaires

1. CEDEAO

- Traité de la CEDEAO du 28 mai 1975.
- Protocole A/P1/7/91 relatif à la Cour de justice de la Communauté du 6 juillet 1991

- Protocole additionnel A/SP.1/01/05 portant amendement du Protocole A/P.1/7/91 relatif à la Cour de justice de la Communauté.

- Protocole A/SP1/12/01 de la CEDEAO sur la démocratie et la bonne gouvernance additionnel au Protocole relatif au mécanisme de prévention, de gestion, de règlement des conflits, de maintien de la paix et de la sécurité du 21 décembre 2001.

- Protocole additionnel A/SP/1/06/06 portant amendement du Traité révisé de la CEDEAO du 14 janvier 2006.

- Protocol additionnel A/SP/2/06/06 portant amendement de l'article 3§1 et 2, de l'article 4§ 1, 3 et 7 et de l'article 7§ 3 du Protocole relatif à la Cour de justice de la Communauté du 14 juin 2006.

- Décision A/DEC. 2/6/06 portant création d'un Conseil judiciaire de la Communauté du 14 juin 2006.

- Directive CEDEAO portant sur *l'harmonisation des principes directeurs et des politiques dans le secteur minier* du 27 mai 2009.

- Acte Additionnel N°A/SP.13/02/12 du 17 février 2012 portant régime des sanctions à l'encontre des États membres qui n'honorent pas leurs obligations vis-à-vis de la CEDEAO.

- Décision A/DEC. 2/6/17 portant réduction du nombre des juges de sept (7) à cinq (5) de la Cour de justice de la Communauté CEDEAO.

- Communiqué final de la 55e Session ordinaire de la Conférence des Chefs d'État et de Gouvernement de la CEDEAO, 29 juin 2019 à Abuja (Nigéria).

- Communiqué final de la Session extraordinaire de la Conférence des Chefs d'État et de Gouvernement de la CEDEAO, 8 novembre 2019, à Niamey (Niger).

- Communiqué final de la 51e session ordinaire de la Conférence des Chefs d'État et de Gouvernement de la CEDEAO, 17 juin 2017 à Monrovia (Liberia).

2. CAE

- Traité de la Communauté africaine de l'Est.
- Règlement de Procédures de la Cour.

3. CEMAC

- Traité instituant la CEMAC du 16 mars 1994.
- Additif au Traité de la CEMAC relatif au système institutionnel et juridique de la Communauté du 6 juillet 1996.

- Traité révisé du 25 juin 2008.

- Convention régissant la Cour de justice communautaire du 30 janvier 2009.

4. COMESA

- Traité du Marché commun de l'Afrique orientale et australe du 5 novembre 1993.

- Règlement de Procédures de la Cour.

5. TSADC

- Traité de la Communauté de développement de l'Afrique australe de 1992.

- Protocole sur le Tribunal de la SADC du 7 août 2000.

- Protocole sur le Tribunal du 18 août 2014.

- Communiqué du 39e Sommet des Chefs d'État et de Gouvernement de la SADC, 17 &18 août 2019 à Dar-Es-Salaam (Tanzanie).

- Communiqué du 30e Sommet des Chefs d'État et de Gouvernement du 19 août 2010.

6. UEMOA

- Traité de l'UEMOA du 10 octobre 1994.

- Protocole additionnel n°1 relatif aux organes de contrôle de l'UEMOA.

- Acte additionnel n°10/96 du 10 mai 1996.

- Règlement n°1/96 portant Statuts de la Cour de justice de l'UEMOA.

- Règlement n°01/2012 du 21 décembre 2012 relatif au réglement administratif à la CJUEMOA.

B. Jurisprudences communautaires

1- Juridictions africaines

a) Cour africaine de l'Est

- CJCAE, *Calist Andrew Mwatela and others v/East African Community*, Ref. N° 1/2005, 6 December 2006.

- CJCAE, *Prof. Anyang' Nyong'o & 10 others c. Attorney General of Kenya*, N°1 du 27 november 2006.

- CJCAE, *James Katabazi & others v. Secretary General & The Attorney General of Uganda*, N°1/2007 du 1er novembre 2007.

- CJCAE, *East african Law Society v. Attorney General of Kenya and others,* N°3/2007 du 31 août 2008.

- CJCAE, *Plaxeda Ruguma vs. The Attorney General of Rwanda*, n°8/2010 du 1er décembre 2010.

- CJCAE, *Demande d'avis du Conseil des Ministres de la CAE*, n°1/2008 du 24 avril 2009.

- CJCAE, *Honorable Sitenda Sebalu vs. Secretary General of EAC, Attorney General of the Republic of Uganda, Honorable Sam K and the Electoral Commission of Uganda*, N°1/2010 du 23 juin 2011.

- CJCAE, *Independant Medical Unit vs. Attorney General*, N°3/2010 du 29 juin 2011.

- CJCAE, *Democratic Party and Mukasa Mbidee vs. The Secretary General of the EAC and the Attorney General of Uganda*, n°6/2011 du 10 mai 2012.

- CJCAE, *Attorney General for Uganda v. Omar Awada & others*, Appeal N°2/2012, 15th of april 2013.

- CJCAE, *The East African Law Society v The Secretary General of the East African Community*, N°1/2011 du 14 février 2013.

- CJCAE, *Samuel Mukira Mohochi vs. The Attorney General of Uganda*, N°5/2011 of 17 may 2013.

- CJCAE, *Mbugua Mureitiwa Nyambura v The Attorney General Uganda and the Attorney General of Kenya*, n°11/2011 of 24th february 2014.

- CJCAE, *ANAW vs The Attorney General of the United of Republic of Tanzania*, N° 9/2010, 20 juin 2014.

- CJCAE, *Venant Masenge vs. The Attorney General of The Republic of Burundi*, N°9/2012 du 14 juin 2014.

- CJCAE, *Antony Calist Komu vs. Attorney General of Tanzania*, 7/2012 du 26 septembre 2014.

- CJCAE, *East African Law Society v The Attorney General of Burundi*, n°1/2014 of 15 may 2015.

- CJCAE (1ère instance), *Burundian Journalist Union v. Attorney General of Burundi*, n°7/2013 du 15 mai 2015.

- CJAE, *The Attorney General of the Republic of Uganda v Tom Kyahurwenda*, N°1/2014, Appellate Division, 31st July 2015.

- CJCAE, *Kyarimpa v. Attorney General of Uganda*, Réf. n°4/2013, First Instance, 2014.

- CJCAE, *A request by Council of Ministers of the EAC for advisory opinion* made to articles 14 (4) and 36 of the Treaty for EAC and Rule 75 (4) of the East African Court of Justice Rules of Procedure, 2013, N°1/2015 of 24 november 2015.

- CJCAE, *East African Civil society Organization Forum vs. The Attorney General of Burundi, CENI, the Secretary General*, N°2/2015 du 29 septembre 2016.

- CJCAE, *Steven Deniss v. The Attorney General of Burundi & others*, N°3/2015 du 31 mars 2017.

- CJCAE, *Hon. Dr. Margaret Zziwa vs. The Secretary General of the East African Community*, Appeal N°2/2017, 25 may 2018.

- CJCAE, *Grands Lacs supplier SARL& others v The Attorney General of Burundi*, n°6/2016 of 19th june 2018.

- CJCAE, *British American Tobacco (U) LTD v. The attorney General of Uganda*, N°7/2017 of 26 march 2019.

b) Cour de Justice de la CEDEAO

- CJCEDEAO, *Afolabi Olajide v République fédérale du Nigeria*, n°01/04/04 du 27 avril 2004.

- CJCEDEAO, *Jerry Ugoke v Nigeria*, N°CW/CCJ/APP/02/05 du 7 octobre 2005.

- CJCEDEAO, *Ukor c/Sieur Rachad Laleye*, N°ECW/CCJ/APP/01/04 du 27 mai 2005.

- CJCEDEAO, *Tokumba Lijadu Oyemade c. Secrétariat Exécutif*, N°ECW/CCJ/JUD/04/05/ du 10 octobre 2005.

- CJCEDEAO, *Demande d'avis du Secrétaire Exécutif par rapport à la conformité de l'article 23-11 du Règlement intérieur du Protocole du Parlement de la Communauté aux dispositions des articles 72 et 14-2 (f) du Protocole du* Parlement, n°01/05 Aff. ECW/CCJ/ADV/OPN/01/05 du 5 décembre 2005.

- CJCEDEAO, *Mme Tokymbo Lijadu Omeyade c. Secrétariat Exécutif*, N°ECW/CCJ/APP/01/04 du 4 avril 2006.

- CJCEDEAO, *Demande d'avis du Président de la Commission sur le renouvellement des mandats du Directeur Général et de la Directrice Générale Adjointe du GIABA*, Avis N°001/08, Aff. N°ECW/CCJ/ADV. OPN/01/08 du 16 juin 2008.

- CJCEDEAO, *OSERADA c. Conseil des Ministres, Parlement et Commission*, ECW/CCJ/JUD/01/08 du 16 mai 2008.

- CJCEDEAO, *Chief Ebrimah Manneh vs. Gambie*, N°ECW/JUD/04/07 du 05 juin 2008.

- CJCEDEAO, *Dame Hadijatou Mani Koraou v. République du Niger*, N° ECW/CCJ/JUD/06/08, 27 octobre, 2008.

- CJCEDEAO, *SERAP v. Nigeria & UBEC*, du 27 octobre 2009.

- CJCEDEAO, *Amouzou Henry v. Côte d'Ivoire* du 17 décembre 2009.

- CJCEDEAO, *Daouda Garba c/Bénin*, N°ECW/CCJ/JUD/01/10 du 17 février 2010.

- CJCEDEAO, *Peter David v. Ambassador Ralph Uwechue*, N°ECW/CCJ/APP/06/09 du 11 juin 2010.

- CJCEDEAO, *SERAP vs. Nigeria*, N°ECW/CCJ/JUD/07/10 du 30 novembre 2010.

- CJCEDEAO, *Hissein Habré c. Sénégal*, N°ECW/CCJ/JUD/06/10 du 10 novembre 2010.

- CJCEDEAO, *Musa Saidykhan vs. Gambie*, N°ECW/CCJ/JUD/08/10 du 16 décembre 2010.

- CJCEDEAO, *Sidi Amar Ibrahim et autres v. Niger*, N°ECW/CCJ/JUD/JUD/01/11 du 8 février 2011.

- CJCEDEAO, *Stacrest Investment Ltd v. President ECOWAS Commission,* N°ECW/CCJ/APP/ 01/08 du 8 juillet 2011.

- CJCEDEAO, *Ocean King Nigeria v. Senegal*, n° ECW/CCJ/JUD/07/11 du 8 juillet 2011.

- CJCDEAO, *Bakary Sarré et 28 autres c. Mali*, N°ECW/CCJ/JUD/03/11 du 17 mars 2011.

- CJCEDEAO, *Mme Ameganvi Isabelle Manavi c. Togo*, N°ECW/CCJ/JUD/09/11 du 7 octobre 2011.

- CJCEDEAO, *Femi Falana & Wadi Moustapha c/ Bénin, Nigeria & Togo*, ECW/CCJ/JUD/02/2012 du 24 janvier 2012.

- CJCEDEAO, *Messieurs Aziablevi Yovo & 31 autres v. Société Telecom*, N°ECW/CCJ/JUD/04/12 du 31 janvier 2012.

- CJCEDEAO, *Mme Oluwatsin Rina Adewade c. Conseil des Ministres et autres*, ECW/CCJ/JUG/ 07 12 du 16 mai 2012.

- CJCEDEAO, *Groupe RACEAO c. Commission*, N°ECW/CCJ/JUG/ 08/12 du 7 juin 2012.

- CJCEDEAO, *Pinheiro c. Ghana*, N°ECW/CCJ/JUD/11/12 du 6 juillet 2012.

- CJCEDEAO, *Baldino Salfo c. Burkina Faso*, ECW/CCJ/JUD/13/12 du 31 octobre 2012.

- CJCEDEAO, *SERAP vs Federal Republic of Nigeria*, N°ECW/ CCJ/JUD/08/12 du 14 décembre 2012.

- CJCEDEAO, *Simon Ehivet et Michel Gbagbo c. Côte d'Ivoire*, N°ECW/JUG/03/13 du 22 février 2013.

- CJCEDEAO, *Abdoulaye et autres c/Sénégal*, ECW/CCJ/JUG/04/13 du 22 février 2013.

- CJCEDEAO, *Karim Wade c/Sénégal*, N°ECW/CCJ/JUD/19/13 du 19 juillet 2013.

- CJCEDEAO, *Chude Mba c. Ghana*, N°ECW/CCJ/JUD/10/13 du 6 novembre 2013.

- CJCEDEAO, *Alimu Akeem c. Nigeria*, N°ECW/CCJ/JUD/01/14 du 14 janvier 2014.

- CJCEDEAO, *Mme Modupe Dorcas Afolalu c. Nigéria*, ECW/CCJ/ JUD/15/14 du 10 mai 2014.

- CJCEDEAO, *P. A. Bodjona c/Togo* du 24 avril 2015.

- CJCEDEAO, *Congrès pour la démocratie et le Progrès c. État du Burkina Faso*, N°ECW/CCJ/JUD/16/15 du 13 juillet 2015.

- CJCEDEAO, *Ibrahima Mainassara Bare c. Niger*, ECW/CCJ/ JUD/23/15 du 23 octobre 2015.

- CJCEDEAO, *M. Mamadou Moustapha Kakali v. Niger*, ECW/CCJ/ JUD/15 du 1er décembre 2015.

- CJCEDEAO, *Ibrahima Sory Touré et Issiaga Bangoura c. Guinée*, N°ECW/CCJ/JUG/03/16 du 16 février 2016.

- CJCEDEAO, *Konso Kokou Parounam c/Togo*, N°ECW/CCJ/JUD/ 02/16 du 16 février 2016.

- CJCEDEAO, *Samba Barry c. Côte d'Ivoire*, N°ECW/CCJ/JUD/ 06/16 du 20 avril 2016.

- CJCEDEAO, *Dame Medagbe Rita c. Togo*, N°ECW/CCJ/JUD/08/16 du 20 avril 2016.

- CJCEDEAO, *Société Pont de Kayes c. Mali*, N°ECW/CCJ/JUD/14/16 du 17 mai 2016.

- CJCEDEAO, *Farimata Mahamadou et autres c. Mali,* N°ECW/CCJ/JUD/11/16 du 17 mai 2016.

- CJCEDEAO, *Djibril Yipéné Bassolé c. Burkina Faso,* N°ECW/CCJ/JUD/19/16 du 1er juillet 2016.

- CJCEDEAO, *Aziagbede c/ Togo*, N°ECW/CCJ/JUD/29/16 du 6 décembre 2016.

- CJCEDEAO, *Société Anonyme Maseda c. Mali*, ECW/CCJ/APP/10/16 du 24 janvier 2017.

- CJCEDEAO, *Dorothy Njemanze & trois autres c. Nigeria*, ECW/CCJ/08/17 du 12 octobre 2017.

- CJCEDEAO, *Wing Commander Danladi A. Kwasu c/Nigeria*, ECW/CCJ/JUD/04/15 du 10 octobre 2017.

- CJCEDEAO, *Benso Okambo c/Bénin*, ECW/CCJ/JUD/05/17 du 10 octobre 2017.

- CJCEDEAO, *Mary Sunday c/ Nigeria*, N°ECW/CCJ/JUD/11/18 du 17 mai 2018.

- CJCEDEAO, *Mme Nazare Gomes de Pina c. Guinée Bissau*, N°ECW/CCJ/JUD/15/18 du 24 mai 2018.

- CJCEDEAO, *Jerome Bougouma et autres c/ Burkina Faso*, ECW/CCJ/JUD/08/18 du 19 février 2018.

- CJCEDEAO, *Khalifa Sall et autres c/ État du Sénégal*, N°ECW/CCJ/JUD/17/18 du 29 juin 2018.

- CJCEDEAO, *Claude Akotegnon c. Commission*, N°ECW/CCJ/JUD/19/18 du 29 juin 2018.

- CJCEDEAO, *Lieutnant Colonel Silas Jock Santoi c. Nigéria*, N°ECW/CCJ/JUG/01/19 du 23 janvier 2019.

- CJCEDEAO, *Bekaye Traoré et 10 autres c/ Mali*, N°ECW/JUD/04/19 du 6 février 2019.

- CJCEDEAO, *Justice Joseph Wowo c. Gambie*, N°ECW/CCJ/JUD/JUD/09 du 27 février 2019.

- CJCEDEAO, *Ndiaga Soumaré c/ Sénégal*, N°ECW/CCJ/JUD/11/19 du 27 février 2019.

- CJCEDEAO, *Nancy Bohn Doe c. Liberia*, N°ECW/CCJ/JUD/12/19 du 28 février 2019.

c) Cour de Justice de COMESA

- CJCOMESA Érythrée c/Éthiopie, 1999 (affaire radiée).

- CJCOMESA, *PTA Bank v Martin Ogang*, Reference, n°1/2001.

- CJCOMESA, Dr. Kabeta Muleya v. COMESA & Erastus, Revision application n°1/2002.

- CJCOMESA, *PTA Bank v. The Republic of Burundi*, n°1/2006 du 16 août 2006.

- CJCOMESA, *Polytol Paints & Adhesives Manufactures Co. Ltd v. The Republic of Mauritius*, n°12 du 31 octobre 2013.

- CJCOMESA, *Advisory opinion*, n°1/2013 of 15 February 2015.

- *Polytol Paints & Adhesives Manufactures Co. Ltd v. The Republic of Mauritius* ; *Malawi Mobile Limited v Malawi Communication Regulatory Authority*, n°1/2015 (Première instance) du 20 novembre 2015.

- CJCOMESA, *Government of the Republic of Malawi v. Malawi Mobile Limited*, Appeal n°1/2016 du 23 avril 2017.

d) Cour de Justice de la CEMAC

- CJCEMAC, *Tasha Loweh Laurence c/COBAC*, n°3/CJ/CEMAC du 3 juillet 2003.

- CJCEMAC, *Thomas Dakayi Kamga c/CEMAC*, n°004/CJ/03 du 17 juillet 2003.

- CJCEMAC, *Société Anonyme des Brasseries du Cameroun c/Tchad*, Arrêt n°007/CJ/CEMAC/CJ/07 du 31 mai 2007.

- CJCEMAC, *Assiga Ahanda c. BEAC*, n°07/CJ/CEMAC/07 du 31 mai 2007.

- CJCEMAC, *Société Anonyme des Brasseries c/ République du Tchad*, N°008/CJ/CEMAC/CJ/10 du 27 mai 2010.

- CJCEAC, *Inter-États des Douanes c/Djeukam Michel*, N°001/CJ/CEMAC/10-11 du 25 novembre 2010.

- CJCEMAC, *Banque Atlantique du Cameroun c. Sielenou*, n°12/2011 du 31 mars 2011.

- CJCEMAC, *Afriland First Bank SA c/Décision COBAC*, n°017/2011 du 23 juin 2011.

- CJCEMAC, *Demande d'avis du Secrétaire Général de la COBAC,* Avis n°002/2012-13 du 5 juillet 2013.

- CJCEMAC, *Willy Ontsia c/CONSUMAF*, N°010/CJ/CEMAC du 17 mars 2011.

- CJCEMAC, *Société Wardi c/ État tchadien, n°002/2012-13* du 29 novembre 2012.

- CJCEMAC, *Mme Assako Joelle Christiano c/BEAC*, n°006/2012 du 7 mai 2013.

- CJCEMAC, *Demande d'avis du Secrétaire Général de la COBAC*, n°002/2012-13 du 5 juillet 2013.

- CJCEMAC, *SCI Kent (Ekita Group) c/Liquidation BMBC*, N°06/2015 du 3 mars 2016.

- CJCEMAC, *Société First Trust Saving and Loan c. Siakam*, n°07/2015-16 du 3 mars 2016.

- CJCEMAC, *Société civile immobilière Nzakou c. Liquidation BMC*, n°05/2015 du 3 mars 2016.

e) Tribunal de la SADC

- TSADC, *Campbell and others v. The Republic of Zimbabwe*, Case N°2/2007 du 8 novembre 2008.

- TSAC, *Tembani v. The Republic of Zimbabwe*, n°7/3008 du 14 août 2009.

- TSADC, *Bach's Transport v. The Republic of Zimbabwe*, n°14/2008 du 11 juin 2010.

- TSADC, *Barry Gondo et autres c. Zimbabwe* du 9 décembre 2010.

- TSADC, *United Republic of Tanzania v. Cimexpan (Mauritius) LTD and Others*, (Case N° SADC T), 01/2009 du 11 juin 2010.

f) Cour de justice de l'UEMOA

- CJUEMOA, *Demande d'avis sur le projet de loi organique relative aux lois de finances et le projet de décret portant règlement général sur la compatibilité publique*, Avis n°001/97 du 20 mai 1997.

- CJUEMOA, *Serge Laubhouet c/ Commission*, n°1/98 du 29 mai 1998.

- CJUEMOA, *Demande d'avis complémentaire du Président de la Commission de l'UEMOA relative à l'interprétation de l'article 84 du traité de l'UEMOA*, Avis n°002/2000 du 2 février 2000.

- CJUEMOA, *Demande d'avis de la Commission de l'UEMOA portant sur le projet de code communautaire des investissements de l'UEMOA*, avis n°001/2000 du 2 février 2000.

- CJUEMOA, *Demande d'avis de la Commission relative à l'interprétation des articles 88, 99 et 90 du relatif aux règles de concurrence*, Avis n°3/2000 du 27 juin 2000.

- CJUEMOA, *Akakpo Tobi Edoé c/ Commission*, n°2/2001 du 20 juin 2001.

- CJUEMOA, *Demande d'avis de la Commission UEMOA relative à la création d'une Cour des Comptes au Mali*, Avis n°001/2003 du 18 mars 2003.

- CJUEMOA, *Haroua Touré c/Commission*, 25 juin 2003.

- CJUEMOA, *Compagnie Air France c. Syndicat des Agents de Voyage et de Tourisme du Sénégal*, N°02/2005 du 12 janvier 2005.

- CJUEMOA, *Eugène Yai c. Conférence des Chefs d'État et de Gouvernement & Commission UEMOA*, N°03/2005 du 27 avril 2005.

- CJUEMOA, *Mamadou G. Lallou c. le Centre africain d'Études supérieures en Gestion (CESAG)* du 23 novembre 2005.

- CJUEMOA, *Demande d'avis du Président de la Commission de l'UEMOA relative à la possibilité pour les États membres de conclure individuellement des accords d'investissements avec les pays tiers*, avis n°1/2007 du 19 octobre 2007.

- CJUEMOA, *Sonitel SA c/ État du Niger*, n°1/2010 du 16 juin 2010.

- CJUEMOA, *Sidonie Sodabi c. BCEAO*, n°2/2012 du 19 décembre 2012.

- CJUEMOA, *État Côte d'Ivoire et M. Laurent Gbagbo c/Conseil des Ministres et Commission UEMOA*, N°1/2013 du 13 décembre 2013.

- CJUEMOA, *Zan Bienvenu c/Commission*, n°02/2013 du 18 décembre 2013.

- CJUEMOA, *Toidou Moutairou c/Conseil des Ministres et Commission Bancaire BCEAO*, N°04/2013 du 18 décembre 2013.

- CJUEMOA, *Farry Ismaila Kader c/CREMPF*, n°1/2014 du 30 avril 2014.

- CJUEMOA, *BOAD c/Soumahoro Youssouf*, n°13 RP 001.36 du 30 avril 2014.

- CJUEMOA, *Traoré Thiery Michel c/Salifou Mouhamed*, n°11 RP 001.12 du 30 avril 2014.

- CJUEMOA, *Traoré Thierry Michel c/Syb Lewa Sansan Dieudonné*, n°11 RP003.20 du 30 avril 2014.

- CJUEMOA, *Lassina Traoré c/BOAD* n°13 RP 001.36, du 30 avril 2014.

- CJUEMOA, *El Hadji Abdou Sakho c/ La Conférence des Chefs d'État et de Gouvernement, Commission UEMOA*, N°4/2017 du 18 avril 2017.

- CJUEMOA, *Sénégal c/Commission UEMOA*, n°1/2017 du 21 février 2017 (Affaire dite « huile de Palme », radiée pour désistement).

- CJUEMOA, *Fonds de Solidarité Africain (FSA) c. BCEAO & Commission UEMOA*, n°03/2019 du 10 avril 2019.

d) Commission et CADHP

- Communication 211/98, *Legal Ressources Fondation c. Zambia* du 7 mai 2001.

- Communication 147/195, *Sir Daouda Jawara c. Gambie* du 11 mai 2000.

- Communication *Constitutionnal rights projects, civil liverties Organisation and Media Right Agenda v. Nigeria* n°140/94, 141/95, 145/95 (1999).

- African Commission on Human and Peoples's Rights, *Luke Munyandu Tembani and Benjamin John Freeth v. Angola and Thirteen Others*, Communication N° 409/12, 5 november 2013.

- African Court on Human and Peoples' Rights, *Request for Advisory opinion*, N°0002/2012 by Pan African Lawyers'Union and Southern African Litigation Center Order, 15 March 2013.

- CADHP, *Nobert Zongo c. État Burkina Faso*, n°013/2011 du 28 mars 2014.

2- Juridictions européennes

a) CJCE ou CJUE, TPICE

- CJCE, 15 juillet 1960, *Italie c/haute Autorité*, 20/59, Rec. 663.
- CJCE, 15 juillet 1960, *Pays-Bas c/Haute Autorité*, 25/59, Rec., 1021.
- CJCE, 15 juillet 1963, *Plaumann c/ Commission*, Aff. 25/62.
- CJCE, 27 mars 1963, *Da Costa*, Aff. Jointes 28, 30/62.

- CJCE, 30 juillet 1966, *Veuve Vaasen Gobbels*, 61/65.

- CJCE, 12 nov. 1969, *Stauder*, aff. C-26/69, Rec. 1969, p. 419.

- CJCE, 10 décembre 1969, *Commission c/France*, Aff. Jointes 6 et 11/69.

- CJCE, 17 déc. 1970, *Internationale Handelsgesellschaft, c/Einfuhr-und...* C-11/70, Rec. 1970, p. 1125.

- CJCE, 18 novembre 1970, *Chevalley*, Aff. 15/70.

- CJCE, 28 avril 1971, *Lutticke*, Aff. 4/69.

- CJCE, 2 décembre 1971, *Zuckerfabrik*, Aff. 5/71.

- CJCE, 4 octobre 1979, *France c/ Royaume-Uni*, Aff. 141/78, Rec., 2923.

- CJCE, 29 novembre 1978, *PIGS Marketing Board*, Aff. 83/78.

- CJCE, 11 mars 1980. *Foglio c. Novello.*

- CJCE, 6 octobre 1982, *CILFIT*, Aff. 283/8.

- CJCE, 5 octobre 1983, *Nevas c/Caisse des juristes,* Aff. C-142/83, Rec. 2969.

- CJCE, 15 mai 1986, *Maguerite Johnston c/Chief Coonstable of the Royal Ulster Constabulary*, 222/84.

- CJCE, 23 avril 1986, *Parti écologiste Les Verts c/Parlement européen*, 294/83.

- CJCE, 22 octobre 1987, *Foto-Frost v. Hauptzollamt Ost*, C-314/85.

- TPICE du 10 juillet 1990, *Tetra Pak*, T-51/89, Rec II-309, point. 42.

- CJCE, 19 novembre 1991, *Andrea Francovich et Danila Bonifaci et autres c/Italie*, Aff. Jtes C-6/90 et C-9/90.

- TPICE, 27 février 1992, *Vichy c/Commission.*

- CJCE, 3 décembre 1992, *Oleificio c/ Commission*, Aff. C-97/91, Rec. I. 6313.

- CJCE, *Corsica Ferries,* 17 mai 1994, Aff. C-18/93.

- CJCE, 5 mars 1996, *Brasserie du Pêcheur et Factortame*, aff. Jtes C-46/93 et C-48/93.

- CJCE, 21 septembre 1999, *Albany,* Aff. 67/96.

- CJCE, 16 mai 2000, *Belgique c/ Espagne*, Aff. C-388/95, Rec. 3123.

- CJCE, 12 juin 2003, *Schmidberger*, Aff. C-112/00.

- CJCE, 30 septembre 2003, *Kobler*, Aff. C-824.

- CJCE, 9 décembre 2003, *Commission c/Italie*, C-129/00.

- CJCE, 12 juillet 2005, *Commission c/France*, C-304/02, Rec. 2005, p. 6263.
- CJCE, 10 janvier 2006, *Alvarez Moreno c Commission*, C-373/04.
- CJCE, 14 mars 2006, *Commission c/ France,* Aff. C-177/04, Rec. 2006, p. 2461.
- CJCE, 12 septembre 2006, *Espagne c/Royaume*, Aff. C- 145/04, Rec. I-7917.
- CJCE,19 septembre 2006, *Wilson*, Aff. C-506/04.
- CJCE, 12 décembre 2009, *Commission c/Espagne*, C-154/08.
- CJUE, Avis, n°1/09 du 8 mars 2011 relatif au projet d'accord portant création d'une juridiction du brevet européen et du brevet communautaire.
- CJUE, 12 décembre 2012, *Commission c/Irlande*, Aff. C-279/11.
- CJUE, Avis 2/13 du 18 décembre 2014 relatif à l'adhésion à la Convention européenne des droits de l'homme.
- CJUE, 2 décembre 2014, *Commission c/ Italie*, Aff. 196/13.
- CJCE, 16 juillet 2015, Commission c/ Italie, Aff. C-653/13.
- CJUE, CJUE, 27 février 2018, *Associaçao Sindical dos Juizes Portugueses*, Aff. C-64/16.
- CJUE, 6 mars 2018, *République Slovaque c/Achmea*, C-284/16.
- CJUE, 4 octobre 2018, *Commission c/France*, Aff. C-416/17.
- CJUE, *Commission c/Pologne,* 20 juin 2019, Aff. C-192/18

b) CEDH

- CEDH, *Gold v. Royaume Uni*, 1975.
- CEDH, *Airey c. Irlande*, n°6289/73 du 9 octobre 1979.
- CEDH, *Johnson et autres c Irlande* du 18 décembre 1986.
- CEDH, *Philis v Grèce*, 1991.
- CEDH, *Vernillo c. France*, A. 198 du 20 février 1991.
- CEDH, *Lopez-Ostra*, 9 décembre 1994.
- CEDH, *DH et autres c. République Tchèque*, n°57325/00 du 13 novembre 2007.
- CJCEDEAO, *Tatar c. Roumanie* du 27 janvier 2009.

3- Juridictions latino-américaines

- CIDH, avis consultatif du 6 octobre 1987, C-9/87.
- CIDH, *Velasquez Rodriguez v. Honduras*, 29 juillet 1988.
- CIDH, *Communauté Mayagma Sumo Awas Tingi c. Nicargua*, 31 août 2001, Série C N°79.
- CIDH, *Barious Altos c/ Peru* du 30 novembre 2002.
- CIDH, *Moiwana v. Suriname* du 15 juillet 2005.

4- Juridictions internationales

- CIJ, *Anglo Iranian Oil company*, 22 juillet 1952.
- CIJ, *Ambatielos*, 19 mai 1953.
- CIJ, *Suisse v. États-Unis*, 21 mars 1959.
- CIJ, *Barcelona Traction* du 5 février 1970.
- CIJ, *Avis relatif à la Licéité de la menace ou de l'emploi d'armes nucléaires* de la CIJ du 8 juillet 1996.

5- Juridictions nationales

- Conseil d'État, *Prosper Nguena Nitchen et autres c. UCAD*, N°76 du 31 août 1994.
- Conseil constitutionnel de la Côte d'Ivoire, Décision n° L 007/07 du 16 juin 1997, recours tendant à contrôler la conformité à la Constitution du Protocole A/P1/7/96 de la CEDEAO relatif aux conditions d'application du prélèvement communautaire.
- CS, *État du Sénégal c/ ARMP*, N°10 du 25 septembre 2008.
- CS, *État du Sénégal c/ ARMP*, arrêt n°12 du 5 mai 2009.
- High Court of Zimbabwe, *Movement for Democratic Change v. President of the Republic of Zimbabwe*, HC 1291/05, 2007.
- High Court of Zimbabwe, *Gamara Private LTD and others v. Zimbabwe*, HC33/09 of 16 January 2010.
- *Polytol Paints and Adhesive Manufactures Co. Ltd v The Minister of Finance*, 2009 SCJ 106.
- CS, *ARTP c/ Comité de Règlements de l'ARMP*, N°20 du 12 avril 2012.
- CS *Complex Industriel c/ ARMP*, N°01 du 9 février 2012.
- High Court of Pretoria, *Zimbabwe v. Louis Karel Fick and others*, 657/11 du 20 September 2012.

- CS (Sénégal), *Fortesa International c/ État du Sénégal*, n°20 du 11 avril 2013.

- CS, *Société Sarre. Cons c/ ARMP*, N°47 du 22 août 2013.

- Tribunal de Dakar, *SOCCOCIM industries c/ DGID* du 28 mai 2014.

- Cour constitutionnelle du Bénin, DCC 16-19 du 15 novembre 2016.

- Cour d'Appel de Dakar, *Kalifa Sall c/ État du Sénégal*, N°454 du 30 août 2018.

- High Court of Pretoria, *Law Society of South Africa and others v. President of South Africa and others*, N°20382/2015 of 1st march 2018.

- Cour Constitutionnelle du Bénin, DCC 18-135 du 28 juin 2018.

- Constitutional Court of South Africa, *Law Society of South Africa and others v. President of South Africa and others*, N°CCT/67/18 of 11 December 2018.

- High Court of Tanzania, T*anganyika Law Society vs Ministry of Foreign Affairs and International cooperation & Attorney General of Tanzania*, N°23 of 2014 of 4 june 2019.

STATISTIQUES ET TABLEAUX DES ARRÊTS DES COURS DE JUSTICE AFRICAINES

I. Aperçu des arrêts des cours de justice

Cours de justice	CAE	CEDEAO	CEMAC	COMESA	SADC	UEMOA
Nombre d'arrêts	196	172	105	27	25	58

II. Arrêts de la CJCEDEAO de 2004 à 2019

Année	2004-2010	2011	2012	2013	2014	2015	2016	2017	2018	2019
Arrêts	38	10	13	12	12	27	25	14	24	9

III. Arrêts de la CJCAE de 2005 à 2019

Année	2005-2010	2011	2012	2013	2014	2015	2016	2017	2018	2019
Arrêts	37	17	13	18	26	37	27	7	6	9

IV. Arrêts de la CJUEMOA de 1996 à 2019

Année	1996-2010	2011	2012	2013	2014	2015	2016	2017	2018	2019
Arrêts	43	2	4	4	4	0	1	6	4	1

V. Arrêts de la CJCOMESA de 2000 à 2017

Année	2000-2010	2011	2012	2013	2014	2015	2016	2017	2018	2019
Arrêts	13	0	3	2	1	3	4	1	0	0

VI. Décisions du Tribunal de la SADC de 2007 à 2010

Année	2007	2008	2009	2010
Arrêts	3	8	5	9

VII. Nombre d'affaires dans le domaine des libertés de circulation

Cours de justice	CEDEAO	CEMAC	CAE	UEMOA	COMESA	SADC
Arrêts	6	1	5	3	3	1

VIII. Nombres d'arrêts rendus en matière de renvoi préjudiciel

Cours de justice	CEDEAO	CEMAC	CAE	UEMOA	COMESA	SADC
Arrêts	0	1	1	5	0	0

INDEX

ANNEXES

ANNEXE 1 : PROFIL DES JUGES

Note : Les tables des profils des juges ont été élaborées en fonction des informations disponibles sur le site de certaines cours de justice. Il serait intéressant d'envisager la mise en ligne des curriculums vitae des juges ou la description de leurs parcours professionnels.

- **CJCEDEAO**

Première génération de juges (2001-2009)			
Juges	**Profil**	**Mandats**	**Origine**
Hon. Justice Hansine N. Donli	Magistrat Cour suprême	Présidente de la Cour Janvier 2001-Janvier 2007	Nigeria
Hon. Justice Mansour Tall	Conseiller à la Cour suprême	2001-2008 Vice-Présidente (2001-2003)	Sénégal
Hon. Justice Anthony A. Benin	Magistrat Cour d'appel	Vice-Président 2007-2009	Ghana
Hon. Justice Awa Daboya Nana	Magistrat Cour d'appel	Présidente de la Cour 2009-	Togo
Hon. Justice Barthelemy Toe	Premier Président de la Cour suprême		Burkina Faso
Hon. Justice Dirarou S. Sidibe	Magistrat Cour suprême, Conseiller technique	Vice-Présidente 2004-2007	Niger
Hon Justice Aminatou Malle Sanogo	Magistrat au TGI	Présidente (2007-2009) 2001-2009	Mali
Hon. Justice Benfeito Mosso Ramos	Magistrat Cour suprême (Président)	Vice-Président Février 2009	Cap-Verde

Hon. Justice Clotilde Médégan Nuogbode	Présidente Cour constitutionnelle		Bénin
Hon. Justice Eliam Potey	Magistrat Conseiller technique Ministère de la Justice		Côte d'Ivoire
Troisième génération de juges (2014-2018)			
Hon. Justice Jerome Traoré	Magistrat	Président (2016-2018)	Burkina Faso
Hon Justice Maria Do Ceu Silva Monteiro	Magistrat	Présidente 2014-2016	Guinée-Bissau
Hon. Justice Yussif D. Kaba	Magistrat	Vice-Président : 2017-2018	Liberia
Hon. Justice Micah Wilkins Wright	Magistrat	Vice-Président 2016-2017 Membre 2014-2017	Liberia
Hon. Justice Hamèye Founé Mahalmadane	Magistrat	2014-2018	Mali
Hone. Justice Yaya Boiro	Magistrat	2014-2018	Guinée Conakry
Hon. Justice Alioune Sall	Professeur de droit public		Sénégal
Quatrième génération de juges			
Hon. Justice Edward Amoako Asante	Magistrat Cour suprême (54 ans)	Président	Ghana
Hon. Justice Gberi-bè Quattra	Avocat général au Bureau du Procureur Général près la Cour suprême	Vice-Président	Côte d'Ivoire

Honorable Justice Dupe Atoki	Directrice générale de la protection du Conseil de protection du consommateur		Nigéria
Honorable Justice Keikura Bangura (Sierra Leone)	Magistrat à la Haute Cour		Sierra Léone
Honorable Justice Januaria Tavares Silva Moreira Costa	Magistrat à la Cour suprême et membre du Conseil supérieur de la magistrature		Cap vert

- **CJCAE**

Composition

Juges	Profil	Mandats	Origine
Dr. Emmanuel Ugirashebuja	Docteur en droit/Enseignant Membre du Conseil supérieur de la magistrature (43 ans)	Président (appel) Depuis 2014	Kenya
Justice Liboire NKurunziza	Procureur général adjoint	Vice-Président	Burundi
Justice Edward Rutakangwa	Magistrat Cour d'appel		Tanzanie
Justice Aoron Ringera	Magistrat Cour d'appel ; Procureur		Kenya
Justice Geoffrey W. M. Kiryabwire	Magistrat Cour d'appel et Cour constitutionnelle		Ouganda
Hon Lady Justice Monica Kalyegira Mugenyi	Magistrat Cour suprême	Présidente (Première instance)	Ouganda
Dr Faustin Ntezilyayo	Docteur en droit, spécialiste en droit fiscal, droit international des affaires		Rwanda
Justice Fakihi Abdallah Jundi	Avocat à la Cour suprême		Tanzanie
Justice Audace Ngiye	Avocat, Directeur de la législation nationale		Burundi

Juges	Profil	Mandats	Origine
Justice Dr Charles Oyo Nyawello	Magistrat, Président de la Cour suprême du Soudan		
Justice Charles Ayako Nychae	Avocat		Kenya

- **CJUEMOA**

Juges	Profil	Mandats	Origine
Eloge Akpo			Bénin
Salifou Sampinbogo			Burkina
Augusto Mendes			Guinée-Bissau
Mahawa Sémou Diouf	Magistrat		Sénégal
Jospehine Suzanne Ebah-touré			Côte d'Ivoire
Daniel Amagoin Tessougue	Doctorat en droit privé, juge d'instruction ; Procureur	Président	Mali
Victoire Eliane Allagbada-Jacob		Avocat général	Niger
Bawa Yaya Abdoulaye			Togo

ANNEXE 2 : DÉCISION DE RÉVOCATION DES JUGES DE LA CJUEMOA

UNION ECONOMIQUE ET MONETAIRE
OUEST AFRICAINE

CONFERENCE DES CHEFS D'ETAT
ET DE GOUVERNEMENT

UEMOA

ACTE ADDITIONNEL N° 02/2016/CCEG/UEMOA

PORTANT REVOCATION DES MEMBRES
DE LA COUR DE JUSTICE DE
L'UNION ECONOMIQUE ET MONETAIRE OUEST AFRICAINE
(UEMOA)

LA CONFERENCE DES CHEFS D'ETAT ET DE GOUVERNEMENT DE L'UNION ECONOMIQUE ET MONETAIRE OUEST AFRICAINE

VU le Traité modifié de l'UEMOA, notamment en ses articles 16, 17, 18 et 19 créant la Conférence des Chefs d'Etat et de Gouvernement et définissant ses attributions ;

VU l'article 38 dudit Traité, créant la Cour de Justice de l'UEMOA ;

VU le Protocole additionnel n°01 relatif aux Organes de contrôle de l'UEMOA, notamment en son article 2, tel que modifié par l'Acte additionnel n°04/97, en date du 23 juin 1997 ;

VU l'Acte additionnel n°03/96, en date du 29 octobre 1999, portant nomination de Monsieur Daniel Lopes FERREIRA, en qualité de Membre de la Cour de Justice de l'UEMOA ;

VU l'Acte additionnel n°01/2006, en date du 27 janvier 2006, portant renouvellement du mandat d'un Membre de la Cour de Justice de l'UEMOA ;

VU l'Acte additionnel n°03/CCEG/UEMOA, en date du 20 janvier 2007, portant renouvellement de mandat, nomination et fin de mandats de Membres de la Cour de Justice de l'UEMOA ;

VU l'Acte additionnel n°01/2012/CCEG/UEMOA, en date du 19 mars 2012, portant renouvellement du mandat d'un Membre de la Cour de Justice de l'UEMOA ;

VU l'Acte additionnel n°01/2013/CCEG/UEMOA, en date du 25 mars 2013, portant renouvellement de mandats, nomination et fin de mandats de Membres de la Cour de Justice de l'UEMOA ;

VU l'Acte additionnel n°02/2013/CCEG/UEMOA, en date du 15 avril 2013, portant nomination et fin de mandat d'un Membre de la Cour de Justice de l'UEMOA ;

-2-

VU l'Acte additionnel n°03/2013/CCEG/UEMOA, en date du 10 juin 2013, portant nomination et fin de mandat d'un Membre de la Cour de Justice de l'UEMOA ;

VU l'Acte additionnel n°02/2015/CCEG/UEMOA, en date du 12 février 2015, portant acceptation de la démission d'un Membre de la Cour de Justice de l'UEMOA ;

VU l'Acte additionnel n°03/2015/CCEG/UEMOA, en date du 12 février 2015, portant nomination d'un Membre de la Cour de Justice de l'UEMOA ;

VU l'Acte additionnel n°04/2015/CCEG/UEMOA du 13 juin 2015, portant rappel des membres de la Cour de Justice de l'UEMOA,

VU l'Acte additionnel n°07/2015/CCEG/UEMOA du 14 août 2015, portant prorogation de la période de rappel des membres de la Cour de Justice de l'UEMOA ;

VU les travaux de la 18ème session ordinaire de la Conférence des Chefs d'Etat et de Gouvernement de l'UEMOA, tenue à Cotonou le 19 janvier 2015, dans leurs volets relatifs à la crise qui sévit au sein de la Cour de Justice de l'UEMOA ;

CONSIDERANT qu'à l'occasion de ladite session, la Conférence a décidé, entre autres, le rappel des Membres de la Cour de Justice de l'UEMOA, dans leurs Etats respectifs, pour une période de six mois, courant à compter du 1er mars 2015 ;

CONSIDERANT la prorogation de la période de rappel des membres de la Cour ;

CONSIDERANT les conclusions issues du rapport général du Comité d'Experts juristes chargés, à la demande des Chefs d'Etat et de Gouvernement de l'Union, de la révision des textes de la Cour de Justice de l'UEMOA et les précisions fournies aux Chefs d'Etat et Gouvernement à l'occasion de leur session en date du 08 janvier 2016 de la Conférence par le Président du Comité ;

CONSTATANT la persistance de la crise survenue au sein de la Cour de Justice de l'UEMOA depuis le 11 février 2014, en dépit des diverses mesures arrêtées par la Conférence des Chefs d'Etat et de Gouvernement ;

RELEVANT que la crise inédite qui prévaut au sein de la Cour, résulte d'une mésentente profonde entre ses membres et a débouché sur un blocage de fonctionnement de l'Organe communautaire de contrôle juridictionnel, en dépit des orientations définies par la Conférence des Chefs d'Etat et de Gouvernement ;

-3-

SOUCIEUSE face à cette situation exceptionnelle de prendre d'autorité, la décision de mettre fin aux mandats des membres de la Cour ;

PRENANT toutefois en compte la situation spécifique de Madame TOURE Joséphine Suzanne, épouse EBAH, nouvellement nommée à la Cour par l'Acte additionnel n°03/2015/CCEG/UEMOA du 12 février 2015 précité et qui n'est pas impliquée dans la crise ;

DESIREUSE d'assurer un fonctionnement régulier de la Cour ;

SUR proposition des Gouvernements du Bénin, du Burkina, de la Côte d'Ivoire, de la Guinée Bissau, du Mali, du Niger, du Sénégal et du Togo ;

DECIDE :

Article premier :

Sont révoqués de leurs fonctions au sein de la Cour de Justice de l'UEMOA, Monsieur Honorat ADJOVI, Madame Léontine Marie Florence ZOMBRE, née ZIDA, Monsieur Daniel Lopes FERREIRA, Monsieur Ousmane DIAKITE, Monsieur Maty ELHADJI MOUSSA, Madame Seynabou Ndiaye DIAKHATE et Monsieur Abalo Pignakiwè PETCHELBIA, Membres de ladite Cour, au titre respectivement du Bénin, du Burkina, de la Guinée Bissau, du Mali, du Niger, du Sénégal et du Togo.

Article 2 :

Le Greffier de la Cour est chargé de faire l'inventaire des dossiers en cours de traitement, et de les consigner au Greffe de la Juridiction.

Article 3 :

Le Président de la Commission est chargé de l'application du présent Acte additionnel, qui entre en vigueur à compter de sa date de signature et sera publié au Bulletin Officiel de l'Union.

En foi de quoi, ont apposé leur signature au bas du présent Acte additionnel, ce 08 janvier 2016, à Cotonou.

Pour la République du Bénin

S.E. Dr. Boni YAYI,
Président de la République

Pour la République du Mali

S.E.M. Ibrahim Boubacar KEITA,
Président de la République

-4-

Pour le Burkina Faso

S.E.M. Roch Marc Christian KABORE,
Président du Faso

Pour la République du Niger

S.E.M. Issoufou MAHAMADOU,
Président de la République

Pour la République de Côte d'Ivoire

S.E.M. Alassane OUATTARA,
Président de la République

Pour la République du Sénégal

S.E.M. Macky SALL,
Président de la République

Pour la République de Guinée-Bissau

S.E.M. Artur SILVA,
Ministre des Affaires Etrangères,
de la Coopération Internationale
et des Communautés

Pour la République Togolaise

S.E.M. Faure Essozimna GNASSINGBE,
Président de la République

ANNEXE 3 : DÉCISION DE RÉDUCTION DU NOMBRE DE JUGES À LA CJCEDEAO

CINQUANTE-ET-UNIEME SESSION ORDINAIRE DE LA CONFERENCE DES CHEFS D'ETAT ET DE GOUVERNEMENT

MONROVIA, le 4 JUIN 2017

DECISION A/DEC.2/6/17 PORTANT REDUCTION DU NOMBRE DES JUGES DE SEPT (7) A CINQ (5) DE LA COUR DE JUSTICE DE LA COMMUNAUTE-CEDEAO

LA CONFERENCE DES CHEFS D'ETAT ET DE GOUVERNEMENT,

VU les Articles 7, 8 et 9 du Traité de la CEDEAO, tels qu'amendés, portant création de la Conférence des Chefs d'Etat et de Gouvernement et définissant sa composition et ses fonctions ;

VU le Protocole additionnel A/SP.1/06/06 adopté le 14 juin 2006 amendant le Traité de la Communauté Economique des Etats de l'Afrique de l'Ouest ;
Vu l'Acte Additionnel A/SA.3/01/10 portant amendement de l'article 9 nouveau du Traité de la CEDEAO tel qu'amendé par le Protocole Additionnel A/SP/06/06 ;

VU le Protocole Additionnel A/SP2/6/06 portant amendement de l'article 3 paragraphes 1, 2 et 4, de l'article 4 paragraphes 1, 3 et 7 paragraphe 7 et de l'article 7 paragraphe 3 du Protocole relatif à la Cour de justice de la Communauté ;

VU l'Acte additionnel A/SP.14/02/12 relatif aux modalités d'attribution des postes statutaires au sein des Institutions de la CEDEAO ;

RAPPELANT le Règlement C/REG.2/06/07 approuvant la structure organisationnelle de la Cour de justice de la Communauté et du plan de recrutement de son personnel;

AYANT A L'ESPRIT le Communiqué final de la cinquante-et-unième session ordinaire de la Conférence des Chefs d'Etat et de Gouvernement tenue le 4 juin 2017 à Monrovia approuvant la Réforme de toutes les Institutions de la Communauté;

APRES EXAMEN par la Conférence des Chefs d'Etat et de Gouvernement lors de sa 52ème session tenue à Abuja le 2017, des propositions d'attribution des postes statutaires au sein des Institutions de la Communauté ;

DECIDE :

ARTICLE 1ER : REDUCTION NOMBRE DES JUGES DE LA COMMUNAUTE

Le nombre des juges de la Cour de justice de la Communauté est limité à cinq (5) en conformité avec la réforme des Institutions de la Communauté en attendant les amendements nécessaires des textes de la Communauté qui prévoient la réduction du nombre des statutaires.

ARTICLE 2 : ENTREE EN VIGUEUR ET PUBLICATION

1. La présente Décision A/DEC.2/06/17 entre en vigueur dès sa signature par le Président de la Conférence.

2. La présente Décision A/DEC.2/06/17 est publiée par la Commission de la CEDEAO dans le Journal officiel de la Communauté dans les trente (30) jours suivant sa signature par le Président de la Conférence.

3. La présente Décision A/DEC.2/06/17 est publiée par chaque Etat membre dans son Journal officiel dans les trente (30) jours suivant sa notification par la Commission.

FAIT A MONROVIA, LE 6 Juin 2017

POUR LA CONFERENCE

LE PRESIDENT

S.E.M Faure Essozimna GNASSINGBE

SIGNE LE.......JUILLET 2018

Annexe 4 : Protocole additionnel A/SP2/6/06 portant amendement de certaines dispositions du Protocole relatif à la Cour de Justice de la Communauté

PROTOCOLE ADDITIONNEL A/SP2/6/06 PORTANT AMENDEMENT DE L'ARTICLE 3 PARAGRAPHES 1, 2 ET 4, DE L'ARTICLE 4 PARAGRAPHES 1, 3 ET 7 ET DE L'ARTICLE 7 PARAGRAPHE 3 DU PROTOCOLE RELATIF A LA COUR DE JUSTICE DE LA COMMUNAUTE

LES HAUTES PARTIES CONTRACTANTES ;

VU les articles 7, 8 et 9 du Traité de la CEDEAO portant création de la Conférence des Chefs d'Etat et de Gouvernement et définissant sa composition et ses fonctions ;

VU l'article 33 du Protocole A/P1/7/91 relatif à la procédure d'amendement du Protocole relatif à la Cour de Justice de la Communauté ;

VU le Protocole additionnel A/SP1/1/05 portant amendement du Protocole relatif à la Cour de Justice de la Communauté ;

VU les directives contenues dans les rapports finaux de la cinquante troisième et de la cinquante cinquième session du Conseil des Ministres relatives à la restructuration de la Cour de Justice de la Communauté ;

RAPPELANT que les directives ci-dessus mentionnées ont prescrit que la restructuration de la Cour doit permettre aux juges de se consacrer à leurs fonctions essentielles ;

RAPPELANT également que les mêmes directives ont aussi prescrit que la restructuration doit doter la Cour d'un organigramme lui permettant d'exécuter ses fonctions de manière optimale et qu'elle doit également viser l'harmonisation des mandats dans toutes les institutions de la Communauté ainsi que l'inclusion des postes des juges dans un plan général de rotation des Etats membres aux postes statutaires ;

CONSIDERANT la nécessité de nommer à la Cour de Justice de la Communauté des juges compétents, capables de contribuer par la qualité de leurs décisions, à la construction d'un droit communautaire susceptible de consolider et d'accélérer le processus d'intégration régionale ;

CONSIDERANT également la nécessité de s'assurer que les juges à la Cour de Justice de la Communauté possèdent une haute valeur morale à leur entrée en fonction et de garantir l'observation de cette valeur par les juges pendant toute la durée de leur mandat ;

SOUCIEUSES de doter la Cour de Justice de la Communauté de structures fonctionnelles et de ressources humaines adéquates ;

DESIREUSES d'adopter des modalités de recrutement basées sur des critères qui permettent la sélection et la nomination des personnalités les plus aptes à occuper les fonctions de juge à la Cour de Justice de la Communauté et d'adopter toutes les mesures qui favorisent le bon fonctionnement de la Cour;

CONVIENNENT DE CE QUI SUIT

ARTICLE 1er

Toutes les références au " *Secrétariat Exécutif* " et au " *Secrétaire Exécutif* " dans le Protocole A/P1/7/91 sont supprimées par la présente et remplacées respectivement par la " *Commission* " et le " *Président* ".

ARTICLE 2

L'article 3, paragraphes 1, 2 et 4 du Protocole A/P1/7/91 est amendé comme suit :

Article 3 Paragraphe 1 nouveau

La Cour est composée de sept (7) juges indépendants choisis parmi des personnes de haute valeur morale, ressortissant des Etats membres, possédant les qualifications requises pour occuper des fonctions juridictionnelles à la Cour suprême ou dans une juridiction de même rang, ou qui sont des jurisconsultes de compétence notoire en matière de droit international, notamment en droit communautaire ou droit d'intégration régionale. En outre, les candidats aux fonctions de juges à la Cour de Justice de la Communauté devront avoir totalisé au moins vingt (20) années d'expérience professionnelle.

Article 3 Paragraphe 2 nouveau

Les membres de la Cour élisent en leur sein un Président et un Vice Président qui agissent en ces qualités pour une période de deux (2) ans renouvelable. Deux (2) membres de la Cour ne peuvent être ressortissants d'un même Etat membre.

Article 3 Paragraphe 4 nouveau

1. La Conférence attribue les postes vacants de juge aux Etats membres. Un Conseil

judiciaire de la Communauté composé des Présidents des juridictions suprêmes de l'ordre judiciaire ou de leurs représentants des Etats auxquels les postes de juge n'ont pas été attribués, sélectionne trois (3) candidats par pays, parmi les ressortissants des pays auxquels les postes ont été attribués. Le Conseil judiciaire de la Communauté procède également à l'interview des candidats et propose au Conseil des Ministres de recommander à la Conférence, la nomination des juges.

2. La composition et les modalités de fonctionnement du Conseil judiciaire de la Communauté en matière de recrutement des juges sont définies par décision de la Conférence.

ARTICLE 3

1. Il est créé un bureau à la Cour de Justice de la Communauté qui comprend trois membres de la Cour à savoir le Président, le Vice Président, le juge le plus ancien et le plus âgé de la Cour.

2. Les attributions du Bureau sont définies par un Règlement du Conseil des Ministres.

ARTICLE 4

L'article 4, paragraphes 1 et 7 du Protocole A/P1/7/91 sont amendés comme suit :

Article 4 paragraphe 1 nouveau

Les membres de la Cour sont nommés pour un mandat de quatre (4) ans non renouvelable.

Article 4 paragraphe 3 nouveau

A l'expiration du mandat d'un membre de la Cour, celui-ci reste en fonction jusqu'à l'a nomination et l'entrée en fonction de son successeur.

Article 4 paragraphe 7 nouveau

1. Le Conseil judiciaire de la Communauté connaît des affaires de discipline des juges ainsi que des cas d'incapacité des juges à exercer leurs fonctions, pour des raisons physiques ou mentales.

2. La composition et les modalités de fonctionnement du Conseil judiciaire de la Communauté en matière disciplinaire sont définies par décision de la Conférence.

ARTICLE 5

L'article 7, paragraphe 3 du Protocole A/P1/7/91 est amendé comme suit :

Article 7 paragraphe 3 nouveau

En cas de démission d'un membre de la Cour, le Président de la Cour saisit le Président de la Commission qui en informe le Président du Conseil judiciaire de la Communauté. Le Conseil judiciaire de la Communauté recommande le remplacement du membre de la Cour, conformément à la procédure de recrutement des juges définie à l'article 1er du présent Protocole additionnel. Le nouveau juge exercera ses fonctions pour le reste de la durée du mandat de son prédécesseur. Il sera ressortissant du même pays que son prédécesseur.

ARTICLE 6

L'article 3, paragraphes 5, 6 et 7 et l'article 4, paragraphes 2, 6 et 7 du Protocole A/PI/07/01 ainsi que toutes autres dispositions antérieures contraires sont abrogés.

ARTICLE 7

Les dispositions de l'article 2 du présent Protocole additionnel relatives aux critères de présélection des candidats aux postes de juge et à la procédure de leur nomination s'appliqueront en cas de vacance de poste de juge à la Cour de Justice de la Communauté.

ARTICLE 8

1. Le présent Protocole additionnel entre en vigueur à titre provisoire dès sa signature par les Chefs d'Etat et de Gouvernement. En conséquence, les Etats membres signataires, la Cour de Justice de la Communauté et la Commission s'engagent à commencer la mise en œuvre de ses dispositions.

2. Le présent Protocole entrera définitivement en vigueur dès sa ratification par au moins neuf (9) Etats signataires, conformément aux règles constitutionnelles de chaque Etat membre.

ARTICLE 9

Le présent Protocole additionnel et tous ses instruments de ratification seront déposés auprès de la Commission qui transmettra copies certifiées conformes du présent Protocole additionnel à tous les Etats membres, leur notifiera les dates de dépôt des instruments de ratification et enregistrera le présent Protocole additionnel auprès de l'Union Africaine, de l'Organisation des Nations Unies et auprès de toutes organisations que le Conseil peut déterminer.

EN FOI DE QUOI,
NOUS, CHEFS D'ETAT ET DE GOUVERNEMENT DE LA COMMUNAUTE ECONOMIQUE DES ETATS DE L'AFRIQUE DE L'OUEST, AVONS SIGNE LE PRESENT PROTOCOLE ADDITIONNEL

EN UN SEUL ORIGINAL, EN FRANÇAIS, EN ANGLAIS ET EN PORTUGAIS, LES TROIS (3) TEXTES FAISANT EGALEMENT FOI.

FAIT A ABUJA, LE 14 JUIN 2006

....
S. E. M. Thomas Boni YAYI
Président de la République du BENIN

....
S.E. Blaise COMPAORE
Président du Conseil des Ministres,
Président du FASO

....
S. E. M.
Pour, et par ordre du Président
de la République du **CAP VERT**

....
S.E. DR. ALBERT MABRI TOIKEUSSE
Ministre de l'Intégration Africaine
Pour, et par ordre du Président de la
République de **CÔTE D'IVOIRE**

....
S. E. M. ALIEU NGUM
Ministre du Commerce, de l'industrie
et de l'Emploi de la **GAMBIE**,
Pour, et par ordre du Président
de la **GAMBIE**

....
S. E. John Agyekum KUFUOR
Président de la République du **GHANA**

....
S. E. Mme Fatoumata Kaba SIDIBE
Ministre de la Coopération Internationale,
Pour, et par ordre du Président de la
République de **GUINEE**

....
S. E. M. DE SOUSA – RUI DIA
Ministre, Présidence du Conseil des
Ministres Communication Sociale et Affaires,
Pour et par ordre du Président de la
République de **GUINEE BISSAU**

S. E. Mme ELLEN JOHNSON-SIRLEAF
Président de la République du LIBERIA

S. E. M. Amadou Toumani TOURE
Président de la République du MALI

S. E. Mamadou TANDJA
Président de la République du NIGER

S. E. M. Olusegun OBASANJO, GCFR
Commandant-en-Chef des Forces Armées, Président de la République Fédérale du NIGERIA

S. E. M. ABDOU AZIZ SOW
Ministre du NEPAD, de l'Intégration Economique africaine et la Politique de la Bonne Gouvernance
Pour, et par ordre du Président de la République du SENEGAL

S. E. Alh. (Dr.) Ahmad Tejan KABBAH
Président de la République de SIERRA LEONE

S. E. M. Faure Essozimna GNASSINGBE
Président de la République TOGOLAISE

TABLE DES MATIÈRES

PARTIE II

UNE CONTRIBUTION DÉTERMINANTE

Structures éditoriales du groupe L'Harmattan

L'Harmattan Italie
Via degli Artisti, 15
10124 Torino
harmattan.italia@gmail.com

L'Harmattan Hongrie
Kossuth l. u. 14-16.
1053 Budapest
harmattan@harmattan.hu

L'Harmattan Sénégal
10 VDN en face Mermoz
BP 45034 Dakar-Fann
senharmattan@gmail.com

L'Harmattan Cameroun
TSINGA/FECAFOOT
BP 11486 Yaoundé
inkoukam@gmail.com

L'Harmattan Burkina Faso
Achille Somé – tengnule@hotmail.fr

L'Harmattan Guinée
Almamya, rue KA 028 OKB Agency
BP 3470 Conakry
harmattanguinee@yahoo.fr

L'Harmattan RDC
185, avenue Nyangwe
Commune de Lingwala – Kinshasa
matangilamusadila@yahoo.fr

L'Harmattan Congo
67, boulevard Denis-Sassou-N'Guesso
BP 2874 Brazzaville
harmattan.congo@yahoo.fr

L'Harmattan Mali
ACI 2000 - Immeuble Mgr Jean Marie Cisse
Bureau 10
BP 145 Bamako-Mali
mali@harmattan.fr

L'Harmattan Togo
Djidjole – Lomé
Maison Amela
face EPP BATOME
ddamela@aol.com

L'Harmattan Côte d'Ivoire
Résidence Karl – Cité des Arts
Abidjan-Cocody
03 BP 1588 Abidjan
espace_harmattan.ci@hotmail.fr

Nos librairies en France

Librairie internationale
16, rue des Écoles
75005 Paris
librairie.internationale@harmattan.fr
01 40 46 79 11
www.librairieharmattan.com

Librairie des savoirs
21, rue des Écoles
75005 Paris
librairie.sh@harmattan.fr
01 46 34 13 71
www.librairieharmattansh.com

Librairie Le Lucernaire
53, rue Notre-Dame-des-Champs
75006 Paris
librairie@lucernaire.fr
01 42 22 67 13

www.ingramcontent.com/pod-product-compliance
Lightning Source LLC
LaVergne TN
LVHW021134061026
849535LV00002B/233
* 9 7 8 2 3 4 3 2 4 6 8 5 7 *